长春统计年鉴（2013）

CHANGCHUN STATISTICAL YEARBOOK

——魅力新长春

长春市人民政府
长春市统计局 编

中国国际图书出版社

长春统计年鉴（2013）— 魅力新长春

中国国际图书出版社，2013.12

ISBN 978-988-12063-4-3

Ⅰ. 长春…

Ⅱ. 统计…

Ⅲ. 年鉴-当代

书　　名	长春统计年鉴（2013）— 魅力新长春
编　　著	长春市人民政府　长春市统计局
出版发行	中国国际图书出版社
	http://www.cnchuban.com.cn
社　　址	香港湾仔轩尼诗道78号伟伦大厦15字16楼78室
深圳代表处	深圳市福田区福强路1045号深荣大厦15G
	电　话：0755-29558060　　邮　编：518045
	手　机：13924672662　　E-mail：cilphh@126.com
设计制作	长春市方正彩色图文制作有限责任公司
印　　刷	长春市方正印务有限责任公司
开　　本	880*1230mm
字　　数	1958 千字
印　　数	1-10000册
印　　张	51 印张
版　　次	2013年12月第一版
印　　次	2013年12月第一次印刷
国际书号	ISBN 978-988-12063-4-3
定　　价	RMB 298.00

ISBN 978-988-12063-4-3

9 789881 206343

若发现印装质量问题，可与出版社联系，由承印单位负责调换。

《长春统计年鉴(2013)—魅力新长春》编委会

《长春统计年鉴(2013)—魅力新长春》编辑人员

总 编 辑：　李　立

责任编辑：　曹军飞　高　岩　张　发　郭　成　王　岩　李　洋　张　峰

英文翻译：　方　铭

校　　对：　曹军飞　高　岩　齐　激　刘艳秋　梅　虹

协办单位(排名不分先后)

长春高新技术产业开发区管理委员会

榆树市人民政府

长春市宽城区人民政府

长春经济技术开发区管理委员会

长春兴隆综合保税区

一汽—大众汽车有限公司

吉林天景食品有限公司

吉林省新能源投资有限公司

富奥汽车零部件股份有限公司

长春天然气有限责任公司

长春轨道客车股份有限公司

吉林省长春皓月清真肉业股份有限公司

吉视传媒股份有限公司

吉林省富田园景绿化有限公司

兴业银行股份有限公司长春分行

吉林省御龙温泉度假村有限责任公司

吉林省双龙粮食经销有限公司

友情支持单位(排名不分先后)

九台市发展和改革局

长春羊草煤业股份有限公司

编者说明

一、《长春统计年鉴（2013）——魅力新长春》是一部全面反映长春市2012年经济和社会发展情况的资料性刊物。本书收录了2012年长春市经济和社会各方面大量的统计数据，以及重要年份的主要统计数据，是认识和研究长春市经济社会发展，指导经济工作和进行决策的经济类工具书。

二、全书共包括四部分。(一)特载，(二)县(市)区经济，(三)统计资料，（四）企事业单位形象展示。统计资料按其内容分为18个篇目，即(1)综合；(2)人口；(3)单位从业人员及劳动报酬；(4)固定资产投资；(5)能源消费与库存；(6)财政；(7)物价；(8)人民生活；(9)城市建设；(10)农业；(11)工业；(12)交通运输邮电通信业；(13)建筑业；(14)批发零售贸易和住宿餐饮业；(15)对外经济贸易和旅游业；(16)金融保险业；(17)教育、科技及文化事业；(18)体育、卫生及其他事业。

三、本书资料大部分来自于各专业年报资料，部分资料取自抽样调查。

四、本书中文字资料主要是统计部门人员撰写。

五、本书中所使用的价值量指标及构成，除已注明外，均按当年价计算，发展速度按可比价格计算。

六、本书采用国际统一标准计量单位。

七、书中符号使用说明："#"表示其中的主要项，"空格"表示该项指标数据不详或无该数据。

PREFACE

Ⅰ.Changchun statistical yearbook—2013 is an annual statistical publication,which comprehensively reflects the conditions of economic and social development of changchun in 2012. We select various aspects of statistical data on economic and social development in 2012 and main statistical data in important years of changchun. It is an economic reference book for recognizing and researching on economic and social development of changchun guiding economic work and making decisions.

Ⅱ.This book covers the following four parts 1.Special reports. 2.Economy of counties (cities) and districts ; 3. Statistical data. Statistical data contains 18 lists of articles. That is (1)General survey (2)Population,(3)Employment and wages,(4)Investment in fixed assets,(5)Energy consumption and inventory,(6)Government finance,(7)Commodity price,(8) People′ s livehood,(9)City construction, (10)Agriculture,(11) Industry,(12)Transportation , post and telecommunications services,(13)Construction,(14)Wholesale,retail trade and hotels catering,(15)Foreign trade and tourism,(16)Finance and insurance,(17)Education,science and technology,culture(18)Sports , health care and others.

Ⅲ.The major data sources of this publication are obtained from annual statistical reports , and some from sample survey.

Ⅳ.Special reports and special topics are obtained from statistical departments and relative departments.

Ⅴ.The quantity of value indicators and composition used in this book are at current price except notes have made , growth rate is calculated by constant price.

Ⅵ.The units of measurement used in this book are internationally standard measurement units.

长拖农业机械装备集团有限公司

总经理　于涵

一、企业概况

长拖农业机械装备集团有限公司，是国家农机行业骨干企业，2011年9月6日与中国机械工业集团（一拖）实现战略重组，中国机械工业集团、中国一拖股份、长春市国投公司各持1/3股权，是东北地区最大的农机装备研发制造企业。

本公司秉承“以市场为导向，以产品为根本，以质量为生命，以管理为精髓”的经营理念和“稳健 务实 追求卓越”的企业精神。通过广泛开展对外合作，厂、校、研联合，积极引进吸收国内外先进技术，研发制造农业装备产品，不断丰富和完善公司产业链条。着力打造拖拉机、整地、植保、收获机械等特色农机具业务，机械加工业务，仓储物流服务业务等多元化的综合性业务平台，支撑企业健康快速发展。逐步实现从制造业向装备制造服务业转变，全力打造中国一拖东北农业装备制造、仓储物流和服务基地。

公司坐落于长春九台经济开发区卡伦工业园区，占地面积25万平方米，注册资金2.82亿元。配置自走式轮式拖拉机装配生产线三条，环形农机具装配生产线一条，覆盖件涂装线、阴极电泳底漆涂装线各一条。具有年产20-130马力轮式拖拉机及配套农机具产品6万台套的生产能力。

建立了覆盖全国，辐射东北亚广大地区的产品销售网络和售后服务体系，公司生产的“东方红”和“CT”品牌产品受到目标市场用户的广泛青睐。

二、发展规划与前景

长拖公司具有地处国家重点粮食生产基地，东北三省核心地区，市场领域宽阔，营销半径小；

具有半个多世纪悠久历史的“CT”品牌拖拉机在目标市场具有较强的影响力；

中国一拖作为国家农机行业龙头企业，具有强大的研发、技术、市场优势和综合实力，可作为公司健康快速发展的强大支撑；

省市政府对公司发展给予厚望并大力支持和国家地方政府惠农政策中农机具购置补贴政策对农机产品销售具有极大的拉动作用；

吉林省大力推广免耕播种技术，为免耕播种机械生产销售带来了利好商机；

由于连年使用化肥和机械作业，造成农田土壤板结严重，东北地区大力推广深松改善土壤技术，同样带来整地机械和大马力拖拉机需求大幅度增加；

为增加粮食产品附加值，东北地区加大力度推行旱田改水田工作，必然带来水田作业机械的需求大幅度增加；

鉴于小户农民人工务农成本已远高于机械作业成本，目标区域政府正大力推行农业合作社形式的农田集约化管理（以吉林省范家屯镇为例，目前已有1/3强的土地加入合作社），中大马力拖拉机及配套农机具产品旺销势头明显等七大优势和机会。

因此，长拖公司充分利用这些优势和机会，以农业装备业务为核心，通过广泛开展对外合作，建立厂、校、研基地，在适合东北地区农田作业的农机装备研发制造方面做了大量有益探讨和研发工作，积极引进吸收国内外先进技术，研发制造农业装备产品，不断丰富和完善公司产业链条。着力打造拖拉机、整地、植保、收获机械等特色农机具业务，机械加工业务，仓储物流服务业务等多元化的综合性业务平台，支撑企业健康快速发展。逐步实现从制造业向装备制造服务业转变，全力打造中国一拖东北农业装备制造、仓储物流和服务基地。

与中国一拖实现重组后，公司将在综合竞争实力上实现大幅度提升：

1、在中国一拖集团发展战略规划指导下，依托一拖强大的综合实力支撑快速发展；

2、吉林、辽宁地区年近6亿元的东方红产品需求均由长拖公司生产提供；

3、整合中国一拖与本公司技术研发资源，形成强大的技术优势，以全新的设计理念、严谨的技术方案、全新的产品造型、鲜明的性能/质量卖点，着力打造“福德”品牌产品，推向市场；

4、三年内实现产品零部件地产化率40%，拉动地方配套经济5亿元/年；产值超过20亿元/年。

2013年先后与吉林大学生物与工程学院、吉林农业大学工程技术学院、吉林省农机研究院、韩国亚细亚农业装备集团联合开发研制多款适合东北地区农田作业特点的拖拉机、农机具产品。年底前将以一拖品牌系列中长拖专用品牌“福德”牌推出30马力系列、40马力系列、50马力系列、70马力系列、900马力系列、100马力系列等17个型号拖拉机和玉米秸秆割晒机、大垄双行镇压器、耕播联合多用作业机、免耕播种机、高速插秧机、秸秆打捆机等农机具新产品供广大用户选购使用。

三、企业荣誉

a.总经理于涵2003年被评为长春市优秀党员

2005年被评为长春市国资委优秀党员

2006年被评为吉林省企业改革攻坚工作先进个人

2007年获长春市“五一”劳动奖章

2008-2009年被评为长春市国资委系统优秀党员；

2010.9被评为吉林省农机学会先进工作者

2008.5吉林省社会信用体系建设促进会常务理事

2011年被评为长春市国资委优秀党务工作者

2007-2012年度长春市劳动模范

先后当选第十二、十三届长春市人大代表

b.2008年3月 被中国经济精英论坛联席会授予“质量 信誉 服务AAA企业”称号。

2008年5月 被吉林省社会信用体系建设促进会选为“吉林省社会信用体系建设促进会常务理事单位”。

2009年2月 CT-180、200 220、240、260、280、504、524、554、800、804、900、904型轮式拖拉机获中国产品质量安全监督中心颁发的“中国名优产品”证书。

2009年11月 被吉林省农委吉林农业杂志社评为“吉林省三农行业重点宣传先进单位”。

2009年获中国质量万里行颁发的“全国产品质量服务无投诉（投诉解决）用户反馈满意品牌”证书。

2009年始任吉林省农机工业协会副理事长单位。

2009年始任吉林省农机推广协会副理事长单位。

2009年始任吉林省农机流通协会副理事长单位。

2009.11三农行业重点宣传优先单位；

2010年2月 被选为中国农业机械化协会理事单位。

2010年3月 被吉林省农业机械化技术推广协会选为“吉林省农业机械化技术推广协会常务理事单位”。

2010年9月 被吉林省农业机械学会评为”2005—2009年度先进集体”。

2011年1月 被吉林省社会信用体系建设促进会授予“吉林省百强诚信单位”称号。

2011.1吉林省百强诚信单位；

2011年6月中共长春市人民政府国有资产监督管理委员会授予“2010—2011年度先进党委”称号。

公司俯瞰图

公司办公大楼

耕播联合作业机

灭茬/深松/起垅/施肥联合作业机

涂装生产线

CT-904型拖拉机

大拖装配线

东方红904型拖拉机

东方红90a4型拖拉机

CT-280型拖拉机

中拖装配线

CT-354型拖拉机

玉米秸秆割晒机

长春国家高新技术产业开发区

CHANGCHUN NATIONAL HI-TECH INDUSTRIAL DEVELOPMENT ZONE

登高致新　领航未来

长春高新区长东北核心区北湖大桥

长春高新区是1991年经国务院批准成立的首批国家高新技术产业开发区之一，是吉林省第一个开发区和第一个国家级开发区。目前行政管辖面积150平方公里，其中南区55平方公里，长东北核心区95平方公里。2011年，长春高新区与德惠市合作，共同开发建设了“长德新区”；2012年，按照长春市政府伊通河整治总体要求，开始谋划建设长东北科技生态示范区。

长春北湖国家湿地公园

多年来，长春高新区紧紧围绕“发展高科技，实现产业化”的建区宗旨，不断优化创新创业环境，加快培育壮大高新技术产业，深入推进创新型科技园区建设，形成了良好的产业基础、较强的创新能力和突出的品牌优势。

为肩负起引领长东北、带动长吉图、辐射东北亚的光荣使命，2009年，长春高新区制定并实施了新一轮发展战略规划。经过不懈努力，目前

长春高新区南区夜景

长春高新区长东北核心区龙翔广场

长春国家高新技术产业开发区

CHANGCHUN NATIONAL HI-TECH INDUSTRIAL DEVELOPMENT ZONE

登高致新　领航未来

长春高新区先进装备制造企业生产内景

长春高新区生物医药企业生产内景

长春高新区光电企业研发内景

已全面完成了重塑基础阶段各项任务，进入了优质快速发展的新阶段。经济指标快速增长，主导产业集群发展，项目建设势头强劲，创新体系不断完善，发展环境不断优化，资源禀赋优势全面形成。

长春高新区实施新一轮发展战略以来，先后被批准为“国家火炬计划光电信息技术产业化基地”、“国家火炬计划软件产业基地”、“国家实施知识产权制度示范园区”、“国家标准化示范园区”、“国家专利技术（长春）展示交易中心”、“国家留学人员创业示范基地”、“国家汽车电子高新技术产业化基地”等二十三个国家级园区和基地，已经成为地方经济发展的核心引擎、自主创新的主要阵地和对外开放的重要窗口。

长春高新区新材料企业生产内景

长春高新区精优食品加工企业生产内景

放眼未来，长春高新区将以转变经济发展方式为主线，以提高经济增长质量和效益为中心，以突出发展民营经济为重点，深入实施“三化三动”战略，坚持“二三产业并举、总量扩张和存量优化并重”，统筹发展战略性新兴产业和高端服务业，加快提升城市功能和生态建设水平，加快提升产业发展服务能力，着力改善民生和推进社会服务管理创新，努力把长春高新区建设成为创新能力强、产业结构优、生态环境美的现代化科技新城，在“幸福长春”建设中发挥示范和带动作用。

长春高新区高端生产性服务业企业内景

长春高新区南区三佳湖公园

一汽-大众
FAW-VOLKSWAGEN

一汽-大众汽车有限公司

迈腾2012款

迈腾 V6发动机

迈腾 全景内饰

迈腾 前脸

全新速腾

速腾GLI ISO-FIX儿童座椅固定装置

速腾GLI 2.0TSI发动机

速腾 GLI特征前脸

速腾GLI 蜂窝造型前格栅

速腾GLI激情天成

全新宝来 飞翼式熏黑前大灯

全新宝来 安全气囊

全新宝来 前脸

全新宝来-前脸45度

CC3.0V6

CC 尾部曲线

CC 外观正面

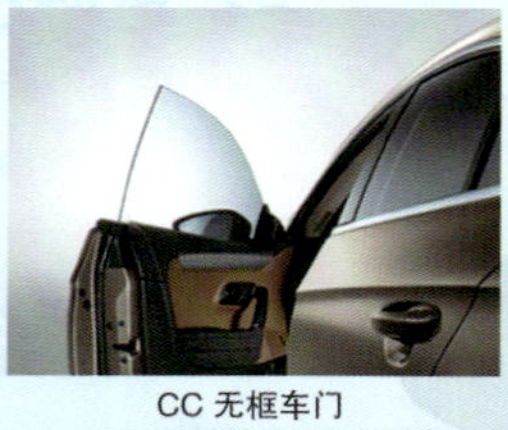
CC 无框车门

CC 内饰后座

CC3.0 V6 中控45度

CC3.0 V6 前排座椅

一汽-大众汽车有限公司（简称一汽-大众）成立于1991年2月6日，由中国第一汽车集团公司和德国大众汽车股份公司、奥迪汽车股份公司及大众汽车（中国）投资有限公司合资经营，是中国第一个按经济规模起步建设的现代化乘用车工业基地。

生产能力

一汽-大众目前拥有长春、成都、佛山三大生产基地。长春基地位于中国长春西南部，已形成年产66万辆的生产能力；成都基地位于成都市经济技术开发区内，2011年10月13日正式建成投产，设计产能35万辆，并达到了每分钟生产一辆轿车的能力。佛山生产基地位于佛山市南海区，一汽-大众佛山分公司于2011年12月1日正式成立，并预计于2013年8月建成投产，首期产能将达到30万辆。

产品情况

目前，一汽-大众采用先进技术和设备制造当今世界知名品牌产品：捷达、宝来、高尔夫、速腾、迈腾、GTI、CC、奥迪A4L、奥迪Q5、奥迪A6L等系列轿车。经过20多年的发展，一汽-大众已成为国内最成熟、高技术、环保的A、B、C全系列乘用车生产制造基地。

二厂场景

203号门储水池景

09全新捷达 蓝色车头

全新捷达 后45° 车身

全新捷达 正车头

全新捷达 发动机

全新捷达 前排特写

高尔夫GTI

高尔夫GTI

高尔夫蓝驱

高尔夫GTI 17寸铝合金轮辋

市场表现

2012年，一汽-大众再度实现历史新突破，产销实现130万辆，经营业绩再创新高，为国家上缴各种税金460亿元人民币。全年完成产量1,342,012辆，全年销售1,288,588辆（不含进口车），同比增长29%。其中大众品牌965,888辆。根据最新的J.D. Power用户满意度调查报告，一汽-大众大众品牌SSI销售满意度较去年再度提升，以873分的成绩位列前十；CSI服务满意度也处于行业领先地位。

企业社会责任

在取得良好经营业绩的同时，公司时刻不忘企业的社会责任。2012年，一汽-大众发布了企业《2010-2011年可持续发展报告》，成为国内首家经过第三方权威审验发布的汽车合资公司。除了不遗余力的建设绿色工厂，开发蓝驱、电动车型等，一汽-大众也通过实际行动，践行着企业公民的社会责任。多年来，一汽-大众“中国新未来”行动捐资兴建多所希望小学，为贫困地区的孩子们提供更好的学习环境。在企业内部，一汽-大众还尊重人才和注重员工培养，使员工充分团结，凝聚力日益增强。2012年，一汽-大众荣膺“中国最佳雇主汽车行业第一名”。

吉林省新能源投资有限公司

2010年11月23日，吉林风电基地启动暨吉林省新能源投资有限公司安白景观带新艾里风电场奠基仪式在大安市举行。国家能源局副局长刘琦、省政府副省长王祖继、省政府副秘书长张宝田、省投集团公司董事长王宪林出席仪式，公司董事长曹家兴代表风电开发企业致辞。

吉林省新能源投资有限公司是经吉林省发改委批准，由吉林省投资集团有限公司出资成立的国有独资公司。公司成立于2009年2月6日，是代表省投资集团投资和发展新能源行业的经营实体，是吉林省综合性投融资平台下负责新能源投资、开发的专业化投融资平台，担负着引领和发展吉林省新能源产业的重任。

公司坚持以我省富集的新能源资源为基础，以新能源重大项目实施为依托，以市场化运作为主导模式，以示范试点及成功后推广为手段，秉承低碳、环保的发展理念，提出了一年打基础、两年见效益、三年上规模、五年大发展的奋斗目标。四年多来，公司领导带领全体员工艰苦创业、奋力开拓，沿着既定的发展目标快速前进。目前，公司已与中石油、中国大唐集团、龙源电力集团、东北电网、三一电气等知名企业开展了实质性合作，并取得明显效果。业务涉及风电场开发、风电设备制造、天然气管网建设、煤炭开发及煤制气、抽水蓄能、环境能源交易、低碳示范产业园、生物质循环经济等10余个领域，其中风电场开发（投产5万千瓦、在建10万千瓦）、“气化吉林”惠民工程（总投资约300亿元）和内蒙煤制气（年产40亿立方米，是“气化吉林”惠民工程的重要气源之一）已取得重大进展，正在有序推进；同时，风气互补项目和弃风清洁供暖项目开辟了风电消纳模式的先河，被列入国家级示范试点项目。

公司以贯彻我省新能源发展战略为主线，在省委、省政府、省发改委、省投资集团的关心爱护下，在各方合作伙伴的大力支持下，将进一步统一思想、创新模式，勇于承担起引领我省新能源产业和企业自身发展的双重责任，团结协作，奋发图强，在新一轮产业经济的更新中，公司有如一颗冉冉升起的明星，努力以辉煌的战绩，在吉林省新能源产业和社会经济发展史上写下浓墨重彩的一笔！

——一颗冉冉升起的璀璨新星

2009年7月7日，公司与三一电气合作项目三一通榆风电产业园开工仪式在通榆县开通镇举行。原省委书记王珉；省委常委、省委秘书长房莉；原省发改委党组书记、副主任曹家兴；省直有关厅局主管领导；风电开发企业和地方政府领导参加仪式。

2011年4月12日，为搭建我省环境能源交易平台，经省政府批准，公司与合作方共同组建吉林省环境能源交易所有限公司。省领导竺延风、聂文权、别胜学为环交所揭牌。新能源公司董事长、环交所董事长曹家兴在仪式上致辞，公司总经理于学宏代表新能源公司与环交所签署相关协议。

2011年8月18日，为实施省政府“煤炭走出去”战略，公司与国电内蒙古电力公司签署合作框架协议，共同出资组建国电兴安能源化工有限公司，建设国电兴安能源化工项目。省发改委副主任罗亦非、省能源局副局长李明、公司总经理于学宏出席签约仪式。

2012年9月7日，新能源公司董事长曹家兴、总经理于学宏，国开行吉林分行行长刘洪滨、爱沙尼亚经济发展署吉林项目组组长Jaan Heinsoo分别代表本单位与爱沙尼亚经济发展署、国开行吉林省分行签订了《关于在爱沙尼亚投资建设生物质能源颗粒项目合作协议》和《关于生物质颗粒跨国合作项目战略合作协议》，副省长陈伟根、省投资集团董事长王宪林、省能源局副局长郑建林、省发改委综合协调处处长许志宏等出席了签约仪式。

长春经济技术开发区

[综 述] 2012年，长春经济技术开发区紧紧抓住长吉一体化和保税区获批的历史机遇，立足转变发展方式，有效应对国内总体经济形势趋紧、增速放缓等各种复杂因素的影响和冲击，经济社会发展迈出了新步伐。2012年完成市列地区生产总值564亿元，同比增长13%；市列规模以上工业总产值1301.3亿元，增长21.4%；一般预算全口径财政收入70亿元，按可比口径增长23.57%；实际利用外资12.32亿美元，增长17.3%，实际利用内资90.88亿元，增长20%；固定资产投资385亿元，增长25%，其中，工业投资217亿元，增长29.2%。在商务部2011年度对全国131个国家级经济技术开发区投资环境综合评价中，排名保持第11位；在中部38个国家级经开区中，连续六年排名第一。

经济总量和质量双提升。产值超亿元工业企业已达70多户，对长春市工业增长贡献率居全市四大开发区之首。产业结构进一步优化，汽车及零部件产业实现产值653亿元，占全区市列规模以上工业总产值的50.2%；生物化工产业实现产值510.5亿元，占全区市列规模以上工业总产值的39.2%，其中大成集团产值跃升到500亿元。同时，一批新兴产业、装备制造业项目相继建成和投产，有力地推动了我区产业结构向多元化发展。服务业呈现加速发展的良好态势，一批商业综合体项目加快建设，有效提升了服务业业态质量，全年第三产业实现增加值137亿元，我区被省政府列为首批服务业改革试点区。

[招商引资和项目建设] 利用省市商务、经合部门以及商协会、驻外办事处等资源和平台，重点围绕保税区，积极开展了叩门招商和联动招商。同时，在招商引资的方式方法上进行了探索。围绕重点区域、国别和目标客户开展招商，规范和整合各类招商活动，在提高招商引资的针对性和实效性方面进行了尝试，并取得较好效果。

参加和开展较大规模招商引资活动20项，其中,自行开展的招商活动5项，参加境外招商活动4项。通过各种活动，累计接触客户超千人次，储备了230个在谈项目,为推进项目签约落位奠定了基础。

围绕综保区招商工作，开展了6次主题活动，分别是吉林省进出口企业综保区投资说明会、北京综合保税区投资说明会暨项目签约仪式对接会、综保区威海推介会、青岛推介会、长春兴隆综合保税区—上海经济界合作交流恳谈会、东博会综保区推介会暨投资项目签约仪式。累计邀请客户600多人次，洽谈项目42个。特别是在东博会期间，我区共参加和组织活动31项，其中，自行接待和开展活动18项，位居全市之首。

全年共签约亿元以上项目72个，引进世界500强、央企和行业龙头企业投资项目12个。以五大产业园区为载体，强化保姆式精细化服务。全年开工项目120个，其中工业项目91个：大成100万吨化工醇项目制氢车间已经投料生产，金宝特整体搬迁20万吨化工醇项目已投产；一汽通用长春基地项目成功引进全球同步上市的通用轻客平台产品X82、一汽客车长春基地3000辆客车扩建项目已完工并投入使用、国电风力发电机项目已经投产。这些重点项目为经开未来经济发展稳住了阵脚、奠定了基础。

[保税区建设] 2011年12月16日，长春兴隆综合保税区正式获得国务院批准，成为全国第19家、吉林省唯一的综合保税区。长春兴隆综合保税区的设立，对扩大全省对外开放、促进产业升级、加强区域合作具有重要的战略意义。

长春兴隆综保区位于长春市东北部、长春经开区兴隆山镇内，处于长春、吉林两市经济隆起带的长春起始端。规划面积4.89平方公里，一期围网面积1.76平方公里。兴隆综保区紧邻兴隆山铁路站场，距龙嘉国际机场10公里，距离主城区10公里，邻近机场大道、长春至吉林的省内公路、北京-沈阳-长春-哈尔滨的省际公路、长春绕城高速公路，周边哈大线、长吉图铁路经过，距出海口（丹东、大连）仅有4-6个小时车程，具备公路、铁路、航空三位一体的综合交通优势。

目前，已向长春海关申请开展预验收工作。已签约19个项目，总投资29.6亿元，年进出口额可达6亿美元。其中，际华商贸物流园、中外运物流、招商局物流基地项目已开工建设。

未来五年，兴隆综保区力争实现区内进出口总额50亿美元以上，入区各类企业达到100户，安置3万人就业。我们将着力把长春综保区打造成为国内单位面积物流、人流、资金流效率最高，立足长春市、面向长吉图、辐射东北亚的国内一流的综合保税区。

[特色园区建设]我区氨基酸基地被商务部认定为外贸转型升级专业型示范基地；生物产业园区、装备园区获得省级特色园区扶持资金470万元；良辰工业园、欧美工业园已通过省、市孵

长春烟厂生产线

长春博泽汽车部件有限公司车门系统生产线

综保区联检大楼

奥普公司机加车

化基地审核。新兴产业园孵化基地正在积极酝酿申报省级孵化基地。新能源示范区申报工作已通过省能源局组织的专家评审。

通过上述措施，全区支柱产业支撑作用持续增强：汽车及零部件产业实现产值653亿元，同比增长18.5%；生物化工产业实现产值510.5亿元，增长25.4%，其中大成集团产值跃升到500亿元。服务业跃上新台阶，际华工业物流园、温馨鸟创意研发中心、烟草研发等一批生产性服务业项目开工建设，促进了我区工业与服务业的互动融合发展。

[土地利用] 全年取得《土地使用批复》1006公顷，完成建设用地预审6件，总面积99.12公顷。在一级市场招拍挂出让土地24宗,面积210.68公顷，土地成交价款10.61亿元。全年组织实施征地313公顷，保证了重点项目和基础设施用地。

全年共收回国有土地47公顷，实现出让8.1公顷，完成了陶瓷厂、生物城部分医药企业等区域的收储及拆除工作，保证了项目用地。同时创新收储模式，开展了BT融资收储、联合收储、土地出让后支付补偿款等模式，缓解了收储资金压力。

[城市建设与管理] 城市建设工作扎实推进。全年新建和续建6大类194项基础公建项目。北区骨干路网不断完善，完成16条市政道路建设；城市公用配套设施加快推进，供热扩能工程全面展开，完成各类管线排迁12公里，大成铁路专用线完成施工。不断推进市容环境综合整治的常态化管理，全面开展了“创城”工作，高标准地打造特色街路，实施了“暖房子”工程，改造了老旧散弃管小区环境，奋战150天市容环境综合整治工作通过实施网格化管理，带动管理创新跃上新台阶；积极开展了户外广告、街路牌匾、非法广告、露天烧烤、违法占道、渣土运输等各类专项整治行动；将北区环卫纳入统一管理，完成了全区大环卫整合。严把环保审验关，以迎接国家卫生城、文明城复检为重点，清理、整治卫生死角，加强小区环境卫生整治力度，区域环境质量大幅提升。

[行政管理与服务] 进一步优化审批流程，减少审批环节，压缩审批时限，加强网站建设，审批时限由47天压缩到42天。设立了“重大项目直通车”窗口，实现并联审批。全年共受理各类业务53,384项，接待办理业务人员59,148人次。政务督查职能不断强化，按照“好使管用”、“有督有查”原则，全年共落实重点工作任务369件，实际完成督办事项340件，办结率92%，在全区形成了“重督查、抓落实”的浓厚氛围。坚持公平、公开、民主、择优的选拔机制，综合运用年终督查考核结果，于6月对处级领导岗位进行了调整和充实，激发了干部职工干事创业的积极性和主动性，营造了风清气正的良好氛围。根据岗位需求，面向社会进行公开招聘34人，为全区工作和队伍建设注入了新鲜血液；深化落实“一岗双责”，采取全程及重点环节介入监督的方式，全年参与人事招聘、中考、招投标等监督工作96次。开展“传递真情大走访”活动，全年组织各部门大走访8次，走访企业116户，收集问题131项，按时限办结率和回访率均达100%。在“服务无小事春风行动”中，遵照将服务理念贯彻到工作中的每一个细节，全年共服务解决各类问题339件，走访、电话访企业770户次。办结率和反馈率均达100%，满意率达95%。

长春经济技术开发区政务中心

[社会管理与民生]突出建设和谐经开，全力抓好社会管理和服务民生工作。全年新建和购买社区活动场所6个，全区社区活动场所总面积超过一万平方米，比2011年提高了近一半；全年新增170万元，用于解决社区和村“两委”干部补贴待遇；一次性投入220万元加强社区文化阵地建设，精心组织策划了以“文化社区、清雅环境、和谐楼道、温暖家庭”为主题的系列社区文化活动。回迁楼建设快速推进：兴隆丽景C区竣工入住，提供回迁房源2484套；金色家园二期、安龙回迁小区完成22栋住宅主体工程；南区回迁房也已完成部分桩基础施工。高标准完成了暖房子和老旧散小区综合改造工程，涉及楼宇94栋，受益居民达7000多户；历史遗留的277栋无产权住宅，今年已有125栋已办完产权。社会保障体系更加完善。为城市和农村低保近2万人次发放低保金500多万元，实现“应保尽保”，城乡低保覆盖率达到100%。文教事业有序开展。完成了六十二中学主体建设工程，金钱小学已竣工即将投入使用；对缺口专业学科面向社会公开招聘30名聘用制教师，顺利完成了学校班子交流调整和教师职称评聘工作，优化了教师队伍专业结构和年龄结构。建立健全三级信访网络和多元化纠纷调解体系，以局长接待日为契机，集中解决了一批群众关心的热点、难点问题，促进了全区和谐稳定。

产现场

大成雄伟、壮观的化工醇分离塔

世界赖氨酸巨头、亚洲最大的生物化工企业—长春大成实业集团有限公司外景

吉林天景食品有限公司

曲广深董事长工作照

吉林天景食品有限公司是专门从事鲜食玉米食品生产的大型农产品加工企业，农业产业化国家重点龙头企业，国家振兴东北国债项目建设企业，国家“863计划”重点项目支持企业，全国绿色食品示范企业，吉林省首届管理创新企业。

公司在吉林省12个市县设有生产基地，玉米种植面积20万亩，公司厂区占地面积55万平方米，年生产各类产品30万吨。主要产品包括速冻玉米食品、玉米传统食品、玉米汁饮料、玉米花丝功能饮品、玉米休闲食品等5大系列200多个品种。2012年，公司推出先诺玉米、大红灌玉米汁等新产品；今年成功研发出绿豆爽、果香玉米汁、“三禾加”植物蛋白三款饮品，近期即将面市。

公司通过【ISO9001：2008质量管理体系】和【HACCP食品安全管理体系】认证。其中“天景”牌玉米系列产品被认定为“绿色食品” 和“有机食品”，天景品牌连续多年获“吉林名牌”、“吉林省著名商标”等多项殊荣。2009年天景商标被评为“中国驰名商标”。2010年起公司聘请李宇春作为产品形象代言人。

2012年9月8日李宇春为天景升级产品-先诺玉米做宣传

李宇春新闻发布会活动现场

公司在全国31个省、市、自治区设有销售网络，产品辐射国内680多个中等以上城市，其中，“天景”牌速冻保鲜玉米的产销量和市场占有率连续多年居全国同行业首位，部分产品出口日本、韩国、香港等国家和地区。

玉米碗粥

天景“大红罐”玉米汁亮相2012年农博会

玉米香豆

奶香玉米汁

保甘花丝饮料

公司拥有自主研发机构，坚持走产、学、研联合的发展道路，每年拿出销售额的3%用于产品研发，先后与中国农业大学、吉林大学、吉林农业大学、中国食品研究院等科研院校

2008年时任吉林省省长韩长赋视察公司生产线

农博会期间时任吉林省省长韩长赋到天景展位参观

2011年时任中央政治局常委李长春到天景公司九台基地视察

2012年时任吉林省委书记孙政才莅临天景公司视察

2013年3月12日吉林省副省长谷春立莅临天景公司视察

2013年6月3日吉林省政法委书记金振吉调研视察天景公司

建立了长期合作关系，在鲜玉米食品研究开发、转化应用等方面居于行业领先水平。

鲜食玉米产业社会效益显著，产品原料收购实行“公司+经纪人+农户+专业合作社”的订单农业管理模式，原料基地分布省内九台、农安、榆树、蛟河等12个县市的60个乡镇、300多个村屯，带动农户5万户。种植天景玉米比种植普通玉米每公顷增收3000–4000元，每年为农民增收5000万元以上。公司常年雇佣农工1000多人，生产加工期雇用农工达5000人，为解决农村剩余劳动力就业、帮助农民增产增收做出了突出的贡献。同时，带动了能源、包装、运输等相关产业的发展。

为确保食品安全，公司创新实施“三个车间”的管理模式（即田间为第一生产车间，工厂为第二生产车间，食品安全（检验）为第三生产车间）。并通过“三个车间”的打造，为消费者提供更好更优质的绿色健康食品。公司秉承创新无止境的发展理念，以建设国内乃至亚洲最大的现代化鲜玉米食品综合研发、加工、出口基地为目标，构建天景发展的宏伟蓝图，全力打造中国玉米粗粮食品知名品牌。

富奥汽车零部件股份有限公司

国资委监事会寻寰中主席到一汽东机工调研

与启明公司签订战略合作协议

富奥汽车零部件股份有限公司（简称富奥股份公司）成立于1998年9月，是国内汽车零部件生产制造、销售的大型企业。成立当初，是由一汽集团公司所属生产汽车零部件的九个全资企业和8个合资企业组建而成。2007年12月，按照国家有关国有企业改制的相关政策和一汽集团公司体制改革的统一部署进行了整体改制。改制后的企业引入了民营资本，建立了规范的法人治理结构，体制的变革为企业在激烈的市场竞争中注入了活力，为企业的健康发展奠定了基础。2012年11月，富奥股份公司重组上市项目通过中国证监会审核，成功登陆资本市场。实现了改制、引资、上市的战略目标，为富奥在同一条件平台上参与市场竞争、构筑国内零部件“龙头”企业、支持整车发展提供了有力的保障。

改制以来，公司的主营业务收入以年23%的速度持续增长，总资产达63亿元，注册资本为12.99亿元。公司下辖传动轴分公司、散热器分公司等12家全资分（子）公司和一汽法雷奥空调有限公司、一汽东机工减振器有限公司等17家合资公司。主要产品为汽车零部件环境系统、制动和传动系统、底盘系统、转向及安全系统、电子电器系统、发动机附件系统六大系列。主要客户：一汽大众、一汽解放、一汽轿车、一汽丰田、一汽夏利、一汽通用、上海大众、上海通用、中国重汽、北方奔驰、济南重汽等整车企业。

多年来，富奥股份公司“外扩市场、内炼硬功”，持续开展成本、质量改善活动，核心竞争力有了长足的进步。公司及所辖的12个企业通过了高新技术企业认证，8

家公司拥有省级研发中心，公司图形商标被评为中国驰名商标，旗下有8家公司被评为一汽集团核心供应商，有13家公司被评为一汽大众A级供应商，有2家公司被评为上海大众A级供应商，有2家公司被评为神龙A级供应商。产品远销美国、欧洲等地，公司被国家发改委、商务部确定为国家汽车零部件出口基地企业。

在未来五年里，富奥股份公司贯彻“走技术发展之路，抓住一汽500万辆整车发展机遇，加快实现一个转变、两个调整、完成三个打造，扩大富奥品牌影响力，促进企业快速健康发展”的规划战略，实现主营收入年增长达到10%、保持行业前三名的规划目标。承继一汽，学习丰田，把目标管理贯穿始终；团结、创新、抗争、自强，不断提升企业核心竞争力，为促进中国汽车零部件工业发展贡献力量。

与岱高公司合作

富奥图形商标被国家工商总局商标局认定为中国驰名商标

富奥成都工业园建成投入使用

开拓创新超越争先的领导班子

长春天然气有限责任公司

长春天然气有限责任公司成立于1990年8月29日，主要负责天然气管道输送、天然气供应、管道工程专业承包和市政行业专业设计。成立之初在国家财政没有划拨一分钱的情况下，靠银行贷款1500万元起步，发展成为现有全部固定资产7.38亿元的国有控股大型一类企业。现有占地面积24.25万平方米，建筑面积3.21万平方米；职工635人，各类专业技术人员186人；机关职能处（室）20个，输气站7个，各中心7个，管理所10个，工程施工队9个。

二十三年来，全体员工发扬“艰苦创业，自强不息，务实高效，超越争先”的企业精神，按照“抓发展不动摇，抓改革不停步，抓管理不手软，抓安全不放松，抓队伍不间断”的工作思路，开拓进取，戮力拼搏，经过两次艰苦创业，相继铺设三条长输管线和两个市区环网，管线总长1760公里，日输气能力230万立方米，形成了以长春市为中心的东西南北辐射环网供气的格局。主要负责为一汽集团公司、吉林碳素、锦湖轮胎、长春卷烟厂等232户工业企业和富奥花园、中海水岸、上海绿地、宝来雅居等249个居民小区近30万居民用户供气的任务。

截至2012年底，累计完成输气量24.05亿立方米，实现产值27.59亿元，营业收入33.65亿元，利税9.79亿元。在改革的大潮中，勇立潮头，奋然前行，取得了物质文明建设和精神文明建设双丰收。先后被授

长春天然气西北环线工程竣工通气仪式

公司组织为青海玉树灾区捐款

予“中国企业最佳形象AAA级”、“吉林省模范集体”、“吉林省小巨人明星企业”、“吉林明星企业”、“吉林省优秀企业”、“吉林省质量诚信企业”、“吉林省诚信服务先进单位”、“吉林省五一劳动奖状”、“吉林省精神文明建设先进单位”、“长春市模范集体”、“长春市工业经济运行要素保障奖”、“长春市市政公用企业先进集体”、“长春市安全生产先进单位”、“长春市精神文明单位标兵”、“长春市服务质量、环境质量、公众信誉标兵单位”等荣誉称号。

天然气公司生产指挥调度中心

天然气作为一种优质、高效、清洁的能源，在当今全球生态环境污染日趋严重的形势下，更加显示出其优越性。公司将秉持“诚信、和谐”的核心价值观，承担“惠泽民生、服务社会”的光荣使命，进一步加大天然气输配套基础设施建设，发展绿色能源，配合长春市城市改造和新区发展，完善长春地区天然气输配套管网建设，增加工业及民用天然气使用量，逐步改变长春市及周边地区的能源结构，向争做燃气行业领跑者的目标昂然前行！

公司将恪守“用户第一、止于至善”的服务理念，自觉履行企业的政治、经济和社会三大责任，一如既往地为广大用户提供最优质的温馨服务，为振兴东北老工业基地和建设繁荣、和谐、幸福、美丽、开放的长春做出新贡献。

天然气公司生产设备群

单位地址：长春市卫星路3535号　　邮政编码：130033
联系电话：0431－84688215　　传　真：0431－84688215
用户开发处：0431—84688205/84688206
生产安全处：0431—84688236　　客服电话：　96699
抢险维修中心：0431—84688271　　网　址：www.cctrqgs.com
E-mail：cctrq@yahoo.com.cn

天然气公司压缩车间

天然气公司客服中心

天然气公司高架输气罐

专业实现绿化梦想　科技成就魅力创新

董事长　孙长臣

吉林省富田园景绿化有限公司董事长孙长臣先生，自1988年由农民工打工白手起家，立足于专业化和现代化，专注于园景绿化技术的科技革新，发展至今，已成为注册资金1100万元，园林绿化二级资质企业。公司经营范围覆盖园景绿化工程设计、施工；苗木、花卉、草坪的生产销售、养护管理等，擅长于大型综合绿化景观工程的园景绿化专业公司。

公司以现代的管理制度不断再造管理流程，以清洁高效的运营模式实现立体和平面化管理，以独具一流的设计服务和无可挑剔的专业技术，赢得了卓越的客户口碑和市场信誉，获取了全国园景行业十佳、推动中国园景绿化行业年度先锋、吉林省百姓口碑金奖、吉林省3.15满意单位等多项荣誉称号。

公司一流的专业服务，不仅来自于现代化的公司治理，更来自于雄厚的技术支持。目前，公司拥有苗木、花卉、草坪圃地12余公顷，针、阔、花冠、藤、果等种类苗木70余种300多万株，有用于园景绿化工程施工的设备30余套。公司拥有园景绿化专职技术人才达96人，同时聘任了行业内拥有顶尖技术的数位知名教授、高级工程师等，组成一流的专业化队伍，以先进的技术，成为行业翘楚。

公司经营有黑松、樟子松、云杉、桧柏、银棕杨、白桦、稠李、火炬树、梓树、皂角、山杏、五角枫、红瑞木、暴马丁香、女贞、小

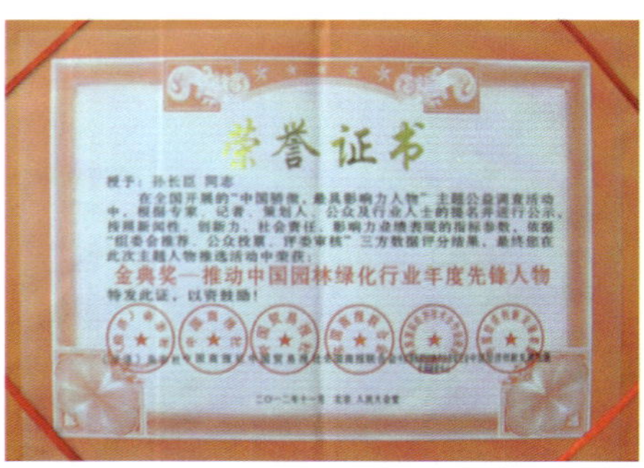

——吉林省富田园景绿化有限公司

叶丁香、榆叶梅、连翘、四季锦带、珍珠绣线菊、五叶地锦等产品，成为省内中、高端园景绿化市场的旗帜性企业。

公司以行业科技创新为己任，不仅承继了园景绿化的经典工艺，更以科技不断创新工艺流程。目前，公司正加速创建“中国绿化平台”项目，并以“五网合一”为目标，建立国内领先的互联网科技园景绿化平台。

嫩江至泰来高速公路齐齐哈尔至嫩江段扩建项目KG2合同段绿化工程（一）

公司凭借优质的工程质量，先后承接了数十个大型住宅项目及大型绿化工程。如一品红城、马赛公寓等小区景观配套项目，嫩江至泰来高速公路、齐齐哈尔至嫩江扩建项目绿化大型工程等均成为了业内的经典范例。

嫩江至泰来高速公路齐齐哈尔至嫩江段扩建项目KG2合同段绿化工程（二）

“天行健，君子以自强不息，地势坤，君子以厚德载物”，公司正扬起吉林省民营经济的风帆，以人为本，快速发展，并联合社会有识之士，以全面实现“绿化大地、保护环境、服务社会、造福人类”的宗旨，为全面建设魅力新长春做出贡献。

长春吉顺房地产开发有限公司马赛公寓小区绿化工程

一品红城小区二期二区8#—12#楼区景观配套工程

一品红城小区13#—16#楼区域景观配套工程

一品红城小区1#—16#楼、25#、26#楼区域绿化配套工程

一品红城小区二期二区景观配套工程

长 春 科 技 学 院

学校正门

体育馆

长春科技学院是由原吉林农业大学发展学院，通过全国高校设置委员会认真考察、严格评审并经国家教育部正式批准的普通高等院校。转设成功使吉林农业大学发展学院实现了华丽转身，迈入了独立办学的民办高校行列。

学院十四年来，始终坚持服务于经济社会发展的办学方向，锁定高素质应用型人才培养目标的定位，贯彻“以人为本”“立德树人”的理念，奋发进取，辛勤耕耘，办学条件日趋完善，教育质量明显提升，营得广泛的社会信誉。经省教育厅推荐，于2010年、2011年，先后被中国独立学院协会，中国民办高校协会评为“全国先进独立学院”、“中国民办高等教育优秀院校”

学院实行“董事会领导、校长负责、党委保障、教授治学、民主监督”的管理体制。现任董事长由吉林省知名企业家张电达先生担任，党委书记、校长由拥有二十余年大学校长经历的宗占国教授兼任。2000年以来，通过成立院、分院两级教授委员会，学院通过建立健全了党委、纪委及相关组织机构，成立了工会、妇委会；充分发挥专家治学的权利；充分调动发挥党组织的政治领导和监督保障作用，为调动各分院的办学主动性、积极性、创造性，分院实行教授委员会领导下的分院院长负责制；为探索适合民办学校的工资分配制度，学院坚持员工工资与普通

学生文艺表演

图书馆

高校平等的原则和绩效工资与德能勤绩廉挂钩的原则，实行结构工资制，充分体现了民办高校的创新优势和活力。

大学生创业园区

历经14年，学院已发展成为一所以工学为主体，以管理、农学、文学、艺术学科为支撑的多科性大学。目前在校生近11000人，共设本科专业45个，高职专业16个。学院现占地面积72万平方米，建筑面积33万平方米；教学仪器设备总值6600万元；建有3.8万平方米的图书馆，藏书88万余册，容纳近6000人的体育馆，实验实训室136个，校外实习基地110个。兴建中的 3.4万平方米的教学实验中心大楼，年内将交付使用。数字化校园网络、大型电子阅览室、设施先进的学术报告厅、文体活动中心一应俱全。

国际会议中心

学院现有专任教师608人，其中有国家突出贡献中青年专家、国务院特殊津贴获得者、省优秀专家、博士生导师等各类优秀人才。具有教授、副教授职称的教师占47.5%，青年教师中具有硕士研究生以上学历的占87%。

学校正以“追求卓越、超越自我”的精神，高扬创新旗帜，朝着建设有特色、高水平大学目标阔步前进！

文体活动中心

御龙温泉度假村

御龙温泉度假村（吉林省御龙温泉疗养院）由吉林东华教育集团投资5亿元人民币、按五星级酒店标准设计建造的集温泉疗养、旅游度假、养生休闲、商务会议为一体的大型生态园，以特有的“南国风光”著称于温泉业。御龙温泉除了作为长春市重要旅游景观对外开放以外，还是长春科技学院的教学实习基地。生态园总占地面积22万平方米，一期工程占地12万平方米，钢构阳光暖棚达5万多平方米，高度达26米。设有3万多平方米的主楼及A、B、C、D栋宾馆和2万平方米的停车场。御龙温泉度假村同时可为3000余人提供泡池，为1500余人提供食宿及会议，堪称亚洲室内生态温泉之最。

御龙温泉度假村（吉林省御龙温泉疗养院）位于长春市双阳区温泉村，距长春市37公里。温泉井深1256.58米，静压为11.3Mpa。井水自溢，日溢量为861.4立方米，自溢水温50℃。经吉林大学测试科学实验中心检测，该温泉富含铁、锰、铜、锌、硒、硫酸盐等多种人体必需的营养元素（矿物质），对调解内分泌、恢复人体功能、改善微循环大有益处，对缓解疲劳、放松身心有常规方式无法替代的理疗作用，且无色无味，无浑浊物，完全符合国家生活饮用水标准。

园中营造亚热带雨林气候及风光。集山石林泉、溪瀑塘池、亭台轩榭、花鸟草木于一体，浑然天成。露天泉（盘丝洞一三仙观）及50个特色温泉泡池，犹如璀璨繁星散落在绿荫之中。每个温泉泡池，石砌玉琅，环抱一泓碧水，宛如明珠翡翠，洒落在绿树繁花间。温泉泡池，形状不同，功能各异。芦荟、参露、绿茶等中药池，养生祛病；玫瑰、菊花、茉莉等花香池，缤纷绚丽，芳气袭人，润肤香体；鲜奶、红酒、盐浴等特色池怡神、健美；戏水池清泉涌

多功能中药养成池

吉林省御龙温泉疗养院

异形游泳池夜景

多功能戏水池

流，水按摩椅神奇曼妙，雨淋雾喷，情趣横生；漩涡池激流澎湃；游泳池清澈见底，波光粼粼，任尔纵横。此外，熏蒸房、玉石房、火山岩房、汗蒸房、托玛琳蒸房林立四周，沐浴健身形成体系，让人尽享泉的功效、水的神奇。

这里的春天没有沙尘，这里的夏天不再燥热，这里的秋天绿色如常，这里的冬季温暖依然。如果有谁想在置身于温暖如春的世界里观赏北方的冰雪，那就来吧，这里会让你享受一番特别的情趣，给你无以伦比的身心愉悦。

温泉大门

碧波擎莲

瀑川不息

小路夜诗

生态园中心区

中国北车长春轨道客车股份有限公司

长春轨道客车股份有限公司党委书记、董事长　董晓峰

长春轨道客车股份有限公司总经理　卢西伟

中国北车长春轨道客车股份有限公司（以下简称长客股份）前身长春客车厂始建于1954年，是国家“一五”重点建设项目之一。2002年3月改制成为长春轨道客车股份有限公司，2009年随中国北车股份公司整体上市。

长客股份现有员工13000多人，厂区占地面积495万平方米。拥有1家全资子公司（长春长客轨道车辆配件销售有限责任公司），4家控股子公司（长春长客进出口有限公司、长春轨道客车科技开发有限公司、重庆长客轨道车辆有限公司、吉林省高新电动汽车有限公司，1家合资企业（长春长客—庞巴迪轨道车辆有限公司），1家境外参股企业（伊朗德黑兰车辆制造公司）。

自建厂以来，长客股份累计生产各类铁路客车（含动车组）30000多辆，约占全部运营车辆的44%，产品覆盖全国所有的铁路局；累计生产各类城铁车7000多辆（含长客—庞巴迪），约占全国运营车辆的50%，我国已开通城市轨道交通的17个城市中，有14个城市选用了长客股份的产品。

经过59年的建设和发展，长客股份已形成年产1000辆高速车、1200辆城铁车、500辆普通铁路客车和6000个转向架的生产能力，成为生产规模、装备水平、研发能力世界一流的高速车、城铁车和转向架的研发、制造、检修和出口基地。

近年来，长客股份销售收入实现了逐年递增。2009年，公司年销售收入为57亿元人民币；2010年，公司年销售收入突破百亿元；2011年，公司年销售收入220多亿，实现净利润超12亿；2012年销售收入230多亿元人民币，利润超13个亿。

长客股份经过多年的产品开发与创新，搭建了铁路客车（含动车组和普通铁路客车）、城铁客车、转向架、动车组检修四大业务板块，创造了多个国内第一，填补了多项国内空白。

多年来，长客股份成功研制了200多种普通铁路客车，开发了25B、25G、25K、25T型客车，形成了系列化的25型客车产品。2003年按照国务院“引进先进技术、联合设计生产、打造中国品牌”的总体要求，长客股份公司开始全面引进国外动车组的设计和制造技术，通过消化、吸收、再创新，搭建了CRH5、CRH380两大系列动车组产品平台，自主开发研制了“和谐号”高速动车组CRH5、CRH380BL、CRH380B、CRH380C系列产品，

6月5日，美国驻华大使骆家辉一行4人以及轨道交通业企业家、中国美国商会会员企业家、美国驻华大使馆及中国美国商会工作人员专程到公司新厂区参观考察。

7月6日，中共中央政治局委员、国务院副总理、重庆市委书记张德江，在重庆市主要领导的陪同下到重庆长客轨道车辆有限公司视察，重庆长客总经理姜晓光等领导陪同视察。

7月21日，由全国政协副主席董建华率领的香港特别行政区全国政协委员在吉林省政协主席巴音朝鲁、副主席兼秘书长王尔智等领导陪同下专程来公司参观访问。

9月5日，中共中央政治局委员、国务院副总理王岐山，在吉林省委书记孙政才、省长王儒林、长春市委书记高广滨、市长姜治莹等领导陪同下，专程来公司参观视察。

▲2月13日，公司与泰国曼谷轨道交通公司战略合作协议签字仪式在上海举行，长春市委常委常务副市长肖万民、泰国曼谷市市长素坤潘、北车集团公司副总裁赵光兴、公司董事长董晓峰、曼谷轨道交通有限公司董事长黄创山等出席了此次签约仪式。

▼8月28日，公司为“冰城”哈尔滨打造的国内首列耐高寒地铁—哈尔滨市地铁1号线车辆成功下线，标志我国地铁研制技术取得突破性成果。

▲10月19日，由公司研制的中国首列100%低地板轻轨车在长春轻轨线上正式载客运行。

▼11月20日，中国北车武汉长客修造基地项目开工奠基仪式在武汉黄陂区前川新城工业园举行，项目将成为中国北车在华中地区的业务窗口、修造中心和研发基地，标志着中国北车在华东地区战略布局取得实质性进展。

▲12月1日，世界上第一条穿越高寒地区，跨越东北三省的高速铁路，哈尔滨至大连高速铁路正式开通运营。哈大高铁开通运营“长客造”CRH380B型高寒动车组独立担当首发重任。

3月20日，公司出口巴西里约首列EMU地上电动车组正式上线运营。这是"中国制造"电动车组首次登陆南美大陆，将直接服役于巴西里约热内卢举办的2014年世界杯和2016年奥运会。

5月28日，《东方时空》"走进国有企业"栏目以"中国北车向'中国创造'跨越"为题，对以公司为代表的中国北车不断研发出世界一流产品，走在了世界高速铁路技术发展的前沿，正在实现由"中国制造"向"中国创造"的跨越进行了逾3分钟的深入报道。

5月31日，公司总经理卢西伟获得吉林省企业管理创新先进个人荣誉称号。

5月，转向架制造中心李万君在吉林省第十次党代表会议上当选党的十八大代表。6月转向架制造中心谢元立在中国共产党中央企业系统代表会议上当选为党的十八大代表。

9月15日，公司为115对新人举办隆重的青年集体婚礼。

是国内同类企业中动车组产品品种最丰富的企业。2012年12月1日，举世瞩目的哈大高铁正式开通运营，这是世界首条高寒地区长大高速铁路。在这条线路上运行的CRH380B型高寒动车组全部由长客股份自主研发制造，是世界上速度等级最高的高寒动车组。

长客股份是新中国地铁工业的摇篮，在城市轨道交通车辆方面，表现出明显的技术、规模、业绩和品牌的领先优势。总计开发了50多种城铁车，试制了3种磁浮车，填补了多项国内空白。2012年11月，长客股份港铁西港岛线项目团队被港铁公司授予"杰出贡献嘉奖"；2012年10月，长客股份EDI626辆不锈钢双客项目在澳大利亚新南威尔士州荣获"制造工艺优秀奖"，公司产品及服务得到行业和用户的高度认可。

截至目前，长客股份产品已先后出口到巴西、阿根廷、澳大利亚、新西兰、泰国、香港、伊朗、沙特、巴基斯坦、孟加拉、斯里兰卡等十几个国家和地区，在南美洲、大洋洲、东南亚、中东地区等主要市场上均有良好的市场业绩，累计出口产品4000多辆，出口签约金额超过40亿美元，出口产品数量稳居全国同行业之首。

长客股份公司是国家首批创新型企业、国家高新技术企业，产品荣获"国家名优产品"称号。公司被先后评为"全国文明单位"、"国家技术创新示范企业"、"全国优秀博士后科研工作站"、"第四批全国企事业知识产权试点单位"，国家首批"出入境检验检疫信用管理AA级企业"等称号。

◀9月28日，长春市第三十三届劳动模范表彰大会在省宾馆召开。公司董晓峰、卢西伟、谢元立、李万君等同志受到表彰。

▶10月30日，公司组织600余名劳模骨干试乘哈大线 体验"长客制造"独特魅力。

◀12月11日，吉林省召开科技创新大会，公司总经理卢西伟主持的"新型高速动车组转向架"项目获省科技奖一等奖。

▶2012年公司第九套广播操广场展示赛。

办公大楼

1月13日，公司被评定为首批出入境检验检疫信用管理AA级企业

7月，公司荣获吉林省先进博士后工作站荣誉称号

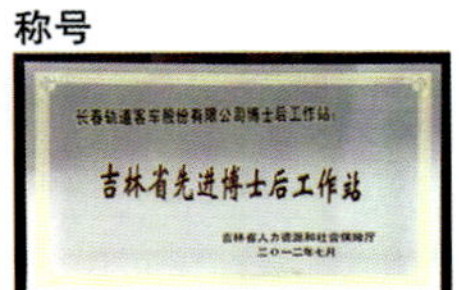

2月16日，公司再次被认定为"高新技术企业"

10月，公司EDI626不锈钢双客项目在澳大利亚荣获"最佳生产工艺奖"

5月31日，公司获吉林省优秀出口企业质量安全奖一等奖

11月，公司港铁西港岛线项目团队被港铁公司授予"杰出贡献嘉奖"

国内首列100%低地板轻轨车

哈地铁车

北京地铁14号线车

CRH380B哈大线高寒动车组

吉林省长春 皓月

吉林省长春皓月清真肉业股份有限公司是以肉牛系列精深加工为主营的相关多元化发展为一体的国家级现代农业产业化重点龙头企业。公司始建于1998年8月，2000年元月正式投产，目前集团年产能达到屠宰肉牛50万头、羊30万只、熟食制品10万吨、饲料加工60万吨、生化制品1200吨，皮革加工50万标张。在做精、做强、做大肉牛屠宰加工主业的同时，充分发挥国家政策优势、吉林地域资源优势和清真特色优势，确定了建设循环经济的发展模式，形成了畜牧养殖业、饲料加工业、食品加工业、生化制品业、制革业、有机肥加工业等六大主导产业。

皓月公司现已经成为国内唯一一家集“国际知名品牌”、“中国驰名商标”、“中国名牌”、“最具市场竞争力品牌”、“清真第一品牌”及“中国名牌农产品”于一身的牛肉制品企业，在全国同行业中生产规模第一、品牌影响第一、出口创汇第一、社会效益带动第一、发展潜力第一。

皓月公司自成立以来，一直大力推行以“皓月”商标为核心的品牌战略，严格执行“从农场到餐桌”的全过程质量监控，先后通过了ISO9001质量管理体系认证、ISO14001环境管理体系认证和ISO22000食品安全管理体系认证，并于2003年7月在国内肉牛行业首家通过HACCP国际食品安全管理体系认证以及沙特、约旦、埃及、阿联酋、马来西亚和俄罗斯等国家进口食品认证注册，2007年12月皓月牛肉分割标准被确认为国家牛肉分割标准，从而真正达到了一流企业出标准。

皓月公司以高起点，高标准，国际化为原则，按照国际高标准制定了生产加工的9项卫生操作程序、6道检疫检验关和21个卫生控制点，就连空气都要经过严格消毒。牛肉在生产过程中，经过0-4摄氏度48小时的冷却排酸，肉品及纤维更加柔嫩好熟易烂。蛋白质结构松软，易于人体消化吸收，营养美味保健，食用后心灵上的

清真寺

清真肉业股份有限公司

愉悦和满足，这就是皓月清真牛肉的真正精髓之所在。目前皓月牛肉产品出口到23个国家和地区，连续八年占全国出口量的百分之五十份额，成为我国最大的牛肉产品生产加工及出口基地。

沃金黑牛是皓月公司引进世界顶级肉牛种源繁育而成的牛种，填补了此前无国产高档品质牛肉的空白。尊贵饲养全程安全质量追溯体系，造就了其肉品黄金比例的脂肪分配，独具质感的雪花纹理，细致醇厚，极致的滋味将为越来越多的国民带来美味和健康的享受。

皓月熟食精选皓月冷却排酸牛肉为原料，开发了中西式熟食制品 200多种。2011年皓月熟食成功为深圳第26届世界大学生运动会运动员提供营养安全的食品。2012年皓月熟食在四川中小学生营养配餐项目中中标，为四川中小学生提供安全健康的食品。皓月熟食系列产品采取直销加经销的营销模式运作市场，营销网络以东三省为基础辐射华北地区及重点的回民集中区域，深受消费者的好评。

皓月公司分割车间

熟食产品

生鲜产品

熟食产品

鸟瞰图

吉林省双龙粮食经销有限公司

董事长　刘兴志

吉林省双龙粮食经销有限公司正门

吉林省双龙粮食经销有限公司坐落于长春市东南部，中国梅花鹿之乡——双阳。公司位于双阳区平湖街道尚家村，是集玉米、水稻、杂粮收储、加工、销售，山野菜生产、加工、销售于一体的现代化生产经营企业。公司成立于2007年，注册资本600万元，法定代表人为第四届吉林省创业先锋刘兴志。

公司占地面积1.6万平方米，经过全员上下近10年的不懈努力，公司现已发展成为日装卸能力1200吨、散积运输能力800吨、年资金流量1亿元、创利润近百万元的大型民营企业。

公司本着“用良心做好米，高品质更健康”的经营理念，采用国内先进的加工设备和技术，成功打造出“黑土岸边”品牌系列大米，其米粒清澈透明、油质丰富、韧性极佳、饭味纯正、香甜可口、保质期长，并含有丰富的矿物质，营养丰富，远销省内外，倍受广大顾客欢迎。“德丰”品牌山野山野菜更是受到广大消费者青睐，现已发展成三大系列、四十多个品种，销售网络遍布全国大中城市，产品顺利通过了ISO9001-2000国际质量管理体系认证和“QS”认证。

多年来，公司始终秉承“诚信为本、追求卓越、科学发展”的经营原则，并以产品“质量第一”，“顾客满意就是我们的荣誉”作为永远不变的发展理念；以循环发展、回报社会、强区富民等社会责任为己任；把“诚信、合作、共赢”作为双龙人不断的追求和目标，愿与广大朋友和商业伙伴携手共同创造幸福、美好的明天。

双龙粮食玉米

双龙粮食大米生产线

双龙粮食产品：稻花香

双龙粮食产品：五常大米

双龙粮食产品：圆粒香

双龙粮食大米成品库

吉林省双龙粮食经销有限公司场地全景

长春哲仁药品经销有限责任公司

邓 哲 董事长

——长春哲仁药品经销有限责任公司

新闻点睛

哲仁公司有着完善的配送体系和销售网络，是吉林省卫生厅指定的基本药物配送企业，在医药行业拥有良好的口碑。

长春哲仁药品经销有限责任公司成立于2009年8月，注册资金3001万元，是中华全国工商业联合会医药业商会理事单位。公司拥有总资产11000万元，2011年销售收入13000万元，2012年截止10月份销售收入已突破15000万。公司财务状况良好，银行信用等级A+级。

公司经营范围为中成药、化学药制剂、抗生素、中药饮片、生物制品(除疫苗)、医疗器械、消杀用品、化学制剂，蛋白同化制剂、肽类激素。其中核心经营品种有注射用头孢呋辛钠、注射用头孢西丁钠等。经过多年的苦心经营，已与全国各地300多家药品生产厂商建立了密切的合作关系，经营品种达5000多个。公司营销网络遍布吉林省9个地区、40多个县市、700多个乡镇，先后成为2010年、2011年、2012年吉林省政府公立医院基本药物配送企业。今年，哲仁公司在江源区投资1.6亿元兴建"哲仁江源医药物流中心"。

哲仁公司有着完善的配送体系和销售网络，是吉林省卫生厅指定的基本药物配送企业，在医药行业拥有良好的口碑。医院药房药品的集中配送符合国家医改的方向，符合国务院医改办大力提倡的"医药分业"和

公司荣誉

荣誉证书

邓 哲同志：

在"2012中国经济高峰论坛暨第十届中国经济人物征评活动"中，您被授予"中国经济新领军人物"荣誉称号。

特颁此证

2012中国经济高峰论坛

暨第十届中国经济人物颁奖盛典

2013.1.13 北京

官方网站：www.chinaepo.com

荣誉证书

荣誉证书

荣誉证书

荣誉证书

荣誉证书

"集中采购"的政策，是一种得民心、顺民意、解民难的创新之举，得到了当地政府和卫生部门领导的称赞和肯定。

哲仁的飞跃发展与其建立了完整的质量控制及保证体系密不可分，2009年哲仁顺利通过国家药监局GSP认证。按GSP的要求，对药品严格实行分类保管。建筑面积达4000多平方米的仓库分为储存作业区、辅助作业区和办公区及养护室，药品的储存养护质量工作从而得到保证。同时哲仁的储运能力也是高效、高质的，因为公司的药品经营从进货、验收、储存、发货以及销售均采用票据电脑化运转。

2013年，哲仁在吉林省白山市投资建设医药交易中心项目，预计年交易规模达10亿金额，将更进一步推动企业的发展，成为东北地区最具竞争力的专业化的药品配送服务公司。为吉林省医药经济的发展做出新的更大的贡献。

2012年-9月6日上午，市长彭永林，市委常委、副市长陈耀辉在长春市华苑宾馆会见了长春哲仁药品经销有限责任公司董事长邓哲一行。

会见中，彭永林说，白山市自然资源丰富、区位优势明显，发展前景十分广阔。随着立体交通网络的形成、政策优势的显现、基础设施的完善，白山越来越受到国内外资本的关注，吸引了世界的目光，成为国内外客商投资发展、创造财富的热土。市长彭永林希望长春哲仁药品经销有限责任公司在白山建设医药物流要从长远的角度出发，布局要合理，建设标准要超前。要利用白山的资源优势，借助医药物流产业发展白山特色药品产业。同时，白山将以最优惠的政策、最优良的环境，为投资者打造优质的创业发展平台，实现互利共赢。

邓哲对我市多年来给予的大力支持表示感谢。他说，白山拥有丰富的自然资源、优惠的政策、良好的投资环境以及诚信、务实、热情的人民，正是因为这些，激发了哲仁药品公司到白山投资兴业的愿望。希望不断扩大合作领域，推动白山经济社会快速发展。

在服务经济发展中“兴业”

——兴业银行长春分行发展纪实

兴业银行企业金融总部副总裁朱力勇与吉林省人民政府国有资产监督管理委员会主任刘利华代表双方签约

兴业银行长春分行与科技厅签订科技金融合作协议

2012年3月30日，兴业银行长春分行与吉林省信用担保投资有限公司签订了战略合作协议

兴业银行长春分行是直属兴业银行总行的省级分行，自2010年4月19日正式对外挂牌营业以来，坚持“立足长春，服务全省”的发展定位，按照“艰苦创业，打好基础，服务领先，特色鲜明”的立行理念，坚持企金、零售和金融市场“三轮驱动”的发展策略，坚持走特色经营和差异化发展之路。开业短短三年，一般性存款突破200亿元，资产达400多亿元，向吉林省累计融资600多亿元，开业网点7家，在深度服务地方经济发展的同时，以多项创新服务塑造了鲜明的经营特色。

责任金融，深度服务地方经济

积极响应省政府实施的“三化”、“三动”战略，加大对吉林省优势产业、基础设施和特色项目的信贷支持力度，先后为各级政府融资平台发放贷款70多亿元，为省内大型企业授信总额120多亿元，全力支持地方龙头企业做大做强。该行还加大对小企业、小微企业的服务力度，建立了中小企业专营体系，优化了中小企业业务流程，创设了“增级贷”等产品，累计投放小企业贷款近30亿元。

作为中国首家赤道银行，兴业银行长春分行积极践行“绿色金融”经营理念。针对省、市政府“暖房子工程”和省内工业企业的能效升级，深入开展节能减排贷款业务，累计向参与“暖房子工程”的热力和建筑等企业提供专项节能减排资金超过11亿元。积极探索金融创新，促成某风电项目CDM碳交易一笔，并在联合国成功注册，成为省内首家成功代理CDM碳交易的金融机构。

财富金融，帮助客户综合理财

兴业银行长春分行还积极帮助客户综合理财增加财产性收入，在增值服务和非增值服务上颇具特色。分行十分注重加强理财产品的创新，积极通过创设低风险、高收益理财产品，满足广大个人客户的投资理财需求，累计销售理财产品超200亿元，理财产品保有量60多亿元。该行还全面提升贵宾服务品质，集中优势资源，重点为贵宾打造机场贵宾通道、赠书、健康医疗、时尚高尔夫等四项高附加值服务；对于私人银行客户，该行还增加了公务机优惠预约、海外教育管家等多项专属增值服务，不断提升广大贵宾客户时尚生活品味。

创新金融，产品不断推陈出新

兴业银行长春分行始终坚持把创新作为业务发展的源动力,在产品和服务上不断推陈出新。

在信贷规模受限的情况下，大力发展非信贷融资业务，积极运用债券、融资租赁、信托计划等融资方式来满足客户融资需求，在省内首家承销私募债，非信贷融资余额超百亿元。自2010年开业以来，发债业务实现了省内同业三个第一：发行规模第一，发行笔数第一，发行了第一笔私募债。

以投资银行的眼光和手法，提升传统商业银行的金融服务工具。三年来，长春分行发放吉林省银行业第一笔借壳上市并购贷款，为吉林省亚东投资管理有限公司提供专项并购贷款，用于收购富奥汽车零部件股份有限公司股权，并于2011年3月完成并购，为富奥公司借壳上市扫除了障碍。该行还为敦化市金诚实业有限责任公司重组延边石岘白麓纸业股份有限公司提供了一笔并购贷款。

创新使兴业银行长春分行赢得了良好的社会口碑，也为吉林省金融市场注入一股新鲜活力；兴业银行长春分行以鲜明的业务经营特色先后被新文化报、城市晚报、东亚经贸新闻等主流媒体评选为“吉林服务最创新银行”、“吉林最具特色银行”、“最具竞争力银行”“最受信赖银行”和“最佳融资服务银行”等称号。

兴业银行长春分行开展公众教育日活动

兴业银行长春绿园支行开业

兴业银行长春分行第一届工会会员代表大会

兴业银行吉林分行开展下社区活动

兴业银行长春分行举办羽毛球比赛活动

目　录

特　载

SPECIAL REPORT

县（市）区开发区经济

ECONOMY OF COUNTY（CITY）AND DISTRICT AND DEVELOPING AREA

统 计 资 料

STATISTICS

第一篇　综合

1. GENERAL SURVEY

第二篇　人口

2. POPULATION

第三篇　单位从业人员与劳动报酬

3. EMPLOYMENT AND WAGE

第四篇　固定资产投资

4. INVESTMENT IN FIXED ASSETS

第五篇　能源消费与库存

5. CONSUMPTION AND STORAGE OF ENERGY

第六篇　财政

6. GOVERNMENT FINANCE

第七篇　物价

7. PRICE

第八篇　人民生活

8. PEOPLE'S LIVELIHOOD

第九篇 城市建设

9. GENERAL SURVEY OF CITY

第十篇 农业

10. AGRICULTURE

第十一篇 工业

11. INDUSTRY

第十二篇　交通运输、邮电通信业

12. TRANSPORTATION, POST AND TELECOMMUNICATION

第十三篇　建筑业

13. CONSTRUCTION

第十四篇　批发零售贸易和住宿餐饮业

14. WHOLESALE RETAIL TRADES AND HOTELS CATERING

第十五篇　对外经济贸易和旅游业

15. FOREIGN TRADE AND TOURISM

第十六篇　金融保险业

16. BANKING AND INSURANCE

第十七篇　教育、科技及文化事业

17. EDUCATION AND TECHNOLOGY CULTURE

第十八篇　体育、卫生及其他事业
18. SPORTS, PUBLIC HEALTH AND OTHERS

特载

SPECIAL REPORT

政府工作报告

各位代表：

现在，我代表市人民政府，向大会报告工作，请各位代表审议，并请市政协委员提出意见。

一、2012 年和本届政府工作回顾

2012 年是极不寻常的一年。在市委的坚强领导下，在人大、政协的监督支持下，我们紧紧依靠全市人民，坚定信心，迎难而上，顽强拼搏，从容应对复杂多变的外部环境，成功保持了经济社会持续健康发展的良好态势。

预计地区生产总值完成 4506.6 亿元，增长 12%；工业增加值完成 1997.5 亿元，增长 12.5%；服务业增加值完成 1854.5 亿元，增长 12.1%；固定资产投资完成 3100 亿元，增长 27.4%。这些主要经济指标的增长速度在 15 个副省级城市中均排在前列。

实现全口径财政收入 927.7 亿元，增长 15.5%；地方财政收入 340.8 亿元，增长 18.1%；规模以上工业企业利润 630 亿元，增长 23%；城市居民人均可支配收入 23089 元，增长 12.7%；农民人均纯收入 8570 元，增长 12.1%。这些体现经济增长质量和群众收入水平的指标均与经济实现了同步增长。

实践表明，长春经受住了困难和风险的考验，在全面振兴的道路上又迈出了新的坚实步伐。

一年来，我们主要做了以下工作：

(一)积极克服下行压力，经济增长实现稳中有进

先后出台 25 项稳增长政策，连续采取促进自主品牌汽车销售、壮大战略性新兴产业等一揽子措施，不仅稳定了经济大局，还促进了结构调整。

全年生产汽车 185 万辆，增长 13.4%，完成产值 4910 亿元，增长 17.5%，这两项指标增速分别高于全国 8.8 个和 4.8 个百分点。

农产品加工业产值增长 29.5%，为工业增长做出了突出贡献。

先进装备制造、光电信息、生物医药、新能源、新材料五大战略性新兴产业产值突破千亿元大关，科技创新引领发展作用日益显现。

现代物流产业增加值增长 18.5%，金融服务业增加值增长 21%，文化产业增加值增长 40%，旅游业总收入增长 27%，现代服务业占经济比重稳步提高。

引进富士康等 9 户世界 500 强、国内 500 强企业，实际利用内外资均增长 20% 以上。

农业战胜春旱、虫灾、台风灾害喜获丰收，粮食产量达到 220 亿斤，再创历史新高。

在全省县域综合发展考评中，四县(市)全部进入综合排序前十名，农安县连续两年位列第一。

(二)全力加快项目建设，城市发展后劲明显增强

“十二五”规划确定的 5 大类 150 个重大项目按预定计划顺利推进，全市投资 3000 万元以上项目总数达到 2480 个，比上年增加 400 余个。

城市中心区，实施了 300 多个投资亿元以上项目，推动服务业全面扩容、提档升级。

城市西南，一汽丰越 10 万辆整车竣工投产，轿股三厂 50 万辆整车、轴齿工业园、乘用车研发中心等重大项目相继开工，世界级汽车产业集群正在崛起。

城市西北，36 个轨道客车配套项目开工建设，建筑面积 28 万平方米的轨道客车装备园区初具规模。城市东北，北远达大街、北湖大桥建成通车，打通了连接城市中心区的两条主干线，引进并建设了 67 个战略性新兴产业项目，总投资额同比提高近一倍。兴隆保税区具备封关运营条件，首批落位 18 个外向型项目，长春对外开放的新高地正在形成。

城市东部，莲花山度假区、二道物流产业园区、九台空港新城、长德新区竞相建设、齐头并进，长吉一体化步伐不断加快。

净月西部，直通新立城坝下的生态大街全线贯通，重大项目纷纷落位，总长 15 公里的高端服务业产业带已现雏形，正在全力建设创新型生态城。

(三)努力加大投入力度，城市建设改造全面铺开

今年，城市建设实施了 78 项重点工程，资金投入达到 408 亿元，相当于上年 5.4 倍。

“两横三纵”快速路全线开工，亚泰大街跨繁荣路、自由大路高架桥投入使用，机场大道建设顺利推进，三环路开始拓宽改造，初步构建起立体化的城市道路主框架。

轻轨 4 号线投入运营，地铁 1 号线转入全程施工，地铁 2 号线开工建设，长春西站综合换乘中心、长春站综合换乘中心北枢纽投入使用，长春大踏步地迈向轨道交通时代。

长平高速改扩建以及长春至双辽、九台至双阳高速公路开工建设，哈大高铁正式投入运营。

新建扩建 4 座净水厂、5 座污水处理厂。伊通河城区段截污干管完成改造，串湖水系及 3 条城市明沟实现污水截流。改造燃气危旧管网 340 公里、供热管网 311 公里、供水管网 264 公里、排水管网 130 公里。新增供热能力 2799 万平方米。主次街路机械化清扫率由 21.4% 提升到 47.2%。

新建续建 7 座公园，9.7 平方公里的长东北湿地公园正式对游人开放。改造精品绿地 63 处，绿化彩化街路 121 条，新建城市绿地 500 余公顷。

新一轮土地利用总体规划通过国务院审批，新增建设用地指标 4.82 万公顷。

强化交通管理，在全年新增 12 万辆新车、城市道路改造全面铺开的情况下，城市交通基本保持通畅。

深入开展市容环境综合整治，城市管理水平不断提高。

(四)坚持民生第一目标，切实办好惠民利民实事

今年，我们把市级新增财力70%以上用于改善民生，为群众办了100余件实事。

创业促就业工作取得突出成效，被国务院命名为全国创业先进城市。

提高了职工最低工资标准、个体工商户个税起征点、退休人员养老金标准以及"三无"人员、农村五保户供养标准。

新增农村居民、城市居民、城镇职工养老保险参保人数170余万，养老保险扩面取得历史性突破。为4.9万户低保群众发放"幸福惠民卡"，低保救助力度进一步加大。

建立了贫困家庭子女从学前教育到高等教育全程资助的政策体系，力争不让一个孩子因贫失学。

积极开展听障、脑瘫、孤独症儿童康复医疗救助，一批残疾人家庭实施无障碍改造，残疾人康复中心启动建设。

新建保障性住房10645套。2123户低保家庭入住廉租房。200万平方米无籍房完成确权。1221万平方米老旧楼宇完成"暖房子"改造。600余栋住宅完成楼道粉刷。拆除D级危房117栋。综合整治老旧散住宅区33个。住房公积金覆盖面稳步提高。

深入创建幸福社区，社区管理和公共服务能力进一步增强。

提高了职工医保、居民医保和新农合报销封顶线，新增20个定额治疗病种，70余项常规诊疗项目费用平均降低23%。全面推广五城区成功经验，四县（市）和双阳区中心医院启动基本药物制度改革。率先在全国免费开展乙肝病毒母婴阻断工程。市中医院开工建设，市中心医院扩建顺利推进，市心理医院建成投入使用。首轮健康长春行动计划全面完成。国家卫生城市复检顺利通过验收。

新建改建38所公办幼儿园，增加普惠性幼教学位5500个。孤独症儿童康复教育中心、2所民族中小学、4所城乡接合部学校建成投入使用，40所中小学完成校舍、操场、消防设施标准化改造。开展"大学区"改革，推动义务教育学校资源共享、优势互补，稳步提高教育均衡水平。大力发展职业教育，合隆职教园区前期准备顺利推进，农业学校异地新建项目一期工程竣工。新购657台标准校车，4.5万名农村中小学生获得安全校车服务。

深入开展国家公共文化服务体系示范区创建，孔子文化园建成开放，市档案馆完成改造，市图书馆改造顺利推进，新建改建7个县级图书馆、文化馆，114个乡镇（街道）综合文化站、1320个村（社区）文化活动室达到国家规定标准，308个社区、841个行政村配备文化专干，公共图书馆、文化馆、乡镇（街道）综合文化站实现免费开放。市县两级文化体制改革顺利完成。

圆满完成第十二届全国冬季运动会长春赛区承办任务，以29块金牌的成绩荣列金牌榜第二名。奥林匹克公园3个体育场馆完成主体工程。

（五）加强和创新社会管理，社会大局保持和谐稳定

自觉接受人大及其常委会的法律监督、工作监督和政协的民主监督，坚持重大事项向人大报告、与政协协商制度。认真听取各民主党派、工商联以及无党派人士的意见建议。办理人大议案4件、人大代表建议191件、政协提案287件。

按照"人性化、网格化、信息化"的要求，夯实基层基础，创新社会管理服务体系，积极化解社会矛盾，强化为民服务能力。

深入开展"安全建设年"活动，排查整改安全隐患2.2万处，安全生产事故发生起数、死亡人数、经济损失分别下降43.5%、20.4%和49.6%。

深入开展平安创建活动，严厉打击各类刑事犯罪，110有效警情、刑事案件立案数分别下降31%和13.3%，命案破案率达到95.9%，群众安全感进一步提升。

深入开展食品安全专项整治和"百日会战"，食品安全监管取得新成效。

充分利用信访机构接待、市长公开电话、局长接待日、读报读网制度等各种渠道，及时掌握群众诉求，主动解决群众困难，群众信访总量降低12%。

扎实开展"三满意"机关建设和"万人评议机关"活动，经济发展软环境进一步改善。

强化依法治市，严格依法行政，坚持从严治政，政府自身建设取得新进展。

深入开展双拥共建，实现全国双拥模范城"七连冠"。

国家安全、工商、质监、统计、民族、宗教、外事、侨务、保密、人防、气象、地方志、红十字等工作都取得了新成绩。

各位代表，今年我们取得的丰硕成果，标志着长春经济社会发展跃上了一个新台阶，为本届政府五年任期画上了圆满句号。

自2007年市十三届人大一次会议以来的五年，长春不仅肩负着老工业基地调整改造的艰巨任务，而且遭遇了国际金融危机影响的严重冲击。全市人民战胜重重困难大踏步前行，经济社会发生了前所未有的深刻变化。

过去的五年，是综合经济实力全面跃升的五年。地区生产总值比2007年增长1.2倍，全口径财政收入增长2.2倍，规模以上工业总产值增长1.9倍，固定资产投资增长1.3倍，进出口总额增长1.5倍。在15个副省级城市中，经济增长速度始终位居前列，全口径财政收入由第14位前移到第12位，规模以上工业总产值由第12位前移到第9位，固定资产投资由第13位前移到第11位。主要指标翻番式增长、位次明显前移，标志着长春踏上了全面振兴的新征程，进入了大发展、快发展的新阶段。

过去的五年，是改革开放攻坚突破的五年。国有企业完成改制攻坚任务，国企改革遗留问题基本得到解决。民营企业由3.5万户增加到5.4万户，新增纳税超千万元民营企业230余户。先后与5个外国城市建立友城关系。引进13家世界500强、227户外资企业，外资企业税收占工业税收比例

达到1/3以上。高新区、经开区新区建设取得实质性突破，汽车区、净月区晋升为国家级开发区，19个省级开发区迅速发展壮大，开发区进入了新一轮快速成长期。改革开放为长春发展注入了强大活力，也为未来奠定了坚实基础、拓展了广阔空间。

过去的五年，是产业结构不断优化的五年。200万辆整车、2000辆轨道客车、百万吨化工醇扩能工程顺利完成，三大世界级产业基地初具规模。国家创新型城市建设取得明显进展，五大战略性新兴产业迅速发展壮大，成为支撑长春经济增长的新生力量。服务业投资连续5年位居三次产业之首，对经济增长的贡献率持续递增。长春已经基本形成了多业支撑、多业并举的产业格局，经济运行的稳定性和抗波动能力显著增强。

过去的五年，是农业农村蓄势变革的五年。新增粮食综合生产能力30亿斤，3个县（市）稳居全国十大产粮县行列，榆树连续9年产粮全国第一。农机化综合水平稳步提高，解放了农村劳动力，促进了土地规模经营。农产品加工业成为支柱产业，工业在县域经济中开始发挥主导作用，县（市）财政收入增长近4倍。农村人口开始向城镇集聚，县城人口均达到中等城市规模。现在的县域，以农耕为主的传统模式正在快速转型，初步形成了工业化、城镇化、农业现代化加速推进、良性互动的新局面。

过去的五年，是城市面貌日新月异的五年。先后启动了南部新城、西部新城、长东北、莲花山等区域开发建设，进一步加快北部新城、西南工业区改造开发，建成区每年以15平方公里以上的速度快速扩张。基础设施建设扎实推进，道路面积增长1.2倍、发电能力增长1.3倍、供热能力增长1.5倍、天然气供应能力增长1.4倍。29个公园、460余处绿地完成新建改造，30余条主要街路实施综合整治，2000余万平方米棚户区变成了环境优美、功能齐全的现代化居住区。2008年长春被命名为国家卫生城市，2011年进入全国文明城市先进行列，城市综合质量显著提升，正向绿色宜居城市的目标阔步前进。

过去的五年，是社会事业繁荣进步的五年。医疗卫生体制改革取得突破性进展，率先在全国实行医疗保险付费方式改革，公办基层医疗机构全部完成标准化改造并实施了基本药物制度。基本完成中小学校舍安全改造，学前教育、基础教育、职业教育、特殊教育长足发展。修缮改造沙俄领事馆、南大营抗战陈列馆、南广场等历史建筑和历史街区，新建改造科技文化中心、光学博物馆、艺术剧场、杂技宫等文化设施。广场和社区演出、数字电影放映、送戏下乡等活动已成常态，群众文化生活日益丰富。全民健身活动蓬勃开展，冬夏奥运会均实现金牌零的突破。

过去的五年，是民生状况显著改善的五年。坚持每年召开一次民生大会、出台一个民生行动计划、为群众办100件左右实事。五年城镇新增就业45万人，城镇登记失业率始终控制在4%以内。职工最低工资、社会平均工资、离退休人员养老金都提高了80%以上。养老、失业、工伤、生育保险和住房公积金参保人数均增加70%以上，城乡医疗保障基本实现全覆盖。4次提高城乡低保标准、困难劳模补助标准，及时根据物价上涨情况向困难群众发放生活补贴。贫困家庭精神病人、白内障患者、唇腭裂儿童康复医疗救助基本实现“有一助一”。二次供水设施不达标、居民小区临时用电、退休职工进医保、困难群体接续养老保险等历史遗留问题的解决使60余万群众受益。棚户区改造、保障房建设、泥草房改造、“暖房子”工程帮助100余万中低收入群众改善了居住条件。民生工作得到了群众的认可和社会的高度评价，长春连续5年被评为最具幸福感城市，全市人民在更加和谐的社会环境中不断增进福祉、共享发展成果。

各位代表，在过去五年发展实践中我们深刻地体会到：只要我们在市委的坚强领导下，坚定方向、坚持不懈，就一定能够战胜各种困难和险阻；只要我们自觉接受人大、政协的监督，汲取力量、争取支持，就一定能够科学民主决策；只要我们把人民群众的利益高高举起，以人为本、执政为民，就一定能够赢得可靠持久的动力源泉。在此，我代表市政府，向为长春发展做出突出贡献的全市人民致以崇高的敬意！向给予我们监督与支持的人大代表、政协委员和社会各界人士，向积极参与长春发展建设的中省直驻长单位，人民解放军和武警驻长部队以及海内外的朋友们，表示衷心的感谢！

成绩鼓舞人心，经验弥足珍贵。我们也清醒地认识到，经济社会发展和政府工作还面临着许多困难和问题。主要是：经济总量仍然偏小，产业结构不尽合理，自主创新能力不强，资源环境矛盾突出，部分群众生活仍然比较困难，社会还存在一些不稳定因素，政府管理和服务水平有待提高，廉政建设需要进一步加强。这些问题都需要我们在今后工作中高度重视并着力加以解决。

二、未来五年主要任务

党的十八大、省十次党代会、市十二次党代会，为我们明确了未来五年的主要任务，这就是建设幸福长春，率先全面建成小康社会，让城乡居民生活得更加美好。

为完成这样的任务，我们要坚持以邓小平理论、“三个代表”重要思想、科学发展观为指导，紧紧围绕主题主线，围绕科学发展、改善民生、建好城市、促进和谐大局，进一步实施好“三化”、“三动”、“三大板块”协调发展、工业和服务业“双拉动”等重大战略，以提高经济增长质量和效益为中心，坚持稳中求进总基调，促进经济持续健康发展，加快调整产业结构，积极稳妥推进城镇化，深化改革开放和创新驱动，着力保障和改善民生，促进社会和谐稳定，切实把经济建设、政治建设、文化建设、社会建设、生态文明建设的各项任务落到实处。

实际工作中，我们要采取以下措施：

——推动经济转型增长。我们不仅要连续保持不低于副省级城市平均水平、全省平均水平的增长速度，还要更加重视质量、更加重视效益、更加注重科技创新，在不断转变发展方式、优化经济结构、提高发展可持续性的基础上，力争实现地区生产总值和地方财政收入翻番，人均 GDP 达到 15000 美元以上，综合经济实力进入中等发达城市行列。

——大力调整经济结构。我们要调整城乡结构，稳步提高城镇化率和城镇化质量，初步形成城乡一体化发展格局。调整产业结构，充分发挥科技创新对产业升级的支撑引领作用，做精一产、做强二产、做大三产。调整工业结构，加快建设汽车、轨道客车、农产品加工三大世界级产业基地，推动战略性新兴产业在全国形成较强的竞争力。调整投资与消费结构，在发挥投资对经济增长关键作用的同时，逐年提高消费对经济增长的贡献率。

——加强城市建设管理。我们要保持城市化的旺盛势头，高标准建设"三城两区"，构建"双心、两翼、多组团"的城市空间结构。建设快速路、轨道交通、现代公交和慢行交通系统，形成能够承载百万辆汽车的现代交通体系。全面改造地下管网设施，确保水、电、气、热等生产要素能够满足当期需求并适度超前。基本完成夹馅棚户区、危旧房屋、历史文化街区改造，切实加强城市管理，实现城市形象全面提升。——统筹"三大板块"发展。我们要坚定不移地支持开发区转型升级、率先增长、带动发展，加速成为以新型工业化、高端服务业为主要产业内容的现代化新城区。各城区要成为服务业的主战场，在环境建设、城市管理、民生改善、社会和谐等各领域实现全面进步。各县(市)都要成为中等城市，尽快形成以二、三产为主的经济结构，人口加速向城镇集聚，社会主义新农村建设全面推进。

——强力推进改革开放。我们要以更大的勇气和智慧，不失时机深化重要领域改革，坚决破除一切不合时宜的束缚和桎梏。不断深化国有企业体制机制创新，推动国有资本更多地投向公益性行业和关键领域。支持和引导民营经济加快发展，完善中小企业发展政策，善待和支持小微企业。实施更加积极主动的开放战略，吸引国内外资金、技术、人才向长春快速集聚，全面提升开放型经济水平。

——全力改善生态环境。我们要加快建设城市森林、城市湿地、城市水域、城市绿地，不断加大自然生态系统修复保护力度。全面强化节能减排，能源、土地、水消耗强度大幅降低，主要污染物排放总量显著减少。增强全民节约意识、环保意识、生态意识，积极推行循环经济、低碳经济等绿色经济模式，努力把长春建设成为天蓝、地绿、水净、城美的绿色宜居森林城。

——推进社会管理创新。我们要加强基层社会管理和服务体系建设，引导社会组织健康有序发展，充分发挥群众参与社会管理的基础作用。畅通和规范群众诉求表达渠道，建立健全重大决策社会稳定风险评估机制，从源头减少和化解社会矛盾。健全民主法制，保障公共安全，提高社会公平正义水平，努力开创社会和谐人人有责、和谐社会人人共享的生动局面。

——提高人民生活水平。我们要实施更加积极的就业政策，努力让更多群众实现更加稳定、更高质量的就业。大力推动富民增收，力争城乡居民收入实现倍增，群众收入差距不断缩小，中等收入群体持续扩大。加快完善基本公共服务体系，努力办好人民满意的教育，群众健康水平明显提高，基本文化权益得到更好保障，保障性住房力争应保尽保，城乡养老保险基本实现全覆盖，人人享有基本生活保障。

各位代表，长春人民为了生活得更美好，始终在不懈地努力、顽强地奋斗。现在我们比以往任何时候都更接近这个目标。让我们携手并肩、戮力同心，坚定地朝着这个目标奋勇前进。长春人民应该过上更美好的新生活，也一定能够过上更美好的新生活。

三、2013 年重点工作

明年是新一届政府的开局之年。长春发展外部环境有向好的趋势，但我们要对困难有清醒的认识，做充分的准备，争取最好的结果，确保新一届政府各项工作顺利起步、扎实开局。

全市经济社会发展主要预期目标是：地区生产总值增长 13% 左右，地方财政收入、城乡居民收入与经济保持同步增长，固定资产投资增长 25% 以上，工业增加值增长 14%，进出口总额增长 15%，社会消费品零售总额增长 15% 左右。

实际工作中，我们不仅要保持经济持续健康发展的好势头，取得质量效益同步提升的好成绩，还要在转变发展方式上取得新进展，在改革开放上取得新突破，在改善民生上取得新成效。

(一)突出增量调整，做大做强工业

明年，我们要坚持大上工业不动摇，依靠增量推动工业转方式、调结构、提质量。

狠抓工业项目建设，一汽轿股三厂 50 万辆整车、轴齿工业园、大成老厂区搬迁、长客装备等重大项目取得实质性进展。积极吸引世界 500 强、国内 500 强等战略投资者来长投资，在建投资 10 亿元以上工业项目数量达到 50 个，3000 万元以上工业项目达到 1000 个，工业投资增长 20% 以上。

大力发展产业集群，汽车区核心零部件、经开北区生物化工、宽城和绿园轨道客车、净月汽车电子、高新北区战略性新兴产业、皓月清真产业要尽快达到千亿元产值规模。

加快建设创新型城市，强化"四位一体"创新驱动联盟，新建科技孵化器 50 万平方米，转化重大科技成果 100 项以上，战略性新兴产业增加值增长 20% 以上。突出企业科技创新主体作用，尽快壮大光显示、激光技术、半导体照明、稀土镁合金等重点产业，使之成为长春未来发展的重要支撑。

实施骨干企业成长工程，努力培育一批产值超百亿元、超 500 亿元的大企业。全面加大对中小企业的扶持力度，年内新增规模以上企业 50 户、中小企业 1500 户。

加快调整产品结构，提高产品附加值，抢占产业链中高端，工业增加值率提高 2 个百分点以上。大力实施质量强市、商标品牌战略。

（二）突出融合互动，强化动力支撑

明年，我们要更加重视服务业，积极促进工业、服务业深度融合、良性互动，加快构建“双拉动”的发展格局。

加快建设长东北核心区、南部新城核心区、净月生态大街三大高端服务业聚集区，在建项目力争达到80个以上。北部新城要加快构建环铁商圈。经开南区部分区域要“退二进三”。长春西站周边、汽车区汽车公园周边要尽快启动服务业开发。莲花山度假区高端生态旅游开发要出形象、出进度。各城区要启动建设一批商业中心、特色商业街区，完善商贸流通体系，推动传统服务业晋档升级。支持国内外企业在长设立区域性总部、研发中心、数据中心。新建续建4家五星级酒店、8家区域性批发市场。积极引进域外金融机构。大力支持企业上市融资。

加快建设区域性教育中心、医疗中心、购物中心、旅游中心、会展中心，集聚省内外高端消费。加快培育一批拉动力强的消费增长点，消费对经济增长贡献率提高2个百分点。

全面推进新一代信息技术应用，建设数字城市、无线城市、智慧旅游城市。大力发展软件与服务外包、电子商务、云计算数据平台等现代高端服务业。

启动建设长东北铁路物流园区，加快完善汽车物流通道，不断提升物流服务功能。

（三）突出城乡统筹，加快县域突破

明年，我们要以工促农、以城带乡，推动城乡一体化发展，努力开创县域发展振兴的新局面。

推动农安合隆、德惠米沙子、九台卡伦等县域开发区尽快与主城区融为一体，承接产业、吸纳就业、集聚人口、建设新城，成为拉动县域发展的强大引擎。长德新区要完成3平方公里项目摆放，经九合作区要启动建设，尽快形成国家级开发区带动县域发展的新格局。

四县（市）要以更大的力度推进工业化、城镇化，都要培育有特色的工业集群，都要按照中等城市标准抓好县城建设，都要突出培育一批重点乡镇。

启动新一轮粮食增产工程，逐步推广高光效农业，建设50万亩标准化粮田，玉米保护性耕作面积达到150万亩。推广农业机械深松。进一步提高农机化综合水平。创新农业经营体制。积极引导城郊退出普通粮食种植，向都市农业转型。抓好“菜篮子”工程，当年新增棚膜菜田2万亩。实施现代畜牧业提升计划，建成标准化养殖示范区200个。大力发展农业信息化。严格保护耕地，强化节约集约用地。

建立农业产业化发展基金，扶持农产品加工企业，农产品加工业增加值增长10%以上。

大兴农田水利，改造3处大型灌区、22处中型灌区，推进德惠五大围堤加固工程，完成10座病险水库除险加固。

启动幸福乡村建设计划，新建160个省级新农村示范村，绿化美化村屯200个，更新改造农防林600公顷，新建科学储粮仓5万套，解决20万农村群众饮水安全问题。

（四）突出建管并重，提升城市形象

明年，我们要以更大的力度推动城市建设、强化城市管理，力争城市绿色宜居水平有新的明显提高。

“两横三纵”快速路力争主线通车，机场大道城区段投入运行，三环路拓宽改造以及吉林大路、南湖大路东延长线等骨干工程取得实质性进展。加快建设腾飞大路跨绕城高速等立交桥。打通50条卡脖路、断头路。

续建地铁1、2号线，启动建设轻轨3号线东延长线、北湖快轨，54路有轨电车延伸线力争投入运营。加快扩建一、三水厂，完成二、四水厂升级改造，启动建设六水厂。新建第五热电厂，供热能力新增1000万平方米。改造供热管网200公里、燃气危旧管网240公里。加快升级城市电网。新建生活垃圾焚烧发电厂、餐余垃圾处理厂。

新建续建4座污水处理厂，力争3座污水处理厂建成投入使用。实施伊通河城区段雨污分流改造，启动新凯河、西部串湖和城市明沟生态综合整治，尽快形成美丽、生态、清澈的城市水系。

新建续建17座公园，新植街路40条、绿化彩化街路100条，新增城市绿地600公顷。

深入开展市容环境综合整治，从严治理城市管理顽疾，提高精细化管理水平。

伴随城市建设改造高峰的来临，明年城市交通拥堵压力将有增无减。我们要采取一切可以采取的措施，保畅通、保运转、保出行，全力克服暂时的困难，确保平稳有序地度过这段阵痛期。

（五）突出健全体系，推动文化繁荣

明年，我们要以健全基本公共服务体系为突破口，加快提升文化软实力，更加主动地迎接城市文化的大发展、大繁荣。

推动文化和科技融合，大力扶持文化创意、数字出版、影视传媒、动漫游戏等新兴行业和新型业态，壮大知合动漫、净月广告创意等一批文化产业园区，扶持100户文化骨干企业，尽快把文化产业培育成新的支柱产业。

加快推进市博物馆、市规划展览馆建设，新建群众文化活动中心、朝鲜族群众艺术馆、市图书馆铁南分馆，完成长影老厂区、方志馆改造，长影世纪城二期对外开放，县、乡、村文化基础设施全部达到国家规定标准，确保通过国家公共文化服务体系示范区验收。开展全民阅读活动，举办广场文化活动200场，放映公益数字电影22000场以上。

不断深化文化体制改革，加快构建有利于文化繁荣发展的体制机制。

广泛开展全民健身活动。社区健身路径实现全覆盖，为10个乡镇、100个行政村安装健身器材。体育职业技术学院新建工程竣工，奥林匹克公园部分投入使用。

（六）突出改善民生，强化公共服务

明年，我们要围绕增收富民、保障惠民、实事利民三大工程，制定实施幸福长春行动计划，努力为长春群众创造更多的福祉。

增收方面，新增城镇就业12万人，农村劳务输出100万人次，应届高校毕业生就业率达到85%以上，“零就业家庭”保持动态为零，城镇登记失业率控制在4%以内。健全职工工资正常增长、集体协商和支付保障机制，努力增加职工收入。强化创业培训，增加创业贷款，力争新增小微型企业5000户、个体工商户2万户，推动创业成为富民的重要途径。多渠道增加居民财产性收入。

养老方面，积极推动城镇职工、城乡居民进入养老保险体系，力争年内实现城乡养老保险基本全覆盖。进一步提高养老金发放标准。加快建设第二福利院，回族福利院投入使用。增加非营利性养老机构建设补贴和运营补贴，鼓励社会力量兴办养老服务机构。采取政府购买服务的方式为生活困难的居家老人提供日常养老服务。

救助方面，深入开展“万户特困户结对救助”活动。进一步提高城区最低生活保障标准、失业保险金发放标准和“三无”人员、农村五保户供养标准。向城乡低保和低保边缘家庭中小学生发放营养午餐补贴。城区17岁以下贫困听障少年助听器配发、贫困残疾人家庭无障碍改造基本实现“有一助一”。制定出台城镇贫困残疾人参加养老保险优惠政策。残疾人康复中心完成主体工程。

教育方面，全面实施基础教育质量提升工程。新建改建15所公办幼儿园，新增普惠性幼教学位4000个。积极扶持民办幼儿园特别是普惠性民办幼儿园发展。规范幼儿园办学行为。提高义务教育生均公用经费，推动办学设施标准化，加强教师队伍建设，创建新优质学校。实施新一轮特殊教育三年规划。积极推动国家高职改革试点，合隆职教园区主体工程竣工，农业学校新校区投入使用。

健康方面，启动实施第二轮健康长春行动计划，创建国家健康促进示范城市。加快推进儿童重症诊疗中心、市中医院、市中心医院建设改造工程。在部分市级公办医院推广基本药物制度。大幅度提高职工医保、居民医保门诊报销限额。建立儿童白血病、再生障碍性贫血等10个重大疾病定额治疗制度，超出定额费用由医保全额报销。建立城镇居民大病保险制度，完善新农合大病二次补助制度，设立贫困群众大病救助专项资金，减轻群众大病医疗支出负担。加强全科医生培养，提高基层医疗卫生服务水平。

居住方面，加快建设保障性住房，年内力争竣工1万套。完成老旧楼宇“暖房子”改造1000万平方米。加大D级危房改造力度。确权无籍房200万平方米。综合整治老旧散住宅区30个。下大气力解决居民小区弃管问题，力争用三年左右时间实现基本物业管理全覆盖。充分发挥住房公积金作用，帮助中低收入家庭改善住房条件。

出行方面，新建农村公路1000公里以上，确保村村通、屯屯通覆盖率分别达到100%和65%。建立村村通公路维修养护长效机制，力争三年内道路完好率提高到90%以上。改造农村公路危桥险桥，力争两年内全部达到安全标准。改造城区巷道1000条，四环内街路路灯基本实现全覆盖。新建公交候车亭100个，新购公交车500台以上，进一步增加公交专用道，建设智能公交管理系统，全面提升公交服务水平。

（七）突出改革创新，加强社会管理

明年，我们要以改革创新为统领，全面强化社会管理体制机制建设，努力营造既充满活力又和谐稳定的社会环境。

按照“人性化、网格化、信息化”的要求，不断加强和创新社会管理、公共服务体系。进一步简政放权，强化区级政府社会管理职能。积极推动街道办事处转型，把主要精力转到社会管理和改善民生上来。全面创建幸福社区，努力提高社区服务能力，城区社区公共服务用房面积五年内力争全部达到1000平方米。培育社会组织，强化居民自治。

继续开展“大排查、大走访、大接访”活动，不断完善联合接访机制，充分利用市长公开电话等各种载体，畅通诉求表达渠道，排查化解民生难题。推行政务公开，加强行风建设。

深入开展“安全建设年”活动，全面排查整治生产、交通、消防等领域安全隐患，坚决遏制重特大事故发生。加强防灾减灾基础设施建设，逐步完善应急物资储备和联动救援机制。

建立食品安全质量可追溯体系，批发市场、农贸市场、大型超市食品快速检测基本实现全覆盖，强化食品安全监管，创建食品安全城市。

深入开展平安创建活动，落实社会治安打、防、控措施，严厉打击各类刑事犯罪活动，坚决做到黄赌毒必治、黑恶势力必除，命案破案率保持在90%以上，不断提高人民群众安全感。

推进“六五”普法和法律服务惠民行动。进一步做好国家安全和民族宗教工作。

创新开展双拥共建，推动军民融合式发展，为争创全国双拥模范城“八连冠”打下坚实基础。

各位代表，为了肩负起建设幸福长春这一艰巨而光荣的历史重任，我们必须高度重视并切实加强政府自身建设。

一定自觉接受人大及其常委会的法律监督、工作监督和政协的民主监督，坚持依法行政，努力建设法治型政府。

一定认真学习党的方针政策、各种专业知识，适应不断变化的新形势，努力建设学习型政府。

一定奋发有为地努力工作，全面提高工作效率，狠抓各项工作落实，努力建设务实型政府。

一定全心全意为群众谋福祉，始终与长春人民同甘共苦、团结奋斗，努力建设服务型政府。

一定加大反腐倡廉力度，做到干部清正、政府清廉、政治清明，努力建设廉洁型政府。

各位代表，幸福长春的美好前景鼓舞人心，全面建成小康社会的宏伟蓝图催人奋进。在新的五年征程里，让我们紧密团结在以习近平同志为总书记的党中央周围，在市委的坚强领导下，满怀激情，锐意进取，为建设幸福长春、让全市人民生活得更加美好而努力奋斗！

2012年长春市国民经济和社会发展统计公报

全市人民在市委、市政府的正确领导下，深入学习实践科学发展观，认真贯彻落实各项宏观调控政策，积极应对复杂多变的国际国内经济环境，扎实推进各项工作，国民经济实现平稳较快增长，各项社会事业全面进步，民生状况不断改善，为全面建成小康社会奠定了良好基础。

一、综合

初步核算，全年实现地区生产总值4456.6亿元，按不变价格计算，比上年增长12.0%。其中，第一产业增加值317.1亿元，比上年增长4.3%；第二产业增加值2291.9亿元，增长13.1%；第三产业增加值1847.6亿元，增长11.8%。三次产业结构为7.1:51.4:41.5。对经济增长的贡献率分别为：2.5%、57.2%、40.3%。人均生产总值达到58691元(按户籍年平均人口数计算)，比上年增长12.1%，折合9338美元。

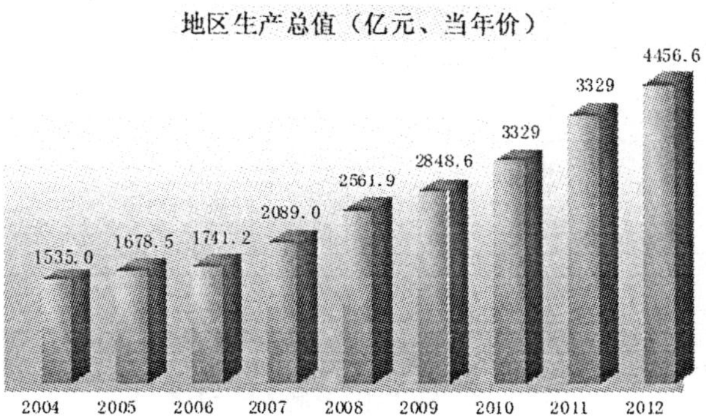

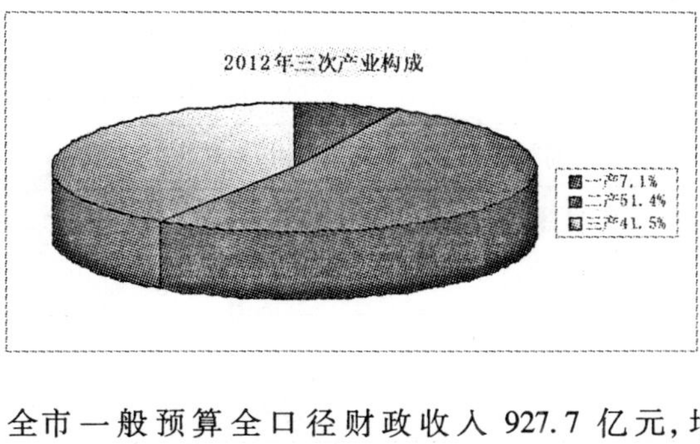

全市一般预算全口径财政收入927.7亿元，增长15.5%。全市地方财政收入340.8亿元，增长18.1%，其中，税收收入276.7亿元，增长22.0%。地方财政支出555.5亿元，增长7.1%，其中，教育支出102.8亿元，增长42.5%；社会保障和就业支出61.7亿元，下降10.7%；医疗卫生支出40.1亿元，增长17.5%；交通运输支出14.2亿元，下降29.2%。全口径财政收入占GDP的比重为20.8%，比上年提高0.7个百分点。

全年居民消费价格总指数为102.3%，增幅比上年回落3.2个百分点，分八大类看，食品、烟酒及用品、衣着、家庭设备用品及维修服务、医疗保健和个人用品、娱乐教育文化用品及服务、居住价格比上年有所上涨，交通和通讯价格有所下降。

工业品出厂价格上涨1.8%，其中：生产资料价格上涨2.1%，生活资料价格上涨1.5%。工业生产者购进价格上涨1.5%。

居民消费价格指数

单位：%

指　　标	2011年	2012年
居民消费价格总指数	105.5	102.3
服务项目价格指数	104.9	101.3
消费品价格指数	105.7	102.7
食　　品	111.7	105.4
烟酒及用品	102.8	101.4
衣　　着	103.7	101.1
家庭设备用品及维修服务	101.6	101.2
医疗保健和个人用品	102.2	101.0
交通和通讯	97.9	99.6
娱乐教育文化用品及服务	99.3	101.6
居　　住	109.3	100.9
商品零售价格指数	104.8	101.8

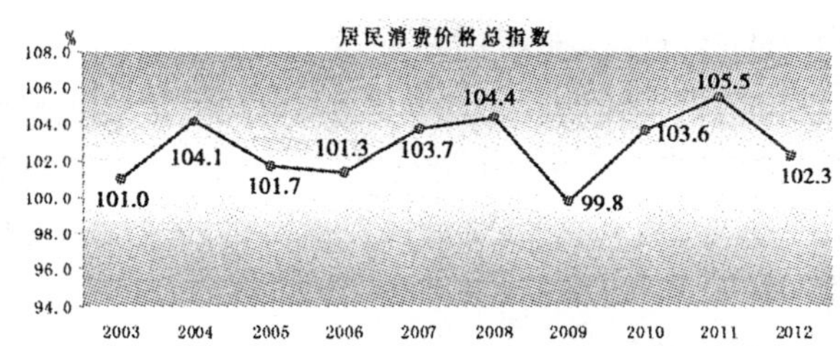

全市从业人员总数已达到386.3万人，增长0.5%。其中，城镇单位从业人员100万人，从事个体劳动的有34.5万人。2012年城镇非私营单位就业人员平均工资46272元，比上年增长12.2%。

二、农业

全年完成农林牧渔业总产值562.5亿元，比上年增长5.4%。其中，种植业产值284.1亿元，增长5.2%；林业产值3.8亿元，增长20.6%；牧业产值255.2亿元，增长5.5%；渔业产值4.2亿元，增长9.0%；农林牧渔服务业产值15.1亿元，增长3.5%。

全年农作物总播种面积134.4万公顷，比上年增长0.8%。粮食总产量达到911.2万吨，比上年增加98.7万吨。其中，玉米产量743.4万吨，增长20.1%；水稻产量127.1万吨，减少17.1%。猪出栏602.8万头，增长6.8%，牛出栏

122.1万头，增长1.8%，羊出栏35.3万只，增长5.3%，家禽出栏2.6亿只，增长8.3%。肉蛋奶产量分别达到118.6万吨、33.9万吨和6.8万吨，分别增长5.2%、4.6%和7.9%。

主要农副产品产量

指标	单位	2012年	比上年增长%
粮食总产量	万吨	911.2	12.1
蔬菜总产量	万吨	254.1	-8.7
肉类总产量	万吨	118.6	5.2
禽蛋总产量	万吨	33.9	4.6
牛奶总产量	万吨	6.8	7.9
出栏生猪	万头	602.8	6.8
出栏家禽	亿只	2.6	8.3

全年农业机械总动力为500万千瓦，比上年增长6.8%。

全市蔬菜耕地面积为72300公顷、蔬菜总产值85.2亿元，分别比上年增长2.8%和3.9%。全市已认定无公害农产品和绿色食品基地120个，新认证无公害农产品3个，新认证绿色产品10种。全市有效使用绿色食品标志产品162个，有机食品36个，无公害农产品453个，认定无公害农产品基地64个，面积73.7万亩。

全年落实国家粮食直补、农资综合直补、农机购置补贴和重大技术补贴资金共25.3亿元。全市高标准建设省级新农村示范村167个，落实新农村建设项目6大类167项，获得省新农村建设项目补助资金3157万元；重点打造了合隆镇陈家店村、卡伦镇任家村、龙嘉镇红光村、合心镇新农家村4个新农村建设标杆村和一批样板村群。

全市农产品加工业规上企业产值实现1360亿元，同比增长9.5%。新开工建设3000万元以上项目105个，完成投资262亿元，同比增长11%。省级以上和市级龙头企业数量分别发展到90户和122户。

三、工业 建筑业

全年完成规模以上工业增加值1822.3亿元，比上年增长11%。规模以上工业企业万元增加值综合能源消耗降低率为6.61%。

全年完成规模以上工业总产值8263.5亿元，比上年增长17.4%。汽车制造业累计完成产值4888.5亿元，增长16.5%，占规模以上工业总产值的59.2%；农副食品加工业完成产值1251.7亿元，增长27.8%，占规模以上工业总产值的15.1%；生物与医药工业完成产值106.4亿元，增长21.2%，占1.3%；光电子信息工业完成产值102.8亿元，增长15%，占1.2%；建材工业完成产值562.7亿元，增长21.8%，占6.8%；能源工业完成产值566.6亿元，增长15.4%，占6.9%；装备制造业完成产值468亿元，增长7.4%，占5.7%。51户重点工业企业完成工业总产值6464.4亿元，占规模以上工业总产值的比重达到78.2%。

规模以上工业总产值（亿元）

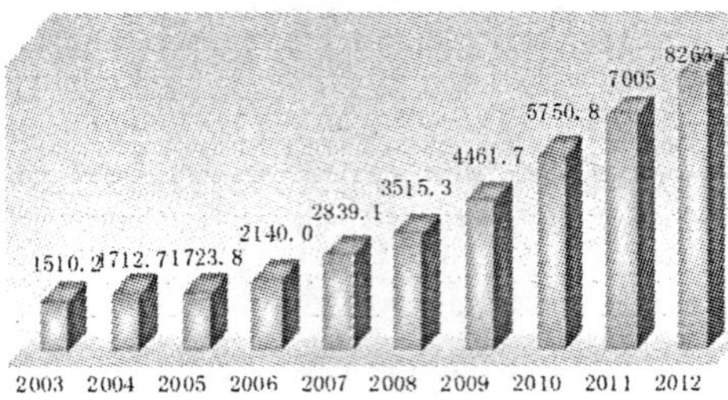

2012年主要工业产品产量

产品	单位	产量	比上年增减%
汽车	万辆	186.9	14.5
#轿车	万辆	145.5	22.1
#公路客车	万辆	5.6	-15.5
#载货汽车	万辆	22.1	-15
铁路客车	辆	1891	26.7
变压器	万千伏安	547.7	-1.1
子午线轮胎	万条	390	1.0
电子元件	万只	888	15.9
中小型拖拉机	台	1919	-42.3
工业自动调节仪表与控制系统	台	30	20
金属切削机床	台	266	-52.8
发电量	亿千瓦时	250.9	8.1
水泥	万吨	1683.4	-17.6
原煤	万吨	600.3	-4.3
焦炭	万吨	52.4	16.0
钢材	万吨	54.4	-9.1
卷烟	万支	1860000	8.1
啤酒	万吨	32.8	-14.7
中成药	吨	4164.4	49.7
饲料	万吨	359.2	44.9
精炼食用植物油	万吨	18.5	50.2
软饮料	万吨	48	4.4
农用塑料薄膜	吨	1.8	36.1
服装	万件	693.2	-12.3

全年实现主营业务收入8595.1亿元，比上年增长11.9%；利税总额1083.1亿元，增长14.9%；盈亏相抵后实现利润总额623.2亿元，增长10.1%。

全年建筑业完成增加值369.4亿元，比上年增长18.8%。资质以上建筑业完成总产值971.8亿元，比上年增长23.4%。实现工程结算收入869亿元，增长9.4%。

四、固定资产投资

全年完成全社会固定资产投资总额3172.9亿元，比上年增长 30.4%。其中：房地产开发投资 649.7 亿元，下降 2.5%。新增固定资产 2340.8 亿元。固定资产交付使用率为 75.4%，比上年提高 0.8 个百分点。房屋面积竣工率为 30%，比上年提高 1.1 个百分点。

从各产业完成投资情况看，第一产业投资 32.3 亿元，增长 3.9%；第二产业投资 1425.2 亿元，增长 26.3%；第三产业投资 1646.0 亿元，增长 37.0%。从投资主体看，国有经济投资 796.8 亿元，增长 43.2%；非国有经济投资 2306.8 亿元，增长 27.9%，占全社会固定资产投资的比重为 74.3%。全市工业投资 1400 亿元，增长 25.2%，对全社会投资增长的贡献率达 37.9%。民间投资 2147.7 亿元，增长 30.4%。全市商品房施工面积 5123.7 万平方米，比上年增长 25.3%。商品房竣工面积 913.9 万平方米，增长 22.2%。商品房销售面积 908.0 万平方米，增长 3.1%。商品房销售额 503 亿元，下降 6.9%。空置面积 320.3 万平方米，增长 32.4%。

2012 年，二手房成交 3.39 万套，成交面积 333.5 万平方米，同比下降 7.3%；其中：二手住房成交 3.18 万套，成交面积 257.2 万平方米，同比下降 4.3%。

五、国内贸易

全年实现社会消费品零售总额 1739.6 亿元，比上年增长 15.0%。分行业看，批发零售贸易业零售额 1567.3 亿元，增长 14.8%。其中：限额以上批发零售贸易业零售额 720.4 亿元，增长 10.5%；限额以下批发零售贸易业零售额 846.9 亿元，增长 18.2%。住宿和餐饮业零售额 172.3 亿元，增长 17.0%。其中：限额以上住宿餐饮业零售额 26.5 亿元，增长 10.0%；限额以下住宿餐饮业零售额 145.8 亿元，增长 18.0%。

2012 年社会消费品零售额及其增速

单位：亿元

指　标	2012 年	比上年增长%
社会消费品零售总额	1739.6	15.0
按行业分：		
批发、零售贸易业	1567.3	14.8
其中：限额以上批发零售贸易业	720.4	10.5
住宿、餐饮业	172.3	17.0

社会消费品零售总额（亿元）

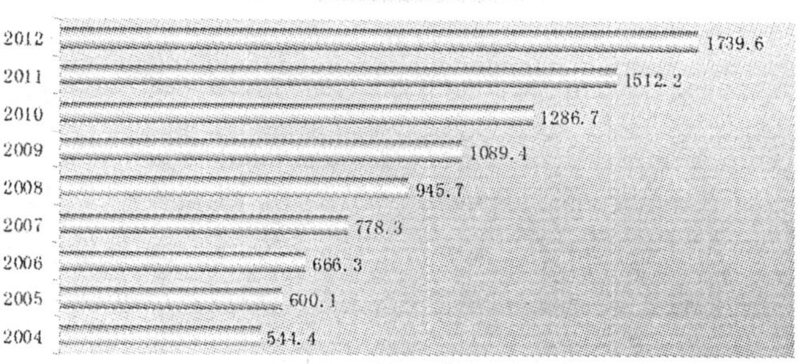

2012 年，我市限额以上批发和零售企业汽车类零售额 199.2 亿元，增长 3.1%；粮油、食品、饮料、烟酒类零售额 77.2 亿元，增长 24.7%；服装鞋帽针纺织品类零售额 139.3 亿元，增长 11.9%；金银珠宝类零售额 23.6 亿元，增长 26.0%；家用电器和音像器材类零售额 46.5 亿元，增长 5.7%；石油及制品零售额 108.8 亿元，增长 10.7%。

六、对外经济 旅游 会展

全年实现进出口总额 196.8 亿美元，比上年增长 13.4%。其中，进口 167.8 亿美元，增长 11.3%；出口 29.0 亿美元，增长 27.9%。在出口企业中：一般贸易企业出口 20.4 亿美元，增长 24.6%，加工贸易企业出口 8.5 亿美元，增长 43.1%。

全年新批外资项目（企业）42 个，其中投资总额超千万美元项目 10 个。全年实际利用外资 36.8 亿美元，比上年增长 19.6%。其中，直接利用外资 8.5 亿美元，增长 9.9%。

全年来长旅游人数达到 3655.87 万人次，比上年增长 17.4%。其中，接待入境游客 35.66 万人次，比上年增长 18.2%；接待国内旅游者 3620.21 万人次，增长 17.4%。全年旅游总收入 548.3 亿元，增长 27.0%。旅游外汇收入 22379.1 万美元，增长 31.8%。

全市共举办各类会展活动 238 项，展会直接收入 30 亿元，带动其他相关产业收入 270 亿元，分别比上年增长 20% 和 21%。

七、交通邮电业

全年公路货物周转量 312.5 亿吨公里，增长 22.7%；旅客周转量为 50.9 亿人公里，增长 6.8%。民航完成货邮吞吐量 6.6 万吨，增长 6.4%；完成旅客吞吐量 582 万人，增长 17.1%。2012 年末全市民用汽车保有量 87.7 万辆，增长 13.5%。其中，私人汽车保有量 70.6 万辆，增长 17.6%。

2012 年完成邮电业务总量 143.5 亿元，增长 6.5%。其中：邮政业务总量 4.5 亿元，增长 5%；电信业务总量 139 亿元，增长 6.5%。全年特快专递完成 86 万件，下降 11%；邮政储蓄平均余额 202.5 亿元，增长 24%。全市市话年末达到 156 万户，增长 9.9%；农话年末达到 27 万户，下降 27%；小灵通电话用户 7 万户，下降 68.2%。移动电话年末达到 1118 万户，增长 3.7%。互联网用户已经达到 640 万户，增长 23.6%，其中宽带用户 92 万户，增长 4.5%。

八、金融　证券　保险

截至 2012 年末，全市拥有银行 24 家，保险公司 28 家，本地和异地驻长证券公司 22 家。

金融机构本外币各项存款余额 6643.3 亿元，比年初增长 18.2%。其中，单位存款余额 3393.2 亿元，增长 19.1%；储蓄存款余额 2790.5 亿元，增长 18.3%。全市金融机构本外币各项贷款余额 5828.3 亿元，比年初增长 11.0%。

全市证券公司 22 家，其中本地证券公司 2 家，异地证券公司 20 家，拥有股票交易网点 47 个。A 股上市企业 19 家。股民帐户数达到 130.2 万户，比上年增长 1.5%。全市有价证券成交总额 3331.5 亿元，比上年下降 11.8%。其中，股票交易成交额2442.1亿元，下降31.2%；国债成交额740.3亿元，增长5.5倍；基金成交额38.4亿元，下降25.3%。

2012年金融机构本外币存贷款及其增长速度

单位：亿元

指　　标	2012年	比年初增长%
各项存款余额	6643.3	18.2
其中：单位存款	3393.2	19.1
储蓄存款	2790.5	18.3
其中：人民币	2767.4	18.4
各项贷款余额	5828.3	11.0
其中：短期贷款	1464.4	11.2
中长期贷款	4170.5	9.8

全市拥有保险公司28家，保险专业中介法人机构34家。全年保费收入89.5亿元，比上年增长5.9%。其中，财产险保费收入38.92亿元，增长17.9%；人身险保费收入50.6亿元，下降1.8%。全年赔付总金额31.7亿元，增长25.5%。其中，财产险赔付金额20.3亿元，增长35.4%；人身险赔付金额11.4亿元，增长11.1%。

九、城建　公用事业

2012年末，全市完成道路新建和扩建长度168.62公里，全市道路总面积达到6456.58万平方米，道路长度达到2850.24公里，人均道路面积17.89平方米。

2012年，全市水厂日综合生产能力为118.9万立方米/日，城区使用自来水人数达359.92万人。全市人工煤气和天然气供气总量分别达到14641.39和29974.54万立方米；液化石油气供气总量达到6.86万吨。城区使用煤气、天然气、石油液化气户数达到119.2万户。城区集中供热面积达到13305.93万平方米。

到2012年末，全市园林绿地面积达到9868公顷，公园绿地面积达到4567公顷，建成区绿化覆盖面积达到11220公顷，建成区绿化覆盖率达到41.5%。

十、科技　质量技术监督　教育

全年专利申请量由上年的5387件增加到6165件，增长14.4%。全年通过鉴定、验收和认定的科技成果235项，获得市以上科技进步奖励成果231项。其中：获国家级奖励10项，省级奖励173项。

2012年末，在全市各级各类科技人员中，“两院”院士27人。全市拥有独立科学研究与技术开发机构95个。其中，自然科学和技术领域研究与开发机构60个，社会科学与人文领域研究与开发机14个，科技信息与文献领域机构5个。全市民营科技企业技术合同成交额达20.87亿元，累计技术合同成交额219.69亿元。市科技管理部门共投入科技经费7850万元。全市新认定高新技术企业22户，新认定产值超亿元的高新技术企业10家。

全市有法定产品质量检验机构6个，法定计量技术机构6个。全年共定期监督检验产品1703批次。受理委托检验17426批次。国家和省的监督抽查产品质量平均合格率分别达到95.5%和94.2%。

2012年，长春市各级各类教育学校（园）2533所，其中：在长普通高校37所，成人高校8所，中等职业学校104所，普通高中65所，普通初中265所，职业初中3所，小学1349所，特殊教育9所，工读学校1所，幼儿园692所。

全市各级各类学校（园）招生人数43.6万人，其中：在读研究生1.6万人，普通本专科11.1万人，成人本专科4.1万人，中等职业学校2.7万人，普通高中招生4.8万人，初中阶段招生6.3万人，小学招生7万人，特殊教育学校招生139人，入园儿童6万人。

全市各级各类学校在校（园）人数146.3万人，其中在读研究生4.8万人，普通本专科在校生38.8万人，成人本专科生9.1万人，中等职业学校在校生8.1万人，普通高中在校生14.5万人，初中阶段在校生19.7万人，小学在校生40.2万人，特殊教育在校生0.12万人，在园儿童11万人。

全市各类教育学校专任教师9.8万人。其中：普通高等学校专任教师2.5万人，成人高校专任教师0.14万人，中等职业学校专任教师0.57万人，普通高中专任教师0.94万人，初阶段专任教师1.94万人，小学专任教师2.91万人，特殊教育学校专任教师326人，幼儿园专任教师0.78万人，小学适龄儿童入学率达99.98%。

十一、文化　卫生　体育

2012年全市共有文化（文物）事业机构228家，其中艺术表演团体3家，艺术表演场馆4家，公共图书馆12家，艺术馆、文化馆12家，文化站161家，文化艺术科技、科研机构2家，文物保护研究机构1家，文物保护管理机构4家，其他文化事业6家，其他文化企业1家，博物馆7家，文化市场管理机构15家。公共图书馆总藏量401万册，其中少儿图书馆藏量75万册。

全市共有国家综合档案馆11个，馆藏档案138.8万卷、94.3万件，开放档案15.2万卷、6.8万件。

2012年，全市有各类文化经营场所1440家，其中互联网上网服务营业场所827家（连锁70家）；文化娱乐场所327家；演出场所31家；音像制品经营场所246家，古玩（美术品）经营店9家。其中市区（含开发区）文化经营场所1049家，其中互联网上网服务营业场所578家（连锁69家）；文化娱乐场所253家；演出场所23家（其中市直3家）；古玩（美术品）经营店9家。

长春电影制片厂全年共生产故事片6部，科教片10部。

2012年，全市有广播电台5座，节目10套，中波发射台和转播台2座，转播台7座，广播人口覆盖率为100%；电视台5座，节目9套，电视人口覆盖率为100%。

2012年末，全市卫生医疗机构4092个，下降1.47%。其中:医院、卫生院302所,下降1.31%,拥有医疗、疗养床位4.23万张,比上年增长6.47%。卫生技术人员为4.3万人,比上年增长5.5%。每千人拥有执业医师和执业助理医师2.44人。

2012年末,市辖区建成社区卫生服务中心51家,城区人口覆盖率达到100%,367万农民参加了新型合作医疗,参合率达到99.7%,共筹集资金10.6亿元,已有121万参合农民受益,支付补偿金10.2亿元,占筹资总额的96.2%。

全年成功承办了全球华人羽毛球球锦标赛、瓦萨国际越野滑雪赛、世界杯自由式滑雪赛等国际国内大型体育赛事20项次。举办了市青少年短道、速滑、篮球等省市各级各类体育赛事220项次。我市代表团参加了十二届全国冬季运动会3大项10分项91小项角逐,夺得金牌29枚、银牌16枚、铜牌20枚、金牌总数列全国第二的优异成绩,继续保持了我市冬季项目全国前列位置。

以"健康长春——体育伴随你我他"为主题,开展全民健身活动1000项次,公布了《长春市民体质状况报告》。投入资金450万元,为城区安装43套健身路径,为10个乡镇、62个行政村安装健身器材。全年体育彩票销售9.9亿元,占全省销售比例的42.3%。

十二、环境保护

2012年,全市工业废水排放达标率和工业固体废物综合治理率分别达到97.4%和100%,重点工业污染源实现全面达标排放。到2012年末,全市烟尘控制区面积327.71平方公里,环境噪声达标区面积236.46平方公里,区域环境噪声平均值控制在53.6分贝,道路交通噪声平均值控制在68.6分贝,噪声达标区覆盖率78%以上,达到全国文明城市A类标准。

全市开展生态示范区试点面积1.9万平方公里,达到了幅员面积的91.4%,国家级生态示范区建成率达到100%。

全年城区空气污染指数(API)为69;空气环境质量优良级天数339天,占总天数的92.6%,其中,优级天数78天,占21.3%;良级天数261天,占71.3%;空气首要污染物总悬浮颗粒物(PM10)年日均值每立方米87微克,比上年上升4微克;二氧化硫年日均值每立方米30微克,比上年下降4微克;二氧化氮年日均值每立方米44微克,比上年下降2微克;饮用水源水质达标率100%。

十三、人口　人民生活　社会保障

2012年末,全市户籍总人口为756.9万人。其中,市区人口363万人,四县(市)人口393.9万人。全市人口出生率为10.2‰。

2012年,城市居民人均可支配收入达到22969.7元,比上年增长12.1%;人均消费性支出17863元,增长9.4%。城市恩格尔系数为29.6%。城市居民每百户拥有汽车21.57台,拥有彩电124.84台,电冰箱及冰柜97.71台,洗衣机97.97台,拥有家用电脑和移动电话83.99台和237.58部。城市人均住宅建筑面积由上年的32.8平方米增加到34.2平方米。农村居民人均纯收入9064元,增长13.8%。农村人均生活费支出5855.3元,比上年增长27.4%。农村恩格尔系数为38.5%。农村居民每百户拥有彩电120台,电冰箱90台,移动电话230部,摩托车70辆。农村人均住房面积由上年的26.91平方米下降到25.8平方米,下降4.1%。

2012年底,全市城镇企业职工基本养老保险参保人数达到177.8万人,比上年增长6.1%。其中,在职职工126.1万人,增长7.5%;城镇失业保险参保人数达到87万人,增长4.5%。全年征缴养老保险基金88.8亿元,增长21.3%;征缴失业保险基金9.5亿元。全年共为51.7万名离退休人员发放养老金91.5亿元,增长19.8%;为2.4万名失业人员发放失业金1.9亿元。城镇医疗保险参保人数达到405.8万人,其中城镇职工参保160.6万人。城镇居民基本医疗保险参保总数达到245.2万人,工伤和生育保险参保人数分别达到111.6万人和111.9万人。

全年共开发就业岗位13.9万个,实现城镇新增就业11.3万人,安置下岗失业人员实现在就业5.2万人,其中大龄就业困难对象再就业1.4万人。全市就业困难群体从事公益性岗位人员稳定在2.2万人以上,当年扶持686户零就业家庭实现就业。创建充分就业社区280个。累计实现农村劳动力转移就业120万人次。到年底,城镇登记失业率为3.78%。

截止到年末,全市城市居民共有7.66万户、14.14万人享受最低生活保障;农村居民共有10.69万户、15.82万人享受最低生活保障。累计全年发放城乡低保资金5.83亿元。

全市建设保障性住房10645套、建筑面积58.13万平方米、总投资额223366万元。其中:建设廉租住房2845套、建筑面积13.66万平方米、投资额52108万元;建设公共租赁住房7800套、建筑面积44.47万平方米、投资额171258万元。

全市在民政部门注册养老服务机构共有191家,总床位数15043张。其中:国家办养老机构10家,社会力量投资兴办的养老机构181家。农村社会福利服务中心97所。全年销售社会福利彩票9.96亿元。募集善款4417万元,总支出慈善募捐款3426万元,受助群众达8万人次。

注:1、本公报各项统计数据为初步统计数。

2、本公报行业数据系有关部门(行业)提供。

3、本公报长春市生产总值、各产业增加值绝对数按现价计算,增长速度按可比价格计算。

县(市)区开发区经济

ECONOMY OF COUNTY(CITY) AND DISTRICT

【农安县】2012年,县委、县政府团结带领全县广大干部群众,深入贯彻落实科学发展观,牢牢把握发展和民生两大主题,紧紧抓住扩充经济总量和转变经济发展方式两条主线,深入实施新兴工业强县、现代农牧大县、特色文化名县和现代绿色宜居城市战略,统筹"三化"发展,着力改善民生,促进社会和谐,戮力同心,克难攻坚,强化措施,狠抓落实,圆满完成了县十七届人大一次会议确定的各项目标,经济社会发展迈出了坚实步伐。

(一)经济运行质量稳步提高,经济综合实力进一步提升。初步核算,全年实现地区生产总值3169177万元,按可比价计算,比上年增长13.5%。其中,第一产业增加值887927万元,增长9.9%;第二产业增加值935885万元,增长9.7%;第三产业增加值1345365万元,增长18.9%。三次产业结构为28.0:29.5:42.5。按常住人口计算,全县人均地区生产总值达到26594元,比上年增长12.3%。

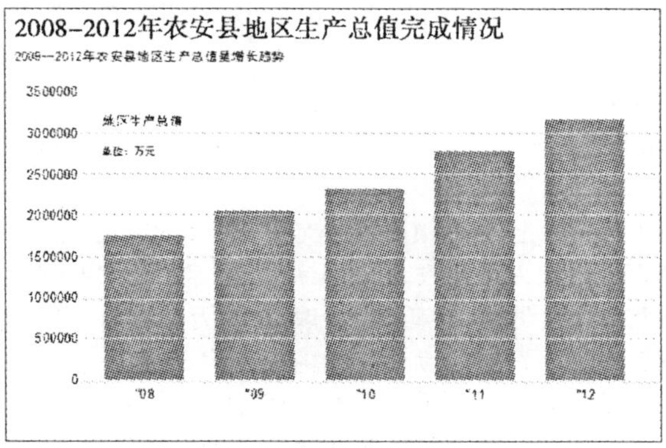

(二)推进农牧现代化,农业生产呈现高产增收、效能提速的发展态势。今年,我县农业经济克服了二代粘虫和台风等自然灾害产生的影响,粮食总产量实现五连增。加大农业科技和基础设施投入,投资4.2亿元,加强农田水利工程建设和农村电网改造;新增膜下滴灌面积7.2万亩,落实卷移式喷灌机898台。农机总动力达到163万千瓦,农业综合机械化率达到85%,继续保持全省领先水平。农业产业化龙头企业达到30户,位居外四县、市之首,牧业龙头企业屠宰加工量达到6500万头只,产业化水平不断提高,农业综合生产能力和效益显著增强。

农业:全年实现农业(第一产业)增加值887927万元,比上年增长9.9%。全年粮食播种面积395894公顷,比上年增长3.99%,其中:玉米播种面积334422公顷,比上年增长5.22%;水稻播种面积11993公顷,比上年增长7.14%;经济作物播种面积34259公顷,比上年减少27.04%。

全年粮食产量410.25万吨,比上年增加2.54%。其中:玉米产量388.2万吨,比上年增长3.11%;大豆产量2.07万吨,比上年减少13.57%;水稻产量12.03万吨,比上年增长10.29%。全年油料总产量2.28万吨,比上年减少40.47%。其中:葵花籽产量1.12万吨,比上年减少35.18%;蔬菜产量26.04万吨,比上年减少42.36%;瓜果产量8.42万吨,比上年减少43%。

林、牧、渔业:全年完成造林面积878公顷,比上年增长137.94%。全年实现牧业总产值672090万元,比上年下降5.9%。畜禽总量达到2.4亿头只,肉类总产量达到77万吨,继续保持全国第一。全年水产品产量5650万吨,比上年增长0.9%。

(三)坚持转型升级和集约发展取向,加快现代产业聚集区建设。加大园区建设,全年园区基础设施投入4.5亿元,承载能力大幅提升,合隆开发区达到省级强区规模,农安集中区即将晋级为省级开发区,烧锅园区晋升为省级特色园区,开安、华家、哈拉海三个市级园区建设快速推进,启动建设王义商贸经济区、开安-合隆工业园和小城子、伏龙泉油气产业园。通过加强工业园区建设、集中签约开工项目,工业经济实现快速发展。

全年实现规模以上工业总产值1928038万元。全年实现工业增加值655856万元,比上年增长6.7%,其中,规模以上工业增加值559131万元,比上年增长59.9%,全县规模以上企业共89户,比上年增加5户。在规模以上工业中,食品加工业、石油化工业增加值分别增长12.7%和18.5%。

(四)举力促进投资稳增长,项目快建设。一年来,全县主攻招商引资和项目建设。全年新建、续建项目167个,其中3000万元以上项目145个,引进建设了轨道客车配套园、一汽整车试验场、职业教育园、旺旺食品、财经大学、铭仁学院、华润天然气、北方建材、禾丰牧业、旺泉饲料等一大批重点项目。以大项目带动快发展,全县固定资产投资保持了平稳较快的增长态势。

固定资产投资:全年全社会固定资产投资完成1606009万元,比上年增长22%。其中:工业投资1159873万元,增长24.2%,占全社会固定资产投资的72.2%;城镇固定资产投资完成1488122万元,比上年增长45.3%。全年新增固定资产1464652万元。全县共有建筑企业10家。建筑业实现增加值280029万元,比上年增长17.6%。全年完成房地产开发投资117887万元,比上年下降10.7%。全县新开发楼房147万平方米,合隆、烧锅、伏龙泉等重点乡镇开发建设势头强劲,新建楼房84.5万平方米,对外影响力不断扩大。

招商引资:全年引进内资62亿元、外资5600万美元,同比增长20.5%和19.1%。

(五)突出城乡发展,贸易服务呈现流通扩大、城乡联动的发展态势。今年以来,我县贸易流通规模进一步扩大,流通结构日趋合理,市场载体建设更加完善,辐射功能不断增强,经济总量和贡献份额稳步上升。

全年实现社会消费品零售总额928061万元,比上年增长15.7%。其中,限额以上零售额33919.1万元,限额以下零售额894142万元。

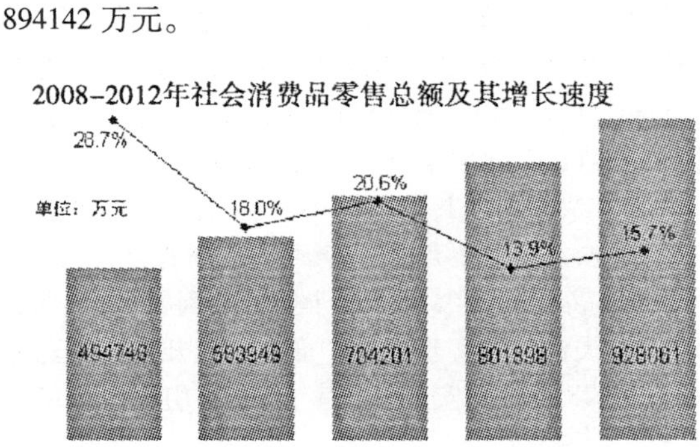

(六)保证财政税收均衡增长、效率提升。今年,面对全国经济紧缩趋势短期内不会改变、增长性税源严重不足、财政收入基数越来越大的困难局面,各主体税种完成情况较好,财政收入保持稳定健康良性增长,收入规模再创历史新高。强化财政资金管理,财政支出预算执行情况良好,进一步优化支出结构,各项重点支出得到了较好保障。

财政:全年完成财政总收入222590万元,比上年增长

10.7%，完成年度预算的101.2%；地方一般预算财政收入123768万元，比上年增长20.1%，完成年度预算的103.1%；地方一般预算财政支出367430万元，比上年增长1%。

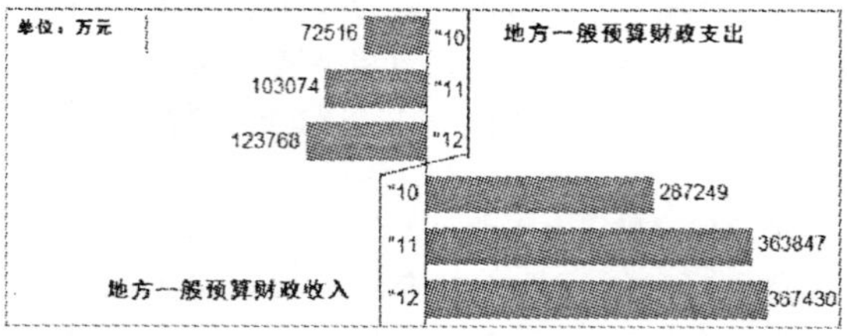

分部门看，国税部门完成96145万元，比上年增收1941万元，比上年增长2.1%，完成年度预算的92.4%；地税部门完成94711万元，比上年增收9040万元，比上年增长10.6%，完成年度预算的100.8%；财政部门完成31734万元，比上年增收10562万元，比上年增长49.9%，完成年度预算的144.2%。

从主要税种收入完成情况看，增值税完成26213万元，同比下降6.9%；营业税完成25657万元，同比增长6.3%；企业所得税完成12380万元，同比增长12.2%；个人所得税完成1863万元，同比下降25.4%；耕地占用税完成29252万元，同比增长25.9%；消费税完成61574万元，同比增长6.1%。

2012年主要税种收入完成情况

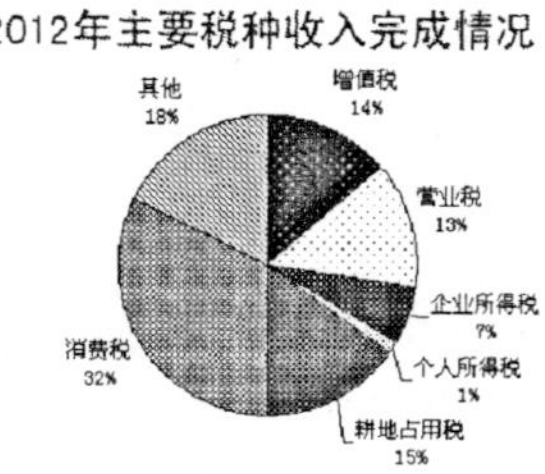

金融：金融机构各项存款余额1648701万元，增长16.5%，其中，城乡居民储蓄存款1296227万元，增长20.8%。年末金融机构各项贷款余额1057376万元，增长29.6%，其中，短期贷款余额608371万元，中长期贷款余额419691万元。

（七）突出社会公平，社会事业全面发展。加快推进教育均衡发展，启动第二幼儿园建设，校舍标准化建设全覆盖，校车运营模式在全省推广，高考理科高分段和考取清华、北大人数列长春地区外县、市之首。加快推进文化产业化，辽塔申报"国家级文物保护单位"获得国务院批准，成功举办黄龙府文化艺术节和全民运动会，城乡居民幸福指数日益提高。加快推进卫生城建设，创建国家级卫生城顺利通过初检，城乡环境日益优化。加快完善公共卫生服务体系，公立医院改革试点工作扎实推进，人口低生育水平持续稳定；新农合、新农保、城镇居民医保和养老保险参保率处于全省前列，城乡低保和城镇职工保险、失业保险实现提标扩面。深入开展食品药品专项整治，设立28个食品安全检测室，县乡村组四级网络初步形成。

教育：全县共有6所高级中学、42所初级中学、1所职业中学、303所小学和69所幼儿园。教育从业人员共13272人。全县所有在校学生118594人。其中高级中学21173人；初级中学24500人；职业中学2962人；小学55563人；幼儿园14239人。

卫生：年末全县共有卫生机构（医院和乡村卫生所）36处，其中县直医疗机构7处；乡村卫生院29处。全县共有卫生技术人员2565人，每万人（常住人口）拥有卫生技术人员21.93人。拥有医院床位数2235张，每千人（常住人口）拥有床位1.91张。

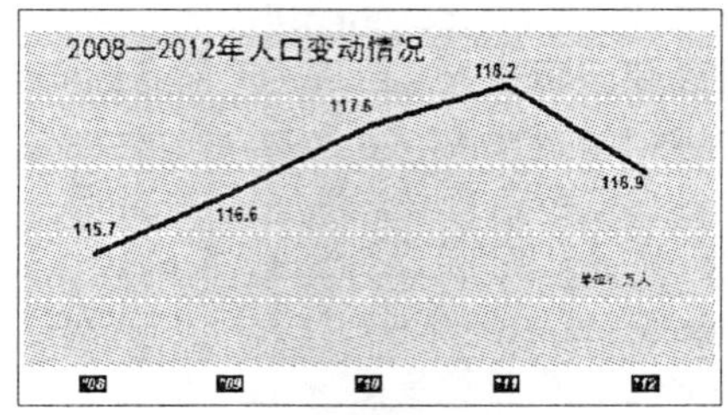

（八）改善民生保障，建设幸福新农安。全年民生投入突破30亿元，民生得到全面改善；人民收入水平不断提高，幸福指数连年攀升；人民生活条件不断改善，城乡建设实现提速发展；人民就业机会不断增加，劳务输出逐年增多。

人口：2012年末，全县总人口达到1169106人，比上年同期减少1.13%。其中，农业人口930739人，非农业人口238367人。全县人口出生率8.63‰，人口死亡率7.28‰，人口自然增长率1.34‰。

全县年末在岗职工36352人，在岗职工年平均工资30948元，比上年增长43%。转移剩余劳动力35万人次，实现劳务收入32亿元。

人民生活：全年城镇居民可支配收入16309元，比上年增长9.3%，农民人均纯收入8694元，比上年增长14.0%。主城区建设成效明显，实施暖房子改造63万平方米，完成棚户区改造3.3万平方米，新建回购廉租住房363套。在连续三年提高工资基础上，财政供养人员每人每月提薪400元。

（九）强化城市建设管理，大力改善城乡环境面貌。城乡基础设施建设向纵深发展，完成垃圾处理场、粪便处理场建设，净水厂扩建工程顺利实施；修建6条主要街路和41条巷道，铺装人行步道2.5万平方米；建设县城北出口、西出口及农村公路267公里；新增绿地面积5.2公顷，创建国家级卫生城顺利通过验收，文明城建设正在有序推进，城乡环境日益优化。

社会管理强化创新。扎实推进社会管理创新试点，成立县社会服务管理中心，126个村建立了社会服务管理站；县城安排20辆警车和240名警力昼夜巡逻，"天网工程"实现县城重点区域全覆盖，并向乡镇主要街路和重点部位延伸，社会管理水平不断提升，人民安全感不断增强。

【九台市】

九台市位于吉林省中部，东经125°24′50″～126°29′50″，北纬43°50′30″～44°31′30″，属长白山与松辽平原过渡地带，四季分明。东及东北与舒兰市和榆树市为界；南及东南同永吉县接壤；西与长春市为邻；西南同双阳毗连；北及西北均界德惠市。周边境线381.5公里，幅员3 375.27平方公里。其中，耕地面积185110公顷，林地面积56 089公顷，水域面积22 726.6公顷。九台市位于吉林省长春市和吉林市中间，处于长春市和吉林市之间的交通走廊地带和长吉经济圈的核心位置，九台火车站西距长春市火车站50公里，东至吉林市火车站75公里。长春龙嘉国际机场坐落境内。长吉高速公路、长吉北线公路、长图铁路纵贯境内。长图铁路在九台设有7个编组站，已经开工建设的长吉城际高速铁路在九台留有出口。九台市地表结构为"三山一水六分田"，域内有"一江三河"（松花江、饮马河、雾开河、沐石河），总储水量8亿立方米，长春市最重要的水源地石头口门水库坐落在境内。2012年全年降雨量474.7毫米。年平均气温5.9℃，最高32.2℃，最低-32.5℃,正常无霜期141天,年积温3035.4℃。全市共有12个建制镇、2个民族乡,4个街道。总人口82.55万人。九台市苗木花卉种类繁多远销全国各地,被称为“北方苗木花卉之乡”。矿藏种类较多,储量大,品位高。煤、沙、矿泉水、沸石、钠基膨润土资源丰富。有年产300万吨优质煤的龙家堡煤田,4台66万千瓦的华能九台电厂。耕地土质肥沃,是国家主要的商品粮基地,盛产玉米、水稻、大豆、高粱、谷子,以及油料、甜菜、瓜果、蔬菜等作物,是各种杂粮、杂豆的高产区域。

2012年九台市以科学发展观为指导,紧紧抓住推进长吉一体化的机遇,紧紧围绕“三化三动”和“三城并进,二三产业并举”的发展战略,加快推进工业化、城镇化和农业现代化进程,合力拼搏,开拓创新,经济社会呈现出良好的发展态势。

一、综合经济实力显著增强 产业结构得到优化

2012年,全市地区生产总值达3319901万元,按可比价格计算比上年增长13.5%。其中,第一产业增加值达375945万元,比上年增长9.0%;第二产业增加值达1702746万元,比上年增长16.5%;第三产业增加值达1241210万元,比增长10.7%。第一产业对经济增长的贡献率为11.9%,第二产业对经济增长的贡献率为51.8%,第三产业对经济增长的贡献率为36.3%,非农产业比重为88.7%。三次产业结构为11.3:51.3:37.4。经济发展保持了第二产业拉动为主,第一、第二产业协同发展的格局。全市人均地区生产总值为39797元,比上年增加5039元,按可比价格同比增长14.7%。城镇居民人均可支配收入达16291元,比上年增长9.7%。农民人均纯收入达8885元,比上年增长14.8%。

二、农村经济迅猛发展 农业生产条件明显改善

2012年,全市农林牧渔业总产值达697384万元,按可比价格计算比上年增长8.3%;实现农业增加值375945万元,按可比价格计算比上年增长9.0%。农林牧渔业增加值占地区生产总值的比重为11.3%。农民人均纯收入达8885元,比上年增长14.8%。2012年粮食作物播种面积达到172505公顷,粮食产量达到23.55亿斤。畜牧小区通过改、扩、新建达352个,猪、牛、羊、禽出栏数分别达到115.8万头、27.5万头、1.9万只和3373万只。肉类总产量达到19.1万吨,其中猪肉产量为9.6万吨,牛肉产量3.29万吨,家禽肉产量达到6.1万吨。牧业集约化生产经营的规模和档次进一步提高。

农业产业化步伐不断加快,农民专业合作社发展到1500个,辐射带动农民7.8万人,合作种类不断增加。

农业基础设施建设成效显著,完成水利工程量235万立方米,退耕还林后续产业90公顷,更新造林306公顷,森林覆盖率达10.5%。农机化水平进一步提升,农机总动力达79.06万千瓦,比上年增长11.7%;拖拉机保有量达28956台,比上年增长6.7%,配套机具达62207台(套),机具配套比达1:2.14;联合收割机达736台,其中:玉米收获机329台,水稻收获机407台。环境保护力度加大,土地资源利用率明显提高。

三、工业经济增势强劲 运行质量和效益稳步提高

2012年末,全市共有规模以上工业企业197户,规模以上工业企业总资产达169亿元。全年规模以上工业实现总产值350亿元,比上年增长26.6%;全市工业形成了以机械加工、农副产品加工、生物制药、矿产能源、建材材料五个行业为主导产业,这五大主导产业占规上工业总产值的75%左右。全市实现工业增加值109亿元,其中规上工业实现增加值76.3亿元,按可比价格计算,比上年增长17.2%;实现利润19.6亿元,比上年增长60.66%;完成销售收入341亿元,比上年增长30.1%;实现税金11.1亿元,比上年增长21.1%;工业产品产销率达92.1%,比上年增长5.4%。

四、商贸经济繁荣 居民消费水平显著提高

2012年实现社会消费品零售总额89.9亿元,比上年增长15.5%。分地域看,城镇实现消费品零售额61.1亿元,比上年增长12.4%;乡村实现消费品零售额28.8亿元,比上年增长22.5%。分行业看,批发和零售业实现零售额75.6亿元,比上年增长15.4%;住宿和餐饮业实现零售额14.3亿元,比上年增长20.5%。

五、财政收入稳步增长支出结构趋优 金融经济运行总体平稳

2012年,全市全口径财政收入完成23.3亿元,比上年增长27.9%,其中,税收收入实现20.3亿元,比上年增长25.1%。全市地方级财政收入完成15.1亿元,比上年增长32.3%,其中地方级税收收入完成12.1亿元,比上年增长28.4%。2012年全市财政一般预算支出完成38.2亿元,比上增长8.6%。其中:一般公共服务支出2.64亿元,教育支出6.75亿元,社会保障和就业支出5.65亿元,医疗卫生支出3.48亿元,城乡社区事务支出5.17亿元,农林水事务支出5.04亿元。

2012年,金融机构人民币各项存款余额196.94亿元,比上增长23.6%,其中居民储蓄存款130.45亿元,比上年增长27.9%,人民币各项贷款余额118.9亿元,比上年增长34.7%。

六、固定资产投资力度加大 城乡面貌大为改观

2012年末,九台市全社会固定资产投资(500万元及以上项目)项目574个,完成全社会固定资产投资额204亿元,比上年增长59.6%,其中房地产完成投资9.59亿元,同比增长23.01%。全年新增固定资产165亿元。按建设性质分:新建项目完成投资额34.1亿元,扩建项目完成投资额7.25亿元,改建和技术改造项目完成投资额141.9亿元;按构成分:投资用于建筑工程97.37亿元,投资用于安装工程12.79亿元,投资用于设备工器具购置81.04亿元,投资用于其它费用3.91亿元;按国民经济行业分:第一产业完成投资额7.88亿元,其中畜牧业完成投资额3.78亿元。第二产业完成投资额149.85亿元,其中工业完成投资额147.15亿元。第三产业完成投资额37.39亿元。在第三产业中交通运输、仓储和邮政业完成投资额17.1亿元,水利、环境和公共设施管理业完成投资额2.4亿元,公共管理和社会组织完成投资额2.86亿元,房地产业完成投资额9.59亿元。

城市道路总长度106.11公里,新修道路15.39公里,更新改造道路0.6万平方米;路灯总数1493,新安装路灯205盏;排水管道总长度106.42公里,新增12.48公里;园林绿化覆盖面积达到360公顷,新增15公顷;绿地面积新增15公顷;供热管道总长度142.14公里,新增8.14公里;供热总面积520万平方米,新增60万平方米;供水管道总长度达到213.16公里,新增6.9公里;道路清扫保洁总面积达到210万平方米,新增20万平方米;污水处理量新增8万立方米,达到630万立方米;天然气管道长度新增6.66公里,总长度达到101.92公里,供气总量达到153.83万立方米,新增32.04万立方米。

七、社会事业繁荣进步 发展成果惠及民生

社会事业协调发展。市实验幼儿园和莽卡、庆阳“一乡一校”工程竣工,16所“一乡一校”寄宿制学校附属工程交付使用;投资3000万元,为百所农村中小学配备了音体美卫及多媒体器材,装备了理化生等“五室”;116辆标准校车上线运行,解决了9120名农村中小学生上下学交通问题。2012年全市中学数35所,在校学生3.17万人,专任教师2641人,小学数200所,在校学生4.03万人,专任教师4385人。

投资2.4亿元的新市医院投人使用。低生育水平保持稳定,出生人口质量进一步提升,发放计生家庭奖扶资金631万元。文化旅游活动丰富多彩,成功举办了长春九台农民节和长春市第二届乡村旅游节等文化旅游活动,文化馆、图书馆、文化站免费对市民开放。新建全民健身场地40处,农村文化大院发展到193家,公共文化服务体系示范区建设初见规模。发展农村数字有线电视8万户,农村数字电影放映3720场。全市有乡镇综合文化站18个、农家书屋310个、文化馆1个、图书馆1个,藏书量10.1万册,影剧院1个、综合性体育场馆1个、体校1个,二人转剧团1个。

2012年,全市有医院、卫生院37所,医院床位3007张。卫生技术人员数2899人,其中执业医师(助理)1021人,全市卫生防疫人员数218人。2012年全市参加城镇基本养老保险4.22万人,发放养老金180.68万元;全市参加农村社会养老保险29.57万人,参加失业保险的人数为3.15万人;参加新型农村合作医疗56.03万人,参合率达99.0%;参加城镇职工医疗保险人数为5.85万人,参加城镇居民医疗保险的人数为17.5万人,参保率100.0%;建立健全了城乡低保、大病救助机制,为4.24万低保对象发放低保金8540万元,发放困难群体救助金2200万元。

2012年,全市民用汽车拥有量37214辆,公路客运量1122万人,旅客周转量48430万人/公里,完成货运量1390万吨,货物周转量289504万吨/公里。邮电局所20个,邮政业务总量3566万元,电信业务总量26500万元。本地固定电话用户18.8万户,移动电话54万户,国际互联网用户4.75万户。有线电视用户11.73(吉视传媒45290户,广电:72000户)万户。全年申请专利36件,全年专利授权数为30件。

2012年末,全市总人口为82.5万人,其中非农业人口为19万人,出生人口为6996人,出生率为8.5‰。死亡人口为4689人,死亡率5.7‰,人口自然增长率为2.8‰。

2012年,九台市城镇非私营单位从业人员为4.23万人,单位从业人员劳动报酬为13.48亿元;在岗职工工资总额为13.44亿元,比上年增长29.8%;城镇非私营单位在岗职工平均工资为31130元,比上年增长29.9%。本级财政投人8.4亿元实施了百项民生行动计划。就业再就业工作成效显著。新开发城镇用工岗位9868个,下岗失业人员再就业4012人,发放小额担保贷款2250万元,全口径劳务输出30.5万人次,城镇登记失业率控制在4.0%以下。

2012年,九台市人民在市委、市政府的正确领导下,在社会各界的和关怀和支持下,通过自己的努力拼搏,使经济社会快速发展,创造了辉煌成绩。

【榆树市】榆树市位于吉林省东北部,处于长春、吉林、哈尔滨三市构成的三角区中心,享有“松辽平原第一仓”和“鱼米之乡”的美誉,连续九年被国家授予“全国粮食生产标兵县(市)”荣誉称号;连续七年荣获“全国最具投资潜力中小城市百强”荣誉称号。全市幅员面积4712.49平方公里。全市辖15个建制镇、9个乡、4个街道。总人口1307748人,总户数432414户。

一、综合　2012年,全市生产总值实现3405056万元,按不变价格计算,比上年增长12.9%。其中:第一产业增加值实现962246万元,按不变价格计算,比上年增长7.1%;第二产业增加值实现873814万元,按不变价格计算,比上年增长17.0%;第三产业增加值实现1568996万元,按不变价格计算,比上年增长13.9%。

二、农业　农业生产稳步增长,粮食总产量再创新高。全市总播种面积391126公顷,比上年增加12000公顷。其中:粮食播种面积378093公顷,比上年增加10922公顷。水稻播种面积72240公顷,玉米播种面积289441公顷,大豆播种面积6463公顷,马铃薯播种面积9949公顷。蔬菜播种面积11524公顷,瓜类播种面积852公顷,烤烟播种面积508公顷,药材播种面积139公顷。粮食总产量达到3207389吨,其中玉米2392851吨,水稻629199吨,大豆27617吨,薯类157722吨。我市连续九年获得“全国粮食生产标兵县(市)”的荣誉称号。农业总产值实现1693004万元,比上年增长8.6%,其中:种植业产值985051万元,比上年增长10.4%,林业产值5356万元,比上年增长13.1%,牧业产值653315万元,比上年增长5.8%,渔业产值9389万元,比上年增长31.3%,农林牧渔服务业产值39893万元,比上年增长6.6%。

2012年,园艺作物面积达到5.4万公顷,总产值实现65亿元。无公害农产品认证总量达到99个。全市棚膜蔬菜面积达到3533公顷,产值实现26亿元。

2012年末,全市生猪发展到2396792头,比上年增长6.7%,牛发展到1080358头,比上年增长2.9%,羊发展到155970只,比上年增长7.7%,禽发展到5258.6万只,比上年增长11.3%。奶类总产量25663吨,其中:牛奶25400吨。禽蛋总产量121364吨。肉类总产量241474吨。

三、工业和建筑业　2012年,全口径工业总产值实现2877046万元,比上年增长18.7%。增加值实现610357万元,按不变价格计算,比上年增长13.1%。规模以上工业企业发展到52户,总产值实现1257772万元,比上年增长35.9%,增加值实现245634万元,按不变价格计算,比上年增长12.3%,主营业务收入实现1214231万元,比上年增长32.6%,利润总额实现17123万元,实缴税金12120万元%。

2012年,全市建筑业增加值实现263457万元,按不变价格计算,比上年增长27.8%。全市有资质建筑企业6户,建筑业产值实现36407万元。

四、民营经济　2012年,全市民营经济户数发展到69159户,比上年增长11.7%,从业人员达到262470人,比上年增长8.0%。民营经济总产值实现8520438万元,比上年增长26.7%。利润总额实现653418万元,比上年增长22.6%,实交税金84140万元,比上年增长21.5%,民营经济增加值实现2627149万元,按不变价格计算,比上年增长20.1%。民营经济增加值占全市生产总值的比重达到76.8%。

五、固定资产投资　2012年,全市共引进内资28.8亿元,引进外资5490万美元。全社会固定资产投资完成额1551237万元,比上年增长28.8%,其中:工业固定资产投资完成额800276万元,比上年增长30.1%。城镇固定资产投资完成额1493493万元,比上年增长24.0%,其中:工业固定资产投资完成额800276万元,比上年增长30.1%。房地产开发投资完成额57744万元,同比增长7.0%。

六、交通运输及邮电业　进一步完善客货运输网络和农村客运网络,运输保障服务能力极大提升。投资1.3亿元,建设农村屯屯通、户户通公路260公里。投资2亿元,完成科铁西线15公里中修工程、建设农村公路357公里、改造危桥12座。投资200万元,建成了松花江水域秀水腰围渡口等5个渡口。投资1500万元,新建公交公司办公楼一栋,总建筑面积3000平方米。投资5000万元,购置校车100台,已投入到24个乡镇使用。新开辟榆树至青岛长途客运班线,我市交通客运线路达到495条。

2012年,邮电业务总量达到42139万元,比上年增长6.5%,本地电话用户总数达到122132户,其中:农村电话用户总数达到77869户,其中:住宅用户66547户;市内电话用户达到44263户,其中:住宅用户42056户。移动电话用户总数达到709862部,互联网上网用户48718户。

七、国内贸易 2012年,全市社会消费品零售额实现937801万元,比上年增长16.7%。其中:批发、零售贸易业零售额实现721225万元,比上年增长13.5%,住宿、餐饮业零售额实现216576万元,比上年增长28.6%。

八、财政、金融、保险业 2012年,全市一般预算全口径财政收入128541万元,比上年增长27.9%,市本级一般预算财政收入100206万元,比上年增长33.9%,财政支出总计405150万元,比上年增长11.2%。

2012年,金融机构各项存款余额1387963万元,比上年增长17.5%,其中:城乡居民储蓄存款余额1091232万元,比上年增长22.2%;金融机构各项贷款余额1098357万元,比上年增长7.8%。

2012年,社会商业保险业蓬勃发展。全市保费收入32741万元,比上年增长24.2%;赔款、给付支出15348万元,比上年增长16.9%。

九、科学技术和教育 认真抓好"东北平原中部(吉林)春玉米、水稻丰产高效技术集成与研究"项目的实施工作。切实加强在建项目的实施和管理工作。以科技之冬、科技之春、送科技下乡、赶科普大集等多种形式,加快科技成果转化步伐。开展了"榆树市人才服务月暨专家博士百乡行活动专题讲座"。4月份,邀请长春市科协、长春教育局组办的"科普大篷车进校园"活动来榆树进校园展出。重新制定了"榆树市破坏性地震应急预案",加大了防震减灾知识的宣传力度。

在全省首推了"政府主导、部门联动、企业运作"管理模式,启动实施了中小学"校车计划",前后两期投入资金2700万元,购买校车90辆。全年共补充教师754人,其中补聘430人,招聘154人,申请"特岗计划"和"硕师计划"170人。充分发挥重点高中推荐生的杠杆平衡作用,扩大推荐生比例,把推荐生指标向农村、向薄弱校倾斜,稳定了农村初中生源,进一步调动了农村初中办学积极性。推进了"新标准学校"创建活动。切实加强了中、高考管理,加大了对非法销售高考作弊器材的打击力度。社会、考生、家长满意,维护了政府形象,促进了社会公平正义。制定出台了《学校安全管理办法<试行>》,实施了罚则制度,加大了安全工作检查指导力度。2012年我市高考再创佳绩,600分以上77人,重点本科进线773人,一般本科进线3244人,二级本科进线5068人。

十、文化体育和卫生 文体活动中心被省里推荐为"全国优秀全民健身中心",榆树市被吉林省象棋协会命名为"象棋之乡"。争取文化部、文化厅投资584万元,完成了24个国家标准的乡镇综合文化站建设任务。新打造省级农村文化大院68个,对已建成的农村文化大院进行规范化管理,全部达到"五有"标准。百镇千村农民健身工程有新进展。争取省体育局支持,为我市3个乡镇20个村配备体育健身器材245件。文体活动蓬勃开展。开展推广普及中华人民共和国第九套广播体操活动。文体局与总工会、市直机关工委联合举办了"农商银行杯"职工篮球、乒乓球赛。成立了31个文体产业协会。我市体育项目在国家级比赛中获金牌10枚、省级比赛获金牌27枚,长春市级比赛获金牌22枚。我市的举重项目在全省县级城市中位居首位。

广播电视充分利用无线、有线、多路微波等技术手段,大力推进广播电视通村入户工程。新闻内容贴近群众。在及时有效宣传市委、市政府中心工作的基础上,精办时政新闻,增加社会新闻,扩大经济新闻,强化民生新闻。新建成的数字影院功能齐全,填补了我市没有数字影院的空白。建成了制播一体化系统,实现了数字化播出。交通文艺广播不断创新改版,本地特色节目增加,服务、娱乐和教育功能进一步显现。"两台"节目在省市评比中,有35件获得一、二、三等奖。有线电视以"满意客户、感动客户"服务为宗旨,服务质量整体提升。2012年末,我市城乡网络数字用户达到21.5万户。

卫生系统认真开展"三好一满意"活动,全面提高医护人员服务水平和服务质量。2012年我市新农合参合97,5899人。社区居民建档、健康教育、妇幼保健、老年人保健、慢病管理、传染病防治六项基本公共卫生服务项目进展顺利。对2012年以来凡在广播、电视做过医疗广告的医疗机构进行全面核查。按照《吉林省乡镇卫生院预防接种门诊建设标准》的要求,遵循科学设置、规范化管理的原则,达到乡镇预防接种门诊全覆盖。

食品药品监督、技术质量监督、工商行政管理、行政执法、卫生防疫、酒类管理等部门积极履行行政执法职能,积极开展"安全建设年"活动,深入开展源头打假工作,加大对医药、食品卫生质量监督检查管理和治理力度,有效地控制了假冒伪劣产品流入市场,保护了消费者合法权益,整顿和规范了市场经济秩序。

十一、人口和人民生活 2012年末,全市总人口达到1307748人,比上年增长0.13%。其中,农业人口1100501人,比上年增长0.11%;非农业人口207247人,比上年增长0.21%。全市总户数432414户,其中农业户数321138。人口自然增长率3.22‰。

2012年,城镇居民人均可支配收入16211元,比上年增长8.3%;全市非私营单位在岗职工年平均工资31812元,比上年增长15.9%;农民人均纯收入实现11001元,比上年增长29.9%。

十二、劳动就业和社会保障 2012年,市委、市政府积极实施扩大就业的发展战略,推进全民创业促就业进程。全年共开发就业岗位7017个,城镇新增就业6056人,城镇失业人员再就业人数达到2119人,安置高校毕业生就业614人,征集创业项目150个,农村劳动力转移就业50.38万人,劳务经济收入达到83亿元,政府全年社会保障和就业补助支出69426万元。参加基本养老保险职工45347人,参加基本医疗保险职工83369人,参加失业保险职工40272人,城镇居民最低生活保障31995人,农村居民最低生活保障57823人,参加农村合作医疗保险975899人。城镇居民医疗保险参保182536人。

十三、生态环境保护 继续实施"蓝天工程",大气环境质量稳步提升。巩固"碧水工程"成果,集中式饮用水和境内流域水质保持安全稳定。对城市饮用水源和境内“一江三河”段面开展常规性监测。境内“一江三河”流域水质稳中有升,城市集中饮用水质达标率为100%。打造“安静工程”,区域噪声功能进一步改善。开展了“绿色护考”行动,为中高考考生营造了安静舒适的应试环境。发挥联动合力,组织环保、工商、公安等部门开展联合执法行动6次,集中组织监察执法人员开展了专项检查11次,突击检查8次,检查重点企业和业户1035户,有力地震慑了环境违法行为。构筑信息共享平台,推进“绿色信贷”机制。深入推进“生态工程”,生态建设与农村环保迈上新台阶。全市28个乡镇(街)、388个行政村、445个自然屯开展农村深度治理工作,取得了明显的示范效应。弓棚镇水泉村、五棵树合发村等34个村被命名为长春市级生态村,创建榆树市级生态村48个。

【德惠市】德惠市位于吉林省中北部,松辽平原腹地,全市幅员面积3435平方公里,辖12个镇、4个乡、4个街道办事处,308个村,全市总人口为93.5万人,设有省级经济开发区、省级工业集中区、长德新区各一处。德惠区位优越,交通便捷。市区位于长春、吉林、哈尔滨三大城市之间,距长春龙嘉国际机场85公里、哈尔滨机场173公里、大连港700公里。南北物流大动脉京哈铁路、102国道和同三高速公路平行纵贯境内百余公里,哈大高速铁路预计今年正式通车,并留有出口,县乡级公路联接成网,四通八达。境内有“一江四河”,沿第二松花江航道,可上溯吉林市,下经哈尔滨市、佳木斯市至同江口岸。

2012年,全年地区生产总值完成343.4亿元,同比增长11.1%,其中第一产业完成65.4亿元,同比下降1.7%;第二产业完成135.3亿元,同比增长13.2%,第三产业完成142.7亿元,同比增长13.1%;规模以上工业产值实现375.2亿元,同比增长29.0%;一般预算全口径财政收入实现17.7亿元,同比增长32.4%。其中地方级财政收入实现11.8亿元,同比增长34.8%;全社会固定资产投资实现197.0亿元,同比增长38.2%;社会消费品零售总额实现94.7亿元,同比增长15.7%;城镇居民人均可支配收入实现16948.49元,同比增长12.2%;农民人均收入实现9465.72元,同比增长16.7%。

(一)经济发展空前强劲。本着“高端化、集约化”原则,积极引进高质量项目,提升传统产业,培育新兴产业,经济结构呈现产业体系逐步健全、板块格局逐步清晰的良好局面。

项目质量大幅提高。坚持高起点、高标准,引进了一批大项目、新项目和税源项目,项目规模、效益和科技含量显著提高。全市(不含长德新区)共引进项目227个。其中,超亿元项目31个,超10亿元项目4个。圣泉集团酚醛泡沫板材项目投产后运营良好。增加我市农民收入6亿元,实现税收5亿元,安排就业1万余人。大成公司通过设备更新和技术改造,赖氨酸年产量达到30万吨,市场份额占全球三分之二以上,拥有产品国际定价权。20万吨赖氨酸硫酸盐项目生产车间已建成使用。中国航天海鹰集团、长春安可精密电子有限公司、卡尔蔡司夹具系统长春有限公司、长春蓝天高新技术密封材料有限公司的产品广泛用于航天、军工、通信等领域,部分技术达到国际先进水平。

经济园区承载能力显著增强。德惠经济开发区新建、续建工业项目42个。现入区企业达到168户。其中,工业企业115户。米沙子工业集中区完成招商引资28.4亿元,新建项目46个。其中,超10亿元的项目8个,超亿元的项目15个。高速公路出口工程主体完工。在全省集中区评比中,综合实力位列第一。长德新区共投入资金30亿元,40平方公里基础设施建设全面启动,“七横五纵”路网正在建设,100万平方米回迁楼已入住。总投资260亿元的东北亚国际医药港等16个项目已经落位。大成(德惠)生化工业区架设了66千伏双回线路,建成了陆港及铁路专用线。朱城子食品加工产业园新拓展2平方公里。总投资6.6亿元的达利休闲食品、饮料扩建项目完成投资6.3亿元,新上休闲食品生产线8条,改造饮料生产线2条。汇商健康产业园和汇商新型建材产业园已有5户企业入驻。万宝化工产业园规划、建设1平方公里,昆仑能源、昆仑利用、珈士濠玄武岩纤维项目已成功签约。

主导产业的板块经济初步形成。2012年,通过经济战线的共同努力,支撑县域经济发展的特色产业板块更加鲜明,初步形成了以泉林、大成、达利、德大为代表的农产品加工业板块;以天林工贸、大华机械、东方机械为代表的汽车配件产业板块;以圣泉倍进、都邦药业、银河制药为代表的医药化工业板块;以长春建工、鑫雨水泥、昌驰混凝土为代表的建材业板块;以香江物流、海洋物流、德惠物流园区为代表的物流业板块,使德惠经济结构更加优化,逐步向有序集聚、科学集约的方向转变,形成了多轮驱动、各业竞相发展的良好格局。

(二)城乡建设步伐不断加快。投资6.8亿元,修建城区道路31条,总面积61.3万平方米。影响城市发展的振兴街(民族路－松柏路)、东风路(新华街－光明街)、新华街(松柏路－环城路)等15个重要节点全部打通,“内路成网、外路成环”的路网格局基本形成,通达能力得到全面提升。4平方公里的东部新城初具雏形。高铁德惠西站已竣工,高速铁路已试运行,站前广场完成初步建设,3.5平方公里的西部新城框架已经形成。南部环保工业区、北部工业集中区已有近百个项目落位,新收储土地90公顷。东部行政、西部商住、南北工业支撑的城市发展框架基本拉开。建设同太、朱城子等变电所8座,改造10千伏线路197公里,新建输电线路125公里。改造危桥16座,修建农村公路129.5公里,通村率达到99.7%。

(三)农业生产能力稳步提高。坚持用工业化思维谋划农业,提升农业产业结构层次,农村经济呈现结构趋优、效益提高的发展态势。

种植业高效发展。积极推进粮油高产创建整体推进县项目,建设粮油高产创建示范片25个,辐射带动面积320万亩。园艺特产业种植面积发展到35万亩。粮食总产量达到43.7亿斤。

现代畜牧业健康发展。牧业生产抵御了市场波动,新建、扩建标准化牧业小区66个,完成9个乡级畜牧站建设任务。肉鸡出栏达2.4亿只,规模化饲养蛋鸡达450万只,生猪发展到300万头。

农业基础设施逐步加强。完成了塘沽围堤一期度汛工程、2011年重点县尾工工程和伊通河护岸工程,推进了中小河流沐石河治理、塘沽围堤二期工程和松沐灌区节水改造与续建配套工程。植树造林250公顷,50个村屯绿化工作全部通过省里验收。完成深松整地80万亩、保护性耕作22万亩。公共气象服务体系和农村气象灾害防御体系逐步完善,气象服务能力进一步提高。

新农村建设水平全面提升。实施了新农村建设示范提升工程,动员社会各界力量,投入4660万元,重点打造了6个样板村。共完成省级新农村建设项目31个,促进了公共基础设施建设和公共服务向农村延伸,实现了新农村建设重点推进、整体提升。

(四)民生福祉得到全面提高。年初制定的10大类100项民生行动计划任务全部完成,围绕民生工作总投入超过20亿元。社会建设呈现统筹协调、全面进步的和谐局面,百姓的幸福感进一步增强。"十件惠民实事"全部完成年度任务。东部新城惠民公园已完成沐德湖土方工程;"引松入德"工程德惠净水厂已完成设备安装和调试。城区供水管网铺设2332延米;新建农民科学储粮仓10000套;学校资源整合建设工程,三中、五中、特殊教育学校建成投入使用;完善城乡文体设施工程,共打造6个乡镇文化站、40个村级文化活动室、52个文化大院、2个社区文化室,建立文化信息资源共享工程站点102个。改造了体育场,更新了彩砖并新建了大理石面旱冰场。福利中心整合任务全部完成,集中供养人员生活标准提高到年人均3700元;光网德惠建设工程,完成了36个小区光纤网络建设,现已接入5000余户。城区数字电视用户达到3.8万户,建设农村有线电视网主干线300公里。德惠西综合客运站建设工程进入征地实施阶段;东部新城路网建设工程已有德福街、惠民路等6条街路竣工通车;老城区及西部新城道路建设工程,新华街(松柏路-环城路)、德惠路(迎新街-环城路)、东风路(新华街-光明街)全部通车;松柏路拓宽改造工程,拓宽102线至西立交桥段1800延米,主路宽达到33米,新安装和改造路灯750盏。绿化改造3600延米,栽植灌木46万株,乔木2700余株;供热资源整合工程,完善了城区供热管理办法,整合、撤并小供热站及问题站10余个。完成"暖房子"工程66万平方米。

各项民生实事高质量推进。在生存性民生上,就业再就业工作成效明显,城镇新增就业岗位6750个。职工养老保险、失业保险参保扩面工作均超额完成任务。新型农村社会养老保险达到33.7万人,参保率位居全省前列。城镇居民社会养老保险做到了应保尽保。在全省率先开展了新的被征地农民养老保险,受益农民近万人。在确保城镇职工和居民基本医疗保险实现全覆盖的基础上,提高了最高报销支付限额,城镇职工、城镇居民、中小学生基本医疗保险支付最高限额分别达到9万元、6万元和10万元。发放城乡低保金1.15亿元,基本实现了应保尽保。完成廉租房建设3万平方米。在发展性民生上,第七中学等43所新建校舍投入使用。完成19所中小学操场改造任务。新建了朱城子和米沙子中心小学幼儿园,将第五小学改造成为市第二幼儿园。义务教育均衡发展成效显著,代表长春地区接受省督查组检查,并通过验收。高考一般本科进线率连续六年、重点本科进线率连续两年居长春外县市首位。筹资5000余万元,解决了城市街道社区办公用房问题。运行路线覆盖全市的74辆校车运营顺利,更新更换出租车667台。市医院运行状况好于预期。传染病防控工作效果明显。医药卫生体制改革顺利推进,在乡镇卫生院全面实施基本药物制度,药品价格平均下降20%。新农合基金累计支出1.9亿元,使用率达90%以上。农村饮水安全工程铺设管网80万米,新解决了7.4万农村人口饮水不安全问题。市殡仪馆及烈士陵园迁建项目近期投入使用,文化公园正在土地整形。文化体制改革和创建国家级公共文化服务体系示范区工作深入推进。成功举办了中小学生第48届运动会暨第六届艺术节和首届农村、社区文化艺术节。科技兴市富有成效,我市被科技部确定为国家知识产权试点县。深入开展了创建幸福家庭活动,完善了"五星级幸福家庭"标准。广播电视事业进一步发展,舆论宣传作用得到充分发挥。

【南关区】2012年,在区委的领导、区政府正确领导下,积极转变经济发展方式,突出"服务业立区",着力提高经济运行质量,全区经济发展情况良好。

一、综合 初步核算,全年国内生产总值198.19亿元,比上年增长11.2%。其中,第一产业增加值0.19亿元,下降16%;第二产业增加值24.56亿元,增长25.55%;第三产业增加值173.44亿元,增长9.4%。第一产业增加值占国内生产总值的比重为0.1%,第二产业增加值比重为12.4%,第三产业增加值比重为87.5%。

全年全口径财政收入40亿元,比上年增加9亿元,增长29%;其中区本级财政收入7.39亿元,增加1.29亿元,增长33%。

二、农业 全区耕地面积600公顷,比上年减少520公顷。全年粮食作物总产量2500吨,其中玉米2000吨。全年肉类总产量608吨,其中猪肉产量538吨;牛肉产量28吨。农林牧渔业总产值完成3290万元,其中农业产值678万元,牧业产值2007万元。

三、工业和建筑业 区属规模以上工业企业鼎丰真食品有限公司实现工业总产值4930万元,增长13.8%。全年三级以上资质建筑业企业177户,比上年增加68户,实现建筑业总产值69.74亿元,增长155.93%。

四、固定资产投资和招商引资 全年全社会固定资产投资130亿元,比上年增长34.4%。其中,房地产开发投资94.67亿元,比上年增长5.2%。全年招商引资引进内资30亿元,同比增长20%,利用外资5000万美元。

五、商贸和服务业 传统商贸业规模档次不断提升,经营业态日趋丰富,全区社会消费品零售总额完成101.8亿元,同比增长16.3%。现代服务业发展迅速,以金融业为代表的高端业态快速集聚,银行、信托、保险等各类机构入驻已达150多户;楼宇经济和总部经济不断壮大,已建成达效商务楼宇35座,入驻企业2300余户。

六、民营经济 民营经济进一步发展壮大,新增民营企业3140户,私营企业户数达到9100户,增长52.17%,个体工商户达到16000户,增长47%,民营增加值完成150亿元,增长42.86%。

【宽城区】2012年宽城区在区委、区政府的正确领导下,紧紧围绕深度改造、加快崛起、富民强区的目标,深度推进"六区一城"建设,全区经济和社会各项事业取得大发展。

——综合实力进一步增强。经初步核算,全年实现地区生产总值191.7亿元,比上年增长12.0%。其中,第一产业增加值1.7亿元,比上年增长1.6%;第二产业增加值51.1亿元,比上年增长15.9%;第三产业增加值138.9亿元,比上年增长10.8%。产业结构得到进一步优化,三次产业比重分别为0.9%:26.6%:72.5%。

全口径财政收入完成31.3亿元,比上年增长25.0%,地方财政收入完成8.0亿元,比上年增长14.3%。全年税收收入完成28.6亿元,比上年增长30.7%。其中,增值税完成6.5亿元,比上年增加75.9%;营业税完成9.5亿元,比上年增长14.7%;企业所得税完成6.5亿元,增长13.1%。地方财政支出18.9亿元,比上年增长5.7%。其中,教育事业费支出5.0亿元,比上年增长33.5%;社会保障和就业支出1.5亿元,比上年增长65.9%;医疗卫生支出1.2亿元,比上年增长1.1%;一般公共服务支出4.4亿元,比上年减少9.6%;城乡社区事务支出2.9亿元,比上年减少4.3%。

——全年农作物播种面积6044公顷,比上年减少1.3%。其中,粮食播种面积4000公顷,比上年增加7.7%;蔬菜播种面积1908公顷,比上年减少20.9%,分占总播种面积的66.2%和31.6%。2012年,粮食总产量达1.2万吨,由于粮食播种面积增加,产量增加明显;蔬菜产量达到4.9万吨,由于播种面积下降,产量比上年减少30.0%。

2012年全区畜牧业生产受各方面条件的影响,发展有所下降。肉类总产量0.8万吨,比上年下降42.9%;奶类产量0.9万吨,比上年下降90%;禽蛋产量0.5万吨,与上年基本持平;肉猪出栏3.7万头,比上年下降70.4%;家禽出栏95.1万只,比去年下降17.2%

——2012年,由于规模以上工业销售额提高到2000万元,我区规模以上工业企业变为35户;完成工业总产值27.0亿元,比上年增长20.4%;工业产品销售率达到了99.9%,比上年提高了2.0个百分点;产品销售收入完成25.2亿元;实现利润总额0.6亿元。

——完成固定资产投资186.0亿元,比上年增长30.1%。

——实现社会消费品零售总额189.9亿元,比上年增长15.4%。

——招商引资工作成效显著。实际利用外资5560万美元,比上年增长13.7%;引进内资项目235个,引进内资总额44.4亿元。其中,投资亿元以上项目38个,占项目总数的16.2%;在引进内资项目中,工业项目37个,占项目总数的15.7%。

——全区城市基础建设改造步伐加快,改造效果显著。市、区两级政府投入资金7965万元,完成大、中修道路9条,新建道路面积10.1万平方米,并为社区铺设方砖步道总面积0.76万平方米。2012年末,全区道路总面积达274.0万平方米,道路总长度达207.8公里,道路完好率达91.1%。

城市绿化水平不断提高。绿化面积达946.8公顷,绿化覆盖率达38.0%。

——全区列入市级各类科技发展计划项目14项;获得市级科技进步奖5项;共有区外高新技术企业6户;企业中通过ISO系列标准认证的有48家;全年专利授权数406件;全年科学技术支出1868万元,比上年增长24.7%。

教育工作稳步推进,教育事业健康有序发展。全区共有初中11所,在校学生1.0万人;小学27所,在校学生2.0万人;职业高中1所,在校学生0.2万人。义务教育发展指标持续巩固,小学适龄儿童入学率达100.0%,毕业率达到100.0%;小学毕业升入初中比例为100.0%,毕业率达到100.0%。教师队伍素质再度提高,在专任教师中,中学专任教师本科以上学历者占94.6,比上年提高0.9个百分点;小学专任教师专科以上学历者占96.7%,比上年提高1.6个百分点。

——2012年图书馆藏书14.5万册,全年接待读者14.2万人(次)。

2012年末,全区共有区属卫生医疗机构272家,可开放床位数1795张。平均每千人拥有病床数为4张,病床使用率达到42.0.0%。卫生技术人员1923人,其中,注册执业医师955人。诊疗人次数为108千人次。

体育事业蓬勃发展。2012年,全区体育场所拥有量达到20个,社区体育设施拥有量达到100件,举办群众性体育活动25次,参加群众性体育活动人数达13万人次。

——环境保护事业持续发展,加大了对污染企业的整治力度,环境质量得到明显改善。2012年全区共投入环境保护资金5134万元。改造排污管网2151延米,生活垃圾无害化处理26.7万吨。烟尘控制区总面积78.51平方公里,烟尘控制区覆盖率达100.0%,烟尘排放达标率96.0%。环境噪声达标区覆盖率77.0%。清洁能源使用率92.0%。

——2012年末,全区户籍总人口为37.7万人,其中,男性为18.6万人,女性为19.1万人,非农人口32.2万人。总户数15.4万户。出生率8.65‰,死亡率4.20‰,自然增长率4.45‰;

农村居民人均纯收入6773元,比上年增长18.4%。

2012年,全区开发各类用工岗位1.5万个,新增1.3万人员就业,其中安置下岗失业人员实现再就业0.89万人,城镇登记失业率控制在4.0%。

2012年末,全区有48445名企业退休人员实行了社会化管理,社会化管理率达100.0%。全区共有1.1万人得到最低生活保障,全年共发放保障金5148万元。全区重点优抚对象1146人,发放抚恤款411万元。通过活动募集善款162万元,全区共有社会福利机构39家,床位1817张。

【朝阳区】2012年,全区地区生产总值实现359亿元,同比增长16%;全口径财政收入实现60.1亿元,同比增长23%,其中本级财政收入实现9.9亿元,同比增长20%;规模以上工业产值完成116亿元,同比增长20%;服务业增加值实现272亿元,同比增长17%;社会消费品零售总额实现502亿元,同比增长18%;引进内资45.2亿元,同比增长20%,利用外资7500万美元,同比增长19%;固定资产投资完成193.6亿元,同比增长39.2%,其中工业投资完成55.03亿元,同比增长41.1%;农村经济总收入实现18亿元,同比增长15%,农民人均纯收入实现9198元,同比增长15%。

(一)采取有效工作措施,切实抓好经济运行

2012年朝阳区完善经济运行机制,坚持月调度、季分析、经济运行预警、约谈和重点企业走访制度,以月保季,以季保年。加强沟通协调能力,获得更多要素支持,为79户企业(社会事业类项目46个)申报11大类专项资金2000万元,电影博物馆项目获国家扶持资金2亿元,审批项目124件,新入统及市直报一汽四环毯业有限公司等企业纳入朝阳区统计口径范围;通过举办购物节、旅游节等活动,活跃市场氛围。

(二)全力推进项目建设,投资规模稳步增长

成立了朝阳区推进项目建设考核工作领导小组,制定出台《朝阳区项目建设管理办法》。全年批转项目办理单38件,现场办公12次,涉及项目58个,企业用电、明沟改造、土地征收等61个问题都得以顺利解决,有效推进项目进程,使年初计划开工、总投资544亿元的75个项目全部实现开工建设。卓展扩建、绿地蓝海、兆丰国际等一批重点建设项目达产运营;凯悦酒店、电影文化主题广场、中泰海洋世界、万科柏翠园、融大天玺、福耀(长春)巴士玻璃等一批项目进入快速建设期;万达中心、欧亚购物中心、欧亚卖场扩建、卫星路商务楼宇、大连圣海、集商国际城市商业综合体、广东大厦等一批项目进入启动建设期。

(三)加大招商引资力度,增强经济发展后劲

对辖区内闲置资源和可开发地块进行全面梳理,整理资源面积379万平方米,包装重点项目74个,对外进行推介。年初以来,利用夏洽会、东盟会、东博会等契机,赴北京、南京、芜湖、沈阳、大连、广西等地进行商务考察和招商活动,接待来自韩国、北京、天津、深圳等各

地考察团200余人次，与南京苏宁、大连中海、江苏润恒、深圳华强、上海绿地、江苏高力、北京中关村管委会、星巴克公司、上海企业家考察团和外地各大驻长商会等进行了深入的接触。实现了与富士康玉山新天地、永辉超市、吉林广东大厦、远创未来城等重大项目的签约，签约总额136.8亿元。同时积极围绕“四大投资主战场”，瞄准世界500强和重大战略投资者，主动出击，定点跟踪。

(四)强化服务企业意识，优化经济发展环境

加强市双百、省千户成长型企业调研工作，有9户企业申报市百户成长型企业，17户企业申报市百强企业。聘请专家为企业开展法律、融资、企业管理等辅导，提升了企业整体素质。组织企业申报贷款贴息、战略性新兴产业、服务业发展等专项资金。开展走访企业、建立企业服务QQ群等活动，加强服务企业力度，给企业提供良好的发展环境。成立了朝阳区中小企业服务联盟，构建了人才培训、融资担保、创业咨询、电子商务、法律维权等服务体系。开展银企对接活动，通过举办座谈会、对接会等形式，探索企业融资渠道，区政府与光大银行、建设银行建立了中小企业融资服务战略合作伙伴关系，共为企业提供贷款8.2亿元。成立10家小额贷款公司，贷款额度达3亿元。

(五)科学合理制定规划，现代服务业快速发展

完善体制机制，成立了服务业发展局，与经济局合署办公，强化了服务业管理职能。编制完成了朝阳区服务业发展规划、特色街区发展专项规划、同志街时尚文化休闲街区发展规划，制定了“掘金、南下、强树”计划、特色商业街区建设、国家电子商务示范基地实施方案，向商务部申报了国家级示范中央商务区。孵化器建设取得新进展，万易大学生创业园、金谷鸿业孵化器、安华孵化器、吉林青年创业园内在孵企业151个，华洋教育产业园入驻率90%。目前，欧亚e购正式开通运营，年营业额可达亿元以上，新引进东北主流粮仓网、吉林省天亿霖文化传播有限公司等创意企业21户，谋划亿元以上服务业项目121个，已获批城市商业综合体3个，申报城市商业综合体2个，谋划城市商业综合体项目6个。

(六)加快园区载体建设，全面启动永春新区

投资1300万元，完成开发区内部分道路续建、供水、排水、绿化工程，基本满足人驻企业需求。为加快项目开工，召开市土地、规划、发改、建委等相关部门参加的服务要素对接会、现场办公会，开展前置手续办理流程培训，进行分类指导，为企业争取工期。为提高土地利用效率，收回占而未建土地13万平方米，其中7万平方米已开工建设。支持重点企业加快发展，为长春华维汽车部件公司金山汽车部件项目落实用地1万平方米，为长春一汽四环制动器有限公司新征地块3000平方米，利用开发区融资担保平台，为20余户企业融资3.89亿元。积极推进富锋新城开发建设，完成了A、B地块控制性详规的衔接与调整和C区控制性详规编制工作，吉塔集团20万平方米回迁房已全面开工建设，预计年底主体完工。编制完成永春新区总体规划和控详规，镇域土地利用调整有序进行，积极推进大学城建设，目前有6所大学有意向进驻。洽谈对接了欧亚储备中心、润恒物流、北京东方时尚汽车售后服务园区等一批项目。

(七)调整农业产业结构，农村经济不断发展

编制完成了现代都市观光农业示范区发展规划，制定了千顷蔬菜基地三期建设方案，完成了选址。计划投资1.007亿元开展乐山土地综合整治工程，计划投资1000余万元开展农村环境连片整治示范建设。落实农村村屯整治资金100万元、农机具购置补贴100万元，建设标准化畜禽养殖小区(场)16个，新增露地菜200公顷、苗木花卉100公顷，农民专业合作社增加到31家，修建乡村道路48公里，养护农村公路120公里，组织农民专题培训25次，发放科普宣传资料20000份。

(八)民生工程扎实推进，社会事业和谐发展

构建大就业格局。开发城镇就业岗位12580个，城镇新增就业10800人，异地转移就业1009人，城镇登记失业率控制在4%以内，保持零就业家庭动态为零。

完善大救助体系。开展长江爱心助学基金、三帮扶、代理妈妈等活动，努力构建全方位、广覆盖、多层次的社会救助体系，发放救助金3447万元。

实施大教育战略。投资3700万元建成永春镇九年一贯制寄宿学校及中心幼儿园；投资150万元，对农村校车实施补贴，签订校车安全管理工作责任书，规范校车管理；南湖小学成为全市特殊教育培训基地；开展名师评选活动，发挥名师带动作用，提高教师教学水平。推进创新朝阳发展，建立朝阳区产学研合作促进会。

实施大健康目标。成立健康联盟，提高全区人民健康水平，“八免七减”救助8478人次，社区家庭医生签约服务家庭42671户；稳定低生育水平，提高人口素质，人口自然增长率稳定在1.81‰，政策生育率99.3%。

推动大文化建设。积极开展公共文化服务体系示范区建设，新增4个文化大院和7个文化站，投资148万元改造图书馆，组织大型文体活动150余场，完成1500人国民体质监测工作。构建大幸福社区。按照“十加六”总体创建思路，投资310万元，建立和完善社区网格化信息系统和网络化服务体系，新增幸福社区5个，总数达到28个。

推动大环境建设。投资2250.22万元，新建街路4条，新增绿化面积3.1万平方米，绿化覆盖率44.13%。

实施大平安建设。开展40天安全生产集中大检查，排查安全隐患18185处。每月开展局长接待日活动，共接待来访群众648人次，处理问题101件，办复率100%。新增“天网工程”社会监控探头105个，化解纠纷91起。

明年是贯彻落实党的十八大提出宏伟目标的起始年，肩负着光荣的使命。我们将在区委的正确领导下，开拓创新，克难攻坚，扎实工作，加快推进朝阳二次创业步伐，为全面完成各项任务而努力奋斗！

【二道区】二道区现辖6个街道、1个物流园区、1个镇共有35个社区、8个行政村，面积452.02平方公里。总人口为302787人，其中非农人口为276304人，人口自然增长率为5.19‰。区内交通便利，哈大高速、102国道、长吉南线、长吉北线、长营、长哈、长沈、双九等公路，长－双－烟铁路均经过二道区，是长春市向北延伸和向省内周边城市地区辐射的出入口。全省唯一的内陆港座落区内，有48条铁路专用线和数十座仓储库。

2012年，二道区国民经济保持平稳较快的增长态势，全区年度生产总值(GDP)增速首次跃居长春市五城区第一，高出长春市2个百分点。

全年二道区各行业运行基本情况

一、生产总值(GDP)

全年二道区 GDP 完成 122.45 亿元,完成市里下达年计划 116 亿元的 105.6 %,现价增长 14.2%,按可比口径同比增长 14%。其中第一产业达到 0.41 亿元,按可比口径同比减少 0.6%,第二产业达到 41.4 亿元,按可比口径同比增长 16.7%。其中工业为 27.6 亿元,同比增长 11.8%。建筑业达到 13.8 亿元,按可比口径同比增长 28.9%;第三产业达到 80.64 亿元,按可比口径同比增长 12.7%。三次产业比重为 0.3:33.8:65.9。

二、固定资产投资运行情况

固定资产投资累计完成 118 亿元,同比增长 36.1%,完成全年投资任务的 103.5%。其中:城镇固定资产投资完成 39.9 亿元,占总投资额的 33.8%;房地产完成投资 78.1 亿元,同比增长 2%,占全年投资额的 66.2%。

从全年投资完成情况看,全区工业投资完成 10.2 亿元,占全年投资额的 8.6%;三产投资完成 107.8 亿元,同比增长 28.8%,占全区总投资额 91.4%。其中:房地产投资完成 78.1 亿元,占三产投资额的 72.4%,其他三产投资完成 29.7 亿元,占三产投资额的 27.6%。今年全年,在二道区投资开发的地产项目中已开工建设的项目有 30 个,其中续建项目有 22 个,本年新开工项目有 8 个。截止 12 月末,30 个地产项目有 26 个项目上报了投资数据。目前累计完成了 78.1 亿元,占全年投资总额的 66.2%。

三、消费品市场

二道区全年完成社会消费品零售总额 146.52 亿元,同比增长 16.33%。

(注:本文中生产总值、各行业增加值增长速度和贡献率均按不变价计算,其他经济指标绝对值及增长速度均按现价计算。)

【绿园区】2012 年,在区委、区政府的正确领导下,全区上下团结拼搏、争先创优、开拓进取、扎实工作,继续保持了国民经济健康快速发展,社会事业全面进步,城乡居民生活水平不断提高。

一、综合 国民经济持续快速发展,综合经济实力明显增强。2012 年,全区实现生产总值 180.5 亿元,比上年同期增长 12.0%,其中,第一产业完成增加值 3.3 亿元,比上年同期增长1.8 %;第二产业完成增加值 119.7 亿元,比上年同期增长 15.0%,;第三产业完成增加值 57.5 亿元,比上年同期增长 8.6%。三次产业比重为 1.8:66.3:31.9。

二、农业 2012 年,全区实现农林牧渔业总产值 70963 万元,比上年同期下降 21.0 %。其中,农业产值 40611 万元,比上年同期增长 43.0 %;林业产值 3922 万元,比上年同期增长 638.1%;牧业产值 22849 万元,比上年同期下降 13.1 %;农林牧渔服务业产值 3581 万元,比上年同期增长 6.5%。

2012 年全年粮食播种面积 4382 公顷,粮食总产量达 37579 吨。蔬菜播种面积 5481 公顷,总产量 223092 吨。葡萄发展到 2315 公顷,花卉苗木 3 公顷。全区完成造林面积 150 公顷,栽植各类苗木 51 万株。规模饲养户达到 702 户。肉类总产量达到 6091 吨,比上年增长 11.2 %;禽蛋产量 9050 吨,比上年同期增长 5.4%。

三、工业、建筑业 工业经济快速发展,整体水平明显提高。2012 年,全区实现区属口径工业总产值 230 亿元,比上年同期增长 23.3%;完成全口径工业增加值 101.2 亿元,比上年同期增长 15.6%,其中,全口径规模以上工业增加值完成 93.4 亿元,比上年同期增长 16.2 %。工业产销衔接良好,产品产销率达到 99.68%。

建筑业稳步发展。随着城市建设规模的扩大、棚户区的改造,以及道路的建设,为建筑业带来了发展商机。2012 年建筑业完成增加值 18.5 亿元,比上年同期增长 10.3%。

四、固定资产投资 固定资产投资增势强劲。2012 年,全区固定资产投资整体呈现出投资快速增长、投资规模扩大、投资结构改善的发展态势。2012 年,全区固定资产投资开工项目 115 个,其中工业项目 93 个。完成全社会投资 185 亿元,同比增长 33.6%,其中,完成工业投资 96 亿元,同比增长 33.8 %。

五、国内贸易、国外贸易 2012 年,全区实现社会消费品零售额 75 亿元,比上年同期增长 12.7%。全区各类市场发展到 70 个。营业面积 1 万多平方米的大自然鱼鸟花市落户正阳街道的皓月大路与春城大街交汇处,该市场的运营极大地促进了全区商业的发展。占地面积 16.5 万平方米,建筑面积 10 万平方米的长春蔬菜中心批发市场运营顺畅。四季青市场、春城综合市场、娜奇美综合市场、欧亚春城店等几个大型商贸网点发展状况较好。万福街小吃一条街正在逐步形成。

对外贸易继续平稳发展。2012 年,实现出口额 1.0 亿美元。

【双阳区】双阳区位于长春市东南部,是长春市幅员最广、人口密度最小、生态环境最佳、自然资源最丰富、发展空间和发展潜力最大的新城区。东濒饮马河与永吉县隔河相望,南与磐石市为邻,西与伊通县接壤,北与南关区、二道区相连。区政府驻西双阳大街 599 号,距离长春市中心城区 37 公里,距长春龙嘉国际机场 60 公里。全区幅员 1677.42 平方公里,占长春市区总面积的 46.8%。全区辖 1 个乡、3 个镇、4 个街道。总人口 38.32 万人,其中,农业人口 28.53 万人。有满族、回族、朝鲜族、蒙古族等 20 个少数民族。有民族乡 1 个,民族村 17 个。一、经济总量初步核算,全区实现地区生产总值 172.07 亿元,按可比价格计算,比上年增长 12.4%。分产业看,第一产业实现增加值 17.96 亿元,增长 1.2%;第二产业实现增加值 81.41 亿元,增长 14.8%;第三产业实现增加值 72.70 亿元,增长 12.7%。按户籍年平均人口数计算,人均生产总值达到 44479 元,比上年增长 14.0%。三次产业的结构比例为 10.4:47.3:42.3,非农产业比重达到 89.6%,比上年提升 0.7 个百分点。第二、三产业对经济增长的贡献率分别为 57.4%和 41.5%,拉动经济增长分别达到 7.1 和 5.1 个百分点。

表 1:双阳区生产总值

单位:亿元

	2012 年	比上年增长(%)
地区生产总值	172.07	12.4
第一产业	17.96	1.2
第二产业	81.41	14.8
工业	62.03	11.3
建筑业	19.38	28.9
第三产业	72.70	12.7
#交通运输、仓储及邮政业	15.74	11.6
批发和零售业	14.69	13.4
住宿和餐饮业	7.25	7.7
房地产业	5.77	8.8

二、财政收入与支出

全区一般预算全口径财政收入达到130193万元,比上年增长27.9%;地方财政收入72077万元,增长20.8%;区本级财政收入40468万元,增长21.2%;全年税收收入28782万元,增长16.9%。全区财政一般预算支出180124万元,比上年增长8.0%。

表2:2012年财政一般预算支出情况

单位:万元

	2012年	比上年增长(%)
财政一般预算支出	180124	8.0
一般公共服务	18928	22.0
教育	47006	35.2
社会保障和就业	29795	14.8
医疗卫生	17398	7.4
环境保护	4135	8.1
城乡社区事务	19284	12.4
农林水事务	20252	-28.8

三、农业

全年实现农林牧渔业增加值17.96亿元,按可比价格计算,比上年增长1.2%。其中,实现种植业增加值8.55亿元,增长19.9%;林业增加值0.08亿元,增长101.9%;牧业增加值8.50亿元,下降13.8%;渔业增加值0.41亿元,增长35.1%;农林牧渔服务业增加值0.42亿元,增长1.5%。

全区粮食作物播种面积为89126公顷。其中:玉米播种面积69954公顷;水稻播种面积11463公顷;大豆播种面积1007公顷。全年粮食总产量48.25万吨,比上年增长17.7%。其中:玉米产量为38.01万吨,比上年增长27.2%;水稻产量为9.91万吨,比上年下降5.5%;大豆产量为0.36万吨,比上年下降11.2%,全区牛、猪、禽、鹿存栏分别达到15.1万头、8.6万头、8715千只、17.1万头,比上年分别增长4.1%、1.2%、0.1%,而鹿下降了11.4%。牛、猪、禽出栏分别为8.4万头、19.1万头、2052千只,分别增长1.2%、6.7%、8.3%。

表3:主要农副产品产量

指　标	单位	2012年	比上年增减(%)
粮食总产量	万吨	48.25	17.7
蔬菜总产量	万吨	8.2	5.1
肉类总产量	吨	33502	1.3
禽蛋总产量	吨	65374	-0.5
牛奶总产量	吨	2330	4.8
鹿茸总产量	公斤	46117	-2.8

截至2012年末,全区农机总动力达到33.7万千瓦,比上年增长7.3%。主要农业机械与设备均有增加,拥有大中型拖拉机2183台,比上年增加360台;小型拖拉机10472台,比上年增加578台。农田有效灌溉面积达到1.1万公顷,增长0.6%。全年农村用电量达到2.96亿千瓦时,增长0.3%。

四、工业和建筑业

2012年,全口径工业实现增加值62.02亿元,增长11.3%。工业增加值占全区生产总值的比重达到36.0%。

区属规模以上工业企业达到30户,其中超亿元企业10户,分别比上年增加12户和2户。总产值实现28.23亿元,比上年增长6.7%。其中啤酒制造业、煤炭开采业、建材业、医药制造业分别实现产值3.1亿元、1.7亿元、1.3亿元、2.9亿元。

2012年,区属规模以上工业累计实现主营业务收入26.7亿元,比上年增长27.5%;实现利税1.7亿元,比上年增长6.3%。

规模以上民营工业企业达到21户,实现产值13.8亿元,比上年增长13.1%,增幅高于区属规模以上工业增速6.4个百分点;规上民营工业企业产值占区属规模工业的比重达到48.8%,比上年提高2.8个百分点。实现利润0.3亿元,比上年增长7.0%。

全年区属规上工业企业每万元产值综合能耗为0.4吨标准煤,比上年下降17.5%。

全年建筑业实现产值73.1亿元,按可比价格计算,比上年增长29.0%;实现增加值19.38亿元,增长28.9%。全区具有资质等级的总承包和专业承包建筑业企业26家,完成总产值16.05亿元,增长199.4%;房地产开发经营企业14家。

五、固定资产投资

截至到12月末,全区固定资产投资开工项目共有206个,完成投资133.1亿元,比上年增长26.7%。其中工业项目117个,完成投资79.1亿元,比上年增长25.6%。

表5:2012年全社会固定资产投资

单位:亿元

	2012年	比上年增长(%)
固定资产投资完成额	133.1	26.7
#第一产业	7.5	187.9
第二产业	79.8	26.1
第三产业	45.8	4.6
#城镇固定资产投资	120.1	45.6
农村非农户固定资产投资	2.3	18.7
房地产开发	10.7	-22.8

全区计划投资亿元以上的重大项目12个,完成投资25.1亿元,占全区投资总额的18.9%。落户在经开区(包括双营乡)和文开区(包括奢岭街)内的项目98个,共完成固定资产投资74.4亿元,占全区投资总额的55.9%。

六、贸易、交通和邮电

全年社会消费品零售总额44.6亿元,比上年增长15.9%。人均社会消费品零售总额11644元,比上年增长18.0%。

表6:2012年社会消费品零售总额

单位:亿元

	2012年	比上年增长(%)
社会消费品零售总额	44.6	15.9
#城镇市场	26.1	17.0
农村市场	18.5	14.2
#批发零售贸易业	38.5	14.9
住宿餐饮业	6.1	22.0

我区全社会公路旅客周转量、货物周转量分别为4.95亿人公里、20.47亿吨公里,分别比上年增长1.2%和2.4%。全区等级公路总里程达到2117公里;铁路营业里程93公里。年末全区民用汽车保有量达到1.0万辆,比上年末增长

4.2%。

全年完成邮电营业总收入25652万元，比上年增长5.3%。其中：邮政营业收入1452万元、电信营业收入24200万元，分别增长-19.2%和7.2%。全区固定电话用户达到6.1万户，其中：城市电话用户3.0万户，乡村电话用户3.1万户，固定电话普及率达到16部/百人；全区移动电话用户45.4万户，比上年增长23.4%，移动电话普及率达到116部/百人；互联网宽带接入用户3.3万户，比上年增长22.2%。

七、金融

截至2012年末，全区金融机构本外币存款余额85.39亿元，比年初增加9.39亿元；其中城乡储蓄存款余额58.79亿元，比年初增加8.47亿元；金融机构本外币贷款余额51.22亿元，比年初增加4.64亿元。

表7:2012年金融机构存贷款余额

单位:亿元

指　　标	2012年年末数	比上年同期增长%
各项存款余额	85.39	12.4
#储蓄存款	58.79	16.8
各项贷款余额	51.22	9.9
短期贷款	23.95	-0.3
中长期贷款	22.40	5.3

八、教育

2012年末，全区小学111所，招生3458人，在校生19313人，学龄儿童入学率为99.97%。普通初中24所，招生3330人，在校生9308人。全区中等职业学校2所，招生269人；在校生1069人。普通高中2所，招生1682人；在校生为5089人。初中毕业生升入普通高中的比例达到55.31%，比上年下降1.15个百分点。

全区有幼儿园51所，其中：私营幼儿园36所；在园幼儿(包括学前班)7767人，比上年减少786人。

九、文化和卫生

2012年末，全区有线电视用户达到6.9万户，比上年增加0.8万户。其中，城镇有线电视用户达到3.2万户，增加0.45万户，城镇有线电视覆盖率、入户率分别达到100%、92%；农村有线电视用户达到3.7万户，增加0.35万户，有线电视覆盖率、入户率分别达到83%、55%。

截至2012年末，全区共有卫生机构225个，其中医院、卫生院14个。全区共有卫生技术人员1137人，其中医生511人，注册护士380人。医院和卫生院床位1290张。

十、人口、人民生活和社会保障

截至2012年末，全区户籍总户数为13.31万户，总人口达到38.32万人。全区出生人口3281人，人口出生率为6.16‰；全区死亡人口5410人，人口死亡率为4.22‰；全区人口自然增长率为1.94‰。

表8:2012年末双阳区户籍人口构成情况

		单　位	2012年末
全区户籍总户数		万户	13.31
全区户籍总人口		万人	38.32
按性别分	男	万人	19.51
	女	万人	18.81
按户籍性质分	农业	万人	28.07
	非农业	万人	10.25
按年龄段分	18岁以下	万人	5.95
	18—35岁	万人	9.72
	35—60岁	万人	16.75
	60岁以上	万人	5.90

2012年，全区非私营单位在岗职工平均工资达到32179元，比上年增加4115元，增长14.7%；城镇居民人均可支配收入17545元，比上年增长11.3%，城镇居民人均消费性支出为12363元，城镇人均住房建筑面积29.92平方米；农民人均纯收入9094元，比上年增长17.2%。

年末基本养老保险参保人数达到181969人，比上年末增长10.4%，其中参保职工为25253人，离退休人员为12341人，农村参保人数为144375人；职工基本医疗保险参保人数达到35988人；失业保险参保人数达到29586人，年末享受失业保险金人数为272人；工伤保险参保人数达到29490人，增长9.8%；生育保险参保人数达到36407人；城镇居民基本医疗保险参保人数为113252人；农村新型合作医疗参合人数256810人，参合率99.89%，共筹集资金7126.3万元，参合农民中已有47941人受益，支付补偿资金7156.6万元。

全年享受政府最低生活保障的城镇居民达到14937人，比上年减少769人；享受政府最低生活保障的农村居民达到12476人，比上年增加64人。城市低保月标准达到315元；农村低保年标准达到2000元，增长11.1%。全年共发放最低生活保障金6299万元，比上年增长43.2%。

年末全区各类收养性社会福利单位拥有床位1224张，收养各类人员950人。城镇建立各种社区服务设施810个。全年销售社会福利彩票2903万元，直接接收社会捐赠款206.5万元，受益1207人次。

年末城镇新增就业人员7369人，比上年增长0.8%。年末城镇登记失业率为3.8%。农村劳动力转移就业119473人，比上年增长0.5%。

【经济技术开发区】长春经济技术开发区成立于1992年7月，同年10月批准为省级经济技术开发区。1993年4月4日经国务院批准，成为国家级经济技术开发区。建区20年来，长春经济技术开发区立足于超越、创新，克服资金短缺、起步晚等方面的不利因素，解放思想，奋力拼搏，把昔日的东南郊区建设成了高楼林立，国内外知名企业云集，各类产业蓬勃发展的新城区，创造了长春经济社会发展史上的奇迹。截止2012年底，长春经济技术开发区已累计实现国内生产总值3436.2亿元，工业总产值8057.2亿元，实现利税725.1亿元，经济总量和发展速度不仅在全省经济技术开发区中独立风骚,而且在全国经济技术开发区中也位居前列。市列考核规模以上工业总产值2012年完成1301亿元,是长春市十四(县)市区中,第一个产值超千亿的区域,已成为长春市除一汽集团之外,最大的区域工业载体。在商务部公布的2011年全国国家级经济技术开发区综合发展评价中,位居第11位,中部排名连续6年保持第一。2011年12月16日,依托经开区建设的长春兴隆综合保税区正式获得国务院批准,使开发区当之无愧的成为吉林省、长春市改革开放的最前沿阵地。在这20年的时间里,长春经济技术开发区在省委、省政府,市委、市政府的领导下,坚持国家制定的一系列发展方针,经济结构和产业布局日益优化,汽车及零部件、生物化工、服务业日益壮大,已成为全市产业结构调整的动力源,成为促进产学研结合,加快科技成果转化的示范区,成为率先引进国外先进理念和经验、与国家惯例接轨的新城区,有力地带动和促进了全市社会经济的快速健康发展。

一、综合经济实力显著增强

地区生产总值从1993年的12303万元,到2012年的5641634万元,年均增长38.06%。20年的发展建设已使区内的产业结构发生了根本的变化,三次产业的比重已达0.05:75.67:24.28。

全口径财政收入从1993年的5779万元,到2012年的1130318万元,年均增长32%,税收收入从1993年的821万元,到2012年的729192万元,年均增长42.95%。

二、主导产业稳步增长

全区工业总产值从1993年的1.08亿元,到2012年的13012672万元,年均增长45.3%。

工业增加值从1993年的3454万元,到2012年的3927347万元,年均增长44.82%。

第三产业增加值从1993年的4540万元,到2012年的1370166万元,年均增长35.06%。

汽车及零部件产业、生物化工、现代服务业是经开区三大支柱产业。其中,汽车及零部件产业2012年实现产值653亿元,同比增长18.5%,占全区工业总产值的45%。生物化工产业2012年实现产值510.5亿元,同比增长25.4%,占全区工业总产值的35.3%。

三、固定资产投资

从1993年4月4日国务院批准设立长春经济技术开发区起,在首期开发一平方公里的基础上,经过20年的开发建设,目前,长春经济技术开发区建成区面积已达47.38平方公里,管辖面积112.72平方公里。

固定资产投资从1993年23166万元,到2012年的3853260万元,年均增长30.89%。其中,工业投资从1993年的7478万元,到2012年的2170450万元,年均增长34.78%。

基础设施从1993年的15688万元,到2012年的40亿元,已累计投入215.62亿元,完成了56平方公里的配套工程。

四、对外贸易迅速发展

实际利用外资从1994年的2050万美元,到2012年的123205.6万美元,年均增长25.55%;

实际利用内资从1998年的62636万元,到2012年的908772万元,年均增长21.05%。

进出口总额从1994年的749万美元,到2012年的176996万美元,年均增长35.5%。

出口从1994年的514万美元,到2012年的54826万美元,年均增长29.6%。

五、社会事业稳步发展

1995年,经开区总人口45507人,随着建成面积的不断增大,截止2012年底,经开区总人口达到228938人,其中:常住人口220753人。人口自然增长率5.7‰。

就业及再就业工作实现了新的跨越。截止2012年,创造城镇就业岗位64834人;城镇新增就业人数37962人;下岗失业人员就业11203人;"4050"人员就业4132人;创业促就业项目累计完成701个;实现转非劳动力就业9393人,下岗失业人员职业技能培训6871人。

社会保险累计参保人数:养老保险参保人数64140人。失业保险参保人数56644人。城区居民医疗保险人数42077人。

六、文教卫生不断壮大

1994年全区有4所小学,学生人数2246人。截止2012年末全区有中学2所,在校人数1097人;小学12所,在校人数8782人。

经开区的卫生事业,经历了边工作、边建立组织机构,到全面健全体制的过程。截止2012年底,长春经济技术开发区辖区内共有各级各类医疗机构192家。

医院15家,其中省卫生厅所属医院5家,即:吉林大学中日联谊医院、长春中医药大学第二附属医院2家国有医院,吉林珍爱妇产医院、吉林中医肝胆医院和吉林恒达眼科医院3家民营医院;市属单位7家,即1家国有医院长春市第二医院兴隆山分院(加挂兴隆山镇卫生院及繁荣社区卫生服务中心)和6家民营专科医院:长春骨伤医院、长春现代泌尿外科医院、长春一诺眼科医院、长春梁氏中医院、长春圣心心脑血管医院和金瞳小儿眼科医院;区属医院3家:一汽总医院专用车厂职工医院、长春经济技术开发区中心医院和长春缘都医院。

计划生育指导站1家(加挂生殖保健医院、体检门诊部)及综合门诊部7家、中医门诊部1家、口腔门诊部13家。社区卫生服务机构7家。厂矿卫生所3所、中西医结合诊所3家、西医内科诊所70家、西医骨科诊所1家、中医内科诊所36家、中医骨科2家、口腔诊所13家及村卫生所18家。

全区有病床4200张,专业卫生人员2780人,其中执业医师1103人,注册护士1310人。

新农合参保率达到100%。

【净月开发区】2012年是我区建区以来具有里程碑意义的一年。全区上下在党工委、管委会的正确领导下,克服了宏观经济形势复杂多变、外部环境持续偏紧等不利影响,着力推动区域经济发展,扎实推进民生改善工程,全区经济和社会各项事业保持了快速健康发展的态势。依托良好的产业发展条件和发展潜力,相继被确定为国家电子商务示范基地、国家广告(文化)产业示范区和国家现代服务业数字媒体产业化基地。不断强化土地保障、资金保障等先行先试举措,国家服务业综合改革试点区建设深入推进。8月19日,我区被国务院批准升级为国家高新技术产业开发区,正式跻身国家创新发展的先进行列,迈入了全新的发展阶段。长春市委十二届二次全会作出了"举全市之力推进净月创新型生态城建设"的重大决定,出台了《关于加快净月创新型生态城建设的意见》,我区在全市发展中的引领和示范地位更加突出。

(一)综合实力显著提升

全区营业总收入实现1352亿元,比去年增长20.4%;地区生产总值完成480亿元,增长20%;服务业增加值完成322.8亿元,增长21.5%;三次产业比重为1.6:31.1:67.3;全口径财政收入完成79.3亿元,增长59.6%,完成年计划的101.4%;固定资产投资完成326亿元,增长28.7%;实际利用内资完成66.06亿元,增长20%;实际利用外资完成2.25亿美元,增长17.8%;规模以上工业总产值完成85亿元,增长21.1%;新增就业人数1.56万人,其中劳务输出6815人;农民人均收入达11000元,增长10%。主要经济指标完成或超额完成了我区年初制定的计划目标和市政府下达的责任目标。

(二)主导产业发展迅速

总部经济的集聚效应积极呈现。奈伦总部、一汽金融总部、吉林森工金融总部等区域总部项目陆续开工建设,伟峰·东第、环球贸易中心、华荣泰商务综合体、明宇文化商业广场等商务载体的承载作用日益突出,长春市南部城市CBD加速崛起。

软件信息业的龙头地位不断巩固。吉林省数据灾备中心投人运营,与省工商局等十家单位签署了数据存储备份合作协议;启明公司与富士康、三菱等知名企业积极开展战略合作,业务范围进一步拓展,位列中国软件业收入前百家企业第43位;中国电信东北呼叫中心产业基地、中国移动吉林物联网中心等项目相继人区,为软件信息业注入了新的发展动力。

文化产业的品牌影响力大幅提升。吉视传媒成功上市,交互式现代媒体服务功能不断拓展,公司继2009年后再次荣获"全国文化体制改革先进单位"称号。吉广创意文化研发基地、长影世纪城二期华夏翱翔等项目建设快速推进,吉林出版集团、江西泰豪集团等行业龙头项目竞相落位,我区作为长春文化产业发展区的资源整合能力不断增强。2012瓦萨国际滑雪节、净月女神雕塑落成庆典、第十一届长春农博会、第十三届中国长春(净月区)国际雕塑作品邀请展、2012中国长春高新技术成果展示暨合作洽谈会等大型活动盛况空前,我区已成为吉林省文化、科技等领域对外交流合作展示的多元化综合平台。

高新技术制造业的创新能力显著增强。旭阳集团牵头组建了吉林省汽车内饰系统工程产业技术创新战略联盟,加大了绿色环保内饰材料研发、零部件轻量化制造、模块化供货、系统化设计等领域的技术开发力度,企业年销售收入成功突破20亿元;通用机械成功收购德国洪泽尔公司和法国希图公司,铝锻、铝铸技术已处于国内领先水平,已成为奔驰、宝马等国际顶尖汽车品牌供应商;一汽新能源汽车分公司研发的奔腾B50 EV纯电动轿车和奔腾B50 PHEV、红旗H7 PHEV混合动力轿车进入批量生产阶段,华奥新能源客车研发生产的纯电动公交车和新型校车陆续投放市场;德国大陆汽车电子净月园区项目顺利竣工,德国格拉默汽车内饰产业化基地建设快速推进,全区制造业高端化发展步伐不断提速。

(三)开发建设强势推进

项目前期工作高效展开。全年完成56个新建项目的前期手续审批和报批工作,完成收储土地面积18.78平方公里,征地面积500公顷,完成拆迁房屋4866栋、面积51万平方米,拆除温室、大棚和苗木等其它地上物共计624万平方米,为重点项目及时落位建设创造了条件。

资金保障能力不断增强。充分利用我区融资平台,及时报批和包装生态建设、基础设施等项目,争取银行贷款56.64亿元;积极开展项目争取各级扶持政策资金工作,围绕服务业试点、科技创新、基础设施、技术改造、民生改善等领域,积极组织区内企业申报国家及省市各类扶持资金7560万元。

项目建设和储备实现新突破。全年共有85个招商项目开工建设,其中总投资10亿元以上项目14个。全年新签约项目51个,签约总额560.05亿元,其中超10亿元项目20个,签约金额457亿元。新引进德国麦德龙现购超市、法国迪卡侬吉林区总部、日本NTT研发中心、中国电信东北呼叫中心、中石化东北石油局总部、一汽金融大厦、一汽进出口大厦、中铁十三局区域总部等世界500强企业投资项目11个,全区累计引进世界500强企业达到20家,为区域增添了强劲的发展动力。

基础设施建设取得重大进展。全年共投人基础建设资金50亿元,是2011年的2倍。净月生态大街全面竣工通车,西部新兴产业带主轴全线贯通,将长春城市直线距离向东南放大了15公里。主干路网建设全面铺开,水、电、气、热、信大配套同步开展,新城组团加速南拓。积极联合日本日辉、丸红株式会社和长春燃气公司,在东北地区率先启动能源分布式供应体系建设。规模化、生态化、高标准、高质量的基础设施建设,为我区加快发展创造了新优势、新条件。

生态环境工程加速实施。科学编制全区林地保护利用规划,积极推进农民自愿还林、征地造林、矿山复绿、林相改造四大造林绿化工程。全年共完成造林523.4公顷,栽植各类苗木108.2万株,建成35公顷苗木基地。水库除险加固、河道综合治理等工程多点启动,景观工程顺利实施,湿地公园工程、中央公园一期工程全面竣工,生态环境优势不断放大。

(四)社会事业稳步发展

教育事业扎实推进。全年教育工作共投人资金8831万元,筹建了新城中心幼儿园、新湖中心幼儿园、净月实验幼儿园等3所公办幼儿园,完成了榆树小学、净月潭实验小学及五十五中学等5所学校校舍扩建维修工程,教育体系及办学条件不断改善;实施了教师全员、骨干、学科精英梯队培训工程,教师业务水平不断提升;启动"校车安全"工程和教师"爱心班车"工程,学生、家长、教师的安全感和幸福感进一步增强。

卫生事业成效显著。开展大规模环境卫生清理整顿行动10余次;强化各类传染疾病和突发公共卫生事件的防控应急能力,全年无传染病爆发和食品安全事故发生;三镇卫生院医疗服务能力大幅提升,完成26个标准化的村级卫生所建设,新农合参合人数61249人,常住人口参合率达99.57%,医改各项工作进度和成效居全市乃至全省前列;完善人口和计划生育服务体系,加大出生缺陷预防干预力度,出生人口素质进一步提高。

民生保障不断加强。全年举办招聘会41场,开发岗位1.54万个,安置就业15628人次,开展各类培训6049人次。为21名创业者及1户企业申请小额担保贷款398万元,利用第三届创博会,征集创业项目100个,达成创业项目加盟连锁意向30项;三镇累计开发露地菜田1200公顷,培养年销售500万元以上经纪人60人、千万元以上经纪人35人,为提高农民收入水平创造了有利条件;依托"大救助"和"民生超市"两个平台,加大对困难群体的补助救助。全年投入122万元,为困难群众发放米面油等基本生活用品,投入106万元为五保户发放生活补贴。民生超市全年服务群众3万余人次,发放购物卡7963张,总金额172.7万元。

社会管理示范全国。"红细胞工程"共吸引33家企事业单位加盟,成立各类服务队60支,开展志愿服务3万余人次,为激发党组织活力提供全新载体,为创新社会管理做出了有益实践。"红细胞工程"的典型经验,受到了中组部、中央文明委的充分肯定,为全市、全省乃至全国基层党建和社会建设做出了示范。

总体来看,2012年国民经济和社会发展计划执行情况较好,但我区作为新升级的国家高新区,无论是按照国家高新区的建设发展要求,还是与其他先进高新区相比较,仍存在着较大的差距与不足,很多方面需要改革与完善。一是孵化载体建设还处于起步阶段;二是科技金融服务有待加强;三是高层次人才引进的机制不尽完善;四是政策支持体系尚不完备。对于以上问题,我们将高度重视,积极采取措施,认真加以解决。

【高新技术产业开发区】2012年,在省市的正确领导下,长春高新区认真落实科学发展观,深入实施新一轮发展战略,并根据形势变化适时调整策略,全力推进发展布局、发展路径、体制机制等十个方面的战略性转变,取得了显著成绩。

一、我们坚持速度与质量并重,不断壮大经济总量,区域经济实力显著提升。2012年,全区营业总收入、工业总产值分别实现3620亿元、3402亿元,分别比上年增长20%和19%,在2008年基数上分别净增2000亿元;地区生产总值、固定资产投资分别实现801亿元、430亿元,均比上年增长20%以上,在2008年的基数上实现了翻番;全口径财政收入实现458亿元,一般预算财政收入实现91亿元,按可比口径分别比上年增长8%和22%,均是2008年的3倍多。主要经济指标增速高于全省、全市平均水平,经济总量占全市比重比2008年提高3.6个百分点。

二、我们坚持构筑新的资源禀赋优势,全力推进基础设施和生态环境建设,城市承载功能显著提升。抢抓国家扩大投资政策机遇,南北两区累计投入开发建设资金400多亿元,基础设施和配套水平全面提高。南区环境发生历史性变化。投资近200亿元,完成配套面积30平方公里,新建道路42条、60公里,铺装面积150万平方米,绿化面积519万平方米,高标准实施美化、亮化、彩化工程,建设了一批精品街路、广场和公园,形成绿化、园艺、灯光、雕塑四位一体的城市特色,城市功能全面提升,城市面貌焕然一新,成为长春西南一座亮丽的现代化新城。长东北核心区创造了开发建设奇迹。投资200多亿元,整理土方6140万立方米,建成道路78条、桥梁24座,总长122公里,铺装面积323万平方米,绿化面积767万平方米;远达大街"两跨一穿"、北湖大桥等重要交通节点全部贯通,龙翔广场等一批城市功能性项目建成投入使用,"五点三线"精品工程基本完工;长东北城市生态湿地公园对外开放,被国家林业局命名为吉林长春北湖国家湿地公园;文化旅游产业园大部分主体工程基本完成,科技生态碳汇区稳步推进,一座绿色生态、宜居宜业的现代化科技新城正在快速崛起。长德新区现代新城框架强势拉开。投资80多亿元,全面启动37平方公里起步区建设,完成5个村、22个自然屯、4000余户居民的征拆工作,新建道路26条,水、电、气、热、通信等公用设施及配套工程全面展开,尚德华园百万平方米回迁社区竣工89万平方米,"七横、五纵、三点、一带"的新城框架基本形成,成功开启了国家级开发区与县(区)合作的新模式,并获批为省级开发区,带动了县域经济加快发展。坚持建管并重,在全市率先启动以市政设施为主的数字化管理平台,城市精细化管理全面铺开,步入了现代化新型城市发展轨道。

三、我们坚持创新驱动战略,加快构建区域创新体系,发展内生动力显著提升。国家创新型科技园区建设扎实推进,国家专利技术(长春)展示交易中心正式揭牌,国家知识产权示范园区创建工作通过验收,国家级园区和基地发展到23个。长东北科技创新中心取得突破性进展。地理所生态农业技术平台建成投入使用,应化所新材料技术平台完成主体结构,光机所光电技术平台部分主体完工;科研教育区已接收新生,商住配套区部分交付使用,产业孵化区引进落位26个高水平研发类项目,与中科院和中关村战略合作深入推进,正全力打造东北最大的创新集群。孵化器建设快速推进。北湖科技园一期2万平米主体建筑实现封顶;中俄科技园3万平方米孵化基地已竣工,与乌克兰国家科学院共同组建了国际联合实验室;国家服务外包人力资源研究院东北院大学生创业见习基地等四大功能区域正式启动,成为我省最大的大学生实训平台。全区新建、在建孵化基地19个,全部建成后孵化总面积将突破300万平方米,可孵化企业4000户以上。企业创新能力加快提升。高新技术企业始终保持占全市70%、全省40%以上;建立市级以上企业技术中心76个,研发单位总数达到168户,申请专利3981项、发明专利1775项,获得国家驰名商标10项,省级以上名牌产品34项;科技大市场正式投入运营,展示、交易各类科技创新成果1000余项。科技与金融加速融合。集聚金融服务机构超百家,其中股权类投资机构38家,基金总规模突破200亿元;新注册小贷公司9家,注册资金总额4.3亿元;区内银行网点达到21个,帮助中小型科技企业获得贷款9亿多元;境内外上市企业9户,储备上市企业9家,拟在“新三板”挂牌企业35家,为创新发展提供了有力支撑。

四、我们坚持高新高端特色,狠抓招商引资和项目建设,区域发展后劲显著提升。建立了专业化招商队伍,坚持按产业分类设置机构,严格实施项目入区评审制度,累计引进内资829.8亿元,是18年总和的2.7倍;利用外资39.9亿美元,是18年总和的1.5倍,高新区连续四年被国内权威机构评为“中国最具吸引力和投资潜力园区”,区域品牌影响力不断扩大。攻央企、引龙头成效显著。先后与27户央企洽谈合作项目46个,兵装新能源产业园、中航科技产业园等8个项目加快建设,中建材三新产业园等24个项目深入推进;落位世界500强企业投资项目19个,博世汽车零部件项目竣工投产,伊藤忠丸红新能源汽车电机矽钢片项目主体封顶。项目建设步伐不断加快。四年开工建设产业项目214个,其中投资百亿元以上项目2个,10亿元以上项目41个,亿元以上项目98个,共完成投资643亿元,完成建筑面积1299万平方米。全区有33个项目列入全市“十二五”时期150个重大项目序列。一汽轿车第三工厂完成部分车间基础,中科英华、英利模具等项目主体完工,佛吉亚排气系统、高榕总部基地等117个项目相继建成或部分投产,有效带动了存量调整和总量扩张,为未来发展积蓄了能量。

五、我们坚持持续调整产业结构,积极培育创新型产业集群,产业发展能力显著提升。围绕构筑六大优势产业链条,加快引进上下游企业,全区注册企业发展到3746户,比2008年增加1566户;亿元企业由60户增加至95户;区内三资企业由113户增加至175户。战略性新兴产业加快集聚。以汽车及零部件为主的先进装备制造企业发展到330户,产值年均增长20%以上,汽车电子产业集群成为首批国家级“创新型产业集群(试点)”,与启明孵化公司合作建设了国家级汽车电子产业基地;生物医药企业发展到111户,产值由2008年的14亿元增加到48亿元,年均增长36%,成为亚洲最大的疫苗生产基地和全国最大的基因药物生产基地;光电子企业发展到94户,产值由2008年的10亿元增加到14亿元,年均增长8%,吉林环宇公司P-OLED显示模组正式下线,吉林奥来德光电公司有机发光材料形成规模化生产能力,规划了占地1平方公里的半导体照明及显示产业园;新材料新能源企业发展到124户,产值由2008年的65亿元增加到91亿元,年均增长9%,稀土镁合金、聚酰亚胺等技术研发达到国际领先水平。高端服务业日益兴起。文化创意企业发展到210户,规划建设了10个特色文化产业园区,东北亚文化创意科技园被命名为“国家级文化产业试验园区”和“国家级科技企业孵化器”,禹硕动漫、林田远达被命名为“国家级文化产业示范基地”,高新区被科技部认定为“长春国家现代服务业数字内容产业化基地”;软件及服务外包企业发展到500户,占全市的85%、全省的70%以上;新涌现出物联网企业10余家,初步形成了云计算物联网产业发展特色;启动了电子商务产业园建设,弥补了电子商务服务业空白。二三产增加值之比调整为92:8,服务业增加值比重较2008年提高4个百分点,产业结构调整迈出了坚实的步伐。

六、我们坚持发展成果让人民共享,不断加大保障和改善民生力度,群众幸福指数显著提升。全面落实民生行动计划,为群众办了一批好事、实事。社会保障体系逐步健全。投资19亿元,高标准建设农民回迁住宅124万平方米;开发就业岗位12.8万个,失地农民就业问题得到有效解决;在全市率先对被征地农民社会养老保障工作进行试点,解决了被征地农民的养老保障问题;养老、失业、医疗、工伤等保险扩面工作均按要求达标,低保对象实现应保尽保,群众生活水平稳步提高。公共服务设施不断完善。新引进了北师大附中、东北师大附小幼儿园、省第二人民医院、省第六人民医院等优质教育医疗资源,警民健身中心对外开放,奥体中心“一场三馆”完成部分主体工程,奋进社区卫生服务中心、农民文化活动中心投入使用,社区健身路径基本实现全覆盖。社会服务管理创新工作全面加强。成立了社会服务管理创新办公室,健全了区、分区、乡(街)村(社区)三级社会服务管理网络,搭建起覆盖全区的综合信息服务平台,初步建立了“人性化、网格化、信息化”社会服务管理模式。平安高新建设深入推进。深入开展“安全建设年”、“信访积案化解年”和“大排查、大走访、大接访”活动,妥善处置和稳控一批信访积案和突发事件,组建了检、法两院,完善了司法体系,全区保持安全、稳定、和谐的发展局面。

七、我们坚持深化改革创新,不断优化发展软环境,区域发展活力显著提升。体制机制调整不断深化。根据新一轮发展需要,科学设置机构,实行市场化用人机制,组建分区管委会,使管理重心逐步下移、工作责任不断强化、机关效能显著提升,全面构建起“灵活高效、运转有序”的管理体制。企业服务不断优化。强化企业政策扶持,四年共兑现扶持资金16.5亿元;积极开展企业大走访活动,为企业解决一大批生产生活难题;全面提升政务大厅服务功能和水平,服务效率大幅提高;区域软环境建设不断加强,软环境政行风测评连续四年保持全市第一。落实体系全面形成。进一步健全完善岗位目标管理责任制,严格实行“责任倒查制”和“失职买单制”,形成“纵向到底、横向到边、无缝链接、不留死角”的责任落实体系,“人人想事、人人干事”的氛围日益浓厚。

八、我们坚持解放思想,切实加强党组织和党员干部队伍建设,党的建设科学化水平显著提升。“五个建设”成效明显。通过开展学习考察和工作“回头审”,不断查找差距、树立目标,增强发展信心;通过举办“周六大讲堂”加强培训,全面提高干部理论知识素养;坚持在开发建设第一线培养锻炼干部,转变作风、提高能力;认真落实党风廉政建设责任制,廉洁自律意识不断增强,打造了一支思想先进、责任心强、能力过硬、作风扎实、清正廉洁的干部团队。基层组织建设不断加强。围绕“基层组织建设年”,组织百名干部开展“走基层、六包六促”活动,走访群众900户(次),解决问题200多个;新建企业党组织55个、机关党组织35个,在全市开发区率先成立总工会,共青团、妇联等群团工作卓有成效。区域文化形成品牌。聘请北大文化产业研究院,对高新区精神、区域文化进行全面提升,形成一整套富有高新特色的理念文化、行为文化和视觉文化体系,通过开展唱响区歌、推广区标、制作宣传片、开展宣传月等系列活动,使区域文化日益深入人心。人才特区建设扎实推进。在东北地区率先启动“人才特区”建设,全面实施“长白慧谷”英才计划,对42名入选人才项目给予1289万元资金支持,有3人申报国家“千人计划”,20人入选省引才计划,9人获得“长春市突出贡献专家”荣誉称号,为经济发展提供了强有力的人才保证。

新的征程已经开启,新的使命催人奋进。长春高新区将在市委、市政府的科学领导下,创新超越、负重拼搏,在落实长吉图国家战略、推进长吉一体化、建设“幸福长春”中,做出新的更大贡献!

【西新经济技术开发区】2012年,是汽车区极不平凡的一年。受国际国内经济形势影响,我区开发建设和经济社会发展遇到了前所未有的挑战,融资难、征地拆迁难,各项工作面临巨大压力。一年来,全区广大干部职工认真贯彻市委、市政府的部署和要求,积极应对复杂形势,顶住压力,破解难题,圆满完成了各项目标任务,实现了经济社会平稳快速发展。特别是在全区上下的积极努力下,去年10月,我区正式被国务院批准更名为长春汽车经济技术开发区,使我区汽车产业特色更加突出。

——迎难而上,加快发展,全区经济实力稳步提升

全区生产总值完成438亿元,同比增长13.5%。固定资产投资完成413亿元,同比增长13%。工业总产值完成1400亿元,同比增长20%。全口径财政收入完成73.5亿元,同比增长34%。实际利用内资完成95.6亿元,同比增长10%。实际利用外资完成5亿美元,同比增长20%。固定资产投资总量、实际利用内资总量、利用外资增速、区属规上工业产值增速等四项指标全市第一,财政收入跃升至全市15个县市区及开发区第二位,连续五年被评为长春市经济目标责任制优秀奖。在新晋升国家级开发区中排名第12位。

——突出重点,全力招商,产业实力不断增强

坚持把招商引资作为推动发展的核心引擎,吸引高端型、链条型、龙头型和集群型重大汽车零部件项目入区。

坚持“走出去”招商,开展了赴日本、韩国、泰国、新加坡以及国内主要汽车零部件聚集区专项经贸交流活动。同时,积极参加亚洲制造业论坛、第八届东北亚博览会等多项宣传展示活动。全年共引进重点工业项目86个,其中亿元以上项目66个,5亿元以上项目9个,10亿元以上项目5个,计划总投资360亿元,预计可实现产值420亿元。

——强化投资,攻坚克难,项目建设扎实推进

以一汽“十二五”项目为核心,全力推进项目建设。

全力抓好项目开工。一汽轴齿工业园、轿车研发中心、轿车变速箱装配及壳体加工、有色铸造基地等项目全面开工。其中,轴齿工业园曲轴连杆等6个项目已完成主体封闭。全年新建工业项目60个,续建工业项目16个。

促进项目投产达效。一汽丰越建成投产,完成2万辆目标,成为我区我市重要经济增长点。麦格纳汽车系统、上海纳铁福传动轴、德国霍富汽车锁等13个项目正式投产。一汽大众MQ200变速箱、富奥电装、丰田纺织等项目完成试生产。

为确保项目顺利推进,全年完成征地330公顷,拆迁13万平米。

——加快建设,统筹推进,基础配套能力不断提升

坚持“积极而为、适度超前、统筹建设”思路,全年共启动91项基础建设工程。

物流通道建设取得突破。腾飞立交桥正式开工,飞跃路下穿桥实现简易通车,完成了东风大街安庆路至四环路段改造。解放物流通道、东风大街与兴顺路节点高架桥项目已经启动。拓宽翻新大众街,完成富民大路下穿桥工程主体工程,乙二路、轴齿中心、日系工业园等10余条道路全面开工建设。全年共完成道路建设16公里。

配套设施建设有序推进。西新一次变、轴齿中心二次变、大众二次变等项目全面启动。完成西湖、丰越两个二次变及供电外网工程并投入使用,保证了一汽EA888发动机、MQ200、丰越等项目供电。完成丰越、丰田纺织正式供水工作。高速外第一热源厂、污水处理厂主体完工。

——精心谋划,大力推进,城市建设步伐不断加快

科学谋划发展战略。在借鉴美国底特律、德国斯图加特、沃尔夫斯堡等汽车城市经验的基础上,聘请国际著名的德国ECS公司对我区产业和城市发展进行了战略策划,进一步明确了我区未来总体发展思路和方向。制定了《创建汽车人的幸福家园规划纲要》。国家生态工业园建设规划正式通过商务部、科技部、环保部和专家组认定。

积极推进新区建设。核心区万科城市综合体项目进展顺利。积极推进环外居住岛建设,多恩虹郡项目已经启动。完成了西湖清淤工程,西湖、牡丹园开发正在积极推进。新区居住环境不断改善,君地天城、中铁国际、东皇君园等高档社区已基本建成。

努力改造建成区。深入开展150天市容环境综合整治行动,综合环境得到有效改善。加强市政维护,维修创业大街、东风大街、西湖大路等90余条街路。大力改善环境,全年植树5200余株,完成树木刷白、修剪22万株、草坪维护50万平米。

——强化意识,创造环境,全力服务一汽发展

坚持以推进项目建设为重点,以让一汽满意为目标,进一步加大服务力度,全年为一汽发展解决各类问题200多个。

保障一汽十二五重大项目落位。充分发挥“十二五”项目部作用,坚持调度例会制度,全年召开调度会40余次,及时解决问题,提升了项目建设速度和效率。

提升服务一汽水平。对一汽项目实行“直通车”服务,实行急事急办、特事特办,全程跟踪服务。强化协调配合,争取市里支持保障了一汽大学生公寓、医疗大楼等建设项目顺利实施。

——以人为本,关注民生,社会事业蓬勃发展

坚持以人为本,为民服务,全面落实101项民生行动计划。

就业工作成效显著。全年共开发就业岗位7841个,城镇新增就业4178人,失业人员再就业1238人,农村劳动力转移就业1157人,解决零就业家庭比率达到100%。

社保工作稳步推进。城镇居民医疗保险68000人,城乡居民社会养老保险完成新农保11778人,失地农民养老保险1938人,失业保险990人,工伤保险5000人,圆满完成全年任务。

社会救助力度进一步加大。全年为城乡低保户等各类人员发放救助金及各类补贴总计810万元。对生活困难群众和困难党员普遍进行走访慰问,发送慰问品及慰问金13.3万元。积极开展“送温暖,献爱心”、“爱助成长”、“爱心圆梦”等活动,为区内特困户及其子女提供了慈善救助。

教育事业蓬勃发展。全面实施了“课堂教学优质化”工程,教育教学质量不断提高,中高考成绩继续排在全市前列。区域教育均衡发展示范区创建工作扎实推进,全市基础教育质量提升大会在我区召开。加大投入,新建长沈路学校、二实验幼儿园,扩建实验小学教学楼已全部竣工。深入开展“平安和谐校园”创建工程,维护校园安全稳定。

安居工程成效显著。加快回迁住宅建设,前程家园回迁住宅工程全面开工,完成4万平米廉租房、9万平米回迁住宅。实施天网工程,安装监控探头300个,为区内百姓创造了安全的环境。

健康工程全面启动。积极推进健康城市建设,完善了以社区服务功能为重点的公共卫生服务体系。开展了食品药品等21项专项整治活动。加强传染病预防知识宣传工作,实现了辖区计划免疫全覆盖。落实计划生育及优生优育政策,大力开展免费孕前优生健康检查和生殖健康服务工作。

文化体育事业蓬勃发展。重点抓好基层文化团体建设,成立了“东风街道艺术团”、兴顺社区艺术团等6个艺术团体和6个职工文体协会。举办了第五届社区文化艺术节、第三届群众艺术节暨“电影歌曲大家唱”活动。成功举办第五届中国长春汽车节系列活动,汽车文化影响力进一步增强。大力开展全民健身运动,维修增添器材100余件,举办了全区羽毛球比赛。

精神文明创建活动成效显著。以社区、农村、行业为重点,大力弘扬社会公德、职业道德、家庭美德和公民品德。圆满完成全国文明城市、全国卫生城市复检工作。双拥工作成效显著,锦程街道被评为全国拥军典型,受到中央军委表彰。

农村工作扎实推进。强化科技指导,农牧业稳定发展。农民就业培训、村屯文化建设和农民稳定工作有序推进,农村各项事业稳步发展。

社会稳定工作成效明显。完善各种机制和考评办法,圆满完成十八大等重大活动期间信访维稳工作。深入推进积案化解工作,积极开展了领导大接访和局长接待日活动。妥善处理市长公开电话和群众来信来访,营造了和谐稳定的社会环境。重视安全生产,没有发生重大安全事故,全区呈现和谐稳定局面。

——强化素质,提升水平,自身建设得到进一步加强

坚持以创先争优活动为载体,全面加强党的建设,以创建“基层满意、企业满意、群众满意”机关为目标,大力推进和谐机关建设。

党建工作不断加强。扎实推进基层组织建设年活动,启动了农村新一轮“三项工程”,开展了社区“五有一创工程”,选拔12名优秀党员到社区干部岗位。加强非公企业党建,在规模以上企业、协会商会、市场楼宇中建立党组织56个。我区非公党建工作在全国开发区党建工作现场会上介绍了经验,并在省市推广。积极开展党组织“三帮扶”工作,结对救助困难户267户。党员队伍建设不断加强,全年发展党员95名。圆满完成中央、省市党代会代表的推荐工作。

加强干部队伍建设。在全区深入开展了“新境界、新成效、新变化、新突破、新举措、新作为”六新主题实践活动。拓宽干部锻炼培养渠道,选派7名干部到拆迁维稳一线挂职。加强干部培训,坚持举办“周六课堂”活动,全年举办11次大型报告会。大力开展调查研究活动,在全区形成了研究思考的风气。重视人才工作,积极向省市推荐优秀人才。加强机制建设,完善了绩效考核办法,完成了事业单位人事制度改革和非领导职务晋升工作。

作风建设进一步加强。深入开展了“查找改”活动,建立健全了月绩效考核等相关制度,集中整治了“虚、脱、懒、散、庸”现象。制定实施了项目建设、土地征收、国有资产管理等工作联动机制。完成了国际质量和环境体系认证工作。

软环境建设不断深入。进一步推进行政审批制度改革,开展了清理和规范行政权力工作。加大服务企业力度,推进部门企业对接包保活动、动态联系企业制度和“直通车”服务,直接为群众企业办理各类事项200余件。积极开展了“万人评议机关”和民主评议站办所活动。加强诚信建设,深入开展了诚信企业、诚信村户、诚信市民、诚信学生“四诚信”评选活动。

廉政建设不断加强。以深化教育、制度、监督为重点,进一步完善了预防腐败体系。强化廉政教育,开展了廉政教育“五个一”工程。加强监察和审计工作,建立健全了干部选拔任用、工程建设领域、大额资金使用、保障性住房分配等重点领域、重大事项管理制度。加大违纪违法案件查办力度,挽回了巨大经济损失。全区上下形成了风清气正、廉洁从政的风气。

群团组织作用得到有效发挥。成立了汽车区总工会,组建了困难职工帮扶中心。工会、共青团、妇联和统战工作排在全市前列。各驻区机构围绕开发区大局,在各自的领域为我区经济社会发展做出了积极贡献。

【莲花山开发区】

一、度假区概况

长春莲花山生态旅游度假区2010年9月经省委、省政府批准成立,2011年2月正式组建,2011年6月5日正式挂牌,是长春市政府直管的五大开发区之一,享受省级开发区优惠政策。整个区域位于长春东部,北起经开区和九台市界,南至净月区和双阳区界,西起长春市主城区,东接吉林市永吉县,规划控制面积417平方公里,实际管辖面积362平方公里,辖劝农山镇、泉眼镇、四家乡"两镇一乡",人口约4.9万。区域自然资源丰富,有长春市周边最大的天然次生林,森林面积达120平方公里;区域水网密布,沟谷纵横,有雾开河等主要河系8条,水域及湿地面积达50多平方公里,森林和水域面积占全区总面积超50%。

随着国家"长吉图"战略的深入实施和吉林省"长吉一体化"进程的快速推进,莲花山度假区也因作为两大战略的核心功能区和重要节点而倍受关注,承载着落实"长吉图"发展规划、支撑"长吉一体化"城市拓展、加快产业转型升级、实现城乡一体化的重任。吉林省委、省政府,长春市委、市政府高度重视莲花山度假区发展,出台了《关于加快长春莲花山生态旅游度假区发展的意见》(长发〔2011〕25号)等一系列扶持政策,赋予了度假区独立的人事任免、规划初审、财政体制、一级土地开发和土地收储、融资体系等权限,明确要求莲花山度假区成为打造"长吉一体化"的核心推进区、建设长春绿色宜居城市的生态示范区、发展现代服务业的重要承载区、推动开发区体制机制创新的先行先试区。为此,度假区精心编制了总体规划,明确了发展定位,即以生态保护为首要原则,以现代服务业为发展方向,以高端度假旅游为开发重点,全面打造生态保护示范区、休闲旅游集聚区、低碳产业先行区、最宜人居新城区,成为国内一流、国际知名的休闲度假圣地,实现转型升级和产业集聚的目的。

二、经济社会发展情况

2012年,度假区牢牢把握"抢建设、强管理、保稳定"这一主题,按照市委、市政府"高点起步、快速开局、打破常规、跨越发展"的总体要求,解放思想,埋头苦干,全区经济社会保持了高速度、高质量、高效率的强劲发展势头。

(一)生产总值(GDP)情况。2012年全区生产总值达到1.72亿,其中第一产业达到0.7823亿元;第二产业达到0.7319亿元;第三产业达到0.2亿元。

(二)固定资产投资情况。2012年全区固定资产投资完成21亿元,完成2012年计划的100%,同比增长了33.3%。其中服务业投资完成21亿元,亿元以上大项目4个。

(三)财政情况。莲花山生态旅游度假区2012年全口径财政收入为1.5亿元;地方本级财政收入为0.63亿元;财政支出为1.4亿元。

三、开发建设情况

2012年,度假区广大干部群众大力发扬"开拓创新、负重前行、克难攻坚、跨越发展"的莲花山精神,以"高起点规划、高标准建设、高水平管理、高效率工作"的实际行动,努力推动各项工作迈上新台阶。

(一)基础设施建设进展迅速。加快推进了东自由大路、劝农大街、泉眼大街等12条主干路网续建新建和乡村道路(慢行系统)提升改造工程,总里程400多公里,目前已基本通车。全面启动了区域内水、电、气、热、通信、污水处理等市政设施建设,目前通信管线已铺设完毕。启动了度假区内的主干路网绿化工程。投资建设了莲花印象农民安置小区建设,一期工程57栋住宅楼已经实现主体封闭。

(二)综合管理全面加强。为加强综合管理、保护生态环境,起草了《度假区管理条例》,经省人大批准于2012年11月1日起实施。为规范建设秩序,对区内各类建筑进行了全面排查,并按照市政府《关于查处违法用地行为的通告》、《关于拆除违法建筑的通告》,全面加大了拆违力度,拆除违建房屋、大棚、鱼塘等140处3万余平方米;加强了违建巡查工作,做到发现一处、制止一处、拆除一处,确保新增违建"零增长"。同时,对辖区内的山林土地、水库鱼塘等集体资产资源进行了清查,准备废止不合理、不合法的抵押租赁合同,还利于民。

(三)生态保护取得实效。加快植树造林和退耕还林,植树造林130公顷、退耕还林40公顷。严厉查处非法采石采矿、乱砍乱伐、散埋滥葬等行为,启动了矿山地质环境恢复治理工程,目前四家乡第一采石场及同边矿山治理项目已经启动。开展了水系治理,加大对石头口门水库水源地的保护,做到了水源地范围内坚决控制项目建设。

(四)环境整治成效显著。结合市政府150天市容环境综合整治行动,在加强日常保洁的同时,开展了大规模的乡容村貌整治工作,投入近千万元购置了垃圾清运车,增设环卫设施,使环境卫生面貌得到了明显提升,路面整洁,边沟通畅,乱堆、乱倒、乱放现象得到明显改观。结合一体化围墙建设,实施了村屯绿化美化,努力做到见土就见绿、见绿就见花。同时,在莲花山大路两侧种植了50多公顷的向日葵,花期时成为一道靓丽的风景。

(五)项目建设进展顺利。香港世茂项目、长春亚泰项目按投资计划正在全力推进。林溪雅筑项目一期工程主体完工。莲花溪谷项目已完成规划设计。同时,在都市服务区核心区谋划了占地5平方公里的大型室内休闲度假综合体,正在推进一个带盖子的夏之城项目,利用反季理念打造"冬天里的夏天"。目前,已聘请国际知名的策划机构对该项目进行规划包装,将进行全面招商。

(六)社会事业健康发展。结合市里《民生行动计划》,制定了《度假区民生行动计划》,从富民增收、提升社保等8个方面,提出了81件民生实事,目前已基本完成,保障了群众生活水平随经济发展不断提高。同时,认真做好信访、市长公开电话、局长接待日等工作,开展了"大排查、大走访、大接访"活动,为老百姓解决了一大批实际困难。

统计资料

STATISTICS

◎ 综合

GENERAL SURVEY

第一篇　综　　合

长春位于北半球中纬地带,欧亚大陆东岸的中国东北平原腹地,地处东经 124°18′－127°02′,北纬 43°05′－45°15′,市中心座落在东经 125°19′,北纬 43°43′。气候为中温带大陆性季风气候,素有“塞北春城”的美誉。

长春市地域辽阔,土地资源丰富,全境面积 20571 平方公里,其中市区面积 3583 平方公里。下辖南关、宽城、二道、朝阳、绿园、双阳六个城区及农安、德惠、九台、榆树四个县(市)。2012 年末,全市总人口 756.9 万人,其中市区人口 363 万人,四县(市)人口 393 万人。

国民经济持续快速增长,综合实力明显增强。全年实现国内生产总值 4456.6 亿元,按可比价格计算,比上年增长 12%。其中,第一产业增加值 317.5 亿元,比上年增长 4.3 %;第二产业增加值 2291.5 亿元,增长 13.1%;第三产业增加值 1847.6 亿元,增长 11.8%。人均国内生产总值达到 58691 元,比上年增长 12.1 %。国民经济主要指标快速增长,各项社会事业健康发展。2012 年,全市规模以上工业企业完成产值 8263.5 亿元,比上年增长 17.4%,固定资产投资总额达到 3172.9 亿元,比上年增长 30.4%,社会消费品零售总额实现 1739.6 亿元,比上年增长 15.0%,进出口总额 196.8 亿美元,比上年增长 13.5%,城乡人民生活质量进一步提高,总体达到小康水平,城市居民人均可支配收入和农民人均纯收入分别达到 22969.7 元和 9064 元。

1-1 行政区划
DIVISIONS OF ADMINISTRATIVE

单位:个 unit

		城市 Urban area		农村 Rural area		
		街道办事处 Street agency	社区居民委员会 Residents committee	乡政府 Township government	镇政府 Town government	村民委员会 Villager committee
总计	Total	67	393	30	67	1677
市区	District	55	330	5	12	294
南关区	Nanguan	15	57	1		3
宽城区	Kuancheng	9	54		1	20
朝阳区	Chaoyang	10	52		2	24
二道区	Erdao	8	33	1	3	34
绿园区	Luyuan	9	51		3	22
双阳区	Shuangyang	4	12	1	3	134
县(市)	County	12	63	25	51	1383
九台市	Jiutai	4	31	2	12	310
榆树市	Yushu	4	12	9	15	388
农安县	Nong'an		10	10	12	377
德惠市	Dehui	4	10	4	12	308

1. 城市中:社区委员会包括净月开发区22个,经济开发区23个,高新技术开发区15个,西新开发区11个。

2. 农村中:总计中乡政府包括高新技术开发区2个,镇政府包括净月开发区3个,经济开发区1个,村民委员会,包括净月开发区26个,经济开发区10个,高新开发区12个,汽车产业园9个。

Ⅰ. In urban area: residents committees include 22 in Jingyue Development Zone, 23 in Economic development Zone, 15 in High - Tech Development Zone, 11 in Automobile Industry Park.

Ⅱ. In rural area: In the Total row, township governments include 2 in High - Tech Development Zone, town governments include 3 in Jingyue Development Zone, 1 in Economic development Zone, villager committees include 26 in Jingyue Development Zone, 10 in Economic development Zone, 12 in High - Tech Development Zone, 9 in Automobile Industry Park.

1-2 自然概况
NATURAL CONDITIONS

		单位 Unit	长春市 Changchun	榆树市 Yushu	九台市 Jiutai	农安县 Nong'an	德惠市 Dehui
一、土地资源	Land resources						
1. 国土面积	Area of territory	平方公里 sq. km	20571	4724	3375	5340	3459
2. 常用耕地面积	Area of cultivated land	公顷 ha	1307958	389610	185110	377464	215892
二、水利资源	Water resources						
1. 地表水资源量	Surface water volume	亿立方米 100million cu · m	16.83	4.11	3.52	2.78	2.62
2. 地下水资源量	Ground water volume	亿立方米 100million cu · m	21.73	4.24	3.69	6.1	3.98
三、林木资源	Forest resources						
1. 森林面积	Forest area	万公顷 10000ha	23.2				
2. 森林覆盖率	Forest coverage rate	%	15.5				

1-3 1993-2012年长春市社会经济主要指标
MAIN INDICATORS OF SOCIETY AND ECONOMIC(1993-2012)

年份 Year	年末总人口（万人）Population (10000person)	#市区 District	从业人员（万人）Employment (10000person)	#职工 Staff and workers	地区生产总值（亿元）Gross domestic products (100million yuan)	#第一产业 Primary industry	#第二产业 Secondary industry	#第三产业 Tertiary industry
1993	651.0	218.8	317.5	134.8	238.5	47.1	116.1	75.3
1994	657.5	223.7	336.4	136.7	305.7	58.2	152.4	95.1
1995	667.3	270.0	345.0	133.9	365.5	72.4	164.6	128.5
1998	676.8	274.2	346.2	131.9	434.9	92.7	191.0	151.2
1997	683.8	278.8	351.2	129.9	491.2	101.9	212.3	177.0
1998	686.9	282.7	334.6	105.1	569.6	109.9	242.1	217.6
1999	691.2	286.6	350.3	102.8	683.7	117.8	288.5	277.4
2000	699.6	292.8	311.4	96.9	803.2	109.7	352.6	340.9
2001	705.7	298.0	327.4	92.7	928.9	121.2	416.3	391.4
2002	712.5	303.9	329.4	90.4	1060.8	131.1	483.6	446.1
2003	718.2	310.0	334.7	89.0	1226.7	140.4	575.4	510.9
2004	724.1	314.7	376.1	88.4	1415.6	150.6	680.6	584.4
2005	731.5	337.2	353.9	83.7	1503.2	161.5	701.9	639.8
2006	739.3	348.8	326.4	83.8	1736.8	162.0	848.1	726.7
2007	745.9	358.1	329.4	84.1	2089.1	200.0	1033.4	855.7
2008	752.5	360.8	336.8	85.6	2501.3	217.8	1251.2	1032.3
2009	756.5	362.3	346.8	87.0	2848.6	223.9	1442.8	1181.9
2010	758.9	362.8	366.4	89.0	3329.0	252.7	1719.9	1356.4
2011	761.8	364.8	384.6	92.4	4003.0	290.1	2092.7	1620.2
2012	756.9	363.0	386.3	96.9	4456.6	317.1	2291.9	1847.6

1-3 续表1 continued1

单位：亿元 unit：100million yuan

年份 Year	工业总产值 Gross industrial output value	农业总产值 Gross agricultural output value	固定资产投资总额 Investment in fixed assets	房地产开发 Real estate	建筑业总产值 Gross output value of construction
1993	381.4	60.9	68.8	11.0	34.2
1994	486.5	68.0	96.1	23.1	42.7
1995	487.3	144.5	108.7	22.6	51.4
1996	475.8	172.9	120.6	19.3	57.8
1997	496.4	176.8	106.0	14.0	64.1
1998	502.4	198.9	141.7	16.2	66.6
1999	596.6	200.9	194.4	25.2	78.1
2000	749.7	106.8	235.2	30.3	113.1
2001	954.7	223.9	285.0	48.5	140.3
2002	1202.1	242.1	320.5	60.8	162.4
2003	1510.2	259.2	389.6	77.7	198.7
2004	1712.7	281.5	460.0	90.4	224.8
2005	1728.9	272.9	650.4	106.6	276.4
2006	2140.0	289.0	950.4	174.2	344.0
2007	2839.1	340.6	1350.6	259.5	428.0
2008	3515.3	405.2	1818.8	352.9	511.4
2009	4461.7	418.4	2300.3	443.9	569.5
2010	5884.2	474.7	3001.5	542.8	669.8
2011	7005.0	523.8	2433.4	666.4	787.0
2012	8263.5	562.5	3172.9	649.7	971.8

1－3 续表 2　continued2

单位:亿元　unit:100million yuan

年　份 Year	全市财政收入 Government revenue	#地方财政收入 Local government revenue	地方财政支出 Local government expenditures	金融机构存款余额 Balance of deposits of financial institutes	金融机构贷款余额 Balance of loans of financial institution
1993	24.9	24.9	18.7	181.3	262.9
1994	30.2	10.2	21.6	199.6	310.0
1995	36.5	12.1	25.7	354.8	432.6
1996	45.0	17.0	29.8	465.4	534.1
1997	49.8	18.5	35.1	542.4	631.8
1998	56.5	21.9	37.7	581.2	744.9
1999	67.4	27.1	48.1	885.0	1082.2
2000	76.0	30.4	51.1	1013.2	1243.8
2001	97.4	36.3	59.0	1158.4	1344.8
2002	103.9	37.8	70.1	1403.6	1492.5
2003	134.8	46.0	85.8	1615.2	1629.6
2004	149.8	50.7	100.8	1766.3	1791.5
2005	184.8	61.0	121.7	2065.8	1893.5
2006	210.6	71.6	146.7	2396.2	2194.8
2007	284.5	93.3	181.6	2598.4	2452.0
2008	372.1	119.0	240.3	3064.7	2859.2
2009	450.7	142.7	306.0	4354.2	3863.7
2010	563.4	180.8	382.9	5038.4	4616.8
2011	803.2	288.6	518.7	5619.1	5251.0
2012	927.7	340.8	555.5	6643.3	5828.3

1－3 续表 3　continued3

年　份 Year	职工工资总额(亿元) Wages (100million yuan)	在岗职工年平均工资(元) Annual average wage of employed persons (yuan)	年末储蓄存款余额(亿元) Balance of deposits at year end (100million yuan)	社会消费品零售总额(亿元) Total value of retail trade (100million yuan)	商品零售价格指数(%) Overall retail price index	居民消费品价格总指数(%) Overall consumer price index
1993	40.4	3006	113.0	83.1	117.9	114.7
1994	57.6	4271	165.3	101.8	120.5	122.9
1995	66.3	5013	243.2	131.8	114.4	115.9
1996	83.3	6370	331.9	171.4	106.1	110.9
1997	90.8	7052	388.6	204.5	101.5	104.2
1998	84.6	7869	411.7	237.9	98.3	100.6
1999	90.0	8618	480.4	268.3	96.4	98.6
2000	95.5	9752	533.7	311.2	97.5	98.8
2001	104.6	11090	608.1	358.3	100.7	102.3
2002	123.6	12869	713.9	402.2	98.7	99.7
2003	124.4	13867	831.4	438.3	100.7	101.0
2004	139.3	15722	910.4	495.3	102.7	104.1
2005	150.3	17742	1059.3	600.1	101.3	101.7
2006	167.7	19955	1174.6	666.3	101.4	101.3
2007	203.1	24190	1202.1	778.3	102.2	103.7
2008	230.1	26969	1507.3	945.7	105.6	104.4
2009	265.1	30448	1861.3	1089.4	100.6	99.8
2010	318.0	35723	2086.3	1286.7	104.6	103.6
2011	379.5	41473	2359.3	1512.2	104.8	105.5
2012	448.2	46674	2790.5	1739.6	101.8	102.3

注:从 2009 年,在岗职工年平均工资改为城镇非私营单位在岗职工年平均工资。

Note: the annual average income of current employees in 2009 is annual average income of current employees in urban non－private companies or orgnizations.

1－3 续表 4 continued4

年　　份 Year	货物运输量 (万吨) Freight traffic (10000ton)	旅客发送量 (万人次) Passenger traffic (10000 person－time)	邮电业务总量 (1990 年不变价格)(万元) Volume of post and telecommunication services(10000 yuan)	函件 (亿件) Letters delivered (100 million)
1993	5671.0	4323.0	37946.0	0.6
1994	6450.0	4657.0	51561.0	0.7
1995	7232.0	4848.0	53056.0	0.8
1996	9363.0	4794.0	107927.0	0.7
1997	9397.0	4023.0	139600.0	0.6
1998	9326.0	4799.0	200000.0	0.5
1999	9533.0	4848.4	284000.0	0.4
2000	8334.0	1937.0	433564.4	0.4
2001	8693.0	2743.0	316487.5	0.6
2002	10773.0	7668.0	328971.0	0.6
2003	10892.0	6999.0	356593.4	0.8
2004	11576.0	7631.2	365994.2	0.4
2005	9601.3	5086.6	414432.8	0.5
2006	9943.0	5360.0	466281.5	0.3
2007	10485.2	5697.3	503000.0	
2008	12452.5	6046.1	574881.3	
2009	8812.6	9974.5	955116.4	
2010	9763.1	10502.4	1333221.0	
2011	12308.3	10239.0	1348253.0	
2012	15479.4	11783.2	1435164.0	

注:从 2001 年开始,将邮电业务总量改为邮电业务收入。

Note:Since 2001 post and telecommunication service have changed into revenue of post and telelcommunication services

1－3 续表 5 continued 5

年　　份 Year	外贸出口商品总额 (亿美元) Exports ($100 million)	吸收外资 Foreign capital absorbed			接待海外旅游者人数 (万人/次) Tourists overseas (10000 person－times)
		签订合同项目(个) Contracts (unit)	签订合同金额 (亿美元) Amount of contracts signed ($100 million)	实际吸收外资金额(亿美元) Real amount of foreign capital absorbed ($100 million)	
1993	1.70	295	2.30	0.70	3.4
1994	11.30	215	5.90	0.80	3.1
1995	1.40	323	5.90	1.80	3.0
1996	1.50	127	3.10	0.70	3.3
1997	5.00	130	2.20	0.70	3.5
1998	3.70	146	2.10	2.90	3.4
1999	6.00	150	5.10	3.30	4.5
2000	7.60	161	5.10	3.60	5.5
2001	9.80	125	4.60	5.10	6.6
2002	12.70	119	4.00	6.30	7.6
2003	15.50	118	3.90	7.50	6.9
2004	8.30	132	13.20	9.00	8.3
2005	12.70	139	5.10	11.70	11.0
2006	10.90	149	7.20	14.10	15.1
2007	15.10	123	6.80	16.90	20.0
2008	16.40	67	5.12	20.30	21.7
2009	10.90	47	4.50	24.30	21.7
2010	20.00	80	7.90	26.70	25.0
2011	22.70	44	5.20	30.80	30.2
2012	29.00	42	8.50	36.80	35.7

1－3 续表6 continued 6

年 份 Year	全市科技成果(项) Major achievements in science and technology (item)	高等学校在校学生数(万人) Students in higher education(10000person)	小学在校学生数(万人) Students in primary Schools(10000person)	学龄儿童入学率(％) Enrollment rate of school－age children(％)
1993	74	6.1	65.0	99.60
1994	464	6.7	67.3	100.00
1995	231	7.1	69.0	99.80
1996	427	7.4	72.0	99.89
1997	245	7.7	73.8	99.85
1998	561	8.2	72.8	99.95
1999	522	9.9	69.9	99.86
2000	458	12.9	65.2	99.70
2001	498	15.6	60.0	97.00
2002	615	19.6	55.3	98.97
2003	723	23.1	51.5	99.50
2004	637	26.1	50.5	99.90
2005	692	29.1	47.6	99.96
2006	694	30.8	46.1	99.94
2007	677	33.1	45.4	99.98
2008	985	35.0	44.5	99.99
2009	1225	35.9	43.1	99.99
2010	143	36.5	42.2	99.99
2011	252	37.7	40.4	99.98
2012	235	38.8	40.2	99.98

注:2010 年的全市科技成果要通过鉴定、验收和认定为准。

Note: the major achievements in science and technology of 2010 are to be confirmed after appraisal, acceptance and determination.

1－3 续表7 continued 7

年 份 Year	卫生机构数(个) Health agencies (unit)	#医院 Hospitals	医院病床(万张) Beds in hospitals (10000 beds)	卫生技术人员(万人) Medical technical personel (10000person)	#医生 Doctors
1993	827	248	2.4	3.6	1.5
1994	802	274	2.2	3.7	1.5
1995	830	303	2.4	3.8	1.6
1996	399	303	2.3	3.6	1.6
1997	642	304	2.3	3.8	1.6
1998	608	298	2.2	3.7	1.6
1999	672	294	2.4	3.7	1.6
2000	648	285	2.3	3.5	1.6
2001	660	291	2.2	3.6	1.6
2002	1498	298	2.4	3.4	1.4
2003	1554	298	2.3	3.5	1.5
2004	1642	294	2.3	3.4	1.4
2005	1659	288	2.4	3.3	1.4
2006	1832	320	2.6	3.5	1.6
2007	1941	320	2.7	3.6	1.6
2008	1923	313	2.9	3.6	1.6
2009	1920	309	3.4	3.7	1.7
2010	3853	310	3.7	4	1.8
2011	4153	306	3.9	4	1.8
2012	4092	302	4.23	4.3	1.8

1－4 1993－2012 年长春市平均水平主要指标
PER CAPITA MAIN INDICATORS(1993－2012)

年 份 Year	人均生产总值(元) Per capita Gross domestic product (yuan)	职工平均工资(元) Average wages (yuan)	城市居民人均可支配收入(元) Per capita Urban resident disposable income (yuan)	农村居民人均纯收入(元) Per capita net income of rural resident (yuan)	每一农业人口占有耕地面积(亩) Per capita Cultivated land of rural population(ha)
1993	3636	3006	2128	929	4.2
1994	4618	4271	2756	1300	4.3
1995	5455	5013	3456	1841	4.3
1996	6472	6370	4164	2245	4.2
1997	7223	7052	4702	2280	4.2
1998	8312	6722	4751	2520	4.5
1999	9923	7406	5110	2560	4.1
2000	11550	8138	5568	2568	4.0
2001	13220	9130	6339	2785	4.1
2002	14959	10518	6963	3147	4.1
2003	17147	11310	7905	3411	4.1
2004	19630	12937	8900	3906	4.0
2005	20654	15109	10065	4180	4.0
2006	23618	18322	11358	4480	4.2
2007	28133	22536	12811	4780	4.3
2008	33384	26884	15003	5292	4.2
2009	37753	28703	16072	5662	4.3
2010	43936	35430	17922	6665	4.2
2011	52649		20487	7965.1	4.4
2012	58691		22969.7	9064	4.4

1－4 续表 1

continued 1

年 份 Year	每一农业人口生产粮食(公斤) Per capita grain produced of rural population (kg)	每一工业职工创造产值(万元) Per capita output value of industrial workers (10000yuan)	每一工业职工实现利税(元) Per capita pre－tax profits of industrial workers (yuan)	每万人口拥有医疗床位数(张) Beds in hospital per 10000 population owned (bed)	城市居民人均居住建筑面积(平方米) Per capita floor space of urban residents (sq. m)	农村居民人均居住面积(平方米) Per capita floor space of rural resident (sq. m)
1993	1600.0	5.0	4000.8	38.0	6.55	15.30
1994	1700.0	6.6	5302.4	36.0	6.78	15.10
1995	1800.0	5.3	5459.2	38.0	7.23	17.20
1996	1900.0	7.8	4886.9	36.0	7.45	20.55
1997	1600.0	7.6	5238.5	35.2	7.70	18.20
1998	2070.0	11.7	9809.0	35.0	8.24	10.65
1999	1895.0	18.1	1835.9	34.7	9.10	19.10
2000	1277.0	21.5	29350.0	32.8	9.53	18.15
2001	1561.8	27.2	35584.0	34.0	9.90	18.29
2002	1718.1	36.6	50975.6	31.0	21.22	18.62
2003	1569.1	43.1	55457.1	32.0	22.32	21.85
2004	1982.9	56.8	55249.2	32.0	23.90	21.40
2005	1945.4	52.2	33939.4	32.8	24.62	22.00
2006	1967.4	61.7	49596.5	32.5	25.26	22.30
2007	1798.9	80.0	85353.9	36.2	26.88	23.05
2008	2198.7	86.7	87189.3	40.0	27.76	23.55
2009	1728.1	105.0	124423.5	44.0	29.14	23.74
2010	1842.0	122.6	162558.6	48.8	31.14	24.62
2011	1855.0	174.7	243566.1	51.2	32.75	26.91
2012	2074.9	171.1	224244.3	55.9	34.20	25.80

注：从 2002 年起，城市居民人均居住面积变为城市居民居住建筑面积。

1－5　长春市国民经济主要指标占全省比重
PROPORTION OF CHANGCHUN'S NATIONAL ECONOMIC INDICATORS TO JILIN PROVINCE

		全省 Total	长春 Changchun	长春占全省比重(%) Proportion(%)
土地面积(万平方公里)	Land area(10000sq · km)	18.74	2.1	11.2
年末总人口(万人)	Population at year－end(10000 person)	2750.4	756.9	27.5
地区生产总值(亿元)	Gross domestic products(100million yuan)	11937.8	4456.6	37.3
#第三产业(亿元)	Tertiary industry(100million yuan)	4151.26	1847.6	44.5
财政收入(亿元)	Government revenue(100 million yuan)	1041.3	340.8	32.7
工业增加值(亿元)	Gross industrial added value(100million yuan)	5477.29	1822.3	33.3
全社会固定资产投资总额(亿元)	Total investment in fixed assets(100million yuan)	9711.4	3172.9	32.7
社会消费品零售总额(亿元)	Total retail trade of consumer goods(100million yuan)	4772.94	1739.6	36.4
进出口商品总额(亿美元)	Total export and import($ 100million)	245.72	196.8	80.1
出口商品总额(亿美元)	Export($ 100million)	59.83	29	48.5
接待外国旅游人数(万人次)	Tourists overseas(10000person－time)	118.27	35.66	30.2

1－6　按当年价格计算的地区生产总值
GROSS DOMESTIC PRODUCT(AT CURRENT PRICE)

单位:万元　　unit:10000yuan

		绝对额 Absolute number		构成(%) properation	
		2011	2012	2011	2012
地区生产总值	Gross domestic product	40030775	44566446	100	100
第一产业	Primary industry	2901246	3170902	7.2	7.1
第二产业	Secondary industry	20927330	22918758	52.3	51.4
第三产业	Terinary industry	16202199	18476786	40.5	41.5
国(地区)外净要素收入	Net factor income from other areas	1197788	1960249		
国民生产总值	Gross national income	41228563	46526695		

1－7　2012年长春市地区生产总值构成项目

单位:万元

		增加值 Added value
地区生产总值	Gross domestic product	44566446
第一产业	Primary industry	3170902
第二产业	Secondary industry	22918758
工业	Industry	19224837
建筑业	Construction	3693921
第三产业	Terinary industry	18476786
交通运输、仓储及邮政业	Transportation storage, post and telecommunication	2236734
交通运输和仓储业	Transportation and storage	2176676
邮政业	Post services	60058
信息传输、计算机服务和软件业	Information computer and software	1297631
电信和其他信息传输服务业	Telecommunication and other	1046986
批发和零售业	Wholesale, retailtrade	4361330
批发业	Wholesale	713893
零售业	Retail trade	3647437
住宿和餐饮业	Hotel and catering service	825831
住宿业	Hotels	242102
餐饮业	Catering services	583729
金融业	Finance	1534116
银行业	Banking	1345897
证券业	Securities	49075
保险业	Insurance	41434
其他金融活动	Other finance services	97710
房地产业	Real estate	1154597
房地产管理业	Real estate management	70643
房地产开发与经营业	Real estate developing	636505
城市居民自有住房	Urban households owned	282070
农村居民自有住房	Rural households owned	165379
租赁和商务服务业	Lease and service	1626999
科学研究、技术服务和地质勘查业	Scientific research and polytechnic services	705465
水利、环境和公共设施管理业	Water conservancy,environment and public services	148600
居民服务和其他服务业	Resident sevices	854795
教 育	Education	1464069
卫生、社会保障和社会福利业	Health care,sports and social welfare	585042
文化、体育和娱乐业	Culture, sports and recreation services	579664
公共管理和社会组织	Public management and social organization	1101913

COMPOSITION OF GROSS DOMESTIC PRODUCTS(2012)

unit:10000yuan

劳动者报酬 Wages	生产税净额 Net taxes on production	补贴 Subsidies	固定资产折旧 Depreciation in fired assets	营业盈余 Operation surplus
17960696	10072122	254525	8233269	8300359
2918314	22912		229676	
8379601	7357482	192349	4649703	2531972
6216582	6850140	192349	4412394	1745721
2163019	507342		237309	786251
6662781	2691728	62176	3353890	5768387
520365	165198	58927	820087	731084
482270	162145	58927	812224	720037
38095	3053		7863	11047
340530	106831		401540	448730
269599	70251		383674	323462
1311459	1406304	1802	341079	1302488
156624	412021	1347	60296	84952
1154835	994283	455	280783	1217536
200279	80260	1447	163691	381601
69178	26909	1447	132959	13056
131101	53351		30732	368545
464034	175277		71370	823435
310315	127996		59143	848443
32199	12918		4635	-677
93309	19869		5378	-77122
28211	14494		2214	52791
136572	375154		477740	165131
45434	10044		10261	4904
91138	365110		20030	160227
			282070	
			165379	
395680	167053		385446	678820
331246	35551		104685	233983
78154	5452		25191	39803
209626	103839		47454	493876
1166502	10693		200320	86554
428013	9956		100853	46220
255832	23502		73916	226414
824489	26658		140518	110248

1－8 2011－2012年长春市地区生产总值
DROSS DOMESTIC PRODUCT(2011－2012)

单位:万元 unit:10000yuan

		2011		2012	
		绝对额 Absolute number	比上年增长% Indices (per＝100)	绝对额 Absolute number	比上年增长% Indices (per＝100)
地区生产总值	Gross domestic product	40030775	13.3	44566446	12.0
第一产业	Primary industry	2901246	4.7	3170902	4.3
第二产业	Secondary industry	20927330	14.9	22918758	13.1
工业	Industry	17843025	15.0	19224837	12.1
建筑业	Construction	3084305	13.7	3693921	18.8
第三产业	Terinary industry	16202199	13.0	18476786	11.8
交通运输、仓储及邮政业	Transportation storage, post and telecommunication	2016819	17.0	2236734	8.9
交通运输和仓储业	Transportation and storage	1968527	16.8	2176676	8.8
邮政业	Post services	48292	24.6	60058	13.4
信息传输、计算机服务和软件业	Information computer and software	1150408	18.6	1297631	12.7
电信和其他信息传输服务业	Telecommunication and other	928074	18.7	1046986	12.7
批发和零售业	Wholesale, retailtrade	3858141	8.4	4361330	11.1
批发业	Wholesale	629988	14.1	713893	11.4
零售业	Retail trade	3228153	7.4	3647437	11.1
住宿和餐饮业	Hotel and catering service	726905	8.9	825831	9.0
住宿业	Hotels	213646	15.3	242102	13.0
餐饮业	Catering services	513259	6.3	583729	7.3
金融业	Finance	1254697	10.7	1534116	20.6
银行业	Banking	1064341	13.0	1345897	24.8
证券业	Securities	57129	－39.2	49075	－19.2
保险业	Insurance	48094	120.2	41434	－9.8
其他金融活动	Other finance services	85133	14.8	97710	13.2
房地产业	Real estate	1007134	9.3	1154597	11.9
房地产管理业	Real estate management	64983	13.1	70643	7.9
房地产开发与经营业	Real estate developing	519533	12.6	636505	18.1
城市居民自有住房	Urban households owned	264463	6.6	282070	5.8
农村居民自有住房	Rural households owned	158155	2.5	165379	3.7
租赁和商务服务业	Lease and service	1341302	24.9	1626999	18.9
科学研究、技术服务和地质勘查业	Scientific research and polytechnic services	645439	7.4	705465	5.7
水利、环境和公共设施管理业	Water conservancy, environment and public services	136081	4.0	148600	6.1
居民服务和其他服务业	Resident sevices	768010	21.3	854795	9.2
教 育	Education	1348130	5.8	1464069	6.3
卫生、社会保障和社会福利业	Health care, sports and social welfare	517695	6.1	585042	10.7
文化、体育和娱乐业	Culture, sports and recreation services	472217	24.8	579664	20.7
公共管理和社会组织	Public management and social organization	959221	22.0	1101913	12.1

统计资料

STATISTICS

◎ 人口

POPULATION

第二篇　人　　口

2012 年，我市户籍人口比上年减少，由于公安部开展户口清理整顿专项工作，注销历年死亡人口和应销未销人口，因此对本年度人口数据产生较大影响。年末户籍人口总数为 756.9 万人，比上年减少 0.64 %。农业人口为 414.1 万人，非农业人口为 342.8 万人。总人口中，男性为 381.2 万人，女性为 375.7 万人，分别占人口总数的 50.36 % 和 49.64%。户籍人口出生率、死亡率、自然增长率分别为 10.20‰、12.34‰和负 2.14‰ 。市公安局关于主要数据的情况通报中显示，我市人口并非负增长，剔除历年死亡和应销未销因素，当年人口死亡率 4.03‰，当年实际人口增长率 1.93‰。

2－1 1993－2012年全市户数与人口
POPULATION AND HOUSEHOLDS(1993－2012)

年份 Year	总户数(户) Households	总人口(人) Population (person)	按地区分 By region		按性别分 By sex		按农业、非农业分 By agriculture	
			市区 City	县(市) County	男 Male	女 Female	农业 Agriculture	非农业 Non－agriculture
1993	1670969	6510368	2187716	4322652	3330453	3179915	4042237	2468131
1994	1700389	6574999	2237074	4337925	3360547	3214452	4027014	2547985
1995	1729366	6672912	2699569	3973343	3405570	3267342	4054554	2618358
1996	1774578	6767781	2741731	4026050	3448350	3319431	4099379	2668402
1997	1797299	6837875	2788071	4049804	3479853	3358022	4115644	2722231
1998	1828540	6868673	2826890	4041783	3494777	3373896	4101391	2767282
1999	1887580	6912278	2866357	4045921	3516229	3396049	4100246	2812032
2000	1955634	6996354	2928250	4068104	3557370	3438984	4117996	2878358
2001	2005838	7057321	2980185	4077136	3586780	3470541	4120995	2936326
2002	2047139	7125055	3039375	4085680	3624060	3500995	4122300	3002755
2003	2071834	7182348	3100132	4082216	3650591	3531757	4051808	3130540
2004	2108261	7240845	3147366	4093479	3674807	3566038	4061950	3178895
2005	2189007	7314959	3372215	3942744	3706329	3608630	4104222	3210737
2006	2236543	7392561	3487724	3904837	3743788	3648773	4136041	3256520
2007	2317389	7459463	3581301	3878162	3770314	3689149	4169834	3289629
2008	2394247	7525303	3608314	3916989	3799417	3725886	4206770	3318533
2009	2437362	7565065	3623220	3941845	3815302	3749763	4229060	3336005
2010	2474784	7588921	3627536	3961385	3823596	3765325	4243699	3345222
2011	2556925	7617663	3648045	3969618	3835334	3782329	4167543	3450120
2012	2592938	7569037	3629752	3939285	3811781	3757256	4140626	3428411

2－2 2012年县(市)区户数与人口
POPULATION AND HOUSEHOLDS BY REGION IN 2012

		总户数(户) Households	总人口(人) Population (person)	按性别分 By sex		按农业、非农业分 By agriculture	
				男 Male	女 Female	农业 Agriculture	非农业 Non－agriculture
总计	Total	2592938	7569037	3811781	3757256	4140626	3428411
市辖区合计	Total district	1309207	3629752	1799515	1830237	1035759	2593993
南关区	Nanguan	226604	659580	320719	338861	98035	561545
宽城区	Kuancheng	253005	663492	329867	333625	254801	408691
朝阳区	Chaoyang	252480	732664	359348	373316	84219	648445
二道区	Erdao	210033	554568	275480	279088	210590	343978
绿园区	Lvyuan	234034	636229	319020	317209	107400	528829
双阳区	Shuangyang	133051	383219	195081	188138	280714	102505
县(市)合计	Total county	1283731	3939285	2012266	1927019	3104867	834418
农安县	Nong'an	347815	1104321	566414	537907	873670	230651
九台市	Jiutai	245690	700423	357788	342635	522507	177916
榆树市	Yushu	432414	1307748	668053	639695	1100501	207247
德惠市	Dehui	257812	826793	420011	406782	608189	218604

2－3 1993－2012年全市人口增减变动
BASIC STATISTICS ON POPULATION CHANGING(1993－2012)

单位:人 unit:person

年份 Year	年平均人口 Average population per year	增加 Increase		减少 Decrease	
		出生 Birth	迁入 Immigrant	死亡 Death	迁出 Emigration
1993	6483859	78892	119131	33521	106218
1994	6542683	79918	131550	35214	106767
1995	6623955	83252	118949	32824	87836
1996	6720346	89655	178698	34376	145431
1997	6802828	70108	110922	33726	82135
1998	6853272	51611	99196	34105	85125
1999	6890472	51275	123089	37263	104941
2000	6954316	72167	118519	38603	87096
2001	7026838	51263	119192	32918	85365
2002	7091188	51915	131735	32551	86590
2003	7153702	47149	138354	31981	94280
2004	7211597	64439	125259	34353	96285
2005	7277902	70680	143362	53076	121278
2006	7353760	71912	129371	32829	100289
2007	7426012	79787	121634	32566	105044
2008	7525303	78697	89565	22929	78840
2009	7545184	77521	83531	37155	82833
2010	7576993	79004	74714	50097	79334
2011	7603292	71132	81991	39044	85109
2012	7593350	77423	68445	93736	100629

2－4 2012年县(市)区人口增减变动
BASIC STATISTICS ON POPULATION CHANGING BY REGION IN 2012

单位:人 unit:person

		年平均人口 Average population per year	增加 Increase		减少 Decrease	
			出生 Birth	迁入 Tmmigrant	死亡 Death	迁出 Emigration
全市总计	Total	7593350	77423	68445	93736	100629
市辖区合计	Total district	3638898.5	38475	51480	37846	70483
南关区	Nanguan	704482.5	7397	12964	5906	21670
宽城区	Kuancheng	592357.5	6699	8127	7751	8010
朝阳区	Chaoyang	751059	7342	13279	5889	20836
二道区	Erdao	556739	6184	5600	8239	7895
绿园区	Lvyuan	647402.5	7572	9436	4651	5721
双阳区	Shuangyang	386858	3281	2074	5410	6351
县(市)合计	Total county	3954451.5	38948	16965	55890	30146
农安县	Nong'an	1109935.5	11156	5716	21047	6963
九台市	Jiutai	705579	6798	2470	13754	5841
榆树市	Yushu	1306924	12600	5619	4669	11892
德惠市	Dehui	832013	8394	3160	16420	5450

2-5 2012年非农业人口增减人数
BASIC STATISTICS ON NON-AGRICULTURAL POPULATION CHANGING IN 2012

单位:人 unit:person

		全 市 Total	市 区 District	县(市) County(city)
一、年末非农业人口数	Total at year-end	3428411	2593993	834418
二、本年增加的非农业人口	Increase of population this year	193132	103433	89699
1.出生	Birth	32752	27523	5229
2.非农业人口迁入	Settle in	48616	40293	8323
3.农业人口转非农业人口	From agricultural population to non-agricultural	83694	9542	74152
①招生	Recruit students	1906	1886	20
②聘用	Recruit workers	361	295	66
③征用土地	Requisition land	70792	912	69880
④投靠亲属	Run to Relative	4589	3191	1398
⑤落户小城镇	Settle in small town	1526		1526
⑥投资购房	Investment in housing purchase	4520	3258	1262
⑦其他	Others			0
4.自港、澳、台和国外迁入	Settle in from Hongkong Macao Taiwan and foreign	68	65	3
5.退出现役	Demobilized soldier	1013	855	158
6.刑满释放解除劳教	Release after serving a sentence	75	59	16
7.其他	Others	26914	25096	1818
三、本年减少的非农业人口	Decrease of population	214731	105170	109561
1.死亡	Death	25615	18570	7045
2.非农业人口迁出	Emigration	73633	59665	13968
3.迁往港、澳、台和国外	To Hongkong Macao Taiwan and foreign	386	375	11
4.服现役	Join the army	826	686	140
5.服刑及劳教	Arrest and reeducation through labour	57	56	1
6.其他	Others	114214	25818	88396

2－6　1993－2012年全市人口出生率、死亡率、自然增长率
BIRTH RATE,DEATH RATE AND NATURAL GROWTH RATE(1993－2012)

年份 Year	出生率(‰) Birth rate	死亡率(‰) Death rate	自然增长率(‰) Natural growth rate
1993	12.16	5.16	6.99
1994	12.21	5.38	6.83
1995	12.56	4.95	7.61
1996	13.34	5.11	8.22
1997	10.30	4.95	5.34
1998	7.53	4.97	2.55
1999	7.44	5.40	2.03
2000	10.38	5.55	4.83
2001	7.30	4.68	2.61
2002	7.32	4.59	2.73
2003	6.59	4.47	2.12
2004	8.94	4.76	4.17
2005	9.71	7.29	2.42
2006	9.77	4.46	5.31
2007	10.74	4.39	6.36
2008	10.50	3.06	7.44
2009	10.30	4.92	5.35
2010	10.43	6.61	3.82
2011	9.36	5.14	4.22
2012	10.20	12.34	－2.14

2－7　2012年县(市)区人口出生率、死亡率、自然增长率
BIRTH RATE,DEATH RATE AND NATURAL GROWTH RATE BY REGION IN 2012

		出生率(‰) Birth rate	死亡率(‰) Death rate	自然增长率(‰) Natural growth rate
总计	Total	10.2	12.34	－2.14
市辖区合计	Total districts	10.57	10.4	0.17
南关区	Nanguan	10.5	8.38	2.12
宽城区	Kuancheng	11.31	13.09	－1.78
朝阳区	Chaoyang	9.78	7.84	1.94
二道区	Erdao	11.11	14.8	－3.69
绿园区	Lvyuan	11.7	7.18	4.52
双阳区	Shuangyang	8.48	13.98	－5.5
县(市)合计	Total counties cities	9.85	14.13	－4.28
农安县	Nong'an	10.05	18.96	－8.91
九台市	Jiutai	9.63	19.49	－9.86
榆树市	Yushu	9.64	3.57	6.07
德惠市	Dehui	10.09	19.74	－9.65

2-8 1993-2012年镇人口
POPULATION IN TOWNS(1993-2012)

年 份 Year	镇 数 Towns (个)	总 户 数 Households (户)	总 人 口(人) Population(person) 合 计 Total	 #非农业人口 Non-agriculture
1993	71	606911	2458906	454812
1994	73	625490	2517378	480921
1995	69	557599	2291863	319459
1996	71	589036	2381214	328492
1997	71	599342	2412099	334127
1998	71	609599	2407593	332771
1999	74	645686	2462254	337720
2000	74	676750	2498310	345006
2001	74	801526	2929795	355492
2002	75	822162	2965038	366485
2003	75	823632	2986758	441370
2004	75	850008	3065440	485870
2005	68	932803	3220173	476417
2006	67	911694	3159614	434312
2007	71	1036920	3462174	482436
2008	66	989184	3239889	446073
2009	66	997561	3247261	451788
2010	66	999720	3230214	430396
2011	65	1021572	3221512	522597
2012	66	1038391	3216956	426242

2-9 2012年县(市)区镇人口
POPULATION IN COUNTY IN 2012

		镇 数 Towns (个)	总 户 数 Households (户)	总 人 口(人) Population(person) 合 计 Total	 #非农业人口 Non-agriculture
总计	Total	66	1038391	3216956	426242
市辖区合计	Total districts	21	292213	822632	119390
南关区	Nanguan	3	22386	68781	12352
宽城区	Kuancheng	5	93661	269993	46352
朝阳区	Chaoyang	2	18310	47535	4413
二道区	Erdao	5	72800	204827	32862
绿园区	Lvyuan	3	37273	87185	16281
双阳区	Shuangyang	3	47783	144311	7130
县(市)合计	Total counties (cities)	45	746178	2394324	306852
农安县	Nong'an	11	247276	739944	219617
九台市	Jiutai	9	129327	417530	20025
榆树市	Yushu	15	238582	781934	44652
德惠市	Dehui	10	130993	454916	22558

统计资料

STATISTICS

◎ 单位从业人员与劳动报酬

EMPLOYMENT AND WAGE

第三篇　单位从业人员与劳动报酬

2012 年，全市城镇非私营单位从业人员为 99.98 万人，比上年末增加 5.08 万人，增长 5.35 %。从经济类型划分上看，国有和集体经济单位所占比重继续下降，其他经济类型单位所占比重仍在上升。2012 年末，我市城镇非私营国有单位从业人员人数为 50.51 万人，占 50.52 %；集体经济单位从业人数 2.87 万人，占 2.87 %；其他经济单位从业人数 46.60 万人，占 46.61 %。

2012 年，全市城镇非私营单位从业人员工资总额为 459.03 亿元，比上年同期增长 18.25 %，其中，国有经济单位 244.72 亿元，增长 17.71 %；集体经济单位 8.01 亿元，同比增长 9.73 %；其他经济单位 206.30 亿元，同比增长 19.25 %。

2012 年全市城镇非私营单位就业人员平均工资 46272 元，比上年增长 12.20 %；在岗职工平均工资 46674 元，比上年增加 5201 元，增长 12.54%。

3－1 1993－2012年全市非私营单位在岗职工工资总额
TOTAL WAGES OF STAFF AND WORKERS IN NON－PRIVATE UNITS (1993－2012)

单位:千元 unit:1000 yuan

年份 Year	国有 State－owned		集体 Collective owned		其他 Others	
	全市 Total	#市区 District	全市 Total	#市区 District	全市 Total	#市区 District
1993	3008869	2472131	860001	735876	167421	165027
1994	4472521	3742455	1011722	860025	276867	249663
1995	5220027	4423964	1045689	910067	364802	323990
1996	6569798	5592362	1251084	1086908	507483	451905
1997	7123101	6032678	1294877	1121163	658380	572053
1998	6574523	5616192	1040812	929690	932068	838951
1999	6871783	5828124	912084	824582	1348814	1246909
2000	7375814	6281248	960764	883329	1606900	1500715
2001	7529152	6478360	853190	792029	2074950	1920863
2002	8778127	7497443	883896	811997	2700222	2558936
2003	9191194	7846909	797041	722583	3033574	2882323
2004	10061498	8630697	773975	693387	3704129	3539419
2005	10136616	8818260	624595	540620	4273860	4039930
2006	10907523	9476019	623169	549543	5236869	4937691
2007	13691045	11857798	629786	557273	6677494	6352869
2008	15018507	12463127	645458	550119	8034251	7486086
2009	15713196	13553638	745397	607174	10577684	10128067
2010	18110165	15780837	784564	630033	13518177	12892878
2011	20578244	17725860	692474	555296	16679583	15997321
2012	22905754	19417457	718829	526708	17619377	16752500

3－2 1993－2012全市非私营单位在岗职工平均工资
AVERGE WAGE OF STAFF AND WORKERS IN NON－PRIVATE UNITS (1993－2012)

单位:元 unit:yuan

年份 Year	国有 State－owned		集体 Lollective－owned		其他 Others	
	全市 Total	#市区 District	全市 Total	#市区 District	全市 Total	#市区 District
1993	3266	3561	2299	2370	3551	3570
1994	4966	5196	2977	3088	4839	4818
1995	5478	5941	3474	3600	5305	5242
1996	6844	7498	4547	4717	7027	7079
1997	7472	8151	5076	5313	8382	8358
1998	7205	8119	4452	4883	7436	7646
1999	7866	8835	4345	4893	9009	9240
2000	8526	9807	4814	5576	10220	10438
2001	11569	13270	7005	7307	12177	12888
2002	11100	13341	5215	6345	13066	13682
2003	11802	14275	5227	6472	13786	14456
2004	13659	16866	5576	6833	14910	15800
2005	18901	21570	9563	9577	17389	18314
2006	21837	25072	10925	10923	18455	19436
2007	27112	31231	11862	11990	21599	22737
2008	30535	34928	13143	13335	23854	24902
2009	33688	38584	15579	14603	28204	29357
2010	38428	44146	19129	18113	34143	35508
2011	43419	49180	23952	23830	40464	41815
2012	49732	55727	29417	28126	44353	45385

3－3 全市非私营单位从业人员数

单位:人

		总计 Total	
		全市 Total	#市区 District
总计	Total	999843	846713
中央单位	Centre unit	176142	168873
省属单位	Provincial unit	99994	93185
市属单位	Unit belong to city	86629	84043
县及县以下单位	Unit below county	142365	41090
(一)农、林、牧、渔业	Farming, forestry, animal husbandry and fishery	10891	1897
1. 农业	Farming	859	276
2. 林业	Forestry	1367	331
3. 畜牧业	Animal husbandry	894	246
4. 渔业	Fishery	38	38
5. 农、林、牧、渔服务业	Farming, forestry, animal husbandry and fishery services	7733	1006
(二)采矿业	Mining industry	12224	7842
1. 煤炭开采和洗选业	Coal mining and dressing	9318	4936
2. 石油和天然气开采业	Extraction of petroleum and natural gas	2647	2647
3. 黑色金属矿采选业	Minging and dressing of ferrous metals	29	29
4. 有色金属矿采选业	Mining and dressing of nonferrous metals	61	61
5. 非金属矿采选业	Mining and dressing of nonmetal mineral products		
6. 开采辅助活动	Mining auxiliary activities	163	163
7. 其他采矿业	Others	6	6
(三)制造业	Manufacturing	282924	265357
1. 农副食品加工业	Food processing	15510	7664
2. 食品制造业	Food manufacturing	5914	2832
3. 酒、饮料和精制茶制造业	Wine、drinks and Refined tea Industry	5559	2783
4. 烟草制品业	Tobacco processing	1427	1427
5. 纺织业	Textile industry	977	977
6. 纺织服装、服饰业	Textile and garment、Clothing industry	3516	2961
7. 皮革、毛皮、羽毛及其制品和制鞋业	Leather、fur、feather and their products	82	82
8. 木材加工及木、竹、滕、棕草制品业	Timber, bamboo, cane, palm and straw products	1580	1236
9. 家具制造业	Furniture	478	478
10. 造纸及纸制品业	Paper making and paper products	141	141
11. 印刷业和记录媒介复制业	Printing and record medium reproduction	3591	3325
12. 文教、工美、体育和娱乐用品制造业	Culture and education、Industrial art、Sports and entertainment products manufacturing	81	81
13. 石油加工、炼焦及核燃料加工业	Petroleum processing coking and nuclear processing	1050	296
14. 化学原料及化学制品制造业	Raw chemical material and chemical products	4335	3730
15. 医药制造业	Medical and pharmacutical products	11067	10893
16. 化学纤维制造业	Chemical fiber manufacturing	27	27
17. 橡胶和塑料制品业	Rubber and plastic products	3362	3362
18. 非金属矿物制品业	Nonmetal mineral products	6993	6789
19. 黑色金属冶炼及压延加工业	Smelting and pressing of ferrous metals	1120	1120
20. 有色金属冶炼及压延加工业	Smelting and pressing of non－ferrous metals	816	816
21. 金属制品业	Metal products	2685	2610
22. 通用设备制造业	Ordinary machinery	6461	6136
23. 专用设备制造业	Special purpose equipment	4453	4430
24. 汽车制造业	Automobile industry	165447	164949

NUMBER OF EMPLOYED PERSONS IN NON－PRIVATE UNITS

unit:person

国 有 State－owned		集 体 Collective－owned		其 他 Others	
全 市 Total	#市 区 District	全 市 Total	#市 区 District	全 市 Total	#市 区 District
505130	387191	28689	22931	466024	436591
176142	168873				
99994	93185				
86629	84043				
142365	41090				
10301	1589	117	41	473	267
705	139	17		137	137
1326	290	41	41		
640	198			254	48
				38	38
7630	962	59		44	44
2588	2588			9636	5254
472	472			8846	4464
2104	2104			543	543
				29	29
12	12			49	49
				163	163
				6	6
61239	60346	10275	9895	211410	195116
53	53	26	26	15431	7585
436		30	30	5448	2802
		5	5	5554	2778
1427	1427				
42	42	11	11	924	924
42	42	202	117	3272	2802
32	32			50	50
		133	133	1447	1103
		1	1	477	477
				141	141
823	823	740	533	2028	1969
		34	34	47	47
				1050	296
34	34	48	48	4253	3648
1799	1764	25		9243	9129
				27	27
132	132	184	184	3046	3046
958	958	100	100	5935	5731
160	160	88	88	872	872
				816	816
		140	140	2545	2470
790	790	475	475	5196	4871
182	182	82	59	4189	4189
53911	53489	6210	6210	105326	105250

3-3续表1 continued1

		总计 Total	
		全市 Total	#市区 District
25.铁路、船舶、航空航天和其他运输设备制造业	Railway、ship、aerospace and other Transportation Equipment Manufacturing	22691	22691
26.电气机械及器材制造业	Electric equipment and machinery	6384	6344
27.计算机、通信和其他电子设备制业	Computer and telecommunication equipment and other electronic e-quipment	912	912
28.仪器仪表制造业	Instruments, meters	5706	5706
29.其他制造业	Others	113	113
30.废弃资源综合利用业	Comprehensive utilization of waste resources	440	440
31.金属制品、机械和设备修理业	Metal products、machinery、Equipment repair industry	6	6
(四)电力、燃气及水的生产和供应业	Electric power, gas and water production and supply	26820	21977
1.电力、热力的生产和供应业	Eleatrlc Power, and Head Power Production and Supply	18709	15311
2.燃气生产和供应业	Production and supply of gas	2498	2498
3.水的生产和供应业	Production and supply of water	5613	4168
(五)建筑业	Construction	74324	70088
1.房屋建筑业	Building construction	35845	32899
2.土木工程建筑业	Civil construction	23118	21904
3.建筑安装业	Installment	10263	10187
4.建筑装饰和其他建筑业	Decoration and others	5098	5098
(六)批发和零售业	Wholesale and retail trade	49036	47068
1.批发业	Wholesale	18094	16459
2.零售业	Retail trade	30942	30609
(七)交通运输、仓储及邮政业	Transportation, storage, post and telecommunication	48043	43281
1.铁路运输业	Railway transportation	73	73
2.道路运输业	Highway transportation	17122	14427
3.水上运输业	Waterway		
4.航空运输业	Air transportation	4729	4729
5.管道运输业	Pipeline transportation	1089	1089
6.装卸搬运和其他运输代理业	Handling and other transportation services	1016	1016
7.仓储业	Storage	19801	18564
8.邮政业	Post services	4213	3383
(八)住宿和餐饮业	Hotel and catering services	17599	17403
1.住宿业	Hotels	11975	11779
2.餐饮业	Catering services	5624	5624
(九)信息传输、软件和信息技术服务业	Information transmission、software、information technology services	21862	19693
1.电信、广播电视和卫星传输服务	Telecommunications, radio and television and satellite transmission services	16139	13970
2.互联网和相关服务	Internet and related service	618	618
3.软件和信息技术服务业	Software and information technology services	5105	5105
(十)金融业	Finance	40784	34437
1.货币金融服务业	Monetary and financial services	30742	24939
2.资本市场服务业	Capital market services	2870	2870
3.保险业	Insurance	6975	6431
4.其他金融业	Other finance services	197	197
(十一)房地产业	Real estate	25911	24867
其中:(1)房地产开发经营	Real estate developing and management	9348	9094
(2)物业管理	Property management	13682	13467
(3)房地产中介服务	Medium services	859	822
(十二)租赁和商务服务业	Leasing and services	31196	30266

单位:人　unit:person

国　有 State - owned		集　体 Collective - owned		其　他 Others	
全　市 Total	#市　区 District	全　市 Total	#市　区 District	全　市 Total	#市　区 District
		441	441	22250	22250
358	358	759	719	5267	5267
23	23			889	889
22	22	510	510	5174	5174
				113	113
15	15	31	31	394	394
				6	6
11752	7239			15068	14738
7141	3743			11568	11568
17	17			2481	2481
4594	3479			1019	689
15449	15373	847	725	58028	53990
5229	5229	435	435	30181	27235
7991	7991	404	282	14723	13631
2128	2052	8	8	8127	8127
101	101			4997	4997
6258	4547	962	742	41816	41779
5167	3685	731	578	12196	12196
1091	862	231	164	29620	29583
29880	27289	180	180	17983	15812
				73	73
2602	2078	141	141	14379	12208
4610	4610			119	119
				1089	1089
235	235			781	781
18300	17063	39	39	1462	1462
4133	3303			80	80
6608	6412	762	762	10229	10229
6405	6209	631	631	4939	4939
203	203	131	131	5290	5290
10584	8849			11278	10844
10102	8367			6037	5603
112	112			506	506
370	370			4735	4735
15770	12971	2625		22389	21466
13106	10802	2625		15011	14137
773	773			2097	2097
1793	1298			5182	5133
98	98			99	99
4109	3330	128	128	21674	21409
545	335			8803	8759
1946	1946	123	123	11613	11398
37		5	5	817	817
10597	9845	2520	2520	18079	17901

3－3 续表 2 continued2

		总计 Total	
		全市 Total	#市区 District
1. 租赁业	Leaseing	538	538
2. 商务服务业	Services	30658	29728
（十三）科学研究、技术服务业	Scientific research technical services	47324	43578
1. 研究和试验发展	Scientific research	15578	15578
2. 专业技术服务业	Technical Services	29365	26342
3. 科技推广和应用服务业	Science and technology popularization and Application Services	2381	1658
（十四）水利、环境和公共设施管理业	Water conservancy, environment and public services	29245	22032
1. 水利管理业	Water conservancy	5876	2547
2. 生态保护和环境治理业	Ecological protection and Environmental governance industry	284	244
3. 公共设施管理业	Public management	23085	19241
（十五）居民服务、修理和其他服务业	Resident service、repair and other services	4432	4250
1. 居民服务业	Resident services	1144	962
2. 机动车、电子产品和日用产品修理业	Motor vehicle、Electronics and daily consumer products repairing	1063	1063
3. 其他服务业	Others	2225	2225
（十六）教育	Education	127867	82034
其中：(1)初等教育	Primary education	36596	11706
(2)中等教育	Secondary education	43550	23988
(3)高等教育	Higher education	41546	41546
（十七）卫生和社会工作	Health and social work	52234	39195
1. 卫生	Health care	50865	38021
2. 社会工作	Social work	1369	1174
（十八）文化、体育和娱乐业	Culture, sports and recreation services	17791	16070
1. 新闻和出版业	News publishing	7938	7935
2. 广播、电视、电影和影视录音制作业	Broadcast、TV、movies and video recording industry	3895	3079
3. 文化艺术业	Culture and art	4222	3426
4. 体育	Sports	1217	1178
5. 娱乐业	Recreation services	519	452
（十九）公共管理、社会保障和社会组织	Public administration、social security、social organization	79336	55378
其中：1. 中国共产党机关	Chinese communist party	2668	2029
2. 国家机构	State organs	73245	50616
3. 人民政协、民主党派	Political consultation and democratic party	576	482
4. 社会保障	Social security	875	577
5. 群众社团、社会团体和其他成员组织	The community、social organization and other members	1895	1597

单位：人 unit：person

国有 State－owned		集体 Collective－owned		其他 Others	
全市 Total	#市区 District	全市 Total	#市区 District	全市 Total	#市区 District
62	62			476	476
10535	9783	2520	2520	17603	17425
38010	34357	457	394	8857	8827
14969	14969	6	6	603	603
21521	18591	382	319	7462	7432
1520	797	69	69	792	792
19513	12655	5802	5452	3930	3925
5629	2423	123		124	124
217	182			67	62
13667	10050	5679	5452	3739	3739
1519	1337	794	794	2119	2119
668	486	142	142	334	334
232	232	62	62	769	769
619	619	590	590	1016	1016
121476	75643	340	340	6051	6051
35816	10926	314	314	466	466
41632	22070	1	1	1917	1917
38597	38597			2949	2949
47899	36670	2586	776	1749	1749
46847	35813	2586	776	1432	1432
1052	857			317	317
12437	10884	99	71	5255	5115
3661	3658	48	48	4229	4229
3158	2471			737	608
4047	3290	28		147	136
1172	1133			45	45
399	332	23	23	97	97
79141	55267	195	111		
2668	2029				
73050	50505	195	111		
576	482				
875	577				
1895	1597				

3－4 全市非私营单位从业人员工资总额

单位:千元

		总 计 Total	
		全 市 Total	#市区 Districts
总计	Total	45902537	41253672
中央单位	Centre unit	11341356	11053535
省属单位	Provincial unit	4792565	4542092
市属单位	Unit belong to city	3773874	3693890
县及县以下单位	Unit below county	4563917	1635343
(一)农、林、牧、渔业	Farming, forestry, animal husbandry and fishery	296758	76675
1.农业	Farming	18733	6189
2.林 业	Forestry	32339	8925
3.畜 牧 业	Animal husbandry	26501	10321
4.渔 业	Fishery	1587	1587
5.农、林、牧、渔服务业	Farming, forestry, animal husbandry and fishery services	217598	49653
(二)采 矿 业	Mining industry	578427	336349
1.煤炭开采和洗选业	Coal mining and dressing	427307	185229
2.石油和天然气开采业	Extraction of petroleum and natural gas	135606	135606
3.黑色金属矿采选业	Minging and dressing of ferrous metals	3414	3414
4.有色金属矿采选业	Mining and dressing of nonferrous metals	3724	3724
5.非金属矿采选业	Mining and dressing of nonmetal mineral products		
6.开采辅助活动	Mining auxiliary activities	7754	7754
7.其他采矿业	Others	622	622
(三)制 造 业	Manufacturing	14358688	13903515
1.农副食品加工业	Food processing	441082	212029
2.食品制造业	Food manufacturing	141439	74759
3.酒、饮料和精制茶制造业	Wine、drinks and Refined tea Industry	195175	124646
4.烟草制品业	Tobacco processing	124475	124475
5.纺 织 业	Textile industry	22783	22783
6.纺织服装、服饰业	Textile and garment、Clothing industry	80823	68279
7.皮革、毛皮、羽毛及其制品和制鞋业	Leather、fur、feather and their products	1284	1284
8.木材加工和木、竹、藤、棕、草制品业	Timber, bamboo, cane, palm and straw products	52157	46818
9.家具制造业	Furniture	10971	10971
10.造纸和纸制品业	Paper making and paper products	1788	1788
11.印刷和记录媒介复制业	Printing and record medium reproduction	101499	94908
12.文教、工美、体育和娱乐用品制造业	Culture and education、Industrial art、Sports and entertainment products manufacturing	2750	2750
13.石油加工.炼焦及核燃料加工业	Petroleum processing coking and nuclear processing	28157	6057
14.化学原料和化学制品制造业	Raw chemical material and chemical products	137074	127598
15.医药制造业	Medical and pharmacutical products	378451	374946
16.化学纤维制造业	Chemical fiber manufacturing	760	760
17.橡胶和塑料制品业	Rubber and plastic products	109393	109393
18.非金属矿物制品业	Nonmetal mineral products	206588	202522
19.黑色金属冶炼和压延加工业	Smelting and pressing of ferrous metals	43671	43671
20.有色金属冶炼和压延加工业	Smelting and pressing of non－ferrous metals	33460	33460
21.金属制品业	Metal products	88661	87559
22.通用设备制造业	Ordinary machinery	232884	226760
23.专用设备制造业	Special purpose equipment	147389	147167
24.汽车制造业	Automobile industry	9858907	9842505

TOTAL WAGES OF EMPLOYED PERSONS IN NON – PRIVATE UNITS

unit:1000 元

国有 State – owned		集体 Collective – owned		其他 Others	
全市 Total	#市区 District	全市 Total	#市区 District	全市 Total	#市区 District
24471712	20924860	800405	607202	20630420	19721610
11341356	11053535				
4792565	4542092				
3773874	3693890				
4563917	1635343				
276949	65842	3348	1540	16461	9293
14494	2372	422		3817	3817
30799	7385	1540	1540		
18183	9171			8318	1150
				1587	1587
213473	46914	1386		2739	2739
126953	126953			451474	209396
12469	12469			414838	172760
113634	113634			21972	21972
				3414	3414
850	850			2874	2874
				7754	7754
				622	622
3524603	3499892	285178	276037	10548907	10127586
1493	1493	464	464	439125	210072
8971		1200	1200	131268	73559
		181	181	194994	124465
124475	124475				
1000	1000	197	197	21586	21586
939	939	3820	1992	76064	65348
815	815			469	469
		5504	5504	46653	41314
		13	13	10958	10958
				1788	1788
27762	27762	20964	15735	52773	51411
		1528	1528	1222	1222
				28157	6057
722	722	1632	1632	134720	125244
75669	74845	422		302360	300101
				760	760
5832	5832	6819	6819	96742	96742
30796	30796	1625	1625	174167	170101
2450	2450	3525	3525	37696	37696
				33460	33460
		2211	2211	86450	85348
18477	18477	9102	9102	205305	199181
5549	5549	618	396	141222	141222
3206109	3191193	139074	139074	6513724	6512238

3－4 续表1 continued1

		总计 Total	
		全市 Total	#市区 District
25. 铁路、船舶、航空航天和其他运输设备制造业	Railway、ship、aerospace and other Transportation Equipment Manufacturing	1385981	1385981
26. 电气机械及器材制造业	Electric equipment and machinery	214960	213520
27. 计算机、通信和其他电子设备制造业	Computer and telecommunication equipment and other electronic equipment	26391	26391
28. 仪器仪表制造业	Instruments, meters	260578	260578
29. 其他制造业	Others	2687	2687
30. 废弃资源综合利用业	Comprehensive utilization of waste resources	26296	26296
31. 金属制品、机械和设备修理业	Metal products、machinery、Equipment repair industry	174	174
(四)电力、热力、燃气及水生产和供应业	Electric power, heat, gas and water production and supply	1249132	1077972
1. 电力、热力生产和供应业	Eleatrlc Power, and Head Power Production and Supply	933114	794433
2. 燃气生产和供应业	Production and supply of gas	119387	119387
3. 水的生产和供应业	Production and supply of water	196631	164152
(五)建 筑 业	Construction	2381982	2268935
1. 房屋建筑业	Building construction	992205	903430
2. 土木工程建筑业	Civil construction	840261	817769
3. 建筑安装业	Installment	369761	367981
4. 建筑装饰和其他建筑业	Decoration and others	179755	179755
(六)批发和零售业	Wholesale and retail trade	1672762	1603983
1. 批发业	Wholesale	776357	719698
2. 零售业	Retail trade	896405	884285
(七)交通运输、仓储和邮政业	Transportation, storage, post and telecommunication	1991008	1872073
1. 铁路运输业	Railway transportation	6675	6675
2. 道路运输业	Highway transportation	541407	484087
3. 水上运输业	Waterway		
4. 航空运输业	Air transportation	378516	378516
5. 管道运输业	Pipeline transportation	81262	81262
6. 装卸搬运和其他运输代理业	Handling and other transportation services	33271	33271
7. 仓储业	Storage	734564	706108
8. 邮政业	Post services	215313	182154
(八)住宿和餐饮业	Hotel and catering services	453472	450988
1. 住宿业	Hotels	303517	301033
2. 餐饮业	Catering services	149955	149955
(九)信息传输、软件和信息技术服务业	Information transmission、software、information technology services	1173141	1104063
1. 电信、广播电视和卫星传输服务	Telecommunications、radio and television and satellite transmission services	931887	862809
2. 互联网和相关服务	Internet and related service	19499	19499
3. 软件和信息技术服务业	Software and information technology services	221755	221755
(十)金融业	Finance	3322617	3022704
1. 货币金融服务业	Monetary and financial services	2897929	2610101
2. 资本市场服务业	Capital market services	134157	134157
3. 保险业	Insurance	264777	252692
4. 其他金融业	Other finance services	25754	25754
(十一)房地产业	Real estate	977692	954144
其中:(1)房地产开发经营	Real estate developing and management	506662	499917
(2)物业管理	Property management	351320	346522
(3)房地产中介服务	Medium services	25430	24290
(十二)租赁和商务服务业	Leasing and services	1219189	1204398

单位:千元　unit:1000yuan

国　有 State - owned		集　体 Collective - owned		其　他 Others	
全　市 Total	#市　区 District	全　市 Total	#市　区 District	全　市 Total	#市　区 District
		19645	19645	1366336	1366336
11411	11411	24163	22723	179386	179386
956	956			25435	25435
669	669	41696	41696	218213	218213
				2687	2687
508	508	775	775	25013	25013
				174	174
611681	447733			637451	630239
443118	304437			489996	489996
1869	1869			117518	117518
166694	141427			29937	22725
454515	452735	22313	19547	1905154	1796653
101864	101864	7968	7968	882373	793598
294931	294931	13367	10601	531963	512237
53404	51624	978	978	315379	315379
4316	4316			175439	175439
304097	240417	20577	16522	1348088	1347044
260824	207525	17205	13845	498328	498328
43273	32892	3372	2677	849760	848716
1359553	1286097	3421	3421	628034	582555
				6675	6675
75722	63881	2601	2601	463084	417605
374663	374663			3853	3853
				81262	81262
11104	11104			22167	22167
686441	657985	820	820	47303	47303
211623	178464			3690	3690
161783	159299	18492	18492	273197	273197
156719	154235	15389	15389	131409	131409
5064	5064	3103	3103	141788	141788
591713	538545			581428	565518
570966	517798			360921	345011
5695	5695			13804	13804
15052	15052			206703	206703
1335830	1205610	121851		1864936	1817094
1240393	1121155	121851		1535685	1488946
28246	28246			105911	105911
55305	44323			209472	208369
11886	11886			13868	13868
152696	135626	3046	3046	821950	815472
20392	15247			486270	484670
58147	58147	2923	2923	290250	285452
1140		123	123	24167	24167
532648	519707	79071	79071	607470	605620

3－4 续表 2　continued2

		总计 Total	
		全市 Total	#市区 District
1. 租赁业	Leaseing	16449	16449
2. 商务服务业	Services	1202740	1187949
(十三)科学研究、技术服务业	Scientific research technical services	2653711	2559987
1. 研究和试验发展	Scientific research	1082669	1082669
2. 专业技术服务业	Technical Services	1487618	1411797
3. 科技推广和应用服务业	Science and technology popularization and Application Services	83424	65521
(十四)水利、环境和公共设施管理业	Water conservancy, environment and public services	687097	566373
1. 水利管理业	Water conservancy	168398	110713
2. 生态保护和环境治理业	Ecological protection and Environmental governance industry	12182	11050
3. 公共设施管理业	Public management	506517	444610
(十五)居民服务、修理和其他服务业	Resident service、repair and other services	155309	150345
1. 居民服务业	Resident services	57727	52763
2. 机动车、电子产品和日用产品修理业	Motor vehicle、Electronics and daily consumer products repairing	30369	30369
3. 其他服务业	Others	67213	67213
(十六)教育	Education	5625866	4088258
其中:(1)初等教育	Primary education	1307707	474667
(2)中等教育	Primary education	1755707	1094920
(3)高等教育	Higher education	2300546	2300546
(十七)卫生和社会工作	Health and social work	2672275	2342879
1. 卫生	Health care	2625398	2301510
2. 社会工作	Social work	46877	41369
(十八)文化、体育和娱乐业	Culture, sports and recreation services	624931	581306
1. 新闻和出版业	News publishing	252383	252287
2. 广播、电视、电影和影视录音制作业	Broadcast、TV、movies and video recording industry	138832	117891
3. 文化艺术业	Culture and art	158741	138619
4. 体育	Sports	50576	49486
5. 娱乐业	Recreation services	24399	23023
(十九)公共管理、社会保障和社会组织	Public administration、social security、social organization	3808480	3088725
其中:1. 中国共产党机关	Chinese communist party	147934	127784
2. 国家机构	State organs	3483616	2803878
3. 人民政协、民主党派	Political consultation and democratic party	39714	36676
4. 社会保障	Social security	39792	31332
5. 群众社团、社会团体和其他成员组织	The community、social organization and other members	95106	86737

单位:千元　unit:1000yuan

国　有 State - owned		集　体 Collective - owned		其　他 Others	
全　市 Total	#市　区 District	全　市 Total	#市　区 District	全　市 Total	#市　区 District
2602	2602			13847	13847
530046	517105	79071	79071	593623	591773
2231980	2139019	25449	25433	396282	395535
1061034	1061034	114	114	21521	21521
1117453	1042395	23222	23206	346943	346196
53493	35590	2113	2113	27818	27818
491474	377315	106299	99864	89324	89194
162362	106331	1654		4382	4382
8448	7446			3734	3604
320664	263538	104645	99864	81208	81208
72408	67444	18465	18465	64436	64436
44285	39321	4627	4627	8815	8815
3962	3962	1361	1361	25046	25046
24161	24161	12477	12477	30575	30575
5402841	3865233	12577	12577	210448	210448
1281168	448128	11359	11359	15180	15180
1686319	1025532	36	36	69352	69352
2192974	2192974			107572	107572
2556466	2271183	68363	24250	47446	47446
2516225	2236450	68363	24250	40810	40810
40241	34733			6636	6636
485058	444763	1939	1659	137934	134884
140205	140109	886	886	111292	111292
124892	106751			13940	11140
150882	131290	280		7579	7329
48742	47652			1834	1834
20337	18961	773	773	3289	3289
3798464	3081447	10016	7278		
147934	127784				
3473600	2796600	10016	7278		
39714	36676				
39792	31332				
95106	86737				

3－5　全市非私营单位从业人员平均工资

单位:元

		总　计 Total	
		全　市 Total	#市区 District
总计	Total	46272	49223
(一)农、林、牧、渔业	Farming, forestry, animal, husbandry and fishery	27183	40081
(二)采 矿 业	Mining industry	48763	44420
(三)制 造 业	Manufacturing	51772	53568
(四)电力、热力、然气及水生产和供应业	Electric power, heat, gas and water production and supply	47488	50354
(五)建 筑 业	Construction	31246	31938
(六)批发和零售业	Wholesale and retail trade	33776	33725
(七)交通运输、仓储和邮政业	Transportation, storage, post and telecommunication	42531	44529
(八)住宿和餐饮业	Hotel and catering services	24747	24866
(九)信息传输、软件和信息技术服务业	Information transmission、software、information technology services	52761	55027
(十)金融业	Finance	84377	91177
(十一)房地产业	Real estate	37421	38036
(十二)租赁和商务服务业	Leasing and services	40217	40980
(十三)科学研究、技术服务业	Scientific research technical services	56183	58842
(十四)水利、环境和公共设施管理业	Water conservancy, environment and public facilities management	23416	25547
(十五)居民服务、修理和其他服务业	Resident service、repair and other services	35354	35703
(十六)教育	Education	44101	49956
(十七)卫生和社会工作	Health and social work	51863	60838
(十八)文化、体育和娱乐业	Culture, sports and recreation services	35413	36500
(十九)公共管理、社会保障和社会组织	Public administration、social security、social organization	48251	56132

AVERAGE WAGE OF EMPLOYED PERSONS IN NON－PRIVATE UNITS

unit:yuan

国　有 State－owned		集　体 Collective－owned		其　他 Others	
全　市 Total	#市　区 District	全　市 Total	#市　区 District	全　市 Total	#市　区 District
48868	54625	28199	26755	44571	45616
26797	40820	28615	37561	35400	35880
48903	48903			48724	42081
58238	58692	27471	27601	51098	53327
51706	61637			44041	44559
29711	29742	25241	25652	31726	32633
48788	53096	20806	21569	31867	31871
49704	51932	19328	19328	32569	34068
24681	25016	29587	29587	24515	24515
52318	56251			53220	53910
86383	94960	47729		87306	88829
36030	39187	23797	23797	37772	37936
50312	52816	35990	35990	34651	34900
59358	62972	56806	66060	43154	43214
25177	29703	18130	18114	22562	22558
47202	49885	23139	23139	31264	31264
44522	51113	36991	36991	35815	35815
54164	63101	26426	31210	27268	27268
38780	40599	19586	23366	27368	27527
48245	56116	50586	63842		

3－6　全市非私营单位在岗职工人数

单位:人

		总计 Total	
		全市 Total	#市区 District
总计	Total	868124	720249
中央单位	Centre unit	141702	135120
省属单位	Provincial unit	94881	88285
市属单位	Unit belong to city	77113	74643
县及县以下单位	Unit below county	134585	35944
(一)农、林、牧、渔业	Farming, forestry, animal husbandry and fishery	10885	1891
1. 农业	Farming	859	276
2. 林业	Forestry	1367	331
3. 畜牧业	Animal husbandry	892	244
4. 渔业	Fishery	38	38
5. 农、林、牧、渔服务业	Farming, forestry, animal husbandry and fishery services	7729	1002
(二)采矿业	Mining industry	11212	6830
1. 煤炭开采和洗选业	Coal mining and dressing	9318	4936
2. 石油和天然气开采业	Extraction of petroleum and natural gas	1639	1639
3. 黑色金属矿采选业	Minging and dressing of ferrous metals	29	29
4. 有色金属矿采选业	Mining and dressing of nonferrous metals	57	57
5. 非金属矿采选业	Mining and dressing of nonmetal mineral products		
6. 开采辅助活动	Mining auxiliary activities	163	163
7. 其他采矿业	Others	6	6
(三)制造业	Manufacturing	238360	221381
1. 农副食品加工业	Food processing	14962	7659
2. 食品制造业	Food manufacturing	5820	2783
3. 酒、饮料和精制茶制造业	Wine、drinks and Refined tea Industry	5549	2773
4. 烟草制品业	Tobacco processing	1176	1176
5. 纺织业	Textile industry	976	976
6. 纺织服装、服饰业	Textile and garment、Clothing industry	3476	2921
7. 皮革、毛皮、羽毛及其制品和制鞋业	Leather、fur、feather and their products	82	82
8. 木材加工和木、竹、滕、棕、草制品业	Timber, bamboo, cane, palm and straw products	1329	985
9. 家具制造业	Furniture	478	478
10. 造纸和纸制品业	Paper making and paper products	79	79
11. 印刷和记录媒介复制业	Printing and record medium reproduction	3553	3287
12. 文教、工美、体育和娱乐用品制造业	Culture and education、Industrial art、Sports and entertainment products manufacturing	81	81
13. 石油加工、炼焦及核燃料加工业	Petroleum processing coking and nuclear processing	1038	284
14. 化学原料和化学制品制造业	Raw chemical material and chemical products	3996	3391
15. 医药制造业	Medical and pharmacutical products	10747	10573
16. 化学纤维制造业	Chemical fiber manufacturing	27	27
17. 橡胶和塑料制品业	Rubber and plastic products	3194	3194
18. 非金属矿物制品业	Nonmetal mineral products	6659	6455
19. 黑色金属冶炼和压延加工业	Smelting and pressing of ferrous metals	960	960
20. 有色金属冶炼和压延加工业	Smelting and pressing of non－ferrous metals	640	640
21. 金属制品业	Metal products	2434	2359
22. 通用设备制造业	Ordinary machinery	5920	5595
23. 专用设备制造业	Special purpose equipment	4175	4152
24. 汽车制造业	Automobile industry	127788	127290

NUMBER OF STAFF AND WORKERS IN NON－PRIVATE UNITS

unit:person

国有 State－owned		集体 Collective－owned		其他 Others	
全市 Total	#市区 District	全市 Total	#市区 District	全市 Total	#市区 District
448281	333992	24475	18810	395368	367447
141702	135120				
94881	88285				
77113	74643				
134585	35944				
10297	1585	117	41	471	265
705	139	17		137	137
1326	290	41	41		
640	198			252	46
				38	38
7626	958	59		44	44
1586	1586			9626	5244
472	472			8846	4464
1102	1102			537	537
				29	29
12	12			45	45
				163	163
				6	6
46683	45790	10038	9658	181639	165933
53	53	26	26	14883	7580
436		30	30	5354	2753
		5	5	5544	2768
1176	1176				
42	42	10	10	924	924
42	42	202	117	3232	2762
32	32			50	50
		133	133	1196	852
		1	1	477	477
				79	79
801	801	734	527	2018	1959
		34	34	47	47
				1038	284
34	34	48	48	3914	3309
1768	1733	25		8954	8840
				27	27
132	132	181	181	2881	2881
820	820	100	100	5739	5535
160	160	87	87	713	713
				640	640
		140	140	2294	2219
634	634	464	464	4822	4497
126	126	82	59	3967	3967
40012	39590	6210	6210	81566	81490

3－6 续表 1　continued1

		总计 Total	
		全市 Total	#市区 District
25. 铁路、船舶、航空航天和其他运输设备制造业	Railway、ship、aerospace and other Transportation Equipment Manufacturing	21441	21441
26. 电气机械及器材制造业	Electric equipment and machinery	5381	5341
27. 计算机、通信和其他电子设备制造业	Computer and telecommunication equipment and other electronic equipment	885	885
28. 仪器仪表制造业	Instruments, meters	5042	5042
29. 其他制造业	Others	113	113
30. 废弃资源综合利用业	Comprehensive utilization of waste resources	353	353
31. 金属制品、机械和设备修理业	Metal products、machinery、Equipment repair industry	6	6
(四)电力、热力、燃气及水生产和供应业	Electric power, heat, gas and water production and supply	25061	20567
1. 电力、热力生产和供应业	Eleatrlc Power, and Head Power Production and Supply	17211	13995
2. 燃气生产和供应业	Production and supply of gas	2498	2498
3. 水的生产和供应业	Production and supply of water	5352	4074
(五)建 筑 业	Construction	49626	45395
1. 房屋建筑业	Building construction	21078	18132
2. 土木工程建筑业	Civil construction	14142	12933
3. 建筑安装业	Installment	9655	9579
4. 建筑装饰和其他建筑业	Decoration and others	4751	4751
(六)批发和零售业	Wholesale and retail trade	46582	44661
1. 批发业	Wholesale	17330	15720
2. 零售业	Retail trade	29252	28941
(七)交通运输、仓储和邮政业	Transportation, storage, post and telecommunication	34099	30295
1. 铁路运输业	Railway transportation	73	73
2. 道路运输业	Highway transportation	16341	14375
3. 水上运输业	Waterway		
4. 航空运输业	Air transportation	4632	4632
5. 管道运输业	Pipeline transportation	1034	1034
6. 装卸搬运和其他运输代理业	Handling and other transportation services	975	975
7. 仓储业	Computer services	7701	6514
8. 邮政业	Post services	3343	2692
(八)住宿和餐饮业	Hotel and catering services	16314	16118
1. 住宿业	Hotels	11479	11283
2. 餐饮业	Catering services	4835	4835
(九)信息传输、软件和信息技术服务业	Information transmission、software、information technology services	16515	14837
1. 电信、广播电视和卫星传输服务	Telecommunications、radio and television and satellite transmission services	10906	9228
2. 互联网和相关服务	Internet and related service	598	598
3. 软件和信息技术服务业	Software and information technology services	5011	5011
(十)金融业	Finance	35684	29652
1. 货币金融服务业	Monetary and financial services	27881	22235
2. 资本市场服务业	Capital market services	2760	2760
3. 保险业	Insurance	4860	4474
4. 其他金融业	Other finance services	183	183
(十一)房地产业	Real estate	22619	21613
其中:(1)房地产开发经营	Real estate developing and management	9014	8797
(2)物业管理	Property management	10754	10539
(3)房地产中介服务	Medium services	856	819
(十二)租赁和商务服务业	Leasing and services	26043	25136

单位:人　unit:person

国　有 State - owned		集　体 Collective - owned		其　他 Others	
全　市 Total	#市　区 District	全　市 Total	#市　区 District	全　市 Total	#市　区 District
		397	397	21044	21044
355	355	759	719	4267	4267
23	23			862	862
22	22	340	340	4680	4680
				113	113
15	15	30	30	308	308
				6	6
11378	7214			13683	13353
6934	3718			10277	10277
17	17			2481	2481
4427	3479			925	595
10489	10413	531	409	38606	34573
1058	1058	135	135	19885	16939
7210	7210	388	266	6544	5457
2120	2044	8	8	7527	7527
101	101			4650	4650
5579	3915	930	710	40073	40036
4655	3198	700	547	11975	11975
924	717	230	163	28098	28061
16872	14510	180	180	17047	15605
				73	73
2587	2063	141	141	13613	12171
4513	4513			119	119
				1034	1034
235	235			740	740
6259	5072	39	39	1403	1403
3278	2627			65	65
6502	6306	467	467	9345	9345
6299	6103	336	336	4844	4844
203	203	131	131	4501	4501
8661	7279			7854	7558
8180	6798			2726	2430
112	112			486	486
369	369			4642	4642
14414	11824	2566		18704	17828
12253	10002	2566		13062	12233
763	763			1997	1997
1314	975			3546	3499
84	84			99	99
3723	2981	128	128	18768	18504
497	324			8517	8473
1633	1633	123	123	8998	8783
37		5	5	814	814
10265	9532	1547	1547	14231	14057

3 - 6 续表 2　continued2

		总计 Total	
		全市 Total	#市区 District
1. 租赁业	Leaseing	533	533
2. 商务服务业	Services	25510	24603
(十三)科学研究、技术服务业	Scientific research technical services	42333	38600
1. 研究和试验发展	Scientific research	14668	14668
2. 专业技术服务业	Technical Services	25336	22326
3. 科技推广和应用服务业	Science and technology popularization and Application Services	2329	1606
(十四)水利、环境和公共设施管理业	Water conservancy, environment and public services	22103	15858
1. 水利管理业	Water conservancy	5874	2545
2. 生态保护和环境治理业	Ecological protection and Environmental governance industry	284	244
3. 公共设施管理业	Public management	15945	13069
(十五)	Resident service、repair and other services	4305	4123
1. 居民服务业	Resident services	1135	953
2. 机动车、电子产品和日用产品修理业	Motor vehicle、Electronics and daily consumer products repairing	1058	1058
3. 其他服务业	Others	2112	2112
(十六)教育	Education	121921	76862
其中:(1)初等教育	Primary education	36010	11431
(2)中等教育	Secondary education	41932	22814
(3)高等教育	Higher education	38266	38266
(十七)卫生和社会工作	Health and social work	49785	37063
1. 卫生	Health care	48428	35901
2. 社会工作	Social work	1357	1162
(十八)文化、体育和娱乐业	Culture, sports and recreation services	16826	15113
1. 新闻和出版业	News publishing	7737	7734
2. 广播、电视、电影和影视录音制作业	Broadcast、TV、movies and video recording industry	3384	2568
3. 文化艺术业	Culture and art	4124	3336
4. 体育	Sports	1184	1145
5. 娱乐业	Recreation services	397	330
(十九)公共管理、社会保障和社会组织	Public administration、social security、social organization	77851	54254
其中:1. 中国共产党机关	Chinese communist party	2662	2023
2. 国家机构	State organs	71929	49661
3. 人民政协、民主党派	Political consultation and democratic party	576	482
4. 社会保障	Social security	846	548
5. 群众社团、社会团体和其他成员组织	The community、social organization and other members	1761	1463

单位:人 unit:person

国有 State - owned		集体 Collective - owned		其他 Others	
全市 Total	#市区 District	全市 Total	#市区 District	全市 Total	#市区 District
58	58			475	475
10207	9474	1547	1547	13756	13582
34011	30371	367	304	7955	7925
14087	14087	6	6	575	575
18408	15491	292	229	6636	6606
1516	793	69	69	744	744
14611	8721	3721	3371	3771	3766
5627	2421	123		124	124
217	182			67	62
8767	6118	3598	3371	3580	3580
1414	1232	794	794	2097	2097
661	479	142	142	332	332
232	232	62	62	764	764
521	521	590	590	1001	1001
116601	71542	340	340	4980	4980
35230	10651	314	314	466	466
40167	21049	1	1	1764	1764
36067	36067			2199	2199
45647	34701	2455	679	1683	1683
44607	33856	2455	679	1366	1366
1040	845			317	317
11892	10347	99	71	4835	4695
3493	3490	48	48	4196	4196
3034	2347			350	221
3949	3200	28		147	136
1139	1100			45	45
277	210	23	23	97	97
77656	54143	195	111		
2662	2023				
71734	49550	195	111		
576	482				
846	548				
1761	1463				

3-7 全市非私营单位在岗职工工资总额

单位:千元

		总计 Total	
		全市 Total	#市区 District
总计	Total	41243960	36696665
中央单位	Centre unit	10211142	9940793
省属单位	Provincial unit	4650877	4403737
市属单位	Unit belong to city	3604394	3527274
县及县以下单位	Unit below county	4439341	1545653
(一)农、林、牧、渔业	Farming, forestry, animal husbandry and fishery	296575	76492
1.农业	Farming	18733	6189
2.林业	Forestry	32339	8925
3.畜牧业	Animal husbandry	26439	10259
4.渔业	Fishery	1587	1587
5.农、林、牧、渔服务业	Farming, forestry, animal husbandry and fishery services	217477	49532
(二)采矿业	Mining industry	546795	304717
1.煤炭开采和洗选业	Coal mining and dressing	427307	185229
2.石油和天然气开采业	Extraction of petroleum and natural gas	104045	104045
3.黑色金属矿采选业	Minging and dressing of ferrous metals	3414	3414
4.有色金属矿采选业	Mining and dressing of nonferrous metals	3653	3653
5.非金属矿采选业	Mining and dressing of nonmetal mineral products		
6.开采辅助活动	Mining auxiliary activities	7754	7754
7.其他采矿业	Others	622	622
(三)制造业	Manufacturing	12406195	11969441
1.农副食品加工业	Food processing	424621	211933
2.食品制造业	Food manufacturing	137759	73133
3.酒、饮料和精制茶制造业	Wine、drinks and Refined tea Industry	194895	124366
4.烟草制品业	Tobacco processing	117423	117423
5.纺织业	Textile industry	22756	22756
6.纺织服装、服饰业	Textile and garment、Clothing industry	79568	67024
7.皮革、毛皮、羽毛及其制品和制鞋业	Leather、fur、feather and their products	1284	1284
8.木材加工和木、竹、滕、棕、草制品业	Timber, bamboo, cane, palm and straw products	46487	41148
9.家具制造业	Furniture	10971	10971
10.造纸和纸制品业	Paper making and paper products	1620	1620
11.印刷和记录媒介复制业	Printing and record medium reproduction	100403	93812
12.文教、工美、体育和娱乐用品制造业	Culture and education、Industrial art、Sports and entertainment products manufacturing	2750	2750
13.石油加工、炼焦及核燃料加工业	Petroleum processing coking and nuclear processing	27899	5799
14.化学原料和化学制品制造业	Raw chemical material and chemical products	127743	118267
15.医药制造业	Medical and pharmacutical products	368202	364697
16.化学纤维制造业	Chemical fiber manufacturing	760	760
17.橡胶和塑料制品业	Rubber and plastic products	106527	106527
18.非金属矿物制品业	Nonmetal mineral products	197881	193815
19.黑色金属冶炼和压延加工业	Smelting and pressing of ferrous metals	33413	33413
20.有色金属冶炼和压延加工业	Smelting and pressing of non-ferrous metals	27603	27603
21.金属制品业	Metal products	79143	78041
22.通用设备制造业	Ordinary machinery	208916	202792
23.专用设备制造业	Special purpose equipment	138111	137889
24.汽车制造业	Automobile industry	8122562	8106160

TOTAL WAGES OF STAFF AND WORKERS IN NON – PRIVATE UNITS

unit:1000yuan

国 有 State – owned		集 体 Collective – owned		其 他 Others	
全 市 Total	#市 区 District	全 市 Total	#市 区 District	全 市 Total	#市 区 District
22905754	19417457	718829	526708	17619377	16752500
10211142	9940793				
4650877	4403737				
3604394	3527274				
4439341	1545653				
276828	65721	3348	1540	16399	9231
14494	2372	422		3817	3817
30799	7385	1540	1540		
18183	9171			8256	1088
				1587	1587
213352	46793	1386		2739	2739
96258	96258			450537	208459
12469	12469			414838	172760
82939	82939			21106	21106
				3414	3414
850	850			2803	2803
				7754	7754
				622	622
3035820	3011109	273277	264136	9097098	8694196
1493	1493	464	464	422664	209976
8971		1200	1200	127588	71933
		181	181	194714	124185
117423	117423				
1000	1000	170	170	21586	21586
939	939	3820	1992	74809	64093
815	815			469	469
		5504	5504	40983	35644
		13	13	10958	10958
				1620	1620
26978	26978	20858	15629	52567	51205
		1528	1528	1222	1222
				27899	5799
722	722	1632	1632	125389	115913
74640	73816	422		293140	290881
				760	760
5832	5832	6762	6762	93933	93933
26764	26764	1625	1625	169492	165426
2450	2450	3476	3476	27487	27487
				27603	27603
		2211	2211	76932	75830
17072	17072	9030	9030	182814	176690
4409	4409	618	396	133084	133084
2732853	2717937	139074	139074	5250635	5249149

3-7续表1 continued1

		总计 Total	
		全市 Total	#市区 District
25. 铁路、船舶、航空航天和其他运输设备制造业	Railway、ship、aerospace and other Transportation Equipment Manufacturing	1342422	1342422
26. 电气机械及器材制造业	Electric equipment and machinery	188063	186623
27. 计算机、通信和其他电子设备制造业	Computer and telecommunication equipment and other electronic equipment	26165	26165
28. 仪器仪表制造业	Instruments, meters	242988	242988
29. 其他制造业	Others	2687	2687
30. 废弃资源综合利用业	Comprehensive utilization of waste resources	24399	24399
31. 金属制品、机械和设备修理业	Metal products、machinery、Equipment repair industry	174	174
(四)电力、热力、燃气及水生产和供应业	Electric power, gas and water production and supply	1223042	1058596
1. 电力、热力生产和供应业	Eleatrlc Power, and Head Power Production and Supply	911542	776305
2. 燃气生产和供应业	Production and supply of gas	119387	119387
3. 水的生产和供应业	Production and supply of water	192113	162904
(五)建筑业	Construction	1405313	1292386
1. 房屋建筑业	Building construction	434129	345354
2. 土木工程建筑业	Civil construction	503055	480683
3. 建筑安装业	Installment	298447	296667
4. 建筑装饰和其他建筑业	Decoration and others	169682	169682
(六)批发和零售业	Wholesale and retail trade	1601312	1533100
1. 批发业	Wholesale	756640	700321
2. 零售业	Retail trade	844672	832779
(七)交通运输、仓储和邮政业	Transportation, storage, post and telecommunication	1570216	1477303
1. 铁路运输业	Railway transportation	6675	6675
2. 道路运输业	Highway transportation	520560	482942
3. 水上运输业	Waterway		
4. 航空运输业	Air transportation	376007	376007
5. 管道运输业	Pipeline transportation	78102	78102
6. 装卸搬运和其他运输代理业	Handling and other transportation services	32942	32942
7. 仓储业	Storage	372883	345627
8. 邮政业	Post services	183047	155008
(八)住宿和餐饮业	Hotel and catering services	422590	420106
1. 住宿业	Hotels	291009	288525
2. 餐饮业	Catering services	131581	131581
(九)信息传输、软件和信息技术服务业	Information transmission、software、information technology services	975763	917714
1. 电信、广播电视和卫星传输服务	Telecommunications、radio and television and satellite transmission services	737492	679443
2. 互联网和相关服务	Internet and related service	19367	19367
3. 软件和信息技术服务业	Software and information technology services	218904	218904
(十)金融业	Finance	3130119	2836567
1. 货币金融服务业	Monetary and financial services	2755340	2469829
2. 资本市场服务业	Capital market services	129465	129465
3. 保险业	Insurance	220022	211981
4. 其他金融业	Other finance services	25292	25292
(十一)房地产业	Real estate	913646	890983
其中:(1)房地产开发经营	Real estate developing and management	487326	481458
(2)物业管理	Property management	307812	303014
(3)房地产中介服务	Medium services	25358	24218
(十二)租赁和商务服务业	Leasing and services	1049470	1034898

单位:千元　unit:1000yuan

国　有 State - owned		集　体 Collective - owned		其　他 Others	
全　市 Total	#市　区 District	全　市 Total	#市　区 District	全　市 Total	#市　区 District
		16669	16669	1325753	1325753
11326	11326	24163	22723	152574	152574
956	956			25209	25209
669	669	33098	33098	209221	209221
				2687	2687
508	508	759	759	23132	23132
				174	174
604437	447203			618605	611393
439144	303907			472398	472398
1869	1869			117518	117518
163424	141427			28689	21477
364342	362562	17397	14631	1023574	915193
26334	26334	3648	3648	404147	315372
280404	280404	12771	10005	209880	190274
53288	51508	978	978	244181	244181
4316	4316			165366	165366
290248	227135	20118	16063	1290946	1289902
249418	196459	16758	13398	490464	490464
40830	30676	3360	2665	800482	799438
963888	896752	3421	3421	602907	577130
				6675	6675
75458	63617	2601	2601	442501	416724
372154	372154			3853	3853
				78102	78102
11104	11104			21838	21838
325389	298133	820	820	46674	46674
179783	151744			3264	3264
158651	156167	13738	13738	250201	250201
153587	151103	10653	10653	126769	126769
5064	5064	3085	3085	123432	123432
530131	484916			445632	432798
509398	464183			228094	215260
5695	5695			13672	13672
15038	15038			203866	203866
1267936	1142992	121326		1740857	1693575
1184494	1066541	121326		1449520	1403288
28079	28079			101386	101386
43929	36938			176093	175043
11434	11434			13858	13858
145017	128824	3046	3046	765583	759113
19182	14914			468144	466544
52594	52594	2923	2923	252295	247497
1140		123	123	24095	24095
515957	503187	54587	54587	478926	477124

3-7 续表2 continued2

		总计 Total	
		全市 Total	#市区 District
1.租赁业	Leaseing	16261	16261
2.商务服务业	Services	1033209	1018637
(十三)科学研究、技术服务业	Scientific research technical services	2518175	2424703
1.研究和试验发展	Scientific research	1052584	1052584
2.专业技术服务业	Technical Services	1383449	1307880
3.科技推广和应用服务业	Science and technology popularization and Application Services	82142	64239
(十四)水利、环境和公共设施管理业	Water conservancy,environment and public services	575872	465685
1.水利管理业	Water conservancy	168269	110584
2.生态保护和环境治理业	Ecological protection and Environmental governance industry	12182	11050
3.公共设施管理业	Public management	395421	344051
(十五)居民服务、修理和其他服务业	Resident service、repair and other services	149180	144216
1.居民服务业	Resident services	57568	52604
2.机动车、电子产品和日用产品修理业	Motor vehicle、Electronics and daily consumer products repairing	30169	30169
3.其他服务业	Others	61443	61443
(十六)教育	Education	5462410	3934131
其中:(1)初等教育	Primary education	1298893	469054
(2)中等教育	Secondary education	1713779	1058960
(3)高等教育	Higher education	2197804	2197804
(十七)卫生和社会工作	Health and social work	2611193	2287292
1.卫生	Health care	2564525	2246132
2.社会工作	Social work	46668	41160
(十八)文化、体育和娱乐业	Culture,sports and recreation services	607871	564380
1.新闻和出版业	News publishing	248279	248183
2.广播、电视、电影和影视录音制作业	Resident services	134307	113366
3.文化艺术业	Culture and art	156974	136986
4.体育	Sports	49844	48754
5.娱乐业	Recreation services	18467	17091
(十九)公共管理、社会保障和社会组织	Public administration、social security、social organization	3778223	3063955
其中:1.中国共产党机关	Chinese communist party	147822	127672
2.国家机构	State organs	3456467	2782216
3.人民政协、民主党派	Political consultation and democratic party	39714	36676
4.社会保障	Social security	39307	30847
5.群众社团、社会团体和其他成员组织	The community、social organization and other members	92595	84226

单位:千元 unit:1000yuan

国有 State - owned		集体 Collective - owned		其他 Others	
全市 Total	#市区 District	全市 Total	#市区 District	全市 Total	#市区 District
2524	2524			13737	13737
513433	500663	54587	54587	465189	463387
2139493	2046784	21164	21148	357518	356771
1031730	1031730	114	114	20740	20740
1054400	979594	18937	18921	310112	309365
53363	35460	2113	2113	26666	26666
414493	310871	78434	71999	82945	82815
162233	106202	1654		4382	4382
8448	7446			3734	3604
243812	197223	76780	71999	74829	74829
70510	65546	18465	18465	60205	60205
44174	39210	4627	4627	8767	8767
3962	3962	1361	1361	24846	24846
22374	22374	12477	12477	26592	26592
5291735	3763456	12577	12577	158098	158098
1272354	442515	11359	11359	15180	15180
1659065	1004246	36	36	54678	54678
2123784	2123784			74020	74020
2500302	2219957	65976	22420	44915	44915
2460270	2185433	65976	22420	38279	38279
40032	34524			6636	6636
471501	431340	1939	1659	134431	131381
137437	137341	886	886	109956	109956
122325	104184			11982	9182
149324	129866	280		7370	7120
48010	46920			1834	1834
14405	13029	773	773	3289	3289
3768207	3056677	10016	7278		
147822	127672				
3446451	2774938	10016	7278		
39714	36676				
39307	30847				
92595	84226				

3－8　全市非私营单位在岗职工平均工资

单位:元

		总计 Total	
		全市 Total	#市区 District
总计	Total	46674	49692
中央单位	Center unit		
省属单位	Provincial unit		
市属单位	Unit belong to city		
县及县以下单位	Unit below county		
(一)农、林、牧、渔业	Farming, forestry, animal, husbandry and fishery	27182	40102
(二)采矿业	Mining industry	48773	44434
(三)制造业	Manufacturing	51411	53218
(四)电力、热力、燃气及水生产和供应业	Electric power, gas and water production and supply	47747	50461
(五)建筑业	Construction	30959	31672
(六)批发和零售业	Wholesale and retail trade	33911	33854
(七)交通运输、仓储和邮政业	Transportation, storage, post and telecommunication	42850	44612
(八)住宿和餐饮业	Hotel and catering services	24571	24690
(九)信息传输、软件和信息技术服务业	Information transmission、software、information technology services	52840	55078
(十)金融业	Finance	86808	94218
(十一)房地产业	Real estate	37586	38206
(十二)租赁和商务服务业	Leasing and services	40013	40789
(十三)科学研究、技术服务业	Scientific research technical services	56742	59500
(十四)水利、环境和公共设施管理业	Water conservancy, environment and public facilities management	26103	29367
(十五)居民服务、修理和其他服务业	Resident service、repair and other services	35326	35684
(十六)教育	Education	44689	51042
(十七)卫生和社会工作	Health and social work	52390	61456
(十八)文化、体育和娱乐业	Culture, sports and recreation services	36204	37414
(十九)公共管理、社会保障和社会组织	Public administration、social security、social organization	48673	56646

AVERAGE WAGE OF STAFF AND WORKERS IN NON－PRIVATE UNITS

unit:yuan

国　有 State－owned		集　体 Collective－owned		其　他 Others	
全　市 Total	#市　区 District	全　市 Total	#市　区 District	全　市 Total	#市　区 District
49732	55727	29417	28126	44353	45385
66432	67570				
48366	49266				
44454	44885				
32968	42948				
26796	40846	28615	37561	35400	35880
48903	48903			48737	42101
59394	59879	27382	27510	50310	52511
52189	61684			44157	44679
29777	29809	25241	25652	31371	32315
50628	55716	21022	21884	31808	31812
49709	51932	19328	19328	32927	34229
24682	25020	29764	29764	24221	24221
52332	56269			53370	53985
87174	95287	47729		91631	93495
37657	41409	23797	23797	37656	37821
50132	52628	36031	36031	34158	34414
59882	63606	57405	67032	43569	43632
28553	35867	20739	20979	22045	22040
49308	52521	23139	23139	30297	30297
45184	52291	36991	36991	33028	33028
54682	63662	26820	32778	26791	26791
39169	41069	19586	23366	28780	28996
48669	56631	50586	63842		

统计资料

STATISTICS

◎ 固定资产投资

INVESTMENT IN FIXED ASSETS

第四篇 固定资产投资

全年完成全社会固定资产投资总额3172.9亿元,比上年增长30.4%。其中:房地产开发投资649.7亿元,下降2.5%。新增固定资产2340.8亿元。固定资产交付使用率为75.4%,比上年提高2.7个百分点。房屋面积竣工率为30.0%,比上年增长1.1个百分点。

从各产业完成投资情况看,第一产业投资32.3亿元,增长3.9%;第二产业投资1425.2亿元,增长26.3%;第三产业投资1646.0亿元,增长37%。从投资主体看,国有经济投资796.8亿元,增长43.2%;非国有经济投资2306.8亿元,增长27.9%,占全社会固定资产投资的比重为74.3%。全市工业投资1400.0亿元,增长25.2%,对全社会投资增长的贡献率37.9%。民间投资2147.7亿元,增长30.4%。

全市商品房施工面积5123.7万平方米,比上年增长25.3%。商品房竣工面积913.9万平方米,增长22.2%。商品房销售面积908.0万平方米,增长3.1%。商品房销售额503.0亿元,下降6.9%。空置面积320.3万平方米,增长32.4%。

4 - 1 1993 - 2012 年全社会固定资产投资总额

TOTAL OF INVESTMENT IN FIXED ASSETS(1993 ~ 2012)

单位:万元 unit:10000 yuan

年 份 Year	固定资产投资总额 Total	基本建设 Captial construction	更新改造 Innovation	其他投资 Others	房地产投资 Real estate	城镇私人建房 Urban private	农村集体 Rural collective	农村私人建房 Rural private
1993	687673	322454	131894	24978	109568	20680	53052	25047
1994	961008	430701	154463	29646	230840	26215	63305	25838
1995	1086570	474862	215382	38785	226138	26035	76430	28938
1996	1205555	573973	236484	38160	192506	32001	101995	30436
1997	1060320	454696	200814	33009	139689	38482	160878	32752
1998	1416535	507416	254283	61878	161594	59228	336181	35955
1999	1944338	701282	354519	39754	251955	63317	494290	39221
2000	2352422	850330	437508	56032	303296	74460	584810	45986
2001	2850446	1054118	529811	69078	485481	86464	572943	52551
2002	3204576	1202562	607447	75480	608399	99532	556648	54508
2003	3896440	1479758	930996	65672	777020	72022	515059	55913
2004	4599564	1860133	1317651	93188	903503	57896	307072	60121
2005	6504218	4994859 (城镇固定资产投资)			1066262	43097	400000 (农村固定资产投资)	
2006	9504180	7156604 (城镇固定资产投资)			1742021		605555 (农村固定资产投资)	
2007	13506330	9567890 (城镇固定资产投资)			2594979		1343461 (农村固定资产投资)	
2008	18187804	13626977 (城镇固定资产投资)			3528921	611906	420000	
2009	23002699	16917007 (城镇固定资产投资)			4439252		1646440 (农村固定资产投资)	
2010	30014500	21928211 (城镇固定资产投资)			5427566		2658723 (农村固定资产投资)	
2011	24334400	16938878 (固定资产项目投资)			6664177		731345 (农村农户投资)	
2012	31729190	24539071 (固定资产项目投资)			6496535		693584 (农村农户投资)	

注:1.2005 年固定资产投资总额中城镇固定资产投资包括以前年度的基本建设、更新改造、其他投资;农村固定资产投资包括以前年度的农村集体、农村私人建房投资。

1. Urban fixed assets investment includes capital construction, innovation, other investment, and rural fixed assets investment contains rural collective, rural private house construction investment in prior years.

4-2 2012年长春市全社会固定资产投资完成情况综合表

单位:万元

指标名称	Item	全社会 The whole country	固定资产项目投资 Fixed Assets Projects Investment	房地产开发投资 Real Estate
一、计划投资	Investment			
1.计划总投资	Total	68029356	37058753	30970603
其中:本年新开工项目	There in new star this year	23703676	23703676	
2.自开始建设累计完成投资	Accumulation	49794044	30696736	19097308
二、自年初累计完成投资	Accumulation this year	31035606	24539071	6496535
其中:国有经济控股	State Holding	7883699	7883699	
其中:住宅	House	5125760	193571	4932189
1.按控股类型分	Grouped by Type of Owning			
国有控股	State - owned	6928534	6898587	29947
集体控股	Collective - owned	33306	33306	
私人控股	Privato - Dwned	5954126	4381415	1572711
港澳台商控股	Hongkong. Macao and Taiwna - Owned	835678	416491	419187
外商控股	Foraign - owned	755528	702446	53082
2.按建设性质分	Grouped by type of construction			
(1)新建	New Construction	8585866	8585866	
(2)扩建	Expansion	6588809	6588809	
(3)改建和技术改造	Reconstruction and technical reformation	6984821	6984821	
3.按构成分	Grouped by Structure			
建筑工程	Construction Projects	15720536	11583109	4137427
安装工程	Installation Projects	1743123	1537964	205159
设备工具器具购置	Purchase of Equipment tools and instruments	10031200	9993143	38057
其他费用	Other cost	3540747	1424855	2115892
4.按国民经济行业分	Grouped by sector			
(一)农、林、牧、渔业	Agriculture	323379	323379	
(二)采矿业	Mining industry	179050	179050	
(三)制造业	Manufacture	13398408	13398408	
(四)电力、热力、燃气及水生产和供应业	Electric power, gas and water production and supply	423020	423020	
(五)建筑业	Construction	251765	251765	
(六)批发和零售业	Wholesale and retail trade	2266312	2266312	
(七)交通运输、仓储和邮政业	Transport, storage, post and telecommunication	1626361	1626361	
(八)住宿和餐饮业	Hotels and catering	127084	127084	
(九)信息传输、软件和信息技术服务业	Information transmission、software、information technology services	239003	239003	

TABLE OF CHANGCHUN'S 2012 WHOLE SOCIETY FIXED ASSETS PROJECTS INVESTMENT COMPLETION STATUS

unit:10000yuan

指标名称	Item	全社会 The whole country	固定资产项目投资 Fixed Assets Projects Investment	房地产开发投资 Real Estate
(十)金融业	Finance	50737	50737	
(十一)房地产业	Real estate	6748563	252028	6496535
(十二)租赁和商务服务业	Leasing and business services	330345	330345	
(十三)科学研究和技术服务业	Science technical services	436541	436541	
(十四)水利、环境和公共设施管理业	Conservancy, environment and public utilities management	3303377	3303377	
(十五)居民服务、修理和其他服务业	Resident services and other services	163108	163108	
(十六)教育	Education	302781	302781	
(十七)卫生和社会工作	Health and social work	312180	312180	
(十八)文化、体育和娱乐业	Culture sport and arts	202918	202918	
(十九)公共管理、社会保障和社会组织	Public administration、social security、social organization	350674	350674	
三、新增固定资产	Newly increased	23408124	20524243	2883881
四、项目个数(个)	The numner of projects			
1.施工项目个数	The number of construction projects	2534	2534	
其中:本年新开工	There in new star this year	2360	2360	
2.本年投产项目个数	Number of under construction	2282	2282	
五、房屋建筑面积	Floor space of construction			
1.施工面积	Floor space under construction	72354138	21116962	51237176
其中:住宅	House	38999144	1010920	37988224
2.竣工面积	Floor space completed	21674244	12535572	9138672
其中:住宅	House	7712389	349483	7362906
六、本年资金来源合计	Total funds sources	34240202	24757615	9482587
1.上年末结余资金	Balance of cost year	2767266	777490	1989776
2.本年资金来源小计	Subtotal of sources	31472936	23980125	7492811
(1)国家预算资金	State Budgetary Funds	676766	676766	
其中:中央预算资金	The central budget	72012	72012	
(2)国内贷款	Domestic loans	1980399	1230522	749877
(3)债券	Bond	16900	16900	
(4)利用外资	Usage of foreign funds	76479	57599	18880
其中:外商直接投资	Direct foreign investment	56270	37390	18880
(5)自筹资金	Fund raising	25412858	21911541	3501317
其中:企、事业单位自有资金	Own funds	11403106	9439483	1963623
其中:股东投入资金	Include: Shareholder investment	325946	4507	321439
其中:借入资金	Include: borrowed money	772961	180	772781
(6)其他资金来源	Other sources	3309534	86797	3222737

4－3　2012年长春市房地产开发投资完成情况

单位:万元

指　标　名　称	Item	总计 Total	其中:地方 Local	其中:地市县属 Prefecture
计划总投资	Total	30970603	30289647	28390935
自开始建设累计完成投资	Accumulative investment acyully completed since starting ofconstrution	19097308	18623961	17961951
本年计划投资	Planned investment			
本年完成投资	Completed investment	6496535	6377376	5859482
其中:本月完成投资	Investment completed this month	201233	201233	201133
土地开发投资额	Land developing			
配套工程投资	Auxiliary project	46458	46420	45520
国有经济控股	State －owned economic proprietary	1119488	1000329	784482
内资企业	Domestic funds	6024266	5905107	5387213
国有企业	State－owned	29947	29947	2100
集体企业	Collective－owned			
股份合作企业	Cooperative			
联营企业	Joint owned			
国有联营企业	State joint			
集体联营企业	Collective joint			
国有与集体联营企业	State and collective joint			
其他联营企业	Other joint			
有限责任公司	Limited liability company	4244464	4125305	3685058
国有独资公司	State owned solely	382447	263288	75288
其他有限责任公司	Others	3862017	3862017	3609770
股份有限公司	Share holding	137172	137172	137172
私营企业	Private	1572711	1572711	1522911
私营独资企业	Private－funded	97550	97550	97550
私营合伙企业	Private parthnership			
私营有限责任公司	Private limited liability corporations	1388096	1388096	1338296
私营股份有限公司	Private share－holding corporations ltd.	87065	87065	87065
其他企业	Other	39972	39972	39972
港澳台商投资企业	Funded from Hongkong, Macao and Taiwan	419187	419187	419187
与港澳台商合资经营企业	Joint venture	325394	325394	325394
与港澳台商合资合作经营企业	Cooperative			
港澳台商独资经营企业	Sole tunds	93793	93793	93793
港澳台商投资股份有限公司	Share holding			
外商投资企业	Foreign investment	53082	53082	53082
中外合资经营企业	Joint venture	27744	27744	27744

BASIC CONDITIONS ON INVESTMENT OF REAL ESTATE DEVELOPMENT COMPLETED IN 2012

unit:10000yuan

指标名称	Item	总计 Total	其中:地方 Local	其中:地市县属 Prefecture
中外合作经营企业	Cooperative			
外资企业	Sole investment	25338	25338	25338
外商投资股份有限公司	Share holding			
按构成分:建筑工程	Construction Projects	4137427	4026995	3753820
安装工程	Installation Projects	205159	197159	193606
设备工器具购置	Purchase of Equipment tools and instruments	38057	37742	37742
其他费用	Other cost	2115892	2115480	1874314
其中:旧建筑物购置费	Purchase of old	49890	49890	49890
土地购置费	Durchase of land	1740497	1740497	1520048
住宅	House in vestment	4932189	4825734	4413669
其中:90 平方米以下	House below 90sq. m	2184022	2109337	1785540
其中:144 平方米以上	House above 144 sq. m	1077699	1064106	1035525
别墅、高档公寓	Villa and high – grade flat	579188	579188	579188
办公楼	Office buildings	237233	237230	213903
商业营业用房	Buniness houses	747237	737291	678997
其他	Others	579876	577121	552913
本年新增固定资产	Newly increased fixed assets	2883881	2883881	2857111
一、本年资金来源合计	Total funds sources	9482587	9359866	8796568
1.上年末结余资金	Balance of last year	1989776	1980005	1816109
2.本年资金来源小计	Subtotal fund sources	7492811	7379861	6980459
(1)国内贷款	Domestic loans	749877	746877	562903
银行贷款	Bank loans	516903	516903	511903
非银行金融机构贷款	Non – financial institution loans	232974	229974	51000
(2)利用外资	Usage of foreign funds	18880	18880	18880
其中:外商直接投资	Direct foreign investment	18880	18880	18880
(3)自筹资金	Fund raising	3501317	3414833	3272885
其中:自有资金	Own funds	1963623	1877139	1772595
股东投入资金	Shareholder investment	321439	321439	320439
借入资金	borrowed money	772781	772781	750112
(4)其他资金来源	Other sources	3222737	3199271	3125791
其中:定金及预收款	Subscription and advanced payment	2176057	2162839	2098587
其中:个人按揭贷款	Personal mortgage loans	635099	624851	615623
二、本年各项应付款合计	Total payment	908139	869109	814783
其中:工程款	Project	361015	351132	325523

4－4　2012年长春市房地产面积综合表

单位:万元、平方米

指标名称	Item	合计 Total	住宅 House
房屋施工面积	Floor space under construction	51237176	37988224
其中:新开工面积	Started area	15391026	10507507
房屋竣工面积	Floor space completed	9138672	7362906
其中:不可销售面积	Floor space of not sold	899376	506546
出租房屋面积	Areas for renting	304825	301
商品房销售面积	Sale areas of commercial houses	9079951	7751945
其中:现房销售面积	Areas of current houses	2116961	1724596
其中:期房销售面积	Areas of future houses	6962990	6027349
商品房销售额	Sale of commercial house	5030451	4087872
其中:现房销售额	Sale of current houses	891573	666225
其中:期房销售额	Sale of fucure houses	4138878	3421647
待售面积	For sale area	3203133	2159262
其中:待售1－3年面积	Include: For sale one－three year area	809008	463673
其中:待售3年以上面积	Include: For sale above three years area	975677	627594

COMPREHENSIVE CONDITIONS ON CHANGCHUN REAL ESTATE IN 2012

unit:10000yuan,sq·m

90 平米及以下 House below 90m^2	144 平米以上 House over 144m^2	别墅、高档公寓 Villa and topgrade flat	办公楼 Officebuilding	商业营业用房 Commericalhouse	其他房屋 Others
16207846	5592092	3143486	1833339	6858789	4556824
4570342	1574694	719992	739877	2301994	1841648
4240108	713385	800345	129134	1219310	427322
489112	5916			326558	66272
			33718	270806	
3718158	1245330	731075	129046	991392	207568
956027	257802	141232	7961	323159	61245
2762131	987528	589843	121085	668233	146323
1711813	913465	632851	111873	726119	104587
362479	107524	66874	3591	198793	22964
1349334	805941	565977	108282	527326	81623
823271	281225	148445	103872	657228	282771
189138	107974	80201	26579	250131	68625
220619	140802	58119	53352	193157	101574

统计资料

STATISTICS

◎ 能源消费与库存

GONSUMPTION AND STORAGE OF ENERGY

5－1 工业企业能源购进、消费及库存情况(2012)

能源名称	Item	计量单位 Unit		企业单位数(个) Enterprises	年初库存量 Inventory	购进量 Purchase 实物量 Physical quality	金额(千元) Sum
原煤	Coal	吨	ton	515	3271845.5	28598220.2	11439695.8
其中:1.无烟煤	Anthracite	吨	ton	25	14417.9	74288.4	49142.8
2.炼焦烟煤	Bituminous coal for coking	吨	ton	6		459.0	233.7
3.一般烟煤	Normal bituminous coal	吨	ton	483	1493685.9	17605050.0	7565272.9
4.褐煤	Brown coal	吨	ton	12	1763741.7	10918422.7	3825046.4
洗精煤	Fine coal washing	吨	ton	3		747479.0	1052073.6
其他洗煤	Other coal washing	吨	ton	1		270.0	140.0
煤制品	Coal products	吨	ton	15	227.5	7930.0	5032.9
焦炭	Coke	吨 ton		6	90.0	32441.5	92427.4
其他焦化产品	Other coke products	吨	ton				
焦炉煤气	Coal gas	万立方米	10000 cu·m	2		224.9	2444.8
高炉煤气	Blast furnace gas	万立方米	10000 cu·m				
转炉煤气	Revolving gas	万立方米	10000 cu·m				
发生炉煤气	Producer gas	万立方米	10000 cu·m				
天然气	Natural gas	万立方米	10000 cu·m	62		21902.5	504487.5
液化天然气	Liquefied natural gas	吨	ton	6		60.5	259.7
煤层气	Coal seam gas	吨	ton				
原油	Crude oil	吨	ton	6	1412.0	593889.0	3011710.0
汽油	Gasoline	吨	ton	612	359.9	60231.2	355317.8
煤油	Kerosene	吨	ton	12	20.3	618.0	4584.8
柴油	Diesel oil	吨	ton	352	3165.9	82048.7	493554.0
燃 料 油	Fuel oil	吨	ton	4	1002.7	661.0	5133.3
液化石油气	Liquefied petroleum gas	吨	ton	3		38.8	285.2
炼厂干气	Coking gas	吨	ton				
石脑油	Naphtha	吨	ton				
润滑油	Lubricating oil	吨	ton	1		5.0	48.0
石蜡	Paraffin wax	吨	ton				
溶剂油	Solvent oil	吨	ton	1	33.0		
石油焦	Petroleum coke	吨	ton				
石油沥青	Petroleum asphalt	吨	ton				
其他石油制品	Other oil products	吨	ton				
热力	Heat	百万千焦	million kilo－joule	72		13313798.1	523656.9
电力	Electricity	万千瓦时	10000kwh	1011		1460014.8	7724872.2
煤矸石用于燃料	Coal gangue for fuel	吨	ton				
城市垃圾用于燃料	Urban domestic waste for fuel	吨	ton	1		323436.0	
生物质废料用于燃料	Biomass waste for fuel	吨	ton				
余热余压	Waste heat and waste pressure	百万千焦	million kilo－joule				
其它工业废料用于燃料	Other industrial waste for fuel	吨	ton				
其它燃料	Other fuel	吨标准煤	ton of SCE	23	15832.8	67130.0	64086.6
能源合计	Total of energy	吨标准煤	ton of SCE	1015			

ENERGY PURCHASE CONSUMPTION AND INVENORY OF INDUSTRIAL ENTERPRISES IN 2012

消费量 Consumption					年末库存量 Inventory at the year - end
合计 Total	1. 工业生产消费 Fer production	用于原材料 For raw materials	2. 非工业生产消费 Non - industrial production	合计中:运输工具消费 Conveyance consumption	
28954197.7	28826610.2	100050.9	127587.5	381.4	3068060.6
83189.7	77389.0	1067.0	5800.7	4974.6	
459.0	232.5		226.5		
17769779.1	17685833.8	98983.9	83945.2	381.4	1481691.5
11100769.9	11063154.9		37615.0		1581394.6
747479.0	747479.0				
270.0	210.0		60.0	60.0	
8063.0	4054.0		4009.0		107.0
32493.5	32493.5			30.0	
12034.9	12034.9				
26188.5	23986.5		2202.0		
114.8	75.3		39.5		
600333.0	600325.0		8.0		668.0
61619.6	33314.6	110.0	28305.0	23423.0	460.5
492.7	492.7				137.6
85576.6	37633.1	2834.5	47943.5	48593.9	2513.2
785.0	785.0	878.7			
38.8	2.6	36.1			
5.0	5.0	5.0			
28.0	28.0				5.0
21319067.8	13912683.7		7406384.1		
1809552.4	1756426.2		53126.2	558.5	
323436.0	323436.0				
72265.1	70351.3		1913.8		25332.5
20612607.5	20069954.3		542653.3		

5－2　工业企业能源购进、消费及库存情况(能源合计)

能源名称	Name of Energy	计量单位	unit	年初库存量 Inventory	工业生产消费量 Consumption industrial producing	加工转换投入合计 Total input in processing and transformation
原煤	Coal	吨	ton	515.0	27055478.0	23095301.5
其中:1.无烟煤	Anthracite	吨	ton	25.0		
2.炼焦烟煤	Bituminous coal for coking	吨	ton	6.0		
3.一般烟煤	Normal bituminous coal	吨	ton	483.0	16158335.8	14034286.8
4.褐煤	Brown coal	吨	ton	12.0	10897142.2	9061014.7
洗精煤	Fine coal washing	吨	ton	3.0	746945.0	746945.0
其他洗煤	Other coal washing	吨	ton	1.0		
煤制品	Coal products	吨	ton	15.0		
焦炭	Coke	吨	ton	6.0	31262.8	
其他焦化产品	Other coke products	吨	ton			
焦炉煤气	Coal gas	万立方米	10000cu·m	2.0	12034.9	
高炉煤气	Blast furnace gas	万立方米	10000cu·m			
转炉煤气	Revolving gas	万立方米	10000cu·m			
发生炉煤气	Producer gas	万立方米	10000cu·m			
天然气(气态)	Natural gas	万立方米	10000cu·m	62.0	11446.5	838.2
液化天然气(液态)	Liquefied natural gas	吨	ton	6.0		
煤层气(煤田)	Coal seam gas	吨	ton			
原油	Crude oil	吨	ton	6.0	594580.0	594580.0
汽油	Gasoline	吨	ton	612.0	872.8	135.3
煤油	Kerosene	吨	ton	12.0	81.5	
柴油	Diesel oil	吨	ton	352.0	13439.9	2057.1
燃料油	Fuel oil	吨	ton	4.0	785.0	785.0
液化石油气	Liquefied petroleum gas	吨	ton	3.0		
炼厂干气	Coking gas	吨	ton			
石脑油	Naphtha	吨	ton			
润滑油	Lubricating oil	吨	ton	1.0		
石蜡	Paraffin wax	吨	ton			
溶剂油	Solvent oil	吨	ton	1.0		
石油焦	Petroleum coke	吨	ton			
石油沥青	Petroleum asphalt	吨	ton			
其他石油制品	Other oil products	吨	ton			
热力	Heat	百万千焦	million kilo－joule	72.0	8082404.8	
电力	Electricity	万千瓦时	10000kwh	1011.0	703791.6	
煤矸石用于燃料	Coal gangue for fuel	吨	ton			
城市垃圾用于燃料	Urban domestic waste for fuel	吨	ton	1.0	323436.0	323436.0
生物质废料用于燃料	Biomass waste for fuel	吨	ton			
余热余压	Waste heat and waste pressure	百万千焦	million kilo－joule			
其它工业废料用于燃料	Other industrial waste for fuel	吨	ton			
其它燃料	Other fuel	吨标准煤	ton of SCE	23.0	64896.6	64896.6
能源合计	Total of energy	吨标准煤	ton of SCE	1015.0	17078304.9	13455467.2

ENERGY PURCHASE CONSUMPTION AND INVENORY OF INDUSTRIAL ENTERPRISES (TOTAL OF ENERGY)

火力发电 Thermal power	供热 Heating	原煤入选 Physical Coal	炼焦 Coking	炼油 Petroleum Refining	制气 Gas Production	天然气液化 Natural Liquefied Gas	加工型煤 Processing Coal	能源加工转换产出 Output in Processing and transformation of energy	回收利用 Recycling
16581851.7	6485017.8		28432.0						
10120530.0	3885324.8		28432.0						
6461321.7	2599693.0								
			746945.0						
								521927.0	
								23290.0	
289.5	548.8								
				594580.0					
	135.3							232537.0	
1710.5	346.6							207846.0	
641.0	144.0								
								71143.0	
								335.0	
								73302511.7	
								2649330.9	
323436.0									
64896.6									
8243094.7	3670396.0		692559.5	849417.0				7173184.0	

统计资料

STATISTICS

◎ 财 政

GOVERNMENT FINANCE

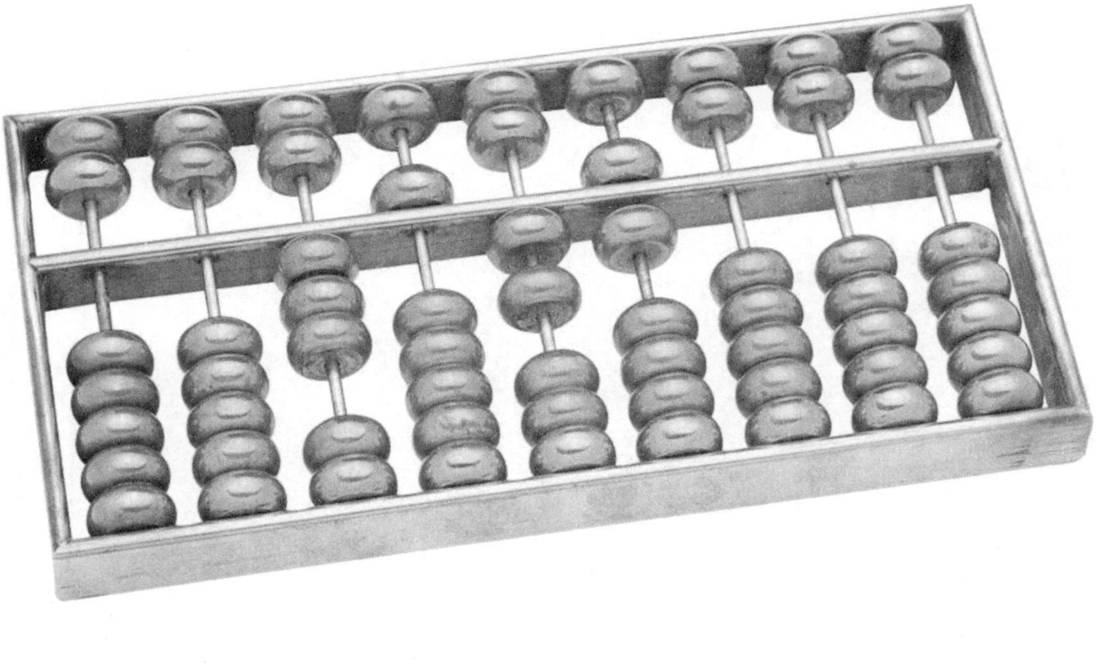

第六篇　财　　政

2012年，在市委、市政府的科学决策、正确领导下，财税部门通力协作，在经济放缓、结构性减税双重压力下，财政收入仍然实现了平稳增长，确保了民生等重点支出，支持了全市重点项目建设，推进了社会各项事业发展，较好地发挥了公共财政职能作用。

一、财政收入实现平稳增长，超额完成全年预算任务

2012年，全市一般预算全口径财政收入完成927.7亿元，增长15.5%，完成年度预算的100.8%，超额完成预算任务，在去年起点较高的基础上实现了平稳增长。其中，市本级全口径财政收入完成381.8亿元，增长13.7%；各城区及开发区全口径财政收入完成469.8亿元，增长15.8%；四县（市）全口径财政收入完成76.2亿元，增长23.3%。

2012年，全市地方级财政留用收入完成340.8亿元，增长18.1%，为预算的115%。在地方级财政留用收入中，增值税完成31.0亿元，增长18.5%；营业税完成50.9亿元，增长13.2%；企业所得税完成44.0亿元，增长26.2%；城市维护建设税完成34.0亿元，增长29.6%；土地增值税完成20.4亿元，增长57.5%；耕地占用税完成21.7亿元，增长7.2%；契税完成34.1亿元，增长28.7%。

二、民生及重点项目支出得到优先保障，支出结构进一步优化

2012年，全市一般预算财政支出完成555.5亿元，比上年增加36.8亿元，增长7.1%。自年初以来，按照市委、市政府的部署和要求，市财政本着有保、有压的原则，进一步调整和优化支出结构，在确保工资、社保资金及时、足额发放的同时，进一步加大了民生支出力度，民生支出实现了较快增长。2012年，教育支出完成102.8亿元，比上年增加30.7亿元，增长42.5%；医疗卫生支出完成40.1亿元，比上年增加6.0亿元，增长17.5%；节能环保支出完成25.7亿元，比上年增加2.2亿元，增长9.2%。

6－1　2012 年全市一般预算全口径财政收入
GOVERNMENT REVENUE BY REGION IN 2012

单位:万元　　　　unit:10000 yuan

		绝对值 Absolute number	同比增减(%) Increasing rate year on year
全市收入总计	Total	9277158	15.5
1. 市本级	City level	3817708	13.7
2. 区合计	Total	4697699	15.8
南关区	Nanguan	400237	29.0
宽城区	Kuancheng	313177	25.0
朝阳区	Chaoyang	586073	20.1
二道区	Erdao	320537	32.3
绿园区	Lvyuan	361117	20.2
双阳区	Shuangyang	130193	27.9
经济开发区	Economic and technical developing area	700220	8.3
高新开发区	High－technical developing area	911808	-7.5
净月开发区	Jingyue developing area	221281	23.0
西新开发区	xixin developing area	732600	34.3
莲花山度假区	Lianhua Mountain resort	20456	225.0
3. 县(市)合计	Total city and county	761751	23.3
榆树市	Yushu	128541	27.9
农安县	Nong'an	222590	10.7
德惠市	Dehui	177454	32.4
九台市	Jiutai	233166	27.9

6－2　2012 年全市地方级财政收入及一般预算财政支出

单位:万元

		绝对值 Absolute number	同比增减(%) Increasing rate year on year
一、税收收入	Revenue Income	2767458	22.0
增值税	Value added tax	310473	18.5
营业税	Business tax	509482	13.2
企业所得税	Enterprises income tax	440169	26.2
企业所得税退税	Income tax rebate		
个人所得税	Individual income tax	97891	2.7
资源税	Resourcex Tax	5715	15.4
固定资产投资方向调节税	Fixed assets investment adjustment tax		
城市维护建设税	Tax on the city maintenance and construction	340203	29.6
房产税	Tax on real estate	98673	22.6
印花税	Stamp tax	58258	24.5
城镇土地使用税	Tax on use of urban land	108761	16.5
土地增值税	Land value – added tax	204293	57.5
车船税	Tax on the use of vehicles and ships	34299	31.8
耕地占用税	Tax on the use of cultivated land	217404	7.2
契税	Contract tax	340779	28.7
烟叶税	Tabacoo leaf tax	1058	35.8
其他税收收入	Other Income		
二、非税收入	Non – revenue Income	640563	3.7
专项收入	Special income	175066	43.1
行政性收费收入	Income from Administrative Fees	219777	32.2
罚没收入	Penalty and confiscafe income	90417	24.6
国有资本经营收入	State – owned assets income	52880	–68.0
国有资源(资产)有偿使用收入	State resources inlome	90290	33.0
其他收入	Others	12133	–47.8
本年收入合计	Total	3408021	18.1

THE CITY'S LOCAL FINANCIAL REVENUE AND GENERAL BUDGETARY FINANCIAL EXPENDITURE IN 2012

unit:10000yuan

		绝对值 Absolute number	同比增减(%) Increasing rate year on year
一、一般公共服务	General publil services	664396	10.1
二、外交	Dip lomaly		
三、国防	Defense	17534	46.5
四、公共安全	Social Security	289205	4.7
五、教育	Education	1028074	42.5
六、科学技术	Science and technolgy	43835	-0.6
七、文化体育与传媒	Education and the media	72299	14.4
八、社会保障和就业	Social security and employment	616646	-10.7
九、医疗卫生	Medical and health	400726	17.5
十、节能环保	Energy conservation and environmental protection	256592	9.2
十一、城乡社区事务	Urban and rural community services	738747	-3.7
十二、农林水事务	Agriculture,forestry,water affairs	355569	4.1
十三、交通运输	Transport	142499	-29.2
十四、资源勘探电力信息等事务	Affairs of Mining,Power and Information	139037	-29.6
十五、商业服务等事务	Management of Grain & Oil Reserves	59474	1.8
十六、金融监管等事务支出	Financial Supervision	1733	-9.2
十七、地震灾后恢复重建支出	Rebuild after earthquake		
十八、国土资源气象等事务支出	Land and Resources and Meteorology	47034	-32.2
十九、住房保障支出	Housing Security	177452	-24.4
二十、粮油物资储备事务	Supplies of grain and oil reserves	13079	-25.5
二十一、债务付息支出	Debit Interest	465959	63.2
二十二、其他支出	Others	25227	-1.5
本年支出合计	Total	5555117	7.1

统计资料

STATISTICS

◎ 物 价

PRICE

长春统计年鉴

CHANGCHUN STATISTICAL YEARBOOK

第七篇 物 价

据国家统计局长春调查队调查数据显示:2012 年,长春市居民消费价格(CPI)同比上涨 2.3%,涨幅较上年同期回落 3.2 个百分点。各月消费价格先由高到低,后期有所反弹,总体形成“U”字型走势。

全年涨幅低于全国平均水平。虽然居民消费价格总水平累计涨幅低于全国,但价格上涨种类有所增多。其中,服务类价格总水平累计上涨 1.3%;消费品价格累计上涨 2.7%;扣除食品、烟酒和能源后的价格累计上涨 0.8%;居民生活费用价格累计上涨 4.0%;非食品类价格累计上涨 0.9%。

从居民消费价格八大类涨跌构成看,全年呈“七升一降”格局,比 2011 年“六升二降”格局,上涨面有所拓展。涨幅主要集中在食品类、烟酒类、衣着类、家庭用品及维修服务、医疗保健和个人用品类、娱乐教育文化用品及服务类、居住类,上涨幅度分别为 5.4%、1.4%、1.1%、1.2%、1.0%、1.6% 和 0.9%;交通和通信类价格下降 0.4%。

7-1 2011-2012年长春市居民消费价格分类指数
CONSUMER PRICE INDICES BY CATEGORY (2011-2012)

		2011	2012
居民消费价格总指数	General consumer price index	105.5	102.3
一、食品	Food	111.7	105.4
粮食	Grain	112.1	106.0
淀粉及制品	Starch and related products	170.3	94.1
干豆类及豆制品	Soybean products	107.6	100.8
油脂类	Oil and fat	116.2	108.4
肉禽及其制品	Meat and poultry	122.4	106.1
蛋类	Eggs	122.4	94.4
水产品类	Aquatic products	114.1	107.9
菜类	Vegetables	94.5	110.2
调味品	Seasoning	104.6	103.3
糖类	Sugar	108.4	100.6
茶及饮料	Tea and drink	103.0	98.7
干鲜瓜果	Dried and fresh fruits	115.8	109.9
糕点饼干面包	Cakes、cookes and bread	109.3	101.7
液体乳及乳制品	Milk and milk products	102.1	103.0
在外用膳食品	Catering food	106.6	103.5
其他食品	Processing services	100.0	98.4
二、烟酒及用品	Tobacco,alcohol and articles	102.8	101.4
烟草	Tobacco	99.6	99.3
酒	Alcohol	107.7	104.3
三、衣着	Clothing	103.7	101.1
服装	Garments	105.4	101.9
衣着材料	Textiles	109.9	104.3
鞋袜帽	Shoes socks and hats	99.8	99.0
衣着加工服务费	Processing services	107.1	113.8
四、家庭设备用品及维修服务	Household facilites	101.6	101.2
耐用消费品	Durable consumer goods	97.8	99.6
室内装饰品	Interior decorations	107.1	100.1
床上用品	Bed daily articles	107.3	104.8
家庭日用杂品	Daily articles	102.9	100.9
家庭服务及加工维修服务	Maintain services	109.9	113.0
五、医疗保健和个人用品	Medical care and personal articles	102.2	101.0
医疗保健类	Medicine care	102.1	100.5
个人用品及服务	Personal articles and services	102.4	102.3
六、交通和通信	Transportation and telecommunication	97.9	99.6
交通	Transportation	100.0	101.3
通信	Telecommunication	95.7	97.6
七、娱乐教育文化用品及服务	Recreation education and culture	99.3	101.6
文娱用耐用消费品及服务	Recreation durable goods	98.3	97.8
教育	Education	98.6	102.2
文化娱乐类	Cultural goods	101.4	101.3
旅游	Tourism	102.6	104.8
八、居住	Residence	109.3	100.9
建房及装修材料	Housing	105.3	103.1
租房	Renting house	124.7	107.6
自有住房	Self-house	113.7	99.5
水、电、燃料	Water electricity and fuel	100.7	101.6

7-2 2011-2012年长春市商品零售价格分类指数

RETAIL PRICE INDICES BY CATEGORY (2011-2012)

(以上年同期为100)

(preceding year = 100)

		2011	2012
商品零售价格总指数	Retail price indices	104.8	101.8
一、食品	Food	112.1	104.9
1.粮食	Grain	112.1	106.0
2.淀粉及制品	Starch and related products	170.3	94.1
3.干豆类及豆制品	Soybean products	107.6	100.8
4.油脂	Oil and fat	116.2	108.4
5.肉禽及其制品	Meat poultry	122.4	106.1
6.蛋	Eggs	122.4	94.4
7.水产品	Aquatic products	114.1	107.9
8.菜	Vegetables	94.5	110.2
9.调味品	Seasoning	104.6	103.3
10.糖	Sugar	108.4	100.6
11.干鲜瓜果	Dried and fresh fruits	115.8	109.9
12.糕点饼干面包	Cakes cookies and bread	109.3	101.7
13.液体乳及乳制品	Milk and milk products	102.1	103.0
14.在外用膳食品	Catering food	106.6	103.5
15.其他食品	Other food	100.0	98.4
二、饮料、烟酒	Beverage, tobacco and alcohol	103.1	101.2
三、服装、鞋帽	Clothing, shoes and hats	103.6	101.0
四、纺织品	Textiles	109.1	104.3
五、家用电器及音像器材	Households facilities	97.1	98.4
六、文化办公用品	Official articles	96.8	99.4
七、日用品	Daily articles	101.2	99.9
八、体育娱乐用品	Sports and recreation articles	100.5	99.5
九、交通、通信用品	Transport and telecommunication	91.2	97.2
十、家具	Furniture	99.8	100.7
十一、化妆品	Cosmetics	100.9	100.5
十二、金银珠宝	Jeweliery	115.9	102.0
十三、中西药品及医疗保健用品	Traditional chinese and medical care	102.2	100.3
十四、书报杂志及电子出版物	Newspapers, magazines and electronic publishing	99.3	100.4
十五、燃料	Fuels	112.2	103.4
十六、建筑材料及五金电料	Construction materials and hardware	106.6	102.8

7-3 2012年长春市零售价格类指数
RETAIL PRICE INDICES BY CATEGORY(2012)

类别及名称 Item	指数 Index	类别及名称 Item	指数 Index
商品零售价格总指数 General index	101.8	3. 音像器材 Audiovisual products	99.7
一、食品类 Food	104.9	六、文化办公用品 Official articles	99.4
1. 粮食 Grain	106.0	七、日用品 Daily articles	99.9
2. 淀粉及制品 Starch and related products	94.1	1. 日用百货 Daily articles	101.2
3. 干豆类及豆制品 Soybean products	100.8	2. 日用杂品 Small articles	100.3
4. 油脂 Oil and fat	108.4	3. 洗涤用品 Washing appliance	98.7
5. 肉禽及其制品 Meat poultry	106.1	4. 其它日用品 Others	99.5
6. 蛋 Eggs	94.4	八、体育娱乐用品 Sports goods and cultural appliance	99.5
7. 水产品 Aquatic products	107.9	1. 体育用品 Sports goods	97.8
8. 菜 Vegetables	110.2	2. 娱乐用品 Cultural appliance	100.4
9. 调味品 Seasoning	103.3	九、交通、通信用品 Transport and telecommunication	97.2
10. 糖 Sugar	100.6	1. 交通运输机械 Transports	97.7
11. 干鲜瓜果 Dried and fresh fruits	109.9	2. 通信器材 Telecommunication	90.1
12. 糕点饼干面包 Cakes cookies and bread	101.7	十、家具 Furniture	100.7
13. 液体乳及乳制品 Milk products	103.0	十一、化妆品 Cosmetics	100.5
14. 在外用膳食品 Catering food	103.5	十二、金银珠宝 Jewellery	102.0
15. 其他食品 Other food	98.4	十三、中西药品及医疗保健用品 Medicines and equipment	100.3
二、饮料、烟酒 Beverage,tobacco and liquor	101.2	1. 医疗器具及用品 Equipment	96.9
1. 茶及饮料 Tea and drink	98.7	2. 中药材及中成药 Chinese medicines	103.1
2. 烟草 Tobacco	99.3	3. 西药 Western medicines	99.1
3. 酒 Alcohol	104.3	4. 保健品及器具 Appliance	101.8
三、服装、鞋帽类 Clothing, shoes and hats	101.0	十四、书报杂志及电子出版物 Newspapers books and eleetronil publishing	100.4
1. 服装 Clothing	101.9	1. 教材及参考书 Books	100.0
2. 鞋袜帽 Shoes socks and hats	98.9	2. 书报杂志 Newspapers	101.0
3. 其它 Others	96.4	3. 电子音像制品 Electronic audiovisual products	100.2
四、纺织品类 Textiles	104.3	十五、燃料 Fuel	103.4
1. 衣着材料 Clothing	104.3	1. 煤炭及制品 Coal and products	105.9
2. 床上用品 Beds	104.3	2. 石油及制品 Oil and products	102.9
五、家用电器及音像器材 Households facilities	98.4	十六、建筑材料及五金电料 Construction materials and hardware	102.8
1. 家庭设备 Households facilities	99.1	1. 建筑装璜材料 Construction materials	103.3
2. 文娱用耐用消费品 Recreational durable goods	97.3	2. 五金电料 Hardware	100.0

统计资料

STATISTICS

◎ 人民生活

PEOPLE' S LIVELIHOOD

第八篇　人民生活

2012 年长春市农村居民生活综述

据对 500 户农村住户抽样调查结果显示:2012 年,我市农民收入增加,生活质量进一步得到改善。2012 年,我市农民人均收入为 9064.01 元,比上年增长 13.8%。

2012 年农民生活消费有如下特点:

1、食品消费水平提高。2012 年,我市平均每一农民消费肉禽及其制品 19.3 公斤,比上年增长 16.5%;豆制品 5.9 公斤,同比增长 1.2%;水果类 25.3 公斤,同比增长 18.1%。

2、文化生活不断丰富。2012 年,我市农民人均文化体育、娱乐消费支出为 530.8 元,比上年增长 20.4%,其中:休闲娱乐费 12.4 元,比上年增长 13.97%。

3、家庭生活装备不断增强。截至 2012 年末,我市每百户农民家庭拥有电冰箱 90 台,比上年增长 20%;移动电话 230 部,比上年增长 14.4%;家用计算机 20 台,比上年增长 81.8%;洗衣机 100 台,比上年增长 11.1%。

4、居住质量不断改善。2012 年末,我市农村居民人均居住楼房面积达 0.6 平方米,比上年增加 3.6 倍。

8－1　主要年份农民家庭生活基本情况
BASIC CONDITIONS OF RURAL HOUSEHOLDS

		2010	2011	2012
调查户数(户)	Households surveyed(household)	630	550	500
平均每户人口(人)	Residents per household(person)	3.5	3.5	3.6
平均每户劳动力(人)	Laborers per household(person)	2.6	2.6	2.7
平均每一劳动力赡养人口(人)	Persons supported by a laborer(person)	1.4	1.3	1.3
平均每人年总收入(元)	Per capita annual income(yuan)	9357.2	12717.5	15015.0
平均每人年纯收入(元)	Per capita annual net income(yuan)	6664.9	7965.1	9064.0
按年纯收入分组的户数构成(%)	Proportion of households by annual net in come (%)			
平均每一劳动力年纯收入(元)	Net income for a laborer(yuan)	8973.0	10581.7	12230.2
平均每人年总支出(元)	Per capita annual expenditures (yuan)	7398.7	10789.6	13622.7
一、人均年生活消费支出(元)	Per capita living expenditures(yuan)	3862.7	4596.8	5855.3
1.食品	Food	1517.2	1757.5	2253.6
#食品消费品支出	Food consumption	1346.0	1528.0	1948.4
食品消费服务性指出	Food consumption services	171.2	229.5	305.2
2.衣着	Garments	262.0	364.0	467.7
3.生活用品及其他	Daily consumer goods	139.4	339.5	443.0
4.住房	House	749.8	664.9	774.5
5.文化、生活服务支出	Expenditures for culture living services	370.8	441.0	530.8
二、人均年家庭经营费用支出(元)	The annual per capita family business expenses (Yuan)	2413.9	4294.9	5362.1
#牧业生产费用	Cost for animal husbandry	683.8	1761.2	1744.3
农业生产费用	Cost for farming	1671.9	2248.8	3507.4
三、人均年购置生产性固定生产(元)	Per capita purchase fixed assets(yuan)	290.2	563.8	707.2
四、人均年其他非借贷性支出(元)	Per capita other expenditures(yuan)	236.6	482.5	440.4
平均每户年内新建房屋面积(平方米)	Floor space of new building per household(sq·m)	0.5	1.0	2.0
平均每户年末居住房屋面积(平方米)	Floor space of living per household at year－end(sq·m)	85.1	94.4	93.4
平均每人年末居住房屋面积(平方米)	Areas of living per capita(sq·m)	24.6	26.9	25.8

8－2 城市住户基本情况
BASIC STATISTICS ON URBAN HOUSEHOLDS

		单 位 Unit		合 计 Total
一、家庭居住人口	Household size	人/户	person/household	2.82
1.有收入者人数	Number of income－owned	人/户	person/household	2.08
(1)就业人口数	Number of person employed	人/户	person/household	1.28
①国有经济单位职工人数	Staff and worker in state－owned	人/户	person/household	0.54
②城镇集体经济单位职工人数	Staff and worker in collective－owned	人/户	person/household	0.04
③其他经济类型单位职工人数	Staff and worker in other owned	人/户	person/household	0.11
④城镇个体或私营企业主人数	Tndividual cities and touns on the number of ouners of prilate enterprises	人/户	person/household	0.10
⑤城镇个体或私营企业被雇人数	Tndivielual cities and towns or the number of private enterprises were employed	人/户	person/household	0.41
⑥离退休再就业人数	The number of re－employment of retired	人/户	person/household	0.03
⑦其他就业人数	Employment in the other	人/户	person/household	0.07
(2)离退休人数	Person retired	人/户	person/household	0.75
(3)其他有收入者人数	Other earning people	人/户	person/household	0.05
二、家庭总收入	Household income	元/人	yuan/person	24436.86
其中:可支配收入	Disposable income	元/人	yuan/person	22969.68
(一)工资性收入	Income	元/人	yuan/person	14971.97
1.工资及补贴收入	Wages and subsidies	元/人	yuan/person	14726.67
2.其他劳动收入	Business income	元/人	yuan/person	245.30
(二)经营净收入	Business income	元/人	yuan/person	1762.92
(三)财产性收入	Property income	元/人	yuan/person	289.22
(四)转移性收入	Transfer in come	元/人	yuan/person	7412.75
三、出售财物收入	Sell property	元/人	yuan/person	249.65
四、借贷收入	Debit and credit in come	元/人	yuan/person	6060.60
五、家庭总支出	Household expenditure	元/人	yuan/person	21951.77
(一)消费性支出	Consumption	元/人	yuan/person	17863.01
(二)财产性支出	Property expenditure	元/人	yuan/person	1.41
(三)转移性支出	Transfer expenditure	元/人	yuan/person	1966.55
(四)社会保障支出	Social security expenditure	元/人	yuan/person	1233.45
(五)购房与建房支出	Purchase and build house expenditure	元/人	yuan/person	887.34
六、借贷支出	Debit and credit expenditure	元/人	yuan/person	5873.93
消费支出	Consumption	元/人	yuan/person	17863.01
一、食品	Food	元/人	yuan/person	5295.28
(一)粮油类	Grain	元/人	yuan/person	783.8
1.粮食	Grain	元/人	yuan/person	486.14
(1)大米·单价	Rice	千克/人	kg/person	75.89
数量	Quantity	千克/人	kg/person	5.32
金额	Amount	元/人	yuan/person	38.10
(2)面粉·单价	Flour	千克/人	kg/person	202.66
数量	Quantity	千克/人	kg/person	4.99
金额	Amount	元/人	yuan/person	13.06
(3)其他粮食及制品	Other grain	元/人	yuan/person	65.13
2.淀粉及薯类	Starch and tubers	元/人	yuan/person	70.71
3.干豆类及豆制品	Soybeans products	元/人	yuan/person	78.45
4.油脂类	Oil and fats	元/人	yuan/person	148.50
(1)食用植物油·单价	Vegetable oil	元/千克	yuan/kg	13.88
数量	Quantity	千克/人	kg/person	10.66
金额	Amount	元/人	yuan/person	148.06

8-2续表1 continued1

		单 位 Unit		合 计 Total
(2)食用动物油	Animal oil	元/人	yuan/person	0.43
(二)肉禽蛋水产品类	Meat, poultry and aquatic	元/人	yuan/person	1248.55
1.肉类	Meat	元/人	yuan/person	788.76
(1)猪肉·单价	Pork	元/千克	yuan/kg	26.71
数量	Quantity	千克/人	kg/person	14.98
金额	Amount	元/人	yuan/person	400.12
(2)牛肉·单价	Beef	元/千克	yuan/kg	43.41
数量	Quantity	千克/人	kg/person	3.69
金额	Amount	元/人	yuan/person	160.36
(3)羊肉·单价	Mutton	元/千克	yuan/kg	42.94
数量	Quantity	千克/人	kg/person	1.47
金额	Amount	元/人	yuan/person	63.32
(4)其他肉及制品	Others	元/人	yuan/person	164.96
2.禽类	Poultry	元/人	yuan/person	133.73
(1)鸡·单价	Chicken	元/千克	yuan/kg	20.43
数量	Quantity	千克/人	kg/person	3.91
金额	Amount	元/人	yuan/person	79.80
(2)鸭·单价	Duck	元/千克	yuan/kg	18.20
数量	Quantity	千克/人	kg/person	0.33
金额	Amount	元/人	yuan/person	6.00
(3)其他禽类及制品	Others	元/人	yuan/person	47.94
3.蛋类	Eggs	元/人	yuan/person	97.94
(1)鲜蛋·单价	Fresh eggs	元/千克	yuan/kg	8.82
数量	Quantity	千克/人	kg/person	9.74
金额	Amount	元/人	yuan/person	85.99
(2)蛋制品	Eggs products	元/人	yuan/person	11.94
4.水产品类	Aquatic	元/人	yuan/person	228.12
(1)鱼·单价	Fish	元/千克	yuan/kg	18.20
数量	Quantity	千克/人	kg/person	6.49
金额	Amount	元/人	yuan/person	118.24
(2)虾·单价	Shrimp	元/千克	yuan/kg	47.26
数量	Quantity	千克/人	kg/person	0.83
金额	Amount	元/人	yuan/person	39.38
(3)其他水产品及制品	Others	元/人	yuan/person	70.50
(三)蔬菜类	Vegetable	元/人	yuan/person	527.06
1.鲜菜·单价	Fresh vegetable	元/千克	yuan/kg	4.17
数量	Quantity	千克/人	kg/person	114.83
金额	Amount	元/人	yuan/person	478.75
2.干菜	Driedvegetable	元/人	yuan/person	29.60
3.菜制品	Vegetable products	元/人	yuan/person	18.71
(四)调味品	Seasoning	元/人	yuan/person	87.68
(五)糖烟酒饮料类	Sugar tobacco and liquor	元/人	yuan/person	488.05
1.糖类	Suagar	元/人	yuan/person	44.59
2.烟草类	Tobacco	元/人	yuan/person	208.53
3.酒类	Alcohol	元/人	yuan/person	120.34
(1)白酒·单价	Distilled spirit	元/千克	yuan/kg	22.72

8－2 续表 2　　continued2

		单　位 Unit		合　计 Total
数量	Quantity	千克/人	kg/person	2.61
金额	Amount	元/人	yuan/person	59.23
(2)果酒·单价	Wine	元/千克	yuan/kg	41.56
数量	Quantity	千克/人	kg/person	0.25
金额	Amount	元/人	yuan/person	10.55
(3)啤酒·单价	Beer	元/千克	yuan/kg	6.22
数量	Quantity	千克/人	kg/person	7.96
金额	Amount	元/人	yuan/person	49.52
(4)其他酒	Others	元/人	yuan/person	1.04
4.饮料	Beverage	元/人	yuan/person	114.58
(1)碳酸饮料·单价	Soda pop	元/千克/人	yuan/kg/person	4.91
数量	Quantity	千克/人	kg/person	3.76
金额	Amount	元/人	yuan/person	18.45
(2)瓶装饮用水·单价	Water bottled	元/千克	yuan/kg	2.48
数量	Quantity	千克/人	kg/person	6.52
金额	Amount	元/人	yuan/person	16.2
(3)茶叶·单价	Tea	元/千克	yuan/kg	169.63
数量	Quantity	千克/人	kg/person	0.12
金额	Amount	元/人	yuan/person	20.89
(4)其他饮料	Others	元/人	yuan/person	59.05
(六)干鲜瓜果类	Dried and fresh fruits	元/人	yuan/person	636.22
1.鲜果·单价	Fresh fruits	元/千克	yuan/kg	8.54
数量	Quantity	千克/人	kg/person	48.97
金额	Amount	元/人	yuan/person	418.33
2.鲜瓜·单价	Melon	元/千克	yuan/kg	4.41
数量	Quantity	千克/人	kg/person	18.22
金额	Amount	元/人	yuan/person	80.33
3.其他干鲜瓜果类及制品	Other fresh fruits and products category	元/人	yuan/person	137.57
(七)糕点、奶及奶制品	Cake and milk products	元/人	yuan/person	306.55
1.糕点·单价	Cake	元/千克	yuan/kg	21.34
数量	Quantity	千克/人	kg/person	4.82
金额	Amount	元/人	yuan/person	102.98
2.奶及奶制品	Milk and its products	元/人	yuan/person	203.57
(1)鲜乳品·单价	Milk	元/千克	yuan/kg	8.37
数量	Quantity	千克/人	kg/person	11.1
金额	Amount	元/人	yuan/person	92.91
(2)奶粉·单价	Milk powder	元/千克	yuan/kg	130.89
数量	Quantity	千克/人	kg/person	0.38
金额	Amount	元/人	yuan/person	49.66
(3)酸奶·单价	Sour milk	元/千克	yuan/kg	11.34
数量	Quantity	千克/人	kg/person	2.65
金额	Amount	元/人	yuan/person	30.05
(4)其他奶制品	Other milk products	元/人	yuan/person	30.95
(八)其他食品	Others	元/人	yuan/person	58.67
(九)饮食服务	Catering services	元/人	yuan/person	1158.69
1.食品加工服务费	Food prossing	元/人	yuan/person	0.56

8－2 续表 3 continued3

		单 位 Unit		合 计 Total
2.在外饮食	Catering services	元/人	yuan/person	1158.13
二、衣着	Garment	元/人	yuan/person	2181.84
㈠服装·单价	Garment	元/件	yuan/piece	149.76
数量	Quantity	件/人	piece/person	10.30
金额	Amount	元/人	yuan/person	1542.00
㈡衣着材料	Cloth material	元/人	yuan/person	8.34
㈢鞋类·单价	Shoes	元/双	yuan/pair	170.00
数量	Quantity	双/人	pair/person	3.25
金额	Amount	元/人	yuan/person	552.86
㈣其他衣着用品	Other clothing	元/人	yuan/person	70.03
㈤衣着加工服务费	Prossing serivce	元/人	yuan/person	8.62
三、居住	Residehce	元/人	yuan/person	2061.75
㈠住房	House	元/人	yuan/person	468.70
1. 租赁房房租	Rent	元/人	yuan/person	203.89
2. 住房装潢支出	Decoration expenses	元/人	yuan/person	218.93
3. 维修用建筑材料	Building material	元/人	yuan/person	30.86
4. 其他住房支出	Others	元/人	yuan/person	15.03
㈡水电燃料及其他	waterfuel and others	元/人	yuan/person	1427.92
1. 水·单价	Water	元/吨	yuan/ton	3.17
数量	Quantity	吨/人	ton/person	41.08
金额	Amount	元/人	yuan/person	130.28
2. 电·单价	Electricty	元/度	yuan/degree	0.53
数量	Quantity	度/人	degree/person	668.63
金额	Amount	元/人	yuan/person	351.50
3. 燃料	Fuel	元/人	yuan/person	156.99
(1)煤炭·单价	Coal	元/千克	yuan/kg	
数量	Quantity	千克/人	kg/person	
金额	Amount	元/人	yuan/person	
(2)罐装液化石油气·单价	Liqufied gas	元/千克	yuan/kg	3.95
数量	Quantity	千克/人	kg/person	3.32
金额	Amount	元/人	yuan/person	13.12
(3)管道液化石油气·单价	Petroleum gas	元/立方米	yuan/cu. m	
数量	Quantity	立方米/人	cu. m/person	
金额	Amount	元/人	yuan/person	
(4)管道煤气·单价	Pipe gas	元/立方米	yuan/cu. m	1.51
数量	Quantity	立方米/人	cu. m/person	50.07
金额	Amount	元/人	yuan/person	75.40
(5)管道天然气·单价	Pipe gas	元/立方米	yuan/cu. m	2.00
数量	Quantity	立方米/人	cu. m/person	33.89
金额	Amount	元/人	yuan/person	67.64
(6)柴油·单价	Diesel oil	元/升	yuan/cu. m	7.50
数量	Quantity	升/人	cu. m/person	0.03
金额	Amount	元/人	yuan/person	0.21
(7)其他燃料	Other fuel	元/人	yuan/person	0.61
4. 取暖费	Heating costs	元/人	yuan/person	786.94
5. 其他相关支出	Other related expenses	元/人	yuan/person	2.22

8－2 续表 4 continued4

		单　位 Unit		合　计 Total
(三)居住服务费	Living service charge	元/人	yuan/person	165.12
1.物业管理费	Realty management	元/人	yuan/person	155.58
2.维修服务费	Maintain service	元/人	yuan/person	6.09
3.其他居住服务费	Others	元/人	yuan/person	3.45
四、家庭设备用品及服务	Household Facilities Articles and Services	元/人	yuan/person	1039.73
(一)耐用消费品	Durable consumer goods	元/人	yuan/person	312.84
1.家具	Furniture	元/人	yuan/person	109.60
2.家庭设备	Household facilities	元/人	yuan/person	203.24
(1)洗衣机·单价	Washing machine	元/台	yuan/unit	1108.79
数量	Quantity	台/百户	unit/100h	6.34
金额	Amount	元/人	yuan/person	24.94
(2)电冰箱·单价	Fridge	元/台	yuan/unit	2087.73
数量	Quantity	台/百户	unit/100h	3.67
金额	Amount	元/人	yuan/person	27.19
(3)微波炉·单价	Micro－wave oven	元/台	yuan/unit	964.67
数量	Quantity	台/百户	unit/100h	1.00
金额	Amount	元/人	yuan/person	3.43
(4)空调器·单价	Air conditioner	元/台	yuan/unit	2553.00
数量	Quantity	台/百户	unit/100h	1.00
金额	Amount	元/人	yuan/person	9.07
(5)淋浴热水器·单价	Shower	元/台	yuan/unit	1418.43
数量	Quantity	台/百户	unit/100h	4.67
金额	Amount	元/人	yuan/person	23.51
(6)消毒碗柜·单价	Sterilized cupboard	元/台	yuan/unit	
数量	Quantity	台/百户	unit/100h	
金额	Amount	元/人	yuan/person	
(7)洗碗机·单价	Washing bowl machine	元/台	yuan/unit	
数量	Quantity	台/百户	unit/100h	
金额	Amount	元/人	yuan/person	
(8)其他家庭设备	OThers	元/人	yuan/person	115.11
(二)室内装饰品	Interior decoration	元/人	yuan/person	23.72
(三)床上用品	Bed articles	元/人	yuan/person	98.89
(四)家庭日用杂品	Daily use articles	元/人	yuan/person	485.94
(五)家具材料	Furniture materials	元/人	yuan/person	4.06
(六)家庭服务	Households services	元/人	yuan/person	114.28
1.家政服务	Domestic economy	元/人	yuan/person	94.00
2.加工维修服务费	Repair	元/人	yuan/person	20.28
五、医疗保健	Health care	元/人	yuan/person	2070.33
(一)医疗器具	Medical appliance	元/人	yuan/person	11.34
(二)保健器具	Health care appliance	元/人	yuan/person	31.31
(三)药品费	Medicine expense	元/人	yuan/person	1023.64
(四)滋补保健品	Nourishing medicine	元/人	yuan/person	159.69
(五)医疗费	Health care service	元/人	yuan/person	835.86
(六)其他医疗保健支出	Others	元/人	yuan/person	8.50
六、交通和通信	Transportation and telecommunication	元/人	yuan/person	2059.87
(一)交通	Transportation	元/人	yuan/person	1234.80

8-2续表5 continued5

		单位 Unit		合计 Total
1.家庭交通工具	Household use	元/人	yuan/person	189.49
(1)摩托车·单价	Motorcycle	元/辆	yuan/unit	
数量	Quantity	辆/百户	unit/100h	
金额	Amount	元/人	yuan/person	
(2)助力车·单价	Vehicle	元/辆	yuan/unit	1830.00
数量	Quantity	辆/百户	unit/100h	1.34
金额	Amount	元/人	yuan/person	8.67
(3)家用汽车·单价	Family car	元/辆	yuan/unit	134272.73
数量	Quantity	辆/百户	unit/100h	0.37
金额	Amount	元/人	yuan/person	174.85
(4)其他交通工具	Others	元/人	yuan/person	5.97
2.车辆用燃料及零配件	Fuel and parts	元/人	yuan/person	414.27
(1)燃料	Fuel	元/人	yuan/person	394.93
其中:汽油·单价	Gasoline	元/升	yuan/liter	7.46
数量	Quantity	升/人	liter/person	51.87
金额	Amount	元/人	yuan/person	387.00
其中:柴油·单价	Diesel oil	元/升	yuan/liter	7.08
数量	Quantity	升/人	liter/person	0.28
金额	Amount	元/人	yuan/person	2.01
(2)零配件	Parts	元/人	yuan/person	9.28
(3)其他	Others	元/人	yuan/person	10.07
3.交通工具服务支出	Traffic service	元/人	yuan/person	126.05
(1)维修费	Upkeep	元/人	yuan/person	34.79
(2)车辆使用税费	Tax and expenses	元/人	yuan/person	86.23
(3)其他车辆使用费用	Other vehicle expenses	元/人	yuan/person	5.02
4.交通费	Traffic	元/人	yuan/person	504.99
(1)飞机	Airoplane	元/人	yuan/person	146.42
(2)火车	Railway	元/人	yuan/person	71.38
(3)长途汽车	Long disstance highway	元/人	yuan/person	23.20
(4)市内公共交通	Bus	元/人	yuan/person	148.36
(5)出租汽车费	Taxi	元/人	yuan/person	109.80
(6)其他交通费	Others	元/人	yuan/person	5.82
(二)通信	Telecommunication	元/人	yuan/person	825.08
1.通信工具	Mean of telecommunication	元/人	yuan/person	175.72
(1)电话机·单价	Telephone	元/部	yuan/sub	167.95
数量	Quantity	部/百户	sub/100h	5.38
金额	Amount	元/人	yuan/person	3.20
(2)移动电话·单价	Mobile phone	元/部	yuan/sub	1395.31
数量	Quantity	部/百户	sub/100h	33.73
金额	Amount	元/人	yuan/person	166.83
(3)其他通信工具	Others	元/人	yuan/person	5.69
2.通信服务	Service	元/人	yuan/person	649.35
(1)电信费	Telecommunication	元/人	yuan/person	641.21
其中:上网费	Therein internet costs	元/人	yuan/person	131.07
(2)邮费	Postage	元/人	yuan/person	2.25
(3)其他通信服务费	Others	元/人	yuan/person	5.89

8－2 续表 6　　continued6

		单　位	Unit	合　计 Total
七、教育文化娱乐服务	Education, and recreation service	元/人	yuan/person	2387.98
(一)文化娱乐用品	Recreational articles	元/人	yuan/person	400.98
1.彩色电视机·单价	Colour TV set	元/台	yuan/unit	2815.58
数量	Quantity	台/百户	unit/100h	6.34
金额	Amount	元/人	yuan/person	63.33
2. 家用电脑	Computer	元/人	yuan/person	95.15
(1)购买整机	Computer	元/台	yuan/unit	2594.72
数量	Quantity	台/百户	unit/100h	8.35
金额	Amount	元/人	yuan/person	76.79
(2)计算机外部设备	Computer peripheral equipment	元/人	yuan/person	10.08
(3)各种零配件及耗材	Parts	元/人	yuan/person	8.27
3. 组合音响·单价	Hi－Fi stereo component system	元/台	yuan/unit	
数量	Quantity	台/百户	unit/100h	
金额	Amount	元/人	yuan/person	
4. 摄像机·单价	Pick up camera	元/架	yuan/unit	1880.00
数量	Quantity	架/百户	unit/100h	0.33
金额	Amount	元/人	yuan/person	2.23
5. 照相机·单价	Camera	元/架	yuan/unit	2501.71
数量	Quantity	架/百户	unit/100h	2.34
金额	Amount	元/人	yuan/person	20.73
6. 钢琴·单价	Piano	元/架	yuan/unit	18000.00
数量	Quantity	架/百户	unit/100h	0.33
金额	Amount	元/人	yuan/person	21.31
7. 其他中高档乐器·单价	Musical instrument	元/件	yuan/piece	359.00
数量	Quantity	件/百户	unit/100h	0.67
金额	Amount	元/人	yuan/person	0.85
8. 健身器材·单价	Fitness equipment	元/件	yuan/set	1106
数量	Quantity	件/百户	set/person	1.00
金额	Amount	元/人	yuan/person	3.93
9. 电子辞典·单价	Electronic dictionary	元/部	unit/person	498.00
数量	Quantity	部/百户	yuan/person	0.33
金额	Amount	元/人	yuan/person	0.59
10. 音像制品及软件	Audiovisual products and software	元/人	yuan/person	2.34
11. 体育用品	Sport apparatus	元/人	yuan/person	9.31
12. 书报杂志	Newspaper and magaizers	元/人	yuan/person	33.25
13. 纸张文具	Paper articales	元/人	yuan/person	20.90
14. 其他文娱用品	Others	元/人	yuan/person	127.07

8-2 续表7 continued7

		单 位	Unit	合 计 Total
(二)文化娱乐服务	Services	元/人	yuan/person	536.19
1.参观游览	Tourism	元/人	yuan/person	62.91
2.健身活动	Fitness	元/人	yuan/person	18.76
3.团体旅游	Group tourism	元/人	yuan/person	277.32
4.其他文娱活动	Others	元/人	yuan/person	168.52
5.文娱用品修理服务费	Repair services	元/人	yuan/person	8.68
(三)教育	Education	元/人	yuan/person	1450.82
1.教材	Teaching material	元/人	yuan/person	48.13
(1)课本及参考书	Textbook	元/人	yuan/person	41.63
(2)教育软件	Teaching software	元/人	yuan/person	3.20
(3)其他教材	Others	元/人	yuan/person	3.29
2.教育费用	Teaching expenses	元/人	yuan/person	1402.69
(1)非义务教育学杂费	Compulsory edacation	元/人	yuan/person	147.99
(2)义务教育学杂费	Compulsory edacation	元/人	yuan/person	40.44
(3)托幼费	Baby - sitting fees	元/人	yuan/person	292.41
(4)成人教育费	PTAs charges	元/人	yuan/person	130.65
(5)家教费	Family education	元/人	yuan/person	57.95
(6)培训班	Trairing	元/人	yuan/person	465.04
(7)学校住宿费	Bourding schools	元/人	yuan/person	14.50
(8)其他教育费用	Others	元/人	yuan/person	253.71
八、其他商品和服务	Daily consumer goods and services	元/人	yuan/person	766.23
(一)其他商品	Daily consumer goods	元/人	yuan/person	470.42
1.金银珠宝饰品	Jewelry	元/人	yuan/person	92.53
2.手表·单价	Watch	元/只	yuan/unit	1125.64
数量	Quantity	只/人	unit/person	0.05
金额	Amount	元/人	yuan/person	57.43
3.理发美容用具	Haircut and beauty products	元/人	yuan/person	3.15
4.化妆品	Cosmetics	元/人	yuan/person	174.71
5.其他杂品	Others	元/人	yuan/person	142.60
(二)服务	Services	元/人	yuan/person	295.80
1.旅馆住宿费	Hotel	元/人	yuan/person	65.70
2.理发洗澡费	Haircut and bathing	元/人	yuan/person	142.15
3.美容费	Beauty	元/人	yuan/person	58.27
4.其他服务	Others	元/人	yuan/person	29.69

8－3 农村人口状况

		单位 Unit		合计 Total
调查户数	Households surveyed	户	household	500
一、常住人口	Permanent residents	人	person	1810
二、整半劳动力	Able bodied and semi able bodied laborers	人	person	1347
1.男劳动力人数	Male laborers	人	person	689
2.整劳动力	Able laborers	人	person	875
三、就业劳动力人数	Employment	人	person	1341
行业分布	Industry distribution	人	person	
(1)农、林、牧、渔业	Farming, forestry, animal husbandry and fishery	人	person	1027
(2)采矿业	Mining industry	人	person	5
(3)制造业	Manufacturing	人	person	38
(4)电力、燃气及水的生产和供应业	Electric power, gas and water production and supply	人	person	7
(5)建筑业	Construction	人	person	135
(6)交通运输、仓储和邮政业	Transportation, storage, post and telecommunication	人	person	23
(7)信息传输、计算机服务和软件业	Information, computer service and software	人	person	3
(8)批发和零售业	Wholesale and retail trade	人	person	33
(9)住宿和餐饮业	Hotels and catering	人	person	18
(10)金融业	Finance	人	person	2
(11)房地产业	Real estate	人	person	
(12)租赁和商务服务业	Leasing and business services	人	person	
(13)科学研究、技术服务和地质勘察业	Scientific research and polytechnic services	人	person	
(14)水利、环境和公共设施管理业	Conservancy environment and public utilitiesmanagement	人	person	2
(15)居民服务和其他服务业	Resident services and others	人	person	14
(16)教育	Education	人	person	11
(17)卫生、社会保障和社会福利业	Health care security and social welfare	人	person	5
(18)文化、体育和娱乐业	Culture sport and arts	人	person	4
(19)公共管理和社会组织	Public and social organization	人	person	14
(20)国际组织	Public management	人	person	
四、劳动力文化程度	Educational level for laborer	人	person	1341
1.不识字或识字很少	Illiterate and semi－illiterate	人	person	33
2.小学程度	Primary school	人	person	423
3.初中程度	Junior secondary school	人	person	762
4.高中程度	Senior secondary school	人	person	73
5.中专	Special secondary school	人	person	19
6.大专及以上	Junior college and above	人	person	31

BASIC STATISTICS ON RURAL POPULATION

榆树市 Yu shu	农安县 Nong'an	德惠市 Dehui	九台市 Jiutai	双阳区(城区) Shuangyang(District)
100	100	100	100	100
399	333	397	336	345
288	248.0	298	255	258
143	127.0	150	130	139
202	153.0	195	173	152
288	243	297	255	258
231	198	205	215	178
5				
	9	6		23
	2		5	
35	12	57	13	18
3	3	3	5	9
1				2
5	3	12	2	11
2	9	2	1	4
		1		1
		2		
4	1	5	1	3
1	3	1	4	1
		1	1	2
1	1	2	9	1
288	243	297	255	258
7	8	2	6	10
96	83	108	50	86
169	128	166	160	139
13	17	15	16	12
1	2	1	11	4
2	5	5	12	7

8－4　农村生产性固定资产及土地经营、耕地流转情况

		单位 Unit		合计 Total
一、期末生产性固定资产原值	Productive fixed assets in original	元	yuan	13013062.4
1. 农业	Agriculture	元	yuan	6108397.9
#房屋及建筑物	Rlousing and building	元	yuan	1837409.8
役畜	Draught animals	元	yuan	543418.0
大中型铁木农具	Wood and iron farm tools	元	yuan	488423.9
农业机械	Machinery of agriculture	元	yuan	2848070.5
2. 林业	Forest	元	yuan	
#房屋及建筑物	Housing and building	元	yuan	
役畜	Draught animals	元	yuan	
大中型铁木农具	Wood and iron farm tools	元	yuan	
林业机械	Machinery of agriculture	元	yuan	
3. 牧业	Animal husbandry	元	yuan	5007714.8
#房屋及建筑物	Buildings	元	yuan	2128368.3
产品畜	Commodity animals	元	yuan	2716627.0
大中型铁木农具	Wood and iron farm tools	元	yuan	13502.0
牧业机械	Machinery of agriculture	元	yuan	108912.4
4. 渔业	Fishery	元	yuan	17202.6
#房屋及建筑物	Buildings	元	yuan	10001.5
大中型铁木农具	Wood and iron farm tools	元	yuan	1200.2
渔业机械	Machinery of agriculture	元	yuan	6000.9
5. 采矿业	Mining industry	元	yuan	
6. 制造业	Manufacturing	元	yuan	19002.4
#房屋及建筑物	Housing and buildings	元	yuan	11001.4
生产设备	Equipment of production	元	yuan	8001.0
7. 电力煤气与水的生产及供应	Production and supply of power gas and water	元	yuan	
8. 建筑业	Construction	元	yuan	
9. 交通运输业、仓储和邮政业	Transportation, storage, post and telecommunication	元	yuan	1071176.3
10. 批发和零售贸易业	Wholesales, retail trade and catering services	元	yuan	286526.9
11. 住宿和餐饮业	Hotels and catering	元	yuan	270034.0
12. 居民服务与其他服务业	Resident and other services	元	yuan	28000.0
13. 教育	Education	元	yuan	
14. 卫生、社会保障和福利业	Health care securities and social welfare	元	yuan	50007.5
15. 文化、体育和娱乐业	Culture sports and recreation	元	yuan	
16. 其他	Others	元	yuan	155000.0
二、期末主要生产性固定资产数量	Number of productive fixed assets			
1. 房屋及建筑物	Building	平方米	sq. m	26184.6
2. 汽车	Automobile	辆	unit	26.0
3. 大中型拖拉机	Large and middle tractors	台	unit	66.0
4. 小型和手扶拖拉机	Mini – tractors	台	unit	214.0
5. 动力三轮车	Motorized threshing machines	辆	unit	25.0
6. 机动脱粒机	To move thresher	台	unit	30.0
7. 收割机	Harvester	台	unit	2.0
8. 农用动力机械	Agricultural machinery	台	unit	139.5

PRODUCTIVE FIXED ASSETS, LAND OPERATION AND CHANGE OF CULTIVATED LAND

榆树市 Yu shu	农安县 Nong'an	德惠市 Dehui	九台市 Jiutai	双阳区(城区) Shuangyang(District)
1721871.9	2394959.3	2303431.3	3924400.0	2668400.0
851582.8	949842.5	1044872.7	2018600.0	1243500.0
	65609.8		1048300.0	723500.0
84410.6	45506.8	4800.6	309700.0	99000.0
97512.2	1000.2	107511.5	229500.0	52900.0
669459.9	698404.8	736505.8	372600.0	371100.0
268213.6	1285592.9	859508.3	1419300.0	1175100.0
85590.7	727409.1	543368.5	351000.0	421000.0
140617.6	498074.7	274634.6	1068300.0	735000.0
	12101.8	1400.2		
24003.0	46006.9	19802.5		19100.0
	17202.6			
	10001.5			
	1200.2			
	6000.9			
19002.4				
11001.4				
8001.0				
532066.7	32304.8	38004.8	317000.0	151800.0
51006.4	60009.0	91011.5	14500.0	70000.0
		270034.0		
				28000.0
	50007.5			
			155000.0	
1017.1	5266.8	3920.5	6247.0	9733.2
8.0	3.0	2.0	5.0	8.0
8.0	9.0	42.0		7.0
36.0	50.0	30.0	53.0	45.0
4.0	8.0	1.0	1.0	11.0
8.0	7.0	13.0	2.0	
1.0		1.0		
91.0		35.0	6.0	7.5

8－4 续表 1

		单位 Unit		合计 Total
9.胶轮大车	Cart with rubber tires	架	unit	12.0
10.水泵	Pump	台	unit	111.0
11.役畜	Draught	头	head	98.0
12.产品畜	Commodity animals	头	head	1461.0
三、土地经营情况	Cultivated land			
(一)期初实际经营土地面积	Area of cultivate land in original	亩	ha	10656.5
1.耕地面积	Area of cultivated land	亩	ha	10656.5
#有效灌溉面积	Effective irrigation area	亩	ha	1082.6
2.山地面积	Mountains	亩	ha	
3.园地面积	Garden plot	亩	ha	
4.牧草地面积	Grass land	亩	ha	
5.养殖水面面积	Cultivatable water area	亩	ha	
(二)期内增加的经营土地面积	Increasing	亩	ha	1365.0
1.耕地面积	Area of cultivated land	亩	ha	1365.0
#有效灌溉面积	Effective irrigation area	亩	ha	46.0
2.山地面积	Mountains	亩	ha	
3.园地面积	Garden plot	亩	ha	
4.牧草地面积	Grass land	亩	ha	
5.养殖水面面积	Cultivatable water area	亩	ha	
(三)期内经营土地增加的原因	Reason of Increasing			
1.新开垦	Newly redaimed wasteland	亩	ha	1.0
2.转包	Subcontract	亩	ha	65.0
3.村内进行土地调整	Land exchanged	亩	ha	
4.其他	Others	亩	ha	3.0
(四)期内减少的经营土地面积	Decreased	亩	ha	245.4
1.耕地	Cultivated land	亩	ha	245.4
其中:有效灌溉面积	Effective irrigation area	亩	ha	34.5
2.山地	Mountains	亩	ha	
3.园地	Gardon plot	亩	ha	
4.牧草地	Grass land	亩	ha	
5.养殖水面	Cultivatable water area	亩	ha	
(五)期内经营土地减少的原因	Reason of Decreased			
1.建设占用(征地)	Construction	亩	ha	
2.转包	Subcontract	亩	ha	16.0
3.村内进行土地调整	Land erchanged	亩	ha	
4.退耕还林	Land to Forest	亩	ha	
5.其他	Others	亩	ha	
(六)期末实际经营的土地面积	Area of cultivate land	亩	ha	11761.1
1.耕地	Cultivated land	亩	ha	11761.1
其中:有效灌溉面积	Offective Trrigation area	亩	ha	1030.6
2.山地	Mountains	亩	ha	
3.园地	Gardon plot	亩	ha	
4.牧草地	Grass land	亩	ha	
5.养殖水面	Cultivatable water area	亩	ha	

continued1

榆树市 Yu shu	农安县 Nong'an	德惠市 Dehui	九台市 Jiutai	双阳区(城区) Shuangyang(District)
	3	5	2	2.0
18	41	34	2	16.0
16	5	1	59	17.0
51	468	93	633	216.0
2483.3	1728.2	2398.8	2116.1	1930.1
2483.3	1728.2	2398.8	2116.1	1930.1
175.1		610.2		297.4
133.1	805.3	195.6		231.1
133.1	805.3	195.6		231.1
		28.4		17.6
		1.0		
9.0	28.0	11.0		17.0
	2.0	1.0		
	88.6	60.3	50.0	46.5
	88.6	60.3	50.0	46.5
		12.0		22.5
	6.0	4.0	2.0	4.0
2601.4	2444.9	2534.1	2066.1	2114.6
2601.4	2444.9	2534.1	2066.1	2114.6
175.1		563.1		292.4

8－5 农村住房情况

		单位 Unit		合计 Total
一、期末住房情况	House at year－end			
（一）住房面积	Floor space of house	平方米	sq·m	46700.8
其中：租用住房面积	Floor space of house rented	平方米	sq·m	
（二）住房价值	Value of house	元	yuan	28123317.9
（三）住房类型	Type of building			
1. 楼房面积	Floor space of building	平方米	sq·m	1096.1
2. 砖瓦平房面积	Floor space of brick and wood structure	平方米	sq·m	44117.6
3. 其他	Others	平方米	sq·m	1487.1
（四）住房结构	Structure of building			
1. 钢筋混凝土结构面积	Reinforced concrete structure	平方米	sq·m	248.0
2. 砖木结构面积	Brick and wood structure	平方米	sq·m	44965.7
3. 其他	Others	平方米	sq·m	1487.1
二、期内新建(购)住房情况	New house			
（一）新建(购)住房面积	Floor space of new house	平方米	sq·m	980.1
新建住房面积	New construction	平方米	sq·m	980.1
新购住房面积	New purchase	平方米	sq·m	
（二）新建(购)住房价值	Value of new house	元	yuan	1017092.3
新建住房价值	New construction	元	yuan	1017092.3
新购住房价值	New purchase	元	yuan	
（三）新建(购)住房类型	Type of new house			
1. 楼房面积	Floor space of building	平方米	sq·m	
2. 砖瓦平房面积	Floor space of brick and wood structure	平方米	sq·m	980.1
3. 其他	Others	平方米	sq·m	
（四）新建(购)住房结构	Structure of new house			
1. 钢筋混凝土结构面积	Reinforced concrete structure	平方米	sq. m	
2. 砖木结构面积	Brick and wood structure	平方米	sq. m	980.1
3. 其他	Others	平方米	sq. m	

8－6 主要农作物产量

单位：公斤 unit：kg

		长春市 Changchun
（一）谷物产量	Grai	7358544.4
其中：1. 小麦	Wheat	
2. 水稻	Rice	589274.8
3. 玉米	Corn	6767649.4
（二）大豆	Soybeans	3219.4
（三）薯类	Tubers	32126.6
（四）棉花产量	Cotton	
（五）油料作物产量	Oil crops	1955.3
（六）糖料作物产量	Sugar crops	
（七）蔬菜产量	Vegetables	419839.6
（八）水果产量	Fruits	1293.0

BASIC STATISTICS ON RURAL HOUSES

榆树市 Yu shu	农安县 Nong'an	德惠市 Dehui	九台市 Jiutai	双阳区(城区) Shuangyang(District)
10303.3	8438.3	9987.3	8991	8981
5818229.5	4664699.8	4671888.7	8018000.0	4950500.0
200.0	48.0	848.1		
9855.2	8159.2	9067.1	8399.0	8637.0
248.0	231.0	72.0	592.0	344.0
200.0	48.0			
9855.2	8159.2	9915.2	8399.0	8637.0
248.0	231.0	72.0	592.0	344.0
252.0	190.0	230.0		308.0
252.0	190.0	230.0		308.0
310038.9	171025.7	220027.7		316000.0
310038.9	171025.7	220027.7		316000.0
252.0	190.0	230.0		308.0
252.0	190.0	230.0		308.0

YIELD OF MAJOR AGRICULTURAL PRODUCTS

unit:kg

榆树市 Yu shu	农安县 Nong'an	德惠市 Dehui	九台市 Jiutai	双阳区(城区) Shuangyang(District)
1594978.4	1444950.3	1574001.6	1466000.0	1278614.1
101415.6		330560.2		157299.0
1493562.7	1443330.0	1243441.5	1466000.0	1121315.1
1170.1	1504.2	145.0	400.0	
	17292.59		14834.0	
	1955.3			
35406.7	181084.9	121456.9	23855.0	58036.1
	391		902	

8－7 农村粮食收、支、存情况

单位:公斤

		合计 Total	榆树市 Yu shu
一、期初粮食结存	Grain at year beginning	104818.7	11195.6
二、期内粮食收入合计	Revenue of grain	7851327.6	1664301.3
(一)家庭经营生产粮食	Production	7394728.5	1596616.6
1. 谷物	Corn	7358544.4	1594978.4
(1)小麦	Wheat		
(2)水稻	Rice	589274.8	101415.6
(3)玉米	Maize	6767649.4	1493562.7
(4)高粱	Sorghum	1620.2	
(5)谷子	Millet		
(6)其他	Others		
2. 薯类	Tuber	32126.6	
(1)红薯	Sweet potato	17032.6	
(2)马铃薯	Potato	15024.0	
(3)其他薯类	Others	70.0	
3. 豆类	Beans	4057.5	1638.2
(1)大豆	Soybean	3219.4	1170.1
(2)其他豆类	Others	838.1	468.1
(二)购入粮食	Purchase	456549.1	67684.7
1. 谷物	Corn	451661.3	67275.0
(1)小麦	Wheat	48304.3	8795.8
(2)水稻	Rice	159209.9	30206.2
(3)玉米	Maize	240573.0	27936.2
(4)高粱	Sorghum	15.0	5.0
(5)谷子	Millet	804.3	310.3
(6)其他	Others	2754.9	21.5
2. 薯类	Tuber	2541.2	2.7
(1)红薯	Sweet potato	23.0	2.7
(2)马铃薯	Potato	699.6	
(3)其他薯类	Others	1818.6	
3. 豆类	Beans	2346.6	407.1
(1)大豆	Soybean	1789.1	388.2
(2)其他豆类	Others	557.5	18.8
(三)借入粮食	Lend		
(四)收回借出粮食	Payable grain		
(五)其他粮食收入	Others	50.0	
三、期内粮食支出合计	Expenditure for grain	5615877.2	1257915.5
(一)主食用粮	Major grain	275270.4	56083.1
1. 谷物	Corn	269698.6	55673.3
(1)小麦	Wheat	48304.3	8795.8
(2)水稻	Rice	214004.9	42146.1
(3)玉米	Maize	5261.1	4402.6
(4)高粱	Sorghum	15.0	5.0
(5)谷子	Millet	804.3	310.3
(6)其他	Others	1309.1	13.5
2. 薯类	Tuber	2623.2	2.7
(1)红薯	Sweet potato	23.0	2.7
(2)马铃薯	Potato	781.6	
(3)其他薯类	Others	1818.6	

BASIC STATISTIC ON RURAL GRAIN

unit:kg

农安县 Nong'an	德惠市 Dehui	九台市 Jiutai	双阳区(城区) Shuangyang(District)
47413.1		35230.0	10980.0
1565246.6	1714931.7	1570018.6	1336829.4
1463949.1	1574216.7	1481332.0	1278614.1
1444950.3	1574001.6	1466000.0	1278614.1
	330560.2		157299.0
1443330.0	1243441.5	1466000.0	1121315.1
1620.2			
17292.6		14834.0	
17032.6			
260.0		14764.0	
		70.0	
1706.3	215.0	498.0	
1504.2	145.0	400.0	
202.0	70.0	98.0	
101247.5	140715.1	88686.6	58215.3
100112.1	139768.8	87062.9	57442.6
14775.1	9909.5	8483.2	6340.7
35745.4	28123.0	42609.3	22526.1
47948.3	101062.1	35468.0	28158.5
			10.0
7.5	380.3	38.0	68.2
1635.9	294.0	464.4	339.1
966.5	597.1	931.8	43.0
7.4	10.5	2.4	
140.0		559.6	
819.1	586.6	369.8	43.0
168.8	349.1	691.9	729.7
136.3	311.0	264.0	689.5
32.5	38.1	427.9	40.2
50.0			
913491.4	1495438.0	738614.6	1210417.8
52040.3	51744.1	53947.1	61455.9
50905.0	50797.9	51639.4	60683.2
14775.1	9909.5	8483.2	6340.7
35745.4	39572.7	42609.3	53931.4
10.0	648.6	192.5	7.4
			10.0
7.5	380.3	38.0	68.2
367.0	286.8	316.4	325.5
966.5	597.1	1013.8	43.0
7.4	10.5	2.4	
140.0		641.6	
819.1	586.6	369.8	43.0

8-7 续表 1continued1

		合计 Total	榆树市 Yu shu
3. 豆类	Beans	2948.6	407.1
(1)大豆	Soybean	2343.1	388.2
(2)其他豆类	Others	605.5	18.8
(二)其他生活用粮	Other living grain		
(三)出售粮食	Sale	4679391.5	1137530.9
1. 谷物	Corn	4655221.1	1135900.7
(1)小麦	Wheat		
(2)水稻	Rice	445243.9	60692.4
(3)玉米	Maize	4182646.8	1067097.3
(4)高粱	Sorghum	17466.4	8111.0
(5)谷子	Millet		
(6)其他	Others	9864.0	
2. 薯类	Tuber	21115.0	
(1)红薯	Sweet potato	6591.0	
(2)马铃薯	Potato	14454.0	
(3)其他薯类	Others	70.0	
3. 豆类	Beans	3055.3	1630.2
(1)大豆	Soybean	1454.2	1238.2
(2)其他豆类	Others	1601.2	392.0
(四)种籽用粮食	Seeds	48579.3	10800.6
(1)小麦	Wheat		
(2)水稻	Rice	6978.6	1849.8
(3)玉米	Maize	40154.9	8942.8
(4)其他	Others	1445.7	8.0
(五)饲料用粮食	Forage	612636.0	53501.0
(1)小麦	Wheat		
(2)水稻	Rice	4905.6	
(3)玉米	Maize	607730.4	53501.0
(4)其他	Others		
(六)借出粮食	Lend		
(七)归还借粮	Payable grain		
(八)其他粮食支出	Others		
四、期末粮食结存滚存计算数	Final calculation	2340269.1	417581.3
五、期末粮食结存实际调查数	Real Survey	3747015.7	745076.4
(一)谷物	Corn	3740765.1	745076.4
1. 小麦	Wheat	9058.3	2882.4
2. 水稻	Rice	473546.0	56158.0
3. 玉米	Maize	3257660.7	686036.0
4. 高粱	Sorghum	500.1	
5. 谷子	Millet		
6. 其他	Others		
(二)薯类	Tuber	5265.5	
1. 红薯	Sweet potato		
2. 马铃薯	Potato	5265.5	
3. 其他薯类	Others		
(三)豆类	Beans	985.1	
1. 大豆	Soybean	985.1	
2. 其他豆类	Others		

单位:公斤 unit:kg

农安县 Nong'an	德惠市 Dehui	九台市 Jiutai	双阳区(城区) Shuangyang(District)
168.8	349.1	1293.9	729.7
136.3	311.0	818.0	689.5
32.5	38.1	475.9	40.2
708167.5	1212152.5	611594.0	1009946.5
700557.4	1212101.5	597190.0	1009471.5
	289510.0		95041.5
691202.0	922591.6	597190.0	904566.0
9355.4			
			9864.0
6731.0		14384.0	
6591.0			
140.0		14314.0	
		70.0	
879.1	51.0	20.0	475.0
206.0	10.0		
673.1	41.0	20.0	475.0
6233.6	7150.7	14680.5	9713.9
	3414.2		1714.7
4964.7	3729.3	14532.5	7985.6
1268.9	7.3	148.0	13.6
147049.9	224390.6	58393.0	129301.5
	4905.6		
147049.9	219485.0	58393.0	129301.5
699168.4	219493.8	866634.0	137391.6
118820.1	1429664.1	48520.0	1404935.0
114864.5	1429519.1	46370.0	1404935.0
2765.7	1920.2		1490.0
5282.8	247540.2	11220.0	153345.0
106315.9	1180058.7	35150.0	1250100.0
500.1			
3115.5		2150.0	
3115.5		2150.0	
840.1	145.0		
840.1	145.0		

8－8 农村总收入和纯收入

（农村住户抽样调查资料）

单位:元

		长春市 Chungchun
一、全年总收入	Gross income	27577509.1
（一）工资性收入	Basic income	3901322.1
1.在非企业组织中劳动得到的报酬	From collective organization	323884.4
（1）乡村干部收入	Village cadres	141475.9
（2）乡村教师收入	Village teachers	170067.2
（3）行政事业单位等职工收入	Staff and workers in administrative units and institutions	12341.3
2.在本乡地域内劳动得到的报酬	From local enterprises	1280730.0
（1）在企业中劳动得到的收入	From township enterprises	285730.9
（2）在国家投资基建项目得到收入	From national projects	2297.8
（3）提供其他劳务收入	Other services	992701.4
3.外出从业得到的收入	From other places	2296707.7
（1）在乡外县内从业得到的收入	From other townships	652503.9
（2）在县外省内从业得到的收入	From other counties	1228569.6
（3）在省外国内从业得到收入	From other provinces	415634.1
（4）在国外从业得到的收入	From foreign countries	
（二）家庭经营收入	Income from households business	21660160.4
1.农业收入	Farming	15557002.4
农产品收入	Form products	15150020.4
2.林业收入	Forestry	9237.7
3.牧业收入	Animal husbandry	5163321.4
4.渔业收入	Fishery	11416.3
5.工业收入	Industry	
6.建筑业收入	Construction	
7.交通运输和邮电业收入	Transportation post and telecommunication	560024.1
8.批发和零售贸易餐饮业收入	Wholesale retail trade and catering	305289.9
9.社会服务业收入	Social services	46161.9
10.文教卫生业收入	Education culture and health care	7440.4
11.其他行业收入	Others	266.2
（三）财产性收入	Property income	439706.8
1.利息	Interest	11702.9
2.集体分配股息和红利	Collective distributing dividend and bonus	
3.其他股息和红利	Other dividend and bonus	
4.租金（包括农业机械）	Rent include agricultural machinery	6475.6
5.出让无形资产净收入	Net income from in tangible assets sold	
6.储蓄性保险投资收入	Saving investment	
7.转让承包土地经营权收入	Transfer and contract land management right	67597.1
8.其他	Others	353931.2
（四）转移性收入	Transfer income	1576319.7
1.家庭非常住人口寄回和带回收入	Send back from other places	
2.城市亲友赠送收入	Gift from relative in city	33028.3
3.农村亲友赠送收入	Gift from relative in rural area	203330.2
4.离退休金、养老金	Retirement pension	187348.7
5.城市亲友支付赡养费	Urban Relatives´Alimony Payments	16524.8
6.农村亲友支付赡养费	Rural Relatives´Alimony Payments	32170.5
7.救济金、抚恤金、救灾款	Benefits, Pension, Disaster Relief Fund	6144.0
8.退税	Drawback	
9.退耕还林还草补贴	Subsidy of government	1605.6
10.无偿扶贫或扶持款	Voluntary Poverty Alleviation	2100.3
11.得到赔款	Indemnity Received	3145.1
12.各项补贴收入	Subsidy Income	1081903.3
13.其他	Others	9018.8
二、全年纯收入	Net income	16474069.2
三、全年人均纯收入	Per capita net income	9064.0

GROSS AND NET INCOME OF RURAL HOUSEHOLDS

DATA ARE OBTAINED FROM THE SAMPLE SURVEYS ON RURAL HOUSEHOLDS

unit: yuan

榆树市 Yu shu	农安县 Nong'an	德惠市 Dehui	九台市 Jiutai	双阳区(城区) Shuangyang(District)
5976343.9	5033639.5	6223828.7	4987575.4	5356121.6
890775.6	532800.7	941610.2	712040.2	824095.4
116391.4	52199.3	16152.0	139141.6	
2985.6	39858.0	16152.0	82480.2	
113405.8			56661.4	
	12341.3			
180172.9	308831.9	119987.5	291237.6	380500.2
23427.6	38949.4		83451.6	139902.3
			2297.8	
156745.4	269882.5	119987.5	205488.2	240597.9
594211.3	171769.5	805470.6	281661.0	443595.2
65627.0	14440.2	198556.0	51641.8	322238.9
300406.4	106240.3	510811.0	189755.7	121356.3
228177.9	51089.0	96103.7	40263.5	
4689596.1	4112753.2	4875424.2	3963530.9	4018856.0
3213959.5	3018296.1	3447058.0	3186251.2	2691437.7
3137815.4	2992295.9	3446958.0	2934643.8	2638307.4
		6340.8		2896.9
983487.8	1029249.9	1342885.9	717851.5	1089846.3
	5167.0	6249.3		
397451.6	18921.5	4800.6	47072.3	91778.0
94697.2	33678.3	68089.6	12355.8	96469.0
				46161.9
	7440.4			
				266.2
77893.9	96948.5	106541.0	38411.2	119912.2
	10514.8	1188.1		
			6475.6	
14704.8	25752.2	17719.2		9420.8
63189.1	60681.5	87633.6	31935.6	110491.4
318078.2	291137.0	300253.3	273593.1	393258.0
	49.1	10701.3	13164.2	9113.6
5750.1	54044.0	14951.9	2017.9	126566.4
44403.6	41697.8	24264.6	25079.3	51903.5
456.4			4804.5	11264.0
17159.0	3337.9			11673.6
				6144.0
				1605.6
		2100.3		
62.1	981.7	168.0		1933.3
250185.1	185550.0	246123.0	228527.2	171518.0
62.1	5476.5	1944.2		1536.0
3692930.3	2897720.5	3755998.2	2989871.1	3137549.1
9260.1	8694.0	9465.7	8885.2	9094.3

8－9　农村总支出

（农村住户抽样调查资料）

单位:元

		长春市 Chungchun
全年总支出	Gross expenditures	24002247.2
一、家庭经营费用支出	Expenses of householdbusiness	10002045.2
1.农业生产支出	Farming	6468016.3
2.林业生产支出	Forestry	5389.8
3.牧业生产支出	Animal husbandry	3328340.6
4.渔业生产支出	Fishery	5515.2
5.工业生产支出	Industry	
6.建筑业生产支出	Construction	
7.交通运输和邮电业支出	Transportation post and telecommunication	152404.2
8.文教卫生业支出	Education culture and health care	
9.批发和零售贸易、餐饮业支出	Wholesale retail trade and catering	34499.6
10.社会服务业支出	Social services	7362.6
11.其他家庭经营支出	Others	206.8
二、购置生产性固定资产支出	Expenditures for purchasing fixed assets	1232674.7
三、建造生产性固定资产雇工支出	Expenditures for employment	18369.3
四、税费支出	Tax expenditures	9860.3
第一产业税金	Primary industry taxes	
第二产业税金	Secondary industry taxes	
第三产业税金	Tertiary industry taxes	2715.6
其他各种收费	Others	7144.7
五、生活消费支出	Living expenditures	9974528.1
其中:服务性支出	Services	2656169.0
(一)食品消费支出	Food	4139100.7
A.食品消费品支出	Staple food	3642231.1
(1)谷物	Grain	856354.3
(2)薯类	Tubers	18653.4
(3)豆类	Beans	15003.7
(4)食用油	Edible oil	217926.8
(5)蔬菜及制品	Vegetables and products	348646.1
(6)肉、禽、蛋、奶及制品	Meat、poulty、eggs、milk and milk products	877778.4
(7)水产品及制品	Aquatic and products	86631.6
(8)烟、酒	Tobacco and liquor	476547.0
(9)茶叶、饮料	Tea and drink	67822.5
(10)其它类食品	Others	676867.2
B.食品消费服务性支出	Services	496869.6
(1)在外饮食	Catering	487610.1
(2)食品加工费	Processing	4937.3
(3)其他服务性支出	Others	4322.1
(二)衣着	Garments	760289.8
(三)居住	Residence	1243599.8
#装修生活用房材料	Decorative materials	71825.2
(四)家庭设备、用品及服务	Household Facilities Articles and Services	417289.8
(五)医疗保健	Health care	1187042.7
(六)交通和通讯	Transportation and telecommunication	1062866.8
(七)文教娱乐用品及服务	Education cultural and recreation services	864168.1
(八)其他商品和服务消费	Other goods and services	300170.4
六、财产性支出	Property expenditure	
1.宅基地有偿使用费	Fees of house base used	
2.其他	Others	
七、转移性支出	Transfer expenditures	2764769.6
1.给大中专学生生活费和学杂费	Living Expenses, Tuition and Fees for College Students	474355.8
2.赠送农村亲友	To rural relatives	1806134.5
3.赠送城市亲友	To urban relatives	153223.2
4.交纳医疗保险	Medical Insurance	94068.4
5.交纳社会保障基金	Social Security Fund	76196.6
6.购买非储蓄性保险	Non Saving Deposited Insurance	43671.0
7.赡养费	Alimony Payments	12142.2
8.其他直接税	Other Direct taxes	932.7
9.捐赠	Donation	2143.1
10.罚款.赔款	Fines and Reparations	55172.5
11.其他	Others	46729.6

EXPENDITURES OF RURAL HOUSEHOLDS

DATA ARE OBTAINED FROM THE SAMPLE SURVEYS ON RURAL HOUSEHOLDS

unit:yuan

榆树市 Yu shu	农安县 Nong'an	德惠市 Dehui	九台市 Jiutai	双阳区(城区) Shuangyang(District)
5230721.7	4260527.0	5537028.5	3885244.4	5088725.6
2154120.2	1918497.3	2299316.5	1719714.9	1910396.4
1379307.4	1221971.2	1331911.6	1314117.1	1220708.9
	34.1	4640.6	647.6	67.6
661059.1	680875.3	949177.6	395143.8	642084.8
	2314.8	3200.4		
98480.9	10925.1	935.1	8908.1	33155.1
15272.8	2066.8	9451.2	898.2	6810.6
				7362.6
				206.8
161748.2	211080.2	454844.7	40364.9	364636.7
		1770.2		16599.0
7144.7			2715.6	
			2715.6	
7144.7				
2269736.6	1710435.4	2206087.0	1595045.7	2193223.3
535213.3	481821.6	495324.8	495374.8	648434.5
911675.3	773823.1	876840.9	745119.6	831641.6
771046.5	688336.8	786887.2	660417.9	735542.7
169998.9	172489.1	153025.6	179396.8	181443.9
58.8	5006.3	3351.8	8152.6	2083.8
2174.4	878.9	2006.8	6118.5	3825.2
48386.0	36417.4	35207.8	54412.8	43502.7
61383.2	61873.0	83608.6	69880.9	71900.4
171577.6	192252.2	220641.7	124862.7	168444.2
21140.5	16771.4	21112.3	14189.0	13418.5
122127.0	73526.6	100363.1	75729.6	104800.7
15318.5	16118.7	19663.7	5337.6	11384.1
158881.6	113003.3	147905.7	122337.3	134739.3
140628.9	85486.3	89953.7	84701.8	96098.9
139348.8	84517.0	88996.4	80935.5	93812.4
446.5	957.0	927.7	319.6	2286.5
833.6	12.3	29.6	3446.7	
194213.0	101873.7	175721.0	144439.2	144042.9
331764.2	182945.9	297751.4	77258.5	353879.9
116.4	9583.2	32867.3	4546.5	24711.8
104366.2	66555.7	96869.6	59605.9	89892.4
285022.7	195766.1	202459.8	157543.5	346250.6
270931.2	151310.4	259699.1	181961.7	198964.4
131295.2	163312.1	214835.6	162986.9	191738.2
40468.8	74848.4	81909.5	66130.4	36813.3
637972.0	420514.0	575010.1	527403.4	603870.2
92731.8	70420.2	110946.0	68213.0	132044.8
399945.8	288848.4	370341.9	413877.9	333120.5
21580.6	4479.8	43949.5	1201.1	82012.2
23419.8	15679.2	16154.0	6830.7	31984.6
17856.8	20193.2	19857.7	12042.5	6246.4
17575.2	1932.4	8509.9	4633.2	11020.3
3001.8		2480.3	208.9	6451.2
243.4			689.3	
438.1	263.5	601.7	320.6	519.2
54762.9				409.6
6415.8	18697.3	2169.1	19386.0	61.4

8－10　农村住户食品消费情况

（农村住户抽样调查资料）

单位:公斤

		合计 Total
一、粮食消费量	Grain	275270.4
(一)谷物消费量	Cereals	269698.6
1.小麦	Wheat	48304.3
2.稻谷	Rice	214004.9
3.玉米	Corn	5261.1
4.高粱	Jowar	15.0
5.谷子	Millet	804.3
6.青稞	Highland barley wild oat	
7.其他谷物	Others	1309.1
(二)薯类消费量	Tubers	2623.2
1.红薯	Pachyrhizus	23.0
2.马铃薯	Potato	781.6
3.其他薯类	Others	1818.6
(三)豆类消费量	Beans	2948.6
1.大豆	Soybean	2343.1
2.其他豆类	Others	605.5
二、油脂类消费量	Oil and fat	18907.3
1.植物油	Beaning oil	18658.9
2.动物油	Fat	248.3
三、烟叶消费量	Tobacco leaf	231.2
四、豆制品	Soybean products	10711.7
五、蔬菜及菜制品消费量	Vegetables	221337.7
1.鲜菜	Fresh vegetables	220159.2
2.干菜	Dried vegetables	37.5
3.菜制品	Made by vegetables	301.8
4.鲜菌	Fresh fungus	718.8
5.干菌	Dried fungus	91.9
6.菌制品	Made by fungus	28.7
六、瓜类	Melon	17855.7
1.西瓜	Watermelon	12413.8
2.其他瓜类	Others	5441.9
七、水果类	Fruits	45797.3
八、消费茶叶	Tea	15.5
九、坚果消费量	Nuts	558.0
十、肉禽及其制品	Meat and its product	34900.2
1.猪肉	Pork	23204.1
2.牛肉	Beef	768.0
3.羊肉	Mutton	973.2
4.家禽	Poultry	7753.1
5.其他肉禽及制品	Other meat and poultry	2201.8
十一、消费蛋类及蛋制品	Eggs and its products	12476.0
十二、消费奶类及奶制品	Milk and products	5542.0
十三、消费水产品	Aquatic	5762.0
1.鱼类	Fish	5218.6
2.虾、贝、蟹类	Shrimps shellfish and crab	98.9
3.藻类	Marine alga	45.8
4.其他	Others	398.7
十四、消费食糖	Sugar	1208.2
十五、酒	Drink and liquor	30964.6
1.白酒	Liquor	7875.1
2.啤酒	Beer	22953.9
3.果酒	Wine	47.2

CONSUMPTION OF MAJOR FOOD IN RURAL HOUSEHOLDS

DATA ARE OBTAINED FROM THE SAMPLE SURVEYS ON RURAL HOUSEHOLDS

unit: kg

榆树市 Yu shu	农安县 Nong'an	德惠市 Dehui	九台市 Jiutai	双阳区(城区) Shuangyang(District)
56083.1	52040.3	51744.1	53947.1	61455.9
55673.3	50905.0	50797.9	51639.4	60683.2
8795.8	14775.1	9909.5	8483.2	6340.7
42146.1	35745.4	39572.7	42609.3	53931.4
4402.6	10.0	648.6	192.5	7.4
5.0				10.0
310.3	7.5	380.3	38.0	68.2
13.5	367.0	286.8	316.4	325.5
2.7	966.5	597.1	1013.8	43.0
2.7	7.4	10.5	2.4	
	140.0		641.6	
	819.1	586.6	369.8	43.0
407.1	168.8	349.1	1293.9	729.7
388.2	136.3	311.0	818.0	689.5
18.8	32.5	38.1	475.9	40.2
4324.0	2984.2	3296.5	4549.1	3753.6
4294.1	2912.7	3255.5	4510.1	3686.6
29.8	71.5	41.0	39.0	67.0
96.5	35.6	33.6	31.8	33.8
4231.0	1167.1	1241.5	1487.3	2584.8
40912.7	41597.3	58370.1	31771.4	48686.3
40830.3	41413.8	57689.1	31719.6	48506.3
10.0	17.0	0.3	5.2	5.0
1.0	59.0	118.1	20.3	103.4
58.6	79.2	515.8	26.0	39.2
12.8	26.6	25.2	0.3	27.0
	1.7	21.6		5.4
3792.3	3907.6	4322.8	2592.3	3240.8
2426.3	3201.6	2914.2	1764.0	2107.7
1366.0	706.0	1408.6	828.3	1133.1
9020.3	8563.6	11399.1	7894.3	8920.0
1.2	6.6	2.0	5.2	0.5
15.0	84.7	360.7	7.0	90.6
6879.3	9253.7	8904.6	4354.5	5508.1
4045.5	6178.2	7181.5	2272.3	3526.6
122.0	71.5	63.6	321.8	189.2
104.7	83.9	39.3	432.5	312.8
2432.1	2740.8	1098.0	624.1	858.1
175.0	179.4	522.2	703.9	621.4
2266.1	2369.5	3265.3	2051.8	2523.3
1449.0	996.2	1090.7	593.0	1413.1
1269.5	1245.0	1371.3	1011.7	864.5
1120.5	1209.8	1263.5	876.6	748.1
32.3	7.2	14.4	27.0	18.0
	23.5	1.8	11.4	9.1
116.6	4.5	91.6	96.7	89.3
292.5	192.9	237.6	301.0	184.2
9041.0	4090.6	7083.7	4910.6	5838.8
3230.8	862.1	1382.9	1192.3	1207.0
5783.7	3221.5	5691.3	3636.9	4620.5
26.5		8.9	3.0	8.8

8－11 农村现金收、支、存

（农村住户抽样调查资料）

单位:元

		长春市 Chungchun
一、年内现金收入合计	Total income	22147708.9
(一)工资性收入	Wages	3885616.4
1.在非企业组织中劳动得到的收入	From Non－enterprises	323884.4
2.在本乡地域内中劳动得到的收入	From enterprises	1265024.3
3.外出从业得到的收入	From outside	2296707.7
(二)家庭经营现金收入	Income from household business	16478638.6
1.第一产业的现金收入	First industry	15559456.0
2.工业现金收入	Industry	
3.建筑业现金收入	Construction	
4.交通运输、邮电业收入	Transportation post and telecommumication	560024.1
5.批发和零售贸易、餐饮业收入	Wholesale retail trade and catering	305289.9
6.社会服务业收入	Social services	46161.9
7.文教卫生业收入	Education,culture and health care	7440.4
8.其他行业收入	Others	266.2
(三)财产性收入	Property income	207461.6
(四)转移性收入	Transfer income	1575992.3
(五)非收入所得	Non－income earnings	3467696.3
二、年内现金支出合计	Total of expenditures	22307082.7
(一)生产费用现金	Expenses of production	10566507.1
1.家庭经营费用现金支出	Household business	9315463.1
2.购置生产性固定资产现金支出	Purchase of production fixed assets	1232674.7
(二)税费支出	Tax expenditures	9860.3
(三)生活消费现金支出	Living expenditures	8965945.7
1.食品	Food	3175331.9
2.衣着	Clothing	760289.8
3.居住	Residence	1198786.2
4.家庭设备、用品及服务	Household Facilities Articles and Services	417289.8
5.医疗保健	Health care	1187042.7
6.交通和通讯	Transportation and telecommunication	1062866.8
7.文教娱乐用品及服务	Education culture goods and services	864168.1
8.其他商品和服务	Other goods and services	300170.4
(四)财产性支出	Property income	
(五)转移性支出	Transfer expenditures	2764769.6
三、非消费性现金支出	Non consumer expenditures	4543085.0
四、年末手存现金	Cash in hand at year end	992258.4
五、年末存款余额	Balance of deposits	10449949.6

RURAL CASH INCOME EXPENDITURE AND SAVING

DATA ARE OBTAINED FROM THE SAMPLE SURVEYS ON RURAL HOUSEHOLDS

unit: yuan

榆树市 Yu shu	农安县 Nong'an	德惠市 Dehui	九台市 Jiutai	双阳区(城区) Shuangyang(District)
4829265.6	3616748.5	5437010.4	3481148.1	4783536.2
890775.6	517299.8	941610.2	712040.2	823890.6
116391.4	52199.3	16152.0	139141.6	
180172.9	293331.0	119987.5	291237.6	380295.4
594211.3	171769.5	805470.6	281661.0	443595.2
3580353.8	2729846.8	4151201.4	2460269.8	3556966.8
3088205.0	2669806.6	4078311.2	2400841.7	3322291.6
397451.6	18921.5	4800.6	47072.3	91778.0
94697.2	33678.3	68089.6	12355.8	96469.0
				46161.9
	7440.4			
				266.2
40058.0	78792.2	43945.5	35245.0	9420.8
318078.2	290809.6	300253.3	273593.1	393258.0
567176.0	455994.4	1197294.9	399154.3	848076.8
4960910.8	3866917.1	5029351.6	3754517.3	4695385.9
2259513.7	1956444.9	2547127.7	1691714.8	2111706.1
2097765.5	1745364.6	2090512.7	1651349.9	1730470.4
161748.2	211080.2	454844.7	40364.9	364636.7
7144.7			2715.6	
2056280.4	1489958.3	1907213.9	1532683.6	1979809.5
705911.0	562396.9	587923.0	690073.3	629027.7
194213.0	101873.7	175721.0	144439.2	144042.9
324072.4	173895.0	287796.3	69942.6	343080.0
104366.2	66555.7	96869.6	59605.9	89892.4
285022.7	195766.1	202459.8	157543.5	346250.6
270931.2	151310.4	259699.1	181961.7	198964.4
131295.2	163312.1	214835.6	162986.9	191738.2
40468.8	74848.4	81909.5	66130.4	36813.3
637972.0	420514.0	575010.1	527403.4	603870.2
981920.3	331833.5	864069.1	1565879.1	799383.0
253430.4	188098.6	167321.1	289855.8	93552.6
112568.1	2158762.2	3512442.6	3808064.7	858112.0

8－12　农村购买生活消费品情况

（农村住户抽样调查资料）

		单位 Unit		长春市 Chungchun
一、购买生活消费品情况	Purchase food	元	yuan	7257009.6
（一）食品类	Food	元	yuan	3046085.3
1. 购买谷物数量	Grain	公斤	kg	207968.8
购买谷物金额	Amount	元	yuan	692974.9
其中：(1)购买小麦	Wheat	公斤	kg	7675.9
金额	Amount	元	yuan	30818.7
(2)购买面粉	Flour	公斤	kg	41771.9
金额	Amount	元	yuan	123363.9
(3)购买稻谷	Rice	公斤	kg	904.5
金额	Amount	元	yuan	2718.1
(4)购买大米	Rice	公斤	kg	155305.4
金额	Amount	元	yuan	525048.8
(5)购买玉米	Corn	公斤	kg	69.9
金额	Amount	元	yuan	229.1
(6)购买玉米面	Corn flour	公斤	kg	70.4
金额	Amount	元	yuan	330.8
(7)购买高粱	Jowar	公斤	kg	15.3
金额	Amount	元	yuan	66.3
(8)购买谷子	Millet	公斤	kg	812.2
金额	Amount	元	yuan	3911.5
2. 购买薯类	Tubers	公斤	kg	2615.8
金额	Amount	元	yuan	18266.2
其中：(1)购买红薯	Pachyrhizus	公斤	kg	23.4
金额	Amount	元	yuan	351.2
(2)购买马铃薯	Potato	公斤	kg	729.1
金额	Amount	元	yuan	4210.3
3. 购买豆类	Beans	公斤	kg	2406.1
金额	Amount	元	yuan	12755.3
其中：购买大豆	Soybeans	公斤	kg	1827.4
金额	Amount	元	yuan	9086.7
4. 购买食用油	Edible oil	公斤	kg	19359.3
金额	Amount	元	yuan	217926.8
其中：(1)购买植物油	Beaniny oil	公斤	kg	19104.8
金额	Amount	元	yuan	215701.4
(2)购买动物油	Fat	公斤	kg	254.5
金额	Amount	元	yuan	2225.4
5. 购买蔬菜及制品金额	Vegetable and its products	元	yuan	186688.0
(1)购买蔬菜	Vegetables	公斤	kg	48309.6
金额	Amount	元	yuan	175057.7
①购买鲜菜	Fresh vegetables	公斤	kg	47964.0
金额	Amount	元	yuan	172891.8
②购买干菜	Dried vegetable	公斤	kg	38.5
金额	Amount	元	yuan	387.6
③菜制品	Made by vegetables	公斤	kg	307.2
金额	Amount	元	yuan	1778.2
(2)购买菌类	fungus	公斤	kg	446.7
金额	Amount	元	yuan	11630.3
①购买鲜菌	Fresh fungus	公斤	kg	324.3
金额	Amount	元	yuan	3142.3
②购买干菌	Dried fungus	公斤	kg	93.6
金额	Amount	元	yuan	8025.0
③菌制品	Made by fungus	公斤	kg	28.8
金额	Amount	元	yuan	463.0

BASIC STATISTICS ON RURAL PURCHASING OF CONSUMER GOODS

DATA ARE OBTAINED FROM THE SAMPLE SURVEYS ON RURAL HOUSEHOLDS

榆树市 Yu shu	农安县 Nong'an	德惠市 Dehui	九台市 Jiutai	双阳区(城区) Shuangyang(District)
1789490.7	1186043.1	1764861.4	1037308.8	1479305.6
665037.8	561071.2	622461.5	605371.6	592143.1
38017.9	52597.0	35298.9	53830.3	28224.7
128293.7	172489.1	115289.3	179228.7	97674.1
	6.5	703.0	6446.9	519.5
	51.7	2332.0	25581.7	2853.3
8918.9	15259.8	9206.5	2413.4	5973.3
25637.5	43800.4	27633.5	6995.7	19296.7
	51.7	1.4	339.4	512.0
	258.3	6.0	1112.3	1341.4
28753.4	36881.9	24707.4	44163.8	20798.9
100874.3	126755.6	82415.0	143229.6	71774.3
12.2		13.6	36.6	7.6
60.8		53.0	78.3	36.9
	10.3		60.1	
	31.0		299.8	
5.1				10.2
25.4				41.0
314.7	7.8	380.3	39.7	69.8
1634.8	31.0	1653.7	190.1	401.9
2.7	998.7	597.1	973.3	44.1
58.8	5006.3	3351.8	7765.5	2083.8
2.7	7.6	10.5	2.5	
58.8	87.8	168.0	36.6	
	144.7		584.5	
	671.7		3538.6	
412.7	174.4	349.1	722.7	747.2
2174.4	878.9	2006.8	3870.1	3825.2
393.7	140.9	311.0	275.7	706.0
2010.6	708.4	1508.7	1390.2	3468.8
4384.5	3083.4	3296.5	4751.3	3843.6
48386.0	36417.4	35207.8	54412.8	43502.7
4354.3	3009.6	3255.5	4710.5	3775.0
48152.8	35752.9	34907.8	53963.7	42924.1
30.2	73.9	41.0	40.7	68.6
233.2	664.5	300.0	449.1	578.6
33567.3	34303.9	36117.3	48571.0	34128.6
10506.5	12236.6	8275.3	9478.5	7812.8
31634.4	31171.6	32107.7	48305.7	31838.2
10495.4	12158.0	8156.9	9451.9	7701.8
31557.3	30797.8	31525.8	48075.9	30935.0
10.1	17.6	0.3	5.4	5.1
60.8	86.8	15.0	89.8	135.2
1.0	61.0	118.1	21.2	105.9
16.2	287.1	567.0	140.0	768.0
72.4	111.0	162.5	27.5	73.3
1932.9	3132.2	4009.5	265.3	2290.4
59.4	81.8	115.7	27.2	40.1
530.9	817.4	1228.2	240.2	325.6
13.0	27.5	25.2	0.3	27.7
1402.0	2271.4	2471.3	25.1	1855.2
	1.8	21.6		5.5
	43.4	310.0		109.6

8－12 续表 1

		单位 Unit		长春市 Chungchun
6. 购买肉、禽、蛋、奶及其制品金额	Meat, poultry, eggs and milk	元	yuan	610938.9
其中：(1)购买猪肉	Pork	公斤	kg	15620.8
金额	Amount	元	yuan	370958.8
(2)购买牛肉	Beef	公斤	kg	791.0
金额	Amount	元	yuan	28888.6
(3)购买羊肉	Mutton	公斤	kg	519.2
金额	Amount	元	yuan	18280.6
(4)购买鸡	Chicken	公斤	kg	1497.3
金额	Amount	元	yuan	22352.6
(5)购买鸭	Duck	公斤	kg	64.1
金额	Amount	元	yuan	972.1
(6)购买鹅	Goose	公斤	kg	176.1
金额	Amount	元	yuan	3030.4
(7)购买牲畜下水	Viscera of animal	公斤	kg	581.7
金额	Amount	元	yuan	11508.5
(8)购买禽下水	Viscera of poultry	公斤	kg	430.1
金额	Amount	元	yuan	7098.2
(9)购买鲜鸡蛋	Eggs of hen	公斤	kg	4442.2
金额	Amount	元	yuan	41278.6
(10)购买鲜鸭蛋	Eggs of duck	公斤	kg	390.0
金额	Amount	元	yuan	4747.2
(11)购买鲜奶	Milk	公斤	kg	3952.3
金额	Amount	元	yuan	28160.7
(12)购买酥油	Butter	公斤	kg	
金额	Amount	元	yuan	
7. 购买水产品及制品金额	Aquatic and its products	元	yuan	86573.1
其中：(1)购买海水鱼类	Sea fish	公斤	kg	561.5
金额	Amount	元	yuan	7315.5
(2)购买海水虾类	Shrimps	公斤	kg	49.4
金额	Amount	元	yuan	1711.3
(3)购买海水贝类	Shellfish	公斤	kg	
金额	Amount	元	yuan	
(4)购买海水蟹类	Crab	公斤	kg	
金额	Amount	元	yuan	
(5)购买海水藻类	Marine alga	公斤	kg	47.3
金额	Amount	元	yuan	453.9
(6)购买淡水鱼类	Fresh water fish	公斤	kg	4763.9
金额	Amount	元	yuan	70067.7
(7)购买淡水虾类	Fresh water shrimps	公斤	kg	51.2
金额	Amount	元	yuan	1047.3
(8)购买淡水贝类	Fresh water shellfish	公斤	kg	0.5
金额	Amount	元	yuan	10.2
(9)购买淡水蟹类	Fresh water crab	公斤	kg	
金额	Amount	元	yuan	
8. 购买烟、酒金额	Tobacco liquor	元	yuan	476547.0
其中：(1)购买卷烟	Cigarette	盒	case	56902.9
金额	Amount	元	yuan	331795.1
(2)购买烟丝、烟叶	Tobacco	公斤	kg	235.9
金额	Amount	元	yuan	4763.5
(3)购买啤酒	Beer	公斤	kg	23414.5
金额	Amount	元	yuan	85656.1

continued1

榆树市 Yu shu	农安县 Nong'an	德惠市 Dehui	九台市 Jiutai	双阳区(城区) Shuangyang(District)
135090.1	92555.7	141502.2	95204.8	146586.2
3539.3	2946.4	4068.8	1910.6	3155.6
84302.4	64588.2	97440.9	47313.1	77314.3
123.7	73.9	63.6	336.1	193.7
4679.2	2603.6	2434.1	11833.6	7338.1
106.2	19.5	39.3	33.9	320.3
3979.4	600.4	1506.2	1346.3	10848.3
474.9	228.5	190.1	113.9	489.9
6123.5	3638.5	2521.3	1956.3	8113.0
9.0	11.4	2.0	29.8	12.0
154.1	248.0	24.0	372.9	173.1
36.1	67.2	14.0	20.9	37.9
720.0	1073.7	325.0	274.7	636.9
63.9	87.0	165.6	6.8	258.5
1130.8	1485.0	3652.0	94.0	5146.8
3.3	49.1	165.2	12.7	199.8
46.6	514.1	2965.4	120.1	3451.9
933.8	767.8	827.1	982.0	931.5
8863.0	7323.5	7497.2	9048.1	8546.8
84.7	89.9	69.7	56.4	89.4
1149.0	1035.5	828.1	759.3	975.4
1378.7	275.9	996.2	223.0	1078.6
9671.2	2243.5	7286.9	1926.0	7033.1
21140.5	16771.4	21053.8	14189.0	13418.5
132.7	44.7	54.5	156.9	172.6
1996.8	559.1	794.1	1756.8	2208.8
30.4	1.4	4.2	2.1	11.3
883.1	39.3	215.0	23.0	550.9
	24.3	1.8	11.9	9.3
	217.0	20.6	121.2	95.1
1003.5	1205.3	1203.0	758.7	593.4
16542.1	15665.1	18167.7	10648.3	9044.5
2.3	6.0	10.2	26.1	6.6
34.0	206.7	419.7	203.7	183.3
				0.5
				10.2
122127.0	73526.6	100363.1	75729.6	104800.7
12962.6	9253.5	11707.3	9767.8	13211.6
81633.4	53331.5	67205.0	51462.9	78162.4
97.8	36.7	33.6	33.2	34.6
1599.3	948.7	799.1	328.0	1088.5
5864.7	3328.6	5691.3	3798.5	4731.4
21941.7	12893.2	21007.6	13608.1	16205.5

8－12 续表2

		单位 Unit		长春市 Chungchun
(4)购买白酒	Alcohol	公斤	kg	8030.9
金额	Amount	元	yuan	52597.8
(5)购买果酒	Wine	公斤	kg	47.9
金额	Amount	元	yuan	453.2
9.购买茶叶、饮料金额	Tea beverage	元	yuan	67822.5
其中:(1)购买茶叶	Tea	公斤	kg	15.9
金额	Amount	元	yuan	1293.3
(2)购买冷饮金额	Cold drink	元	yuan	30721.3
(3)购买碳酸类饮料金额	Soda pop	元	yuan	12035.2
(4)购买果汁类饮料金额	Juice	元	yuan	2607.5
(5)购买瓶(桶)装水金额	Water bottled	元	yuan	5406.6
10.购买其他种类食品金额	Other food	元	yuan	675592.5
其中:(1)购买豆制品	Products of bean	元	yuan	59672.8
(2)购买调味品	Seasoning	元	yuan	59206.1
(3)购买食糖	Sugar	公斤	kg	1236.5
金额	Amount	元	yuan	11221.3
(4)购买西瓜	Water melon	公斤	kg	12683.2
金额	Amount	元	yuan	26786.9
(5)购买其他果用瓜	Other melon	公斤	kg	5548.5
金额	Amount	元	yuan	27646.8
(6)购买水果	Fruits	公斤	kg	46059.6
金额	Amount	元	yuan	241328.4
(7)购买坚果、果仁及制品	Nuts and its products	公斤	kg	8838.0
(8)购买糖果	Candy	元	yuan	6702.3
(9)购买糕点	Cake	元	yuan	24629.2
(10)购买营养滋补品	Nourishing food	元	yuan	2184.2
(二)衣着类	Clothing			871603.6
其中:1.购买服装	Garments	件	piece	5799.9
金额	Amount	元	yuan	582647.8
2.购买鞋类	Shoes	双	pair	3584.4
金额	Amount	元	yuan	210913.0
(三)居住类	House			1035720.5
1.购买建筑生活用房材料支出	Materials of construction	元	yuan	584837.8
其中:(1)购买水泥	Cement	公斤	kg	119354.0
金额	Amount	元	yuan	62709.4
(2)购买木材	Timber	立方米	cu·m	142.9
金额	Amount	元	yuan	60709.1
(3)购买钢材	Steel	公斤	kg	16111.0
金额	Amount	元	yuan	69823.2
(4)购买水泥预制件	Cement products	件	piece	30.7
金额	Amount	元	yuan	4710.4
(5)购买玻璃	Glass	平方米	sq·m	142.0
金额	Amount	元	yuan	5070.6
(6)购买砖	Brick	块	piece	263342.8
金额	Amount	元	yuan	107411.6
(7)购买瓦	Tile	块	piece	5282.0
金额	Amount	元	yuan	20493.8
(8)购买沙石	Sand and stone	立方米	cu·m	737.3
金额	Amount	元	yuan	40453.1

continued2

榆树市 Yu shu	农安县 Nong'an	德惠市 Dehui	九台市 Jiutai	双阳区(城区) Shuangyang(District)
3276.0	890.7	1382.9	1245.2	1236.0
16832.0	6202.4	11111.4	9275.8	9176.3
26.9		8.9	3.1	9.0
120.7		180.0	47.0	105.5
15318.5	16118.7	19663.7	5337.6	11384.1
1.2	6.8	2.0	5.4	0.5
161.2	267.6	150.0	663.2	51.2
5908.3	8118.9	8746.9	2040.8	5906.4
1137.3	2847.0	4263.3	511.8	3275.8
662.2	104.4	821.6	694.4	324.9
1237.2	1203.9	2028.3	196.9	740.4
158881.6	113003.3	147905.7	121062.6	134739.3
19219.8	7614.7	7854.9	8795.0	16188.4
10879.7	9860.2	11709.1	14072.7	12684.4
296.6	199.3	237.6	314.4	188.6
2687.4	1760.9	2154.7	2922.6	1695.7
2460.3	3308.1	2914.2	1842.4	2158.2
5289.2	5928.7	6325.6	3960.6	5282.9
1385.1	729.5	1408.6	865.1	1160.3
6712.5	3761.6	7932.8	3812.8	5427.2
9032.5	8830.6	11350.7	7774.2	9071.5
48734.5	42580.2	57186.5	43170.1	49657.0
466.3	1207.5	5326.5	119.1	1718.7
2135.8	961.1	1946.7	242.3	1416.4
2041.2	1351.7	7864.0	1313.9	12058.4
650.1	288.3	23.0	708.1	514.7
228247.6	119789.4	219525.3	144439.2	159602.2
1538.4	853.6	1430.2	960.9	1016.8
152533.3	80997.8	155330.6	93589.0	100197.1
620.6	534.3	1267.2	605.3	557.1
56651.2	26111.0	48782.1	34818.8	44549.8
279825.1	142587.8	289207.9	24738.8	299360.8
162936.8	88224.0	95390.0	5260.9	233026.0
47106.2	9920.6	7100.9	1671.1	53555.2
22696.2	8577.2	3354.4	859.6	27222.0
1.6	8.8	14.7	7.3	110.5
3052.5	7037.4	10431.3	1357.8	38830.1
1034.4	868.1	12061.5	37.6	2109.4
7113.1	2898.7	49447.2	223.5	10140.7
				30.7
				4710.4
142.0				
5070.6				
17240.2	103339.5	25003.2		117760.0
6105.0	36685.5	8301.0		56320.0
265.7	3100.2	48.0	71.0	1797.1
3407.5	8104.9	1405.2	817.8	6758.4
52.7	24.8	5.0	7.3	647.5
6798.7	2542.2	1000.1	856.4	29255.7

8-12续表3

		单位 Unit		长春市 Chungchun
2.购买生活用房支出	House	元	yuan	26367.3
其中:(1)购买砖木结构房屋间数	Rooms of brick and wood structures	间	room	3.0
面积	Floor space	平方米	sq · m	60.8
金额	Amount	元	yuan	20282.5
(2)购买钢筋混凝土房屋间数	Rooms of reinforced concrete structures	间	room	
面积	Floor space	平方米	sq · m	
金额	Amount	元	yuan	
(3)购买其他结构房屋间数	Other house	间	room	3.0
面积	Floor space	平方米	sq · m	60.8
金额	Amount	元	yuan	6084.8
3.购买生活用燃料	Fuel	元	yuan	57396.4
其中:(1)购买柴	Firewood	公担	quintal	
金额	Amount	元	yuan	
(2)购买草	Faggot	公担	quintal	299.7
金额	Amount	元	yuan	3151.9
(3)购买煤	Coal	公斤	kg	39499.0
金额	Amount	元	yuan	39485.1
(4)液化气	Liquefied gas	元	yuan	13728.8
a.天然气	Natural gas	立方米	cu · m	243.4
金额	Amount	元	yuan	801.4
b.煤气	Coal gas	立方米	cu · m	52.2
金额	Amount	元	yuan	125.3
c.液化石油气	Liquefied Petroleum Gas	公斤	kg	1601.9
金额	Amount	元	yuan	12802.1
4.购买生活用水	Water	吨	ton	519.5
金额	Amount	元	yuan	1847.7
5.购买生活用电	Electricity	度	degree	357596.1
金额	Amount	元	yuan	186065.1
(四)家用设备和日用品	Daily consumer goods			471964.9
其中:1.购买洗涤及卫生用品	Detergent	元	yuan	80106.3
2.购买厨具、餐具、茶具	Household articles	元	yuan	27265.9
3.购买家具及做家具材料	Furnitures	元	yuan	99822.8
4.购买洗衣机	Washing machine	台	unit	26.5
金额	Amount	元	yuan	20933.5
5.购买缝纫机	Sewing machine	台	unit	
金额	Amount	元	yuan	
6.购买电风扇	Electric fan	台	unit	21.4
金额	Amount	元	yuan	2898.8
7.购买电冰箱	Refrigerator	台	unit	46.9
金额	Amount	元	yuan	93945.3
8.购买空调机	Air conditioner	台	unit	
金额	Amount	元	yuan	
9.购买吸尘器	Dust catcher	台	unit	
金额	Amount	元	yuan	
10.购买抽油烟机	Smoke absorber	台	unit	6.1
金额	Amount	元	yuan	2533.9
11.购买热水器	Shower	台	unit	1.0
金额	Amount	元	yuan	3926.9
12.购买微波炉	Microwave oven	台	unit	2.0
金额	Amount	元	yuan	368.6
13.购买电饭锅	Electric rice cooker	个	unit	50.0
金额	Amount	元	yuan	8288.5
14.购买燃气炉具	Cooking appliances	套	set	7.1
金额	Amount	元	yuan	1958.5

continued3

榆树市 Yu shu	农安县 Nong'an	德惠市 Dehui	九台市 Jiutai	双阳区(城区) Shuangyang(District)
26367.3				
3.0				
60.8				
20282.5				
3.0				
60.8				
6084.8				
15004.0	6468.0	14116.8	14931.5	6876.2
	206.7	93.0		
	2221.8	930.1		
10496.2	516.7	12921.6	10444.5	5120.0
12920.0	620.0	11225.4	11227.8	3491.8
2084.0	2902.8	1961.2	3703.6	3077.1
			23.0	220.5
			135.8	665.6
			52.2	
			125.3	
244.4	340.0	213.0	451.2	353.3
2084.0	2902.8	1961.2	3442.5	2411.5
46.6	187.5	91.8		193.5
101.4	945.6	216.0		584.7
82725.4	59968.5	65961.7	85032.9	63907.6
41379.9	31569.3	34701.4	44744.2	33670.2
119727.1	76916.1	119883.8	56538.4	98899.5
21248.1	13825.5	15453.0	13442.8	16136.9
6781.8	6752.7	7718.8	874.2	5138.4
24557.1	18993.8	43063.4	2820.0	10388.5
7.1	6.2	4.0	1.0	8.2
3761.4	4721.6	5030.6	835.6	6584.3
6.1	8.3	5.0		2.0
1069.9	1116.1	595.1		117.8
8.1	8.3	12.0	4.2	14.3
20271.4	11393.2	23506.0	6747.1	32027.6
4.1		1.0	1.0	
1916.7		450.1	167.1	
	1.0			
	3926.9			
				2.0
				368.6
7.1	10.3	13.0	6.3	13.3
1419.8	992.1	1780.2	1589.7	2506.8
3.0	1.0	1.0		2.0
537.5	206.7	950.1		264.2

8－12 续表 4

		单位 Unit		长春市 Chungchun
(五)交通、通讯工具和用品	Transport and telecommunication			661213.5
其中:1. 购买自行车	Bicycles	辆	unit	16.3
金额	Amount	元	yuan	7486.5
2. 购买电动自行车	Power－bicycle	辆	unit	11.2
金额	Amount	元	yuan	32567.7
3. 购买摩托车	Motorcycle	辆	unit	18.3
金额	Amount	元	yuan	79566.8
4. 购买汽车(生活用)	Family car	辆	unit	4.1
金额	Amount	元	yuan	203429.6
5. 购买电话	Telephone	部	set	9.2
金额	Amount	元	yuan	2708.0
6. 购买手机	Mobile telephone	部	set	223.8
金额	Amount	元	yuan	110233.3
其中:购买燃料	Fuel	元	yuan	203276.1
1. 购买汽油	Gasoline	升	liter	22240.8
金额	Amount	元	yuan	162855.9
2. 购买柴油	Diesel oil	升	liter	4828.0
金额	Amount	元	yuan	35327.5
(六)文化、教育、体育、娱乐用品	Culture, education, sports and recreation appliances			314712.8
其中:1. 购买收录机	Recorder	台	unit	1.0
金额	Amount	元	yuan	62.7
2. 购买组合音响	Hi－Fi stereo component players	台	unit	
金额	Amount	元	yuan	
3. 购买电子游戏机	Video game player	台	unit	
金额	Amount	元	yuan	
4. 购买黑白电视机	Tv sets	台	unit	
金额	Amount	元	yuan	
5. 购买彩色电视机	Colour TV sets	台	unit	37.7
金额	Amount	元	yuan	117694.0
6. 购买录放像机	Video recorders	台	unit	
金额	Amount	元	yuan	
7. 购买影碟机	Video disc player	台	unit	9.2
金额	Amount	元	yuan	1830.4
8. 购买摄像机	Video recorders	台	unit	
金额	Amount	元	yuan	
9. 购买照相机	Camera	只	unit	
金额	Amount	元	yuan	
10. 购买家用计算机(电脑)	Personal computer	台	unit	17.3
金额	Amount	元	yuan	63228.4
11. 购买家用计算机外部设备	Peripheral equipment	元	yuan	1764.0
12. 购买中高档乐器	High－grade musical instrument	元	yuan	
13. 购买体育健身器材	Sport instruments	元	yuan	
14. 购买观赏盆栽植物	Planting in pots	盆	pot	33.0
金额	Amount	元	yuan	148.2
15. 购买宠物	Pet	只	head	4.1
金额	Amount	元	yuan	873.1
(七)医疗卫生、保健用品	Medical and medical articles			601466.7
其中:1. 购买药品	Medicine	元	yuan	587975.1
2. 购买医疗卫生器械	Medical articles	元	yuan	1609.2
3. 购买药品类保健品	Nourishing medicine	元	yuan	8185.7
4. 购买保健器材	Sports instrument	元	yuan	125.3
(八)其他杂项商品	Articles			254242.4
其中:1. 购买首饰	Jewels	元	yuan	91010.8
2. 购买手表	Watch	只	piece	23.5
金额	Amount	元	yuan	3985.3
3. 购买化妆品	Cosmetics	元	yuan	30840.5
4. 购买迷信、宗教用品	Religious articles	元	yuan	32512.7

continued4

榆树市 Yu shu	农安县 Nong'an	德惠市 Dehui	九台市 Jiutai	双阳区(城区) Shuangyang(District)
182403.3	96077.4	191651.3	60369.4	130712.0
6.1	1.0	5.0	4.2	
2462.3	392.7	1523.2	3108.3	
3.0	2.1	3.0		3.1
8204.3	6407.0	9201.2		8755.2
13.2	2.1	2.0		1.0
56973.7	6200.4	12501.6		3891.2
1.0	1.0	1.0		1.0
40565.1	39165.7	85810.8		37888.0
1.0	1.0	1.0		6.1
405.7	62.0	50.0		2190.3
61.9	35.1	65.0	18.8	43.0
34154.8	14691.8	35252.4	8825.6	17308.7
36472.0	24380.5	39782.4	45853.9	56787.4
4860.5	2914.3	3653.0	3445.7	7367.3
35701.2	21277.2	26957.8	24432.2	54487.4
2.6	268.8	1453.8	2901.0	201.7
20.3	2108.1	10761.4	20912.0	1525.8
46269.9	54261.3	82467.5	34248.0	97466.2
			1.0	
			62.7	
7.1	6.2	10.0	2.1	12.3
12108.7	14311.5	29345.7	4952.8	56975.4
1.0	1.0	1.0	2.1	4.1
243.4	124.0	150.0	585.9	727.0
2.0	5.2	6.0	1.0	3.1
5679.1	18911.1	19682.5	4517.2	14438.4
720.0	5.2	25.0		1013.8
	24.8	1.0		7.2
	98.2	5.0		45.1
	2.1	2.0		
	558.0	315.0		
232621.2	73165.4	150707.3	69474.4	75498.4
231608.1	72517.5	141567.1	68894.7	73387.7
976.6	17.6		240.2	374.8
30.4	101.3	6934.9	101.3	1017.9
			125.3	
35358.8	62174.4	88956.7	42128.9	25623.6
17375.8	22763.6	40444.1	2613.2	7814.1
7.1	5.2	4.0	4.2	3.1
1321.4	543.6	1085.1	937.9	97.3
11245.8	3728.4	7707.5	2596.5	5562.4
3643.8	5499.7	16629.6	3200.2	3539.5

8－12 续表 5

		单位 Unit		长春市 Chungchun
二、购买生产资料	Productive materials	元	yuan	7288131.4
(一)购买农业用种籽	Seed	公斤	kg	59027.3
金额	Amount	元	yuan	1338530.0
其中:1. 购买小麦种籽	Wheat seed	公斤	kg	
金额	Amount	元	yuan	
2. 购买稻谷种籽	Rice seed	公斤	kg	6858.1
金额	Amount	元	yuan	85578.9
3. 购买玉米种籽	Corn seed	公斤	kg	41134.9
金额	Amount	元	yuan	1188708.3
4. 购买其他粮食种籽	Other grain seed	公斤	kg	1501.9
金额	Amount	元	yuan	6829.2
5. 购买其他种籽	Other seed	公斤	kg	9532.5
金额	Amount	元	yuan	57413.6
(二)购买农业用饲料	Forage	公斤	kg	16472.8
金额	Amount	元	yuan	35801.1
其中:1. 购买小麦饲料	Wheat forage	公斤	kg	
金额	Amount	元	yuan	
2. 购买稻谷饲料	Rice forage	公斤	kg	
金额	Amount	元	yuan	
3. 购买玉米饲料	Corn forage	公斤	kg	13743.0
金额	Amount	元	yuan	31204.5
4. 购买其他生产饲料	Other forage	公斤	kg	2729.8
金额	Amount	元	yuan	4596.6
(三)购买农业用其他生产资料	Other materials	元	yuan	3180114.0
其中:1. 购买化肥	Chemical fertilizer	公斤	kg	728118.1
金额	Amount	元	yuan	2307572.2
2. 购买微量元素肥	Microelement fertilizer	克	g	6227.9
金额	Amount	元	yuan	12248.1
3. 购买饼肥	Cake fertilizer	公斤	kg	
金额	Amount	元	yuan	
4. 购买农药	Pesticide	元	yuan	224245.9
5. 购买薄膜	Film	公斤	kg	558.3
金额	Amount	元	yuan	8262.8
6. 购买燃料	Fuel	公斤	kg	32423.3
金额	Amount	元	yuan	244041.5
#(1)购买汽油	Gasoline	升	liter	1959.6
金额	Amount	元	yuan	14461.1
(2)购买柴油	Diesel oil	升	liter	30463.8
金额	Amount	元	yuan	229580.4
(四)购买林业用饲料	Forestry forage	公斤	kg	282.0
金额	Amount	元	yuan	647.6
其中:1. 购买小麦饲料	Wheat forage	公斤	kg	
金额	Amount	元	yuan	
2. 购买稻谷饲料	Rice forage	公斤	kg	
金额	Amount	元	yuan	
3. 购买玉米饲料	Corn forage	公斤	kg	
金额	Amount	元	yuan	
4. 购买其他生产饲料	Other forage	公斤	kg	282.0
金额	Amount	元	yuan	647.6
(五)购买林业用其他生产资料	Other forestry forage	元	yuan	3442.1
其中:1. 购买树种	Tree seed	公斤	kg	5.0
金额	Amount	元	yuan	240.0
2. 购买树苗	Sapling	株	plant	1044.5
金额	Amount	元	yuan	3199.0
3. 购买化肥	Chemical fertilizer	公斤	kg	
金额	Amount	元	yuan	
4. 购买微量元素肥	Microelement fertilizer	克	g	
金额	Amount	元	yuan	
5. 购买农药	Pesticide	元	yuan	3.1

continued5

榆树市 Yu shu	农安县 Nong'an	德惠市 Dehui	九台市 Jiutai	双阳区(城区) Shuangyang(District)
1605009.3	1415375.4	1674239.2	1198163.6	1395344.0
10737.0	7309.7	8359.2	19455.0	13166.5
279913.5	196143.5	221278.2	401423.3	239771.5
1688.1		3414.2		1755.9
16742.1		47064.1		21772.7
8161.2	5129.8	3729.3	15937.4	8177.3
254475.0	178553.1	163230.6	385556.1	206893.6
7.3	1311.1	7.3	162.3	13.9
75.3	5552.1	110.0	787.4	304.3
880.4	868.9	1208.5	3355.3	3219.5
8621.0	12038.3	10873.5	15079.8	10800.9
911.3	64.5	12285.5	1259.5	1952.1
1139.1	154.7	27989.9	2094.6	4422.8
	53.7	12285.5	5.5	1398.3
	121.4	27989.9	17.5	3075.6
911.3	10.7		1254.0	553.8
1139.1	33.3		2077.1	1347.2
646799.2	719313.2	706216.7	480693.5	627091.5
168929.5	94064.2	144415.5	158026.1	162682.8
538314.7	335207.8	540841.5	385958.5	507249.7
25.1	5933.5	1.0		268.3
283.7	11402.9	78.0		483.5
29153.3	36684.4	53744.7	60563.7	44099.8
236.7	4.2	83.6	140.2	93.7
3632.1	65.5	1295.1	1080.2	2189.9
8208.7	9583.9	8871.4	1082.9	4676.4
62150.9	71973.2	66741.5	7756.8	35419.1
17.4	1431.4	11.1	485.8	13.8
125.3	10692.3	78.0	3458.9	106.5
8191.3	8152.5	8860.3	597.1	4662.6
62025.6	61280.8	66663.5	4297.9	35312.6
			282.0	
			647.6	
			282.0	
			647.6	
	34.1	3340.4		67.6
		5.0		
		240.0		
	6.2	1030.1		8.2
	31.0	3100.4		67.6
	3.1			

8－12 续表6

		单位 Unit		长春市 Chungchun
6. 购买燃料	Fuel	公斤	kg	
金额	Amount	元	yuan	
(1)购买汽油	Gasoline	升	liter	
金额	Amount	元	yuan	
(2)购买柴油	Diesel oil	升	liter	
金额	Amount	元	yuan	
(六)购买牧业用饲料	Animal husbandry forage	公斤	kg	735489.8
金额	Amount	元	yuan	2069622.5
其中:1. 购买小麦	Wheat	公斤	kg	
金额	Amount	元	yuan	
2. 购买稻谷	Rice	公斤	kg	
金额	Amount	元	yuan	
3. 购买玉米	Corn	公斤	kg	196173.8
金额	Amount	元	yuan	417153.5
4. 购买其他生产饲料	Other forage	公斤	kg	539316.0
金额	Amount	元	yuan	1652469.0
(七)购买牧业用其他生产资料	Other materials	元	yuan	553414.8
其中:1. 购买仔、幼畜	Young animal	头	head	618.4
金额	Amount	元	yuan	289167.7
2. 购买育肥周转畜	Livestock	头	head	10.5
金额	Amount	元	yuan	20393.0
3. 仔、幼畜	Whelps、pups	元	yuan	25176.7
4. 仔、幼小动物	Whelps、young animals	元	yuan	2974.7
5. 购买种蛋	Eggs	公斤	kg	22.3
金额	Amount	元	yuan	527.3
6. 兽药	Beast medicine	元	yuan	67463.7
7. 燃料	fuel	元	yuan	
(1)购买汽油	Gasoline	升	liter	
金额	Amount	元	yuan	
(2)购买柴油	Diesel oil	升	liter	
金额	Amount	元	yuan	
(八)购买渔业用生产饲料	Fishing forage	公斤	kg	258.3
金额	Amount	元	yuan	1488.1
其中:1. 购买小麦饲料	Wheat forage	公斤	kg	
金额	Amount	元	yuan	
2. 购买稻谷饲料	Rice forage	公斤	kg	
金额	Amount	元	yuan	
3. 购买玉米饲料	Corn forage	公斤	kg	
金额	Amount	元	yuan	
4. 购买其他生产饲料	Other forage	公斤	kg	258.3
金额	Amount	元	yuan	1488.1
(九)购买渔业用生产资料	Fishing material	元	yuan	4027.1
其中:1. 购买种苗	Fish seed	元	yuan	3200.4
2. 购买渔用药	Fishing medicine	元	yuan	
3. 购买燃料	Fuel	元	yuan	
(1)购买汽油	Gasoline	升	liter	
金额	Amount	元	yuan	

continued6

榆树市 Yu shu	农安县 Nong'an	德惠市 Dehui	九台市 Jiutai	双阳区(城区) Shuangyang(District)
154966.9	103878.4	176178.7	125335.1	175130.7
471890.1	353347.2	571743.0	229203.6	443438.5
19247.1	44348.3	85033.7	28293.5	19251.2
38956.7	95449.5	186295.5	58842.3	37609.5
135719.8	59530.2	91145.0	97041.6	155879.5
432933.4	257897.7	385447.6	170361.3	405829.0
137389.9	142988.0	140470.5	75596.0	56970.4
244.4	151.9	165.0	53.0	4.1
118206.7	63579.6	84010.6	20923.5	2447.4
	5.2	4.0	1.4	
	12462.7	5920.7	2009.5	
5482.4	5332.8	7855.0	3245.1	3261.4
2971.4				3.3
22.3				
527.3				
8407.1	12472.1	13459.5	21531.8	11593.2
	258.3			
	1488.1			
	258.3			
	1488.1			
	826.7	3200.4		
		3200.4		

8－12 续表 7

		单位 Unit		长春市 Chungchun
(2)购买柴油	Diesel oil	升	liter	
金额	Amount	元	yuan	
(十)购买工业生产用原料	Industry material	元	yuan	
(十一)购买工业用燃料	Fuel	公斤	kg	
金额	Amount	元	yuan	
(1)购买汽油	Gasoline	升	liter	
金额	Amount	元	yuan	
(2)购买柴油	Diesel oil	升	liter	
金额	Amount	元	yuan	
(十二)购买建筑业生产用原料	Construction materials	元	yuan	
(十三)购买建筑业生产用燃料	Constructional fuel	公斤	kg	
金额	Amount	元	yuan	
(1)购买汽油	Gasoline	升	liter	
金额	Amount	元	yuan	
(2)购买柴油	Diesel oil	升	liter	
金额	Amount	元	yuan	
(十四)购买交通运输业邮电业燃料	Transport fuel	公斤	kg	11793.3
金额	Amount	元	yuan	87288.9
(1)购买汽油	Gasoline	升	liter	2817.8
金额	Amount	元	yuan	20693.2
(2)购买柴油	Diesel oil	升	liter	8975.6
金额	Amount	元	yuan	66595.6
(十五)购买批零贸易业用原料	Wholesale and retail trade materials	元	yuan	1768.4
(十六)购买批零贸易业用燃料	Whoesale and retail trade fuel	元	yuan	600.6
金额	Amount	元	yuan	4417.4
(1)购买汽油	Gasoline	升	liter	600.6
金额	Amount	元	yuan	4417.4
(2)购买柴油	Diesel oil	升	liter	
金额	Amount	元	yuan	
(十七)购买社会服务业用原料	Social services materials	元	yuan	7209.0
(十八)购买社会服务业用燃料	Social services fuel	公斤	kg	21.1
金额	Amount	元	yuan	153.6
(1)购买汽油	Gasoline	升	liter	21.1
金额	Amount	元	yuan	153.6
(2)购买柴油	Diesel oil	升	liter	
金额	Amount	元	yuan	
(十九)购买文教卫生业用原料	Clture education materials	元	yuan	
(二十)购买文教卫生业用燃料	Clture education fuel	元	yuan	
金额	Amount	元	yuan	
(1)购买汽油	Gasoline	升	liter	
金额	Amount	元	yuan	
(2)购买柴油	Diesel oil	升	liter	
金额	Amount	元	yuan	
(二十一)购买其他行业用原料	Other industry materials	元	yuan	206.8

continued7

榆树市 Yu shu	农安县 Nong'an	德惠市 Dehui	九台市 Jiutai	双阳区(城区) Shuangyang(District)
8670.8	129.9		1182.9	1809.7
64074.6	1079.9		8505.0	13629.4
312.4			1141.2	1364.3
2291.9			8212.5	10188.8
8358.4	129.9		41.8	445.4
61782.7	1079.9		292.4	3440.6
				1768.4
517.0				83.6
3803.0				614.4
517.0				83.6
3803.0				614.4
				7209.0
				21.1
				153.6
				21.1
				153.6
				206.8

8－12 续表 8

		单位 Unit		长春市 Chungchun
(二十二)购买其他行业用燃料	Other industries fuel	公斤	kg	
金额	Amount	元	yuan	
(1)购买汽油	Gasoline	升	liter	
金额	Amount	元	yuan	
(2)购买柴油	Diesel oil	升	liter	
金额	Amount	元	yuan	
三、购买生产用电	Electricity in production	度	degree	42200.6
金额	Amount	元	yuan	24726.3
(1)农业生产用电	Farming production	度	degree	29732.8
金额	Amount	元	yuan	18201.8
(2)林业生产用电	Forestry	度	degree	
金额	Amount	元	yuan	
(3)牧业生产用电	Animal husbandry	度	degree	9458.4
金额	Amount	元	yuan	4967.3
(4)渔业生产用电	Fishery	度	degree	
金额	Amount	元	yuan	
(5)工业生产用电	Industry	度	degree	
金额	Amount	元	yuan	
(6)建筑业生产用电	Construction	度	degree	
金额	Amount	元	yuan	
(7)交通运输邮电业生产用电	Transport post and telecommunication	度	degree	
金额	Amount	元	yuan	
(8)批零贸易业生产用电	Wholesale and retail trade	度	degree	3009.4
金额	Amount	元	yuan	1557.2
(9)社会服务业生产用电	Social services	度	degree	
金额	Amount	元	yuan	
(10)文教卫生业生产用电	Culture education and health care	度	degree	
金额	Amount	元	yuan	
(11)其他行业生产用电	Other industries	度	degree	
金额	Amount	元	yuan	
四、购买生产性固定资产情况	Fixed assets	元	yuan	1232674.7
(一)购买建筑生产用建筑物材料	Construction materials	元	yuan	162569.4
其中:1.购买水泥	Cement	公斤	kg	35527.2
金额	Amount	元	yuan	18101.5
2.购买木材	Timber	立方米	cu·m	23.2
金额	Amount	元	yuan	13032.2
3.购买钢材	Steel	公斤	kg	2996.7
金额	Amount	元	yuan	11656.3
4.购买水泥预制件	Cement products	件	piece	
金额	Amount	元	yuan	
5.购买玻璃	Glass	平方米	sq·m	
金额	Amount	元	yuan	

continued8

榆树市 Yu shu	农安县 Nong'an	德惠市 Dehui	九台市 Jiutai	双阳区(城区) Shuangyang(District)
2786.0	967.3	27080.9		11366.4
1393.0	505.1	16861.1		5967.1
1771.9	967.3	16177.9		10815.7
885.9	505.1	11130.4		5680.3
		8907.7		550.7
		4680.6		286.7
1014.1		1995.3		
507.1		1050.1		
161748.2	211080.2	454844.7	40364.9	364636.7
5208.6	46000.5	59697.9		51662.3
608.5	13315.3	16534.6		5068.8
316.4	7026.1	8095.6		2663.4
0.4	17.2	0.5		5.1
770.7	4536.6	962.3		6762.5
	1400.3	1279.0		317.4
	4701.9	5069.2		1885.2

8－12 续表9

		单位 Unit		长春市 Chungchun
6. 购买砖瓦	Brick	块	piece	156873.8
金额	Amount	元	yuan	62418.4
7. 购买沙石	Sand and store	立方米	cu·m	111.8
金额	Amount	元	yuan	7079.3
(二)购买生产用房间数	Rooms of building	间	room	
面积	Floor space	平方米	sq·m	
金额	Amount	元	yuan	
(三)购买役畜	Livestock	头	head	1.0
金额	Amount	元	yuan	9216.0
(四)购买产品畜	Livestock products	头	head	85.7
金额	Amount	元	yuan	294804.3
(五)购买农林牧渔业机械支出	Expenditure on farming forestry, animal husbandry and fisher facilities	元	yuan	474581.8
其中:1. 购买大中型铁木家具	Iron and wooden furniture	元	yuan	20032.2
2. 购买小型拖拉机	Small tractors	台	unit	8.0
金额	Amount	元	yuan	66496.1
3. 购买大中型拖拉机	Large tractors	台	unit	12.1
金额	Amount	元	yuan	233795.7
4. 购买机动脱粒机	Sheller	台	unit	7.0
金额	Amount	元	yuan	19187.2
5. 购买收割机	Harvester	台	unit	
金额	Amount	元	yuan	
6. 购买动力机	Electric power	台	unit	1.7
金额	Amount	元	yuan	1173.1
7. 购买胶轮大车	Truck	辆	unit	
金额	Amount	元	yuan	
8. 购买水泵	Waterpump	台	unit	26.5
金额	Amount	元	yuan	7881.1
9. 购买风力发电机	Wind－mill generator	台	unit	
金额	Amount	元	yuan	
(六)购买工业机械支出	Machines	元	yuan	
(七)购买运输机械支出	Transport machinery	元	yuan	93796.5
其中:1. 购买大中型拖拉机	Large tractor	辆	unit	
金额	Amount	元	yuan	
2. 购买小型拖拉机	Small tractor	辆	unit	
金额	Amount	元	unit	
3. 购买汽车	Vehicle	辆	unit	2.9
金额	Amount	元	yuan	92260.5
4. 购买胶轮大车	Tyre truck	辆	unit	
金额	Amount	元	yuan	
5. 购买机动船	Steam ship	艘	unit	
金额	Amount	元	yuan	

continued9

榆树市 Yu shu	农安县 Nong'an	德惠市 Dehui	九台市 Jiutai	双阳区(城区) Shuangyang(District)
7322.0	53859.5	34398.7		61293.6
2819.3	15506.1	17067.6		27025.4
	35.1	39.3		37.4
	3379.2	2461.1		1239.0
				1.0
				9216.0
8.1	9.3	31.5		36.9
10141.3	14570.9	57679.8		212412.4
103086.0	105349.5	186710.7	40364.9	39070.7
5303.9	1653.4	5398.2	7676.7	
5.1		0.9	2.1	
47461.2		1700.2	17334.7	
1.0	1.0	6.0	1.0	3.1
23730.6	23768.1	158204.9	12220.1	15872.0
3.0	3.1	0.9		
14278.9	4619.3	289.0		
		1.7		
		1173.1		
7.1	1.0	5.1		13.3
2520.1	330.7	1589.7		3440.6
	44229.3	25503.2		24064.0
	1.0	0.9		1.0
	44229.3	25503.2		22528.0

8－13　农村出售产品情况

（农村住户抽样调查资料）

		单位 Unit		长春市 Chungchun
1. 谷物数量	Quantity	公斤	kg	4659540.5
金额	Amount	元	yuan	9708660.0
#普通稻谷	#Rice	公斤	kg	440571.7
金额	Amount	元	yuan	1273017.9
#普通玉米	#Corn	公斤	kg	4191799.5
金额	Amount	元	yuan	8360330.2
2. 出售豆类数量	Quanting	公斤	kg	2955.4
金额	Amount	元	yuan	12643.7
3. 油料	Beans	公斤	kg	1438.3
金额	Amount	元	yuan	9933.0
4. 糖料	Beetroots	公斤	kg	
金额	Amount	元	yuan	
5. 烟草	Tobacco leaf	公斤	kg	
金额	Amount	元	yuan	
6. 蔬菜	Vegetable	公斤	kg	199958.7
金额	Amount	元	yuan	179268.4
7. 瓜类	Melon	公斤	kg	38752.3
金额	Amount	元	yuan	31001.9
8. 水果	Fruits	公斤	kg	1020.9
金额	Amount	元	yuan	3172.6
9. 木材	Timber	立方米	cu · m	13.6
金额	Amount	元	yuan	8214.7
10. 出售牧业产品	Sale meat			
肉猪	Hogs	公斤	kg	213079.4
金额	Amount	元	yuan	3131816.9
猪肉	Pork	公斤	kg	819.1
金额	Amount	元	yuan	20578.5
肉牛	Cattle	公斤	kg	12473.7
金额	mount	元	yuan	242708.0
菜羊	Goats	公斤	kg	610.3
金额	Amount	元	yuan	16470.4
家禽	Poultry	公斤	kg	11603.5
金额	Amount	元	yuan	114899.6
11. 蛋类	Eggs	公斤	kg	81474.8
金额	Amount	元	yuan	639659.3
12. 羊毛	Wool	公斤	kg	1.6
金额	Amount	元	yuan	58.2

BASIC STATISTICS ON RURAL PRODUCTS SALED

DATA ARE OBTAINED FROM THE SAMPLE SURVEYS ON RURAL HOUSEHOLDS

榆树市 Yu shu	农安县 Nong'an	德惠市 Dehui	九台市 Jiutai	双阳区(城区) Shuangyang(District)
1036623.0	723843.9	1212101.5	654921.9	1032050.2
1999283.7	1424261.1	2766618.6	1358135.7	2160360.9
55387.9		289510.0		95673.9
154692.5		842902.8		275422.6
973833.0	714177.5	922591.6	654921.9	926275.6
1831265.6	1406533.2	1923715.8	1358135.7	1840679.9
1487.7	908.4	51.0	21.9	486.4
6080.5	3134.3	237.0	109.7	3082.2
	1378.3	60.0		
	9573.0	360.0		
18279.8	155160.3	22037.8	274.2	4206.6
47944.0	96073.1	19803.5	460.6	14987.3
	38752.3			
	31001.9			
41.1	404.1		575.8	
82.1	1612.1		1478.3	
		12.0		1.6
		6340.8		1873.9
43886.3	48554.2	66659.1	41928.9	12050.9
625342.6	699596.7	996340.8	626787.0	183749.7
34.2	208.5	50.0		526.3
674.4	4895.7	1000.1		14008.3
3413.6	7262.7	671.1		1126.4
51872.6	155267.6	11401.4		24166.4
284.0	176.5	149.9		
8113.0	4546.9	3810.5		
4982.7	2799.4	357.9	220.1	3243.4
43722.1	21637.2	8250.0	4106.8	37183.5
24421.5	6379.5	414.9	1150.4	49108.6
195253.8	41845.8	6366.3	16201.5	379992.0
	1.1	0.5		
	36.2	22.0		

8－14　农村主要耐用物品拥有量

（农村住户抽样调查资料）

		单位 Unit		合计 Total
1. 洗衣机	Washing machine	台	unit	479
2. 电冰箱	Refrigerator	台	unit	427
3. 空调机	Air conditioner	台	unit	6
4. 抽油烟机	Smoke absorber	台	unit	30
5. 吸尘器	Dust absorber	台	unit	5
6. 微波炉	Microwave	台	unit	22
7. 热水器	Shower	台	unit	22
#太阳能热水器	Shower with solar energy	台	unit	11
8. 自行车	Bicycle	辆	unit	232
#电动自行车	Electric bicycle	辆	unit	29
9. 摩托车	Motorcycle	台	unit	329
10. 汽车(生活用)	Automobile	台	unit	35
11. 电话机	Telephone	部	sub	98
12. 移动电话	Mobile telephone	部	sub	1153
#接入互联网的	Access to internet	部	sub	103
13. 彩色电视机	Colour TV set	台	unit	615
#接入有线电视网的	Acess to CATV	台	unit	364
14. 黑白电视机	TV set	台	unit	5
#接入有线电视网的	Acess to CATV	台	unit	2
15. 摄像机	Video recording	台	unit	2
16. 影碟机	Video disc player	台	unit	265
17. 照相机	Camera	架	unit	8
18. 家用计算机	Family computer	台	unit	87
#接入互联网的	Access to internet	台	unit	58
19. 中高档乐器	High – degree musical instruments	件	sets	

DURABLE CONSUMER GOODS OWNED IN RURAL HOHSEHOLDS

DATA ARE OBTAINED FROM THE SAMPLE SURVEYS ON RURAL HOUSEHOLDS

榆树市 Yu shu	农安县 Nong'an	德惠市 Dehui	九台市 Jiutai	双阳区(城区) Shuangyang(District)
99	95	95	91	99
74	94	92	77	90
	2			4
12	3	4	6	5
	2		2	1
	3		8	11
	3	2	10	7
	2	1	4	4
41	35	68	54	34
3	6	6	3	11
59	69	66	59	76
8	7	6	4	10
11	23	18	18	28
251	234	250	205	213
	67	36		
125	110	136	122	122
85	19	61	98	101
			4	1
			2	
	1		1	
56	55	71	46	37
	1		4	3
11	20	26	10	20
3	11	26	6	12

8－15 主要年份平均每百户农民家庭年末耐用消费品拥有量 NUMBER OF DURABLE CONSUMER GOODS OWNED PER 100 RURAL HOUSEHOLDS AT YEAR END

		2008	2009	2010	2011	2012
自行车(辆)	Bicycle(unit)	73	69	67	55	50
黑白电视机(台)	TV set(unit)	7	8	7	1	
彩色电视机(台)	Colour TV set(unit)	100	103	102	116	120
电冰箱(台)	Refrigerator(unit)	27	37	39	75	90
洗衣机(台)	Washing machine(unit)	78	78	78	90	100
影碟机(台)	Video disc player(unit)	40	36	37	53	50
照相机(架)	Camera(unit)	2	1	1	2	
空调机(件)	Air conditioner(unit)				1	

统计资料

STATISTICS

◎ 城市建设

GENERAL SURVEY OF CITY

9－1 长春市城区用气情况
BASIC STATISTICS ON SUPPLY OF GAS IN CITY

		单位	Unit	2010	2011	2012
一、人工煤气	Gas					
生产能力	Production capacity of coal gas	万立方米/日	10000cu·m·day	80	80	80
储气能力	Gas storage capacity	万立方米	10000cu·m	20	20	20
供气管道长度	Length of gas pipeline	公里	km	1588	1529	1568
供气总量	Total gas supply	万立方米	10000cu·m	14327	15044.63	14641.39
其中:家庭用量	Households	万立方米	10000cu·m	7885	7264.72	7493.67
用气户数	Households access to gas	户	Household	448047	549027	553383
其中:家庭用户	Households	户	Household	433452	460000	538655
用气人口	Population	万人	10000 persons	133	135.94	156.49
二、天然气	Natural gas					
储气能力	Gas storage capacity	万立方米	10000cu·m	25	25	25
供气管道长度	Length of gas supply	公里	km	1606	1924	2063
供气总量	Total gas supply	万立方米	10000cu·m	26282	24765.26	29974.54
其中:家庭用量	Households	万立方米	10000cu·m	7667	7531.14	9345.21
用户总数	Households access to gas	户	Household	413875	504679	517896
用气人口	Population	万人	10000 persons	127	159.6	162.2
三、液化石油气	Liquefied Petroleum gas					
储气能力	Gas storage capacity	吨	Ton	6000	6000	6000
供气管道长度	Length of gas pipeline	公里	km			
供气总量	Total gas supply	吨	Ton	79187	72505.87	68563.04
其中:家庭用量	Households	吨	Ton	9502	9436.23	9034.56
用气户数	Households	户	Household	147542	134506	121432
用气人口	Population	万人	10000persons	43.82	43.72	35.37
四、燃气普及率	Percentage of population access to gas	%		98.00	98	98.08

9－2 长春市政设施情况
BASIC STATISTICS ON PUBLIC UTILITIES

		单 位 unit		2010	2011	2012
道路长度	Length of paved roads	公里	km	2572	2681.62	2850.24
道路面积	Area of paved roads	万平方米	10000sq·m	5474.6	5912.62	6456.58
桥梁数	Bridges	座	set	207	244	259
路灯数	Street lights	盏	unit	118271	219582	233933
排水管道长度	Length of exhaust piping	公里	km	3801	4179.53	4644.52
污水排放量	Volume of waste water discharged	万立方米	10000cu·m	23555	23901	24465.7
污水处理厂座数	Number of factory for waste water discharged	座	set	6	6	6
污水处理厂污水处理能力	Capacity of wasted water discharged	万立方米/日	10000cu·m/day	74.3	74.3	74.3
污水处理总量	Volume of waste water treatment	万立方米	10000cu·m	20493	20855	21076

9－3 长春市园林绿化情况
BASIC STATISTICS ON PARKS,GARDENS AND GREEN AREAS

		单位 unit		2010	2011	2012
绿化覆盖面积	Total area of green land	公顷	ha	15618	15580	15525
其中:建成区	Finished area	公顷	ha	15190	15195	15220
园林绿地面积	Total area of parks and gardens	公顷	ha	13459	13395	13007
其中:建成区	Finished area	公顷	ha	13147	13119	12979
公共绿地面积	Public green areas	公顷	ha	4249	4470	4966
公园个数	Parks	个	unit	22	30	38
公园面积	Area of parks	公顷	ha	1031	1103	1200

9－4 长春市城区集中供热情况
BASIC STATISTICS ON HEATING IN CITY

		单位 unit		2010	2011	2012
供热能力(热水)	Heating capacity (water)	兆瓦	Mega watts	10615	11545	14274
供热能力(蒸汽)	Heating capacity (steam)	吨/小时	ton/hour	1016	999	116
供热总量(热水)	Volume supplied(water)	万吉焦	10000gigajoules	6537	6100	6598
供热总量(蒸汽)	Volume supplied(steam)	吨/小时	ton/hour	1034	993	106.2
管道长度(热水)	Length of pipeline(water)	公 里	km	3349	3425	5106.41
管道长度(蒸汽)	Length of pipeline (steam)	公 里	km	36	40	33.2
供热面积	Heated area	万平方米	10000sq·m	12166.3	12817.8	13305.93

9-5 长春市城区自来水供应情况(公共供水)
BASIC STATISTICS ON TAP WATER SUPPLY IN CITY

		单位 unit		2012
年底自来水生产能力	Production capacity of tap water	万立方米/日	10000cu · m/day	118.9
年末供水管道长度	Length of water supply pipeline	公里	km	2062.00
供水总量	Volume of water supply	万立方米	10000 cu · m	33376.00
生产运营用水	For productive use	万立方米	10000 cu · m	6798.00
居民家庭用水	For residential use	万立方米	10000 cu · m	7439.00
售水量	Volume of sale	万立方米	10000 cu · m	21908.00
用水户数	Households access to tap water	户	Household	1090966.00
其中:家庭用户	Households	户	Household	995860.00
用水人口	Population access to tapwater	万人	10000persons	359.92
人均日生活用水量	Per capita comsumption of tapwater	升	liter	118.83

9-6 长春市公共交通情况
BASIC STATISTICS ON PUBLIC TRANSPORTATION

		单位 unit		2012
一、汽车	Automobile			
运营车数	Operating automobile	辆	unit	4575
公共汽车	Buses	辆	unit	4575
标准运营车数	Number of standard operating	标台	unit	5081
运营线路网长度	Length of road	公里	km	4486
客运总量	Passengers traffic	万人次	10000person - times	75758.8
公共汽车	Buses	万人次	10000person - times	75758.8
其中:小公共汽车	Mini buses	万人次	10000person - times	
从业人数	Employment	人	person	9556
二、出租汽车	Taxi			
出租车数量	Number of taxi	辆	unit	15401
三、轨道交通	Orbital transport			
(一) 轻轨	Light trolley			
运营车数	Number of trolley operating	辆	unit	58
运营线路网长度	Length of road	公里	km	48.26
客运总量	Passengers traffic	万人次	10000person - times	
(二)有轨电车	Trolley			
运营车数	Number of trolley operating	辆	unit	29
标准运营车数	Number of standard operating	标台	unit	58
运营线路网长度	Length of road	公里	km	7.6
客运总量	Passengers traffic	万人次	10000person - times	4

9－7 长春市主要年份市区房屋情况
BASIC STATISTICS ON BUILDING CONSTRUCTION AND HOUSING

		2009	2010	2011	2012
实有房屋建筑面积(万平方米)	Floor space of building(10000sq·m)	11957.7	12554	12839.62	13083.69
#私房(万平方米)	Private building (10000sq·m)	6151.7	6753.3	7346.22	7822.39
实有住宅建筑面积(万平方米)	Floor space of housing (10000sq·m)	7501.9	8032.1	8513.28	8868.21
#私房(万平方米)	Private building (10000sq·m)	5616.2	6123.2	6658.6	7067.2
人均住房建筑面积(平方米/人)	Building areas per capita(sq·m·person)	29.14	31.14	32.8	34.2
人均住房使用面积(平方米/人)	Usable floor space per capita(sq·m·person)"	21.86	23.36	24.6	25.65

9－8 长春市主要年份全市供电情况
BASIC STATISTICS ON ELECTRICITY SUPPLY IN CITY

		2009	2010	2011	2012
年底发电设备容量总计(千瓦)	Total of power station production(kw)	3756000	4123914	4748914	4754914
年底供电设备容量(千伏安)	Total available for supply(1000kwva)	10501400	11693350	12252400	14168450
全年供电量(万千瓦小时)	Annual supply electricity(10000kwh)	1173267	1356167	1481731	1564269
#自供(万千瓦小时)	By power station (10000kwh)	61545	59513	47180	28190
网供(万千瓦小时)	From electicity net (10000kwh)	1173267	1356167	1481731	1564269
全年用电量(万千瓦小时)	Total electricity consumption(10000kwh)	1353856	1586471	1698834	1790291
#工业用电(万千瓦小时)	Industry(10000kwh)	702011	864074	897440	1005025
农业用电(万千瓦小时)	Agriculture (10000kwh)	31051	28741	31401	23250
城乡人民生活用电(万千瓦小时)	Residential consumption(10000kwh)	308990	346156	396362	310668
送配电线路长度(公里)	Length of electric wire (km)	3589.49	4841.6	5131.84	5609.11
#输电线路(公里)	Electric wire (km)	3589.49	4841.6	5131.84	5609.11

统计资料

STATISTICS

◎ 农 业

AGRICULTURE

第十篇　农　　业

2012年，全年完成农林牧渔业总产值562.5亿元，比上年增长5.4%。其中，种植业产值284.1亿元，增长5.2%；林业产值3.8亿元，增长20.6%；牧业产值255.2亿元，增长5.5%；渔业产值4.2亿元，增长9.0%；农林牧渔服务业产值15.1亿元，增长3.5%。

全年农作物总播种面积134.4万公顷，同比增长0.8%。粮食播种面积124.5万公顷，同比增长1.99%。粮食总产量达到911.2万吨，比上年增加98.7万吨。其中，玉米产量743.4万吨，增长20.1%；水稻产量127.1万吨，减少17.1%。猪出栏602.8万头，增长6.8%，牛出栏122.1万头，增长1.8%，羊出栏35.3万只，增长5.3%，家禽出栏2.6亿只，增长8.3%。肉蛋奶产量分别达到118.6万吨、33.9万吨和6.8万吨，分别增长5.2%、4.6%和7.9%。

10－1　1993－2012年农林牧渔业总产值(现价)
GROSS OUTPUT VALUE OF AGRICULTURE(at current price) (1993－2012)

单位:亿元　　unit:100million yuan

年份 Year	农林牧渔业总产值 Total	农业产值 Farming	林业产值 Forestry	牧业产值 Animal husbandry	渔业产值 Fishery
1993	64.5	46.1	0.3	17.6	0.5
1994	108.2	71.9	0.5	35.2	0.6
1995	144.5	8.9	0.7	53.7	1.1
1996	172.9	99.3	0.5	71.9	1.2
1997	176.8	94.0	0.7	80.8	1.3
1998	198.9	108.2	0.6	88.6	1.5
1999	200.9	92.9	0.5	105.8	1.7
2000	197.6	83.8	1.0	111.7	1.1
2001	223.9	108.0	0.5	114.4	1.0
2002	242.1	115.9	0.6	124.8	0.8
2003	259.2	116.7	1.1	139.2	1.0
2004	281.5	126.6	0.8	152.2	0.7
2005	272.9	130.8	2.1	137.3	1.5
2006	289.0	142.2	1.7	142.3	1.5
2007	340.6	160.3	0.9	176.2	1.8
2008	405.2	171.4	1.9	228.0	2.4
2009	418.4	185.3	1.9	216.2	2.2
2010	474.7	213.4	3.2	242.3	2.4
2011	523.8	248.6	2.8	254.5	3.7
2012	562.5	284.1	3.8	255.2	4.2

10－2　1993－2012年农作物播种面积
TOTAL SOWN AREAS OF FARM CROPS (1993－2012)

单位:公顷　　unit:ha

年份 Year	农作物总播种面积 Total sown area	粮食作物 Grain crops		经济作物 Economic crops		其他作物 Other crops	
		播种面积 Sown area	占总播种面积(%) Percentage	播种面积 Sown area	占总播种面积(%) Percentage	播种面积 Sown area	占总播种面积(%) Percentage
1993	1120226	969586	86.6	43151	3.9	107489	9.5
1994	1115798	969219	86.9	36343	3.3	110236	9.8
1995	1120203	977304	87.2	31446	2.8	111453	10.0
1996	1124429	979061	87.1	32938	2.9	112430	10.0
1997	1122817	986045	87.8	27594	2.5	109178	9.7
1998	1122996	984485	87.7	21828	1.9	116683	10.4
1999	1121587	965869	86.1	26567	2.3	129151	11.6
2000	1121046	951131	84.8	38134	3.4	131781	11.8
2001	1114286	935373	84.0	42796	3.8	136117	12.2
2002	1109100	914514	82.5	41467	3.7	153119	13.8
2003	1106395	919045	83.1	169589	15.3	17761	1.6
2004	1139211	1012244	88.9	121564	10.7	5403	0.4
2005	1130795	1002871	88.7	119566	10.6	8358	0.7
2006	1140257	1006930	88.3	127143	11.2	6184	0.5
2007	1150344	1020703	88.7	122352	10.6	7289	0.6
2008	1189764	1097197	92.2	88768	7.5	3799	0.3
2009	1260099	1155556	91.7	100687	8.0	3856	0.3
2010	1257193	1150479	91.5	102575	8.2	4139	0.3
2011	1333060	1220935	91.6	107762	8.1	4363	0.3
2012	1344118	1245338	92.7	95585	7.1	3195	0.2

注:经济作物包括:油料、甜菜、烟叶、药材、蔬菜。
Note:Economic crops include:Oil－bearing, sugar beet,tobacco leaf, medical material and vegetables.

10－3 农作物总播种面积
TOTAL SOWN AREAS OF FARM CROPS

单位:公顷　　unit:ha

		全　市 Total	市　辖　区 District		榆树市 Yushu	农安县 Nong'an	九台市 Jiutai	德惠市 Dehui
			合　计 Total	#双阳区 Shuangyang				
农作物总播种面积	Sown area	1344118	146150	89126	391126	395894	186407	224541
一、粮食作物合计	Grain crops	1245338	130564	83799	378093	361635	172505	202541
(一)谷物	Corn	1197938	127868	81579	361681	349665	165732	192992
1. 稻谷	Rice	174004	15675	11463	72240	11993	24469	49627
其中:粳稻	Geng rice	173191	15675	11463	72240	11993	24420	48863
糯稻	Glutinous rice	813					49	764
2. 小麦	Wheat	600					600	
3. 玉米	Corn	1019332	112004	69954	289441	334422	140523	142942
4. 谷子	Millet	447	7			430	4	6
5. 高粱	Sorghum	3366	14			2820	115	417
6. 其它谷物	Others	189	168	162			21	
(二)豆类合计	Beans	21135	1320	1007	6463	4660	3363	5329
其中:大豆	Soybean	19167	1293	1007	6463	4410	2044	4957
绿豆	Mung beans	232	4			126	8	94
红小豆	Red beans	1049	3			124	822	100
(三)薯类(折粮)	Tubers	26265	1376	1213	9949	7310	3410	4220
其中:马铃薯	Potato	25955	1364	1201	9949	7210	3346	4086
二、油料合计	Oilbearing crops	7879	4			6389	10	1476
1. 花生	Peanuts	2637				2612		25
2. 芝麻	Sesame	56				56		
3. 葵花子	Sunflower seed	4846	4			3721	10	1111
三、麻类合计	Fiber crops	10					3	7
线麻	Line fiber	10					3	7
四、烟叶合计	Tobacco	9326			508	6750	1428	640
1. 烤烟叶	fluecured tobacco leaf	1142			508			634
2. 晒烟	Suncured tobacco	8184				6750	1428	6
五、药材类合计	Crude drugs	139			139			
六、蔬菜(含菜用瓜)	Vegetable and melon	68432	13477	4627	11524	15920	9864	17647
七、瓜果类	Melon	9799	1062	483	852	5200	993	1692
其中:西瓜	Watermelon	3947	222	9	412	2515	204	594
甜瓜	Muskmelon	5703	806	474	440	2685	674	1098
草莓	strawberry	104	12				92	
八、其它农作物	Other crops	3195	1043	217	10		1604	538
其中:青饲料	Forage	215	209	209			6	

10－4 农作物总产量
YIELD OF MAJOR FARM CROPS

单位:吨 unit:ton

		全 市 Total	市 辖 区 District 合 计 Total	#双阳区 Shuangyang	榆树市 Yushu	农安县 Nong'an	九台市 Jiutan	德惠市 Dehui
一、粮食作物合计	Grain crops	9112176	629549	482500	3207389	3120651	902500	1252087
(一)谷物	Corn	8733198	619658	474371	3022050	3042314	855355	1193821
1. 稻谷	Rice	1270934	103242	93710	629199	120264	125444	292785
其中:粳稻	Geng rice	1266333	103242	93710	629199	120264	125121	288507
糯稻	Glutinous rice	4601					323	4278
2. 小麦	Wheat	1732					1732	
3. 玉米	Corn	7433676	515867	380175	2392851	2898364	727645	898949
4. 谷子	Millet	2529	14			2477	15	23
5. 高粱	Sorghum	23744	26			21209	445	2064
6. 其它谷物	Others	583	509	486			74	
(二)豆类合计	Beans	80726	4460	3625	27617	21575	10501	16573
其中:大豆	Soybean	73430	4371	3625	27617	20706	5271	15465
绿豆	Mung beans	744	30			396	18	300
红小豆	Red beans	2684	22			473	1941	248
(三)薯类(折粮)	Tubers	298252	5431	4504	157722	56762	36644	41693
其中:马铃薯	Potato	295479	5431	4504	157722	56012	36272	40042
二、油料合计	Oilbearing crops	26222	8			22809	50	3355
1. 花生	Peanuts	11504				11442		62
2. 芝麻	Sesame	178				178		
3. 葵花子	Sunflower seed	14005	8			11189	50	2758
三、麻类合计	Fiber crops	19					3	16
线麻	Line fiber	19					3	16
四、烟叶合计	Tobacco	36255			1438	30315	2950	1552
1. 烤烟叶	fluecured tobacco leaf	2969			1438			1531
2. 晒烟	Suncured tobacco	33286				30315	2950	21
五、药材类合计	Crude drugs	278			278			
六、蔬菜(含菜用瓜)	Vegetable and melon	2540611	330838	81874	720614	260435	488337	740387
七、瓜果类	Melon	246218	23156	7272	40815	84242	41255	56750
其中:西瓜	Watermelon	106945	6579	162	23014	47467	8501	21384
甜瓜	Muskmelon	138270	16268	7110	17801	36775	32060	35366
草莓	strawberry	101	1				100	
八、其它农作物	Other crops	4393	2586		20		1787	
其中:青饲料	Forage							

10－5　农村基本情况及农业生产条件

		单　位 Unit		全　市 Total
一、农村基层组织情况	Rural grassroots units			
乡(镇)个数	Township governments	个	unit	97
其中:镇个数	Town governments	个	unit	67
村民委员会个数	Villagers'committees	个	unit	1677
二、农村基础设施	Rural social basic facilities			
自来水受益村数	Villages access to tap water	个	unit	639
通汽车村数	Villages access to automobile	个	unit	1673
通电话村数	Villages access to telephone	个	unit	1676
三、乡村人口与从业人员	Number of rural laborers and population			
乡村户数	Number of rural households	户	household	1212040
乡村人口数	Rural population	人	person	4391581
1. 男	Male	人	person	2306182
2. 女	Female	人	person	2085399
乡村劳动力资源数	Rural labourers	人	person	2505427
1. 男	Male	人	person	1354552
2. 女	Female	人	person	1150875
乡村从业人员数	Rural labourer	人	person	2169916
1. 男	Male	人	person	1198876
2. 女	Female	人	person	971040
其中:农业从业人员	Agriculture	人	person	1317873
四、农业用地情况	Agricultural land situation			
1. 耕地	Cultivated land	公顷	ha	1256019
2. 园地	Gardon plot	公顷	ha	11776
3. 林地	Woodland	公顷	ha	103934
4. 草地	Grassland	公顷	ha	30712
5. 设施农业用地	Agricultrual facilities	公顷	ha	20443
五、农业主要能源及物耗	Energy and material consumption			
1. 农村用电量	Electricity consumption	千千瓦小时	kwh	1248922
2. 农用化肥施用量(实物量)	Consumptin of chemical fertilizers	吨	ton	1016030
氮肥	Nitrogenous fertilizer	吨	ton	460524
(1)硫酸铵	Sulphuric acid ammonia	吨	ton	24066
(2)硝酸铵	Nitric acid ammonia	吨	ton	27605
(3)尿素	Urea	吨	ton	368609
(4)碳酸氢铵	Carbonic acid hyorrogtn ammonia	吨	ton	27837
(5)氨水	Ammonia water	吨	ton	
(6)其他	Others	吨	ton	12407
磷肥	Phosphate fertilizer	吨	ton	122413
钾肥	Potash fertilizer	吨	ton	62286
复合肥	Compound fertilizer	吨	ton	370807
3. 农用塑料薄膜使用量	Volume of use of plastic film	吨	ton	10886
其中:地膜使用量	Volume of use of mulching film	吨	ton	4974
地膜覆盖面积	Coverage of mulching film	公顷	ha	33090
4. 农用柴油使用量	Volume of diesel used	吨	ton	123711
5. 农药使用量	Volume of pesticide	吨	ton	10793

BASIC CONDITIONS OF RURAL GRASSROOTS UNITS

市辖区 District		榆树市 Yushu	农安县 Nong'an	九台市 Jiutai	德惠市 Dehui
合计 Total	#双阳区 Shuangyang				
21	4	24	22	14	16
16	3	15	12	12	12
294	134	388	377	310	308
165	76	177	149	81	67
292	134	388	377	310	306
293	134	388	377	310	308
240632	72195	308961	273527	186121	202799
779087	272113	1133751	1014566	654527	809650
411767	142316	595978	534438	340654	423345
367320	129797	537773	480128	313873	386305
461085	162162	600307	623562	379056	441417
245307	85388	328719	336873	203273	240380
215778	76774	271588	286689	175783	201037
390921	135294	547047	526211	335772	369965
211043	73508	305001	296333	182546	203953
179878	61786	242046	229878	153226	166012
217111	101734	315272	345673	222195	217622
139059	86695	373072	374509	154791	214588
947	314	5570	2594	2192	473
28403	26783	10088	24620	29705	11118
	386	7077	23249		
2960	516	15828	319	610	726
425262	296318	219553	232658	185644	185805
135637	72827	297539	260960	161567	160327
49681	17902	144334	117264	66142	83103
2339	141	7319	5428	4785	4195
	1105	8133	10978	4215	
35657	11551	115511	99673	48333	69435
4339	4289	8862	268	5796	8572
3067	816	4509	917	3013	901
7406	2410	34533	36567	21705	22202
5837	813	14968	16228	15885	9368
72713	51702	103704	90901	57835	45654
2523	1097	3924	1562	1313	1564
765	424	1596	1028	653	932
3712	1155	5316	13344	1540	9178
12332	7107	42475	31431	16593	20880
2454	1636	2625	2260	2066	1388

10－5 续表 1

		单 位	Unit	全 市 Total
六、耕地情况	Cultivated land			
(一)年初耕地总资源	Area of land at year beginning	公顷	ha	1297155
(二)年内增加	Area of increasing land	公顷	ha	19017
其中:新开荒地	Newly open up wasteland	公顷	ha	17326
园地改为耕地	Garden to land	公顷	ha	513
(三)年内减少耕地面积	Area of decreasing land	公顷	ha	4976
其中:国家基建占地	Occupation of construction	公顷	ha	259
其他基建占地	Occupation of other capital construction	公顷	ha	3698
退耕还林还草占地	Occupation of return from cultivated land to forest and grass	公顷	ha	420
(四)年末耕地总资源	Area of land at year－end	公顷	ha	1311196
1. 常用耕地面积	Area of cultivated land	公顷	ha	1307958
其中:水田	Paddy fields	公顷	ha	170984
水浇地	Irrigated fields	公顷	ha	14971
2. 临时性耕地	Temporary land	公顷	ha	3238
其中:25 度以上陡坡耕地	Slope over 25 degree	公顷	ha	1798
七、农业机械化情况	Agricultural machinery			
(一)农业机械总动力	Power of agricultural machinery	千瓦	kw	5138936
1. 柴油发动机动力	Diesel power	千瓦	kw	4753199
2. 汽油发动机动力	Gasoline power	千瓦	kw	19663
3. 电动机动力	Electric power	千瓦	kw	366073
(二)拖拉机配套机械及种植业机械	Tractors and planting machinery			
拖拉机	Tractors	台/千瓦	unit/kw	176617/3195247
其中:大中型拖拉机	Large and medium tractors	台/千瓦	unit/kw	95929/2374577
小型拖拉机	Mini tractors	台/千瓦	unit/kw	80688/820670
大中型拖拉机配套农具	Tractor towing farming machinery	部	set	439127
小型拖拉机配套农具	Mini tractor towing farm machinery	部	set	278915
种植业机械	Planting machinery	台	unit	64132
农用排灌动力机械	Irrigating machinery	台/千瓦	unit/kw	83788/576773
其中:柴油机	Diesel machinery	台/千瓦	unit/kw	56304/435230
电动机	Electric machinery	台/千瓦	unit/kw	27484/141542
农用水泵	Pump	台	unit	97777
机动喷雾(粉)机	Sprayer	台/千瓦	unit/kw	4161/8322
其中:联合收割机	Compound harvesters	台/千瓦	unit/kw	6186/256522
机动割晒机	Motoried harvesters	台/千瓦	unit/kw	61/201
(三)农产品初加工作业机械	Farming products processing machinery	台/千瓦	unit/kw	34166/324960
其中:柴油机	Diesel machinery	台/千瓦	unit/kw	10035/105368
电动机	Electric machinery	台/千瓦	unit/kw	24131/219592
粮食加工机械	Grain	台(套)	unit	28170
油料加工机械	Oil plants	台(套)	unit	8626
(四)畜牧养植机械	Animal husbandry machinery	台/千瓦	unit/kw	18442/126510
饲草料加工机械	Feed pulverizer	台/千瓦	unit/kw	17568/117179
(五)运输机械	Transportation	辆/千瓦	coach/kw	35348/596653
农用运输车	Truck	辆/千瓦	coach/kw	35348/596653
(六)农田基本建设农机械	Capital construction farming machinery	辆/千瓦	coach/kw	314/16014

continued1

市辖区 District		榆树市 Yushu	农安县 Nong'an	九台市 Jiutai	德惠市 Dehui
合计 Total	#双阳区 Shuangyang				
216834	142414	86695	375401	184974	377532
678	59		4461	1119	12700
165			4461		12700
513					
253	1257		2352	515	599
25	231			3	
228	397		2352	497	224
	30			15	375
217259	141216	86695	377510	185578	389633
215892	139882	86695	377464	185110	389610
49556	15018	11463	11440	23776	71194
	5740	236	4911		4320
1367	1334		46	468	23
850	600		46	302	
993267	284477	338835	1559655	790597	1172102
878226	257417	293543	1525352	716871	1081787
6517	75	930	1393	4317	6428
108524	26958	44360	32909	69407	83886
6154/107799	12555/1895559	64158/1179987	28956/449420	36008/725712	28786/542767
2345/65924	2183/96922	49267/1004724	7369/256099	20575/554166	14190/386739
3809/41875	10372/92637	14891/175264	21587/193320	15433/161545	14596/156028
7650	27417	132379	62207	111219	98255
6243	24941	62707	39559	77559	67906
1421	4343	21566	6273	22155	8374
6210/39953	8229/51804	9919/69031	11994/78585	17636/129747	29800/207650
3090/23885	3653/28237	6957/53777	6518/50384	15086/116615	21000/162330
3120/16068	4576/23566	2962/15254	5476/28201	2550/13132	8800/45320
5200	8294	13700	26726	2857	41000
30/60	124/248	2500/5000	1231/2462	62/124	214/428
81/4152	429/22439	2102/46200	736/37819	1583/94928	1255/50984
12/39			49	161	
1704/16265	2420/22233	6109/61492	8365/81731	8026/73764	7542/69472
542/5691	151/1585	4215/44258	4007/42074	520/5460	600/6300
1162/10574	2269/20647	1894/17235	4358/39657	7506/68304	6942/63172
885	2270	5610	4577	7506	7322
72	18	828	96	7506	106
464/3094	2123/14291	7028/47636	747/6017	5297/36672	2783/18796
464/3094	2058/13727	6457/43068	720/4802	5262/35098	2607/17389
6241/110315	2098/33118	8617/146078	6857/122393	5739/93344	5796/91401
6241/110315	2098/33118	8617/146078	6857/122393	5739/93344	5796/91401
7/357	47/2397	17/867	51/2601	105/5355	87/4437

10－6 林业生产情况

指标名称 Item		单位 Unit		全市 Total	农安 Nong'an	九台 Jiutai	榆树 Yushu	德惠 Dehui
1. 当年造林面积	Areas of afforestation	公顷	ha	2224	541	412	200	250
2. 迹地更新面积	Areas of renewly cutover	公顷	ha	478	200	259		
3. 零星(四旁)植树	Odd pieces of planting	百株	100plant	11240	1000	10000		
4. 育苗面积	Areas of grow seedlings	公顷	ha	556		4	60	30
5. 幼林抚育实际面积	Areas of young trees	公顷	ha	11478	5337	2500	53	3257
6. 成林抚育面积	Areas of forest fostered	公顷	ha	4125	1000	600		2194
7. 木材产量	Timber yield	立方米	cu·m	265259	103821	40000	48000	56100
8. 天然和人工林的果实	Natural and plantation of fruit	吨	ton	3878				

BASIC STATISTICS ON FORESTRY PRODUCTION

双阳区 Shuangyang	朝阳区 Chaoyang	宽城区 Kuancheng	南关区 Nanguan	二道区 Erdao	绿园区 Lvyuan	莲花山 开发区 Lian hua maitain development zone	净　月 开发区 Jing yue development zone
300					10	266	245
	2	3			14		
	50					190	
50	280	40			30		62
		65			133		133
		65			133		133
11300	600	1108			2119		2211
201	700				2850	127	

10－7 畜牧业主要产品生产及存栏情况

		单位 Unit		全市 Total
一、畜牧出栏数量	Livestock			
1. 猪	Pigs	头	head	6027840
2. 牛	Cattle	头	head	1220986
3. 羊	Sheep	头	head	353477
4. 驴	Donkeys	头	head	10571
5. 骡	Mules	头	head	10044
6. 马	Horses	匹	head	28375
7. 家禽(千只)	Poultry	千只	1000heads	260518
其中:肉食鸡	Chicken	千只	1000heads	232307
鹅	Goose	千只	1000heads	14623
8. 兔	Shanghtered cats oryctolagus	只	head	3569293
二、畜牧产量	Farm products			
1. 猪	Pigs	吨	ton	542934
2. 牛	Cattle	吨	ton	162712
3. 羊	Sheep	吨	ton	5279
4. 驴	Donkeys	吨	ton	830
5. 骡	Mules	吨	ton	979
6. 马	Horses	吨	ton	3204
7. 家禽	Poultry	千只	1000heads	459800
其中:肉食鸡	Chicken	吨	ton	352393
鹅	Goose	吨	ton	38373
8. 兔	Shanghtered cats oryctolagus	吨	ton	7127
9. 其它肉产量	Others	吨	ton	2846
附记:肉类总产量	Meat	吨	ton	1185711
猪牛羊肉产量	Pork and mutton	吨	ton	710925
10. 奶类产量	Milk	吨	ton	67896
(1)羊奶产量	Milk of sheep	吨	ton	372
(2)牛奶产量	Milk of cows	吨	ton	67524
11. 山羊毛产量	Wool of goat	公斤	kg	30614
12. 绵羊毛产量	Wocl of jumbuck	公斤	kg	2197030
其中:细羊毛	Fine wool	公斤	kg	60103

BASIC STATISTICS ON ANIMAL HUSBANDRY

市辖区 District		榆树市 Yushu	农安县 Nong'an	九台市 Jiutai	德惠市 Dehui
合计 Total	#双阳区 Shuangyang				
384002	190716	1334140	1835998	1158241	1315459
125743	83565	390028	274959	274714	155542
18631	9138	55474	225609	19010	34753
918	574	4237	4234	276	906
739	452	5838	1460	194	1813
1355	764	17811	4151	214	4844
10881	2052	31004	70036	33732	114865
1317	469	24024	64870	31973	110123
948	852	6980	5166	1136	393
2946		93150	3253410	214525	5262
32703	16477	130110	157196	96302	126623
17907	12131	47302	43990	32904	20609
335	182	600	3520	286	538
67	46	335	334	22	72
73	43	583	131	22	170
142	75	2135	415	26	486
19538	3894	59743	136100	60928	183491
2734	1313	42296	120602	31980	154781
1990	1710	17447	15498	2275	1163
7		175	6507	429	9
804	654	491	1378	149	24
71576	33502	241474	349571	191068	332022
50945	28790	178012	204706	129492	147770
17202	2330	25663	3336	19112	2583
7	2	263	40	12	50
17195	2328	25400	3296	19100	2533
			29600	14	1000
		226800	1769300	30	200900
				3	60100

10 -7 续表 1

		单位 Unit		全市 Total
半细羊毛	Semi - fine wool	公斤	kg	2136927
13. 羊绒产量	Cashmere	公斤	kg	421
14. 蜂蜜产量	Honey	吨	ton	299
15. 禽蛋产量	Eggs	吨	ton	338858
16. 鹿茸产量	Pilose antler	公斤	kg	1412
17. 貂皮产量	Marten	张	sheet	57165
18. 蚕茧产量	Pod	公斤	kg	84376
三、畜牧存栏	Live stock			
(一)大牲畜总头数	Large animals	头	head	2168372
其中:从事农事劳役的	In planting	头	head	596657
1. 牛	Cattle and buffaloes	头	head	2011309
其中:良种及改良奶牛	Improved cow	头	head	51452
2. 马	Horse	匹	head	98996
3. 驴	Donkey	匹	head	23948
4. 骡	Mule	匹	head	34119
(二)猪	Pig	头	head	3766396
(三)羊	Sheep	只	head	560811
1. 山羊	Goat	只	head	286254
其中:奶山羊	Milk goat	只	head	27921
2. 绵羊	Sheep	只	head	274557
其中:细毛羊及改良羊	Fine sheep and Improved sheep	只	head	17150
半细毛羊及改良羊	Semi - fine sheep and Improved sheep	只	head	251296
(四)鹿	Deer	只	head	212982
(五)养蜂箱数	Bee	箱	case	8838
(六)家禽	Poultry	千只	1000heads	130912
1. 鸡	Chicken	千只	1000heads	71651
其中:蛋鸡	Eggs	千只	1000heads	42618
2. 鸭	Duck	千只	1000heads	4204
3. 鹅	Goose	千只	1000heads	4853
(七)兔	Oryctolagus	只	head	128012

continued1

市辖区 District		榆树市 Yushu	农安县 Nong'an	九台市 Jiutai	德惠市 Dehui
合计 Total	#双阳区 Shuangyang				
		226800	1769300	27	140800
				421	
19	15	132	113	30	5
106571	65374	121364	23065	61862	25996
611				162	639
51608	46117	1452	1443	2187	475
		15160	4216	65000	
191490	154095	760198	404451	397390	414843
25770	22134	304812	58130	42410	165535
182267	150797	690330	372855	393256	372601
12325	1342	25430	2121	9508	2068
5566	1857	47799	15610	2058	27963
1811	961	7279	10161	775	3922
1846	480	14790	5825	1301	10357
170328	86240	1062652	1167282	580620	785514
20664	13090	100496	347227	19076	73348
12744	10459	26106	215140	10153	22111
131			21540		6250
7920	2631	74390	132087	8923	51237
486				1332	15332
1323		74390	132087	7591	35905
184202	171277	7588	7826	9869	3497
1668	160	2487	3956	502	225
12266	8715	21582	22563	36301	38200
11458	8089	11549	7829	3987	36828
10965	8017	11549	7829	3987	8288
394	307	1678	721	706	705
409	319	2309	896	574	665
855		43815	2251	73696	7395

10－8 农作物每公顷产量
YIELD OF MAJOR FARM CROPS FOR UNIT AREA

单位:公斤/公顷 unit:kg/ha

		全 市 Total	市辖区 District 合 计 Total	市辖区 District #双阳区 Shuangyang	榆树市 Yushu	农安县 Nong'an	九台市 Jiutan	德惠市 Dehui
一、粮食作物	Grain	7317	4822	5758	8483	8629	5232	6182
（一）谷物	Corn	7290	4846	5815	8356	8701	5161	6186
1. 稻谷	Rice	7304	6586	8175	8710	10028	5127	5900
其中:粳稻	Kengrice	7312	6586	8175	8710	10028	5124	5904
糯稻	Glutinous Rice	5659					6592	5599
2. 小麦	Wheat	2887					2887	
3. 玉米	Corn	7293	4606	5435	8267	8667	5178	6289
4. 谷子	Millet	5658	2000			5760	3750	3833
5. 高粱	Sorghum	7054	1857			7521	3870	4950
6. 其它谷物	Others	3085	3030	3000			3524	
（二）豆类合计	Beans	3820	3379	3600	4273	4630	3123	3110
其中:大豆	Soybean	3831	3381	3600	4273	4695	2579	3120
绿豆	Mung beans	3207	7500			3143	2250	3191
红小豆	Red beans	2559	7333			3815	2361	2480
（三）薯类(折粮)	Tubers	11355	3947	3713	15853	7765	10746	9880
其中:马铃薯	Potato	11384	3982	3750	15853	7769	10840	9800
二、油料合计	Oilbearing crops	3328	2000			3570	5000	2273
1. 花生	Peanuts	4363				4381		2480
2. 芝麻	Sesame	3179				3179		
3. 葵花子	Sunflower seed	2890	2000			3007	5000	2482
三、麻类合计	Fiber crops	1900					1000	2286
线麻	Line fiber	1900					1000	2286
四、烟叶合计	Tobacco	3888			2831	4491	2066	2425
1. 烤烟叶	Fluecured tobacco leaf	2600			2831			2415
2. 晒烟	Suncured tobacco	4067				4491	2066	3500
五、药材类合计	Crude drugs	2000			2000			
六、蔬菜(含菜用瓜)	Vegetable and melon	37126	24548	17695	62532	16359	49507	41955
七、瓜果类	Melon	25127	21804	15056	47905	16200	41546	33540
其中:西瓜	Watermelon	27095	29635	18000	55859	18874	41672	36000
甜瓜	Muskmelon	24245	20184	15000	40457	13696	47567	32209
草莓	Strawberry	971	83				1087	
八、其它农作物	Other crops	1375	2479		2000		1114	
其中:青饲料	Forage							

10 - 9 水果生产情况
BASIC STATISTICS ON FRUITS

		单位 Unit	全市 Total	市辖区 District		榆树市 Yushu	农安县 Nong'an	九台市 Jiutai	德惠市 Dehui
				合计 Total	#双阳区 Shuangyang				
一、水果产量合计	Output of fruits	吨 ton	57463	2706	110	15997	4947	10059	23754
1. 苹果	Apple	吨 ton	6266	67		1628	8	3834	729
其中:红富士苹果	Hong fu shi apple	吨 ton	30	30					
国光苹果	Guoguang apple	吨 ton	28	20			8		
2. 梨	Pear	吨 ton	3422	79		927	82	1573	761
其中:苹果梨	Apple pear	吨 ton	1020	14			82	413	511
雪花梨	Snow pear	吨 ton	202	40				112	50
鸭　梨	Ya pear	吨 ton	213	5				8	200
3. 其他园林水果	Others	吨 ton	47775	2560	110	13442	4857	4652	22264
其中:山楂	Haw	吨 ton	82	33		14		25	10
桃	Peach	吨 ton	28			12	12	1	3
葡萄	Grape	吨 ton	37100	2527	110	8038	4662	814	21059
二、食用坚果	Edible nuts	吨 ton	13		13				
其中:核桃	of which: Walnut	吨 ton	13			13			
板栗	Chinese chestnut	吨 ton							
松子	Pine nut	吨 ton							
三、水果面积	Area of fruit trees	公顷 ha	7054	130	8	2063	1880	1292	1689
1. 苹果	Apple	公顷 ha	795	9		304	1	396	85
其中:红富士苹果	Hong fu shi apple	公顷 ha	2	2					
国光苹果	Guoguang apple	公顷 ha	4	3			1		
2. 梨	Pear	公顷 ha	931	21		615	22	196	77
其中:苹果梨	Apple pear	公顷 ha	118				22	55	41
雪花梨	Snow pear	公顷 ha	34	7				22	5
鸭　梨	Ya pear	公顷 ha	47	9				7	31
3. 葡萄	Grape	公顷 ha	3837	90	8	417	1805	60	1465
4. 山楂	Haw	公顷 ha	174	10		11		149	4
5. 桃	Peach	公顷 ha	12			8	2	1	1
6. 其它	Others	公顷 ha	1305			708	50	490	57

10－10 渔业生产情况
BASIC STATISTICS ON FISHERY

		单位 Unit	全市 Total	市辖区 District 合计 Total	市辖区 District #双阳区 Shuangyang	榆树市 Yushu	农安县 Nong'an	九台市 Jiutai	德惠市 Dehui
一、水产品产量	Output of aquatic	吨 ton	23106	4140	4140	5026	4650	4598	4692
#国营	State－owned	吨 ton	7878	1806	834	2056	2465	1379	172
1. 养殖产量	Artificially cultured	吨 ton	21466	4140	4140	4808	3961	4369	4188
2. 捕捞产量	Naturally grown	吨 ton	1640			218	689	229	504
二、养殖面积	Areas of artificially	公顷 ha	25809	4038	2368	3614	8348	7754	2055
#国营	State owned	公顷 ha	20291	2442	772	2792	7840	7017	200

10－11 农林牧渔业总产值(现价)
GROSS OUTPUT VALUE OF FFAF(at current price)

单位:万元 unit:10000yuan

		全市 Total	市辖区 District 合计 Total	市辖区 District #双阳区 Shuangyang	榆树市 Yushu	农安县 Nong'an	九台市 Jiutai	德惠市 Dehui
农林牧渔业总产值	Total	5625370	500395	292957	1693004	1557090	697384	1177497
一、农业产值	Farming	2841112	222885	135571	985051	825713	324284	483179
1. 谷物及其他作物	Cereals and others	2280947	151302	117480	816451	763181	224968	325045
(1)谷物	Cereal	2051928	146711	113702	727647	684068	201128	292374
(2)薯类	Tubers	142600	2563	2126	74445	27286	17540	20766
(3)油料	Oil－bearing	17582	5			14978	29	2570
(4)豆类	Beans	35541	2017	1646	12538	9960	3653	7373
(5)麻类	Fiber crop	6					1	5
(6)烟草	Tobacco	33284			1821	26889	2617	1957
2. 蔬菜园艺作物	Vegetables	458762	62388	15370	150778	39435	84508	121653
3. 水果、坚果、饮料作物	Fruits nuts and beverage crops	101403	9195	2721	17822	23097	14808	36481
二、林业产值	Forestry	38129	7499	1663	5356	12347	4998	7929
(一)林木的培育和种植	Plants	3870	625	52	54	879	580	1732
(二)竹木采运	Wood cutting and transport	29299	1914	1248	5302	11468	4418	6197
(三)林产品的采集	The collection of frest products	4960	4960	363				
三、牧业产值	Animal husbandry	2552477	239906	139925	653315	672090	343798	643368
(一)牲畜饲养	Animals	433890	49354	30419	125110	120685	76242	62499
1. 牛的饲养	Cattle	393325	43286	29325	114344	106338	69539	59818
2. 羊的饲养	Sheep and goats	14409	734	371	2264	9216	777	1418
3. 奶产品	Milk products	21100	5334	723	7992	1040	5926	808
4. 毛绒产品	Wool	5056			510	4091		455
(二)猪的饲养	Hogs	1416208	83828	40484	347589	419950	153732	411109
(三)家禽饲养	Poultry	677069	98929	62071	178941	120550	108988	169661
(四)其他畜牧业	Other livestock	25310	7795	6951	1675	10905	4836	99
四、渔业产值	Fishery	42264	7624	7624	9389	6566	9360	9325
五、农林牧渔服务业	Farming, forestry, animalhusbandry and fishery services	151388	22481	8174	39893	40374	14944	33696

10－12 农林牧渔业增加值(现价)
ADDED VALUE OF FFAF(at current price)

单位:万元 unit:10000 yuan

		全 市 Total	市辖区 District		榆树市 Yushu	农安县 Nong'an	九台市 Jiutai	德惠市 Dehui
			合 计 Total	#双阳区 Shuangyang				
一、农林牧渔业总产值	Gross output value of FFAF	5625370	500395	292957	1693004	1557090	697384	1177497
二、中间消耗	Intermediate consumption	2454468	209852	113343	730758	669163	321439	523256
1. 农业	Farming	1009341	85653	50092	355100	288790	116847	162951
2. 林业	Forestry	18719	3574	876	3544	3831	2870	4900
3. 牧业	Animal husbandry	1334711	105612	54902	345246	359686	190276	333891
4. 渔业	Fishery	19298	3495	3495	4295	2962	4287	4259
5. 服务业	Service	72399	11518	3978	22573	13894	7159	17255
三、农林牧渔业增加值	Added value of FFAF	3170902	290543	179614	962246	887927	375945	654241
1. 农业	Farming	1831771	137232	85479	629951	536923	207437	320228
2. 林业	Forestry	19410	3925	787	1812	8516	2128	3029
3. 牧业	Animal husbandry	1217766	134294	85023	308069	312404	153522	309477
4. 渔业	Fishery	22966	4129	4129	5094	3604	5073	5066
5. 服务业	Services	78989	10963	4196	17320	26480	7785	16441

统计资料

STATISTICS

◎工 业

INDUSTRY

第十一篇　工　业

2012年，我市工业经济运行总体状态良好，工业生产快速增长、经济效益稳步提高，汽车产销量增幅大大高于全国平均水平，对全市工业增长的拉动作用明显提高。主要情况和特点如下（以下数据为快报数据）：

（一）工业生产快速增长，经济总量进一步扩大。2012年，规模以上工业企业（下同）完成总产值8263.5亿元，增长17.4%，月均产值达到688.6亿元，比上年增加了104.8亿元，月均产值平均增长18%，工业经济规模又迈上新台阶。

（二）重点产业协调健康发展，由汽车工业独大向多产业竞相发展推进。2012年，全市七大重点产业完成工业总产值7946.7亿元，比上年增长17.9%，高全市平均增幅0.5个百分点，占全市工业的96.2%，拉动全市工业增长17.1个百分点，对全市工业增长的贡献率达98.2%。分行业看，汽车工业稳步回升，完成工业总产值4888.5亿元，比上年增长16.5%，拉动全市工业增长7.5个百分点，对全市增长的贡献率达56.4%；农产品加工业保持快速增长，成为全市增长最快的行业，完成工业总产值1251.7亿元，比上年增长27.8%，高全市平均增幅10.4个百分点；轨道交通及装备制造业生产稳定提高，完成工业总产值468亿元，比上年增长7.4%；材料工业增长加快，完成工业总产值562.7亿元，比上年增长21.8%；能源工业稳定增长，完成工业总产值566.6亿元，比上年增长15.4%；医药工业呈快速增长趋势，完成工业总产值106.4亿元，首次突破百亿元大关，比上年增长21.2%；电子工业呈稳定增长态势，完成工业总产值102.8亿元，也是首次突破百亿元大关，比上年增长15%。汽车工业产值占全市比重由上年的59.6%下降为59.1%，下降0.5个百分点，其他重点产业产值占全市比重相应地提高0.5个百分点。

（三）重点企业支撑有力，带动作用进一步增强。2012年，工业总产值亿元以上企业达到552户，比上年增加92户，增长20 %，共完成工业总产值8016.3亿元，占全市97%，比上年增长18.3%，增幅高全市平均水平0.9个百分点；产值十亿元以上企业为61户，比上年增加12户，增长24.5 %，共完成产值6740.7亿元，占全市81.6%，比上年增长17.7%，增幅高全市平均水平0.3个百分点；产值百亿元以上企业为7户，完成产值5512.3亿元，占全市66.7%，比上年增长17.9%，高全市平均增幅0.5个百分点。

（四）重点产品产销顺畅，汽车产销量大大高于全国平均水平。2012年，全市规模以上工业产品销售率为98.5%，整体产销处于良好状态。在全国汽车工业进入调整期，我市汽车工业保持了良好的增长态势，一汽集团公司整车产销量分别为186.9万辆和185.8万辆，比上年分别增长14.5%和11.5%，分别超过全国汽车产销9.9和7.2个百分点，市场占有率由上年的9%上升到9.62%，提高了0.62个百分点。

（五）工业用电量与工业生产同步增长，经济增长基础进一步增强。2012年，全市工业用电量为100.5亿千瓦时，比上年增长12%，比工业增加值增速高1个百分点，占全社会用电量的56.1%，说明我市工业用电量与工业增加值同步增长，工业增加值的增速是实实在在的，增长基础比较扎实。

（六）地方工业快速增长，开发区及县域工业成为重要增长点。2012年，全市扣除一汽集团公司完成产值4645.5亿元，比上年增长17.8%，高全市平均增幅0.4个百分点，占全市比重为56.2%。其中：开发区工业完成产值1991.1亿元，比上年增长20.6%；区属工业完成产值431.5亿元，比上年增长19.3%；县域工业完成产值1044.6亿元，比上年增工26.7%。开发区工业、区属工业和县域工业增长幅度均高于全市平均水平，成为全市工业的重要增长点。

（七）工业经济效益持续攀升，呈现生产和效益同步较快增长的态势。2012年，全市规模以上工业经济效益综合指数达到342.3%，在上年提高5个百分点；实现主营业务收入8642.9亿元，比上年同期增长11.9%；实现利税总额1137.7亿元，比上年同期增长14%；盈亏相抵后实现利润总额657.4亿元，比上年同期增长7.9%。

11－1 2012年长春市主要工业产品产量
MAIN INDUSTRIAL PRODUCTS' OUTCOME OF CHANGCHUN IN 2012

产品	Products	单位	Unit	累计 Accumulative total
汽车	Vehicles	万辆	10000coach	186.9
#轿车	Cars	万辆	10000coach	145.5
#公路客车	Buses and cars	万辆	10000coach	5.6
#载货汽车	Truck	万辆	10000coach	22.1
铁路客车	Train	辆	coach	1891
改装车	Motor cycle	万辆	10000coach	4.6
发动机	Engine	万千瓦	10000KW	21457
变压器	Transformer	万千伏安	10000KVA	547.7
子午线轮胎	Meridian tyre	万条	10000item	390
电子元件	Electronic components	万件	10000pcs	888
中小型拖拉机	Medium and small tractors	台	unit	1919
工业自动调节仪表与控制系统	Automatic Meter and System	台	unit	30
金属切削机床	Metal – catting Machine Tools	台	unit	266
发电量	Generated energy	亿千瓦时	10billion KWH	250.9
水泥	Cement	万吨	10000ton	1683.4
原煤	Raw coal	万吨	10000ton	600.3
焦炭	Coke	万吨	10000ton	52.4
钢材	Steels	万吨	10000ton	54.4
卷烟	Cigarette	万支	10000box	1860000
啤酒	Beer	万吨	10000ton	32.8
白酒	Wine	万吨	10000ton	13.2
中成药	Chinese medicine	吨	ton	4164
饲料	Forage	万吨	10000ton	359.2
精炼食用植物油	Vegetable oil	万吨	10000ton	18.5
软饮料	Soft drink	万吨	10000ton	48
农用塑料薄膜	Plastic products	吨	ton	18268
鲜、冷藏肉	Refrigerated meat	万吨	10000ton	58
天然原油	Natural crude oil	万吨	10000ton	22
天然气	Gas	万立方米	10000cu · m	5.2
煤气生产量	The gas production	万立方米	10000cu · m	3.2
自来水生产量	Tap water production	亿立方米	100millions · m	3.4
服装	Clothing	万件	10000pcs	693.2

11－2　规模以上工业企业主要经济指标(大行业)(2012)

单位:万元

		企业单位数(个) Enterprises	亏损企业 Loss－suffering enterprises
总计	Total	1081	131
煤炭开采和洗选业	Coal mining and dressing	11	4
石油和天然气开采业	Extraction of petroleum and natural gas	1	
黑色金属矿采选业	Minging and dressing of ferrous metals		
有色金属矿采选业	Mining and dressing of nonferrous metals		
非金属矿采选业	Mining and dressing of nonmetal mineral products	3	
开采辅助活动	Mining auxiliary activities	2	1
其他采矿业	Others		
农副食品加工业	Food processing	145	9
食品制造业	Food manufacturing	35	4
酒、饮料和精制茶制造业	Wine、drinks and Refined tea Industry	34	5
烟草制品业	Tobacco processing	1	
纺织业	Textile industry	6	2
纺织服装、服饰业	Textile and garment、Clothing industry	13	1
皮革、毛皮、羽毛(绒)及其制品业	Leather furs down and related products	1	
木材加工及木、竹、藤、棕、草制品业	Timber, bamboo, cane, palm and straw products	18	2
家具制造业	Furniture	14	
造纸及纸制品业	Paper making and paper products	13	
印刷业和记录媒介的复制	Printing and record medium reproduction	21	
文教、工美、体育和娱乐用品制造业	Culture and education、Industrial art、Sports and entertainment products manufacturing	4	
石油加工、炼焦及核燃料加工业	Petroleum processing coking and nuclear processing	7	1
化学原料及化学制品制造业	Raw chemical material and chemical products	48	6
医药制造业	Medical and pharmacutical products	56	10
化学纤维制造业	Chemical fiber manufacturing	1	
橡胶和塑料制品业	Rubber and plastic products	39	2
非金属矿物制品业	Nonmetal mineral products	70	5
黑色金属冶炼及压延加工业	Smelting and pressing of ferrous metals	11	2
有色金属冶炼及压延加工业	Smelting and pressing of non－ferrous metals	1	
金属制品业	Metal products	54	4
通用设备制造业	Ordinary machinery	56	4
专用设备制造业	Special purpose equipment	37	4
汽车制造业	Automobile industry	234	39
铁路、船舶、航空航天和其他运输设备制造业	Railway、ship、aerospace and other Transportation Equipment Manufacturing	23	2
电气机械和器材制造业	Electric equipment and machinery	51	2
计算机、通信和其他电子设备制造业	Computer and telecommunication equipment and other electronic equipment	16	2
仪器仪表制造业	Instruments, meters	14	2
其他制造业	Others	5	
废弃资源综合利用业	Discard resoures and materials processing	2	
金属制品、机械和设备修理业	Metal products、machinery、Equipment repair industry		
电力、热力的生产和供应业	Production and supply of electric power and heat power	30	12
燃气生产和供应业	Production and supply of gas	2	1
水的生产和供应业	Production and supply of water	2	2

MAIN ECONOMIC INDICATORS OF INDUSTRIAL ENTERPRISES ABOVE DESIGNATED SIZE IN 2012

unit:10000yuan

工业总产值（当年价格） Gross industrial output value (current price)	工业销售产值（当年价格） Sale revenue (current price)	出口交货值 Export enterprises	年初存货 Stock in year beginning	产成品 Finished goods	在产品 Goods in process
82941695.5	81972721.2	1586527.3	6607257.5	1665869.4	1440688.6
282963.3	274045.7	5306.1	2349.8		
2001.3	2001.3				
51143.2	50743.6		432.2	341.1	50.0
215195.4	214599.4		18317.7	7802.2	
10236572.2	10142264.3	338058.5	212372.5	103536.3	12661.2
1384774.0	1117903.5	59906.6	180738.1	100931.5	5014.5
647441.5	648848.5		81673.8	16673.0	1302.9
435432.6	430555.3		132655.2	3889.8	11615.9
58161.4	56626.0		10916.3	8909.4	33.4
191816.9	259204.8	6545.3	64332.5	7499.8	6470.2
14505.3	14505.3		4181.4	3895.5	285.9
351515.0	339279.2	17250.3	59358.9	23886.9	9706.7
170221.5	165046.6	5432.7	5049.0	1811.9	543.9
150281.3	141923.6		6572.6	4050.3	259.9
178727.4	175447.3		10612.2	4946.3	3811.2
64601.2	61869.3	10838.2	3453.2	1857.3	1291.8
440446.2	435623.5		25064.7	9626.4	1857.0
1132088.4	1128082.7	17083.4	203791.2	92169.3	14524.5
885989.5	843807.1	47758.1	105658.6	30718.6	18897.2
5363.4	5187.1		156.3	145.4	
577906.2	576003.9	20933.6	8878.7	6420.9	
4746031.5	4714352.4	10714.1	635406.5	144152.8	287007.1
508600.1	502390.6		47551.1	18251.1	1735.0
22921.0	24127.4		1674.2	833.1	11.8
695233.9	671073.9		67864.9	22561.2	13375.6
781892.8	760964.6	276.6	59598.2	15876.0	22035.5
564077.9	537714.2	17735.0	63866.6	17746.7	38778.0
49209993.9	48832726.9	518375.2	2980651.0	915114.3	82961.0
2721581.9	2728407.0	520537.8	1358088.3	19127.1	878779.5
695958.6	677785.7	1954.6	72437.6	42816.0	6150.2
233393.3	207947.0	5131.1	24874.9	17475.3	3163.1
146367.5	136824.7	8929.8	27574.6	9052.1	10412.5
51364.4	48536.1		1011.8	863.3	49.4
64528.0	62997.6		443.7	343.4	
4764615.8	4756920.5		95205.3	193.1	1482.8
188569.6	156966.5		19417.2	7544.4	
69418.1	69418.1		15.5		

11－2 续表 1continued1

		资产总计 Total	流动资产合计 Current assets	应收帐款 Accounts receivable
总计	Total	60346467.6	30616271.2	4708133.80
煤炭开采和洗选业	Coal mining and dressing	315785.0	80352.0	9150.20
石油和天然气开采业	Extraction of petroleum and natural gas	1447.7	274.0	80.5
黑色金属矿采选业	Minging and dressing of ferrous metals			
有色金属矿采选业	Mining and dressing of nonferrous metals			
非金属矿采选业	Mining and dressing of nonmetal mineral products	6553.6	1814.5	247.8
开采辅助活动	Mining auxiliary activities	682955.6	48980.0	7072.5
其他采矿业	Others			
农副食品加工业	Food processing	2695706.6	872855.1	198670.7
食品制造业	Food manufacturing	1102665.5	575513.6	86596
酒、饮料和精制茶制造业	Wine、drinks and Refined tea Industry	441675.9	177070.0	19589.2
烟草制品业	Tobacco processing	361586.7	250132.5	38870.2
纺织业	Textile industry	77243.5	40162.1	9965.6
纺织服装、服饰业	Textile and garment、Clothing industry	208712.1	135210.3	26354.4
皮革、毛皮、羽毛(绒)及其制品业	Leather furs down and related products	11039.1	6158.4	8781.1
木材加工及木、竹、藤、棕、草制品业	Timber, bamboo, cane, palm and straw products	387383.0	159298.9	3846.1
家具制造业	Furniture	67879.3	26607.5	3846.1
造纸及纸制品业	Paper making and paper products	40644.6	14834.4	4419.3
印刷业和记录媒介的复制	Printing and record medium reproduction	100306.2	41069.4	14655.1
文教、工美、体育和娱乐用品制造业	Culture and education、Industrial art、Sports and entertainment products manufacturing	20041.7	8738.4	1808.2
石油加工、炼焦及核燃料加工业	Petroleum processing coking and nuclear processing	199185.8	117430.0	14684.0
化学原料及化学制品制造业	Raw chemical material and chemical products	1122049.2	601122.8	135942.3
医药制造业	Medical and pharmaceutical products	1325864.2	810591.5	135415.6
化学纤维制造业	Chemical fiber manufacturing	2543.4	663.0	189.7
橡胶和塑料制品业	Rubber and plastic products	430456.8	209270.3	55505.6
非金属矿物制品业	Nonmetal mineral products	4342367.9	2965502.9	443974.9
黑色金属冶炼及压延加工业	Smelting and pressing of ferrous metals	215690.4	107431.8	25727.5
有色金属冶炼及压延加工业	Smelting and pressing of non－ferrous metals	5341.4	2077.3	228.0
金属制品业	Metal products	469947.9	219097.5	65662.9
通用设备制造业	Ordinary machinery	468490.1	297706.4	77187.2
专用设备制造业	Special purpose equipment	354789.8	220678.9	79644.4
汽车制造业	Automobile industry	32743105.1	18891169.5	2139810.3
铁路、船舶、航空航天和其他运输设备制造业	Railway、ship、aerospace and other Transportation Equipment Manufacturing	3221906.5	2128070.0	705204.1
电气机械和器材制造业	Electric equipment and machinery	460082.9	313865.8	99164.9
计算机、通信和其他电子设备制造业	Computer and telecommunication equipment and other electronic equipment	231852.2	112238.0	19531.4
仪器仪表制造业	Instruments, meters	239002.7	121752.0	34032.0
其他制造业	Others	15878.5	4538.7	1104.8
废弃资源综合利用业	Discard resoures and materials processing	33521.6	20477.6	763.1
金属制品、机械和设备修理业	Metal products、machinery、Equipment repair industry			
电力、热力的生产和供应业	Production and supply of electric power and heat power	7416920.8	902207.2	222102.1
燃气生产和供应业	Production and supply of gas	277912.3	65016.7	15383.3
水的生产和供应业	Production and supply of water	247932.0	66292.2	4894.5

单位:万元　unit:10000yuan

资产总计 Total assets							
流动资产合计 Current assets			固定资产合计 Fixed assets	固定资产原价 Original value of fixed assets	累计折旧 Accumulated depreciation	本年折旧 Depreciation of the year	在建工程 Project under construction
存货 Inventory	产成品 Finished goods	在产品 Goods in process					
7536932.9	2152230.4	1205672.4	20731519.0	29111208.6	11503436.0	2303908.1	4258281.8
12320.1	8385.8		176150.9	289228.3	116140.3	17736.7	16894.3
			1103.7	1444.3	340.6		
403.2	349.2	30.7	4739.1	5830.0	1090.9	950.3	
25346.3	25346.3		404698.8	813215.1	423438.5	59849.1	78126.1
280351.2	143964.1	18978.0	1681622.7	2103496.4	455075.6	112720.4	69911.5
170341.6	100012.8	5920.9	345289.2	460273.2	152921.5	25759.1	100372.2
79634.5	17713.2	1486.6	228334.4	303460.4	74411.3	21362.6	12864.5
177612.9	3736.1	7755.7	111454.2	150223.2	59575.2	8431.3	3656.0
12196.5	7495.7	23.1	34868.1	21387.7	2523.3	797.0	
68663.5	11138.2	1303.8	64003.6	54851.0	15872.3	3415.9	125.2
4284.1	1369.0	2915.1	4880.7	6633.5	1752.8	461.1	
67385.0	28324.2	10786.2	124993.8	214408.5	90162.0	12293.8	20587.8
4405.3	2419.7	1001.1	33257.3	34839.9	8673.4	4789.7	6845.0
5112.6	1988.1	343.7	22433.2	27121.0	5647.4	1424.2	653.0
9762.4	4577.2	3174.9	45453.8	58302.9	23346.7	3247.3	13149.9
2388.2	1208.1	781.5	10151.8	13865.0	3927.0	1331.1	213.9
22017.3	9976.4	1081.6	72432.5	74556.2	14492.9	3968.5	5260.6
199576.5	93865.3	18221.9	242606.8	344485.9	112090.7	29998.8	164546.4
139798.2	39681.1	22913.3	300413.3	361580.9	123452.4	20007.7	95037.9
128.6	115.7	12.9	531.5	1033.4	501.9	490.8	
36607.1	18119.8	6757.3	156987.3	201340.1	53254.3	14495.0	44341.5
801320.2	205440.6	294863.4	1207842.8	1637753.0	741336.0	355891.0	121319.1
45421.7	31259.3	1768.0	99790.3	108397.5	31303.1	5880.5	9924.3
1624.8	467.0	18.7	2855.0	4904.1	2049.1	287.8	
79680.6	21494.6	15083.8	206819.8	222391.1	58038.2	13005.1	31024.1
64643.6	20881.6	18748.6	132435.7	272946.5	144004.9	15236.0	6198.7
68067.1	20927.7	31722.1	131749.4	171091.3	47387.7	12242.8	4653.9
3949982.2	1236766.8	97412.1	7920233.7	10587781.6	4782900.0	819170.6	2324554.4
972935.3	17334.7	609039.4	813778.7	893087.3	227193.1	48508.2	152031.0
94315.7	45657.1	18705.7	107831.3	159664.7	67616.7	9939.1	35439.1
21670.6	14452.2	2030.6	105891.7	121148.6	27660.2	8661.2	14232.3
32757.0	5796.3	11247.3	38430.9	60823.3	22392.5	3034.8	41742.9
1800.0	1383.1	32.8	9581.4	10130.5	549.1	68.0	
880.7	780.7	3916.7	4989.5	1072.9	343.1	1493.9	
60698.4	1541.0	1490.5	5596336.1	8785013.5	3369351.1	480779.8	824731.4
20479.3	8261.7	21.1	120217.4	175205.3	54987.9	6107.5	44147.4
2320.6			167401.4	354303.9	186902.5	181222.20	14203.5

11 -2 续表 2continued2

		负债合计 Liabilities	流动负债合计 Current liabilites	应付账款 Account payable
总计	Total	33421059.8	25493140.5	9921670.6
煤炭开采和洗选业	Coal mining and dressing	175782.6	118865.3	19045.9
石油和天然气开采业	Extraction of petroleum and natural gas	1033.9	1033.9	482.4
黑色金属矿采选业	Minging and dressing of ferrous metals			
有色金属矿采选业	Mining and dressing of nonferrous metals			
非金属矿采选业	Mining and dressing of nonmetal mineral products	1456.9	456.9	250.9
开采辅助活动	Mining auxiliary activities	338614.0	297785.7	20908.6
其他采矿业	Others			
农副食品加工业	Food processing	1813639.7	963011.5	233618.3
食品制造业	Food manufacturing	511515.2	268892.5	100475.5
酒、饮料和精制茶制造业	Wine、drinks and Refined tea Industry	302658.1	288210.2	57620.1
烟草制品业	Tobacco processing	171501.9	171501.9	57149.1
纺织业	Textile industry	65504.0	65504.0	9375.5
纺织服装、服饰业	Textile and garment、Clothing industry	123009.5	67172.0	28509.7
皮革、毛皮、羽毛(绒)及其制品业	Leather furs down and related products	4633.8	4633.8	
木材加工及木、竹、藤、棕、草制品业	Timber, bamboo, cane, palm and straw products	190898.9	171460.3	10255.1
家具制造业	Furniture	23299.4	16543.0	2305.9
造纸及纸制品业	Paper making and paper products	19046.6	15384.6	3924.9
印刷业和记录媒介的复制	Printing and record medium reproduction	48976.5	40129.4	7691.3
文教、工美、体育和娱乐用品制造业	Culture and education、Industrial art、Sports and entertainment products manufacturing	4477.6	3681.1	1370.8
石油加工、炼焦及核燃料加工业	Petroleum processing coking and nuclear processing	153380.8	134933.8	59740.7
化学原料及化学制品制造业	Raw chemical material and chemical products	652622.4	534523.3	203395.9
医药制造业	Medical and pharmacutical products	655466.6	562138.7	59472.6
化学纤维制造业	Chemical fiber manufacturing	20.5	20.5	
橡胶和塑料制品业	Rubber and plastic products	230830.6	186227.3	69274.2
非金属矿物制品业	Nonmetal mineral products	2888536.1	2505240.3	506226.5
黑色金属冶炼及压延加工业	Smelting and pressing of ferrous metals	106978.8	78272.3	52869.7
有色金属冶炼及压延加工业	Smelting and pressing of non – ferrous metals	2579.8	2579.8	914.1
金属制品业	Metal products	289190.9	219251.2	44622.3
通用设备制造业	Ordinary machinery	233911.2	195812.7	54033.7
专用设备制造业	Special purpose equipment	158031.1	151809.6	63151.0
汽车制造业	Automobile industry	15926887.9	12744166.2	5986147.7
铁路、船舶、航空航天和其他运输设备制造业	Railway、ship、aerospace and other Transportation Equipment Manufacturing	2431115.5	2164232.1	999252.2
电气机械和器材制造业	Electric equipment and machinery	243138.4	231124.5	120870.0
计算机、通信和其他电子设备制造业	Computer and telecommunication equipment and other electronic equipment	109031.4	66885.8	15670.7
仪器仪表制造业	Instruments, meters	79973.5	22455.8	6479.9
其他制造业	Others	3967.7	3123.0	1004.7
废弃资源综合利用业	Discard resoures and materials processing	19624.3	19573.9	4399.0
金属制品、机械和设备修理业	Metal products、machinery、Equipment repair industry			
电力、热力的生产和供应业	Production and supply of electric power and heat power	5194337.5	2976276.5	1088148.0
燃气生产和供应业	Production and supply of gas	149934.4	148757.7	29109.2
水的生产和供应业	Production and supply of water	95451.8	51469.4	3904.5

单位:万元　unit:10000yuan

非流动负债合计 Total non – current liability	所有者权益合计 Ownership interests	实收资本 Paid – up capital	国家资本 State	集体资本 Collective	法人资本 Corporation	个人资本 Private	港澳台资本 From HongKong Macao and Taiwan	外商资本 Foreign
7286533.6	26579434.3	6332153.0	2012007.2	107312.7	2283739.9	664694.2	352145.8	901145.1
56917.3	139002.3	44502.5	5200.0	10081.9	20119.0	9101.6		
	400.0	400.0			80.0	320.0		
	5096.7	2856.2			356.2	2500.0		
40828.3	344341.6	7829.3	3941.1		1565.9	2322.3		
824386.2	873751.5	430715.5	500.0	15897.1	104107.6	96114.2	108050.0	106289.4
190515.9	586940.5	158470.1			26494.6	22025.0		109950.5
10180.5	145356.0	150110.0	50000.0	1994.2	43874.4	15588.9	12916.4	25736.1
	190084.8	63769.4			63769.4			
	11739.6	19884.0			11401.7	8482.3		
20105.2	84285.1	29814.9	1500.0		27411.9	301.0		
	6405.3	400.0			400.0			
19119.6	195478.2	59957.3		350.0	51504.7	8102.6		
2191.7	44579.8	7827.5			5884.1	1705.0		238.4
2402.8	20836.2	6645.2			4993.2	1400.0		
7199.6	51297.7	12310.7	317.2	373.4	4850.1	6730.0	20.0	20.0
796.4	15564.1	5550.0			5050.0	500.0		
20468.2	42657.3	25094.0		18366.0	2028.0	3850.0		750.0
115405.2	468265.4	210394.1	1505.2		130307.2	18246.2	3006.5	57297.0
89276.4	667907.6	224096.4	5437.5	10453.2	121406.5	38526.4	17673.8	30599.0
	2522.9	1261.4				1261.4		
41033.8	199410.3	81460.5	11478.2	5395.0	29053.6	8439.5	24334.2	300.0
343494.5	1451259.1	328144.0	35010.7	500.0	98649.8	184235.7	8547.8	1200.0
12187.6	101930.8	35148.7	8451.4	300.0	17269.3	700.1		7684.7
	2761.6	2110.6			633.2			1477.4
58001.7	176390.4	116732.2	27379.4		27338.8	26279.4	35734.6	
32330.8	236248.8	147425.3	30534.9	9500.0	45308.6	15195.7		45086.1
6220.4	196625.2	54315.8	6701.4		18198.8	4876.5		24539.1
2766325.1	16500496.3	1808399.4	666324.7	33304.9	492259.7	97794.0	90501.9	422852.5
256203.1	790767.4	304534.6	26622.5		253003.8	10074.0		14834.3
8581.7	216458.0	92607.8	800.0	500.0	16500.5	23988.2		50819.1
42378.5	122696.4	37916.1	2445.0		23314.3	11436.7	0.1	720.0
56764.0	159029.2	38934.5	5658.0	117.0	27947.6	4460.4		751.5
	11910.8	6183.4			1163.4	5020.0		
	13896.2	1550.0			450.0	1100.0		
2218060.0	2222583.1	1628460.2	982110.6	180.0	582564.0	12245.1	51360.5	
1176.7	127977.9	46252.0			24480.0	21772.0		
43982.4	152480.2	140089.4	140089.4					

11－2 续表 3continued3

		营业收入 Operation revenue	主营业务收入 Main operation income
总计	Total	90588061.6	86428767.4
煤炭开采和洗选业	Coal mining and dressing	244658.4	231823.3
石油和天然气开采业	Extraction of petroleum and natural gas	2001.3	2001.3
黑色金属矿采选业	Minging and dressing of ferrous metals		
有色金属矿采选业	Mining and dressing of nonferrous metals		
非金属矿采选业	Mining and dressing of nonmetal mineral products	50833.8	50833.8
开采辅助活动	Mining auxiliary activities	256548.7	219689.2
其他采矿业	Others		
农副食品加工业	Food processing	10094122.9	10073658.7
食品制造业	Food manufacturing	1040128.2	1037198.2
酒、饮料和精制茶制造业	Wine、drinks and Refined tea Industry	667227.5	658495.6
烟草制品业	Tobacco processing	424987.2	415800.6
纺织业	Textile industry	56146.3	55329.0
纺织服装、服饰业	Textile and garment、Clothing industry	204439.9	200458.2
皮革、毛皮、羽毛(绒)及其制品业	Leather furs down and related products	15391.5	15391.5
木材加工及木、竹、藤、棕、草制品业	Timber, bamboo, cane, palm and straw products	314190.8	302855.6
家具制造业	Furniture	164762.0	164754.9
造纸及纸制品业	Paper making and paper products	141850.0	87723.5
印刷业和记录媒介的复制	Printing and record medium reproduction	172378.7	171155.6
文教、工美、体育和娱乐用品制造业	Culture and education、Industrial art、Sports and entertainment products manufacturing	61869.3	61869.3
石油加工、炼焦及核燃料加工业	Petroleum processing coking and nuclear processing	479157.5	479156.8
化学原料及化学制品制造业	Raw chemical material and chemical products	1018760.5	1010957.8
医药制造业	Medical and pharmacutical products	740810.2	739502.5
化学纤维制造业	Chemical fiber manufacturing	5363.4	5363.4
橡胶和塑料制品业	Rubber and plastic products	560651.3	553008.6
非金属矿物制品业	Nonmetal mineral products	4716761.0	4339163.5
黑色金属冶炼及压延加工业	Smelting and pressing of ferrous metals	470602.9	466800.0
有色金属冶炼及压延加工业	Smelting and pressing of non－ferrous metals	24535.7	24289.4
金属制品业	Metal products	679658.4	674660.0
通用设备制造业	Ordinary machinery	764533.9	760825.8
专用设备制造业	Special purpose equipment	551273.6	534185.0
汽车制造业	Automobile industry	57599316.0	54215676.0
铁路、船舶、航空航天和其他运输设备制造业	Railway、ship、aerospace and other Transportation Equipment Manufacturing	2739745.6	2706120.1
电气机械和器材制造业	Electric equipment and machinery	692016.3	686005.3
计算机、通信和其他电子设备制造业	Computer and telecommunication equipment and other electronic equipment	218058.6	198728.9
仪器仪表制造业	Instruments, meters	126354.9	125325.4
其他制造业	Others	77097.8	77097.8
废弃资源综合利用业	Discard resoures and materials processing	84498.4	82459.1
金属制品、机械和设备修理业	Metal products、machinery、Equipment repair industry		
电力、热力的生产和供应业	Production and supply of electric power and heat power	4903703.0	4780374.4
燃气生产和供应业	Production and supply of gas	159670.3	157473.9
水的生产和供应业	Production and supply of water	63955.8	62555.4

单位:万元　unit:10000yuan

营业成本 Operating costs	主营业务成本 Main operation cost	营业税金及附加 Business taxes and extra charges	主营业务税金及附加 Main operation taxes and extra charges	其他业务收入 Other business revenue	其他业务利润 Other business profit
75995718.3	72048174.4	2309909.1	2300327.4	4159294.2	1057108.4
159897.9	138398.8	4277.9	4213.7	12835.1	437.0
1429.5	1288.1	4.3	4.3		
48987.6	48987.6	175.2	175.2		
165519.3	132393.4	26386.6	26372.6	36859.5	3433.6
9401933.9	9138473.6	41840.9	41496.7	20464.2	377.6
856491.4	855139.5	5024.7	4996.7	2930.0	1847.5
548050.7	541011.6	20939.6	20771.6	8731.9	1046.6
136688.2	122357.4	193419.4	193419.4	9186.6	-5144.2
50646.6	49855.7	220.0	195.1	817.3	
157070.7	150612.1	751.3	293.4	3981.7	
13580.9	13580.9	135.6	135.6		
276554.7	266938.8	1589.8	1496.6	11335.2	523.2
142674.2	142615.0	2208.7	2207.1	7.1	
121056.5	73024.6	287.3	266.7	54126.5	35.9
145444.8	145206.3	934.5	934.5	1223.1	981.0
52140.1	52140.1	388.0	188.0		
382122.8	382122.3	58926.9	58926.8	0.7	
866805.5	855709.1	4451.1	4409.5	7802.7	53.8
408941.5	408155.4	5566.3	5547.7	1307.7	2.5
5187.1	5187.1	28.9	28.9		
493841.2	475655.8	2612.1	2578.1	7642.7	615.4
4102259.4	3769937.9	92895.1	91015.5	377597.5	11510.2
425696.1	425424.0	1364.8	1256.9	3802.9	3381.7
23354.7	23075.5	30.1	30.1	246.3	
621004.5	606508.7	3071.2	3047.4	4998.4	261.5
635917.7	624784.5	3120.1	2951.7	3708.1	-253.4
460785.5	444314.1	1920.9	1918.0	17088.6	413.5
46911760.8	44048346.7	1794949.6	1792046.2	3383640.0	993249.6
2291711.3	2267502.7	13155.8	12660.5	33625.5	7640.4
595118.4	562957.1	3453.3	3390.9	6011.0	683.2
136065.5	132838.0	2208.1	692.2	19329.7	18838.6
86958.7	86104.2	814.0	801.4	1029.5	60.7
68234.8	68234.8	529.4	529.4		
80589.4	74654.7	258.1	249.1	2039.3	
4919987.5	4714199.0	20231.2	19396.7	123328.6	15442.6
144866.8	144395.4	1240.1	1185.0	2196.4	1669.9
56342.1	56043.9	498.2	498.2	1400.4	

11－2 续表 4continued4

		销售费用 Marketing expenses	管理费用 Management expenses	税金 Tax
总计	Total	3595315.7	3578672.5	128873.3
煤炭开采和洗选业	Coal mining and dressing	3582.8	27900.4	810.8
石油和天然气开采业	Extraction of petroleum and natural gas		651.8	14.4
黑色金属矿采选业	Minging and dressing of ferrous metals			
有色金属矿采选业	Mining and dressing of nonferrous metals			
非金属矿采选业	Mining and dressing of nonmetal mineral products			
开采辅助活动	Mining auxiliary activities	254.1	305.1	
其他采矿业	Others			
农副食品加工业	Food processing	524.3	25583.5	352.5
食品制造业	Food manufacturing	50410.2	42945.0	934.9
酒、饮料和精制茶制造业	Wine、drinks and Refined tea Industry	42811.3	28080.4	2722.4
烟草制品业	Tobacco processing	10668.9	33507.5	1087.6
纺织业	Textile industry	1032.0	2014.9	45.8
纺织服装、服饰业	Textile and garment、Clothing industry	9911.2	10955.5	264.7
皮革、毛皮、羽毛(绒)及其制品业	Leather furs down and related products	174.4	465.0	36.5
木材加工及木、竹、藤、棕、草制品业	Timber, bamboo, cane, palm and straw products	14957.9	24657.2	1270.4
家具制造业	Furniture	3493.2	4513.4	141.6
造纸及纸制品业	Paper making and paper products	1625.0	3583.7	107.0
印刷业和记录媒介的复制	Printing and record medium reproduction	5111.1	11347.4	477.9
文教、工美、体育和娱乐用品制造业	Culture and education、Industrial art、Sports and entertainment products manufacturing	1860.2	1723.6	29.3
石油加工、炼焦及核燃料加工业	Petroleum processing coking and nuclear processing	2044.1	5263.7	260.4
化学原料及化学制品制造业	Raw chemical material and chemical products	27592.6	43904.6	882.7
医药制造业	Medical and pharmacutical products	114838.2	79570.6	2595.7
化学纤维制造业	Chemical fiber manufacturing	51.9	91.8	12.3
橡胶和塑料制品业	Rubber and plastic products	12881.5	25670.4	924.9
非金属矿物制品业	Nonmetal mineral products	105780.5	156552.3	8922.1
黑色金属冶炼及压延加工业	Smelting and pressing of ferrous metals	6011.1	16570.6	301.8
有色金属冶炼及压延加工业	Smelting and pressing of non－ferrous metals		757.6	81.4
金属制品业	Metal products	13084.5	31570.2	1370.2
通用设备制造业	Ordinary machinery	12907.8	30000.1	1471.7
专用设备制造业	Special purpose equipment	18105.9	25606.7	843.9
汽车制造业	Automobile industry	2449617.8	2385434.5	83455.9
铁路、船舶、航空航天和其他运输设备制造业	Railway、ship、aerospace and other Transportation Equipment Manufacturing	61335.8	156638.9	6381.5
电气机械和器材制造业	Electric equipment and machinery	16204.3	32653.5	1277.5
计算机、通信和其他电子设备制造业	Computer and telecommunication equipment and other electronic equipment	6239.7	24054.4	491.1
仪器仪表制造业	Instruments, meters	4202.3	16826.0	355.8
其他制造业	Others	1875.9	2456.4	25.3
废弃资源综合利用业	Discard resoures and materials processing	222.0	4165.6	109.8
金属制品、机械和设备修理业	Metal products、machinery、Equipment repair industry			
电力、热力的生产和供应业	Production and supply of electric power and heat power	2032.6	83937.2	5463.7
燃气生产和供应业	Production and supply of gas	15640.9	22184.0	307.0
水的生产和供应业	Production and supply of water	5728.3	13607.4	1504.7

单位:万元　unit:10000yuan

差旅费 Travel expense	工会经费 Labour union expenditure	财务费用 Financial cost	利息收入 Interest income	利息支出 Interest expenditure	营业利润 Operating profit	资产减值损失 Loss from asset devaluation	公允价值变动收益	投资收益 Investment income	投资收益 Investment income	补贴收入 Subsidies revenue
182289.3	26012.1	631936.6	124506.5	644820.7	6263241.5	168591.7	5348.2	505881.8	470516.3	210654.0
429.7	207.7	5920.6	121.7	5025.3	52573.3	617.5		18.0	283.8	140.0
2.5	0.9	0.1	0.2	0.3	-77.3					92.7
47.2		86.9		62.2	1098.7				45.6	
1251.2	70.7	8209.1	21.4	8214.1	-41037.0	13.8	22.2	37.2	2868.2	
55215.8	703.4	52939.4	260.7	47434.7	483007.4	921.8		-425.3	116568.0	105640.7
1284.8	238.3	27260.2	-86.8	25387.0	52965.8				8178.2	2599.5
2861.7	220.1	5794.5	20.1	5338.0	8662.5			153.6	2303.1	1756.3
1272.6	188.7	3645.1	96.5	3622.3	49337.8	2279.7	75.3			
54.6	4.8	316.1	0.9	295.2	388.3	9.9		-1181.9	52.8	
473.9	23.8	3227.4	38.0	2831.7	10364.1	3.2		49.3	5656.1	5476.7
17.3	2.6	363.8		324.1	1494.2					
1457.3	274.2	8750.9	285.2	8715.4	10073.5	3600.8	-2.2	581.0	1503.8	1311.8
573.3	219.7	1783.8	0.9	1513.0	9750.3					
93.3	137.3	1124.0		921.5	7379.9				19.6	1.7
486.5	286.3	3859.9	2310.4	1293.7	10093.2	29.8			691.3	105.7
906.1	122.4	853.3	2.1	616.5	4844.6					
135.0	18.3	3652.9	192.7	3842.9	28220.0			153.1	42.0	
1077.8	467.8	7082.3	1508.0	7180.8	71080.0	-90.0	2.4	-2800.0	2318.8	4519.4
4436.8	802.0	11280.2	699.5	11385.2	104810.4	16588.0		5226.7	6698.5	1243.4
3.2	0.1	16.4		4.0	89.0				60.8	
845.2	541.3	4824.2	91.3	4431.1	35564.9	-23.2			2314.2	512.2
7129.7	1665.8	79507.2	5834.6	80651.5	223464.4	2502.9		21245.0	18199.9	17266.2
2021.3	188.6	2627.2	-8.0	2122.4	17704.5	-592.9			130.4	
29.1	6.7	100.4	0.2	85.1	292.8				11.0	11.0
1708.1	1124.5	11756.7	105.7	9130.2	16288.3	97.1			2033.8	248.4
3089.0	605.1	3183.4	2877.8	4255.7	83151.1	471.1			1106.2	107.9
4958.3	1052.9	6710.9	169.7	5119.7	37997.1	3713.4		-34.0	647.1	271.5
81217.7	13428.8	112775.3	105322.9	146959.7	4875559.1	129085.3	5283.0	429421.5	147209.1	27548.4
3127.9	534.6	41802.4	1236.5	38931.9	214589.6	9540.5		48945.8	16036.0	257.2
2006.4	633.0	4995.1	36.5	4063.1	35722.0	222.3		840.4	3415.9	2982.3
721.0	428.7	2600.6	79.7	2464.2	38021.3			57.1	3621.9	1842.7
1229.4	159.3	338.2	820.2	1213.1	17454.7	307.5			2720.3	1125.3
109.3	10.2	307.6		215.9	4193.7					
11.1	9.1	186.6	108.6	0.7	2957.6	497.3		214.5	565.1	
1644.0	1337.9	211463.2	2986.3	208451.4	-185557.0	2812.4		585.7	119726.1	30444.2
285.0	35.1	1825.2	-35.6	1782.9	-6529.3	-2827.9		658.2	5008.0	5046.9
76.2	261.4	765.5	-591.4	934.2	-12752.0	1091.1	42.8	9.3	201.6	152.6

11－2 续表 5continued5

		营业外支出 Norbusiness expenditure	利润总额 Profit	应交所得税 Income tax payable
总计	Total	101106.8	6574263.6	482815.9
煤炭开采和洗选业	Coal mining and dressing	1675.9	51181.2	12060.3
石油和天然气开采业	Extraction of petroleum and natural gas	13.4	2.0	0.5
黑色金属矿采选业	Minging and dressing of ferrous metals			
有色金属矿采选业	Mining and dressing of nonferrous metals			
非金属矿采选业	Mining and dressing of nonmetal mineral products	60.9	1083.4	176.5
开采辅助活动	Mining auxiliary activities	341.5	－38510.3	1957.9
其他采矿业	Others			
农副食品加工业	Food processing	11003.1	551601.9	6614.6
食品制造业	Food manufacturing	1393.9	59750.1	7308.4
酒、饮料和精制茶制造业	Wine、drinks and Refined tea Industry	1621.6	9355.4	2531.1
烟草制品业	Tobacco processing	5112.1	44301.0	13521.4
纺织业。	Textile industry	13.3	427.8	
纺织服装、服饰业	Textile and garment、Clothing industry	28.0	15992.2	1011.7
皮革、毛皮、羽毛(绒)及其制品业	Leather furs down and related products	150.0	1344.2	23.1
木材加工及木、竹、藤、棕、草制品业	Timber, bamboo, cane, palm and straw products	717.6	10859.7	2558.7
家具制造业	Furniture	532.5	9217.8	1543.2
造纸及纸制品业	Paper making and paper products	455.5	5937.8	1071.6
印刷业和记录媒介的复制	Printing and record medium reproduction	527.1	10257.4	1665.9
文教、工美、体育和娱乐用品制造业	Culture and education、Industrial art、Sports and entertainment products manufacturing	700.0	4144.6	1133.5
石油加工、炼焦及核燃料加工业	Petroleum processing coking and nuclear processing	31.4	28228.2	952.5
化学原料及化学制品制造业	Raw chemical material and chemical products	1753.6	71766.2	10423.8
医药制造业	Medical and pharmacutical products	2771.2	113747.2	15841.9
化学纤维制造业	Chemical fiber manufacturing		149.8	
橡胶和塑料制品业	Rubber and plastic products	943.4	33999.3	6214.9
非金属矿物制品业	Nonmetal mineral products	3317.2	238347.1	62495.1
黑色金属冶炼及压延加工业	Smelting and pressing of ferrous metals	4.1	15468.6	3409.3
有色金属冶炼及压延加工业	Smelting and pressing of non－ferrous metals	4.4	299.4	38.2
金属制品业	Metal products	1233.6	17094.7	4808.6
通用设备制造业	Ordinary machinery	887.9	83369.4	17481.2
专用设备制造业	Special purpose equipment	198.6	38445.6	8309.8
汽车制造业	Automobile industry	44426.8	4959254.9	255927.6
铁路、船舶、航空航天和其他运输设备制造业	Railway、ship、aerospace and other Transportation Equipment Manufacturing	8285.8	222339.9	24592.7
电气机械和器材制造业	Electric equipment and machinery	682.9	37000.1	5943.1
计算机、通信和其他电子设备制造业	Computer and telecommunication equipment and other electronic equipment	26.7	41628.9	4956.3
仪器仪表制造业	Instruments, meters	297.6	19877.4	2810.4
其他制造业	Others		4193.7	295.2
废弃资源综合利用业	Discard resoures and materials processing			
金属制品、机械和设备修理业	Metal products、machinery、Equipment repair industry	76.1	3446.6	770.5
电力、热力的生产和供应业	Production and supply of electric power and heat power	11416.0	－76864.7	4366.4
燃气生产和供应业	Production and supply of gas	177.0	－1698.3	
水的生产和供应业	Production and supply of water	226.1	－12776.6	

单位:万元　unit:10000yuan

亏损企业亏损总额 Total loss of loss - suffering enterprises	利税总额 Pre - tax profits	应交税金及附加 Taxes and extra charges	本年应付职工薪酬 Wages payable of the year	本年应交增值税 Value added	本年进项税额 VAT payable - input	本年销项税额 VAT payable - export	土地和固定资产支出 Land and fixed asset expenditures
300061.9	11376820.2	5414245.8	3434530.0	2492647.5	13963236.5	15894058.1	1992399.9
3258.5	82093.7	43783.6	51241.5	26634.6	18631.0	38174.0	19934.7
	49.2	62.1	166.1	42.9	199.8	242.7	
	1701.3	794.4	924.3	442.7	7016.1	8099.5	
45922.6	-10360.4	30460.3	22126.5	1763.3	44468.1	36957.3	267302.2
14871.6	785755.8	244306.6	124390.5	192313.0	149913.4	157365.8	121930.1
1435.3	91590.2	40083.4	26271.7	26815.4	75494.0	94489.8	14240.9
12619.7	52375.1	48273.2	28360.8	22080.1	53471.4	64007.9	53348.4
	283739.7	254047.7	12591.1	46019.3	26168.3	71727.4	
1315.0	1551.2	1169.2	3684.8	903.4	1390.7	1388.7	
400.7	20947.3	6231.5	17574.8	4203.8	7200.0	7416.1	106.9
	1844.4	559.8	260.1	364.6	1907.2	2450.8	
406.7	20885.0	13854.4	31911.7	8435.5	35392.0	42745.5	37065.4
	14502.3	6969.3	9174.1	3075.8	12307.7	15141.5	492.7
	8376.4	3617.2	3305.8	2151.3	7458.1	9398.6	800.9
	14313.0	6199.4	8375.5	3121.1	11660.3	14454.5	8419.2
	6484.1	3502.3	3457.2	1951.5	8361.1	10343.0	
70.1	96613.0	69597.7	2682.9	9457.9	69111.0	73271.9	5667.1
2455.8	119322.9	58863.2	36477.8	43105.6	44648.7	71516.7	30907.6
22443.1	157288.2	61978.6	64348.7	37974.7	25783.3	43339.0	42482.6
	302.1	164.6	556.1	123.4	18.2	121.6	
2563.1	45009.9	18150.4	22559.3	8398.5	57440.2	63674.2	53071.5
1220.3	424654.4	257724.5	147863.7	93412.2	263512.9	341433.5	169567.0
324.4	23786.0	12028.5	6901.6	6952.6	43754.5	48920.0	4039.9
	580.7	400.9	621.8	251.2	3915.3	4170.7	92.4
15593.0	31758.2	20842.3	35708.0	11592.3	54224.7	70743.8	29387.3
1975.1	110571.9	46155.4	39856.8	24082.4	50969.1	62013.7	21980.3
4199.3	59351.0	30059.1	27192.0	18984.5	65640.9	81772.6	13125.8
41990.7	8357794.4	3737923.0	1929443.7	1603589.9	11762329.1	13112087.3	455734.7
550.4	337058.5	145692.8	144893.0	101562.8	296917.5	401502.0	54986.2
1376.6	60957.0	31177.5	28922.8	20503.6	78021.7	89787.1	11217.4
1025.1	47612.8	11431.3	16396.2	3775.8	20340.7	23468.9	8186.0
36.4	25013.4	8302.2	14280.0	4322.0	10892.2	16313.3	9211.0
	6096.2	2223.0	680.2	1373.1	820.6	846.2	3438.2
	5417.5	2851.2	4509.1	1712.8	1133.9	12830.1	2163.8
109372.3	100408.3	187103.1	521353.8	157041.8	631006.5	778379.8	549507.3
1859.5	-444.4	1560.9	22503.9	13.8	21716.3	19448.8	
12776.6	-8180.1	6101.2	22962.1	4098.3		4013.8	3992.4

11－2 续表 6continued6

		土地购置 Purchase of land
总计	Total	150418.1
煤炭开采和洗选业	Coal mining and dressing	
石油和天然气开采业	Extraction of petroleum and natural gas	
黑色金属矿采选业	Minging and dressing of ferrous metals	
有色金属矿采选业	Mining and dressing of nonferrous metals	
非金属矿采选业	Mining and dressing of nonmetal mineral products	
开采辅助活动	Mining auxiliary activities	3273.9
其他采矿业	Others	
农副食品加工业	Food processing	11049.6
食品制造业	Food manufacturing	156.4
酒、饮料和精制茶制造业	Wine、drinks and Refined tea Industry	1548.5
烟草制品业	Tobacco processing	
纺织业	Textile industry	
纺织服装、服饰业	Textile and garment、Clothing industry	
皮革、毛皮、羽毛(绒)及其制品业	Leather furs down and related products	
木材加工及木、竹、藤、棕、草制品业	Timber, bamboo, cane, palm and straw products	977.7
家具制造业	Furniture	
造纸及纸制品业	Paper making and paper products	
印刷业和记录媒介的复制	Printing and record medium reproduction	
文教、工美、体育和娱乐用品制造业	Culture and education、Industrial art、Sports and entertainment products manufacturing	
石油加工、炼焦及核燃料加工业	Petroleum processing coking and nuclear processing	44.5
化学原料及化学制品制造业	Raw chemical material and chemical products	5236.9
医药制造业	Medical and pharmacutical products	
化学纤维制造业	Chemical fiber manufacturing	
橡胶和塑料制品业	Rubber and plastic products	699.0
非金属矿物制品业	Nonmetal mineral products	70136.4
黑色金属冶炼及压延加工业	Smelting and pressing of ferrous metals	
有色金属冶炼及压延加工业	Smelting and pressing of non－ferrous metals	
金属制品业	Metal products	5544.1
通用设备制造业	Ordinary machinery	11116.7
专用设备制造业	Special purpose equipment	316.4
汽车制造业	Automobile industry	33623.8
铁路、船舶、航空航天和其他运输设备制造业	Railway、ship、aerospace and other Transportation Equipment Manufacturing	1310.6
电气机械和器材制造业	Electric equipment and machinery	9.0
计算机、通信和其他电子设备制造业	Computer and telecommunication equipment and other electronic equipment	2409.5
仪器仪表制造业	Instruments, meters	
其他制造业	Others	1265.3
废弃资源综合利用业	Discard resoures and materials processing	
金属制品、机械和设备修理业	Metal products、machinery、Equipment repair industry	
电力、热力的生产和供应业	Production and supply of electric power and heat power	
燃气生产和供应业	Production and supply of gas	
水的生产和供应业	Production and supply of water	

单位:万元 unit:10000yuan

房屋和建筑物 Buildings and constructions	机器设备 Machine and equipment			全部从业人员年平均人数(万人) Annual averageof employment
		运输工具 Means of transport	其他费用 Others	
301685.9	1097394.7	28324.8	388058.2	469999.0
2877.7	15662.1	1111.4	283.5	10080.0
				43.0
				349.0
357.7	478.5	383.6	262808.5	2631.0
31134.4	70579.7	4085.7	5026.3	37109.0
1094.0	12330.3	502.7	157.5	8881.0
17301.0	30645.7	1015.8	2837.4	7682.0
				1417.0
				1394.0
	49.0	57.5	0.4	5096.0
				98.0
11072.0	22041.2	2061.4	913.1	2012.0
	492.7			2051.0
88.6	507.7	194.4	10.2	1487.0
330.3	8028.9	47.9	12.1	2628.0
				1118.0
393.8	4974.2	199.2	55.4	1033.0
12290.4	7867.7	371.3	5141.3	7873.0
		1805.8	4754.7	14251.0
				110.0
9944.7	42190.3	181.9	55.6	5113.0
44996.6	40094.2	7717.7	6622.1	10384.0
	4039.9			1938.0
	80.3	12.1		74.0
5872.7	15389.5	288.1	2292.9	8236.0
878.8	8989.6	242.3	752.9	7943.0
2415.4	9775.7	247.1	371.2	7233.0
62136.3	233895.3	4772.0	94843.5	224719.0
8137.1	45199.5	128.8	210.2	23029.0
4155.0	6136.9	463.0	453.5	6689.0
95.2	5458.1	223.2		3890.0
6518.4	2624.1	31.7	36.8	2833.0
468.2	1236.2	468.5		280.0
1381.7	779.6		2.5	378.0
57800.7	490439.2	850.8	416.6	54358.0
				1813.0
2452.0	679.5	860.9		3746.0

11－2 续表 7continued7

		总资产贡献率(%) Ratio of TotalAssets to Industry Value
总计	Total	19.7
煤炭开采和洗选业	Coal mining and dressing	27.6
石油和天然气开采业	Extraction of petroleum and natural gas	3.4
黑色金属矿采选业	Minging and dressing of ferrous metals	
有色金属矿采选业	Mining and dressing of nonferrous metals	
非金属矿采选业	Mining and dressing of nonmetal mineral products	26.9
开采辅助活动	Mining auxiliary activities	-0.3
其他采矿业	Others	
农副食品加工业	Food processing	30.9
食品制造业	Food manufacturing	10.6
酒、饮料和精制茶制造业	Wine、drinks and Refined tea Industry	13.1
烟草制品业	Tobacco processing	79.5
纺织业	Textile industry	2.4
纺织服装、服饰业	Textile and garment、Clothing industry	11.4
皮革、毛皮、羽毛(绒)及其制品业	Leather furs down and related products	19.6
木材加工及木、竹、藤、棕、草制品业	Timber, bamboo, cane, palm and straw products	7.6
家具制造业	Furniture	23.6
造纸及纸制品业	Paper making and paper products	22.9
印刷业和记录媒介的复制	Printing and record medium reproduction	13.3
文教、工美、体育和娱乐用品制造业	Culture and education、Industrial art、Sports and entertainment products manufacturing	35.4
石油加工、炼焦及核燃料加工业	Petroleum processing coking and nuclear processing	50.3
化学原料及化学制品制造业	Raw chemical material and chemical products	11.1
医药制造业	Medical and pharmacutical products	12.7
化学纤维制造业	Chemical fiber manufacturing	12.0
橡胶和塑料制品业	Rubber and plastic products	11.5
非金属矿物制品业	Nonmetal mineral products	11.5
黑色金属冶炼及压延加工业	Smelting and pressing of ferrous metals	12.0
有色金属冶炼及压延加工业	Smelting and pressing of non－ferrous metals	12.5
金属制品业	Metal products	8.7
通用设备制造业	Ordinary machinery	23.9
专用设备制造业	Special purpose equipment	18.1
汽车制造业	Automobile industry	25.7
铁路、船舶、航空航天和其他运输设备制造业	Railway、ship、aerospace and other Transportation Equipment Manufacturing	11.6
电气机械和器材制造业	Electric equipment and machinery	14.1
计算机、通信和其他电子设备制造业	Computer and telecommunication equipment and other electronic equipment	21.6
仪器仪表制造业	Instruments, meters	10.6
其他制造业	Others	39.8
废弃资源综合利用业	Discard resoures and materials processing	15.8
金属制品、机械和设备修理业	Metal products、machinery、Equipment repair industry	
电力、热力的生产和供应业	Production and supply of electric power and heat power	4.1
燃气生产和供应业	Production and supply of gas	0.5
水的生产和供应业	Production and supply of water	-2.7

单位:万元 unit:10000yuan

资产负债率(%) Ratio of Assetsto Industrial value(%)	流动资产周转率(次/年) Times of Annual Tumover of circulating Funds (time/year)	成本费用利润率(%) Ratio of Profits to cost(%)	全员劳动生产率(元/人·年) Overall labour productivity	产品销售率(%) Proportion of Products sold(%)
55.4	3.0	7.9		98.8
55.7	3.0	25.9		96.9
71.4	7.3	0.1		100.0
22.2	28.0	2.2		99.2
49.6	5.2	-19.3		99.7
67.3	11.6	5.4		99.1
46.4	1.8	6.1		80.7
68.5	3.8	1.5		100.2
47.4	1.7	24.0		98.9
84.8	1.4	0.8		97.4
58.9	1.5	8.8		135.1
42.0	2.5	9.2		100.0
49.3	2.0	3.3		96.5
34.3	6.2	6.1		97.0
46.9	9.6	4.7		94.4
48.8	4.2	6.2		98.2
22.3	7.1	7.3		95.8
77.0	4.1	7.2		98.9
58.2	1.7	7.6		99.7
49.4	0.9	18.5		95.2
0.8	8.1	2.8		96.7
53.6	2.7	6.3		99.7
66.5	1.6	5.4		99.3
49.6	4.4	3.4		98.8
48.3	11.8	1.2		105.3
61.5	3.1	2.5		96.5
49.9	2.6	12.2		97.3
44.5	2.5	7.5		95.3
48.6	3.1	9.6		99.2
75.5	1.3	8.7		100.3
52.9	2.2	5.7		97.4
47.0	1.9	24.6		89.1
33.5	1.0	18.4		93.5
25.0	17.0	5.8		94.5
58.5	4.1	4.1		97.6
70.0	5.4	-1.5		99.8
54.0	2.5	-0.9		83.2
38.5	1.0	-16.7		100.0

11－3　2012年规模以上工业企业主要经济指标(总表)

单位:万元

		企业单位数(个) Enterprises	亏损企业 Loss－suffering enterprises
总　计	Total	1081.0	131.0
一、按登记注册类型分组:	Grouped by type registered		
内资企业	Domestic funds	931.0	100.0
国有企业	State－owned	35.0	19.0
中央企业	Centre enterprises	12.0	8.0
地方企业	Local enterprises	23.0	11.0
集体企业	Collective－owned	12.0	2.0
股份合作企业	Share holding cooperative	4.0	2.0
联营企业	Joint ownership		
国有联营企业	State joint ownership enterprises		
集体联营企业	Collective－owned		
国有与集体联营企业	State－collective joint		
其他营联企业	Others		
有限责任公司	Limited company	260.0	39.0
国有独资公司	State－owned	9.0	1.0
其他有限责任公司	Others	251.0	38.0
股份有限公司	Share holding	58.0	8.0
私营企业	Private	514.0	23.0
私营独资企业	Solely Owned	74.0	4.0
私营合伙企业	Private partnership	4.0	
私营有限责任公司	Limited company	420.0	18.0
私营股份有限公司	Private	16.0	1.0
其他企业	Others	48.0	7.0
港、澳、台商投资企业	Funded from Hongkong,Macao and Taiwan	26.0	3.0
合资经营企业(港或澳、台资)	Joint venture	15.0	2.0
合作经营企业(港或澳、台资)	Cooperative	1.0	
港澳台商独资经营企业	Solely owned	8.0	1.0
港澳台商投资股份有限公司	Funded from Hongkong,Macao and Taiwan	2.0	
其他港澳台商投资企业	Others		
外商投资企业	Foreign funded	124.0	28.0
中外合资经营企业	Joint Venture	73.0	12.0
中外合作经营企业	Cooperative	3.0	
外资企业	Solely owned	46.0	16.0
外商投资股份有限公司	Share holding	2.0	
其他外商投资企业	Others		
二、按经济组织类型分组	Grouped by ownership		
独资企业	Solely owned enterprises	175.0	42.0
国有企业	State owned	35.0	19.0
集体企业	Collective owned	12.0	2.0
私营独资企业	Solely Owned	74.0	4.0

MAIN ECONOMIC INDICATORS OF INDUSTRIAL ENTERPRISES ABOVE DESIGNATED SIZE IN 2012

unit: 10000yuan

工业总产值（当年价格）Gross industrial output value (current price)	工业销售产值（当年价格）Sale revenue (current price)		年初存货 Stock in year beginning		
		出口交货值 Export enterprises		产成品 Finished goods	在产品 Goods in process
82941695.5	81972721.2	1586527.3	6607257.5	1665869.4	1440688.6
68231680.2	67520965.7	1079146.3	5744003.3	1337929.0	1347050.3
38576994.0	38179203.6	396553.2	2377569.7	648995.8	24084.4
37862671.3	37507980.6	395142.2	2327493.6	628785.3	16919.3
714322.7	671223.0	1411.0	50076.1	20210.5	7165.1
101553.3	98241.0	2889.4	1020.6	72.9	
31681.6	30002.6		7672.9	244.3	6465.4
8548606.0	8497019.4	42154.2	601774.3	239322.6	99624.1
3659245.5	3674868.5	1258.1	75051.8	10026.4	15553.1
4889360.5	4822150.9	40896.1	526722.5	229296.2	84071.0
12869517.4	12782192.1	589493.4	2266625.6	265176.9	1171700.6
7355796.1	7199136.2	50898.2	404469.7	153901.6	41617.7
831850.8	809747.6		23666.0	10208.0	2292.0
33388.8	32467.7		264.2	219.8	34.2
6205242.5	6083206.9	50898.2	355828.9	132762.0	35421.0
285314.0	273714.0		24710.6	10711.8	3870.5
747531.8	735170.8	47.3	83001.7	29267.2	3485.2
6560854.6	6248817.9	318797.2	220618.8	149382.8	16317.9
387450.7	379568.3	15629.4	61202.6	18372.8	8340.1
4553.2	4547.4		474.1	10.6	4.8
6090994.5	5787936.1	303167.8	146357.0	118414.3	7973.0
77856.2	76766.1		12585.1	12585.1	
8149160.7	8202937.6	188583.8	642635.4	178557.6	77320.4
5831129.0	5767631.6	46383.3	369602.1	100889.0	64493.9
139667.6	166250.2		62086.5	5090.1	18.2
1681064.2	1771755.9	81849.7	188993.7	66495.3	11484.1
497299.9	497299.9	60350.8	21953.1	6083.2	1324.2
47282456.8	46646884.2	781570.7	2739475.8	845134.0	45906.4
38576994.0	38179203.6	396553.2	2377569.7	648995.8	24084.4
101553.3	98241.0		2889.4	1020.6	72.9
831850.8	809747.6		23666.0	10208.0	2292.0

11－3 续表 1continued1

		资产总计 Total	流动资产合计 Current assets	应收帐款 Accounts receivable
总　　计	Total	60346467.6	30616271.2	4708133.8
一、按登记注册类型分组:	Grouped by type registered			
内资企业	Domestic funds	51444587.0	25318296.7	3178039.4
国有企业	State－owned	28016022.3	14904458.8	718920.2
中央企业	Centre enterprises	26884122.1	14470516.2	651683.7
地方企业	Local enterprises	1131900.2	433942.6	67236.5
集体企业	Collective－owned	91807.6	54335.3	16412.5
股份合作企业	Share holding cooperative	86582.3	68815.3	23945.2
联营企业	Joint ownership			
国有联营企业	State joint ownership enterprises			
集体联营企业	Collective－owned			
国有与集体联营企业	State－collective joint			
其他营联企业	Others			
有限责任公司	Limited company	8668723.4	2527608.6	729089.4
国有独资公司	State－owned	4626148.3	411542.3	115391.2
其他有限责任公司	Others	4042575.1	2116066.3	613698.2
股份有限公司	Share holding	11038339.1	6061626.0	1310660.5
私营企业	Private	3078248.4	1482111.3	324881.5
私营独资企业	Solely Owned	282391.1	123189.3	35084.1
私营合伙企业	Private partnership	7686.8	1741.8	728.9
私营有限责任公司	Limited company	2611006.8	1256863.0	263498.6
私营股份有限公司	Private	177163.7	100317.2	25569.9
其他企业	Others	464863.9	219341.4	54130.1
港、澳、台商投资企业	Funded from Hongkong, Macao and Taiwan	2762520.4	1150248.1	310137.0
合资经营企业(港或澳、台资)	Joint venture	609638.0	284690.6	95601.1
合作经营企业(港或澳、台资)	Cooperative	3762.2	910.5	111.1
港澳台商独资经营企业	Solely owned	2076002.6	803861.2	206451.3
港澳台商投资股份有限公司	Funded from Hongkong, Macao and Taiwan	73117.6	60785.8	7973.5
其他港澳台商投资企业	Others			
外商投资企业	Foreign funded	6139360.2	4147726.4	1219957.4
中外合资经营企业	Joint Venture	3908059.9	2612500.0	715016.6
中外合作经营企业	Cooperative	378367.6	143398.2	26425.6
外资企业	Solely owned	1468586.5	1101171.1	368124.5
外商投资股份有限公司	Share holding	384346.2	290657.1	110390.7
其他外商投资企业	Others			
二、按经济组织类型分组	Grouped by ownership			
独资企业	Solely owned enterprises	31934810.1	16987015.7	1344992.6
国有企业	State owned	28016022.3	14904458.8	718920.2
集体企业	Collective owned	91807.6	54335.3	16412.5
私营独资企业	Solely Owned	282391.1	123189.3	35084.1

单位:万元　unit:10000yuan

资产总计 Total assets							
流动资产合计 Current assets			固定资产合计 Fixed assets	固定资产原价 Original value of fixed assets	累计折旧 Accumulated depreciation		在建工程 Project under construction
存货 Inventory	产成品 Finished goods	在产品 Goods in process				本年折旧 Depreciation of the year	
7536932.9	2152230.4	1205672.4	20731519.0	29111208.6	11503436.0	2303908.1	4258281.8
6538917.9	1765722.0	1094810.0	17899739.9	25037506.7	10066098.9	2078101.3	3907157.8
3260454.6	889794.0	15643.2	8296864.7	11245887.3	5064150.0	946376.7	2227751.6
3202312.3	862885.4	11182.0	7657689.0	10313802.1	4654817.7	732214.6	2141191.8
58142.3	26908.6	4461.2	639175.7	932085.2	409332.3	214162.1	86559.8
3705.8	1404.2	119.9	11899.9	25795.9	14070.1	951.6	1215.4
10923.3	2300.2	7443.2	10836.3	23794.5	13152.8	1143.8	3461.8
631995.5	261674.1	98402.6	4590670.6	7358821.0	2978233.8	459264.5	1033262.5
36068.2	8979.2	5755.2	3304674.4	5762312.2	2505257.2	334754.9	748182.4
595927.3	252694.9	92647.4	1285996.2	1596508.8	472976.6	124509.6	285080.1
2030769.2	364058.7	906099.4	3564750.8	4649893.1	1566530.7	547784.2	548527.2
485864.8	203331.3	58886.2	1271004.8	1530217.1	370288.2	111639.1	66760.5
30188.3	12517.9	3381.6	123625.2	158922.7	40105.0	10782.9	14468.3
218.3	182.7	17.9	3751.4	4151.5	400.1	84.6	
418811.7	163806.2	52260.2	1088183.2	1291383.4	307676.4	95421.7	47285.9
36646.5	26824.5	3226.5	55445.0	75759.5	22106.7	5349.9	5006.3
115204.7	43159.5	8215.5	153712.8	203097.8	59673.3	10941.4	26178.8
235303.1	143520.9	15909.6	1381152.2	1710654.1	376515.9	56789.3	108538.1
81515.5	23825.5	7406.3	228086.2	258993.6	76695.7	14828.2	38936.1
484.3	7.2	1913.3	3593.5	1680.2	262.1		
139669.9	107141.2	8496.1	1140749.9	1433803.3	293058.3	41699.0	68071.9
13633.4	12554.2	10402.8	14263.7	5081.7	1530.1		
762711.9	242987.5	94952.8	1450626.9	2363047.8	1060821.2	169017.5	242585.9
437135.8	133795.2	82734.5	921572.5	1386042.4	555495.9	87655.1	150535.5
64915.7	19919.0	12.8	157391.2	261617.0	136264.4	10952.1	32512.5
235297.6	81461.3	10852.3	314811.0	604381.5	314906.2	58729.1	28137.2
25362.8	7812.0	1353.2	56852.2	111006.9	54154.7	11681.2	31400.7
3669316.2	1092318.6	38493.1	9887950.7	13468790.7	5726289.6	1058539.3	2339644.4
3260454.6	889794.0	15643.2	8296864.7	11245887.3	5064150.0	946376.7	2227751.6
3705.8	1404.2	119.9	11899.9	25795.9	14070.1	951.6	1215.4
30188.3	12517.9	3381.6	123625.2	158922.7	40105.0	10782.9	14468.3

11－3 续表 2continued2

		负债合计 Liabilities	流动负债合计 Current liabilites	应付账款 Account payable
总　计	Total	33421059.8	25493140.5	9921670.6
一、按登记注册类型分组:	Grouped by type registered			
内资企业	Domestic funds	28368779.8	21838487.1	8233476.8
国有企业	State－owned	13895551.9	10620492.1	4567924.5
中央企业	Centre enterprises	13178522.0	10137606.4	4479700.4
地方企业	Local enterprises	717029.9	482885.7	88224.1
集体企业	Collective－owned	46315.0	16905.1	7080.1
股份合作企业	Share holding cooperative	77983.6	76289.4	36184.5
联营企业	Joint ownership			
国有联营企业	State joint ownership enterprises			
集体联营企业	Collective－owned			
国有与集体联营企业	State－collective joint			
其他营联企业	Others			
有限责任公司	Limited company	5371837.4	3804616.8	1416539.8
国有独资公司	State－owned	2949678.4	1774055.7	705439.1
其他有限责任公司	Others	2422159.0	2030561.1	711100.7
股份有限公司	Share holding	7344748.2	5948704.1	1806929.9
私营企业	Private	1398071.5	1161869.5	372708.2
私营独资企业	Solely Owned	123034.5	102015.1	24183.4
私营合伙企业	Private partnership	2203.6	1747.1	348.0
私营有限责任公司	Limited company	1165585.2	957470.5	323885.4
私营股份有限公司	Private	107248.2	100636.8	24291.4
其他企业	Others	234272.2	209610.1	26109.8
港、澳、台商投资企业	Funded from Hongkong, Macao and Taiwan	1803559.2	702837.4	260777.1
合资经营企业(港或澳、台资)	Joint venture	279640.6	204076.3	63768.0
合作经营企业(港或澳、台资)	Cooperative	167.5	167.5	105.1
港澳台商独资经营企业	Solely owned	1510813.7	485659.7	193293.1
港澳台商投资股份有限公司	Funded from Hongkong, Macao and Taiwan	12937.4	12933.9	3610.9
其他港澳台商投资企业	Others			
外商投资企业	Foreign funded	3248720.8	2951816.0	1427416.7
中外合资经营企业	Joint Venture	2086853.7	1903926.4	973165.0
中外合作经营企业	Cooperative	130656.7	79949.3	2039.0
外资企业	Solely owned	895795.1	832525.0	355822.8
外商投资股份有限公司	Share holding	135415.3	135415.3	96389.9
其他外商投资企业	Others			
二、按经济组织类型分组	Grouped by ownership			
独资企业	Solely owned enterprises	16471510.2	12057597.0	5148303.9
国有企业	State owned	13895551.9	10620492.1	4567924.5
集体企业	Collective owned	46315.0	16905.1	7080.1
私营独资企业	Solely Owned	123034.5	102015.1	24183.4

		营业收入 Operation revenue	主营业务收入 Main operation income
总　　计	Total	90588061.6	86428767.4
一、按登记注册类型分组:	Grouped by type registered		
内资企业	Domestic funds	76039899.7	72092672.5
国有企业	State － owned	46754837.4	43518577.1
中央企业	Centre enterprises	46096055.2	42899268.9
地方企业	Local enterprises	658782.2	619308.2
集体企业	Collective － owned	97203.1	96810.3
股份合作企业	Share holding cooperative	63132.9	61383.6
联营企业	Joint ownership		
国有联营企业	State joint ownership enterprises		
集体联营企业	Collective － owned		
国有与集体联营企业	State － collective joint		
其他营联企业	Others		
有限责任公司	Limited company	8482743.4	8367239.3
国有独资公司	State － owned	3750572.8	3716629.4
其他有限责任公司	Others	4732170.6	4650609.9
股份有限公司	Share holding	12833357.0	12348948.0
私营企业	Private	7140723.3	7049337.5
私营独资企业	Solely Owned	803222.8	795739.1
私营合伙企业	Private partnership	32231.2	32231.2
私营有限责任公司	Limited company	6034744.0	5952959.8
私营股份有限公司	Private	270525.3	268407.4
其他企业	Others	667902.6	650376.7
港、澳、台商投资企业	Funded from Hongkong, Macao and Taiwan	6236224.1	6199916.8
合资经营企业(港或澳、台资)	Joint venture	411148.1	384119.8
合作经营企业(港或澳、台资)	Cooperative	6714.2	6712.8
港澳台商独资经营企业	Solely owned	5746448.9	5737171.3
港澳台商投资股份有限公司	Funded from Hongkong, Macao and Taiwan	71912.9	71912.9
其他港澳台商投资企业	Others		
外商投资企业	Foreign funded	8311937.8	8136178.1
中外合资经营企业	Joint Venture	5885092.7	5736276.8
中外合作经营企业	Cooperative	161678.7	161676.9
外资企业	Solely owned	1766988.2	1749059.3
外商投资股份有限公司	Share holding	498178.2	489165.1
其他外商投资企业	Others		
二、按经济组织类型分组	Grouped by ownership		
独资企业	Solely owned enterprises	55168700.4	51897357.1
国有企业	State owned	46754837.4	43518577.1
集体企业	Collective owned	97203.1	96810.3
私营独资企业	Solely Owned	803222.8	795739.1

单位:万元　unit:10000yuan

营业成本 Operating costs	主营业务成本 Main operation cost	营业税金及附加 Business taxes and extra charges	主营业务税金及附加 Main operation taxes and extra charges	其他业务收入 Other business revenue	其他业务利润 Other business profit
75995718.3	72048174.4	2309909.1	2300327.4	4159294.2	1057108.4
63162827.5	59688029.7	2062136.7	2053761.4	3947227.2	998326.4
36996905.6	34711204.4	1791664.4	1789239.2	3236260.3	950859.2
36501248.5	34231543.3	1784455.6	1784337.5	3196786.3	927206.6
495657.1	479661.1	7208.8	4901.7	39474.0	23652.6
64023.5	64023.5	419.3	419.3	392.8	224.8
57616.8	55860.6	340.5	340.5	1749.3	43.5
7809764.4	7572299.9	65388.8	62880.0	115504.1	21416.1
3785039.0	3659866.9	16734.7	16092.2	33943.4	7541.6
4024725.4	3912433.0	48654.1	46787.8	81560.7	13874.5
11502087.6	10670871.5	113443.9	111534.5	484409.0	20000.1
6148486.3	6045602.7	80442.8	78946.8	91385.8	5782.5
678563.3	668860.1	6519.8	6425.2	7483.7	165.3
24993.0	24993.0	180.2	180.2		
5205713.6	5136179.8	72922.6	71841.2	81784.2	5617.2
239216.4	215569.8	820.2	500.2	2117.9	
583943.3	568167.1	10437.0	10401.1	17525.9	0.2
5650535.2	5609541.4	27134.3	27107.0	36307.3	6795.0
319939.8	285001.1	2067.6	2042.8	27028.3	3831.7
4547.4	4547.4	65.5	65.5	1.4	
5271904.4	5265849.3	24478.9	24476.4	9277.6	2963.3
54143.6	54143.6	522.3	522.3		
7182355.6	6750603.3	220638.1	219459.0	175759.7	51987.0
5289586.6	4896511.9	199234.3	198290.5	148815.9	48513.0
124386.7	124386.7	848.2	848.2	1.8	
1410180.0	1383263.9	12884.6	12649.3	17928.9	3468.8
358202.3	346440.8	7671.0	7671.0	9013.1	5.2
44421576.8	42093201.2	1835967.0	1833209.4	3271343.3	957681.4
36996905.6	34711204.4	1791664.4	1789239.2	3236260.3	950859.2
64023.5	64023.5	419.3	419.3	392.8	224.8
678563.3	668860.1	6519.8	6425.2	7483.7	165.3

11－3 续表 4continued4

		销售费用 Marketing expenses	管理费用 Management expenses	税金 Tax
总　计	Total	3595315.7	3578672.5	128873.3
一、按登记注册类型分组：	Grouped by type registered			
内资企业	Domestic funds	2911713.9	2948900.6	106026.6
国有企业	State－owned	2265411.2	1763531.6	64685.5
中央企业	Centre enterprises	2247165.3	1693605.7	61374.0
地方企业	Local enterprises	18245.9	69925.9	3311.5
集体企业	Collective－owned	834.8	21318.6	269.5
股份合作企业	Share holding cooperative	1103.4	3128.2	164.3
联营企业	Joint ownership			
国有联营企业	State joint ownership enterprises			
集体联营企业	Collective－owned			
国有与集体联营企业	State－collective joint			
其他营联企业	Others			
有限责任公司	Limited company	160287.0	286710.3	9931.7
国有独资公司	State－owned	5084.7	28889.4	739.7
其他有限责任公司	Others	155202.3	257820.9	9192.0
股份有限公司	Share holding	317564.3	627774.6	21555.9
私营企业	Private	149353.9	219661.2	8587.2
私营独资企业	Solely Owned	21471.6	25836.2	520.0
私营合伙企业	Private partnership	3219.7	4235.1	71.0
私营有限责任公司	Limited company	118137.6	179972.6	7620.9
私营股份有限公司	Private	6525.0	9617.3	375.3
其他企业	Others	17159.3	26776.1	832.5
港、澳、台商投资企业	Funded from Hongkong, Macao and Taiwan	482649.3	97716.4	2139.2
合资经营企业(港或澳、台资)	Joint venture	12498.2	34822.0	1314.8
合作经营企业(港或澳、台资)	Cooperative	778.6	1096.6	81.6
港澳台商独资经营企业	Solely owned	466699.3	59171.3	563.6
港澳台商投资股份有限公司	Funded from Hongkong, Macao and Taiwan	2673.2	2626.5	179.2
其他港澳台商投资企业	Others			
外商投资企业	Foreign funded	200952.5	532055.5	20707.5
中外合资经营企业	Joint Venture	111404.0	285861.9	13525.4
中外合作经营企业	Cooperative	8596.7	5332.1	426.1
外资企业	Solely owned	70120.6	161457.2	6609.5
外商投资股份有限公司	Share holding	10831.2	79404.3	146.5
其他外商投资企业	Others			
二、按经济组织类型分组	Grouped by ownership			
独资企业	Solely owned enterprises	2824537.5	2031314.9	72648.1
国有企业	State owned	2265411.2	1763531.6	64685.5
集体企业	Collective owned	834.8	21318.6	269.5
私营独资企业	Solely Owned	21471.6	25836.2	520.0

单位:万元　unit:10000yuan

差旅费 Travel expense	工会经费 Labour union expenditure	财务费用 Financial cost	利息收入 Interest income	利息支出 Interest expenditure	营业利润 Operating profit	资产减值损失 Loss from asset devaluation	公允价值变动收益 Changes in fair value of the proceeds	投资收益 Investment income	投资收益 Investment income	补贴收入 Subsidies revenue
182289.3	26012.1	631936.6	124506.5	644820.7	6263241.5	168591.7	5348.2	505881.8	470516.3	210654.0
150452.7	22197.7	563960.5	106329.3	565542.3	5314873.5	166140.7	5058.2	499150.3	317880.4	88859.2
65190.3	9899.2	170307.0	88377.3	192168.5	3999200.9	131079.9	5037.8	388279.6	131339.1	22376.7
63379.1	9044.4	154686.5	88852.5	177252.4	3951284.3	129529.3	4995.0	387556.9	121411.1	17767.5
1811.2	854.8	15620.5	-475.2	14916.1	47916.6	1550.6	42.8	722.7	9928.0	4609.2
312.0	203.9	1166.0	-8.4	1153.4	16091.7					1.3
52.7	1.2	743.0	185.4	890.6	342.7	194.2			4.8	2.8
11660.8	2527.5	126574.9	4606.4	124943.7	265912.8	18566.3	22.6	69668.3	115350.5	27458.3
1089.2	266.2	87330.9	2836.6	88886.2	-79045.3	15550.4	4288.8	90613.9	13845.0	
10571.6	2261.3	39244.0	1769.8	36057.5	344958.1	3015.9	22.6	65379.5	24736.6	13613.3
49126.9	3384.0	194801.5	10396.1	196761.8	553548.1	15381.2	-2.2	40336.6	63778.8	34269.8
23471.9	5975.4	63324.1	2691.4	44512.1	416732.0	36.1		836.4	6491.5	4268.6
800.2	447.6	3589.4	14.8	838.6	50775.7			296.8	130.7	30.1
8.7	40.5	2848.5	2301.5	51.1	2652.4				400.0	
22331.7	5329.6	52100.6	340.5	39451.7	353251.3	36.1		539.6	5794.7	4193.5
331.3	157.7	4785.6	34.6	4170.7	10052.6				166.1	45.0
638.1	206.5	7044.0	81.1	5112.2	63045.3	883.0		29.4	914.4	483.0
17040.2	592.5	47254.1	458.9	44669.6	383663.5	12.1			7472.8	1589.0
1234.4	365.7	5702.4	43.0	3885.6	50722.3	105.1			2053.3	1423.3
1.5	1.0	-0.1	0.3		226.1				1.7	1.7
15663.4	193.6	41244.5	226.3	40319.1	320978.7				5365.5	164.0
140.9	32.2	307.3	189.3	464.9	11736.4	-93.0			52.3	
14796.4	3221.9	20722.0	17718.3	34608.8	564704.5	2438.9	290.0	6731.5	145163.1	120205.8
7100.8	1844.3	6278.9	12842.7	18318.3	387266.3	-246.9	290.0	6792.9	26693.5	14708.0
103.6	37.0	5195.2	-75.2	5114.8	17542.0				1185.0	710.0
5706.6	956.2	12481.3	1791.2	10924.1	111148.6	3800.8		-61.4	116945.8	104787.8
1885.4	384.4	-3233.4	3159.6	251.6	48747.6	-1115.0			338.8	
87672.5	11700.5	228788.2	90401.2	245403.7	4498195.6	134880.7	5037.8	388515.0	253782.4	127358.6
65190.3	9899.2	170307.0	88377.3	192168.5	3999200.9	131079.9	5037.8	388279.6	131339.1	22376.7
312.0	203.9	1166.0	-8.4	1153.4	16091.7				1.3	
800.2	447.6	3589.4	14.8	838.6	50775.7			296.8	130.7	30.1

11－3 续表 5continued5

		营业外支出 Norbusiness expenditure	利润总额 Profit	应交所得税 Income tax payable
总　计	Total	101106.8	6574263.6	482815.9
一、按登记注册类型分组：	Grouped by type registered			
内资企业	Domestic funds	83395.9	5492473.2	349358.6
国有企业	State－owned	45850.7	4085018.9	163860.0
中央企业	Centre enterprises	41026.3	4031998.6	149711.5
地方企业	Local enterprises	4824.4	53020.3	14148.5
集体企业	Collective－owned	57.6	16035.4	2882.2
股份合作企业	Share holding cooperative	12.8	334.7	275.3
联营企业	Joint ownership			
国有联营企业	State joint ownership enterprises			
集体联营企业	Collective－owned			
国有与集体联营企业	State－collective joint			
其他营联企业	Others			
有限责任公司	Limited company	12999.9	365334.6	43858.2
国有独资公司	State－owned	8171.1	3397.3	473.7
其他有限责任公司	Others	4828.8	361937.3	43384.5
股份有限公司	Share holding	16122.4	584884.1	87288.8
私营企业	Private	7884.1	414374.3	47473.8
私营独资企业	Solely Owned	1158.5	49777.6	3071.8
私营合伙企业	Private partnership	600.0	2452.4	672.9
私营有限责任公司	Limited company	5662.7	352388.5	42136.8
私营股份有限公司	Private	462.9	9755.8	1592.3
其他企业	Others	468.4	26491.2	3720.3
港、澳、台商投资企业	Funded from Hongkong, Macao and Taiwan	2372.8	388763.5	18683.1
合资经营企业(港或澳、台资)	Joint venture	489.0	52286.6	9392.4
合作经营企业(港或澳、台资)	Cooperative	56.7	171.1	114.6
港澳台商独资经营企业	Solely owned	1769.6	324574.6	6130.4
港澳台商投资股份有限公司	Funded from Hongkong, Macao and Taiwan	57.5	11731.2	3045.7
其他港澳台商投资企业	Others			
外商投资企业	Foreign funded	15338.1	693026.9	114774.2
中外合资经营企业	Joint Venture	3052.7	410848.1	66838.1
中外合作经营企业	Cooperative	101.9	18625.0	2041.2
外资企业	Solely owned	12113.9	214537.0	31315.7
外商投资股份有限公司	Share holding	69.6	49016.8	14579.2
其他外商投资企业	Others			
二、按经济组织类型分组	Grouped by ownership			
独资企业	Solely owned enterprises	60950.3	4689943.5	207260.1
国有企业	State owned	45850.7	4085018.9	163860.0
集体企业	Collective owned	57.6	16035.4	2882.2
私营独资企业	Solely Owned	1158.5	49777.6	3071.8

单位:万元　unit:10000yuan

亏损企业亏损总额 Total loss of loss – suffering enterprises	利税总额 Pre – tax profits	应交税金及附加 Taxes and extra charges	本年应付职工薪酬 Wages payable of the year	本年应交增值税 Value added	本年进项税额 VAT payable – input	本年销项税额 VAT payable – export	土地和固定资产支出 Land and fixed asset expenditures
300061.9	11376820.2	5414245.8	3434530.0	2492647.5	13963236.5	15894058.1	1992399.9
248395.6	9614498.8	4577410.8	2942401.5	2059888.9	12961716.1	14732299.8	1478451.2
134262.4	7266313.9	3409840.5	1482776.6	1389630.6	10906605.6	12156222.6	333190.6
104200.1	7178317.3	3357404.2	1375618.7	1361863.1	10852781.8	12079920.9	304968.0
30062.3	87996.6	52436.3	107157.9	27767.5	53823.8	76301.7	28222.6
575.2	20017.1	7133.4	7285.1	3562.4	4726.6	8209.4	
456.5	1231.6	1336.5	3483.8	556.4	8486.1	8836.3	420.4
53368.2	653447.7	341903.0	693185.9	222724.3	842981.8	1034302.2	241665.8
19983.9	147383.3	145199.4	440081.3	127251.3	498879.6	625807.4	23472.4
33384.3	506064.4	196703.6	253104.6	95473.0	344102.2	408494.8	218193.4
50222.5	987307.0	511267.6	492181.7	288979.0	638195.8	857104.5	796992.7
6242.8	631275.3	272962.0	240189.2	136458.2	495986.0	595086.3	89850.2
1015.0	62151.5	15965.7	22007.2	5854.1	35293.9	34654.6	8009.7
	3282.7	1574.2	568.4	650.1	1221.9	1682.8	
5134.7	550673.4	248042.6	180674.8	125362.3	445310.1	541386.3	74365.4
93.1	15167.7	7379.5	36938.8	4591.7	14160.1	17362.6	7475.1
3268.0	54906.2	32967.8	23299.2	17978.0	64734.2	72538.5	16331.5
13562.4	621222.2	253281.0	88090.9	205324.4	160127.4	166951.8	164893.6
6767.2	66519.0	24939.6	33442.0	12164.8	24033.3	26464.7	39749.4
	782.5	807.6	891.3	545.9			126.8
6795.2	538522.9	220642.3	51837.0	189469.4	136094.1	140487.1	125017.4
	15397.8	6891.5	1920.6	3144.3			
38103.9	1141099.2	583554.0	404037.6	227434.2	841393.0	994806.5	349055.1
15941.8	756326.4	425841.8	285071.1	146244.0	723541.8	847996.9	279182.9
	22316.9	6159.2	2501.2	2843.7	7179.7	9906.4	133.5
22162.1	290034.3	113422.5	103771.2	62612.7	109037.8	135122.0	67818.5
	72421.6	38130.5	12694.1	15733.8	1633.7	1781.2	1920.2
164809.9	8177039.7	3767004.4	1667677.1	1651129.2	11191758.0	12474695.7	534036.2
134262.4	7266313.9	3409840.5	1482776.6	1389630.6	10906605.6	12156222.6	333190.6
575.2	20017.1	7133.4	7285.1	3562.4	4726.6	8209.4	
1015.0	62151.5	15965.7	22007.2	5854.1	35293.9	34654.6	8009.7

11－3 续表 6continued6

		土地购置 Purchase of land
总　　计	Total	150418.1
一、按登记注册类型分组：	Grouped by type registered	
内资企业	Domestic funds	107142.3
国有企业	State－owned	11116.7
中央企业	Centre enterprises	11116.7
地方企业	Local enterprises	
集体企业	Collective－owned	
股份合作企业	Share holding cooperative	
联营企业	Joint ownership	
国有联营企业	State joint ownership enterprises	
集体联营企业	Collective－owned	
国有与集体联营企业	State－collective joint	
其他营联企业	Others	
有限责任公司	Limited company	12070.6
国有独资公司	State－owned	
其他有限责任公司	Others	12070.6
股份有限公司	Share holding	69357.6
私营企业	Private	13899.4
私营独资企业	Solely Owned	2232.8
私营合伙企业	Private partnership	
私营有限责任公司	Limited company	11256.7
私营股份有限公司	Private	409.9
其他企业	Others	698.0
港、澳、台商投资企业	Funded from Hongkong, Macao and Taiwan	16301.5
合资经营企业(港或澳、台资)	Joint venture	6360.4
合作经营企业(港或澳、台资)	Cooperative	
港澳台商独资经营企业	Solely owned	9941.1
港澳台商投资股份有限公司	Funded from Hongkong, Macao and Taiwan	
其他港澳台商投资企业	Others	
外商投资企业	Foreign funded	26974.3
中外合资经营企业	Joint Venture	25416.8
中外合作经营企业	Cooperative	
外资企业	Solely owned	1557.5
外商投资股份有限公司	Share holding	
其他外商投资企业	Others	
二、按经济组织类型分组	Grouped by ownership	
独资企业	Solely owned enterprises	24848.1
国有企业	State owned	11116.7
集体企业	Collective owned	
私营独资企业	Solely Owned	2232.8

单位:万元 unit:10000yuan

房屋和建筑物 Buildings and constructions	机器设备 Machine and equipment			全部从业人员年平均人数(万人) Annual averageof employment
		运输工具 Means of transport	其他费用 Others	
301685.9	1097394.7	28324.8	388058.2	469999.0
		20075.7	284379.9	392768.0
221467.2	818867.9	2509.8	257952.3	159164.0
13755.6	39206.4	346.7	257686.0	141130.0
4855.7	22313.1	2163.1	266.3	18034.0
8899.9	16893.3			2024.0
				1495.0
		4731.8	7929.4	100666.0
69388.2	147545.8	211.2	140.8	43908.0
6501.5	16618.9	4520.6	7788.6	56758.0
62886.7	130926.9	6044.9	17777.6	55098.0
110843.0	575155.6	6296.3	629.4	66710.0
18836.0	50134.7	337.5	100.7	6723.0
54.8	5229.5			238.0
		5955.6	528.7	57461.0
13721.1	42903.3	3.2		2288.0
5060.1	2001.9	492.9	91.2	7611.0
8644.4	6405.0	4578.1	8939.2	17221.0
31768.5	103306.3	462.1	1100.2	5612.0
3291.0	28535.7	77.7	29.5	363.0
	19.6	4038.3	7809.5	10887.0
28477.5	74751.0			359.0
48450.2	175220.5	3671.0	94739.1	60010.0
33805.3	129381.5	1354.0	89225.3	36489.0
	133.5			642.0
14135.2	44317.2	2317.0	5491.6	20245.0
509.7	1388.3		22.2	2634.0
56423.1	163504.1	9202.6	271354.1	199043.0
13755.6	39206.4	2509.8	257952.3	159164.0
				2024.0
54.8	5229.5	337.5	100.7	6723.0

11－3 续表 7continued7

		总资产贡献率(％) Ratio of TotalAssets to Industry Value
总　　计	Total	19.7
一、按登记注册类型分组:	Grouped by type registered	19.6
内资企业	Domestic funds	26.3
国有企业	State－owned	27.0
中央企业	Centre enterprises	9.1
地方企业	Local enterprises	23.1
集体企业	Collective－owned	2.2
股份合作企业	Share holding cooperative	
联营企业	Joint ownership	
国有联营企业	State joint ownership enterprises	
集体联营企业	Collective－owned	
国有与集体联营企业	State－collective joint	
其他营联企业	Others	8.9
有限责任公司	Limited company	5.1
国有独资公司	State－owned	13.4
其他有限责任公司	Others	10.6
股份有限公司	Share holding	21.9
私营企业	Private	22.3
私营独资企业	Solely Owned	13.4
私营合伙企业	Private partnership	22.6
私营有限责任公司	Limited company	10.9
私营股份有限公司	Private	12.9
其他企业	Others	24.1
港、澳、台商投资企业	Funded from Hongkong, Macao and Taiwan	11.5
合资经营企业(港或澳、台资)	Joint venture	20.8
合作经营企业(港或澳、台资)	Cooperative	27.9
港澳台商独资经营企业	Solely owned	21.4
港澳台商投资股份有限公司	Funded from Hongkong, Macao and Taiwan	
其他港澳台商投资企业	Others	
外商投资企业	Foreign funded	18.9
中外合资经营企业	Joint Venture	19.5
中外合作经营企业	Cooperative	7.3
外资企业	Solely owned	20.4
外商投资股份有限公司	Share holding	18.1
其他外商投资企业	Others	
二、按经济组织类型分组	Grouped by ownership	
独资企业	Solely owned enterprises	26.1
国有企业	State owned	26.3
集体企业	Collective owned	23.1
私营独资企业	Solely Owned	22.3

单位:万元 unit:10000yuan

资产负债率(%) Ratio of Assetsto Industrial value(%)	流动资产周转率(次/年) Times of Annual Tumover of circulating Funds (time/year)	成本费用利润率(%) Ratio of Profits to cost(%)	全员劳动生产率 (元/人·年) Overall labour productivity	产品销售率(%) Proportion of Products sold(%)
55.4	3.0	7.9		98.8
55.1	3.0	7.9		99.0
49.6	3.1	9.9		99.0
49.0	3.2	9.9		99.1
63.4	1.5	8.8		94.0
50.5	1.8	18.4		96.7
90.1	0.9	0.5		94.7
62.0	3.4	4.4		99.4
63.8	9.1	0.1		100.4
59.9	2.2	8.1		98.6
66.5	2.1	4.6		99.3
45.4	4.8	6.3		97.9
43.6	6.5	6.8		97.3
28.7	18.5	7.0		97.2
44.6	4.8	6.3		98.0
60.5	2.7	3.8		95.9
50.4	3.1	4.2		98.4
65.3	5.4	6.2		95.2
45.9	1.4	14.0		98.0
4.5	7.4	2.7		99.9
72.8	7.2	5.6		95.0
17.7	1.2	19.6		98.6
52.9	2.0	8.7		100.7
53.4	2.3	7.2		98.9
34.5	1.1	13.0		119.0
61.0	1.6	13.0		105.4
35.2	1.7	11.0		100.0
51.6	3.3	9.5		98.7
49.6	3.1	9.9		99.0
50.5	1.8	18.4		96.7
43.6	6.5	6.8		97.3

11－3 续表 8continued8

		企业单位数(个) Enterprises	亏损企业 Loss－suffering enterprises
港澳台商独资经营企业	Funded from Hongkong, Macao and Taiwan	8.0	1.0
外资企业	Foreign funded	46.0	16.0
合作、合伙企业	Cooperation and partnership	60.0	9.0
股份合作企业	Cooperative	4.0	2.0
国有联营企业	State joint ownership enterprises		
集体联营企业	Collective joint		
国有与集体联营企业	State－collective joint		
其他联营企业	Others		
私营合伙企业	Privat partnership	4.0	
合作经营企业(港或澳、台资)	Funded from Hongkong Macao and Taiwan	1.0	
中外合作经营企业	Cooperative	3.0	
其他企业(内资)	Others	48.0	7.0
其他港澳台商投资企业	Others		
其他外商投资企业	Others		
股份有限公司	Share holding	78.0	9.0
股份有限公司(内资)	Share holding (domestic)	58.0	8.0
私营股份有限公司	Private	16.0	1.0
港澳台商投资股份有限公司	Funded from Hongkong, Macao and Taiwan	2.0	
外商投资股份有限公司	Foreign funded	2.0	
有限责任公司	Limited company	768.0	71.0
国有独资公司	State owned	9.0	1.0
私营有限责任公司	Limited company	420.0	18.0
合资经营企业(港或澳、台资)	Funded from Hongkong, Macao and taiwan	15.0	2.0
中外合资经营企业	Joint venture	73.0	12.0
其他有限责任公司	Others	251.0	38.0
三、在总计中:亏损企业	Making loss enterprises	131.0	131.0
在总计中:国有控股企业	State share holding	93	28
在总计中:农村工业	Rural industry	7	1
在总计中:轻工业	Light－Industry	395	35
重工业	Heavy industry	686	96
在总计中:大型企业	Grouped by size of enterprises	46	9
中型企业	Medium－sized enterprises	159	28
小型企业	Small－sized enterprises	830	84
微型企业	Micro－enterprises	46	10

单位:万元 unit:10000yuan

工业总产值（当年价格）Gross industrial output value (current price)	工业销售产值（当年价格）Sale revenue (current price)		年初存货 Stock in year beginning		
		出口交货值 Export enterprises		产成品 Finished goods	在产品 Goods in process
6090994.5	5787936.1	303167.8	146357.0	118414.3	7973.0
1681064.2	1771755.9	81849.7	188993.7	66495.3	11484.1
956823.0	968438.7	47.3	153499.4	34832.0	10007.8
31681.6	30002.6		7672.9	244.3	6465.4
33388.8	32467.7		264.2	219.8	34.2
4553.2	4547.4		474.1	10.6	4.8
139667.6	166250.2		62086.5	5090.1	18.2
747531.8	735170.8	47.3	83001.7	29267.2	3485.2
13729987.5	13629972.1	649844.2	2325874.4	294557.0	1176895.3
12869517.4	12782192.1	589493.4	2266625.6	265176.9	1171700.6
285314.0	273714.0		24710.6	10711.8	3870.5
77856.2	76766.1		12585.1	12585.1	
497299.9	497299.9	60350.8	21953.1	6083.2	1324.2
20972428.2	20727426.2	155065.1	1388407.9	491346.4	207879.1
3659245.5	3674868.5	1258.1	75051.8	10026.4	15553.1
6205242.5	6083206.9	50898.2	355828.9	132762.0	35421.0
387450.7	379568.3	15629.4	61202.6	18372.8	8340.1
5831129.0	5767631.6	46383.3	369602.1	100889.0	64493.9
4889360.5	4822150.9	40896.1	526722.5	229296.2	84071.0
2915291.5	2889465.8	38145.4	352896.6	124016.2	54638.0
54248885.0	53791052.0	953817.6	4769888.4	891399.6	1254281.4
52207.7	50066.0		5463.4	1349.7	
15198881.2	14856994.9	492957.8	856446.7	316969.5	67776.9
67742814.3	67115726.3	1093569.5	5750810.8	1348899.9	1372911.7
59684953.6	58948297.6	1411809.8	4239349.4	922418.9	924537.8
8202777.1	8162602.0	97915.4	895258.8	294973.3	129511.6
14358354.7	14187249.1	76064.0	1373057.9	443363.8	386388.8
695610.1	674572.5	738.1	99591.4	5113.4	250.4

11－3 续表 9continued9

		资产总计 Total	流动资产合计 Current assets	应收帐款 Accounts receivable
港澳台商独资经营企业	Funded from Hongkong, Macao and Taiwan	2076002.6	803861.2	206451.3
外资企业	Foreign funded	1468586.5	1101171.1	368124.5
合作、合伙企业	Cooperation and partnership	941262.8	434207.2	105340.9
股份合作企业	Cooperative	86582.3	68815.3	23945.2
国有联营企业	State joint ownership enterprises			
集体联营企业	Collective joint			
国有与集体联营企业	State－collective joint			
其他联营企业	Others			
私营合伙企业	Privat partnership	7686.8	1741.8	728.9
合作经营企业(港或澳、台资)	Funded from Hongkong Macao and Taiwan	3762.2	910.5	111.1
中外合作经营企业	Cooperative	378367.6	143398.2	26425.6
其他企业(内资)	Others	464863.9	219341.4	54130.1
其他港澳台商投资企业	Others			
其他外商投资企业	Others			
股份有限公司	Share holding	11672966.6	6513386.1	1454594.6
股份有限公司(内资)	Share holding (domestic)	11038339.1	6061626.0	1310660.5
私营股份有限公司	Private	177163.7	100317.2	25569.9
港澳台商投资股份有限公司	Funded from Hongkong, Macao and Taiwan	73117.6	60785.8	7973.5
外商投资股份有限公司	Foreign funded	384346.2	290657.1	110390.7
有限责任公司	Limited company	15797428.1	6681662.2	1803205.7
国有独资公司	State owned	4626148.3	411542.3	115391.2
私营有限责任公司	Limited company	2611006.8	1256863.0	263498.6
合资经营企业(港或澳、台资)	Funded from Hongkong, Macao and taiwan	609638.0	284690.6	95601.1
中外合资经营企业	Joint venture	3908059.9	2612500.0	715016.6
其他有限责任公司	Others	4042575.1	2116066.3	613698.2
三、在总计中:亏损企业	Making loss enterprises	5917881.2	1762038.4	451347.0
在总计中:国有控股企业	State share holding	43910180.5	21800601.6	2322176.4
在总计中:农村工业	Rural industry	25763.5	15406.7	4354.7
在总计中:轻工业	Light－Industry	7064219.6	3220265.4	616879.5
重工业	Heavy industry	53282248.0	27396005.8	4091254.3
在总计中:大型企业	Grouped by size of enterprises	40931659.1	19831409.9	2269791.7
中型企业	Medium－sized enterprises	7771140.9	3986280.2	1145125.8
小型企业	Small－sized enterprises	10955320.7	6504683.7	1238538.4
微型企业	Micro－enterprises	688346.9	293897.4	54677.9

单位:万元　unit:10000yuan

资产总计 Total assets							
流动资产合计 Current assets			固定资产合计 Fixed assets	固定资产原价 Original value of fixed assets	累计折旧 Accumulated depreciation	本年折旧 Depreciation of the year	在建工程 Project under construction
存货 Inventory	产成品 Finished goods	在产品 Goods in process					
139669.9	107141.2	8496.1	1140749.9	1433803.3	293058.3	41699.0	68071.9
235297.6	81461.3	10852.3	314811.0	604381.5	314906.2	58729.1	28137.2
191746.3	65561.4	15696.6	327605.0	496254.3	211170.8	23384.0	62153.1
10923.3	2300.2	7443.2	10836.3	23794.5	13152.8	1143.8	3461.8
218.3	182.7	17.9	3751.4	4151.5	400.1	84.6	
484.3		7.2	1913.3	3593.5	1680.2	262.1	
64915.7	19919.0	12.8	157391.2	261617.0	136264.4	10952.1	32512.5
115204.7	43159.5	8215.5	153712.8	203097.8	59673.3	10941.4	26178.8
2106411.9	411249.4	910679.1	3687450.8	4850923.2	1647873.8	564815.3	586464.3
2030769.2	364058.7	906099.4	3564750.8	4649893.1	1566530.7	547784.2	548527.2
36646.5	26824.5	3226.5	55445.0	75759.5	22106.7	5349.9	5006.3
13633.4	12554.2		10402.8	14263.7	5081.7		1530.1
25362.8	7812.0	1353.2	56852.2	111006.9	54154.7	11681.2	31400.7
1569458.5	583101.0	240803.6	6828512.5	10295240.4	3918101.8	657169.5	1270020.0
36068.2	8979.2	5755.2	3304674.4	5762312.2	2505257.2	334754.9	748182.4
418811.7	163806.2	52260.2	1088183.2	1291383.4	307676.4	95421.7	47285.9
81515.5	23825.5	7406.3	228086.2	258993.6	76695.7	14828.2	38936.1
437135.8	133795.2	82734.5	921572.5	1386042.4	555495.9	87655.1	150535.5
595927.3	252694.9	92647.4	1285996.2	1596508.8	472976.6	124509.6	285080.1
373419.5	129015.7	47911.3	3408809.7	4612580.5	1547875.3	413762.1	417982.7
5441169.1	1285628.1	980993.4	15110321.5	21573491.6	9135236.4	1796643.4	3450424.8
5696.5	2018.9	8681.9	15392.4	6724.8	184.9	14.1	
998353.9	365370.7	72892.3	3166610.9	4137241.1	1187968.9	399243.0	342086.7
6538579.0	1786859.7	1132780.1	17564908.1	24973967.5	10315467.1	1904665.1	3916195.1
4718415.2	1134294.3	654805.0	14208404.3	20430257.7	8455478.3	1460093.7	3401095.6
1008404.8	360623.5	123434.6	3018855.7	4057743.9	1412010.8	295419.5	464991.1
1727185.0	601134.4	427272.6	3384575.6	4381025.8	1506779.9	537800.2	384306.9
82927.9	56178.2	160.2	119683.4	242181.2	129167.0	10594.7	7888.2

11－3 续表 10continued10

		负债合计 Liabilities	流动负债合计 Current liabilites	应付账款 Account payable
港澳台商独资经营企业	Funded from Hongkong, Macao and Taiwan	1510813.7	485659.7	193293.1
外资企业	Foreign funded	895795.1	832525.0	355822.8
合作、合伙企业	Cooperation and partnership	445283.6	367763.4	64786.4
股份合作企业	Cooperative	77983.6	76289.4	36184.5
国有联营企业	State joint ownership enterprises			
集体联营企业	Collective joint			
国有与集体联营企业	State－collective joint			
其他联营企业	Others			
私营合伙企业	Privat partnership	2203.6	1747.1	348.0
合作经营企业(港或澳、台资)	Funded from Hongkong Macao and Taiwan	167.5	167.5	105.1
中外合作经营企业	Cooperative	130656.7	79949.3	2039.0
其他企业(内资)	Others	234272.2	209610.1	26109.8
其他港澳台商投资企业	Others			
其他外商投资企业				
股份有限公司	Share holding	7600349.1	6197690.1	1931222.1
股份有限公司(内资)	Share holding (domestic)	7344748.2	5948704.1	1806929.9
私营股份有限公司	Private	107248.2	100636.8	24291.4
港澳台商投资股份有限公司	Funded from Hongkong, Macao and Taiwan	12937.4	12933.9	3610.9
外商投资股份有限公司	Foreign funded	135415.3	135415.3	96389.9
有限责任公司	Limited company	8903916.9	6870090.0	2777358.2
国有独资公司	State owned	2949678.4	1774055.7	705439.1
私营有限责任公司	Limited company	1165585.2	957470.5	323885.4
合资经营企业(港或澳、台资)	Funded from Hongkong, Macao and taiwan	279640.6	204076.3	63768.0
中外合资经营企业	Joint venture	2086853.7	1903926.4	973165.0
其他有限责任公司	Others	2422159.0	2030561.1	711100.7
三、在总计中:亏损企业	Making loss enterprises	4413590.1	3062373.0	878737.1
在总计中:国有控股企业	State share holding	24424316.7	18685357.3	7306846.1
在总计中:农村工业	Rural industry	12313.2	11720.3	1280.8
在总计中:轻工业	Light－Industry	4033290.7	2671789.5	634347.7
重工业	Heavy industry	29387769.1	22821351.0	9287322.9
在总计中:大型企业	Grouped by size of enterprises	22567403.3	16782202.1	7307943.8
中型企业	Medium－sized enterprises	4376332.8	3368268.4	1217555.7
小型企业	Small－sized enterprises	6241952.0	5289449.9	1389594.2
微型企业	Micro－enterprises	235371.7	53220.1	6576.9

单位:万元　unit:10000yuan

非流动负债合计 Total non – current liability	所有者权益合计 Ownership interests	实收资本 Paid – up capital	国家资本 State	集体资本 Collective	法人资本 Corporation	个人资本 Private	港澳台资本 From HongKong Macao and Taiwan	外商资本 Foreign
914587.2	565188.7	294459.7					201518.1	92941.6
34469.9	578550.3	379763.9			56549.3		12500.1	310714.5
16959.4	494536.3	198704.5	45235.0	5215.0	38168.8	22529.2	36730.5	50826.0
1694.2	8598.6	10171.1			5903.0	4268.1		
456.5	5483.2	3530.5	30.0	20.0	2920.5	520.0	20.0	20.0
	3594.7	1000.0			650.0		350.0	
450.2	247710.8	95746.0	44440.7		345.9		36360.5	14598.9
14358.5	229149.0	88256.9	764.3	5195.0	28349.4	17741.1		36207.1
1267731.1	3758655.8	1009978.7	61617.3	19842.2	630119.2	248091.5	5159.4	44405.9
1261116.3	3380169.7	922375.3	61617.3	19842.2	618149.8	220775.4	1247.4	
6611.3	69375.2	37387.4			10071.3	27316.1		
3.5	60180.1	5810.1			1898.1		3912.0	
	248930.8	44405.9						44405.9
1829815.1	6851886.1	2968783.3	1124283.0	75251.2	916219.5	344855.9	96237.7	402257.1
1175621.8	1676469.7	918225.1	910909.9	300.0	7015.2			
122446.8	1417578.6	415093.3	345.0	39166.0	224251.0	149473.3		
33675.0	329997.0	173869.4	31160.0	7950.5	49033.4	4400.0	69441.1	11884.4
164575.5	1814261.4	868217.8	69598.5	1655.4	367201.4	21689.2	15984.7	388384.9
333496.0	1613579.4	593377.7	112269.6	26179.3	268718.5	169293.4	10811.9	1987.8
1279937.5	1523603.3	1388263.5	249863.9	22877.0	798503.5	85775.4	48651.0	178291.5
5531219.1	19174759.6	3311998.4	1845048.1	11618.1	1232247.0	190718.1		32367.1
592.9	13282.3	3720.0		1742.0		1476.0		
1221177.7	3019824.6	1338088.3	209822.3	33912.9	431332.1	208752.5	150472.1	303185.2
6065355.9	23559609.7	4994064.7	1802184.9	73399.8	1852407.8	455941.7	201673.7	597959.9
5785200.7	18364408.5	2793429.4	1391260.2	5290.0	812759.3	55496.6	144760.6	383862.7
730852.9	3397589.2	1870996.6	455578.7	56149.8	820178.1	119918.4	111093.8	308077.8
767890.2	4679441.6	1553881.7	120547.6	45872.9	636161.0	479173.2	59930.8	207383.8
2589.8	137995.0	113845.3	44620.7		14641.5	10106.0	36360.6	1820.8

11 -3 续表 11continued11

		营业收入 Operation revenue	主营业务收入 Main operation income
港澳台商独资经营企业	Funded from Hongkong, Macao and Taiwan	5746448.9	5737171.3
外资企业	Foreign funded	1766988.2	1749059.3
合作、合伙企业	Cooperation and partnership	931659.6	912381.2
股份合作企业	Cooperative	63132.9	61383.6
国有联营企业	State joint ownership enterprises		
集体联营企业	Collective joint		
国有与集体联营企业	State – collective joint		
其他联营企业	Others		
私营合伙企业	Privat partnership	32231.2	32231.2
合作经营企业(港或澳、台资)	Funded from Hongkong Macao and Taiwan	6714.2	6712.8
中外合作经营企业	Cooperative	161678.7	161676.9
其他企业(内资)	Others	667902.6	650376.7
其他港澳台商投资企业	Others		
其他外商投资企业	Others		
股份有限公司	Share holding	13673973.4	13178433.4
股份有限公司(内资)	Share holding (domestic)	12833357.0	12348948.0
私营股份有限公司	Private	270525.3	268407.4
港澳台商投资股份有限公司	Funded from Hongkong, Macao and Taiwan	71912.9	71912.9
外商投资股份有限公司	Foreign funded	498178.2	489165.1
有限责任公司	Limited company	20813728.2	20440595.7
国有独资公司	State owned	3750572.8	3716629.4
私营有限责任公司	Limited company	6034744.0	5952959.8
合资经营企业(港或澳、台资)	Funded from Hongkong, Macao and taiwan	411148.1	384119.8
中外合资经营企业	Joint venture	5885092.7	5736276.8
其他有限责任公司	Others	4732170.6	4650609.9
三、在总计中:亏损企业	Making loss enterprises	2957891.9	2763754.8
在总计中:国有控股企业	State share holding	62441810.9	58661300.2
在总计中:农村工业	Rural industry	47407.5	47407.5
在总计中:轻工业	Light – Industry	14568234.6	14459894.7
重工业	Heavy industry	76019827.0	71968872.7
在总计中:大型企业	Grouped by size of enterprises	67600599.0	64222970.8
中型企业	Medium – sized enterprises	8340385.5	8128316.9
小型企业	Small – sized enterprises	13965500.5	13471756.2
微型企业	Micro – enterprises	681576.6	605723.5

单位:万元　unit:10000yuan

营业成本 Operating costs	主营业务成本 Main operation cost	营业税金及附加 Business taxes and extra charges	主营业务税金及附加 Main operation taxes and extra charges	其他业务收入 Other business revenue	其他业务利润 Other business profit
5271904.4	5265849.3	24478.9	24476.4	9277.6	2963.3
1410180.0	1383263.9	12884.6	12649.3	17928.9	3468.8
795487.2	777954.8	11871.4	11835.5	19278.4	43.7
57616.8	55860.6	340.5	340.5	1749.3	43.5
24993.0	24993.0	180.2	180.2		
4547.4	4547.4	65.5	65.5	1.4	
124386.7	124386.7	848.2	848.2	1.8	
583943.3	568167.1	10437.0	10401.1	17525.9	0.2
12153649.9	11287025.7	122457.4	120228.0	495540.0	20005.3
11502087.6	10670871.5	113443.9	111534.5	484409.0	20000.1
239216.4	215569.8	820.2	500.2	2117.9	
54143.6	54143.6	522.3	522.3		
358202.3	346440.8	7671.0	7671.0	9013.1	5.2
18625004.4	17889992.7	339613.3	335054.5	373132.5	79378.0
3785039.0	3659866.9	16734.7	16092.2	33943.4	7541.6
5205713.6	5136179.8	72922.6	71841.2	81784.2	5617.2
319939.8	285001.1	2067.6	2042.8	27028.3	3831.7
5289586.6	4896511.9	199234.3	198290.5	148815.9	48513.0
4024725.4	3912433.0	48654.1	46787.8	81560.7	13874.5
2747538.0	2569553.6	39058.9	38661.3	194137.1	37077.0
51441607.3	48144908.6	2096118.6	2090614.0	3780510.7	985131.6
42186.1	42186.1	27.0	27.0		
12719134.8	12362343.8	275011.1	273702.3	108339.9	-813.1
63276583.5	59685830.6	2034898.0	2026625.1	4050954.3	1057921.5
56250624.3	53139600.7	2051133.7	2049279.1	3377628.2	984890.6
7033295.0	6736031.9	113699.1	111583.3	212068.6	29333.1
12083855.2	11613663.3	143031.2	137951.1	493744.3	42566.7
627943.8	558878.5	2045.1	1513.9	75853.1	318.0

11－3 续表 12continued12

		销售费用 Marketing expenses	管理费用 Management expenses	税金 Tax
港澳台商独资经营企业	Funded from Hongkong, Macao and Taiwan	466699.3	59171.3	563.6
外资企业	Foreign funded	70120.6	161457.2	6609.5
合作、合伙企业	Cooperation and partnership	30857.7	40568.1	1575.5
股份合作企业	Cooperative	1103.4	3128.2	164.3
国有联营企业	State joint ownership enterprises			
集体联营企业	Collective joint			
国有与集体联营企业	State – collective joint			
其他联营企业	Others			
私营合伙企业	Privat partnership	3219.7	4235.1	71.0
合作经营企业(港或澳、台资)	Funded from Hongkong Macao and Taiwan	778.6	1096.6	81.6
中外合作经营企业	Cooperative	8596.7	5332.1	426.1
其他企业(内资)	Others	17159.3	26776.1	832.5
其他港澳台商投资企业	Others			
其他外商投资企业	Others			
股份有限公司	Share holding	337593.7	719422.7	22256.9
股份有限公司(内资)	Share holding (domestic)	317564.3	627774.6	21555.9
私营股份有限公司	Private	6525.0	9617.3	375.3
港澳台商投资股份有限公司	Funded from Hongkong, Macao and Taiwan	2673.2	2626.5	179.2
外商投资股份有限公司	Foreign funded	10831.2	79404.3	146.5
有限责任公司	Limited company	402326.8	787366.8	32392.8
国有独资公司	State owned	5084.7	28889.4	739.7
私营有限责任公司	Limited company	118137.6	179972.6	7620.9
合资经营企业(港或澳、台资)	Funded from Hongkong, Macao and taiwan	12498.2	34822.0	1314.8
中外合资经营企业	Joint venture	111404.0	285861.9	13525.4
其他有限责任公司	Others	155202.3	257820.9	9192.0
三、在总计中:亏损企业	Making loss enterprises	102847.5	242781.6	11963.7
在总计中:国有控股企业	State share holding	2539062.2	2405187.1	90670.1
在总计中:农村工业	Rural industry	1832.4	1841.7	
在总计中:轻工业	Light – Industry	840407.3	468353.9	14305.3
重工业	Heavy industry	2754908.4	3110318.6	114568.0
在总计中:大型企业	Grouped by size of enterprises	3037224.5	2485973.7	81987.8
中型企业	Medium – sized enterprises	218886.6	513261.0	24294.5
小型企业	Small – sized enterprises	333203.6	553213.3	21551.9
微型企业	Micro – enterprises	6001.0	26224.5	1039.1

单位:万元　unit:10000yuan

差旅费 Travel expense	工会经费 Labour union expenditure	财务费用 Financial cost	利息收入 Interest income	利息支出 Interest expenditure	营业利润 Operating profit	资产减值损失 Loss from asset devaluation	公允价值变动收益 Changes in fair value of the proceeds	投资收益 Investment income	投资收益 Investment income	补贴收入 Subsidies revenue
15663.4	193.6	41244.5	226.3	40319.1	320978.7				5365.5	164.0
5706.6	956.2	12481.3	1791.2	10924.1	111148.6	3800.8		-61.4	116945.8	104787.8
804.6	286.2	15830.6	2493.1	11168.7	83808.5	1077.2	29.4	2505.9	1197.5	
52.7	1.2	743.0	185.4	890.6	342.7	194.2			4.8	2.8
8.7	40.5	2848.5	2301.5	51.1	2652.4				400.0	
1.5	1.0	-0.1	0.3		226.1			1.7	1.7	
103.6	37.0	5195.2	-75.2	5114.8	17542.0				1185.0	710.0
638.1	206.5	7044.0	81.1	5112.2	63045.3	883.0		29.4	914.4	483.0
51484.5	3958.3	196661.0	13779.6	201649.0	624084.7	14173.2	-2.2	40336.6	64336.0	34314.8
49126.9	3384.0	194801.5	10396.1	196761.8	553548.1	15381.2	-2.2	40336.6	63778.8	34269.8
331.3	157.7	4785.6	34.6	4170.7	10052.6				166.1	45.0
140.9	32.2	307.3	189.3	464.9	11736.4	-93.0			52.3	
1885.4	384.4	-3233.4	3159.6	251.6	48747.6	-1115.0			338.8	
42327.7	10067.1	190656.8	17832.6	186599.3	1057152.7	18460.6	312.6	77000.8	149892.0	47783.1
1089.2	266.2	87330.9	2836.6	88886.2	-79045.3	15550.4		4288.8	90613.9	13845.0
22331.7	5329.6	52100.6	340.5	39451.7	353251.3	36.1		539.6	5794.7	4193.5
1234.4	365.7	5702.4	43.0	3885.6	50722.3	105.1		2053.3	1423.3	
7100.8	1844.3	6278.9	12842.7	18318.3	387266.3	-246.9	290.0	6792.9	26693.5	14708.0
10571.6	2261.3	39244.0	1769.8	36057.5	344958.1	3015.9	22.6	65379.5	24736.6	13613.3
7916.3	1904.7	162122.0	381.5	157046.8	-341826.0	19557.0	42.8	2396.0	53603.3	28627.4
81574.3	13801.8	433938.5	104154.0	462903.3	4465027.9	161307.0	5057.8	485773.0	301990.3	81730.9
91.4	2.0	279.2	0.5	57.3	930.8					
68855.4	4041.2	118061.7	2836.2	105670.9	774582.9	18620.6	42.8	6111.4	142267.8	116998.2
113433.9	21970.9	513874.9	121670.3	539149.8	5488658.6	149971.1	5305.4	499770.4	328248.5	93655.8
132144.5	13519.0	335636.1	100560.4	363676.8	4963495.7	137593.9	5037.8	458131.0	371051.2	146705.8
26546.8	3131.0	126134.9	13001.8	128567.5	566536.3	20468.2	20.2	4192.6	55523.3	29977.5
23474.8	9330.0	166149.5	10769.9	149960.1	700732.6	10529.6	290.2	23913.4	43602.1	33934.6
123.2	32.1	4016.1	174.4	2616.3	32476.9			19644.8	339.7	36.1

11－3 续表 13continued13

		营业外支出 Norbusiness expenditure	利润总额 Profit	应交所得税 Income tax payable
港澳台商独资经营企业	Funded from Hongkong, Macao and Taiwan	1769.6	324574.6	6130.4
外资企业	Foreign funded	12113.9	214537.0	31315.7
合作、合伙企业	Cooperation and partnership	1239.8	48074.4	6824.3
股份合作企业	Cooperative	12.8	334.7	275.3
国有联营企业	State joint ownership enterprises			
集体联营企业	Collective joint			
国有与集体联营企业	State－collective joint			
其他联营企业	Others			
私营合伙企业	Privat partnership	600.0	2452.4	672.9
合作经营企业(港或澳、台资)	Funded from Hongkong Macao and Taiwan	56.7	171.1	114.6
中外合作经营企业	Cooperative	101.9	18625.0	2041.2
其他企业(内资)	Others	468.4	26491.2	3720.3
其他港澳台商投资企业	Others			
其他外商投资企业	Others			
股份有限公司	Share holding	16712.4	655387.9	106506.0
股份有限公司(内资)	Share holding (domestic)	16122.4	584884.1	87288.8
私营股份有限公司	Private	462.9	9755.8	1592.3
港澳台商投资股份有限公司	Funded from Hongkong,Macao and Taiwan	57.5	11731.2	3045.7
外商投资股份有限公司	Foreign funded	69.6	49016.8	14579.2
有限责任公司	Limited company	22204.3	1180857.8	162225.5
国有独资公司	State owned	8171.1	3397.3	473.7
私营有限责任公司	Limited company	5662.7	352388.5	42136.8
合资经营企业(港或澳、台资)	Funded from Hongkong, Macao and taiwan	489.0	52286.6	9392.4
中外合资经营企业	Joint venture	3052.7	410848.1	66838.1
其他有限责任公司	Others	4828.8	361937.3	43384.5
三、在总计中:亏损企业	Making loss enterprises	9753.8	－300061.9	1623.0
在总计中:国有控股企业	State share holding	69020.2	4678977.6	
在总计中:农村工业	Rural industry			
在总计中:轻工业	Light－Industry	25908.9	857986.0	58770.3
重工业	Heavy industry	75197.9	5716277.6	424045.6
在总计中:大型企业	Grouped by size of enterprises	73431.0	5227670.1	249259.3
中型企业	Medium－sized enterprises	12392.2	609620.1	90461.4
小型企业	Small－sized enterprises	15066.1	724371.1	140924.7
微型企业	Micro－enterprises	217.5	12602.3	2170.5

单位:万元　unit:10000yuan

亏损企业 亏损总额 Total loss of loss – suffering enterprises	利税总额 Pre – tax profits	应交税金 及附加 Taxes and extra charges	本年应付 职工薪酬 Wages payable of the year	本年应交 增值税 Value added	本年进项税额 VAT payable – input	本年销项税额 VAT payable – export	土地和固定 资产支出 Land and fixed asset expenditures
6795.2	538522.9	220642.3	51837.0	189469.4	136094.1	140487.1	125017.4
9941.1	28477.5	74751.0					
22162.1	290034.3	113422.5	103771.2	62612.7	109037.8	135122.0	67818.5
3724.5	82519.9	42845.3	30743.9	22574.1	81621.9	92964.0	17012.2
456.5	1231.6	1336.5	3483.8	556.4	8486.1	8836.3	420.4
	3282.7	1574.2	568.4	650.1	1221.9	1682.8	
	782.5	807.6	891.3	545.9			126.8
133.5	22316.9	6159.2	2501.2	2843.7	7179.7	9906.4	133.5
3268.0	54906.2	32967.8	23299.2	17978.0	64734.2	72538.5	16331.5
50315.6	1090294.1	563669.1	543735.2	312448.8	653989.6	876248.3	806388.0
50222.5	987307.0	511267.6	492181.7	288979.0	638195.8	857104.5	796992.7
93.1	15167.7	7379.5	36938.8	4591.7	14160.1	17362.6	7475.1
	15397.8	6891.5	1920.6	3144.3			
	72421.6	38130.5	12694.1	15733.8	1633.7	1781.2	1920.2
81211.9	2026966.5	1040727.0	1192373.8	506495.4	2035867.0	2450150.1	634963.5
19983.9	147383.3	145199.4	440081.3	127251.3	498879.6	625807.4	23472.4
5134.7	550673.4	248042.6	180674.8	125362.3	445310.1	541386.3	74365.4
6767.2	66519.0	24939.6	33442.0	12164.8	24033.3	26464.7	39749.4
15941.8	756326.4	425841.8	285071.1	146244.0	723541.8	847996.9	279182.9
33384.3	506064.4	196703.6	253104.6	95473.0	344102.2	408494.8	218193.4
300061.9	-208135.7	105512.9	289402.6	52867.3	336783.3	364665.4	930278.1
205919.0	8609628.3	4279244.9	2461053.7	1834532.1	12195064.1	13808959.3	1310115.7
96.1	1145.0	259.7	1431.9	187.2	1926.4	2106.0	6.9
66628.7	1494990.6	710080.2	349527.5	361993.5	445608.8	574379.1	254931.20
233433.2	9881829.6	4704165.6	3085002.5	2130654.0	13517627.7	15319679.0	1737468.70
151809.1	9258811.4	4362388.4	2412553.4	1980007.6	12211829.7	13787728.7	1238976.20
79774.6	956888.4	462024.2	475482.5	233569.2	836472.1	984913.6	288644.50
57589.9	1138579.3	576684.8	514002.7	271177.0	905221.0	1108701.4	431778.40
10888.3	22541.1	13148.4	32491.4	7893.7	9713.7	12714.4	33000.8

11 - 3 续表 14continued14

		土地购置 Purchase of land
港澳台商独资经营企业	Funded from Hongkong, Macao and Taiwan	9941.1
外资企业	Foreign funded	1557.5
合作、合伙企业	Cooperation and partnership	698.0
股份合作企业	Cooperative	
国有联营企业	State joint ownership enterprises	
集体联营企业	Collective joint	
国有与集体联营企业	State - collective joint	
其他联营企业	Others	
私营合伙企业	Privat partnership	
合作经营企业(港或澳、台资)	Funded from Hongkong Macao and Taiwan	
中外合作经营企业	Cooperative	
其他企业(内资)	Others	698.0
其他港澳台商投资企业	Others	
其他外商投资企业	Others	
股份有限公司	Share holding	69767.5
股份有限公司(内资)	Share holding (domestic)	69357.6
私营股份有限公司	Private	409.9
港澳台商投资股份有限公司	Funded from Hongkong, Macao and Taiwan	
外商投资股份有限公司	Foreign funded	
有限责任公司	Limited company	55104.5
国有独资公司	State owned	
私营有限责任公司	Limited company	11256.7
合资经营企业(港或澳、台资)	Funded from Hongkong, Macao and taiwan	6360.4
中外合资经营企业	Joint venture	25416.8
其他有限责任公司	Others	12070.6
三、在总计中:亏损企业	Making loss enterprises	7499.6
在总计中:国有控股企业	State share holding	102290.4
在总计中:农村工业	Rural industry	5.4
在总计中:轻工业	Light - Industry	15728.6
重工业	Heavy industry	134689.5
在总计中:大型企业	Grouped by size of enterprises	42386.1
中型企业	Medium - sized enterprises	22996.2
小型企业	Small - sized enterprises	84611.0
微型企业	Micro - enterprises	424.8

单位:万元 unit:10000yuan

房屋和建筑物 Buildings and constructions	机器设备 Machine and equipment			全部从业人员年平均人数(万人) Annual averageof employment
		运输工具 Means of transport	其他费用 Others	
28477.5	74751.0	4038.3	7809.5	10887.0
14135.2	44317.2	2317.0	5491.6	20245.0
8644.4	6978.5	570.6	120.7	10349.0
	420.4		1495.0	
		238.0		
	19.6	77.7	29.5	363.0
	133.5			642.0
8644.4	6405.0	492.9	91.2	7611.0
116412.8	578545.8	6048.1	17799.8	60379.0
110843.0	575155.6	6044.9	17777.6	55098.0
5060.1	2001.9	3.2		2288.0
				359.0
509.7	1388.3		22.2	2634.0
120205.6	348366.3	12503.5	98783.6	200228.0
6501.5	16618.9	211.2	140.8	43908.0
13721.1	42903.3	5955.6	528.7	57461.0
3291.0	28535.7	462.1	1100.2	5612.0
33805.3	129381.5	1354.0	89225.3	36489.0
62886.7	130926.9	4520.6	7788.6	56758.0
86958.4	555919.6	3306.0	267944.7	47060.0
144156.9	675175.1	9630.4	352399.1	260026.0
			1.5	937.0
71968.5	145326.8	9054.3	12798.6	93635.0
229717.4	952067.9	19270.5	375259.6	376364.0
131257.7	707241.7	7994.3	350096.4	283716.0
53202.4	185773.6	5711.2	20961.1	91855.0
111749.6	203963.0	14458.1	16996.7	93225.0
5476.2	416.4	161.2	4.0	1203.0

11－3 续表 15continued15

		土地购置 Purchase of land
港澳台商独资经营企业	Funded from Hongkong, Macao and Taiwan	27.9
外资企业	Foreign funded	20.4
合作、合伙企业	Cooperation and partnership	9.7
股份合作企业	Cooperative	2.2
国有联营企业	State joint ownership enterprises	
集体联营企业	Collective joint	
国有与集体联营企业	State－collective joint	
其他联营企业	Others	
私营合伙企业	Privat partnership	13.4
合作经营企业(港或澳、台资)	Funded from Hongkong Macao and Taiwan	20.8
中外合作经营企业	Cooperative	7.3
其他企业(内资)	Others	12.9
其他港澳台商投资企业	Others	
其他外商投资企业	Others	
股份有限公司	Share holding	11.0
股份有限公司(内资)	Share holding (domestic)	10.6
私营股份有限公司	Private	10.9
港澳台商投资股份有限公司	Funded from Hongkong, Macao and Taiwan	21.4
外商投资股份有限公司	Foreign funded	18.1
有限责任公司	Limited company	13.9
国有独资公司	State owned	5.1
私营有限责任公司	Limited company	22.6
合资经营企业(港或澳、台资)	Funded from Hongkong, Macao and taiwan	11.5
中外合资经营企业	Joint venture	19.5
其他有限责任公司	Others	13.4
三、在总计中:亏损企业	Making loss enterprises	-0.9
在总计中:国有控股企业	State share holding	20.4
在总计中:农村工业	Rural industry	4.7
在总计中:轻工业	Light－Industry	22.62
重工业	Heavy industry	19.33
在总计中:大型企业	Grouped by size of enterprises	23.26
中型企业	Medium－sized enterprises	13.8
小型企业	Small－sized enterprises	11.66
微型企业	Micro－enterprises	3.63

单位:万元 unit:10000yuan

资产负债率(%) Ratio of Assetsto Industrial value(%)	流动资产周转率(次/年) Times of Annual Tumover of circulating Funds (time/year)	成本费用利润率(%) Ratio of Profits to cost(%)	全员劳动生产率(元/人·年) Overall labour productivity	产品销售率(%) Proportion of Products sold(%)
72.8	7.2	5.6		95.0
61.0	1.6	13.0		105.4
47.3	2.2	5.5		101.2
90.1	0.9	0.5		94.7
28.7	18.5	7.0		97.2
4.5	7.4	2.7		99.9
34.5	1.1	13.0		119.0
50.4	3.1	4.2		98.4
65.1	2.1	4.9		99.3
66.5	2.1	4.6		99.3
60.5	2.7	3.8		95.9
17.7	1.2	19.6		98.6
35.2	1.7	11.0		100.0
56.4	3.1	5.9		98.8
63.8	9.1	0.1		100.4
44.6	4.8	6.3		98.0
45.9	1.4	14.0		98.0
53.4	2.3	7.2		98.9
59.9	2.2	8.1		98.6
74.6	1.7	-9.2		99.1
55.6	2.9	8.2		99.2
47.8	3.1	2.0		95.9
57.09	4.52	6.07		97.75
55.15	2.77	8.21		99.07
55.13	3.41	8.42		98.77
56.32	2.09	7.72		99.51
56.98	2.15	5.51		98.81
34.19	2.32	1.9		96.98

统计资料

STATISTICS

◎ 交通运输、邮电通信业

TRANSPORTATION, POST AND TELECOMMUNICATION

第十二篇　交通运输邮电和通信业

2012 年,我市机动车保有量为 131.3 万辆,比上年增加 9.7 万辆,增长 8%,其中:个人机动车保有量为 112.8 万辆,比上年增加 10 万辆,增长 9.7%。在总计中:新注册 16 万辆,比上年增 0.95 万辆,增长 6.3%。在总计中:营运车辆 22.2 万辆,比上年减少 0.7 万辆,下降 3.1%,非营运车辆 109 万辆,比年增加 10.3 万辆,增长 10.5%。

2012 年,我市汽车保有量为 87.7 万辆,比上年增加 10.5 万辆,增长 13.5%,其中:个人汽车 70.6 万辆,比上年增加 10.5 万辆,增长 17.6%。在汽车保有量中,新注册汽车 14.2 万辆,比上年增加 1.1 万辆,增长 8.8%。

2012 年,我市公路完成货物周转量 312.5 亿吨公里,比上年增长 22.7%;民航货邮吞吐量 6.6 万吨公里,比上年增长 6.4%。

2012 年,我市邮电业务总量为 143.5 亿元。其中:邮政业务总量 4.5 亿元,比上年增长 5%;电信业务总量 139 亿元,比上年增长 6.5%。完成邮政特快专递 86 万件,比上年下降 11%;市话到达户数 156 万户,比上年增长 9.9%;农话到达户数 27 万户,比上年下降 27%;移动电话到达户数 1118 万户,比上年增长 3.7%;互联网接入户数 640 万户,比上年增长 23.69%。

12－1　2012年长春市机动车辆保有量
NUMBER OF CIVIL MOTOR VEHICLE OWNED　(2012)

单位:辆　　　　unit:coach

		机动车保有量 Number of civil motor vehicle owned						报废 Ababdibed Non－operating
		总　计 Total				营　运 Operating	非营运 Non－operating	
			进口 Import	个人 Individual	新注册 new register			
总　　计	Total	1312979	40004	1127910	160353	221941	1090239	693
一、汽车	Vehicles	877243	39964	706208	141793	200966	675478	597
1. 载客汽车	Buses and cars	701307	39717	586823	127138	34736	665772	538
其中:大型	large	12770	104	1104	1999	7649	4359	431
中型	mudium	6367	201	2293	492	904	5426	21
小型	Smaller	655337	39351	558779	123856	26118	629219	73
微型	Micro	26833	61	24647	791	65	26768	13
2. 载货汽车	Truck	121727	163	69434	13903	114804	6923	52
其中:重型	heavy	33272	15	11773	3478	32722	550	26
中型	Mudium	12110	7	7450	345	11656	454	7
轻型	light	75955	141	49932	10072	70110	5845	17
微型	Micro	390		279	8	316	74	2
3. 其他汽车	Others	54209	84	49951	752	51426	2783	7
其中:三轮汽车	Tricar	17384		17366	87	16396	988	3
低速货车	Low－speed truck/Therein	31344	7	30999	36	30762	582	1
二、摩托车	Motor cycle	424844	36	420380	17834	10255	414589	48
1. 普通	Ordinary	414738	36	410326	17644	10248	404490	43
2. 轻便	Light	10106		10054	190	7	10099	5
三、挂车	Trailer	10539		1105	681	10425	114	48
1. 重型	Heavy	10445		1087	676	10331	114	47
2. 中型	Medium－sized	55		12	5	55		1
3. 轻型	Dght	39		6		39		
四、拖拉机	Tractors	53		51				
1. 大中型	Large and medium							
2. 小型方向盘式	small	7		5				
3. 手扶式	Shou fu	46		46				
五、其他类型	others	300	4	166	45	244	56	

统计资料

STATISTICS

◎ 建筑业

CONSTUCTION

第十三篇 建筑业

2012 年，全市建筑业发展状况良好，其主要经济指标仍保持增长态势。

建筑业产值稳步增长。2012 年全年累计完成建筑业总产值 931.8 亿元，比去年增长 18.3%；其中装饰装修产值 50.3 亿元，增长 115.7%；在外省完成产值 105.2 亿元，下降 58.5%；建筑业竣工产值 488.9 亿元，增长 36.4%；房屋施工面积 7076.1 万平方米，增长 143.6%；房屋建筑竣工面积 2140 万平方米，增长 66.6%。

工程结算收入 869 亿元，增长 9.4；工程结算利润 64.6 亿元，增长 11.5%。

13－1　2012年长春市建筑业企业施工房屋竣工面积表

指标名称	Item	建筑业企业个数 Number of Construction Enterprises	本年实际房屋建筑竣工面积（平方米） Floor Space of Building Completed (sq. m)
总计	Total	985	21400399
其中:国有及国有控股企业	State－owned and state－holding enterprise	86	3734103
一、按登记注册类型分组	Grouped by type registered		
内资企业	Domestic funded	979	21369673
国有企业	State－owned	35	742451
集体企业	Collective－owned	12	
股份合作企业	Cooperative	4	3200
联营企业	Joint	1	40745
国有联营企业	State joint owned	1	40745
国有联营企业	State joint owned		
国有与集体联营企业	State－collective joint owned		
其他联营企业	Other joint owned		
有限责任公司	Limited liability corporations	429	8391613
国有独资公司	State－owned solely	14	226823
其他有限责任公司	Other	415	8164790
股份有限公司	Share holding	51	2092517
私营企业	Private	409	9294768
私营独资企业	Private funded	25	74000
私营合伙企业	Private partner	2	
私营有限责任公司	Private limited company	366	7954155
私营股份有限公司	Private share holding	16	1266613
其他企业	Others	38	804379
港、澳、台商投资企业	Funded from Hongkong, Macao and Taiwan	5	30726
与港澳台商合资经营	Joint venture	5	30726
与港澳台商合作经营	Cooperative		
港、澳、台商独资	Solely owned		
港、澳、台商投资股份有限公司	Share holding		
其他港澳台投资	Others		
外商投资企业	Foreign funded	1	
中外合资经营企业	Joint venture	1	
中外合作经营企业	Cooperative		
外资企业	Foreign funded		
外商投资股份有限公司	Share holding		
其他外商投资	Others		
二、按国民经济行业分组	Grouped by sector		
房屋建筑业	Housing industry	265	16997710
土木工程建筑业	Engineering Construction	248	1365502
铁路、道路、隧道和桥梁工程建筑	Railway roads and briages projects	121	508987
铁路工程建筑	Railway	8	
公路工程建筑	Roads	25	
市政道路工程建筑	Municipal road engineering construction	66	329358
其他道路、隧道和桥梁工程建筑	Others	22	179629
水利和内河港口工程建筑	Water conservancy and inland port engineering construction	26	31619
水源及供水设施工程建筑	Water resourses and water supply facilities engineering construction	10	
河湖治理及防洪设施工程建筑	The governance of rivers and lakes and flood control facilities engineering and construction	13	25848

COMPLETED SPACE OF CONSTRUCTION ENTERPRISES IN 2012

指标名称 Item		建筑业企业个数 Number of Construction Enterprises	本年实际房屋建筑竣工面积(平方米) Floor Space of Building Completed (sq. m)
港口及航运设施工程建筑	Harbor and shipping facilities engineering constructions	3	5771
海洋工程建筑	Marine engineering constructions		
工矿工程建筑	Mining Constraction	4	17000
架线和管道工程建筑	Pipe - line construction	26	
架线及设备工程建筑	Wiring and equipment engineering constructions	20	
管道工程建筑	Pipes engineering constructions	6	
其他土木工程建筑	Others	71	807896
建筑安装业	Construction and Installation Projects	274	2430267
电气安装	Electrical installation	46	
管道和设备安装	Pipes and Equipment Installation	169	134162
其他建筑安装业	Others	59	2296105
建筑装饰和其他建筑业	Construction and Decoration Industry and others	198	606920
建筑装饰业	Construction and Decoration Industry	135	478337
工程准备活动	Project preparation activities	27	14230
建筑物拆除活动	Building demolition activities	25	14230
其他工程准备活动	Others	2	
提供施工设备服务	Equipment Seruices	1	
其他未列明建筑业	Others	35	114353
三、按隶属关系分组	Grouped by administrative		
中央	Central	30	503695
省(自治区、直辖市)	Province	99	1680082
地区(州、盟、省辖市)	Areas(prefectures、leagues 、Provincial cities)	152	5649216
县(区、市、旗)	County	31	763885
街道	Street	1	
镇	Town		
乡	Township		
居委会	Residents committee		
村委会	Village committee		
其他	Others	672	12803521
四、按企业资质等级分组	Group according to the grades of enterprise qualification		
施工总承包	General construction contract	417	19397900
特级	Superfine	2	1737357
一级	First Class	31	5194215
二级	Scond Class	155	8164823
三级及以下	Third Class and below	229	4301505
专业承包	Responsibility contracts on specialties	568	2002499
一级	First Class	42	385228
二级	Scond Class	122	323736
三级及以下	Third Class and below	404	1293535
五、按控股情况分	Crouped by owned		
国有控股	State - owned	86	3734103
集体控股	Collective - owned	28	369573
私人控股	Private - owned	683	14402212
港澳台商控股	HongKong, Macao and Taiwan - owned	4	30726
外商控股	Foreign - owned		
其他	Others	184	2863785

13－2　2012年长春市建筑业企业主要财务状况表

单位:千元

指标名称	Item	固定资产原价 Original value of fixed assets
总　计	Total	10512521
其中:国有及国有控股企业	State－owned and state－holding enterprise	2508691
一、按登记注册类型分组	Grouped by type registered	
内资企业	Domestic funded	10369890
国有企业	State－owned	1037204
集体企业	Collective－owned	154328
股份合作企业	Cooperative	12044
联营企业	Joint	1700
国有联营企业	State joint ownership enterprises	1700
集体联营企业	Collective joint owned	
国有与集体联营企业	State－collective joint owned	
其他联营企业	Other joint owned	
有限责任公司	Limited liability corporations	5244751
国有独资公司	State－owned solely	604983
有限责任公司	Limited liability corporations	4639768
股份有限公司	Share holding	740620
私营企业	Private	3015080
私营独资企业	Private funded	98472
私营合伙企业	Private partner	340
私营有限责任公司	Private limited company	2802538
私营股份有限公司	Private share holding	113730
其他企业	Others	164163
港、澳、台商投资企业	Funded from Hongkong, Macao and Taiwan	142631
与港澳台商合资经营	Joint venture	142631
与港澳台商合作经营	Cooperative	
港、澳、台商独资	Solely owned	
港、澳、台商投资股份有限公司	Share holding	
其他港澳台投资	Others	
外商投资企业	Foreign funds	
中外合资经营企业	Joint venture	
中外合作经营企业	Cooperative	
外资企业	Foreign funded	
外商投资股份有限公司	Share holding	
其他外商投资	Others	
二、按国民经济行业分组	Grouped by sector	
房屋建筑业	Housing industry	2266049
土木工程建筑业	Engineering Construction	6518617
铁路、道路、隧道和桥梁工程建筑	Railway roads and briages projects	4458834
铁路工程建筑	Railway	52214
公路工程建筑	Roads	2054183
市政道路工程建筑	Municipal road engineering construction	1244066
其他道路、隧道和桥梁工程建筑	Others	1108371
水利和内河港口工程建筑	Water conservancy and inland port engineering construction	924053
水源及供水设施工程建筑	Water resourses and water supply facilities engineering construction	276749
河湖治理及防洪设施工程建筑	The governance of rivers and lakes and flood control facilities engineering and construction	639129
港口及航运设施工程建筑	Harbor and shipping facilities engineering constructions	8175

MAIN FINANCIAL CONDITIONS OF CONSTRUCTION ENTERPRISES IN 2012

unit:1000yuan

资产合计 Current assets	负债合计 Liabilities	流动负债合计 Current liabilites	所有者权益合计 Ounership interests
128134832	62943443	53346185	65191389
18302567	14682520	14321826	3620047
126626687	61838186	52313198	64788501
6593909	4951709	4739010	1642200
638191	409571	407834	228620
52963	38057	38039	14906
52350	25000	2638	27350
52350	25000	2638	27350
79302523	35177070	29439873	44125453
3376088	2778631	2688723	597457
75926435	32398439	26751150	43527996
6678890	4347466	3856816	2331424
31917363	16349988	13336794	15567375
1065144	580909	427203	484235
24836	101	101	24735
29687279	14976348	12136631	14710931
1140104	792630	772859	347474
1390498	539325	492194	851173
1506208	1105257	1032987	400951
1506208	1105257	1032987	400951
1937			1937
1937			1937
54800028	27356859	24871847	27443169
33877819	21707410	16198998	12170409
21017511	12688277	10120012	8329234
302400	360237	358150	-57837
6270933	2469023	2213894	3801910
9262846	7053877	5489679	2208969
5181332	2805140	2058289	2376192
4855996	3281307	3044251	1574689
1216359	661301	525563	555058
3562076	2590789	2489471	971287
77561	29217	29217	48344

13－2 续表 1 continued1

指标名称	Item	固定资产原价 Original value of fixed assets
海洋工程建筑	Marine engineering constructions	
工矿工程建筑	Mining Constraction	200456
架线和管道工程建筑	Pipe－line construction	798363
架线及设备工程建筑	Wiring and equipment engineering constructions	780044
管道工程建筑	Pipes engineering constructions	18319
其他土木工程建筑	Others	136911
建筑安装业	Construction and Installation Projects	1006894
电气安装	Electrical installation	183070
管道和设备安装	Pipes and Equipment Installation	551603
其他建筑安装业	Others	272221
建筑装饰和其他建筑业	Construction and Decoration Industry and others	720961
建筑装饰业	Construction and Decoration Industry	406577
工程准备活动	Project preparation activities	33057
建筑物拆除活动	Building demolition activities	31132
其他工程准备活动	Others	1925
提供施工设备服务	Equipment Seruices	1000
其他未列明建筑业	Others	280327
三、按隶属关系分组	Grouped by administrative	
中央	Central	1648766
省(自治区、直辖市)	Province	1999339
地区(州、盟、省辖市)	Areas(prefectures、leagues 、Provincial cities)	905281
县(区、市、旗)	County	191738
街道	Street	
镇	Town	
乡	Township	
居委会	Residents committee	
村委会	Village committee	
其他	Others	5767397
四、按企业资质等级分组	Group according to the grades of enterprise qualification	
施工总承包	General construction contract	8812264
特级	Superfine	917502
一级	First Class	3350731
二级	Scond Class	3426685
三级及以下	Third Class and below	1117346
专业承包	Responsibility contracts on specialties	1700257
一级	First Class	481584
二级	Scond Class	438633
三级及以下	Third Class and below	780040
五、按控股情况分	Crouped by owned	
国有控股	State－owned	2508691
集体控股	Collective－owned	209884
私人控股	Private－owned	6656074
港澳台商控股	HongKong, Macao and Taiwan－owned	142631
外商控股	Foreign－owned	
其他	Others	995241

单位:千元　unit:1000yuan

资产合计 Current assets	负债合计 Liabilities	流动负债合计 Current liabilites	所有者权益合计 Ounership interests
528357	273297	273297	255060
3551434	2563743	2446557	987691
3341315	2375464	2273278	965851
210119	188279	173279	21840
3924521	2900786	314881	1023735
34772568	11742688	10852679	23029880
1294834	697057	640511	597777
28208246	7788697	7055689	20419549
5269488	3256934	3156479	2012554
4684417	2136486	1422661	2547931
3502418	1368170	1127015	2134248
113501	17543	14607	95958
94724	10882	7946	83842
18777	6661	6661	12116
36000	16000	16000	20000
1032498	734773	265039	297725
7432979	6845130	6715393	587849
19282947	7438287	6898757	11844660
13267870	9304329	8539756	3963541
7333410	869371	683236	6464039
38000	5000	5000	33000
80779626	38481326	30504043	42298300
110803434	53700687	48289641	57102747
5803862	3886996	3869496	1916866
24312648	18530898	16460771	5781750
25995704	17860539	16711857	8135165
54691220	13422254	11247517	41268966
17331398	9242756	5056544	8088642
2771391	1608544	1017611	1162847
3105905	1595775	1421863	1510130
11454102	6038437	2617070	5415665
18302567	14682520	14321826	3620047
7305743	980525	852550	6325218
59076973	29313020	25234656	29763953
1505875	1103806	1031536	402069
41943674	16863572	11905617	25080102

13－2 续表2 continued2

指标名称	Item	主营业务收入 Main business revenue
总计	Total	86896656
其中:国有及国有控股企业	State－owned and state－holding enterprise	19193498
一、按登记注册类型分组	Grouped by type registered	
内资企业	Domestic funded	85234201
国有企业	State－owned	6437543
集体企业	Collective－owned	544781
股份合作企业	Cooperative	39800
联营企业	Joint	80830
国有联营企业	State joint ownership enterprises	80830
集体联营企业	Collective joint owned	
国有与集体联营企业	State－collective joint owned	
其他联营企业	Other joint owned	
有限责任公司	Limited liability corporations	38528862
国有独资公司	State－owned solely	5220344
其他有限责任公司	Other	33308518
股份有限公司	Share holding	7726974
私营企业	Private	30528254
私营独资企业	Private funded	974543
私营合伙企业	Private partner	19866
私营有限责任公司	Private limited company	26685781
私营股份有限公司	Private share holding	2848064
其他企业	Others	1347157
港、澳、台商投资企业	Funded from Hongkong, Macao and Taiwan	1662455
与港澳台商合资经营	Joint venture	1662455
与港澳台商合作经营	Cooperative	
港、澳、台商独资	Solely owned	
港、澳、台商投资股份有限公司	Share holding	
其他港澳台投资	Others	
外商投资企业	Foreign funds	
中外合资经营企业	Joint venture	
中外合作经营企业	Cooperative	
外资企业	Foreign funded	
外商投资股份有限公司	Share holding	
其他外商投资	Others	
二、按国民经济行业分组	Grouped by sector	
房屋建筑业	Housing industry	44840007
土木工程建筑业	Engineering Construction	22238417
铁路、道路、隧道和桥梁工程建筑	Railway roads and briages projects	13523975
铁路工程建筑	Railway	584525
公路工程建筑	Roads	4543736
市政道路工程建筑	Municipal road engineering construction	5214746
其他道路、隧道和桥梁工程建筑	Others	3180968
水利和内河港口工程建筑	Water conservancy and inland port engineering construction	4972034
水源及供水设施工程建筑	Water resourses and water supply facilities engineering construction	1263055
河湖治理及防洪设施工程建筑	The governance of rivers and lakes and flood control facilities engineering and construction	3674551

单位:千元 unit:1000yuan

主营业务成本 Main operation cost	主营业务税金及附加 Main operation taxes and extra charges	管理费用 Management expenses	利润总额 Total profits	应交所得税 Income taxes payable	应付职工薪酬 (本年贷方累计发生额) payroll payable (credit accumulated happening this year)
77694862	2971237	3050488	2049502	1214165	13143851
17527220	596734	591860	371293	233251	1172609
76184085	2915679	3020276	2002646	1200781	12819813
5974468	183748	260498	-7065	68610	487663
458184	16648	44520	22015	5549	52223
17072	1753	2020	367	191	3217
71000	2660	2200	4950	124	5000
71000	2660	2200	4950	124	5000
34799191	1289401	1534085	575748	534844	7029050
4818448	141115	180626	35263	20236	389911
29980743	1148286	1353459	540485	514608	6639139
6880716	375408	158741	266742	122355	1509800
26892420	1010695	885125	1087541	449076	3637527
811414	28064	40627	40416	14181	43520
17411	667	725	185	107	6892
23444098	888333	799439	973492	381014	3492827
2619497	93631	44334	73448	53774	94288
1091034	35366	133087	52348	20032	95333
1510777	55558	29565	46919	13384	323978
1510777	55558	29565	46919	13384	323978
		647	-63		60
		647	-63		60
40731700	1634818	960750	1106688	592289	9655968
19003389	653638	1154627	958376	291775	1814455
11224151	430260	642144	898614	233545	576667
533185	12937	64438	-30679	16	48007
3676741	151987	151318	442345	118045	64917
4382763	159002	236605	299841	75218	276928
2631462	106334	189783	187107	40266	186815
4479452	134749	207109	102823	28297	452256
1136422	37364	50692	35952	7617	93201
3324943	96304	140292	67920	20162	355863

13 – 2 续表 3 continued3

指标名称	Item	主营业务收入 Main business revenue
港口及航运设施工程建筑	Harbor and shipping facilities engineering constructions	34428
海洋工程建筑	Marine engineering constructions	
工矿工程建筑	Mining Constraction	419968
架线和管道工程建筑	Pipe – line construction	2529167
架线及设备工程建筑	Wiring and equipment engineering constructions	2455177
管道工程建筑	Pipes engineering constructions	73990
其他土木工程建筑	Others	793273
建筑安装业	Construction and Installation Projects	14647920
电气安装	Electrical installation	1064524
管道和设备安装	Pipes and Equipment Installation	4592495
其他建筑安装业	Others	8990901
建筑装饰和其他建筑业	Construction and Decoration Industry and others	5170312
建筑装饰业	Construction and Decoration Industry	3485440
工程准备活动	Project preparation activities	138147
建筑物拆除活动	Building demolition activities	120485
其他工程准备活动	Others	17662
提供施工设备服务	Equipment Seruices	30000
其他未列明建筑业	Others	1516725
三、按隶属关系分组	Grouped by administrative	
中央	Central	9981846
省(自治区、直辖市)	Province	13121940
地区(州、盟、省辖市)	Areas(prefectures、leagues 、Provincial cities)	14979441
县(区、市、旗)	County	1388078
街道	Street	101750
镇	Town	
乡	Township	
居委会	Residents committee	
村委会	Village committee	
其他	Others	47323601
四、按企业资质等级分组	Group according to the grades of enterprise qualification	
施工总承包	General construction contract	74351076
特级	Superfine	5990449
一级	First Class	30898183
二级	Scond Class	24660256
三级及以下	Third Class and below	12802188
专业承包	Responsibility contracts on specialties	12545580
一级	First Class	3290857
二级	Scond Class	2523773
三级及以下	Third Class and below	6730950
五、按控股情况分	Crouped by owned	
国有控股	State – owned	19193498
集体控股	Collective – owned	1032008
私人控股	Private – owned	53961047
港澳台商控股	HongKong, Macao and Taiwan – owned	1654825
外商控股	Foreign – owned	
其他	Others	11055278

单位:千元 unit:1000yuan

主营业务成本 Main operation cost	主营业务税金及附加 Main operation taxes and extra charges	管理费用 Management expenses	利润总额 Total profits	应交所得税 Income taxes payable	应付职工薪酬(本年贷方累计发生额) payroll payable (credit accumulated happening this year)
18087	1081	16125	-1049	518	3192
389307	14324	10647	3282	4820	39658
2269100	55334	184072	-58675	17968	333915
2210198	52914	179609	-67203	17483	325332
58902	2420	4463	8528	485	8583
641379	18971	110655	12332	7145	411959
13715739	463652	635848	-402310	214852	1109534
907386	41394	76979	39255	13598	65833
4558278	89162	384638	-712799	53542	856779
8250075	333096	174231	271234	147712	186922
4244034	219129	299263	386748	115249	563894
3030961	175787	142208	99334	41446	304985
107058	5024	15929	9240	1744	14327
94921	4083	14824	5764	1049	12350
12137	941	1105	3476	695	1977
25000	1000	3000	990	247	18000
1081015	37318	138126	277184	71812	226582
9112760	251795	434512	105913	72975	786243
11324394	559942	450441	644938	199393	528643
13537822	541407	299666	444995	265819	1944064
1164277	47870	87293	21533	15335	159174
81400	3500	7150	9700	2544	2160
42474209	1566723	1771426	822423	658099	9723567
67520630	2498196	2058583	1335376	1010037	11616448
5177769	224118	99971	396595	153868	105103
28144644	1038345	732915	804193	404481	2670488
22217671	815591	602294	708095	333912	2853121
11980546	420142	623403	-573507	117776	5987736
10174232	473041	991905	714126	204128	1527403
2540241	101696	237582	404608	101606	288560
2012475	72076	185425	163911	32916	257356
5621516	299269	568898	145607	69606	981487
17527220	596734	591860	371293	233251	1172609
897013	27993	105707	-1957	11555	121120
47318823	1937420	1574792	2100296	777517	5756901
1504977	54948	28375	46919	13156	323669
10446829	354142	749754	-467049	178686	5769552

13－3　2012年长春市建筑业企业生产情况指标

单位：千元　　unit：1000yuan

项　目	Item	建筑业总产值 Output value of construction	按构成分 By register 建筑工程产值 Output Value ofconstruction	房屋建筑施工面积 Construction space	直接从事生产经营活动的平均人数 Average number of directly engaged in production and business operation activities
总计	Total	93176423	80130738	70761169	262412
其中：国有及国有控股企业	State－owned and state－holding enterprise	25840136	22427255	10048816	78091
一、登记注册类型分组	Grouped by type registered				
内资企业	Domestic funded	91440418	78471546	70665490	255981
国有企业	State－owned	4408668	2872142	2948786	16508
集体企业	Collective－owned	536390	250160		2182
股份合作企业	Cooperative	27043	26633	60120	176
联营企业	Joint	80830	75830	40745	150
国有联营企业	State joint ownership enterprises	80830	75830	40745	150
集体联营企业	Collective joint owned				
国有与集体联营企业	State－collective joint owned				
其他联营企业	Other joint owned				
有限责任公司	Limited liability corporations	46056193	40439656	39452046	103766
国有独资公司	State－owned solely	5416949	4090016	325106	6429
其他有限责任公司	Other	40639244	36349640	39126940	97337
股份有限公司	Share holding	7300968	6764629	5222046	25599
私营企业	Private	31839588	27026472	22092117	98595
私营独资企业	Private funded	717373	500107	334408	2026
私营合伙企业	Private partner	19866	7866		148
私营有限责任公司	Private limited company	28861800	24915417	19793565	93468
私营股份有限公司	Private share holding	2240549	1603082	1964144	2953
其他企业	Others	1190738	1016024	849630	9005
港、澳、台商投资企业	Funded from Hongkong，Macao and Taiwan	1736005	1659192	95679	6430
与港澳台商合资经营	Joint venture	1736005	1659192	95679	6430
与港澳台商合作经营	Cooperative				
港、澳、台商独资	Solely owned				
港、澳、台商投资股份有限公司	Share holding				
其他港澳台投资	Others				
外商投资企业	Foreign funds				1
中外合资经营企业	Joint venture				1
中外合作经营企业	Cooperative				
外资企业	Foreign funded				
外商投资股份有限公司	Share holding				
其他外商投资	Others				
二、按国民经济行业分组	Grouped by sector				
房屋建筑业	Housing industry	45649955	43034213	56811968	137892
土木工程建筑业	Engineering Construction	29540851	25785259	1931370	76848
铁路、道路、隧道和桥梁工程建筑	Railway roads and briages projects	21391944	20013042	1181176	57758
铁路工程建筑	Railway	517014	517014		1135
公路工程建筑	Roads	4566524	4556294		6967
市政道路工程建筑	Municipal road engineering construction	13550892	12244441	923384	45525
其他道路、隧道和桥梁工程建筑	Others	2757514	2695293	257792	4131
水利和内河港口工程建筑	Water conservancy and inland port engineering construction	5239201	5039162	113369	11174
水源及供水设施工程建筑	Water resourses and water supply facilities engineering construction	1219784	1216243		3892
河湖治理及防洪设施工程建筑	The governance of rivers and lakes and flood control facilities engineering and construction	3941678	3749088	73465	6902
港口及航运设施工程建筑	Harbor and shipping facilities engineering constructions	77739	73831	39904	380

PRODUCTIVE INDICATIONS ABOUT CONSTRUCTION ENTERPRISES IN 2012

13－3 续表 1 continued1　　　　单位:千元　unit:1000yuan

项目	Item	建筑业总产值 Output value of construction	按构成分 By register 建筑工程产值 Output Value ofconstruction	房屋建筑施工面积 Construction space	直接从事生产经营活动的平均人数 Average number of directly engaged in production and business operation activities
海洋工程建筑	Marine engineering constructions				
工矿工程建筑	Mining Constraction	246050	116303	17000	990
架线和管道工程建筑	Pipe－line construction	2076478	219303	50000	4907
架线及设备工程建筑	Wiring and equipment engineering constructions	2002488	212973	50000	4548
管道工程建筑	Pipes engineering constructions	73990	6330		359
其他土木工程建筑	Others	587178	397449	569825	2019
建筑安装业	Construction and Installation Projects	12861388	8162551	10875351	38498
电气安装	Electrical installation	946461	65804	43094	1981
管道和设备安装	Pipes and Equipment Installation	2948224	624046	789510	10397
其他建筑安装业	Others	8966703	7472701	10042747	26120
建筑装饰和其他建筑业	Construction and Decoration Industry and others	5124229	3148715	1142480	9174
建筑装饰业	Construction and Decoration Industry	3525332	2969449	898827	6519
工程准备活动	Project preparation activities	139133	38789	68350	424
建筑物拆除活动	Building demolition activities	121566	38789	68350	369
其他工程准备活动	Others	17567			55
提供施工设备服务	Equipment Seruices	30000			60
其他未列明建筑业	Others	1429764	140477	175303	2171
三、按隶属关系分组	Grouped by administrative				
中央	Central	17381404	14442423	1549873	50725
省(自治区、直辖市)	Province	11905541	11311826	6815349	22189
地区(州、盟、省辖市)	Areas(prefectures、leagues 、Provincial cities)	14076854	12854521	31659979	44407
县(区、市、旗)	County	1439943	928394	865551	8185
街道	Street	101750			49
镇	Town				
乡	Township				
居委会	Residents committee				
村委会	Village committee				
其他	Others	48270931	40593574	29870417	136857
四、按企业资质等级分组	Group according to the grades of enterprise qualification				
施工总承包	General construction contract	81799172	74991897	67818001	234236
特级	Superfine	6360410	6360410	5251377	9820
一级	First Class	30021692	27742994	19891619	72326
二级	Scond Class	33962827	30278485	34604249	122372
三级及以下	Third Class and below	11454243	10610008	8070756	29718
专业承包	Responsibility contracts on specialties	11377251	5138841	2943168	28176
一级	First Class	3031106	988713	342324	4864
二级	Scond Class	2270202	897415	621451	7581
三级及以下	Third Class and below	6075943	3252713	1979393	15731
五、按控股情况分	Crouped by owned				
国有控股	State－owned	25840136	22427255	10048816	78091
集体控股	Collective－owned	1145259	772206	1069594	4110
私人控股	Private－owned	55163528	48109285	53478532	153795
港澳台商控股	HongKong,Macao and Taiwan－owned	1728375	1651562	95679	6406
外商控股	Foreign－owned				
其他	Others	9299125	7170430	6068548	20010

统计资料

STATISTICS

◎ 批发零售贸易和住宿餐饮业

WHOLESALE RETAIL TRADES AND HOTELS CATERING

第十四篇　批发零售贸易和住宿餐饮业

2012 年,我市消费品市场保持了较为繁荣活跃的势头,实现社会消费品零售总额 1739.6 亿元,同比增长 15.0%。

分行业看:四大行业均保持了较快的增长幅度。其中批发业实现零售额 145.7 亿元,增长 11.9%。零售业实现零售额 1421.6 亿元,增长 15.1%。住宿业实现零售额 17.3 亿元,增长 10.2%。餐饮业实现零售额 155.0 亿元,增长 17.8%。

从地域上看:城乡消费品市场同步增长。在节日效应和一系列促进消费政策的带动下,农村消费潜力逐步得到释放,呈现出城乡市场共同发展的格局。2012 年,我市城镇实现消费品零售额 1641.8 亿元,同比增长 14.8%。乡村实现消费品零售额 97.8 亿元,同比增长 19.6%。

从规模上看: 2012 年,全市限额以上批发零售、住宿餐饮企业和个体户实现零售额 746.9 亿元,同比增长 10.5%。限额以下批发零售、住宿餐饮企业和个体户实现零售额 992.7 亿元,同比增长 18.2%。

14－1　社会消费品零售总额(2012)
TOTAL RETAIL SALES OF CONSUMER GOODS(2012)

单位:万元　　unit:10000 yuan

指标名称	Item	2012
社会消费品零售总额	Total	
(一)按销售单位所在地分组	Grouped by region	
1、城镇	Urban	16418558.7
2、乡村	Rural	977867.6
(二)按行业分组	Grouped by sector	
(1)批发、零售贸易业	Wholesale and retail trade	15672918.3
批发业	Wholesale	1457085.9
零售业	Retail trade	14215832.4
限额以上	Above designated size	7204331.1
批发限额以上	Wholesale limit above	986534.9
零售限额以上	Retail trade limit above	6217796.2
限额以下	Under designated size	8468587.2
批发限额以下企业(单位)及个体户	Wholesale limit below and imdividucl	470551
零售限额以下企业(单位)及个体户	Retailtrade limit belon and indroidnal	7998036.2
(2)住宿和餐饮业	Hotels and catering	1723508
限额以上企业(单位)及个体户	Enterprises (companies) and self－employed individuals above limits	265245.6
限额以下企业(单位)及个体户	Enterprises (companies) and self－employed individuals under limits	1458262.4

14－2 限额以上批发和零售业法人基本情况(2012)

指标名称	Item	法人企业数(个) Corporate enterprises(unit)
总计	Total	338
一、批发业	Wholesale	126
1.按批发行业小类分	Grouped by Sector	
农、林、牧产品批发	Farming,、Fore、animal husbandry	18
谷物、豆及薯类批发	Cereal beans and Tubers	14
种子批发	Seed	3
饲料批发	Forage	1
棉、麻批发	Cotton and Fiber	
林业产品批发	Forestry	
牲畜批发	Animal	
其他农牧产品批发	Others	
食品、饮料及烟草制品批发	Food,drink and tobaccos	5
米、面制品及食用油批发	Grain and edible oil	
糕点、糖果及糖批发	Cake, Candy and Suger	
果品、蔬菜批发	Fruit and Vegetable	
肉、禽、蛋、奶及水产品批发	Meet fowl egg and marine products	
盐及调味品批发	Salt and condiment	2
营养和保健品批发	The nutrition and health care products retail	
酒、饮料及茶叶批发	Alcohol beverage and tea tobaccos	1
烟草制品批发	Tobaccos	1
其他食品批发	Others	1
纺织、服装及家庭用品批发	Textile garment and daily articles	9
纺织品、针织品及原料批发	Textile, knitwear and raw moterial	
服装批发	Garment	1
鞋帽批发	Shoe and hat	
化妆品及卫生用品批发	Cosmetic and sanitary accessories	
厨房、卫生间用具及日用杂货批发	Kitchen, rest room and daily articles	1
灯具、装饰物品批发	lamps and lanterns、decorative items wholesale	
家用电器批发	Electrical household appliances	6
其他家庭用品批发	Others	1
文化、体育用品及器材批发	Cultural and sport goods	2
文具用品批发	Stationery	
体育用品及器材批发	Sporting goods and equipment wholesale	
图书批发	Books	2
报刊批发	Newspaper	
音像制品及电子出版物批发	Audio－visual and E－journal products	
首饰、工艺品及收藏品批发	Jewelry, handicraft article and collection	
其他文化用品批发	Others	
医药及医疗器材批发	Medicine and medical appliance	32
西药批发	Western medicine	27
中药批发	Chinese medicine	3
医疗用品及器材批发	Medical component	2
矿产品、建材及化工产品批发	Minerals and construction materials	32
煤炭及制品批发	Coal and related products	
石油及制品批发	Petroleum and related products	5
非金属矿及制品批发	Non－metal materials	

GENERAL INFORMATION OF THE ABOVE – NORM WHOLESALE AND RETAIL(2012)

从业人员期末人数(人) (person)	其中:女性 Female	法人所属产业活动单位数(个) The number of legal persons' establishments	批发和零售业 wholesale and retail trade
43245	19484	992	992
11758	4032	373	373
1107	320	18	18
966	264	14	14
134	54	3	3
7	2	1	1
1096	429	5	5
170	61	2	2
28	22	1	1
794	268	1	1
104	78	1	1
921	367	9	9
30	10	1	1
32	18	1	1
743	277	6	6
116	62	1	1
474	276	2	2
474	276	2	2
1888	969	32	32
1757	898	27	27
49	31	3	3
82	40	2	2
4405	1109	279	279
3500	784	252	252

14－2 续表 1

指标名称	Item	法人企业数（个）Corporate enterprises(unit)
金属及金属矿批发	Metal materials	6
建材批发	Construction materials	17
化肥批发	Chemical fertilizers	2
农药批发	Agricultural chemical	
农用薄膜批发	Agricultural film	
其他化工产品批发	Others	2
机械设备、五金产品及电子产品批发	Machinery hardware and electronic equipment	28
农业机械批发	Farm machinery	1
汽车批发	motorcycle	1
汽车零配件批发	motorcycle and parts	4
摩托车及零配件批发	Motor vehicles, motorcycle and parts	2
五金产品批发	Hardware products	2
电气设备批发	Appliances	
计算机、软件及辅助设备批发	Computer software and accessories	2
通讯及广播电视设备批发	Communication and radiated television	1
其他机械设备及电子产品批发	Others	15
贸易经纪与代理	Agency and brokerage	
贸易代理	Trade agency	
拍卖	Auction	
其他贸易经纪与代理	Others	
其他批发业	Ohters	
再生物资回收与批发	Renewable materials recovery and wholesale	
其他未列明批发业	Others	
2.按登记注册类型分	Grouped by type registered	
内资企业	Domestic funds	121
国有企业	State－owned	10
集体企业	Collective－owned	
股份合作企业	Cooperative	
联营企业	Joint	
国有联营企业	State joint owned	
集体联营企业	Collective joine owned	
国有与集体联营企业	State－collective joint owned	
其他联营企业	Other joint owned	
有限责任公司	Limited liability corporations	48
国有独资公司	State－owned solely	2
其他有限责任公司	Limited liability corporations	46
股份有限公司	Share holding	7
私营企业	Private	42
私营独资企业	Private funded	
私营合伙企业	Private partner	2
私营有限责任公司	Limited liability corporations	38
私营股份有限公司	Private share holding	2
其他企业	Others	14
港、澳、台商投资企业	Found from Hongkong Macao and Taiwan	2
合资经营企业（港或澳、台资）	Joint venture	
合作经营企业（港或澳、台资）	Cooperative	

continued 1

从业人员期末人数(人) (person)		法人所属产业活动单位数(个) The number of legal persons' establishments	
	其中:女性 Female		批发和零售业 wholesale and retail trade
270	69	6	6
579	230	17	17
10	1	2	2
46	25	2	2
1867	562	28	28
48	7	1	1
16	5	1	1
459	191	4	4
64		2	2
51	15	2	2
37	6	2	2
19	6	1	1
1173	332	15	15
10878	3744	368	368
4740	1153	257	257
3080	1420	48	48
520	251	2	2
2560	1169	46	46
359	120	7	7
2058	829	42	42
89	25	2	2
1921	788	38	38
48	16	2	2
641	222	14	14
475	132	2	2

14－2 续表 2

指标名称	Item	法人企业数（个）Corporate enterprises(unit)
港、澳、台商独资经营企业	Sole funds	2
港、澳、台商投资股份有限公司	Share holding	
其他港澳台投资企业	Others	
外商投资企业	Foreign funded	3
中外合资经营企业	Joint venture	2
中外合作经营企业	Cooperative	
外资企业	Foreign funded	
外商投资股份有限公司	Share holding	1
其他外商投资企业	Others	
3. 按控股情况分	Crouped by owned	
国有控股	State－owned	18
集体控股	Collective－owned	1
私人控股	Private－owned	76
港澳台商控股	Hongkong Macao and Taiwan－owned	3
外商控股	Foreign－owned	1
其他	Others	27
4. 按经营形式分	Grouped by form of management	
独立门店	Substantive store	112
连锁总店(总部)	Chain headquarter	
连锁门店	Chain store	1
其他	Others	13
5. 按单位规模分	Gruoped by size of enterprises	
大型	Large－sized	6
中型	Medium－sized	57
小型	Small－sized	52
微型	Micro－sized	11
二、零售业	Retail trade	212
1. 按零售行业小类分	Grouped by sectors	
综合零售	Retail trade	30
百货零售	Consumer goods	17
超级市场零售	Supermarket	11
其他综合零售	Other comprehensive retail business	2
食品、饮料及烟草制品专门零售	Food beverage and tobaccos	4
粮油零售	Food and oil	
糕点、面包零售	Cake and bread	1
果品、蔬菜零售	Fruit and Vegetable	
肉、禽、蛋、奶及水产品零售	Meet, fowl, egg, milk and marine products	1
营养和保健品零售	Nutrition and health care	
酒、饮料及茶叶零售	Alcohol、beverage and tea	
烟草制品零售	Tobaccos	2
其他食品零售	Others	
纺织、服装及日用品专门零售	Textile, garment and daily articles	13
纺织品及针织品零售	Textile and knitwear	
服装零售	Garments	9
鞋帽零售	Shoe and hat	
化妆品及卫生用品零售	Cosmetic and sanitary accessories	

continued 2

从业人员期末人数(人) (person)	其中:女性 Female	法人所属产业活动单位数(个) The number of legal persons' establishments	批发和零售业 wholesale and retail trade
475	132	2	2
405	156	3	3
375	131	2	2
30	25	1	1
5965	1667	265	265
		1	1
3504	1533	76	76
475	132	3	3
30	25	1	1
1784	675	27	27
10637	3578	359	359
414	220	1	1
707	234	13	13
5630	1586	253	253
4717	1899	57	57
1109	441	52	52
302	106	11	11
31487	15452	619	619
14439	7768	63	63
9384	6074	20	20
3030	1529	41	41
2025	165	2	2
690	448	57	57
141	105	18	18
17	7	1	1
532	336	38	38
1471	929	33	33
1205	713	17	17

14－2 续表3

指标名称	Item	法人企业数(个) Corporate enterprises(unit)
钟表、眼镜零售	Clock and spectacles	4
箱、包零售	Bags and suitcases retail	
厨房用具及日用杂品零售	Kitchenware and daily commodities retail	
自行车零售	Bicycle	
其他日用品零售	Others	
文化、体育用品及器材专门零售	Cultural and sport goods	10
文具用品零售	Stationery	
体育用品及器材零售	sports good and	
图书、报刊零售	Books、Newspaper	7
音像制品及电子出版物零售	Audio – visual and E – journal products	
珠宝首饰零售	Jewelry	2
工艺美术品及收藏品零售	Handicraft article and collection	
乐器零售	Musical instruments retail	
照相器材零售	Photographic apparatus retail	
其他文化用品零售	Others	
医药及医疗器材专门零售	Medicine and medical appliance	14
药品零售	Medicine	13
医疗用品及器材零售	Medical component	1
汽车、摩托车、燃料及零配件专门零售	Vehicles, motorcycle、Fuel and part	113
汽车零售	Vehicles	97
汽车零配件零售	Installation kit	5
摩托车及零配件零售	Motoreycle	1
机动车燃料零售	Fuel	10
家用电器及电子产品专门零售	Electrical household equipment	12
家用视听设备零售	Household audio and video equipment	3
日用家电设备零售	Household appliances retail	4
计算机、软件及辅助设备零售	Computer software and accessories	2
通信设备零售	Teleconmmunicational equipment	2
其他电子产品零售	Others	1
五金、家具及室内装饰材料专门零售	Hardware funiture and indoor hareware fitting	4
五金零售	Hardware	
灯具零售	lamps	
家具零售	Funiture	
涂料零售	Coating	
卫生洁具零售	Sanitary ware retail	
木质装饰材料零售	Wooden decorative materials retail	
陶瓷、石材装饰材料零售	Ceramics、decorative stone materials retail	
其他室内装饰材料零售	Others	4
货摊、无店铺及其他零售业	Other retail trade	12
货摊食品零售	food	
货摊纺织、服装及鞋零售	Booth textile、clothing and shoes retail	
货摊日用品零售	Booth commodity retail	
互联网零售	Internet retailer	
邮购及电视、电话零售	Mail – order and TV and phone retail	
旧货零售	Second hand	
生活用燃料零售	Fuel for life	7

continued 3

从业人员期末人数(人) (person)	其中:女性 Female	法人所属产业活动单位数(个) The number of legal persons' establishments	批发和零售业 wholesale and retail trade
266	216	16	16
755	399	14	14
664	354	7	7
59	45	6	6
32		1	1
2687	1917	253	253
2684	1915	252	252
3	2	1	1
9506	3008	128	128
7956	2562	97	97
121	24	5	5
15	6	1	1
1414	416	25	25
1193	707	49	49
100	41	3	3
878	517	22	22
59	20	2	2
139	126	21	21
17	3	1	1
45	17	4	4
45	17	4	4
701	259	18	18
624	227	13	13

14－2 续表4

指标名称 Item		法人企业数(个) Corporate enterprises(unit)
其他未列明零售业	Others	5
2. 按登记注册类型分	Grouped by type registered	
内资企业	Domestic funds	205
国有企业	State－owned	4
集体企业	Collective－owned	1
股份合作企业	Cooperative	2
联营企业	Joint	
国有联营企业	State joint owned	
集体联营企业	Collective joine owned	
国有与集体联营企业	State－collective joint owned	
其他联营企业	Other joint owned	
有限责任公司	Limited liability corporations	77
国有独资公司	State－owned solely	3
其他有限责任公司	Limited liability corporations	74
股份有限公司	Share holding	6
私营企业	Private	99
私营独资企业	Private funded	24
私营合伙企业	Private partner	5
私营有限责任公司	Limited liability corporations	69
私营股份有限公司	Private share holding	1
其他企业	Others	16
港、澳、台商投资企业	Funded from Hongkong, Macao and Taiwan	3
合资经营企业(港或澳、台资)	Joint venture	2
合作经营企业(港或澳、台资)	Cooperative	
港、澳、台商独资经营企业	Sole funds	1
港、澳、台商投资股份有限公司	Share holding	
其他港澳台投资企业	Others	
外商投资企业	Foreign funded	4
中外合资经营企业	Joint venture	4
中外合作经营企业	Cooperative	
外资企业	Foreign funded	
外商投资股份有限公司	Share holding	
其他外商投资企业	Others	
3. 按控股情况分	Grouped by owned	
国有控股	State－owned	15
集体控股	Collective－owned	2
私人控股	Private－owned	160
港澳台商控股	Hongkong, Macao and Taiwan－Owned	1

continued 4

从业人员期末人数(人) (person)	其中:女性 Female	法人所属产业活动单位数(个) The number of legal persons' establishments	批发和零售业 wholesale and retail trade
77	32	5	5
29256	14196	594	594
290	170	4	4
30	25	1	1
1805	1322	2	2
12648	4888	209	209
154	63	3	3
12494	4825	206	206
5705	4009	185	185
8238	3507	173	173
1800	905	24	24
154	74	5	5
6159	2493	143	143
125	35	1	1
540	275	20	20
1446	969	20	20
1325	868	7	7
121	101	13	13
785	287	5	5
785	287	5	5
6965	4531	225	225
1810	1335	2	2
14185	5741	290	290
121	101	13	13

14-2 续表5

指标名称	Item	法人企业数(个) Corporate enterprises(unit)
外商控股	Foreign - owned	1
其他	Others	33
4. 按经营形式分	Grouped by form of management	
独立门店	Substantive store	189
连锁总店(总部)	Chain headquarter	13
连锁门店	Chain store	4
其他	Others	6
5. 按单位规模分	Gruoped by size of enterprises	
大型	Large - sized	20
中型	Medium - sized	93
小型	Small - sized	79
微型	Micro - sized	20
6. 按零售业态分	Grouped by form of retail	
有店铺零售	Retail trade	212
食杂店	Traditional grocery store	
便利店	Convenience store	
折扣店	Discount store	
超市	Market	5
大型超市	Super market	6
仓储会员店	Warehouse store	1
百货店	Consumer goods	24
专业店	Specialty store	96
专卖店	Exclusive shop	77
家居建材商店	Household items hall	1
购物中心	Shopping center	1
厂家直销中心	Direct sales by manufacturers	1
无店铺零售	Other retail trade	
电视购物	TV shopping	
邮购	Purchase by mail	
网上商店	Store on line	
自动售货亭	Vending machine	
电话购物	Call shopping	

continued 5

从业人员期末人数(人) (person)	其中:女性 Female	法人所属产业活动单位数(个) The number of legal persons' establishments	批发和零售业 wholesale and retail trade
239	162	2	2
8167	3582	87	87
21191	8402	259	259
7441	5211	329	329
911	480	25	25
1944	1359	6	6
17592	8957	293	293
11265	5319	223	223
2155	984	83	83
475	192	20	20
31487	15452	619	619
719	574	10	10
2534	1175	31	31
10	2	1	1
11683	6361	27	27
10262	4743	408	408
5820	2364	139	139
3	2	1	1
410	215	1	1
46	16	1	1

14－3 限额以上批发和零售法人企业财务状况综合表(2012)

单位:万元

指标名称	Item	法人企业数(个) Corporate enter prises(unit)	执行《2006年企业会计准则》企业个数(个) Number of enterprises implmenting Accounting Standards for Business Enterprises 2006	一、年初存货 Inventory
总计	Total	338	258	809863.7
一、批发业	Wholesale	126	92	392485.4
1. 按批发行业小类分	Grouped by Sector			
农、林、牧产品批发	Farming,、Fore、animal husbandry	18	18	104492.4
谷物、豆及薯类批发	Cereal beans and Tubers	14	14	102063.7
种子批发	Seed	3	3	2428.7
饲料批发	Forage	1	1	
棉、麻批发	Cotton and Fiber			
林业产品批发	Forestry			
牲畜批发	Animal			
其他农牧产品批发	Others			
食品、饮料及烟草制品批发	Food,drink and tobaccos	5	2	35017.5
米、面制品及食用油批发	Grain and edible oil			
糕点、糖果及糖批发	Cake, Candy and Suger			
果品、蔬菜批发	Fruit and Vegetable			
肉、禽、蛋、奶及水产品批发	Meet fowl egg and marine products			
盐及调味品批发	Salt and condiment	2	1	1710.3
营养和保健品批发	The nutrition and health care products retail			
酒、饮料及茶叶批发	Alcohol beverage and tea tobaccos	1		848.7
烟草制品批发	Tobaccos	1		32315.9
其他食品批发	Others	1	1	142.6
纺织、服装及家庭用品批发	Textile garment and daily articles	9	7	7458.9
纺织品、针织品及原料批发	Textile, knitwear and raw moterial			
服装批发	Garment	1	1	4074.9
鞋帽批发	Shoe and hat			
化妆品及卫生用品批发	Cosmetic and sanitary accessories			
厨房、卫生间用具及日用杂货批发	Kitchen, rest room and daily articles	1	1	
灯具、装饰物品批发	lamps and lanterns、decorative items wholesale			
家用电器批发	Electrical household appliances	6	4	1161.6
其他家庭用品批发	Others	1	1	2222.4
文化、体育用品及器材批发	Sporting goods and equipment wholesale	2	1	14145.5
文具用品批发	Stationery			
体育用品及器材批发	Sporting goods and equipment wholesale			
图书批发	Books	2	1	14145.5
报刊批发	Newspaper			
音像制品及电子出版物批发	Audio－visual and E－journal products			
首饰、工艺品及收藏品批发	Jewelry, handicraft article and collection			
其他文化用品批发	Others			
医药及医疗器材批发	Medicine and medical appliance	32	15	45559.9
西药批发	Western medicine	27	11	43497.2
中药批发	Chinese medicine	3	2	22.7
医疗用品及器材批发	Medical component	2	2	2040.0
矿产品、建材及化工产品批发	Minerals and construction materials	32	26	117713.4

LIMITATION ABOVE WHOLESALE AND RETAIL BUSINESS AS A LEGAL PERSON ENTERPRISE COMPREHENSIVE TABLE OF CHANGES IN FINANCIAL POSITION (2012)

unit:10000 yuan

二、期末资产负债 The final balance sheet

流动资产合计 Circulating funds	应收帐款 Receivables	存货 Inventery	固定资产合计 Total fixed assets	固定资产原价 Original Value of fixed assets	累计折旧 Total depreciation	本年折旧 Depreciation in this year
4337921.6	957686.3	869232.3	958097.2	1285486.8	390512.1	75683.1
2577427.8	737218.3	443173.1	241402.1	282877.3	98730.5	18264.3
509003.6	127996.8	134166.5	39691.3	58032.4	18201.7	1177.9
504279.8	127406.8	130998.6	29998.0	47689.4	17552.0	1108.3
4445.3	547.7	3126.2	9653.5	10253.4	599.9	53.0
278.5	42.3	41.7	39.8	89.6	49.8	16.6
178202.1	7656.9	39585.1	26001.2	42974.1	16972.9	1222.8
7897.3	3999.1	2516.2	2967.5	3619.9	652.4	164.1
1801.4	472.5	749.7	489.2	489.2		
167564.4	2431.0	36134.5	22530.1	38832.8	16302.7	1058.7
939.0	754.3	184.7	14.4	32.2	17.8	
31784.2	4544.6	6751.1	433.6	687.6	254.0	126.2
3931.0	505.2	3012.1	9.9	14.0	4.1	3.1
3718.0			49.4	86.2	36.8	19.3
21246.6	3621.9	1267.9	105.7	224.9	119.2	27.4
2888.6	417.5	2471.1	268.6	362.5	93.9	76.4
31230.6	9850.7	11954.0	13943.9	19352.1	5408.2	1694.5
31230.6	9850.7	11954.0	13943.9	19352.1	5408.2	1694.5
474439.5	151336.7	57796.2	9113.6	17558.4	8444.8	4445.2
461023.6	142633.1	56077.0	8745.8	16956.2	8210.4	4338.0
7365.6	4531.1	178.1	56.7	113.5	56.8	25.7
6050.3	4172.5	1541.1	311.1	488.7	177.6	81.5
1108564.6	392026.1	113526.6	134990.6	119921.7	42325.8	7231.1

14－3 续表 1 continued1

指标名称 Item		二、期末资产负债 The final balance sheet	
		在建工程 Circulating funds	资产总计 Circulating funds
总计	Total	143732.6	6003747.9
一、批发业	Wholesale	43455.3	2981517.8
1. 按批发行业小类分	Grouped by Sector		
农、林、牧产品批发	Farming,、Fore、animal husbandry	824.2	590188.2
谷物、豆及薯类批发	Cereal beans and Tubers	219.2	567105.6
种子批发	Seed	605.0	22764.3
饲料批发	Forage		318.3
棉、麻批发	Cotton and Fiber		
林业产品批发	Forestry		
牲畜批发	Animal		
其他农牧产品批发	Others		
食品、饮料及烟草制品批发	Food, drink and tobaccos		206946.6
米、面制品及食用油批发	Grain and edible oil		
糕点、糖果及糖批发	Cake, Candy and Suger		
果品、蔬菜批发	Fruit and Vegetable		
肉、禽、蛋、奶及水产品批发	Meet fowl egg and marine products		
盐及调味品批发	Salt and condiment		11242.2
营养和保健品批发	The nutrition and health care products retail		
酒、饮料及茶叶批发	Alcohol beverage and tea tobaccos		2290.6
烟草制品批发	Tobaccos		192150.3
其他食品批发	Others		1263.5
纺织、服装及家庭用品批发	Textile garment and daily articles		33786.5
纺织品、针织品及原料批发	Textile, knitwear and raw moterial		
服装批发	Garment		4022.9
鞋帽批发	Shoe and hat		
化妆品及卫生用品批发	Cosmetic and sanitary accessories		
厨房、卫生间用具及日用杂货批发	Kitchen, rest room and daily articles		3767.4
灯具、装饰物品批发	lamps and lanterns、decorative items wholesale		
家用电器批发	Electrical household appliances		21861.4
其他家庭用品批发	Others		4134.8
文化、体育用品及器材批发	Sporting goods and equipment wholesale		59875.9
文具用品批发	Stationery		
体育用品及器材批发	Sporting goods and equipment wholesale		
图书批发	Books		59875.9
报刊批发	Newspaper		
音像制品及电子出版物批发	Audio－visual and E－journal products		
首饰、工艺品及收藏品批发	Jewelry, handicraft article and collection		
其他文化用品批发	Others		
医药及医疗器材批发	Medicine and medical appliance	775.7	497629.3
西药批发	Western medicine	521.3	483411.8
中药批发	Chinese medicine	254.4	7856.0
医疗用品及器材批发	Medical component		6361.5
矿产品、建材及化工产品批发	Minerals and construction materials	37498.1	1312896.4

单位:万元　unit:10000 yuan

二、期末资产负债 The final balance sheet				
流动负债合计 Circulating funds	应付账款 Inventory	非流动负债合计 Total non - current liability	负债合计 Total Investment	所有者权益 Creditor' s equity
4252133.3	819266.0	506277.7	4794374.5	1209373.4
2203903.0	462231.0	176573.8	2383047.9	598469.9
497575.6	45908.9	4361.0	501936.6	88251.6
495246.4	45761.3	4361.0	499607.4	67498.2
2181.6			2181.6	20582.7
147.6	147.6		147.6	170.7
22255.2	7411.3		22255.2	184691.4
7533.3	2931.7		7533.3	3708.9
2048.6	2048.6		2048.6	242.0
12059.2	2431.0		12059.2	180091.1
614.1			614.1	649.4
28201.4	9671.6	3630.0	31831.4	1955.1
6483.1	5828.5		6483.1	-2460.2
387.4		1380.0	1767.4	2000.0
21322.5	4574.5		21322.5	538.9
8.4	-731.4	2250.0	2258.4	1876.4
34676.5	23749.4	28.6	34706.1	25169.8
34676.5	23749.4	28.6	34706.1	25169.8
353088.2	114214.8	95336.3	448728.2	48901.1
342086.7	106990.3	95336.3	437726.7	45685.1
7418.2	6882.1		7418.2	437.8
3583.3	342.4		3583.3	2778.2
1064231.2	207707.5	63430.3	1129927.9	182968.5

14－3 续表 2 continued2

指标名称	Item	二、期末资产负债 The final balance sheet 实收资本 Driginal Value of fixed assets	国家资本 State owned
总计	Total	671615.9	86117.2
一、批发业	Wholesale	339387.0	43710.8
1. 按批发行业小类分	Grouped by Sector		
农、林、牧产品批发	Farming, 、Fore、animal husbandry	71855.0	375.0
谷物、豆及薯类批发	Cereal beans and Tubers	13500.0	
种子批发	Seed	50.0	
饲料批发	Forage		
棉、麻批发	Cotton and Fiber		
林业产品批发	Forestry		
牲畜批发	Animal		
其他农牧产品批发	Others		
食品、饮料及烟草制品批发	Food, drink and tobaccos	2066.9	366.4
米、面制品及食用油批发	Grain and edible oil		
糕点、糖果及糖批发	Cake, Candy and Suger		
果品、蔬菜批发	Fruit and Vegetable		
肉、禽、蛋、奶及水产品批发	Meet fowl egg and marine products		
盐及调味品批发	Salt and condiment	366.4	366.4
营养和保健品批发	The nutrition and health care products retail		
酒、饮料及茶叶批发	Alcohol beverage and tea tobaccos	100.0	
烟草制品批发	Tobaccos	1450.5	
其他食品批发	Others	150.0	
纺织、服装及家庭用品批发	Textile garment and daily articles	4200.0	100.0
纺织品、针织品及原料批发	Textile, knitwear and raw moterial		
服装批发	Garment	100.0	
鞋帽批发	Shoe and hat		
化妆品及卫生用品批发	Cosmetic and sanitary accessories		
厨房、卫生间用具及日用杂货批发	Kitchen, rest room and daily articles	2000.0	
灯具、装饰物品批发	lamps and lanterns、decorative items wholesale		
家用电器批发	Electrical household appliances	1700.0	100.0
其他家庭用品批发	Others	400.0	
文化、体育用品及器材批发	Sporting goods and equipment wholesale	15086.6	14792.6
文具用品批发	Stationery		
体育用品及器材批发	Sporting goods and equipment wholesale		
图书批发	Books	15086.6	14792.6
报刊批发	Newspaper		
音像制品及电子出版物批发	Audio－visual and E－journal products		
首饰、工艺品及收藏品批发	Jewelry, handicraft article and collection		
其他文化用品批发	Others		
医药及医疗器材批发	Medicine and medical appliance	33337.8	480.0
西药批发	Western medicine	30437.8	480.0
中药批发	Chinese medicine	1400.0	
医疗用品及器材批发	Medical component	1500.0	
矿产品、建材及化工产品批发	Minerals and construction materials	175984.1	27596.8

单位:万元 unit:10000 yuan

二、期末资产负债 The final balance sheet					三、损益及分配 Gains and losses and distribution			
集体资本 Collective	法人资本 Corporate	个人资本 Private	港澳台资本 Funded from Hongkong, Macao and Taiwan	外商资本 Foreign funds	营业收入 Operation revenue	主营业务收入 Operating revenue	营业成本 Operation costs	主营业务成本 Operating cost
10738.7	368217.3	143739.6	51712.1	11091.0	12545012.7	12282178.4	11495157.3	11357425.3
823.5	200933.7	53219.0	35500.0	5200.0	7441534.0	7435646.9	6958000.1	6943436.1
	29550.0	6930.0	35000.0		710761.8	709242.5	683250.9	683131.9
	16500.0	6430.0	35000.0		699548.5	698029.2	674869.8	674750.8
	13000.0	500.0			8408.3	8408.3	5334.0	5334.0
	50.0				2805.0	2805.0	3047.1	3047.1
	1450.5	250.0			578560.0	577110.1	436218.2	435026.3
					19329.4	18056.0	13193.6	12014.3
		100.0			6686.8	6686.8	6500.8	6500.8
	1450.5				543002.0	542825.5	408321.9	408309.3
		150.0			9541.8	9541.8	8201.9	8201.9
50.0	3500.0	50.0	500.0		179740.1	178139.0	164145.8	163622.0
	100.0				5622.0	5509.0	4418.2	4418.2
	2000.0				2299.1	2299.1		
50.0	1000.0	50.0	500.0		149850.1	149318.0	140955.5	140431.7
	400.0				21968.9	21012.9	18772.1	18772.1
	294.0				26181.8	26181.8	22684.5	22684.5
	294.0				26181.8	26181.8	22684.5	22684.5
	22407.8	10250.0		200.0	553822.8	553764.4	502954.8	502949.4
	21067.8	8690.0		200.0	519471.8	519413.4	471805.5	471800.1
	840.0	560.0			16993.6	16993.6	16352.8	16352.8
	500.0	1000.0			17357.4	17357.4	14796.5	14796.5
761.5	122574.8	25051.0			3696546.8	3696043.9	3603626.1	3603469.8

14－3 续表 3 continued3

指标名称 Item		三、损益及分配 Gains and losses and distribution		
		营业税金及附加 Business taxes and extra charges	主营业务税金及附加 Main operation taxes and extra charges	其他业务利润 Other business profit
总计	Total	60881.0	59343.1	62838.8
一、批发业	Wholesale	39486.5	39130.9	15583.9
1. 按批发行业小类分	Grouped by Sector			
农、林、牧产品批发	Farming,、Fore、animal husbandry	268.8	268.8	－288.5
谷物、豆及薯类批发	Cereal beans and Tubers	267.5	267.5	－288.5
种子批发	Seed	1.3	1.3	
饲料批发	Forage			
棉、麻批发	Cotton and Fiber			
林业产品批发	Forestry			
牲畜批发	Animal			
其他农牧产品批发	Others			
食品、饮料及烟草制品批发	Food,drink and tobaccos	32833.9	32833.9	257.9
米、面制品及食用油批发	Grain and edible oil			
糕点、糖果及糖批发	Cake, Candy and Suger			
果品、蔬菜批发	Fruit and Vegetable			
肉、禽、蛋、奶及水产品批发	Meet fowl egg and marine products			
盐及调味品批发	Salt and condiment	51.5	51.5	94.0
营养和保健品批发	The nutrition and health care products retail			
酒、饮料及茶叶批发	Alcohol beverage and tea tobaccos	4.6	4.6	
烟草制品批发	Tobaccos	32759.6	32759.6	163.9
其他食品批发	Others	18.2	18.2	
纺织、服装及家庭用品批发	Textile garment and daily articles	470.7	469.1	9359.6
纺织品、针织品及原料批发	Textile, knitwear and raw moterial			
服装批发	Garment	15.5	15.5	113.0
鞋帽批发	Shoe and hat			
化妆品及卫生用品批发	Cosmetic and sanitary accessories			
厨房、卫生间用具及日用杂货批发	Kitchen, rest room and daily articles	137.4	137.4	
灯具、装饰物品批发	lamps and lanterns、decorative items wholesale			
家用电器批发	Electrical household appliances	237.8	236.2	8290.6
其他家庭用品批发	Others	80.0	80.0	956.0
文化、体育用品及器材批发	Sporting goods and equipment wholesale	223.1	223.1	3076.0
文具用品批发	Stationery			
体育用品及器材批发	Sporting goods and equipment wholesale			
图书批发	Books	223.1	223.1	3076.0
报刊批发	Newspaper			
音像制品及电子出版物批发	Audio－visual and E－journal products			
首饰、工艺品及收藏品批发	Jewelry, handicraft article and collection			
其他文化用品批发	Others			
医药及医疗器材批发	Medicine and medical appliance	988.6	988.6	138.0
西药批发	Western medicine	917.8	917.8	138.0
中药批发	Chinese medicine	10.4	10.4	
医疗用品及器材批发	Medical component	60.4	60.4	
矿产品、建材及化工产品批发	Minerals and construction materials	2612.3	2382.6	891.0

单位:万元 unit:10000 yuan

三、损益及分配 Gains and losses and distribution							
销售费用 Marketing expenses	管理费用 Management expenses	税金 Taxes	差旅费 Travel expenses	工会经费 Trade union outlays	财务费用 Financial expenses	利息收入 Interest income	利息支出 Interest expenditure
404577.2	328463.1	14371.4	4670.9	1569.7	79632.3	14774.3	53377.7
231160.2	87963.7	4589.4	1825.4	592.9	29791.4	8707.7	26617.9
18613.2	6431.6	574.3	205.9	36.2	13313.1	2967.6	13167.2
17762.4	5583.6	278.0	177.6	35.7	13173.5	2967.6	13079.1
824.9	775.7	292.5	27.9		139.6		88.1
25.9	72.3	3.8	0.4	0.5			
15860.6	21862.3	697.0	108.9	256.4	-120.5	604.2	
1807.6	2008.5	43.7	18.3	17.9	-1.3	1.4	
23.9	122.6		2.4	0.9	0.4		
12783.8	19731.2	653.3	88.2	237.6	-120.6	602.8	
1245.3					1.0		
7504.7	4299.8	431.1	84.5	97.6	243.9	-49.0	283.3
961.9	425.7	1.8	35.0	2.8	0.9	0.4	1.3
	2353.3				100.0		100.0
4966.5	1078.4	401.8	9.0	90.3	-30.5	-49.4	10.4
1576.3	442.4	27.5	40.5	4.5	173.5		171.6
2715.4	5161.9	271.5	34.4	50.4	16.1	3.7	
2715.4	5161.9	271.5	34.4	50.4	16.1	3.7	
5106.2	25261.9	359.5	815.2	65.2	7268.1	217.9	2053.3
5034.4	23551.2	356.2	690.6	58.7	7255.1	214.9	2040.7
	604.9	1.9	35.5	0.9	11.6	1.0	12.6
71.8	1105.8	1.4	89.1	5.6	1.4	2.0	
49168.5	12054.3	1773.3	291.2	35.5	9494.5	3253.8	10434.1

14－3 续表 4 continued4

指标名称 Item		三、损益及分配 Gains and losses and distribution 资产减值损失 Lost	公允价值变动收益 Revenue	投资收益 Investment income
总计	Total	1902.8	－294.6	12464.5
一、批发业	Wholesale	－15.5	－42.0	6593.9
1. 按批发行业小类分	Grouped by Sector			
农、林、牧产品批发	Farming,、Fore、animal husbandry	4.0	－42.0	2002.2
谷物、豆及薯类批发	Cereal beans and Tubers	3.3	－42.0	2002.2
种子批发	Seed	0.7		
饲料批发	Forage			
棉、麻批发	Cotton and Fiber			
林业产品批发	Forestry			
牲畜批发	Animal			
其他农牧产品批发	Others			
食品、饮料及烟草制品批发	Food, drink and tobaccos			222.3
米、面制品及食用油批发	Grain and edible oil			
糕点、糖果及糖批发	Cake, Candy and Suger			
果品、蔬菜批发	Fruit and Vegetable			
肉、禽、蛋、奶及水产品批发	Meet fowl egg and marine products			
盐及调味品批发	Salt and condiment			
营养和保健品批发	The nutrition and health care products retail			
酒、饮料及茶叶批发	Alcohol beverage and tea tobaccos			
烟草制品批发	Tobaccos			222.3
其他食品批发	Others			
纺织、服装及家庭用品批发	Textile garment and daily articles	－84.9		
纺织品、针织品及原料批发	Textile, knitwear and raw moterial			
服装批发	Garment	－159.0		
鞋帽批发	Shoe and hat			
化妆品及卫生用品批发	Cosmetic and sanitary accessories			
厨房、卫生间用具及日用杂货批发	Kitchen, rest room and daily articles			
灯具、装饰物品批发	lamps and lanterns、decorative items wholesale			
家用电器批发	Electrical household appliances	74.1		
其他家庭用品批发	Others			
文化、体育用品及器材批发	Sporting goods and equipment wholesale			2796.0
文具用品批发	Stationery			
体育用品及器材批发	Sporting goods and equipment wholesale			
图书批发	Books			2796.0
报刊批发	Newspaper			
音像制品及电子出版物批发	Audio－visual and E－journal products			
首饰、工艺品及收藏品批发	Jewelry, handicraft article and collection			
其他文化用品批发	Others			
医药及医疗器材批发	Medicine and medical appliance	87.1		0.6
西药批发	Western medicine	87.1		0.6
中药批发	Chinese medicine			
医疗用品及器材批发	Medical component			
矿产品、建材及化工产品批发	Minerals and construction materials	－451.5		783.4

单位:万元 unit:10000 yuan

三、损益及分配 Gains and losses and distribution					四、人工成本及增值税 Labor cost and added - value tax			
营业利润 Business profits	营业外收入 Norbusiness revenue	补贴收入 Subsidies revenue	利润总额 Total profits	应交所得税 Income taxes payable	应付职工薪酬（本年贷方累计发生额）payroll payable (credit accumulated happening this year)	应交增值税 VAT payableinput	进项税额 VAT payableinput	销项税额 VAT payableexport
205375.5	20959.8	1801.2	211874.4	55431.5	196624.9	138137.8	1519211.3	1777121.6
102008.2	6621.8	1346.6	108623.1	25070.1	87413.8	51857.5	947760.7	1135905.6
-9159.6	5616.0	1207.4	-4046.9	554.9	3311.0	-6239.1	91907.0	87911.5
-10151.4	5251.4	842.8	-5002.9	256.3	3210.3	-6252.6	91411.9	87229.5
1332.1			931.7	292.5	74.2	13.5	228.2	420.5
-340.3	364.6	364.6	24.3	6.1	26.5		266.9	261.5
71905.4	98.2	32.0	71230.8	17833.3	32459.9	23587.4	74006.7	97532.8
2269.4	70.1	32.0	2320.1	586.3	960.7	404.8	2281.6	2668.2
34.5			34.5	8.6	68.3	25.7	1128.3	1154.0
69526.1	26.6		68799.5	17199.9	31399.6	23004.8	69320.3	92280.3
75.4	1.5		76.7	38.5	31.3	152.1	1276.5	1430.3
3160.1	32.7		3000.6	273.0	4072.8	1866.6	28021.9	29854.5
-41.2	0.2		-47.6		573.3	76.4	910.4	936.5
-291.6	3.4		-288.2		237.7			
2568.3	18.8		2402.3	39.5	2538.2	1548.1	23811.4	25338.1
924.6	10.3		934.1	233.5	723.6	242.1	3300.1	3579.9
-1562.7	21.1		1254.4	6.1	4097.8	429.9	3352.8	3385.4
-1562.7	21.1		1254.4	6.1	4097.8	429.9	3352.8	3385.4
12260.6	283.1	2.8	12709.0	2831.5	5827.7	8578.6	84652.1	98211.9
10925.2	282.8	2.8	11393.6	2509.5	5385.3	7969.2	79433.9	92372.4
13.9			9.4	2.7	81.9	79.4	2812.8	2888.8
1321.5	0.3		1306.0	319.3	360.5	530.0	2405.4	2950.7
20896.4	463.4	104.4	21645.5	2366.7	26923.9	9390.2	395219.1	532356.1

14－3 续表 5 continued5

		五、土地和固定资产 Land and fixed asset	
		土地和固定资产支出 Land and fixed asset expenditures	土地购置 Purchase of land
总计	Total	595086.2	54350.9
一、批发业	Wholesale	51830.3	12662.1
1. 按批发行业小类分	Grouped by Sector		
农、林、牧产品批发	Farming,、Fore、animal husbandry	1926.3	
谷物、豆及薯类批发	Cereal beans and Tubers	1926.3	
种子批发	Seed		
饲料批发	Forage		
棉、麻批发	Cotton and Fiber		
林业产品批发	Forestry		
牲畜批发	Animal		
其他农牧产品批发	Others		
食品、饮料及烟草制品批发	Food, drink and tobaccos	1371.1	
米、面制品及食用油批发	Grain and edible oil		
糕点、糖果及糖批发	Cake, Candy and Suger		
果品、蔬菜批发	Fruit and Vegetable		
肉、禽、蛋、奶及水产品批发	Meet fowl egg and marine products		
盐及调味品批发	Salt and condiment	56.4	
营养和保健品批发	The nutrition and health care products retail		
酒、饮料及茶叶批发	Alcohol beverage and tea tobaccos		
烟草制品批发	Tobaccos	1314.7	
其他食品批发	Others		
纺织、服装及家庭用品批发	Textile garment and daily articles	184.4	
纺织品、针织品及原料批发	Textile, knitwear and raw moterial		
服装批发	Garment		
鞋帽批发	Shoe and hat		
化妆品及卫生用品批发	Cosmetic and sanitary accessories		
厨房、卫生间用具及日用杂货批发	Kitchen, rest room and daily articles	18.1	
灯具、装饰物品批发	lamps and lanterns、decorative items wholesale		
家用电器批发	Electrical household appliances		
其他家庭用品批发	Others	166.3	
文化、体育用品及器材批发	Sporting goods and equipment wholesale		
文具用品批发	Stationery		
体育用品及器材批发	Sporting goods and equipment wholesale		
图书批发	Books		
报刊批发	Newspaper		
音像制品及电子出版物批发	Audio－visual and E－journal products		
首饰、工艺品及收藏品批发	Jewelry, handicraft article and collection		
其他文化用品批发	Others		
医药及医疗器材批发	Medicine and medical appliance	435.0	
西药批发	Western medicine	434.5	
中药批发	Chinese medicine	0.5	
医疗用品及器材批发	Medical component		
矿产品、建材及化工产品批发	Minerals and construction materials	47381.4	12662.1

单位:万元　unit:10000 yuan

五、土地和固定资产　Land and fixed asset			
房屋和建筑物 Buildings and constructing	机器设备 Machine and equipment	运输工具 Means of transport	其他费用 Others
378920.9	68470.3	23444.9	69899.2
10137.5	26469.0	1862.0	699.7
1707.6	175.4		43.3
1707.6	175.4		43.3
160.2	234.6	728.4	247.9
50.2			6.2
110.0	234.6	728.4	241.7
		182.7	1.7
		17.5	0.6
		165.2	1.1
	14.8	333.6	86.6
	14.3	333.6	86.6
	0.5		
8269.7	25803.9	448.7	197.0

14－3 续表 6 continued6

指标名称	Item	法人企业数（个）Corporate enterprises(unit)	执行《2006 年企业会计准则》企业个数（个）Number of enterprises implmenting Accounting Standards for Business Enterprises 2006	一、年初存货 Inventory
煤炭及制品批发	Coal and related products			
石油及制品批发	Petroleum and related products	5	3	39822.5
非金属矿及制品批发	Non－metal materials			
金属及金属矿批发	Metal materials	6	5	54594.7
建材批发	Construction materials	17	14	18690.3
化肥批发	Chemical fertilizers	2	2	4593.9
农药批发	Agricultural chemical			
农用薄膜批发	Agricultural film			
其他化工产品批发	Others	2	2	12.0
机械设备、五金产品及电子产品批发	Machinery hardware and electronic equipment	28	23	68097.8
农业机械批发	Farm machinery	1	1	2196.3
汽车批发	motorcycle	1	1	50.7
汽车零配件批发	motorcycle and parts	4	4	43715.4
摩托车及零配件批发	Motor vehicles, motorcycle and parts	2	2	2293.0
五金产品批发	Hardware products	2	1	536.7
电气设备批发	Appliances			
计算机、软件及辅助设备批发	Computer software and accessories	2		20.7
通讯及广播电视设备批发	Communication and radiated television	1		27.6
其他机械设备及电子产品批发	Others	15	14	19257.4
贸易经纪与代理	Agency and brokerage			
贸易代理	Trade agency			
拍卖	Auction			
其他贸易经纪与代理	Others			
其他批发业	Others			
再生物资回收与批发	Renewable materials recovery and wholesale			
其他未列明批发业	Others			
2. 按登记注册类型分	Grouped by type registered			
内资企业	Domestic funds	121	88	3521441.5
国有企业	State－owned	10	7	115159.7
集体企业	Collective－owned			
股份合作企业	Cooperative			
联营企业	Joint			
国有联营企业	State joint owned			
集体联营企业	Collective joine owned			
国有与集体联营企业	State－collective joint owned			
其他联营企业	Other joint owned			
有限责任公司	Limited liability corporations	48	36	144606.1
国有独资公司	State－owned solely	2	1	18974.9
其他有限责任公司	Limited liability corporations	46	35	125631.2
股份有限公司	Share holding	7	4	15604.6
私营企业	Private	42	27	62409.2
私营独资企业	Private funded			
私营合伙企业	Private partner	2	2	4605.8

单位:万元 unit:10000 yuan

流动资产合计 Circulating funds	应收帐款 Receivables	存货 Inventery	固定资产合计 Total fixed assets	固定资产原价 Original Value of fixed assets	累计折旧 Total depreciation	本年折旧 Depreciation in this year
50581.8	10721.2	21029.6	108391.6	86967.0	35970.1	5275.1
598028.9	293761.2	70941.1	22325.8	25273.6	2947.8	1536.0
379162.2	76245.6	21153.2	3261.9	5691.8	2429.9	301.0
80755.6	11297.6	402.4	892.8	1798.6	905.8	100.5
36.1	0.5	0.3	118.5	190.7	72.2	18.5
244203.2	43806.5	79393.6	17227.9	24351.0	7123.1	2366.6
7247.3	1458.2	2402.6	895.6	1105.7	210.1	62.0
492.2	376.7	93.4	10.8	57.2	46.4	
136690.8	4149.1	36465.9	3569.8	7633.6	4063.8	1396.1
5846.7	2562.6	2503.4	3662.8	4377.1	714.3	5.0
1534.4	211.0	360.7	148.6	187.3	38.7	
4308.1	877.9	629.8	249.3	288.8	39.5	
120.9	54.0	62.4	206.0	231.7	25.7	
87962.8	34117.0	36875.4	8485.0	10469.6	1984.6	903.5
2418190.2	728468.5	406588.7	236962.0	272442.7	92875.4	17575.1
334082.0	41567.8	120273.5	157374.9	164672.2	64692.0	8127.4
1171307.0	549977.4	163554.3	45906.9	60803.4	14896.5	4341.0
351416.3	253394.2	15261.8	15318.7	20227.0	4908.3	790.8
819890.7	296583.2	148292.5	30588.2	40576.4	9988.2	3550.2
131257.0	25036.9	30891.9	1973.3	5334.2	3360.9	329.8
548936.9	59079.1	63110.0	23938.8	32643.7	8704.9	4410.6
81630.7	11346.4	508.0	2129.6	3237.0	1107.4	164.5

14－3 续表 7 continued7

指标名称 Item		二、期末资产负债 The final balance sheet	
		在建工程 Circulating funds	资产总计 Circulating funds
煤炭及制品批发	Coal and related products		
石油及制品批发	Petroleum and related products	25320.7	161293.0
非金属矿及制品批发	Non－metal materials		
金属及金属矿批发	Metal materials	12162.1	677514.6
建材批发	Construction materials	15.3	389902.4
化肥批发	Chemical fertilizers		82908.4
农药批发	Agricultural chemical		
农用薄膜批发	Agricultural film		
其他化工产品批发	Others		
机械设备、五金产品及电子产品批发	Machinery hardware and electronic equipment		1278.0
农业机械批发	Farm machinery	4357.3	280194.9
汽车批发	motorcycle		8142.9
汽车零配件批发	motorcycle and parts		511.4
摩托车及零配件批发	Motor vehicles, motorcycle and parts	53.6	146385.3
五金产品批发	Hardware products	629.0	11540.8
电气设备批发	Appliances	219.9	2236.3
计算机、软件及辅助设备批发	Computer software and accessories		
通讯及广播电视设备批发	Communication and radiated television		4863.6
其他机械设备及电子产品批发	Others		833.9
贸易经纪与代理	Agency and brokerage	3454.8	105680.7
贸易代理	Trade agency		
拍卖	Auction		
其他贸易经纪与代理	Others		
其他批发业	Others		
再生物资回收与批发	Renewable materials recovery and wholesale		
其他未列明批发业	Others		
2. 按登记注册类型分	Grouped by type registered		
内资企业	Domestic funds	43300.9	2808003.8
国有企业	State－owned	25470.2	500489.5
集体企业	Collective－owned		
股份合作企业	Cooperative		
联营企业	Joint		
国有联营企业	State joint owned		
集体联营企业	Collective joine owned		
国有与集体联营企业	State－collective joint owned		
其他联营企业	Other joint owned		
有限责任公司	Limited liability corporations	53.6	1307313.2
国有独资公司	State－owned solely		418994.9
其他有限责任公司	Limited liability corporations	53.6	888318.3
股份有限公司	Share holding	64.8	142945.6
私营企业	Private	16887.4	608842.2
私营独资企业	Private funded		
私营合伙企业	Private partner		85022.8

单位:万元　unit:10000 yuan

二、期末资产负债　The final balance sheet

流动负债合计 Circulating funds	应付账款 Inventory	非流动负债合计 Total non - current liability	负债合计 Total Investment	所有者权益 Creditor's equity
142068.4	29377.1	556.9	142740.7	18552.3
479048.6	47542.9	50634.8	529683.4	147831.2
363180.1	90804.2	12021.6	377352.7	12549.7
79689.6	39982.9		79689.6	3218.8
244.5	0.4	217.0	461.5	816.5
203874.9	53567.5	9787.6	213662.5	66532.4
5432.9	425.7		5432.9	2710.0
342.6	300.3		342.6	168.8
96801.2	3369.3	7644.2	104445.4	41939.9
8637.5	202.0		8637.5	2903.3
1450.9	1236.2		1450.9	785.4
3689.0	562.7		3689.0	1174.6
248.3			248.3	585.6
87272.5	47471.3	2143.4	89415.9	16264.8
2094889.1	454356.6	168521.7	2265981.9	542021.9
266926.9	50103.3	10510.0	277552.3	222937.2
1055786.0	240360.1	33741.7	1091503.4	215809.8
256096.5	18110.6	30028.6	286126.1	132868.8
799689.5	222249.5	3713.1	805377.3	82941.0
120282.4	9443.8	12000.0	132762.4	10183.2
446752.1	85174.1	98640.0	545392.1	63450.1
80230.4	40140.9		80230.4	4792.4

14－3 续表 8 continued8

指标名称 Item		二、期末资产负债 The final balance sheet	
		实收资本 Driginal Value of fixed assets	国家资本 State owned
煤炭及制品批发	Coal and related products		
石油及制品批发	Petroleum and related products	13281.1	11546.8
非金属矿及制品批发	Non－metal materials	132082.0	16050.0
金属及金属矿批发	Metal materials		
建材批发	Construction materials	27078.0	
化肥批发	Chemical fertilizers		
农药批发	Agricultural chemical	3218.0	
农用薄膜批发	Agricultural film		
其他化工产品批发	Others	325.0	
机械设备、五金产品及电子产品批发	Machinery hardware and electronic equipment	36856.6	
农业机械批发	Farm machinery	1000.0	
汽车批发	motorcycle	12.0	
汽车零配件批发	motorcycle and parts	15258.0	
摩托车及零配件批发	Motor vehicles, motorcycle and parts	1700.0	
五金产品批发	Hardware products	500.0	
电气设备批发	Appliances		
计算机、软件及辅助设备批发	Computer software and accessories	1050.0	
通讯及广播电视设备批发	Communication and radiated television	500.0	
其他机械设备及电子产品批发	Others	16836.6	
贸易经纪与代理	Agency and brokerage		
贸易代理	Trade agency		
拍卖	Auction		
其他贸易经纪与代理	Others		
其他批发业	Others		
再生物资回收与批发	Renewable materials recovery and wholesale		
其他未列明批发业	Others		
2. 按登记注册类型分	Grouped by type registered		
内资企业	Domestic funds	289934.3	43710.8
国有企业	State－owned	29808.7	27858.2
集体企业	Collective－owned		
股份合作企业	Cooperative		
联营企业	Joint		
国有联营企业	State joint owned		
集体联营企业	Collective joine owned		
国有与集体联营企业	State－collective joint owned		
其他联营企业	Other joint owned		
有限责任公司	Limited liability corporations	175077.6	15292.6
国有独资公司	State－owned solely	114792.6	14792.6
其他有限责任公司	Limited liability corporations	60285.0	500.0
股份有限公司	Share holding	18171.0	560.0
私营企业	Private	45279.0	
私营独资企业	Private funded		
私营合伙企业	Private partner	4000.0	

单位:万元　unit:10000 yuan

二、期末资产负债 The final balance sheet					三、损益及分配 Gains and losses and distribution			
集体资本 Collective	法人资本 Corporate	个人资本 Private	港澳台资本 Funded from Hongkong, Macao and Taiwan	外商资本 Foreign funds	营业收入 Operation revenue	主营业务收入 Operating revenue	营业成本 Operation costs	主营业务成本 Operating cost
543.5	1090.8	100.0			963434.8	963355.6	900876.3	900876.3
	112000.0	4032.0			1541073.2	1540931.0	1522787.9	1522663.2
	9159.0	17919.0			1097437.5	1097156.0	1091690.1	1091658.5
218.0		3000.0			64279.1	64279.1	63503.1	63503.1
	325.0				30322.2	30322.2	24768.7	24768.7
12.0	21156.6	10688.0		5000.0	1695920.7	1695165.2	1545119.8	1532552.2
	1000.0				6031.3	6031.3	4817.1	4817.1
12.0					3974.3	3974.3	3701.0	3701.0
	7600.0	2658.0		5000.0	1502766.0	1502705.3	1375037.6	1375037.6
		1700.0			17042.5	16818.5	15561.3	2993.7
	500.0				9182.0	9182.0	8527.0	8527.0
	1050.0				26205.3	26205.3	25604.9	25604.9
	500.0				5597.7	5597.7	5317.8	5317.8
	10506.6	6330.0			125121.6	124650.8	106553.1	106553.1
823.5	192181.0	53219.0			5879314.8	5873436.6	5520389.6	5505825.6
	1950.5				1975996.2	1973919.3	1764963.0	1763652.1
605.5	145611.5	13568.0			2747346.2	2745269.6	2672425.5	2671771.6
	100000.0				827690.6	827548.4	820258.5	820133.8
605.5	45611.5	13568.0			1919655.6	1917721.2	1852167.0	1851637.8
	16262.0	1349.0			169822.3	169732.2	158446.9	158446.9
	10277.0	35002.0			628813.4	628356.1	583813.7	571214.5
		4000.0			71938.3	71938.3	69987.4	69987.4

14－3 续表 9 continued9

指标名称 Item		三、损益及分配 Gains and losses and distribution 营业税金及附加 Business taxes and extra charges	主营业务税金及附加 Main operation taxes and extra charges	其他业务利润 Other business profit
煤炭及制品批发	Coal and related products			
石油及制品批发	Petroleum and related products	861.4	861.4	257.2
非金属矿及制品批发	Non－metal materials			
金属及金属矿批发	Metal materials	729.5	504.1	17.4
建材批发	Construction materials	148.0	143.7	610.0
化肥批发	Chemical fertilizers	9.0	9.0	6.4
农药批发	Agricultural chemical			
农用薄膜批发	Agricultural film			
其他化工产品批发	Others	864.4	864.4	
机械设备、五金产品及电子产品批发	Machinery hardware and electronic equipment	2089.1	1964.8	2149.9
农业机械批发	Farm machinery	4.7	4.7	
汽车批发	motorcycle	4.1	4.1	
汽车零配件批发	motorcycle and parts	1679.2	1676.2	458.2
摩托车及零配件批发	Motor vehicles, motorcycle and parts	16.5	0.6	
五金产品批发	Hardware products	64.8	64.8	
电气设备批发	Appliances			
计算机、软件及辅助设备批发	Computer software and accessories	19.9	19.9	26.2
通讯及广播电视设备批发	Communication and radiated television	10.6	10.6	
其他机械设备及电子产品批发	Others	289.3	183.9	1665.5
贸易经纪与代理	Agency and brokerage			
贸易代理	Trade agency			
拍卖	Auction			
其他贸易经纪与代理	Others			
其他批发业	Others			
再生物资回收与批发	Renewable materials recovery and wholesale			
其他未列明批发业	Others			
2. 按登记注册类型分	Grouped by type registered			
内资企业	Domestic funds	37856.4	37500.8	15569.9
国有企业	State－owned	34029.3	34029.3	397.7
集体企业	Collective－owned			
股份合作企业	Cooperative			
联营企业	Joint			
国有联营企业	State joint owned			
集体联营企业	Collective joine owned			
国有与集体联营企业	State－collective joint owned			
其他联营企业	Other joint owned			
有限责任公司	Limited liability corporations	2444.6	2214.6	12182.7
国有独资公司	State－owned solely	473.1	247.7	3073.9
其他有限责任公司	Limited liability corporations	1971.5	1966.9	9108.8
股份有限公司	Share holding	44.8	40.5	5.4
私营企业	Private	961.1	843.2	2028.1
私营独资企业	Private funded			
私营合伙企业	Private partner	25.2	25.2	6.4

单位:万元 unit:10000 yuan

三、损益及分配 Gains and losses and distribution							
销售费用 Marketing expenses	管理费用 Management expenses	税金 Taxes	差旅费 Travel expenses	工会经费 Trade union outlays	财务费用 Financial expenses	利息收入 Interest income	利息支出 Interest expenditure
40960.3	1563.5	848.5	41.7	9.9	2626.8	46.6	2667.5
2364.1	5572.3	656.7	223.7	17.1	6550.0	1278.9	6002.5
5512.3	4696.8	227.3	23.1	8.1	126.9	1757.9	1750.7
251.4	106.8	39.3	0.7	0.4	190.7	170.3	13.4
80.4	114.9	1.5	2.0		0.1	0.1	
132191.6	12891.9	482.7	285.3	51.6	-423.8	1709.5	680.0
789.0	875.1				14.1		
189.3	59.4						
119478.1	3432.2	39.3	20.4	5.1	-1544.1	1693.7	81.0
409.5	637.7	0.6	1.4	1.1	119.9		96.1
0.7	217.4	4.2	25.7	1.1	4.0	3.6	0.4
1.0	173.0				0.6		0.4
5.6	34.9				0.3		0.3
11318.4	7462.2	438.6	237.8	44.3	981.4	12.2	501.8
111084.4	83264.6	4076.1	1733.5	487.3	31320.9	7324.5	26377.3
58300.7	23968.6	1872.7	185.2	255.5	4659.4	608.9	4696.9
25441.4	24221.8	1119.4	839.9	154.2	14496.9	5636.3	17309.5
2503.5	7083.4	528.8	143.7	61.9	3341.0	1277.3	2863.2
22937.9	17138.4	590.6	696.2	92.3	11155.9	4359.0	14446.3
10837.3	2442.8	217.7	36.8	4.6	3336.3	11.1	1192.5
12463.6	24890.2	515.7	496.7	57.9	6788.6	1050.8	1639.1
995.1	321.5	89.2	0.2	0.4	183.1	170.3	12.4

14-3 续表10 continued10

指标名称	Item	三、损益及分配 Gains and losses and distribution 资产减值损失 Lost	公允价值变动收益 Revenue	投资收益 Investment income
煤炭及制品批发	Coal and related products			
石油及制品批发	Petroleum and related products	-5.1		-131.8
非金属矿及制品批发	Non-metal materials	-1143.7		915.2
金属及金属矿批发	Metal materials			
建材批发	Construction materials	697.3		
化肥批发	Chemical fertilizers			
农药批发	Agricultural chemical			
农用薄膜批发	Agricultural film			
其他化工产品批发	Others			
机械设备、五金产品及电子产品批发	Machinery hardware and electronic equipment	429.8		789.4
农业机械批发	Farm machinery			
汽车批发	motorcycle	3.6		
汽车零配件批发	motorcycle and parts			789.0
摩托车及零配件批发	Motor vehicles, motorcycle and parts			
五金产品批发	Hardware products			
电气设备批发	Appliances			
计算机、软件及辅助设备批发	Computer software and accessories			
通讯及广播电视设备批发	Communication and radiated television			
其他机械设备及电子产品批发	Others	426.2		0.4
贸易经纪与代理	Agency and brokerage			
贸易代理	Trade agency			
拍卖	Auction			
其他贸易经纪与代理	Others			
其他批发业	Others			
再生物资回收与批发	Renewable materials recovery and wholesale			
其他未列明批发业	Others			
2. 按登记注册类型分	Grouped by type registered			
内资企业	Domestic funds	-18.8	-42.0	6303.3
国有企业	State-owned	-347.9		86.8
集体企业	Collective-owned			
股份合作企业	Cooperative			
联营企业	Joint			
国有联营企业	State joint owned			
集体联营企业	Collective joine owned			
国有与集体联营企业	State-collective joint owned			
其他联营企业	Other joint owned			
有限责任公司	Limited liability corporations	478.4	-42.0	4488.0
国有独资公司	State-owned solely	-765.9		3711.2
其他有限责任公司	Limited liability corporations	1244.3	-42.0	776.8
股份有限公司	Share holding			1728.5
私营企业	Private			
私营独资企业	Private funded			
私营合伙企业	Private partner			

单位:万元 unit:10000 yuan

三、损益及分配 Gains and losses and distribution					四、人工成本及增值税 Labor cost and added - value tax			
营业利润 Business profits	营业外收入 Norbusiness revenue	补贴收入 Subsidies revenue	利润总额 Total profits	应交所得税 Income taxes payable	应付职工薪酬(本年贷方累计发生额) payroll payable (credit accumulated happening this year)	应交增值税 VAT payableinput	进项税额 VAT payableinput	销项税额 VAT payableexport
16458.6	36.8		16379.5	364.5	22690.6	7178.1	26530.6	163025.1
5128.3	182.7	104.4	5293.2	1473.9	2233.2	792.0	260281.0	261824.6
-5402.3	243.9		-4853.9	-121.7	1923.6	874.7	105989.5	105074.2
218.1			216.9		28.0			
4493.7			4609.8	650.0	48.5	545.4	2418.0	2432.2
4508.0	107.3		2829.7	1204.6	10720.7	14243.9	270601.1	286653.4
-468.7	24.2		-445.5		216.0			1025.3
16.9			16.9	6.0	67.2	34.3	641.5	675.6
5472.0	37.8		3844.9	809.0	5787.0	13532.9	239684.6	255531.0
297.6	2.0		292.1		206.5	0.4	2724.7	2859.1
368.1			370.5	63.3	29.7	3.2	1059.6	1060.2
432.1	2.0		434.1	5.2	74.0	50.6	4459.8	4509.7
228.5			228.5	20.7	33.6	1.3	990.8	990.8
-1838.5	41.3		-1911.8	300.4	4306.7	621.2	21040.1	20001.7
101984.7	6597.3	1346.6	108855.9	25057.4	81063.9	38554.9	691814.4	864584.2
90287.4	1130.1	929.2	90508.5	19222.3	55440.3	29917.2	167492.9	326401.0
12645.0	4020.3	2.8	17887.3	3894.4	15703.4	1412.5	359798.6	364958.0
-1231.3	21.1		1585.4		5046.6	636.0	138533.7	139832.9
13876.3	3999.2	2.8	16301.9	3894.4	10656.8	776.5	221264.9	225125.1
-3557.3	514.4	50.0	-3049.3	244.3	1358.1	303.6	23812.3	23271.5
63.0	880.5	364.6	841.7	728.2	6330.2	6355.5	84502.4	94711.9
426.0			424.8	54.2	559.3	-5.8	1467.6	1659.1

14－3 续表 11 continued11

		五、土地和固定资产 Land and fixed asset	
		土地和固定资产支出 Land and fixed asset expenditures	土地购置 Purchase of land
煤炭及制品批发	Coal and related products		
石油及制品批发	Petroleum and related products	31809.4	12085.1
非金属矿及制品批发	Non－metal materials		
金属及金属矿批发	Metal materials	15290.8	577.0
建材批发	Construction materials	81.2	
化肥批发	Chemical fertilizers	200.0	
农药批发	Agricultural chemical		
农用薄膜批发	Agricultural film		
其他化工产品批发	Others		
机械设备、五金产品及电子产品批发	Machinery hardware and electronic equipment	532.1	
农业机械批发	Farm machinery		
汽车批发	motorcycle		
汽车零配件批发	motorcycle and parts	60.3	
摩托车及零配件批发	Motor vehicles，motorcycle and parts		
五金产品批发	Hardware products		
电气设备批发	Appliances		
计算机、软件及辅助设备批发	Computer software and accessories		
通讯及广播电视设备批发	Communication and radiated television		
其他机械设备及电子产品批发	Others	471.8	
贸易经纪与代理	Agency and brokerage		
贸易代理	Trade agency		
拍卖	Auction		
其他贸易经纪与代理	Others		
其他批发业	Others		
再生物资回收与批发	Renewable materials recovery and wholesale		
其他未列明批发业	Others		
2. 按登记注册类型分	Grouped by type registered		
内资企业	Domestic funds	49874.3	12662.1
国有企业	State－owned	43673.2	12085.1
集体企业	Collective－owned		
股份合作企业	Cooperative		
联营企业	Joint		
国有联营企业	State joint owned		
集体联营企业	Collective joine owned		
国有与集体联营企业	State－collective joint owned		
其他联营企业	Other joint owned		
有限责任公司	Limited liability corporations	476.5	
国有独资公司	State－owned solely		
其他有限责任公司	Limited liability corporations	476.5	
股份有限公司	Share holding	1.0	
私营企业	Private	5077.4	577.0
私营独资企业	Private funded		
私营合伙企业	Private partner		

单位:万元 unit:10000 yuan

五、土地和固定资产 Land and fixed asset			
房屋和建筑物 Buildings and constructing	机器设备 Machine and equipment	运输工具 Means of transport	其他费用 Others
1623.1	17637.3	363.8	100.1
6446.6	8166.6	11.9	88.7
		73.0	8.2
200.0			
	240.3	168.6	123.2
	60.3		
	180.0	168.6	123.2
8439.2	26240.2	1862.0	670.8
4524.4	25644.1	1104.1	315.5
	195.9	83.0	197.6
	195.9	83.0	197.6
	0.5		0.5
3540.8	399.7	492.2	67.7

14－3 续表 12 continued12

指标名称	Item	法人企业数（个）Corporate enterprises（unit）	执行《2006 年企业会计准则》企业个数（个）Number of enterprises implmenting Accounting Standards for Business Enterprises 2006	一、年初存货 Inventory
私营有限责任公司	Private limited company	38	23	53198.0
私营股份有限公司	Private share holding	2	2	4605.4
其他企业	Others	14	14	14661.9
港、澳、台商投资企业	Funded from HongKong, Macao and Taiwan	2	2	238.3
合资经营企业（港或澳、台资）	Joint venture			
合作经营企业（港或澳、台资）	Cooperative			
港、澳、台商独资经营企业	Sole funds	2	2	238.3
港、澳、台商投资股份有限公司	Share holding			
其他港澳台投资企业	Others			
外商投资企业	Foreign funded	3	2	39805.6
中外合资经营企业	Joint venture	2	2	39705.4
中外合作经营企业	Cooperative			
外资企业	Foreign funded			
外商投资股份有限公司	Share holding	1		100.2
其他外商投资企业	Others			
3. 按控股情况分组	Grouped by owned			
国有控股	State－owned	18	14	264437.1
集体控股	Collective－owned	1	1	34.1
私人控股	Private－owned	76	51	87975.8
港澳台商控股	Hongkong, Macao and Taiwan－Owned	3	2	321.6
外商控股	Foreign－owned	1		100.2
其他	Others	27	24	39616.6
4. 按经营形式分组	Grouped by form of management			
独立门店	Substantive store	112	81	370360.5
连锁总店（总部）	Chain headquarter			
连锁门店	Chain store	1		10588.5
其他	Others	13	11	11536.4
5. 按单位规模分	Gruoped by size of enterprises			
大型	Large－sized	6	5	124823.0
中型	Medium－sized	57	43	225209.5
小型	Small－sized	52	36	9167.5
微型	Micro－sized	11	8	3285.4
二、零售业	Retail trade	212	166	417378.3
1. 按零售行业小类分组	Grouped by sectors			
综合零售业	Retail trade	30	26	80871.7
百货零售业	Consumer goods	17	15	66862.5
超级市场零售	Supermarket	11	9	14003.2
其他综合零售	Other comprehensive retail business	2	2	6.0
食品、饮料及烟草制品专门零售业	Food, beverage and tobaccos	4	3	15060.4
粮油零售	Food and Oil			
糕点、面包零售	Cake and bread	1		151.5
果品、蔬菜零售	Fruit and Vegetable			
肉、禽、蛋及水产品零售	Meet, fowl, egg and marine products	1	1	35.1
营养和保健品零售	Nutrition and health care			

单位:万元 unit:10000 yuan

二、期末资产负债 The final balance sheet

流动资产合计 Circulating funds	应收帐款 Receivables	存货 Inventery	固定资产合计 Total fixed assets	固定资产原价 Original Value of fixed assets	累计折旧 Total depreciation	本年折旧 Depreciation in this year
458001.9	45486.2	61933.9	13098.1	20404.4	7306.3	4201.1
9304.3	2246.5	668.1	8711.1	9002.3	291.2	45.0
232607.3	52807.3	28759.0	7768.1	8989.2	1221.1	366.3
32241.7	142.1	108.7	3589.0	6898.7	3170.3	299.3
32241.7	142.1	108.7	3589.0	6898.7	3170.3	299.3
126995.9	8607.7	36475.7	851.1	3535.9	2684.8	389.9
121332.9	4288.7	35227.7	571.1	3177.9	2606.8	367.9
5663.0	4319.0	1248.0	280.0	358.0	78.0	22.0
1242868.9	445414.9	294793.7	179349.2	196118.4	74163.9	9549.5
750.3	130.3					
712655.7	138098.7	104131.4	40269.0	54345.9	14076.9	6273.3
35069.5	294.9	108.7	3589.0	6898.7	3170.3	299.3
5663.0	4319.0	1248.0	280.0	358.0	78.0	22.0
580420.4	148960.5	42891.3	17914.9	25156.3	7241.4	2120.2
2387742.5	701499.4	425067.2	204117.7	220945.9	74222.9	14599.0
24537.8	8315.8	8682.7	12961.7	17339.9	4378.2	664.5
165147.5	27403.1	9423.2	24322.7	44591.5	20129.4	3000.8
744830.9	76065.4	90152.6	120306.0	111983.6	49072.3	8810.6
1491751.2	594454.7	307326.2	89780.3	126692.6	36772.9	8377.8
278621.4	56647.2	39227.3	25427.2	31436.8	6009.6	798.3
62224.3	10051.0	6467.0	5888.6	12764.3	6875.7	277.6
1760493.8	220468.0	426059.2	716695.1	1002609.5	291781.6	57418.8
648100.7	6810.5	84371.2	531230.1	726436.9	195929.0	35170.1
600234.4	1039.6	70987.5	503728.3	679860.5	177088.5	33366.3
45258.3	5770.9	13383.7	19460.8	38175.4	18480.5	1527.8
2608.0			8041.0	8401.0	360.0	276.0
20097.4	317.1	14986.4	4554.8	6280.9	1726.1	1564.4
850.4	297.1	79.6	333.5	565.0	231.5	85.6
53.0	20.0	33.0	9.0	11.0	2.0	1.6

14－3 续表 13 continued13

指标名称 Item		二、期末资产负债 The final balance sheet	
		在建工程 Circulating funds	资产总计 Circulating funds
私营有限责任公司	Private limited company	16887.4	505593.8
私营股份有限公司	Private share holding		18225.6
其他企业	Others	824.9	248413.3
港、澳、台商投资企业	Funded from HongKong, Macao and Taiwan	154.4	42098.2
合资经营企业(港或澳、台资)	Joint venture		
合作经营企业(港或澳、台资)	Cooperative		
港、澳、台商独资经营企业	Sole funds	154.4	42098.2
港、澳、台商投资股份有限公司	Share holding		
其他港澳台投资企业	Others		
外商投资企业	Foreign funded		131415.8
中外合资经营企业	Joint venture		125472.8
中外合作经营企业	Cooperative		
外资企业	Foreign funded		
外商投资股份有限公司	Share holding		5943.0
其他外商投资企业	Others		
3. 按控股情况分组	Grouped by owned		
国有控股	State－owned	25535.0	1503724.7
集体控股	Collective－owned		750.3
私人控股	Private－owned	17492.4	806956.5
港澳台商控股	Hongkong, Macao and Taiwan－Owned	154.4	44926.0
外商控股	Foreign－owned		5943.0
其他	Others	273.5	619217.3
4. 按经营形式分组	Grouped by form of management		
独立门店	Substantive store	43010.4	2722091.0
连锁总店(总部)	Chain headquarter		
连锁门店	Chain store		52136.7
其他	Others	444.9	207290.1
5. 按单位规模分	Gruoped by size of enterprises		
大型	Large－sized	24398.1	878613.6
中型	Medium－sized	6870.9	1698467.3
小型	Small－sized	1079.3	322405.7
微型	Micro－sized	11107.0	82031.2
二、零售业	Retail trade	100277.3	3022230.1
1. 按零售行业小类分组	Grouped by sectors		
综合零售业	Retail trade	86844.2	1514428.7
百货零售业	Consumer goods	83531.6	1426500.7
超级市场零售	Supermarket	3258.5	77224.9
其他综合零售	Other comprehensive retail business	54.1	10703.1
食品、饮料及烟草制品专门零售业	Food, beverage and tobaccos		35478.2
粮油零售	Food and Oil		
糕点、面包零售	Cake and bread		1393.1
果品、蔬菜零售	Fruit and Vegetable		
肉、禽、蛋及水产品零售	Meet, fowl, egg and marine products		62.0
营养和保健品零售	Nutrition and health care		

单位:万元 unit:10000 yuan

二、期末资产负债 The final balance sheet

流动负债合计 Circulating funds	应付账款 Inventory	非流动负债合计 Total non - current liability	负债合计 Total Investment	所有者权益 Creditor's equity
358875.4	37386.9	98640.0	457515.4	48078.4
7646.3	7646.3		7646.3	10579.3
205141.7	69275.3	13630.0	218771.7	29641.6
8078.8	218.9	407.9	8486.7	33611.5
8078.8	218.9	407.9	8486.7	33611.5
100935.1	7655.5	7644.2	108579.3	22836.5
95243.1	7216.1	7644.2	102887.3	22585.5
5692.0	439.4		5692.0	251.0
1052764.0	121734.2	49317.6	1102198.0	401526.7
234.1	7.4		234.1	516.2
579964.5	160026.0	101338.3	683757.5	123199.0
8987.1	218.9	407.9	9395.0	35531.0
5692.0	439.4		5692.0	251.0
556261.3	179805.1	25510.0	581771.3	37446.0
2039215.8	387655.5	176106.8	2217892.7	504198.3
28052.5	17928.3	28.6	28082.1	24054.6
136634.7	56647.2	438.4	137073.1	70217.0
570070.6	99636.3	103170.6	673356.6	205257.0
1320719.2	258324.4	66090.1	1387290.3	311177.0
250762.4	99741.5	2853.1	255590.2	66815.5
62350.8	4528.8	4460.0	66810.8	15220.4
2048230.3	357035.0	329703.9	2411326.6	610903.5
979291.5	183575.6	223562.5	1231854.0	282574.7
909592.3	163525.6	218517.8	1157110.1	269390.6
66807.3	20050.0	3000.0	69807.3	7417.6
2891.9		2044.7	4936.6	5766.5
26888.8	4886.6	1.7	26890.5	8587.7
534.4	278.6		534.4	858.7
39.5	38.7	1.7	41.2	20.8

14－3 续表 14 continued14

指标名称 Item		二、期末资产负债 The final balance sheet 实收资本 Driginal Value of fixed assets	国家资本 State owned
私营有限责任公司	Private limited company	37979.0	
私营股份有限公司	Private share holding	3300.0	
其他企业	Others	21598.0	
港、澳、台商投资企业	Funded from HongKong, Macao and Taiwan	35500.0	
合资经营企业(港或澳、台资)	Joint venture		
合作经营企业(港或澳、台资)	Cooperative		
港、澳、台商独资经营企业	Sole funds	35500.0	
港、澳、台商投资股份有限公司	Share holding		
其他港澳台投资企业	Others		
外商投资企业	Foreign funded	13952.7	
中外合资经营企业	Joint venture	13702.7	
中外合作经营企业	Cooperative		
外资企业	Foreign funded		
外商投资股份有限公司	Share holding	250.0	
其他外商投资企业	Others		
3. 按控股情况分组	Grouped by owned		
国有控股	State－owned	175035.6	43050.8
集体控股	Collective－owned	50.0	
私人控股	Private－owned	86641.1	480.0
港澳台商控股	Hongkong, Macao and Taiwan－Owned	36000.0	
外商控股	Foreign－owned	250.0	
其他	Others	41410.3	180.0
4. 按经营形式分组	Grouped by form of management		
独立门店	Substantive store	265665.1	17693.2
连锁总店(总部)	Chain headquarter		
连锁门店	Chain store	14792.6	14792.6
其他	Others	58929.3	11225.0
5. 按单位规模分	Gruoped by size of enterprises		
大型	Large－sized	16092.3	641.8
中型	Medium－sized	261750.7	42309.0
小型	Small－sized	50945.0	710.0
微型	Micro－sized	10599.0	50.0
二、零售业	Retail trade	332228.9	42406.4
1. 按零售行业小类分组	Grouped by sectors		
综合零售业	Retail trade	105347.9	21086.0
百货零售业	Consumer goods	84068.2	18296.0
超级市场零售	Supermarket	17979.0	2790.0
其他综合零售	Other comprehensive retail business	3300.0	
食品、饮料及烟草制品专门零售业	Food, beverage and tobaccos	7097.0	
粮油零售	Food and Oil		
糕点、面包零售	Cake and bread	208.0	
果品、蔬菜零售	Fruit and Vegetable		
肉、禽、蛋及水产品零售	Meet, fowl, egg and marine products	20.0	
营养和保健品零售	Nutrition and health care		

单位:万元 unit:10000 yuan

二、期末资产负债 The final balance sheet					三、损益及分配 Gains and losses and distribution			
集体资本 Collective	法人资本 Corporate	个人资本 Private	港澳台资本 Funded from Hongkong, Macao and Taiwan	外商资本 Foreign funds	营业收入 Operation revenue	主营业务收入 Operating revenue	营业成本 Operation costs	主营业务成本 Operating cost
	8277.0	29702.0			545008.8	544551.5	502747.6	490148.4
	2000.0	1300.0			11866.3	11866.3	11078.7	11078.7
218.0	18080.0	3300.0			357336.7	356159.4	340740.5	340740.5
			35500.0		102383.7	102383.7	100192.9	100192.9
			35500.0		102383.7	102383.7	100192.9	100192.9
	8752.7			5200.0	1459835.5	1459826.6	1337417.6	1337417.6
	8702.7			5000.0	1452092.5	1452083.6	1329860.6	1329860.6
	50.0			200.0	7743.0	7743.0	7557.0	7557.0
543.5	126441.3			5000.0	4908915.9	4905711.4	4539747.6	4538312.0
50.0					4907.1	4907.1	4736.5	4736.5
	41341.1	44820.0			1002371.1	1000766.9	926649.5	914045.5
	500.0		35500.0		118439.4	118439.4	113988.6	113988.6
	50.0			200.0	7743.0	7743.0	7557.0	7557.0
230.0	32601.3	8399.0			1399157.5	1398079.1	1365320.9	1364796.5
280.0	198342.9	43649.0	500.0	5200.0	7044568.6	7038960.8	6580186.6	6565654.2
					20783.0	20783.0	18073.0	18073.0
543.5	2590.8	9570.0	35000.0		376182.4	375903.1	359740.5	359708.9
	9450.5	500.0	500.0	5000.0	3722454.7	3722269.3	3386944.5	3386931.9
543.5	162981.2	20717.0	35000.0	200.0	3122032.6	3117023.7	3002311.3	2987915.3
230.0	26465.0	23540.0			540754.3	540744.9	516139.5	516134.7
50.0	2037.0	8462.0			56292.4	55609.0	52604.8	52454.2
9915.2	167283.6	90520.6	16212.1	5891.0	5103478.7	4846531.5	4537157.2	4413989.2
8165.2	26731.5	31085.7	15278.8	3000.0	1641559.0	1508114.4	1369188.4	1339089.9
1500.0	19427.5	29565.9	15278.8		1462235.4	1335727.3	1221801.6	1192206.5
3665.2	7004.0	1519.8		3000.0	151327.1	144390.6	128771.4	128268.0
3000.0	300.0				27996.5	27996.5	18615.4	18615.4
	7077.0	20.0			59551.8	59540.0	49268.6	49267.9
	208.0				4206.8	4206.8	2569.8	2569.8
		20.0			78.8	78.8	71.6	71.6

14－3 续表 15 continued15

指标名称	Item	三、损益及分配 Gains and losses and distribution 营业税金及附加 Business taxes and extra charges	主营业务税金及附加 Main operation taxes and extra charges	其他业务利润 Other business profit
私营有限责任公司	Private limited company	935.6	817.7	1687.3
私营股份有限公司	Private share holding	0.3	0.3	334.4
其他企业	Others	376.6	373.2	956.0
港、澳、台商投资企业	Funded from HongKong, Macao and Taiwan	64.8	64.8	2.1
合资经营企业(港或澳、台资)	Joint venture			
合作经营企业(港或澳、台资)	Cooperative			
港、澳、台商独资经营企业	Sole funds	64.8	64.8	2.1
港、澳、台商投资股份有限公司	Share holding			
其他港澳台投资企业	Others			
外商投资企业	Foreign funded	1565.3	1565.3	11.9
中外合资经营企业	Joint venture	1562.3	1562.3	8.9
中外合作经营企业	Cooperative			
外资企业	Foreign funded			
外商投资股份有限公司	Share holding	3.0	3.0	3.0
其他外商投资企业	Others			
3. 按控股情况分组	Grouped by owned			
国有控股	State－owned	36495.8	36270.4	3574.7
集体控股	Collective－owned	1.0	1.0	
私人控股	Private－owned	2146.9	2022.6	3288.1
港澳台商控股	Hongkong, Macao and Taiwan－Owned	137.6	137.6	2.1
外商控股	Foreign－owned	3.0	3.0	3.0
其他	Others	702.2	696.3	8716.0
4. 按经营形式分组	Grouped by form of management			
独立门店	Substantive store	38849.7	38494.1	12467.9
连锁总店(总部)	Chain headquarter			
连锁门店	Chain store	211.3	211.3	3056.5
其他	Others	425.5	425.5	59.5
5. 按单位规模分	Gruoped by size of enterprises			
大型	Large－sized	35660.1	35660.1	314.7
中型	Medium－sized	3243.9	2891.7	14215.5
小型	Small－sized	473.5	470.1	853.7
微型	Micro－sized	109.0	109.0	200.0
二、零售业	Retail trade	21394.5	20212.2	47254.9
1. 按零售行业小类分组	Grouped by sectors			
综合零售业	Retail trade	14599.8	14181.6	30846.1
百货零售业	Consumer goods	13708.0	13480.1	19151.3
超级市场零售	Supermarket	658.2	467.9	11694.8
其他综合零售	Other comprehensive retail business	233.6	233.6	
食品、饮料及烟草制品专门零售业	Food, beverage and tobaccos	196.4	196.4	20.0
粮油零售	Food and Oil			
糕点、面包零售	Cake and bread	38.5	38.5	8.9
果品、蔬菜零售	Fruit and Vegetable			
肉、禽、蛋及水产品零售	Meet, fowl, egg and marine products	0.3	0.3	
营养和保健品零售	Nutrition and health care			

单位:万元　unit:10000 yuan

三、损益及分配 Gains and losses and distribution							
销售费用 Marketing expenses	管理费用 Management expenses				财务费用 Financial expenses		
		税金 Taxes	差旅费 Travel expenses	工会经费 Trade union outlays		利息收入 Interest income	利息支出 Interest expenditure
11257.7	24486.0	417.7	495.4	57.1	6125.6	654.1	1366.9
210.8	82.7	8.8	1.1	0.4	479.9	226.4	259.8
4041.4	7741.2	350.6	174.9	15.1	2039.7	17.4	1539.3
635.9	2502.4	481.2	64.9	98.5	-192.0	-199.5	7.0
635.9	2502.4	481.2	64.9	98.5	-192.0	-199.5	7.0
119439.9	2196.7	32.1	27.0	7.1	-1337.5	1582.7	233.6
119439.9	2062.7			5.0	-1337.8	1582.7	233.6
	134.0	32.1	27.0	2.1	0.3		
191299.2	36235.9	2555.2	412.0	334.3	19376.4	6533.5	20628.4
146.3	119.1				1.0		1.0
22502.5	30908.4	950.4	891.4	91.2	7921.6	1154.5	2644.9
1330.1	2710.6	481.2	64.9	98.5	-189.9	-199.5	9.1
	134.0	32.1	27.0	2.1	0.3		
15882.1	17855.7	570.5	430.1	66.8	2682.0	1219.2	3334.5
222318.2	76510.9	3883.9	1496.0	516.4	29515.8	8671.6	26379.0
2337.2	4850.6	271.5	34.4	50.4	9.2	3.7	
6504.8	6602.2	434.0	295.0	26.1	266.4	32.4	238.9
171951.9	39761.6	1686.7	183.1	356.8	4791.0	3353.5	2580.1
46153.6	38229.8	2348.4	1275.7	202.6	23656.4	4570.0	22502.2
10922.0	8393.7	552.8	365.3	30.6	1120.9	773.0	1304.5
2132.7	1578.6	1.5	1.3	2.9	223.1	11.2	231.1
173417.0	240499.4	9782.0	2845.5	976.8	49840.9	6066.6	26759.8
57395.2	126346.9	5847.3	450.8	163.0	19681.8	407.1	6752.6
38425.4	113958.0	5373.9	373.3	115.6	17720.7	399.2	6283.0
16698.6	10363.7	473.4	77.5	47.4	1864.4	7.9	464.2
2271.2	2025.2				96.7		5.4
2418.3	6698.0	4.3	1.1	0.1	96.2	4.4	69.4
816.6	700.5				1.0		
3.1	2.8	2.2	0.1	0.1	0.2		0.2

14－3 续表 16 continued16

指标名称	Item	三、损益及分配 Gains and losses and distribution 资产减值损失 Lost	公允价值变动收益 Revenue	投资收益 Investment income
私营有限责任公司	Private limited company			
私营股份有限公司	Private share holding			
其他企业	Others	－149.3		
港、澳、台商投资企业	Funded from HongKong, Macao and Taiwan	3.3		290.6
合资经营企业(港或澳、台资)	Joint venture			
合作经营企业(港或澳、台资)	Cooperative			
港、澳、台商独资经营企业	Sole funds	3.3		290.6
港、澳、台商投资股份有限公司	Share holding			
其他港澳台投资企业	Others			
外商投资企业	Foreign funded			
中外合资经营企业	Joint venture			
中外合作经营企业	Cooperative			
外资企业	Foreign funded			
外商投资股份有限公司	Share holding			
其他外商投资企业	Others			
3. 按控股情况分组	Grouped by owned			
国有控股	State－owned	－972.2	－42.0	5513.3
集体控股	Collective－owned			
私人控股	Private－owned	61.2		0.6
港澳台商控股	Hongkong, Macao and Taiwan－Owned	3.3		290.6
外商控股	Foreign－owned			
其他	Others	892.2		789.4
4. 按经营形式分组	Grouped by form of management			
独立门店	Substantive store	－118.3	－42.0	2714.6
连锁总店(总部)	Chain headquarter			
连锁门店	Chain store			2796.0
其他	Others	102.8		1083.3
5. 按单位规模分	Gruoped by size of enterprises			
大型	Large－sized	592.7		86.8
中型	Medium－sized	－612.5	－42.0	6506.5
小型	Small－sized	4.3		0.6
微型	Micro－sized			
二、零售业	Retail trade	1918.3	－252.6	5870.6
1. 按零售行业小类分组	Grouped by sectors			
综合零售业	Retail trade	1859.2	－252.6	4722.8
百货零售业	Consumer goods	334.3	－252.6	－420.7
超级市场零售	Supermarket	1524.9		5143.5
其他综合零售	Other comprehensive retail business			
食品、饮料及烟草制品专门零售业	Food, beverage and tobaccos			
粮油零售	Food and Oil			
糕点、面包零售	Cake and bread			
果品、蔬菜零售	Fruit and Vegetable			
肉、禽、蛋及水产品零售	Meet, fowl, egg and marine products			
营养和保健品零售	Nutrition and health care			

单位:万元 unit:10000 yuan

三、损益及分配 Gains and losses and distribution					四、人工成本及增值税 Labor cost and added - value tax			
营业利润 Business profits	营业外收入 Norbusiness revenue	补贴收入 Subsidies revenue	利润总额 Total profits	应交所得税 Income taxes payable	应付职工薪酬(本年贷方累计发生额) payroll payable (credit accumulated happening this year)	应交增值税 VAT payableinput	进项税额 VAT payableinput	销项税额 VAT payableexport
-376.9	880.5	364.6	403.0	670.5	5699.7	6685.4	81247.9	91495.4
13.9			13.9	3.5	71.2	-324.1	1786.9	1557.4
2546.6	52.0		2667.7	968.2	2231.9	566.1	56208.2	55241.8
-533.0	1.2		-564.9		1209.3	280.0	16190.3	16465.6
-533.0	1.2		-564.9		1209.3	280.0	16190.3	16465.6
556.5	23.3		332.1	12.7	5140.6	13022.6	239756.0	254855.8
504.8	23.3		315.2	7.2	5068.6	13016.6	232199.0	247112.8
51.7			16.9	5.5	72.0	6.0	7557.0	7743.0
92242.5	5512.7	929.2	98887.3	20874.1	67460.2	39361.5	631485.2	804036.9
-96.8	3.9		-257.6		87.9	29.0	805.2	834.2
12449.3	923.4	364.6	13556.4	3093.4	10197.1	8711.6	137728.2	148323.6
749.7	2.9		719.5	27.6	1890.4	664.2	18535.6	19195.1
51.7			16.9	5.5	72.0	6.0	7557.0	7743.0
-3388.2	178.9	52.8	-4299.4	1069.5	7706.2	3085.2	151649.5	155772.8
99995.0	6322.5	1296.6	104919.5	23722.1	78861.1	49121.2	899320.7	1084623.6
-1641.8	21.1		1175.3		4076.1	332.5	2730.0	2682.8
3655.0	278.2	50.0	2528.3	1348.0	4476.6	2403.8	45710.0	48599.2
82617.4	364.2		81504.0	17249.3	60383.0	47623.8	374457.7	553292.6
15913.1	5552.6	902.0	23189.4	6396.3	22595.1	2068.8	488928.3	497620.0
3801.9	425.8	414.6	4158.5	1385.9	3263.2	1966.3	75342.7	75342.8
-324.2	279.2	30.0	-228.8	38.6	1172.5	198.6	9032.0	9650.2
103367.3	14338.0	454.6	103251.3	30361.4	109211.1	86280.3	571450.6	641216.0
69709.4	1295.4	290.7	74387.2	19915.6	43776.4	27904.4	92182.2	104850.9
61406.6	599.0	-78.9	67202.0	18400.7	35804.6	25512.1	74836.3	85254.4
3548.4	696.4	369.6	2430.8	586.4	7295.8	1074.3	16961.0	18058.5
4754.4			4754.4	928.5	676.0	1318.0	384.9	1538.0
883.2	0.1		820.2	502.6	3722.5	940.6	7560.2	9406.6
89.3			89.3	22.3	804.2			
0.8			0.8	0.1	60.0	2.2	13.2	13.4

14－3续表17 continued17

		五、土地和固定资产 Land and fixed asset	
		土地和固定资产支出 Land and fixed asset expenditures	土地购置 Purchase of land
私营有限责任公司	Private limited company	5077.4	577.0
私营股份有限公司	Private share holding		
其他企业	Others	646.2	
港、澳、台商投资企业	Funded from HongKong, Macao and Taiwan	1895.7	
合资经营企业(港或澳、台资)	Joint venture		
合作经营企业(港或澳、台资)	Cooperative		
港、澳、台商独资经营企业	Sole funds	1895.7	
港、澳、台商投资股份有限公司	Share holding		
其他港澳台投资企业	Others		
外商投资企业	Foreign funded	60.3	
中外合资经营企业	Joint venture	60.3	
中外合作经营企业	Cooperative		
外资企业	Foreign funded		
外商投资股份有限公司	Share holding		
其他外商投资企业	Others		
3. 按控股情况分组	Grouped by owned		
国有控股	State－owned	43851.8	12085.1
集体控股	Collective－owned		
私人控股	Private－owned	5393.0	577.0
港澳台商控股	Hongkong, Macao and Taiwan－Owned	1895.7	
外商控股	Foreign－owned		
其他	Others	689.8	
4. 按经营形式分组	Grouped by form of management		
独立门店	Substantive store	48852.7	12662.1
连锁总店(总部)	Chain headquarter		
连锁门店	Chain store		
其他	Others	2977.6	
5. 按单位规模分	Gruoped by size of enterprises		
大型	Large－sized	31189.5	12085.1
中型	Medium－sized	16723.7	
小型	Small－sized	318.7	
微型	Micro－sized	3598.4	577.0
二、零售业	Retail trade	543255.9	41688.8
1. 按零售行业小类分组	Grouped by sectors		
综合零售业	Retail trade	512065.4	40043.9
百货零售业	Consumer goods	510181.3	40043.9
超级市场零售	Supermarket	1884.1	
其他综合零售	Other comprehensive retail business		
食品、饮料及烟草制品专门零售业	Food, beverage and tobaccos		
粮油零售	Food and Oil		
糕点、面包零售	Cake and bread		
果品、蔬菜零售	Fruit and Vegetable		
肉、禽、蛋及水产品零售	Meet, fowl, egg and marine products		
营养和保健品零售	Nutrition and health care		

单位:万元　unit:10000 yuan

五、土地和固定资产 Land and fixed asset			
房屋和建筑物 Buildings and constructing	机器设备 Machine and equipment	运输工具 Means of transport	其他费用 Others
3540.8	399.7	492.2	67.7
374.0		182.7	89.5
1698.3	168.5		28.9
1698.3	168.5		28.9
	60.3		
	60.3		
4524.4	25722.6	1104.1	415.6
3540.8	533.6	672.8	68.8
1698.3	168.5		28.9
374.0	44.3	85.1	186.4
8439.2	25326.5	1862.0	562.9
1698.3	1142.5		136.8
1192.3	16578.2	1092.2	241.7
5735.9	9877.7	663.9	446.2
200.0	10.8	105.9	2.0
3009.3	2.3		9.8
368783.4	42001.3	21582.9	69199.5
362983.9	39157.5	2213.0	67667.1
361775.1	38642.0	2097.6	67622.7
1208.8	515.5	115.4	44.4

14－3 续表 18 continued18

指标名称	Item	法人企业数（个） Corporate enter prises(unit)	执行《2006 年企业会计准则》企业个数(个) Number of enterprises implmenting Accounting Standards for Business Enterprises 2006	一、年初存货 Inventory
酒、饮料及茶叶零售	Alcohol、beverage and tea			
烟草制品零售	Tobaccos	2	2	14873.8
其他食品零售	Others			
纺织、服装及日用品专门零售	Textile, garment and daily articles	13	12	32010.5
纺织品及针织品零售	Textile and knitwear			
服装零售	Garments	9	9	21555.0
鞋帽零售	Shoe and hat			
化妆品及卫生用品零售	Cosmetic and sanitary accessories			
钟表、眼镜零售	Clock and spectacles	4	3	10455.5
箱、包零售	Bags and suitcases retail			
厨房用具及日用杂品零售	Kitchenware and daily commodities retail			
自行车零售	Bicycle			
其他日用品零售	Others			
文化、体育用品及器材专门零售	Cultural and sport goods	10	9	11857.7
文具用品零售	Stationery			
体育用品及器材零售	sports good and			
图书、报刊零售	Books、Newspaper	7	6	5770.3
音像制品及电子出版物零售	Audio－visual and E－journal products			
珠宝首饰零售	Jewelry	2	2	2865.3
工艺美术品及收藏品零售	Handicraft article and collection	1	1	3222.1
乐器零售	Musical instruments retail			
照相器材零售	Photographic apparatus retail			
其他文化用品零售	Others			
医药及医疗器材专门零售	Medicine and medical appliance	14	12	32055.7
药品零售	Medicine	13	11	31597.6
医疗用品及器材零售	Medical component	1	1	458.1
汽车、摩托车、燃料及零配件专门零售	Vehicles, motorcycle and part	113	79	227957.0
汽车零售	Vehicles	97	70	218726.6
汽车零配件零售	Installation kit	5	1	996.0
摩托车及零配件零售	Motoreycle	1	1	172.0
机动车燃料零售	Fuel	10	7	8062.4
家用电器及电子产品专门零售	Electrical household equipment	12	11	9858.9
家用视听设备零售	Household audio and video equipment	3	3	1022.5
日用家电设备零售	Household appliances retail	4	4	3804.5
计算机、软件及辅助设备零售	Computer software and accessories	2	2	869.0
通信设备零售	Teleconmmunicational equipment	2	1	3895.6
其他电子产品零售	Others	1	1	267.3
五金、家具及室内装饰材料专门零售	Hardwate funiture and indoor hareware fitting	4	3	2522.4
五金零售	Hardware			
灯具零售	lamps			
家具零售	Funiture			
涂料零售	Coating			
卫生洁具零售	Sanitary ware retail			

单位:万元　unit:10000 yuan

流动资产合计 Circulating funds	应收帐款 Receivables	存货 Inventery	固定资产合计 Total fixed assets	固定资产原价 Original Value of fixed assets	累计折旧 Total depreciation	本年折旧 Depreciation in this year
19194.0		14873.8	4212.3	5704.9	1492.6	1477.2
98977.8	29173.0	28812.4	34914.8	53217.9	18590.4	1639.8
80791.3	29165.4	20310.4	31970.1	48882.0	17199.2	1635.2
18186.5	7.6	8502.0	2944.7	4335.9	1391.2	4.6
22572.7	3510.8	10538.0	5303.6	8344.2	3040.6	368.1
14218.3	3268.2	5028.3	5164.8	8080.9	2916.1	275.2
3395.6	55.3	3136.0	11.1	46.7	35.6	4.0
4958.8	187.3	2373.7	127.7	216.6	88.9	88.9
174218.6	110160.9	37021.9	13300.6	18410.8	5110.2	961.2
172142.4	108316.3	37013.5	13298.3	18408.0	5109.7	961.0
2076.2	1844.6	8.4	2.3	2.8	0.5	0.2
730377.7	49926.7	233542.7	117293.0	177094.5	64192.4	16712.4
675170.2	46404.0	212538.2	103561.3	157986.4	54425.1	14175.7
6764.6	645.2	5960.8	1239.7	2722.4	1482.7	0.5
120.9		120.9	174.1	197.0	23.1	8.9
48322.0	2877.5	14922.8	12317.9	16188.7	8261.5	2527.3
41571.2	12960.8	9282.8	2342.8	3088.4	1212.4	696.3
1462.1	16.8	1160.0	312.0	403.6	91.6	20.2
29852.9	11550.6	2192.3	1361.2	1304.4	410.0	187.6
3155.6	1060.2	415.9	332.9	818.3	485.4	445.2
5942.1	96.3	4910.1	308.4	525.7	217.3	38.6
1158.5	236.9	604.5	28.3	36.4	8.1	4.7
9101.5	5446.1	1526.8	2119.5	2582.0	462.5	25.4

14－3 续表 19 continued19

指标名称	Item	二、期末资产负债 The final balance sheet	
		在建工程 Circulating funds	资产总计 Circulating funds
酒、饮料及茶叶零售	Alcohol、beverage and tea		
烟草制品零售	Tobaccos		34023.1
其他食品零售	Others		
纺织、服装及日用品专门零售	Textile, garment and daily articles	127.5	140788.6
纺织品及针织品零售	Textile and knitwear		
服装零售	Garments	127.5	119473.1
鞋帽零售	Shoe and hat		
化妆品及卫生用品零售	Cosmetic and sanitary accessories		
钟表、眼镜零售	Clock and spectacles		21315.5
箱、包零售	Bags and suitcases retail		
厨房用具及日用杂品零售	Kitchenware and daily commodities retail		
自行车零售	Bicycle		
其他日用品零售	Others		
文化、体育用品及器材专门零售	Cultural and sport goods	327.0	31370.5
文具用品零售	Stationery		
体育用品及器材零售	sports good and		
图书、报刊零售	Books、Newspaper	327.0	22877.3
音像制品及电子出版物零售	Audio－visual and E－journal products		
珠宝首饰零售	Jewelry		3406.7
工艺美术品及收藏品零售	Handicraft article and collection		5086.5
乐器零售	Musical instruments retail		
照相器材零售	Photographic apparatus retail		
其他文化用品零售	Others		
医药及医疗器材专门零售	Medicine and medical appliance	998.6	196528.7
药品零售	Medicine	998.6	194450.2
医疗用品及器材零售	Medical component		2078.5
汽车、摩托车、燃料及零配件专门零售	Vehicles, motorcycle and part	11846.0	1009627.5
汽车零售	Vehicles	10823.6	890372.4
汽车零配件零售	Installation kit		9451.1
摩托车及零配件零售	Motoreycle		353.7
机动车燃料零售	Fuel	1022.4	109450.3
家用电器及电子产品专门零售	Electrical household equipment	118.7	60019.9
家用视听设备零售	Household audio and video equipment		1774.2
日用家电设备零售	Household appliances retail	118.7	45900.7
计算机、软件及辅助设备零售	Computer software and accessories		3497.6
通信设备零售	Teleconmmunicational equipment		7660.4
其他电子产品零售	Others		1187.0
五金、家具及室内装饰材料专门零售	Hardware funiture and indoor hareware fitting		11588.8
五金零售	Hardware		
灯具零售	lamps		
家具零售	Funiture		
涂料零售	Coating		
卫生洁具零售	Sanitary ware ıetail		

单位:万元 unit:10000 yuan

二、期末资产负债 The final balance sheet				
流动负债合计 Circulating funds	应付账款 Inventory	非流动负债合计 Total non – current liability	负债合计 Total Investment	所有者权益 Creditor's equity
26314.9	4569.3		26314.9	7708.2
115491.2	26314.6	41098.0	160135.6	-19347.0
99374.1	25075.4	41000.0	140374.1	-20901.0
16117.1	1239.2	98.0	19761.5	1554.0
26011.2	9783.0	88.4	26099.6	5270.9
22076.5	9230.9	88.4	22164.9	712.4
780.0	-4.3		780.0	2626.7
3154.7	556.4		3154.7	1931.8
157524.6	77663.8	6800.0	164325.6	32203.1
155580.0	75943.9	6800.0	162381.0	32069.2
1944.6	1719.9		1944.6	133.9
696545.6	50962.1	58028.8	755419.4	254208.1
660302.4	42741.2	26206.2	687155.9	203216.5
3270.0	2850.0		3388.0	6063.1
303.7	115.3		303.7	50.0
32669.5	5255.6	31822.6	64571.8	44878.5
26463.9	-3064.3		26463.9	33556.0
1237.5	499.7		1237.5	536.7
20316.9	-3780.7		20316.9	25583.8
2686.6	31.2		2686.6	811.0
1247.2	73.7		1247.2	6413.2
975.7	111.8		975.7	211.3
8508.8	3616.0		8508.8	3080.0

14－3续表20 continued20

指标名称	Item	二、期末资产负债 The final balance sheet 实收资本 Driginal Value of fixed assets	国家资本 State owned
酒、饮料及茶叶零售	Alcohol、beverage and tea		
烟草制品零售	Tobaccos	6869.0	
其他食品零售	Others		
纺织、服装及日用品专门零售	Textile, garment and daily articles	13773.3	
纺织品及针织品零售	Textile and knitwear		
服装零售	Garments	12040.0	
鞋帽零售	Shoe and hat		
化妆品及卫生用品零售	Cosmetic and sanitary accessories		
钟表、眼镜零售	Clock and spectacles	1733.3	
箱、包零售	Bags and suitcases retail		
厨房用具及日用杂品零售	Kitchenware and daily commodities retail		
自行车零售	Bicycle		
其他日用品零售	Others		
文化、体育用品及器材专门零售	Cultural and sport goods	7002.6	1470.4
文具用品零售	Stationery		
体育用品及器材零售	sports good and		
图书、报刊零售	Books、Newspaper	3002.6	1470.4
音像制品及电子出版物零售	Audio－visual and E－journal products		
珠宝首饰零售	Jewelry	2500.0	
工艺美术品及收藏品零售	Handicraft article and collection	1500.0	
乐器零售	Musical instruments retail		
照相器材零售	Photographic apparatus retail		
其他文化用品零售	Others		
医药及医疗器材专门零售	Medicine and medical appliance	14171.6	3500.0
药品零售	Medicine	14121.6	3500.0
医疗用品及器材零售	Medical compoi.ent	50.0	
汽车、摩托车、燃料及零配件专门零售	Vehicles, motorcycle and part	147545.1	16350.0
汽车零售	Vehicles	111479.7	11350.0
汽车零配件零售	Installation kit	2211.0	
摩托车及零配件零售	Motoreycle	50.0	
机动车燃料零售	Fuel	33804.4	5000.0
家用电器及电子产品专门零售	Electrical household equipment	27141.8	
家用视听设备零售	Household audio and video equipment	316.8	
日用家电设备零售	Household appliances retail	20625.0	
计算机、软件及辅助设备零售	Computer software and accessories	800.0	
通信设备零售	Teleconmmunicational equipment	5200.0	
其他电子产品零售	Others	200.0	
五金、家具及室内装饰材料专门零售	Hardware funiture and indoor hareware fitting	1950.0	
五金零售	Hardware		
灯具零售	lamps		
家具零售	Funiture		
涂料零售	Coating		
卫生洁具零售	Sanitary ware retail		

单位:万元 unit:10000 yuan

二、期末资产负债 The final balance sheet					三、损益及分配 Gains and losses and distribution			
集体资本 Collective	法人资本 Corporate	个人资本 Private	港澳台资本 Funded from Hongkong, Macao and Taiwan	外商资本 Foreign funds	营业收入 Operation revenue	主营业务收入 Operating revenue	营业成本 Operation costs	主营业务成本 Operating cost
	6869.0				55266.2	55254.4	46627.2	46626.5
250.0	9050.0	3540.0	933.3		143165.3	122729.1	109088.3	108932.7
250.0	8350.0	3340.0	100.0		116360.8	95924.6	87149.5	86993.9
	700.0	200.0	833.3		26804.5	26804.5	21938.8	21938.8
	3032.2	2500.0			51366.2	50443.5	42746.2	42658.1
	1532.2				26382.8	25460.7	19667.3	19579.2
		2500.0			11127.3	11126.7	10231.1	10231.1
	1500.0				13856.1	13856.1	12847.8	12847.8
1500.0	6226.0	2945.6			296662.7	295009.3	255415.6	254681.0
1500.0	6226.0	2895.6			293296.3	291642.9	252283.7	251549.1
		50.0			3366.4	3366.4	3131.9	3131.9
	85286.6	43017.5		2891.0	2585990.1	2555069.1	2421416.2	2333356.4
	55392.2	41846.5		2891.0	2195498.3	2165449.7	2056568.6	1969175.8
	2000.0	211.0			64740.2	64740.2	60393.9	60393.9
	50.0				835.6	835.6	784.5	784.5
	27844.4	960.0			324916.0	324043.6	303669.2	303002.2
	20695.0	6446.8			122360.8	121284.2	103810.6	102225.9
		316.8			9842.2	9842.2	8776.5	8776.5
	20195.0	430.0			86397.4	85331.5	71282.4	71268.5
	300.0	500.0			5296.4	5296.4	4811.8	4811.8
		5200.0			19027.7	19027.7	17343.7	15779.6
	200.0				1797.1	1786.4	1596.2	1589.5
	1700.0	250.0			12245.9	12245.9	11810.6	10391.6

14－3 续表 21 continued21

指标名称	Item	三、损益及分配 Gains and losses and distribution 营业税金及附加 Business taxes and extra charges	主营业务税金及附加 Main operation taxes and extra charges	其他业务利润 Other business profit
酒、饮料及茶叶零售	Alcohol、beverage and tea			
烟草制品零售	Tobaccos	157.6	157.6	11.1
其他食品零售	Others			
纺织、服装及日用品专门零售	Textile, garment and daily articles	1294.8	1048.8	1303.2
纺织品及针织品零售	Textile and knitwear			
服装零售	Garments	1195.9	949.9	1303.2
鞋帽零售	Shoe and hat			
化妆品及卫生用品零售	Cosmetic and sanitary accessories			
钟表、眼镜零售	Clock and spectacles	98.9	98.9	
箱、包零售	Bags and suitcases retail			
厨房用具及日用杂品零售	Kitchenware and daily commodities retail			
自行车零售	Bicycle			
其他日用品零售	Others			
文化、体育用品及器材专门零售	Cultural and sport goods	225.4	225.4	571.5
文具用品零售	Stationery			
体育用品及器材零售	sports good and			
图书、报刊零售	Books、Newspaper	54.1	54.1	570.7
音像制品及电子出版物零售	Audio－visual and E－journal products			
珠宝首饰零售	Jewelry	169.4	169.4	0.6
工艺美术品及收藏品零售	Handicraft article and collection	1.9	1.9	0.2
乐器零售	Musical instruments retail			
照相器材零售	Photographic apparatus retail			
其他文化用品零售	Others			
医药及医疗器材专门零售	Medicine and medical appliance	873.3	826.1	1651.5
药品零售	Medicine	868.7	821.5	1651.5
医疗用品及器材零售	Medical component	4.6	4.6	
汽车、摩托车、燃料及零配件专门零售	Vehicles, motorcycle and part	3250.0	2900.0	9925.2
汽车零售	Vehicles	2808.6	2562.2	9317.2
汽车零配件零售	Installation kit	44.4	44.4	
摩托车及零配件零售	Motoreycle		0.2	0.2
机动车燃料零售	Fuel	396.8	293.2	608.0
家用电器及电子产品专门零售	Electrical household equipment	542.7	421.8	2404.7
家用视听设备零售	Household audio and video equipment	37.0	35.0	
日用家电设备零售	Household appliances retail	437.2	318.3	1052.0
计算机、软件及辅助设备零售	Computer software and accessories	53.1	53.1	503.4
通信设备零售	Teleconmmunicational equipment	11.6	11.6	652.2
其他电子产品零售	Others	3.8	3.8	197.1
五金、家具及室内装饰材料专门零售	Hardware funiture and indoor hareware fitting	28.7	28.7	
五金零售	Hardware			
灯具零售	lamps			
家具零售	Funiture			
涂料零售	Coating			
卫生洁具零售	Sanitary ware retail			

单位:万元 unit:10000 yuan

三、损益及分配 Gains and losses and distribution							
销售费用 Marketing expenses	管理费用 Management expenses				财务费用 Financial expenses		
		税金 Taxes	差旅费 Travel expenses	工会经费 Trade union outlays		利息收入 Interest income	利息支出 Interest expenditure
1598.6	5994.7	2.1	1.0		95.0	4.4	69.2
15282.0	15999.2	576.7	162.7	46.2	4099.9	882.1	3934.7
14126.3	12924.3	576.7	64.9	44.6	3705.2	881.8	3785.4
1155.7	3074.9		97.8	1.6	394.7	0.3	149.3
2484.5	5135.2	219.5	239.3	56.8	320.9	33.7	333.1
2179.0	4088.1	218.5	171.6	48.2	-15.2	33.7	4.0
	497.7	0.2	20.0	3.0	210.2		210.2
305.5	549.4	0.8	47.7	5.6	125.9		118.9
15763.3	9448.3	408.6	173.7	118.0	2660.7	2814.1	524.7
15762.1	9228.6	406.4	165.3	117.6	2661.1	2813.7	524.7
1.2	219.7	2.2	8.4	0.4	-0.4	0.4	
60784.2	67374.1	2527.5	1625.5	553.1	21935.0	1748.3	14252.5
50231.5	60308.5	2376.3	1542.6	488.7	18742.8	1701.4	11512.7
1438.3	900.9	2.1	2.0	2.5	451.8	0.1	451.9
23.7	20.4	0.6					1.2
9090.7	6144.3	148.5	80.9	61.9	2740.4	46.8	2286.7
14949.6	6928.5	28.3	42.4	26.6	324.8	73.0	166.2
360.5	606.0	23.4	5.8	12.4	20.0		
13765.0	4068.8	4.4	30.5	7.5	140.8	72.5	42.9
777.4	47.2	0.4		0.1	120.8	0.1	120.7
46.7	2021.1	0.1	6.1	6.6	43.3		2.6
	185.4				-0.1	0.4	
38.4	606.6	43.6	3.4	1.3	21.0	17.0	16.1

14－3 续表 22 continued22

指标名称	Item	三、损益及分配 Gains and losses and distribution		
		资产减值损失 Lost	公允价值变动收益 Revenue	投资收益 Investment income
酒、饮料及茶叶零售	Alcohol、beverage and tea			
烟草制品零售	Tobaccos			
其他食品零售	Others			
纺织、服装及日用品专门零售	Textile, garment and daily articles	－1.7		238.4
纺织品及针织品零售	Textile and knitwear			
服装零售	Garments	－1.7		238.4
鞋帽零售	Shoe and hat			
化妆品及卫生用品零售	Cosmetic and sanitary accessories			
钟表、眼镜零售	Clock and spectacles			
箱、包零售	Bags and suitcases retail			
厨房用具及日用杂品零售	Kitchenware and daily commodities retail			
自行车零售	Bicycle			
其他日用品零售	Others			
文化、体育用品及器材专门零售	Cultural and sport goods	11.2		12.9
文具用品零售	Stationery			
体育用品及器材零售	sports good and			
图书、报刊零售	Books、Newspaper	11.2		12.9
音像制品及电子出版物零售	Audio－visual and E－journal products			
珠宝首饰零售	Jewelry			
工艺美术品及收藏品零售	Handicraft article and collection			
乐器零售	Musical instruments retail			
照相器材零售	Photographic apparatus retail			
其他文化用品零售	Others			
医药及医疗器材专门零售	Medicine and medical appliance	509.7		
药品零售	Medicine	509.7		
医疗用品及器材零售	Medical component			
汽车、摩托车、燃料及零配件专门零售	Vehicles, motorcycle and part	－460.1		896.5
汽车零售	Vehicles	－460.1		970.6
汽车零配件零售	Installation kit			
摩托车及零配件零售	Motoreycle			
机动车燃料零售	Fuel			－74.1
家用电器及电子产品专门零售	Electrical household equipment			
家用视听设备零售	Household audio and video equipment			
日用家电设备零售	Household appliances retail			
计算机、软件及辅助设备零售	Computer software and accessories			
通信设备零售	Teleconmmunicational equipment			
其他电子产品零售	Others			
五金、家具及室内装饰材料专门零售	Hardware funiture and indoor hareware fitting			
五金零售	Hardware			
灯具零售	lamps			
家具零售	Funiture			
涂料零售	Coating			
卫生洁具零售	Sanitary ware retail			

单位:万元 unit:10000 yuan

三、损益及分配 Gains and losses and distribution					四、人工成本及增值税 Labor cost and added – value tax			
营业利润 Business profits	营业外收入 Norbusiness revenue	补贴收入 Subsidies revenue	利润总额 Total profits	应交所得税 Income taxes payable	应付职工薪酬(本年贷方累计发生额) payroll payable (credit accumulated happening this year)	应交增值税 VAT payableinput	进项税额 VAT payableinput	销项税额 VAT payableexport
793.1	0.1		730.1	480.2	2858.3	938.4	7547.0	9393.2
-2358.8	1667.7		-3319.7	64.0	5262.2	1981.8	16072.8	18268.3
-2500.3	1612.2		-3383.4	56.6	4301.0	1863.2	12457.1	13893.6
141.5	55.5		63.7	7.4	961.2	118.6	3615.7	4374.7
456.1	151.3	108.9	411.0	12.4	3465.4	800.6	6306.7	7495.1
411.4	151.3	108.9	372.3		2370.0	692.6	2566.9	3247.0
18.5			18.5	4.7	816.2	95.5	1396.4	1891.5
25.8			20.2	7.7	279.2	12.5	2343.4	2356.6
12066.5	164.1		11694.2	3315.3	10829.8	5762.6	40608.5	45362.1
12057.1	164.1		11685.0	3312.9	10808.6	5724.2	40074.7	44789.9
9.4			9.2	2.4	21.2	38.4	533.8	572.2
17627.1	1418.9	5.0	20338.1	6384.7	37967.1	45286.6	367326.4	412634.7
13019.2	1380.9	5.0	15876.9	5748.0	33191.7	42803.5	320465.1	350583.7
1510.9			1510.9	26.4	642.4	7.4	402.8	10481.0
5.2			5.2		23.4	42.1		
3091.8	38.0		2945.1	610.3	4109.6	2433.6	46458.5	51570.0
-3572.9	107.0	50.0	-3101.2	87.8	2333.7	2096.5	16996.0	18026.9
12.5			10.0	3.3	178.9	79.4	173.0	230.4
-3296.8	52.8		-3380.1	22.8	1610.0	1870.1	12722.3	13700.7
-513.9	54.1	50.0	43.5	11.5	164.5	32.0	867.5	896.7
213.5			213.5	47.3	374.3	85.7	2940.5	2895.4
11.8	0.1		11.9	2.9	6.0	29.3	292.7	303.7
-259.4	0.6		-260.3	5.9	210.5	218.0	1819.6	2077.8

14－3 续表 23 continued23

		五、土地和固定资产 Land and fixed asset	
		土地和固定资产支出 Land and fixed asset expenditures	土地购置 Purchase of land
酒、饮料及茶叶零售	Alcohol、beverage and tea		
烟草制品零售	Tobaccos		
其他食品零售	Others		
纺织、服装及日用品专门零售	Textile, garment and daily articles		
纺织品及针织品零售	Textile and knitwear		
服装零售	Garments		
鞋帽零售	Shoe and hat		
化妆品及卫生用品零售	Cosmetic and sanitary accessories		
钟表、眼镜零售	Clock and spectacles		
箱、包零售	Bags and suitcases retail		
厨房用具及日用杂品零售	Kitchenware and daily commodities retail		
自行车零售	Bicycle		
其他日用品零售	Others		
文化、体育用品及器材专门零售	Cultural and sport goods	484.8	
文具用品零售	Stationery		
体育用品及器材零售	sports good and		
图书、报刊零售	Books、Newspaper	392.0	
音像制品及电子出版物零售	Audio – visual and E – journal products		
珠宝首饰零售	Jewelry		
工艺美术品及收藏品零售	Handicraft article and collection	92.8	
乐器零售	Musical instruments retail		
照相器材零售	Photographic apparatus retail		
其他文化用品零售	Others		
医药及医疗器材专门零售	Medicine and medical appliance	822.5	
药品零售	Medicine	822.5	
医疗用品及器材零售	Medical component		
汽车、摩托车、燃料及零配件专门零售	Vehicles, motorcycle and part	27986.6	922.9
汽车零售	Vehicles	24924.5	615.6
汽车零配件零售	Installation kit		
摩托车及零配件零售	Motoreycle		
机动车燃料零售	Fuel	3062.1	307.3
家用电器及电子产品专门零售	Electrical household equipment	110.5	
家用视听设备零售	Household audio and video equipment		
日用家电设备零售	Household appliances retail	110.5	
计算机、软件及辅助设备零售	Computer software and accessories		
通信设备零售	Teleconmmunicational equipment		
其他电子产品零售	Others		
五金、家具及室内装饰材料专门零售	Hardware funiture and indoor hareware fitting	1218.2	722.0
五金零售	Hardware		
灯具零售	lamps		
家具零售	Funiture		
涂料零售	Coating		
卫生洁具零售	Sanitary ware retail		

单位:万元 unit:10000 yuan

五、土地和固定资产 Land and fixed asset			
房屋和建筑物 Buildings and constructing	机器设备 Machine and equipment	运输工具 Means of transport	其他费用 Others
200.0	65.4	175.1	44.3
200.0	65.4	82.3	44.3
		92.8	
	387.2	338.1	97.2
	387.2	338.1	97.2
5218.6	1756.9	18825.5	1262.7
5143.8	1283.5	16690.5	1191.1
74.8	473.4	2135.0	71.6
		26.4	84.1
		26.4	84.1
305.0	191.2		

14－3 续表 24 continued24

指标名称	Item	法人企业数（个）Corporate enter prises(unit)	执行《2006 年企业会计准则》企业个数（个）Number of enterprises implmenting Accounting Standards for Business Enterprises 2006	一、年初存货 Inventory
木质装饰材料零售	Wooden decorative materials retail			
陶瓷、石材装饰材料零售	Ceramics、decorative stone materials retail			
其他室内装饰材料零售	Others	4	3	2522.4
货摊、无店铺及其他零售业	Other retail trade	12	11	5184.0
货摊食品零售	food			
货摊纺织、服装及鞋零售	Booth textile、clothing and shoes retail			
货摊日用品零售	Booth commodity retail			
互联网零售	Internet retailer			
邮购及电视、电话零售	Mail－order and TV and phone retail			
旧货零售	Second hand			
生活用燃料零售	Fuel for life	7	7	2970.7
其他未列明零售业	Others	5	4	2213.3
2. 按登记注册类型分	Grouped by type registered			
内资企业	Domestic funds	205	161	397250.1
国有企业	State－owned	4	4	4322.1
集体企业	Collective－owned	1	1	548.7
股份合作企业	Cooperative	2	2	2306.5
联营企业	Joint			
国有联营企业	State joint owned			
集体联营企业	Collective joine owned			
国有与集体联营企业	State－collective joint owned			
其他联营企业	Other joint owned			
有限责任公司	Limited liability corporations	77	68	142519.4
国有独资公司	State－owned solely	3	3	158.5
其他有限责任公司	Limited liability corporations	74	65	142360.9
股份有限公司	Share holding	6	4	68427.2
私营企业	Private	99	70	163633.6
私营独资企业	Private funded	24	13	22057.4
私营合伙企业	Private partner	5	5	5932.8
私营有限责任公司	Private limited company	69	51	132353.2
私营股份有限公司	Private share holding	1	1	3290.2
其他企业	Others	16	12	15492.6
港、澳、台商投资企业	Funded from Hongkong, Macao and Taiwan	3	2	6135.0
合资经营企业(港或澳、台资)	Joint venture	2	2	4077.6
合作经营企业(港或澳、台资)	Cooperative			
港、澳、台商独资经营企业	Solefunds	1		2057.4
港、澳、台商投资股份有限公司	Share holding			
其他港澳台投资企业	Others			
外商投资企业	Foreign funded	4	3	13993.2
中外合资经营企业	Joint venture	4	3	13993.2
中外合作经营企业	Cooperative			
外资企业	Foreign funded			
外商投资股份有限公司	Share holding			

单位:万元　unit:10000 yuan

流动资产合计 Circulating funds	应收帐款 Receivables	存货 Inventery	固定资产合计 Total fixed assets	固定资产原价 Original Value of fixed assets	累计折旧 Total depreciation	本年折旧 Depreciation in this year
9101.5	5446.1	1526.8	2119.5	2582.0	462.5	25.4
15476.2	2162.1	5977.0	5635.9	7153.9	1518.0	281.1
10866.5	820.4	2839.4	5292.8	6605.2	1312.4	203.7
4609.7	1341.7	3137.6	343.1	548.7	205.6	77.4
1483690.6	216160.3	402892.9	631288.9	836658.5	211236.8	46874.6
9376.3	2631.0	5150.3	1744.0	2408.2	664.2	59.2
1127.0		158.0	254.0	322.9	68.9	68.9
3592.9		2901.6	1614.7	2226.4	611.7	90.4
626345.9	147748.3	142301.4	116644.0	184547.3	72814.2	17041.3
2995.2	570.8	162.6	1268.3	1867.0	598.7	74.5
623350.7	147177.5	142138.8	115375.7	182680.3	72215.5	16966.8
334286.5	5797.1	75911.3	400233.4	483864.6	83144.7	16800.3
461425.6	55361.9	158046.0	102155.0	151575.7	50863.5	11571.8
101937.7	9391.9	32547.8	26763.0	36147.8	9384.8	2247.6
10994.9	1057.9	4629.9	611.6	1200.3	588.7	187.2
340966.1	44601.3	117578.1	73306.3	111819.7	39956.2	8963.3
7526.9	310.8	3290.2	1474.1	2407.9	933.8	173.7
47536.4	4622.0	18424.3	8643.8	11713.4	3069.6	1242.7
240057.4	7.6	6072.4	40432.3	109157.2	68724.9	5955.2
237646.5		5020.2	38803.7	106524.5	67720.8	5955.2
2410.9	7.6	1052.2	1628.6	2632.7	1004.1	
36745.8	4300.1	17093.9	44973.9	56793.8	11819.9	4589.0
36745.8	4300.1	17093.9	44973.9	56793.8	11819.9	4589.0

14－3 续表 25 continued25

指标名称	Item	二、期末资产负债 The final balance sheet 在建工程 Circulating funds	资产总计 Circulating funds
木质装饰材料零售	Wooden decorative materials retail		
陶瓷、石材装饰材料零售	Ceramics、decorative stone materials retail		
其他室内装饰材料零售	Others		11588.8
货摊、无店铺及其他零售业	Other retail trade	15.3	22399.2
货摊食品零售	food		
货摊纺织、服装及鞋零售	Booth textile、clothing and shoes retail		
货摊日用品零售	Booth commodity retail		
互联网零售	Internet retailer		
邮购及电视、电话零售	Mail－order and TV and phone retail		
旧货零售	Second hand		
生活用燃料零售	Fuel for life	15.3	16935.0
其他未列明零售业	Others		5464.2
2. 按登记注册类型分	Grouped by type registered		
内资企业	Domestic funds	90647.9	2443832.8
国有企业	State－owned		12263.5
集体企业	Collective－owned		2093.5
股份合作企业	Cooperative		5207.6
联营企业	Joint		
国有联营企业	State joint owned		
集体联营企业	Collective joine owned		
国有与集体联营企业	State－collective joint owned		
其他联营企业	Other joint owned		
有限责任公司	Limited liability corporations	15411.4	868162.5
国有独资公司	State－owned solely	327.0	5092.0
其他有限责任公司	Limited liability corporations	15084.4	863070.5
股份有限公司	Share holding	63227.9	826656.0
私营企业	Private	11253.9	664989.3
私营独资企业	Private funded	2791.7	150052.4
私营合伙企业	Private partner		12737.7
私营有限责任公司	Private limited company	8462.2	492950.6
私营股份有限公司	Private share holding		9248.6
其他企业	Others	754.7	64460.4
港、澳、台商投资企业	Funded from Hongkong, Macao and Taiwan	1585.1	474490.3
合资经营企业(港或澳、台资)	Joint venture	1585.1	470266.5
合作经营企业(港或澳、台资)	Cooperative		
港、澳、台商独资经营企业	Solefunds		4223.8
港、澳、台商投资股份有限公司	Share holding		
其他港澳台投资企业	Others		
外商投资企业	Foreign funded	8044.3	103907.0
中外合资经营企业	Joint venture	8044.3	103907.0
中外合作经营企业	Cooperative		
外资企业	Foreign funded		
外商投资股份有限公司	Share holding		

单位:万元 unit:10000 yuan

二、期末资产负债 The final balance sheet				
流动负债合计 Circulating funds	应付账款 Inventory	非流动负债合计 Total non - current liability	负债合计 Total Investment	所有者权益 Creditor' s equity
8508.8	3616.0		8508.8	3080.8
11504.7	3297.6	124.5	11629.2	10770.0
7186.9	800.1		7186.9	9748.1
4317.8	2497.5	124.5	4442.3	1021.9
1658341.4	282476.7	226083.9	1914271.3	529561.5
10904.5	6210.9	44.1	10948.6	1314.9
1.8	0.9		1.8	2091.7
2623.6	268.3		2623.6	2584.0
578165.5	114761.4	101933.3	709310.3	158852.2
2987.7	244.1		2987.7	2104.3
575177.8	114517.3	101933.3	706322.6	156747.9
547633.1	98143.7	92964.4	640597.5	186058.5
464544.6	58406.4	30570.8	495749.9	169239.4
103633.4	15370.2	123.4	103757.0	46295.4
8633.6	1434.3	124.5	8758.1	3979.6
346383.3	41367.6	30322.9	377340.5	115610.1
5894.3	234.3		5894.3	3354.3
54468.3	4685.1	571.3	55039.6	9420.8
280631.0	63533.8	100620.0	384797.4	89692.9
280631.0	63533.8	100620.0	381251.0	89015.5
			3546.4	677.4
109257.9	11024.5	3000.0	112257.9	-8350.9
109257.9	11024.5	3000.0	112257.9	-8350.9

14－3 续表 26 continued26

指标名称 Item		二、期末资产负债 The final balance sheet 实收资本 Original Value of fixed assets	国家资本 State owned
木质装饰材料零售	Wooden decorative materials retail		
陶瓷、石材装饰材料零售	Ceramics、decorative stone materials retail		
其他室内装饰材料零售	Others	1950.0	
货摊、无店铺及其他零售业	Other retail trade	8200.3	
货摊食品零售	food		
货摊纺织、服装及鞋零售	Booth textile、clothing and shoes retail		
货摊日用品零售	Booth commodity retail		
互联网零售	Internet retailer		
邮购及电视、电话零售	Mail－order and TV and phone retail		
旧货零售	Second hand		
生活用燃料零售	Fuel for life	7350.3	
其他未列明零售业	Others	850.0	
2. 按登记注册类型分	Grouped by type registered		
内资企业	Domestic funds	298866.8	42406.4
国有企业	State－owned	1316.3	817.3
集体企业	Collective－owned	2091.7	
股份合作企业	Cooperative	2410.0	
联营企业	Joint		
国有联营企业	State joint owned		
集体联营企业	Collective joine owned		
国有与集体联营企业	State－collective joint owned		
其他联营企业	Other joint owned		
有限责任公司	Limited liability corporations	136197.7	14293.1
国有独资公司	State－owned solely	1208.5	653.1
其他有限责任公司	Limited liability corporations	134989.2	13640.0
股份有限公司	Share holding	47840.6	16296.0
私营企业	Private	99475.3	11000.0
私营独资企业	Private funded	34590.4	11000.0
私营合伙企业	Private partner	2740.0	
私营有限责任公司	Private limited company	61144.9	
私营股份有限公司	Private share holding	1000.0	
其他企业	Others	9535.2	
港、澳、台商投资企业	Funded from Hongkong, Macao and Taiwan	16212.1	
合资经营企业(港或澳、台资)	Joint venture	15378.8	
合作经营企业(港或澳、台资)	Cooperative		
港、澳、台商独资经营企业	Solefunds	833.3	
港、澳、台商投资股份有限公司	Share holding		
其他港澳台投资企业	Others		
外商投资企业	Foreign funded	17150.0	
中外合资经营企业	Joint venture	17150.0	
中外合作经营企业	Cooperative		
外资企业	Foreign funded		
外商投资股份有限公司	Share holding		

单位:万元　unit:10000 yuan

二、期末资产负债 The final balance sheet					三、损益及分配 Gains and losses and distribution			
集体资本 Collective	法人资本 Corporate	个人资本 Private	港澳台资本 Funded from Hongkong, Macao and Taiwan	外商资本 Foreign funds	营业收入 Operation revenue	主营业务收入 Operating revenue	营业成本 Operation costs	主营业务成本 Operating cost
	1700.0	250.0			12245.9	12245.9	11810.6	10391.6
	7485.3	715.0			190576.9	122096.0	174412.7	173385.7
	7200.3	150.0			104892.4	103334.5	96832.1	95805.1
	285.0	565.0			85684.5	18761.5	77580.6	77580.6
8915.2	157024.6	90520.6			4643477.3	4407452.3	4153585.8	4032332.1
	499.0				19775.0	19371.2	16960.4	16944.7
2091.7					15502.1	15502.1	14986.5	14986.5
1500.0		910.0			25795.7	25795.7	24619.6	24619.6
4750.0	89951.3	27203.3			1722402.9	1665255.5	1544912.9	1455339.7
	555.4				5940.8	5761.6	4057.3	4023.2
4750.0	89395.9	27203.3			1716462.1	1659493.9	1540855.6	1451316.5
573.5	11229.6	19741.5			980413.8	903051.7	809006.3	802481.3
	50371.3	38104.0			1736563.5	1637658.7	1608601.3	1584537.1
	9112.4	14478.0			434548.3	428770.9	406503.4	400139.8
	2385.0	355.0			97007.4	30077.0	87848.3	87115.1
	37873.9	23271.0			1180911.6	1154734.7	1091831.1	1074863.7
	1000.0				24096.2	24076.1	22418.5	22418.5
	4973.4	4561.8			143024.3	140817.4	134498.8	133423.2
			16212.1		317813.1	299239.5	257403.6	255579.4
			15378.8		314416.9	295843.3	255915.8	254091.6
			833.3		3396.2	3396.2	1487.8	1487.8
1000.0	10259.0			5891.0	142188.3	139839.7	126167.8	126077.7
1000.0	10259.0			5891.0	142188.3	139839.7	126167.8	126077.7

14－3 续表 27 continued27

指标名称	Item	三、损益及分配 Gains and losses and distribution 营业税金及附加 Business taxes and extra charges	主营业务税金及附加 Main operation taxes and extra charges	其他业务利润 Other business profit
木质装饰材料零售	Wooden decorative materials retail			
陶瓷、石材装饰材料零售	Ceramics、decorative stone materials retail			
其他室内装饰材料零售	Others	28.7	28.7	
货摊、无店铺及其他零售业	Other retail trade	383.4	383.4	532.7
货摊食品零售	food			
货摊纺织、服装及鞋零售	Booth textile、clothing and shoes retail			
货摊日用品零售	Booth commodity retail			
互联网零售	Internet retailer			
邮购及电视、电话零售	Mail－order and TV and phone retail			
旧货零售	Second hand			
生活用燃料零售	Fuel for life	314.4	314.4	532.7
其他未列明零售业	Others	69.0	69.0	
2. 按登记注册类型分	Grouped by type registered			
内资企业	Domestic funds	17900.1	16826.8	45960.8
国有企业	State－owned	35.5	35.5	186.0
集体企业	Collective－owned	4.3	4.3	
股份合作企业	Cooperative	232.6	232.6	
联营企业	Joint			
国有联营企业	State joint owned			
集体联营企业	Collective joine owned			
国有与集体联营企业	State－collective joint owned			
其他联营企业	Other joint owned			
有限责任公司	Limited liability corporations	5250.4	4664.4	29017.1
国有独资公司	State－owned solely			83.9
其他有限责任公司	Limited liability corporations	5250.4	4664.4	28933.2
股份有限公司	Share holding	8853.9	8853.3	6698.5
私营企业	Private	3188.6	2822.8	8576.5
私营独资企业	Private funded	706.4	488.1	1234.7
私营合伙企业	Private partner	175.4	175.4	7.6
私营有限责任公司	Private limited company	2283.3	2135.8	7314.1
私营股份有限公司	Private share holding	23.5	23.5	20.1
其他企业	Others	334.8	213.9	1482.7
港、澳、台商投资企业	Funded from Hongkong, Macao and Taiwan	3168.6	3059.6	
合资经营企业(港或澳、台资)	Joint venture	3158.1	3049.1	
合作经营企业(港或澳、台资)	Cooperative			
港、澳、台商独资经营企业	Solefunds	10.5	10.5	
港、澳、台商投资股份有限公司	Share holding			
其他港澳台投资企业	Others			
外商投资企业	Foreign funded	325.8	325.8	1294.1
中外合资经营企业	Joint venture	325.8	325.8	1294.1
中外合作经营企业	Cooperative			
外资企业	Foreign funded			
外商投资股份有限公司	Share holding			

单位:万元 unit:10000 yuan

三、损益及分配 Gains and losses and distribution							
销售费用 Marketing expenses	管理费用 Management expenses	税金 Taxes	差旅费 Travel expenses	工会经费 Trade union outlays	财务费用 Financial expenses	利息收入 Interest income	利息支出 Interest expenditure
38.4	606.6	43.6	3.4	1.3	21.0	17.0	16.1
4301.5	1962.6	126.2	146.6	11.7	700.6	86.9	710.5
3708.8	1111.6	20.9	18.8	8.6	686.2	86.9	702.1
592.7	851.0	105.3	127.8	3.1	14.4		8.4
157439.5	213678.6	9241.9	2748.2	958.9	43552.6	6039.7	23558.0
744.1	1817.9	26.2	10.1	10.7	8.6	4.4	-1.5
502.4	8.8	4.3	1.0	3.4	0.3		
198.3	295.0	15.4	26.5	15.2	131.5		
73863.8	76621.6	1769.8	902.2	274.5	16631.5	4285.1	12213.5
634.1	1173.7	132.5	150.6	13.2	-5.9	14.7	0.5
73229.7	75447.9	1637.3	751.6	261.3	16637.4	4270.4	12213.0
34079.2	76083.9	4450.2	307.6	99.2	11340.9	75.5	2182.4
46603.5	51768.2	2773.2	1416.5	486.3	14597.6	1498.1	8231.6
10089.0	8168.3	241.7	375.1	81.5	2282.3	379.9	1135.4
634.7	1365.2	168.7	188.7	18.5	210.9	0.2	122.9
35077.9	41783.7	2332.3	820.5	379.2	11872.9	1124.6	6752.9
801.9	451.0	30.5	32.2	7.1	231.5	-6.6	220.4
1448.2	7083.2	202.8	84.3	69.6	842.2	176.6	932.0
7242.6	18679.9	10.5	36.5	7.4	2220.8	26.6	
6294.2	18062.3	10.5	36.5	7.4	2019.6	26.6	
948.4	617.6				201.2		
8734.9	8140.9	529.6	60.8	10.5	4067.5	0.3	3201.8
8734.9	8140.9	529.6	60.8	10.5	4067.5	0.3	3201.8

14－3 续表28 continued28

指标名称	Item	三、损益及分配 Gains and losses and distribution 资产减值损失 Lost	公允价值变动收益 Revenue	投资收益 Investment income
木质装饰材料零售	Wooden decorative materials retail			
陶瓷、石材装饰材料零售	Ceramics、decorative stone materials retail			
其他室内装饰材料零售	Others			
货摊、无店铺及其他零售业	Other retail trade			
货摊食品零售	food			
货摊纺织、服装及鞋零售	Booth textile、clothing and shoes retail			
货摊日用品零售	Booth commodity retail			
互联网零售	Internet retailer			
邮购及电视、电话零售	Mail－order and TV and phone retail			
旧货零售	Second hand			
生活用燃料零售	Fuel for life			
其他未列明零售业	Others			
2. 按登记注册类型分	Grouped by type registered			
内资企业	Domestic funds	933.1	－252.6	5870.6
国有企业	State－owned	11.0		12.9
集体企业	Collective－owned			
股份合作企业	Cooperative			
联营企业	Joint			
国有联营企业	State joint owned			
集体联营企业	Collective joine owned			
国有与集体联营企业	State－collective joint owned			
其他联营企业	Other joint owned			
有限责任公司	Limited liability corporations	466.4		5269.4
国有独资公司	State－owned solely			
其他有限责任公司	Limited liability corporations	466.4		5269.4
股份有限公司	Share holding	389.1	－252.6	－420.7
私营企业	Private	66.6		1009.0
私营独资企业	Private funded	64.7		769.9
私营合伙企业	Private partner			
私营有限责任公司	Private limited company	1.9		239.1
私营股份有限公司	Private share holding			
其他企业	Others			
港、澳、台商投资企业	Funded from Hongkong,Macao and Taiwan	2.9		
合资经营企业(港或澳、台资)	Joint venture	2.9		
合作经营企业(港或澳、台资)	Cooperative			
港、澳、台商独资经营企业	Solefunds			
港、澳、台商投资股份有限公司	Share holding			
其他港澳台投资企业	Others			
外商投资企业	Foreign funded	982.3		
中外合资经营企业	Joint venture	982.3		
中外合作经营企业	Cooperative			
外资企业	Foreign funded			
外商投资股份有限公司	Share holding			

单位:万元 unit:10000 yuan

三、损益及分配 Gains and losses and distribution					四、人工成本及增值税 Labor cost and added - value tax			
营业利润 Business profits	营业外收入 Norbusiness revenue	补贴收入 Subsidies revenue	利润总额 Total profits	应交所得税 Income taxes payable	应付职工薪酬(本年贷方累计发生额) payroll payable (credit accumulated happening this year)	应交增值税 VAT payableinput	进项税额 VAT payableinput	销项税额 VAT payableexport
-259.4	0.6		-260.3	5.9	210.5	218.0	1819.6	2077.8
8816.1	9532.9		2281.8	73.1	1643.5	1289.2	22578.2	23093.6
2239.3	9532.7		2236.3	63.8	1439.9	1239.7	16702.9	17110.3
6576.8	0.2		45.5	9.3	203.6	49.5	5875.3	5983.3
78083.4	14226.7	454.6	79910.7	21996.1	104122.1	70559.7	505907.1	566253.2
210.4	49.6	48.9	138.5	23.4	1443.7	77.7	2018.9	2980.1
-0.2			-0.2		187.0	5.8	749.4	775.2
318.7			227.9	73.2	3331.0	74.0	1366.3	1578.3
17745.6	10574.2	31.1	24506.6	6538.3	34042.9	28516.0	250261.1	268939.7
81.6	61.5	20.0	136.4		593.4	279.0	550.3	749.7
17664.0	10512.7	11.1	24370.2	6538.3	33449.5	28237.0	249710.8	268190.0
40413.5	563.3		40727.7	10413.1	31655.6	16360.7	14891.8	19189.1
20391.9	3032.3	374.6	15050.3	4870.5	30613.3	24911.8	215675.1	250573.0
7296.8	117.7		7422.3	1030.6	5811.4	14284.0	53375.0	65692.6
6773.1			168.1	61.0	510.1	58.5	8514.3	9036.7
6152.2	2901.6	374.6	7284.0	3778.9	23753.4	10377.6	149824.7	171750.8
169.8	13.0		175.9		538.4	191.7	3961.1	4092.9
-996.5	7.3		-740.1	77.6	2848.6	613.7	20944.5	22217.8
29100.4	89.3		29048.7	7404.3	1571.2	8259.6	44109.7	51397.0
28969.7	89.3		29048.7	7404.3	1314.7	8259.6	43795.9	51001.6
130.7					256.5		313.8	395.4
-3816.5	22.0		-5708.1	961.0	3517.8	7461.0	21433.8	23565.8
-3816.5	22.0		-5708.1	961.0	3517.8	7461.0	21433.8	23565.8

14－3 续表 29 continued29

		五、土地和固定资产 Land and fixed asset	
		土地和固定资产支出 Land and fixed asset expenditures	土地购置 Purchase of land
木质装饰材料零售	Wooden decorative materials retail		
陶瓷、石材装饰材料零售	Ceramics、decorative stone materials retail		
其他室内装饰材料零售	Others	1218.2	722.0
货摊、无店铺及其他零售业	Other retail trade	567.9	
货摊食品零售	food		
货摊纺织、服装及鞋零售	Booth textile、clothing and shoes retail		
货摊日用品零售	Booth commodity retail		
互联网零售	Internet retailer		
邮购及电视、电话零售	Mail－order and TV and phone retail		
旧货零售	Second hand		
生活用燃料零售	Fuel for life	567.9	
其他未列明零售业	Others		
2. 按登记注册类型分	Grouped by type registered		
内资企业	Domestic funds	539599.1	41688.8
国有企业	State－owned		
集体企业	Collective－owned		
股份合作企业	Cooperative		
联营企业	Joint		
国有联营企业	State joint owned		
集体联营企业	Collective joine owned		
国有与集体联营企业	State－collective joint owned		
其他联营企业	Other joint owned		
有限责任公司	Limited liability corporations	12279.1	522.9
国有独资公司	State－owned solely	262.6	
其他有限责任公司	Limited liability corporations	12016.5	522.9
股份有限公司	Share holding	508898.8	39842.2
私营企业	Private	17784.4	923.7
私营独资企业	Private funded	7256.3	
私营合伙企业	Private partner	92.8	
私营有限责任公司	Private limited company	10357.0	923.7
私营股份有限公司	Private share holding	78.3	
其他企业	Others	636.8	400.0
港、澳、台商投资企业	Funded from Hongkong, Macao and Taiwan		
合资经营企业(港或澳、台资)	Joint venture		
合作经营企业(港或澳、台资)	Cooperative		
港、澳、台商独资经营企业	Solefunds		
港、澳、台商投资股份有限公司	Share holding		
其他港澳台投资企业	Others		
外商投资企业	Foreign funded	3656.8	
中外合资经营企业	Joint venture	3656.8	
中外合作经营企业	Cooperative		
外资企业	Foreign funded		
外商投资股份有限公司	Share holding		

单位:万元 unit:10000 yuan

五、土地和固定资产 Land and fixed asset			
房屋和建筑物 Buildings and constructing	机器设备 Machine and equipment	运输工具 Means of transport	其他费用 Others
305.0	191.2		
75.9	443.1	4.8	44.1
75.9	443.1	4.8	44.1
368686.6	41881.6	18692.8	68649.3
4027.6	1831.6	5245.1	651.9
200.0	16.5	46.1	
3827.6	1815.1	5199.0	651.9
360332.2	39006.7	2131.3	67586.4
4326.8	953.4	11172.8	407.7
1127.9	19.3	6098.6	10.5
		92.8	
3198.9	927.6	4976.1	330.7
	6.5	5.3	66.5
	89.9	143.6	3.3
96.8	119.7	2890.1	550.2
96.8	119.7	2890.1	550.2

14－3 续表30 continued30

指标名称 Item		法人企业数（个）Corporate enter prises(unit)	执行《2006年企业会计准则》企业个数(个) Number of enterprises implmenting Accounting Standards for Business Enterprises 2006	一、年初存货 Inventory
其他外商投资企业	Others			
3. 按控股情况分	Grouped by owned			
国有控股	State－owned	15	13	101706.4
集体控股	Collective－owned	2	2	2562.7
私人控股	Private－owned	160	125	263084.7
港澳台商控股	Hongkong, Macao and Taiwan－Owned	1		2057.4
外商控股	Foreign－owned	1		1943.1
其他	Others	33	26	46024.0
4. 按经营形式分	Grouped by form of management			
独立门店	Substantive store	189	148	303890.2
连锁总店(总部)	Chain headquarter	13	8	103407.8
连锁门店	Chain store	4	4	4340.1
其他	Others	6	6	5740.2
5. 按单位规模分	Gruoped by size of enterprises			
大型	Large－sized	20	17	143620.6
中型	Medium－sized	93	71	175944.6
小型	Small－sized	79	65	88205.1
微型	Micro－sized	20	13	9608.0
6. 按零售业态分	Grouped by form of retail			
有店铺零售	Retail trade	212	166	417378.3
食杂店	Traditional grocery store			
便利店	Convenience store			
折扣店	Discount store			
超市	Market	5	4	3944.3
大型超市	Super market	6	5	10940.0
仓储会员店	Warehouse store	1	1	332.2
百货店	Consumer goods	24	22	68781.4
专业店	Specialty store	96	76	167057.5
专卖店	Exclusive shop	77	55	165067.2
家居建材商店	Household items hall	1	1	699.1
购物中心	Shopping center	1	1	363.4
厂家直销中心	Direct sales by manufacturers	1	1	193.2
无店铺零售	Other retail trade			
电视购物	TV shopping			
邮购	Purchase by mail			
网上商店	Store on line			
自动售货亭	Vending machine			
电话购物	Call shopping			

单位:万元 unit:10000 yuan

流动资产合计 Circulating funds	应收帐款 Receivables	存货 Inventery	固定资产合计 Total fixed assets	固定资产原价 Original Value of fixed assets	累计折旧 Total depreciation	本年折旧 Depreciation in this year
449264.9	90816.7	110552.7	394419.9	463108.1	73078.9	17314.6
3727.5		2172.0	1795.0	2463.9	668.9	149.9
838039.3	96658.5	269068.1	179250.3	284539.9	107000.0	20432.9
2410.9	7.6	1052.2	1628.6	2632.7	1004.1	
3560.0		1268.1	67.8	5153.0	5085.2	
463491.2	32985.2	41946.1	139533.5	244711.9	104944.5	19521.4
1322516.6	169395.4	304348.7	315794.2	525177.7	210572.7	39527.0
394453.9	38500.8	110573.5	387300.1	463001.1	75988.3	17177.9
21702.1	143.0	5736.8	7211.7	11314.9	4103.2	542.9
21821.2	12428.8	5400.2	6389.1	3115.8	1117.4	171.0
922202.2	111417.8	163147.5	518861.2	723814.0	204699.0	37064.8
624906.6	74851.7	196093.4	161497.2	230750.3	75086.6	16438.9
192316.4	30395.9	58065.5	34187.1	45492.8	11305.9	3772.4
21068.6	3802.6	8752.8	2149.6	2552.4	690.1	142.7
1760493.8	220468.0	426059.2	716695.1	1002609.5	291781.6	57418.8
10768.5	3445.0	4124.0	8412.5	10001.6	1589.1	538.0
37949.7	4079.2	10261.9	13705.1	30851.5	16912.3	922.0
556.0	130.0	426.0	246.5	246.5		
606119.7	1991.4	72564.6	519069.9	697400.1	179286.5	34094.4
560040.4	96897.1	188683.6	83575.8	126771.3	48053.0	11944.3
514186.2	113735.6	148978.3	61075.5	90610.2	29822.2	8385.2
434.3	76.1	358.2				
20447.6	101.6	332.1	28631.5	44617.5	15986.0	1413.4
9991.4	12.0	330.5	1978.3	2110.8	132.5	121.5

14－4 限额以上批发零售法人企业商品购进、销售和库存(2012)

单位:万元

指标名称	Item	法人企业数(个) Corporate enterprises(unit)	从业人员期末人数(人) (person)
总计	Total	338	43245
一、批发业	Wholesale	136	11758
1.按批发行业小类分	Grouped by Sector		
农、林、牧产品批发	Farming,、Fore、animal husbandry	18	1107
谷物、豆及薯类批发	Cereal beans and Tubers	14	966
种子批发	Seed	3	134
饲料批发	Forage	1	7
棉、麻批发	Cotton and Fiber		
林业产品批发	Forestry		
牲畜批发	Animal		
其他农牧产品批发	Others		
食品、饮料及烟草制品批发	Food,drink and tobaccos	5	1096
米、面制品及食用油批发	Grain and edible oil		
糕点、糖果及糖批发	Cake, Candy and Suger		
果品、蔬菜批发	Fruit and Vegetable		
肉、禽、蛋、奶及水产品批发	Meet fowl egg and marine products		
盐及调味品批发	Salt and condiment	2	170
营养和保健品批发	The nutrition and health care products retail		
酒、饮料及茶叶批发	Alcohol beverage and tea tobaccos	1	28
烟草制品批发	Tobaccos	1	794
其他食品批发	Others	1	104
纺织、服装及家庭用品批发	Textile garment and daily articles	9	921
纺织品、针织品及原料批发	Textile, knitwear and raw moterial		
服装批发	Garment	1	30
鞋帽批发	Shoe and hat		
化妆品及卫生用品批发	Cosmetic and sanitary accessories		
厨房、卫生间用具及日用杂货批发	Kitchen, rest room and daily articles	1	32
灯具、装饰物品批发	lamps and lanterns、decorative items wholesale		
家用电器批发	Electrical household appliances	6	743
其他家庭用品批发	Others	1	116
文化、体育用品及器材批发	Sporting goods and equipment wholesale	2	474
文具用品批发	Stationery		
体育用品及器材批发	Sporting goods and equipment wholesale		
图书批发	Books	2	474
报刊批发	Newspaper		
音像制品及电子出版物批发	Audio－visual and E－journal products		
首饰、工艺品及收藏品批发	Jewelry, handicraft article and collection		
其他文化用品批发	Others		
医药及医疗器材批发	Medicine and medical appliance	32	1888
西药批发	Western medicine	27	1757
中药批发	Chinese medicine	3	49
医疗用品及器材批发	Medical component	2	82
矿产品、建材及化工产品批发	Minerals and construction materials	32	4405
煤炭及制品批发	Coal and related products		
石油及制品批发	Petroleum and related products	5	3500
非金属矿及制品批发	Non－metal materials		

TOTAL PURCHASE, SALES AND INVENTORY IN WHOLESALE AND RETAIL TRADE ABOVE DESIGNATED SIZE (2012)

单位:万元 unit:10000 yuan

商品购进额 Amout	进口额 Imports	商品销售额 Commodity sales	批发额 Wholesale	出口额 Exports	零售额 Retail	期末商品库存额 Inventory	年末零售营业面积(平方米) Business areas (m^2)
11438062.2	489239.3	14521661.9	7631028.1	19082.1	6890633.8	950112.0	3176054
7608127.1	463339.5	8027044.1	7070207.6	19082.1	956836.5	439078.1	471796
738458.4	348292.8	715223.5	706927.6	17850.0	8295.9	128224.0	373809
731844.6	348292.8	704803.5	696507.6	17850.0	8295.9	124606.1	349889
4560.4		8408.3	8408.3			3576.2	23920
2053.4		2011.7	2011.7			41.7	
510057.0		669656.6	669656.6			45375.5	9145
11778.5		18322.2	18322.2			2163.8	234
6587.8		6686.8	6686.8			749.7	1000
482333.6		635105.8	635105.8			42277.3	7811
9357.1		9541.8	9541.8			184.7	100
182462.0		185663.1	184509.2		1153.9	7080.3	2601
9630.2		6442.7	6442.7			3187.5	1000
2450.4		2404.1	1250.2		1153.9	46.3	116
151068.5		155803.4	155803.4			1375.4	1305
19312.9		21012.9	21012.9			2471.1	180
40734.7		39750.3	38400.6		1349.7	16525.9	5100
40734.7		39750.3	38400.6		1349.7	16525.9	5100
528932.6	96234.4	567769.3	561103.6		6665.7	60286.3	8894
498185.2	96234.4	534017.8	527352.1		6665.7	58630.0	7894
16507.5		16394.1	16394.1			178.1	460
14239.9		17357.4	17357.4			1478.2	540
4048650.9		4152566.3	3250700.2		901866.1	100760.5	65957
1091502.0		1161938.4	285080.7		876857.7	23721.5	20115

14－4 续表 1 continued1

指标名称 Item		法人企业数(个) Corporate enterprises(unit)	从业人员期末人数(人) (person)
金属及金属矿批发业	Metal materials	6	270
建材批发业	Construction materials	17	579
化肥批发业	Chemical fertilizers	2	10
农药批发	Agricultural chemical		
农用薄膜批发	Agricultural film		
其他化工产品批发	Others	2	46
机械设备、五金交电及电子产品批发业	Machinery, hardware and electronic equipment	28	1867
农业机械批发	Farm machinery	1	48
汽车批发	motorcycle	1	16
汽车零配件批发	motorcycle and parts	4	459
摩托车及零配件批发	Motor vehicles, motorcycle and parts	2	64
五金产品批发	Hardware products	2	51
电气设备批发	Appliances		
计算机、软件及辅助设备批发业	Computer software and accessories	2	37
通讯及广播电视设备批发	Communication and radiated television	1	19
其他机械设备及电子产品批发	Others	15	1173
贸易经纪与代理	Agency and brokerage		
贸易代理	Trade agency		
拍卖	Auction		
其他贸易经纪与代理	Others		
其他批发业	Other wholesale		
再生物资回收与批发	Renewable materials recovery and wholesale		
其他未列明的批发	Others		
2. 按登记注册类型分组	Grouped by type registered		
内资企业	Domestic funds	121	10878
国有企业	State－owned	10	4740
集体企业	Collective－owned		
股份合作企业	Cooperative		
联营企业	Joint		
国有联营企业	State joint owned		
集体联营企业	Collective joint owned		
国有与集体联营企业	State－collective joint owned		
其他联营企业	Other joint owned		
有限责任公司	Limited liability corporations	48	3080
国有独资企业	State－owned solely	2	520
其他有限责任公司	Limited liability corporations	46	2560
股份有限公司	Share holding	7	359
私营企业	Private	42	2058
私营独资企业	Private funded		
私营合伙企业	Private partner	2	89
私营有限责任公司	Private limited company	38	1921
私营股份有限公司	Private share holding	2	48
其他企业	Others	14	641
港、澳、台商投资企业	Funded from Hongkong, Macao and Taiwan	2	475
合资经营(港或澳、台资)	Joint venture		
合作经营(港或澳、台资)	Cooperative		

单位:万元 unit:10000 yuan

商品购进额 Amout	进口额 Imports	商品销售额 Commodity sales	批发额 Wholesale	出口额 Exports	零售额 Retail	期末商品库存额 Inventory	年末零售营业面积（平方米） Business areas (m^2)
1606653.8		1637016.3	1637016.3			54891.0	2947
1260907.0		1259016.7	1234008.3		25008.4	21716.4	42462
59327.2		64272.7	64272.7			414.4	175
30260.9		30322.2	30322.2			17.2	258
1558831.5	18812.3	1696415.0	1658909.8	1232.1	37505.2	80825.6	6290
58.5		3870.7	3870.7			2254.7	1000
3745.9		3703.1	3703.1			93.4	60
1375441.8	18812.3	1502714.2	1502714.2	1232.1		36680.6	975
15576.3		16534.4	16525.4		9.0	2503.4	400
6012.3		5980.6	4784.4		1196.2	259.6	147
26587.7		25996.4	24430.6		1565.8	591.3	63
5617.6		5597.7	4478.3		1119.4	19.9	19
125791.4		132017.9	98403.1		33614.8	38422.7	3626
6170413.8	463339.5	6465428.2	5508591.7	19082.1	956836.5	402536.5	466338
2069477.7		2314554.0	1437696.3		876857.7	111404.2	318388
2882709.4	463339.5	2913417.3	2888101.1	16530.6	25316.2	168420.8	42064
832015.4		841116.9	841116.9			19833.7	290
2050694.0	463339.5	2072300.4	2046984.2	16530.6	25316.2	148587.1	41774
194953.3		172357.8	155850.6	2551.5	16507.2	28120.6	41915
629936.7		672565.2	645960.7		26604.5	64666.2	40092
67355.7		73591.0	73591.0			482.9	232
555406.4		587442.6	560838.1		26604.5	63546.8	23269
7174.6		11531.6	11531.6			636.5	16591
393336.7		392533.9	380983.0		11550.9	29924.7	23879
100192.9		101780.4	101780.4			93.9	4223

14－4 续表 2 continued2

指标名称	Item	法人企业数(个) Corporate enter prises (unit)	从业人员期末人数(人) (person)
港、澳、台商独资经营企业	Solefunds	2	475
港、澳、台商投资股份有限公司	Share holding		
其他港澳台投资企业	Others		
外商投资企业	Foreign funds	3	405
中外合资经营企业	Joint venture	2	375
中外合作经营企业	Cooperative		
外资企业	Foreign funded		
外商投资股份有限公司	Share holding	1	30
其他外商投资企业	Others		
3. 按控股情况分组	Grouped by owned		
国有控股	State－owned	18	5965
集体控股	Collective－owned	1	
私人控股	Private－owned	76	3504
港澳台商控股	Hongkong, Macao and Taiwan－Owned	3	475
外商控股	Foreign－owned	1	30
其他	Others	27	1784
4. 按经营形式分组	Grouped by form of management		
独立门店	Substantive store	112	10637
连锁总店(总部)	Chain headquarter		
连锁门店	Chain store	1	414
其他	Others	13	707
5. 按单位规模分	Gruoped by size of enterprises		
大型	Large－sized	6	5630
中型	Medium－sized	57	4717
小型	Small－sized	52	1109
微型	Micro－sized	11	302
二、零售业	Retail trade	212	31487
1. 按零售行业小类分组	Grouped by sectors		
综合零售业	Retail trade	30	14439
百货零售业	Consumer goods	17	9384
超级市场零售业	Supermarket	11	3030
其他综合零售	Other comprehensive retail business	2	2025
食品、饮料及烟草制品专门零售业	Food, beverage and tobaccos	4	690
粮油零售	Food and Oil		
糕点、面包零售	Cake and bread	1	141
果品、蔬菜零售	Fruit and Vegetable		
肉、禽、蛋及水产品零售	Meet, fowl, egg and marine products	1	17
营养和保健品零售	Nutrition and health care		
酒、饮料及茶叶零售	Alcohol、beverage and tea		
烟草制品零售	Tobaccos	2	532
其他食品零售	Others		
纺织、服装及日用品专门零售业	Textile, garment and daily articles	13	1471
纺织品及针织品零售	Textile and knitwear		
服装零售业	Garments	9	1205
鞋帽零售	Shoe and hat		
化妆品及卫生用品零售	Cosmetic and sanitary accessories		
钟表、眼镜零售	Clock and spectacles	4	266

单位:万元　unit:10000 yuan

商品购进额 Amout	进口额 Imports	商品销售额 Commodity sales	批发额 Wholesale	出口额 Exports	零售额 Retail	期末商品库存额 Inventory	年末零售营业面积(平方米) Business areas (m^2)
100192.9		101780.4	101780.4			93.9	4223
1337520.4		1459835.5	1459835.5			36447.7	1235
1329942.4		1452092.5	1452092.5			35199.7	435
7578.0		7743.0	7743.0			1248.0	800
4921262.8	444527.2	5261258.4	4376414.7	15298.5	884843.7	287855.8	320128
4736.5		4907.1	4907.1			41.9	184
989258.5	18812.3	1049487.9	1001448.6	1232.1	48039.3	107836.0	89633
113988.6		117836.1	117836.1			377.2	4407
7578.0		7743.0	7743.0			1248.0	800
1571302.7		1585811.6	1561858.1	2551.5	23953.5	41719.2	56644
7217783.0	463339.5	7619538.1	6663011.5	16530.6	956526.6	416468.6	463186
32448.5		34351.5	34351.5			13254.6	100
357895.6		373154.5	372844.6	2551.5	309.9	9354.9	8510
3777419.9		4167075.8	3290218.1		876857.7	99180.7	24760
3218590.7	463339.5	3230865.6	3175064.6	16530.6	55801.0	291459.8	96280
550047.3		567900.0	547176.4	2551.5	20723.6	42221.9	59397
62069.2		61202.7	57748.5		3454.2	6215.7	291359
3829935.1	25899.8	6494617.8	560820.5		5933797.3	511033.9	2704258
525325.1		2962113.1	2497.5		2959615.6	123342.1	2181985
357680.3		2792210.8	1417.5		2790793.3	77107.4	1927962
143417.8		141905.8			141905.8	41694.7	133523
24227.0		27996.5	1080.0		26916.5	4540.0	120500
62979.1		66981.7	78.8		66902.9	21445.3	7342
4286.4		4206.8			4206.8	79.6	1100
78.8		78.8	78.8			33.0	1500
58613.9		62696.1			62696.1	21332.7	4742
125935.2		138567.2	15915.3		122651.9	40092.8	121860
102666.7		108899.6	15915.3		92984.3	31051.9	117909
23268.5		29667.6			29667.6	9040.9	3951

14－4 续表 3 continued3

指标名称	Item	法人企业数(个) Corporate enterprises(unit)	从业人员期末人数(人) (person)
箱、包零售	Bags and suitcases retail		
厨房用具及日用杂品零售	Kitchenware and daily commodities retail		
自行车零售	Bicycle		
其他日用品零售	Others		
文化、体育用品及器材专门零售	Cultural and sport goods	10	755
文具用品零售	Stationery		
体育用品及器材零售业	sports good and		
图书、报刊零售	Books、Newspaper	7	664
音像制品及电子出版物零售	Audio－visual and E－journal products		
珠宝首饰零售	Jewelry	2	59
工艺美术品及收藏品零售业	Handicraft article and collection	1	32
乐器零售	Musical instruments retail		
照相器材零售	Photographic apparatus retail		
其他文化用品零售	Others		
医药及医疗器材专门零售业	Medicine and medical appliance	14	2687
药品零售业	Medicine	13	2684
医疗用品及器材零售	Medical component	1	3
汽车、摩托车、燃料及零配件专门零售业	Vehicles,motorcycle and part	113	9506
汽车零售业	Vehicles	97	7956
汽车零配件零售	Installation kit	5	121
摩托车及零配件零售	Motoreycle	1	15
机动车燃料零售业	Fuel	10	1414
家用电器及电子产品专门零售业	Electrical household equipment	12	1193
家用视听设备零售	Household audio and video equipment	3	100
日用家电设备零售	Household appliances retail	4	878
计算机、软件及辅助设备零售业	Computer software and accessories	2	59
通信设备零售业	Teleconmmunicational equipment	2	139
其他电子产品零售	Others	1	17
五金、家具及室内装修材料专门零售业	Hardware funiture and indoor hareware fitting	4	45
五金零售	Hardware		
灯具零售	lamps		
家具零售	Funiture		
涂料零售	Coating		
卫生洁具零售	Sanitary ware retail		
木质装饰材料零售	Wooden decorative materials retail		
陶瓷、石材装饰材料零售	Ceramics、decorative stone materials retail		
其他室内装饰材料零售	Others	4	45
货摊、无店铺及其他零售业	Other retail trade	12	701
货摊食品零售	food		
货摊纺织、服装及鞋零售	Booth textile、clothing and shoes retail		
货摊日用品零售	Booth commodity retail		
互联网零售	Internet retailer		
邮购及电视、电话零售	Mail－order and TV and phone retail		
旧货零售	Second hand		
生活用燃料零售	Fuel for life	7	624
其他未列明零售	Others	5	77
2. 按登记注册类型分组	Grouped by type registered		
内资企业	Domestic funds	205	29256

单位:万元　unit:10000 yuan

商品购进额 Amout	进口额 Imports	商品销售额 Commodity sales	批发额 Wholesale	出口额 Exports	零售额 Retail	期末商品库存额 Inventory	年末零售营业面积(平方米) Business areas (m^2)
49316.8		56606.5	2000.1		54606.4	12256.1	15885
31055.2		31623.1			31623.1	7389.2	15385
8214.5		11127.3	2000.1		9127.2	3136.0	435
10047.1		13856.1			13856.1	1730.9	65
291368.8		301935.9	209308.6		92627.3	36693.2	60749
288228.4		298803.9	206176.6		92627.3	36684.8	60729
3140.4		3132.0	3132.0			8.4	20
2483431.1	25899.8	2678632.5	281200.6		2397431.9	253853.5	198172
2129891.7	25854.2	2245342.9	118469.0		2126873.9	246240.4	177952
4546.2	45.6	64660.0			64660.0	510.3	2112
603.2		835.6			835.6	232.4	580
348390.0		367794.0	162731.6		205062.4	6870.4	17528
127903.5		121630.2	12459.6		109170.6	15698.1	74577
9829.5		9852.4	8000.0		1852.4	1101.5	2958
92046.0		85553.7	1900.6		83653.1	8896.7	67665
5250.1		5399.3	2559.0		2840.3	181.7	104
18851.2		19027.7			19027.7	4913.7	3760
1926.7		1797.1			1797.1	604.5	90
10825.3		12059.6	3898.5		8161.1	1587.8	4160
10825.3		12059.6	3898.5		8161.1	1587.8	4160
152850.2		156091.1	33461.5		122629.6	6065.0	39528
101082.6		103493.2			103493.2	2710.9	39018
51767.6		52597.9	33461.5		19136.4	3354.1	510
3673765.0	25899.8	6326264.2	560332.6		5765931.6	488257.1	2617281

14－4续表4 continued4

指标名称	Item	法人企业数(个) Corporate enterprises(unit)	从业人员期末人数(人) (person)
国有企业	State－owned	4	290
集体企业	Collective－owned	1	30
股份合作企业	Cooperative	2	1805
联营企业	Joint		
国有联营企业	State joint owned		
集体联营企业	Collective joint owned		
国有与集体联营企业	State－collective joint owned		
其他联营企业	Other joint owned		
有限责任公司	Limited liability corporations	77	12648
国有独资企业	State－owned solely	3	154
其他有限责任公司	Limited liability corporations	74	12494
股份有限公司	Share holding	6	5705
私营企业	Private	99	8238
私营独资企业	Private funded	24	1800
私营合伙企业	Private partner	5	154
私营有限责任公司	Private limited company	69	6159
私营股份有限公司	Private share holding	1	125
其他企业	Others	16	540
港、澳、台商投资企业	Funded from Hongkong, Macao and Taiwan	3	1446
合资经营企业(港或澳、台资)	Joint venture	2	1325
合作经营企业(港或澳、台资)	Cooperative		
港、澳、台商独资经营企业	Solefunds	1	121
港、澳、台商投资股份有限公司	Share holding		
其他港澳台投资企业	Others		
外商投资企业	Foreign funds	4	785
中外合资经营企业	Joint venture	4	785
中外合作经营企业	Cooperative		
外资企业	Foreign funded		
外商投资股份有限公司	Share holding		
其他外商投资股份有限公司	Others		
3. 按控股情况分组	Grouped by owned		
国有控股	State－owned	15	6965
集体控股	Collective－owned	2	1810
私人控股	Private－owned	160	14185
港澳台商控股	Hongkong, Macao and Taiwan－Owned	1	121
外商控股	Foreign－owned	1	239
其他	Others	33	8167
4. 按经营形式分组	Grouped by form of management		
独立门店	Substantive store	189	21191
连锁总店(总部)	Chain headquarter	13	7441
连锁门店	Chain store	4	911

单位:万元　unit:10000 yuan

商品购进额 Amout	进口额 Imports	商品销售额 Commodity sales	批发额 Wholesale	出口额 Exports	零售额 Retail	期末商品库存额 Inventory	年末零售营业面积（平方米）Business areas（m^2）
16982.9		22367.9			22367.9	5477.6	6628
14986.5		15502.1			15502.1	730.0	6000
24680.7		26644.7			26644.7	2872.6	743
1815052.2	10935.6	1862441.1	404760.9		1457680.2	211875.7	598427
6725.1		6840.1			6840.1	275.4	2730
1808327.1	10935.6	1855601.0	404760.9		1450840.1	211600.3	595697
103830.4		2540249.8	2899.2		2537350.6	75436.4	1712945
1559000.1	4412.5	1711409.1	115406.1		1596003.0	147048.0	243999
362361.5	273.8	427333.8	13683.0		413650.8	24061.9	32911
58591.2		63578.6	33461.5		30117.1	4325.0	3569
1110681.1	4138.7	1196420.6	68261.6		1128159.0	115370.9	204519
27366.3		24076.1			24076.1	3290.2	3000
139232.2	10551.7	147649.5	37266.4		110383.1	44816.8	48539
24633.4		35695.9			35695.9	6121.3	61398
23374.8		31722.3			31722.3	4816.6	58200
1258.6		3973.6			3973.6	1304.7	3198
131536.7		132657.7	487.9		132169.8	16655.5	25579
131536.7		132657.7	487.9		132169.8	16655.5	25579
363564.9		2800867.5	185408.6		2615458.9	119684.6	1670977
38641.6		39566.2			39566.2	2715.0	6683
2747665.3	25899.8	2963147.9	359718.9		2603429.0	316274.6	541554
1258.6		3973.6			3973.6	1304.7	3198
8273.2		8296.5			8296.5	1268.0	14979
670531.5		678766.1	15693.0		663073.1	69787.0	466867
3556450.2	25899.8	3760750.6	520714.6		3240036.0	383496.5	985591
174944.7		2629221.4	13225.7		2615995.7	116861.8	1697952
47315.2		45140.4	92000.1		43140.3	5736.8	18466

14－4 续表 5 continued5

指标名称	Item	法人企业数(个) Corporate enterprises(unit)	从业人员期末人数(人) (person)
其他	Others	6	1944
5. 按单位规模分	Gruoped by size of enterprises		
大型	Large－sized	20	17592
中型	Medium－sized	93	11265
小型	Small－sized	79	2155
微型	Micro－sized	20	475
6. 按零售业态分组	Grouped by form of retail		
有店铺零售	Retail trade	212	21487
食杂店	Traditional grocery store		
便利店	Convenience store		
折扣店	Discount store		
超市	Market	5	719
大型超市	Super market	6	2534
仓储会员店	Warehouse store	1	10
百货店	Consumer goods	24	11683
专业店	Speciality store	96	10262
专卖店	Exclusive shop	77	5820
家居建材商店	Household items hall	1	3
购物中心	Shopping center	1	410
厂家直销中心	Direct sales by manufacturers	1	46
无店铺零售	Other retail trade		
电视购物	TV shopping		
邮购	Purchase by mail		
网上商店	Store on line		
自动售货亭	Vending machine		
电话购物	Call shopping		

单位:万元　unit:10000 yuan

商品购进额 Amout	进口额 Imports	商品销售额 Commodity sales	批发额 Wholesale	出口额 Exports	零售额 Retail	期末商品库存额 Inventory	年末零售营业面积(平方米) Business areas (m^2)
51225.0		59505.4	24880.1		34625.3	4938.8	2249
1380285.2		3823836.8	369770.5		3454066.3	214488.2	2148880
1860147.1	16250.4	2061573.4	82643.5		1978929.9	203305.2	358244
502598.9	9649.4	516729.7	66814.0		449915.7	82005.3	183636
86903.9		92477.9	41592.5		50885.4	11235.2	13498
3829935.1	25899.8	6494617.8	560820.5		5933797.3	511033.9	2704258
22498.1		25274.9	580.2		24694.7	4056.0	10660
118272.2		115437.4			115437.4	38650.6	88663
1245.0		1423.7			1423.7	134.1	8000
400965.9		2839583.4	2497.5		2837085.9	83629.8	2096677
1804888.3	13742.5	1900543.3	274032.3		1626511.0	216518.5	276927
1430186.0	12157.3	1570601.6	281554.9		1289046.7	156238.8	124281
1722.7		2155.6	2155.6			419.1	3000
43512.0		32455.5			32455.5	11056.5	91000
6644.9		7142.4			7142.4	330.5	5050

14－5 限额以上住宿和餐饮法人企业基本情况(2012)

指标名称	Item	法人企业数(个) Corporate enterprises (unit)
总计	Total	106
一、住宿业	Hotels	54
1. 按住宿行业小类分组	Grouped by sectors	
旅游饭店	Tourism restaurant	40
一般旅馆	Hotels	11
其他住宿业	Others	3
2. 按登记注册类型分组	Grouped by type registered	
内资企业	Domestic funds	49
国有企业	State－owned	22
集体企业	Collective－owned	1
股份合作企业	Cooperative	1
联营企业	Joint	1
国有联营企业	State joint owned	1
集体联营企业	Collective joine owned	
国有与集体联营企业	State－collective joint owned	
其他联营企业	Other joint owned	
有限责任公司	Limited liability corporations	15
国有独资公司	State－owned solely	1
其他有限责任公司	Limited liability corporations	14
股份有限公司	Share holding	3
私营企业	Private	4
私营独资企业	Private funded	
私营合伙企业	Private partner	
私营有限责任公司	Private limited company	3
私营股份有限公司	Private share holding	1
其他企业	Others	2
港、澳、台商投资企业	Funded from Hongkong, Macao and Taiwan	2
合资经营企业(港或澳、台资)	Joint venture	1
合作经营企业(港或澳、台资)	Cooperative	1
港、澳、台商独资经营企业	Solefunds	
港、澳、台商投资股份有限公司	Share holding	
其他港澳台投资企业	Others	

GENERAL INFORMATION OF THE ABOVE－NORM HOTELS AND CATERING(2012)

从业人员期末人数(人) (person)	其中:女性 Female	法人所属产业活动单位数(个) The number of legal persons' establishments	住宿和餐饮业 Hotels and catering	其他 Others
15268	8042	125	125	
9199	5444	55	55	
8433	4971	41	41	
423	290	11	11	
343	183	3	3	
7456	4307	50	50	
3982	2308	22	22	
86	50	1	1	
102	78	1	1	
192	105	2	2	
192	105	2	2	
2211	1273	15	15	
265	153	1	1	
1946	1120	14	14	
107	74	3	3	
234	117	4	4	
215	110	3	3	
19	7	1	1	
542	302	2	2	
702	470	2	2	
320	200	1	1	
382	270	1	1	

14－5 续表 1 continued1

指标名称	Item	法人企业数(个) Corporate enterprises(unit)
外商投资企业	Foreign funded	3
中外合资经营企业	Joint venture	2
中外合作经营企业	Cooperative	1
外资企业	Foreign funds	
外商投资股份有限公司	Share holding	
其他外商投资企业	Others	
3. 按控股情况分组	Grouped by owned	
国有控股	State－owned	26
集体控股	Collective－owned	1
私人控股	Private－owned	9
港澳台商控股	Hongkong, Macao and Taiwan－Owned	1
外商控股	Foreign－owned	1
其他	Others	15
4. 按经营形式分组	Grouped by form of management	
独立门店	Substantive store	49
连锁总店(总部)	Chain headquarter	
连锁门店	Chain store	1
其他	Others	4
5. 按单位规模分组	Gruoped by size of enterprises	
大型	Large－sized	3
中型	Medium－sized	19
小型	Small－sized	30
微型	Micro－sized	2
6. 按星级分组	Grouped by star	
五星	Five－star	2
四星	Four－star	14
三星	Three－star	17
二星	Two－star	5
一星	One－star	
其他	Others	16
二、餐饮业	Catering	52
1. 按餐饮行业小类分组	Grouped by sector	
正餐服务	Dinner	52
快餐服务	Fast food	
饮料及冷饮服务	Beverage and cold drink	
茶馆服务	The teahouse services	
咖啡馆服务	Coffee shops serve	
酒吧服务	Bar Service	
其他饮料及冷饮服务	Others	
其他餐饮业	Others	
小吃服务	Snack service	
餐饮配送服务	Food and beverage distribution services	
其他未列明餐饮业	Others	
2. 按登记注册类型分组	Grouped by type registered	
内资企业	Domestic funds	51
国有企业	State owned	4

从业人员期末人数（人）(person)	其中:女性 Female	法人所属产业活动单位数(个) The number of legal persons' establishments	住宿和餐饮业 Hotels and catering	其他 Others
1041	667	3	3	
812	537	2	2	
229	130	1	1	
4469	2603	27	27	
86	50	1	1	
428	257	9	9	
382	270	1	1	
320	200	1	1	
3369	1977	15	15	
8177	4914	50	50	
95	35	1	1	
927	495	4	4	
1945	1086	3	3	
5066	2994	20	20	
2174	1353	30	30	
14	11	2	2	
1020	614	2	2	
4245	2461	14	14	
1762	1097	18	18	
209	117	5	5	
1963	1155	16	16	
6069	2598	70	70	
6069	2598	70	70	
5962	2548	69	69	
884	141	4	4	

14－5 续表 2 continued2

指标名称 Item		法人企业数(个) Corporate enterprises(unit)
集体企业	Collective owned	3
股份合作企业	Cooperative	2
联营企业	Joint	
国有联营企业	State joint owned	
集体联营企业	Collective joint owned	
国有与集体联营企业	State－collective joint owned	
其他联营企业	Other joint owned	
有限责任公司	Limited liability corporations	13
国有独资企业	State owned solely	
其他有限责任公司	Limited liability corporations	13
股份有限公司	Share holding	2
私营企业	Private	6
私营独资企业	Private funded	
私营合伙企业	Private partner	
私营有限责任公司	Private limited company	12
私营股份有限公司	Private share holding	
其他企业	Others	9
港、澳、台商投资企业	Funded from Hongkong, Macao and Taiwan	1
合资经营企业(港或澳、台资)	Joint venture	
合作经营企业(港或澳、台资)	Cooperative	
港、澳、台商独资经营企业	Solefunds	1
港、澳、台商投资股份有限公司	Share holding	
其他港澳台投资企业	Others	
外商投资企业	Foreign funded	
中外合资经营企业	Joint venture	
中外合作经营企业	Cooperative	
外资企业	Foreign funds	
外商投资股份有限公司	Share holding	
3. 按控股情况分组	Grouped by owned	
国有控股	State－owned	5
集体控股	Collective－owned	3
私人控股	Private－owned	34
港澳台商控股	Hongkong, Macao and Taiwan－Owned	
外商控股	Foreign－owned	
其他	Others	10
4. 按经营形式分组	Grouped by form of retail	
独立门店	Substantive store	50
连锁总店(总部)	Chain headquarter	
连锁门店	Chain store	
其他	Others	2
5. 按单位规模分	Gruoped by size of enterprises	
大型	Large－sized	3
中型	Medium－sized	3
小型	Small－sized	43
微型	Micro－sized	3

从业人员期末人数（人）(person)	其中：女性 Female	法人所属产业活动单位数(个) The number of legal persons' establishments	住宿和餐饮业 Hotels and catering	其他 Others
189	122	3	3	
67	37	2	2	
1460	446	13	13	
1460	446	13	13	
50	26	2	2	
2535	1274	36	36	
486	216	6	6	
2049	1058	30	30	
777	502	9	9	
107	50	1	1	
107	50	1	1	
939	171	5	5	
189	122	3	3	
3720	2053	52	52	
1221	252	10	10	
6022	2571	68	68	
47	27	2	2	
1932	329	3	3	
1195	610	21	21	
2378	1392	43	43	
564	267	3	3	

14－6　限额以上住宿和餐饮业法人经营情况(2012)

单位:千元

		法人企业数(个) Corporate enterprises (unit)	从业人员期末人数(人) (person)	营业额 Turnover
总　计	Total	106	15268	286300
一、住宿业	Hotels	54	9199	164546
1. 按住宿行业小类分组	Grouped by sectors			
旅游饭店	Tourism restaurant	40	8433	150198
一般旅馆	Hotels	11	423	6204
其他住宿服务	Other accommomodation services	3	343	8143
2. 按登记注册类型分组	Grouped by type registered			
内资企业	Domestic funds	49	7456	118880
国有企业	State－owned	22	3982	59645
集体企业	Collective－owned	1	86	1231
股份合作企业	Cooperative	1	102	2859
联营企业	Joint	1	192	4001
国有联营企业	State joint owned	1	192	4001
集体联营企业	Collective joint owned			
国有与集体联营企业	State－collective joint owned			
其他联营企业	Other joint owned			
有限责任公司	Limited liability corporations	15	2211	34808
国有独资企业	State－owned soely	1	265	975
其他有限责任公司	Limited liability corporations	14	1946	33833
股份有限公司	Share holding	3	107	2599
私营企业	Private	4	234	6778
私营独资企业	Private funded			
私营合伙企业	Private partner			
私营有限责任公司	Private limited company	3	215	6578
私营股份有限公司	Private share holding	1	19	200
其他企业	Others	2	542	6960
港、澳、台商投资企业	Funded from Hongkong, Macao and Taiwan	2	702	12946
合资经营企业(港或澳、台资)	Joint venture	1	320	5980
合作经营企业(港或澳、台资)	Cooperative	1	382	6966
港、澳、台商独资经营企业	Solefunds	1	382	6966
港、澳、台商投资股份有限公司	Share holding			
其他港澳台投资企业	Others			
外商投资企业	Foreign funded	3	1041	32720
中外合资经营企业	Joint venture	2	812	27347
中外合作经营企业	Cooperative	1	229	5373
外资企业	Foreign funds			
外商投资股份有限公司	Share holding			
其他外商投资企业	Others			
3. 按控股情况分组	Grouped by owned			
国有控股	State－owned	26	4469	66584
集体控股	Collective－owned	1	86	1231
私人控股	Private－owned	9	428	9611
港澳台商控股	Hongkong, Macao and Taiwan－Owned	1	382	6966
外商控股	Foreign－owned	1	320	5980
其他	Others	15	3396	71466
4. 按经营形式分组	Grouped by form of management			

COMPREHENSIVE CONDITIONS OF ENTERPRISES ABOVE DESIGNATED SIZE IN HOTELS AND RESTAURANTS (2012)

unit: 1000yuan

客房收入 Guest room income	餐费收入 Food bill	商品销售收入 Goods sale income	其他收入 Other income	客房间数（间） Rooms	床位数（个） Beds	餐位数（位） Seats	年末餐饮营业面积（平方米） Business areas (m^2)
100749	160697	2913	21941	12404	19716	54205	328485
73197	74703	1915	14731	7952	13368	28847	192855
66827	67882	1819	13671	6716	11155	25155	167296
4513	1577	96	18	721	1418	2243	22359
1857	5244		1043	515	795	1449	3200
55416	52695	912	9857	6678	11465	24824	146302
27031	26516	384	5714	2904	4577	11898	70429
322	909			69	223	120	300
1377	801		681	80	110	280	1000
1462	1276		1263	172	254	2000	3000
1462	1276		1263	172	254	2000	3000
16794	16092	492	1431	2431	4539	6084	46254
258	507		209	211	349	454	500
16535	15585	492	1221	2220	4190	5630	45754
1945	649		4	206	431	1382	8800
3523	3195	34	26	431	759	1680	8600
3420	3127	6	25	377	650	1380	5600
103	68	28	1	54	109	300	3000
2964	3257	1	738	385	572	1380	7919
3991	6986	938	1031	444	687	2566	42203
2719	2689		573	262	382	1764	34203
1272	4298	938	459	182	305	802	8000
13790	15022	65	3844	830	1216	1457	4350
12862	10851	53	3581	698	966	1339	3350
927	4171	13	262	132	250	118	1000
29726	28691	326	7841	3431	5448	15664	81599
322	909			69	223	120	300
5424	4046	102	39	1124	2648	2718	18479
1272	4298	938	459	182	305	802	8000
2719	2689		573	262	382	1764	34203
32170	33012	490	5794	2772	4159	7499	48294

14－6 续表 1 continued1

		法人企业数(个) Corporate enter prises (unit)	从业人员期末人数(人) (person)	营业额 Turnover
独立门店	Substantive store	49	8177	145494
连锁总店(总部)	Chain headquarter			
连锁门店	Chain store	1	95	4222
其他	Others	4	927	14830
5. 按单位规模分	Gruoped by size of enterprises			
大型	Large－sized	3	1945	46429
中型	Medium－sized	19	5066	88139
小型	Small－sized	30	2174	29504
微型	Micro－sized	2	14	294
6. 按星级分组	Grouped by star			
五星	Five－star	2	1020	28480
四星	Four－star	14	4245	73699
三星	Three－star	17	1762	29058
二星	Two－star	5	209	3645
一星	One－star			
其他	Others	16	1963	29664
二、餐饮业	Catering	52	6069	121754
1. 按餐饮行业小类分组	Grouped by sector			
正餐服务	Dinner	52	6069	121754
快餐服务	Fast food			
饮料及冷饮服务	Beverage and cold drink			
茶馆服务	The teahouse services			
咖啡馆服务	Coffee shops serve			
酒吧服务	Bar Service			
其他饮料及冷饮服务	Others			
其他餐饮业	Others			
小吃服务	Snack service			
餐饮配送服务	Food and beverage distribution services			
其他未列明餐饮业	Others			
2. 按登记注册类型分组	Grouped by type registered			
内资企业	Domestic funds	51	5962	120994
国有企业	State owned	4	884	22235
集体企业	Collective owned	3	189	2745
股份合作企业	Cooperative	2	67	5519
联营企业	Joint			
国有联营企业	State joint owned			
集体联营企业	Collective joint owned			
国有与集体联营企业	State－collective joint owned			
其他联营企业	Other joint owned			
有限责任公司	Limited liability corporations	13	1460	31035
国有独资企业	State owned solely			

单位：千元　unit：10000 yuan

				客房间数（间）Rooms	床位数（个）Beds	餐位数（位）Seats	年末餐饮营业面积（平方米）Business areas (m^2)
客房收入 Guest room income	餐费收入 Food bill	商品销售收入 Goods sale income	其他收入 Other income				
62755	66740	1558	14441	7165	12305	26717	168580
2200	2022			62	119	380	4500
8241	5941	357	291	725	944	1750	19775
24901	17598	410	3521	1171	1458	1659	13213
32901	45903	1392	8124	3561	5545	16300	112247
15132	11174	111	3086	3100	6132	10778	66711
263	29	2		120	233	110	684
13143	11863	54	3419	756	1049	1559	8819
27889	38372	1213	6225	2683	4044	10818	96548
12901	12594	69	3494	2004	3402	10599	46560
2116	1088		441	503	906	2283	17176
17147	10786	580	1151	2006	3967	3588	23752
27552	85994	998	7210	4452	6348	25358	135630
27552	85994	998	7210	4452	6348	25358	135630
27552	85234	998	7210	4452	6348	24678	130350
8786	9776	593	3081	772	1245	3545	16132
916	1683		146	171	401	1590	11000
	5519					1250	5000
6852	21770	117	2296	548	831	5710	35419

14-6 续表2 continued2

		法人企业数(个) Corporate enterprises(unit)	从业人员期末人数(人)(person)	营业额 Turnover
其他有限责任公司	Limited liability corporations	13	1460	31035
股份有限公司	Share holding	2	50	787
私营企业	Private	18	2535	47620
私营独资企业	Private funded	6	486	6514
私营合伙企业	Private partner			
私营有限责任公司	Private limited company	12	2049	41106
私营股份有限公司	Private share holding			
其他企业	Others	9	777	11053
港、澳、台商投资企业	Funded from Hongkong, Macao and Taiwan	1	107	760
合资经营企业(港或澳、台资)	Joint venture			
合作经营企业(港或澳、台资)	Cooperative			
港、澳、台商独资经营企业	Solefunds	1	107	760
港、澳、台商投资股份有限公司	Share holding			
其他港澳台投资企业	Others			
外商投资企业	Foreign funded			
中外合资经营企业	Joint venture			
中外合作经营企业	Cooperative			
外资企业	Foreign funds			
外商投资股份有限公司	Share holding			
其他外商投资企业	Others			
3. 按控股情况分组	Grouped by owned			
国有控股	State - owned	5	939	23795
集体控股	Collective - owned	3	189	2745
私人控股	Private - owned	34	3720	64219
港澳台商控股	Hongkong, Macao and Taiwan - Owned			
外商控股	Foreign - owned			
其他	Others	10	1221	30996
4. 按经营形式分组	Grouped by form of retail			
独立门店	Substantive store	50	6022	111681
连锁总店(总部)	Chain headquarter			
连锁门店	Chain store			
其他	Others	2	47	10073
5. 按单位规模分	Gruoped by size of enterprises			
大型	Large - sized	3	1932	46548
中型	Medium - sized	3	1195	14282
小型	Small - sized	43	2378	56899
微型	Micro - sized	3	564	4025

单位:千元　unit:10000 yuan

客房收入 Guest room income	餐费收入 Food bill	商品销售收入 Goods sale income	其他收入 Other income	客房间数（间） Rooms	床位数（个） Beds	餐位数（位） Seats	年末餐饮营业面积（平方米） Business areas (m^2)
6852	21770	117	2296	548	831	5710	35419
253	534			35	52	590	3420
8406	37293	235	1687	2601	3164	9436	41454
465	5883		166	139	260	2135	16571
7941	31409	235	1521	2462	2904	7301	24883
2339	8660	53		325	655	2557	17925
	760					680	5280
	760					680	5280
8786	11336	593	3081	772	1245	3995	20132
916	1683		146	171	401	1590	11000
11776	50323	405	1715	3036	4006	14465	81233
6074	22653		2268	473	696	5308	23265
27262	76211	998	7210	4412	6268	24058	133630
290	9783			40	80	1300	2000
18478	22007	560	5504	1320	1963	5456	11950
1943	11197		1142	292	483	4668	15350
6331	49566	438	565	2755	3647	14474	107010
800	3225			85	255	760	1320

14-7 限额以上住宿和餐饮业法人企业财务状况综合表(2012)

指标名称	Item	法人企业数(个) Corporate enterprises(unit)	执行《2006年企业会计准则》企业个数(个) Number of enterprises implmenting Accounting Standards for Business Enterprises 2006	一、年初存货 Inventory
总 计	Total	106	74	10030.9
一、住宿业	Hotels	54	41	6516.4
1. 按住宿行业小类分组	Grouped by sectors			
旅游饭店	Tourism restaurant	40	32	5947.2
一般旅馆	Hotels	11	6	295.3
其他住宿业	Others	3	3	273.9
2. 按登记注册类型分组	Grouped by type registered			
内资企业	Domestic funds	49	37	4342.4
国有企业	State - owned	22	18	2360.7
集体企业	Collective - owned	1	1	49.8
股份合作企业	Cooperative	1	1	103.5
联营企业	Joint	1		181.4
国有联营企业	State joint owned	1		181.4
集体联营企业	Collective joine owned			
国有与集体联营企业	State - collective joint owned			
其他联营企业	Other joint owned			
有限责任公司	Limited liability corporations	15	11	1002.5
国有独资公司	State - owned solely	1	1	298.5
其他有限责任公司	Limited liability corporations	14	10	704.0
股份有限公司	Share holding	3		124.4
私营企业	Private	4	4	138.7
私营独资企业	Private funded			
私营合伙企业	Private partner			
私营有限责任公司	Private limited company	3	3	129.2
私营股份有限公司	Private share holding	1	1	9.5
其他企业	Others	2	2	381.4
港、澳、台商投资企业	Funded from Hongkong, Macao and Taiwan	2	2	789.8
合资经营企业(港或澳、台资)	Joint venture	1	1	340.8
合作经营企业(港或澳、台资)	Cooperative	1	1	449.0
港、澳、台商独资经营企业	Solefunds			
港、澳、台商投资股份有限公司	Share holding			
其他港澳台投资企业	Others			

MAIN FRNANCIAL INDICATIONS OF ANTERPRISES ABOVE DESIGRATED SIZE IN HOTELS AND RESTAURANTS (2012)

流动资产合计 Circulating funds	应收帐款 Receivables	存货 Inventery	固定资产合计 Total fixed assets	固定资产原价 Original Value of fixed assets	累计折旧 Total depreciation	本年折旧 Depreciation in this year
163794.3	10249.2	10090.7	328459.7	521331.5	195870.5	13137.0
104099.5	6393.8	6187.5	228398.8	389911.8	161710.7	8576.4
95410.3	6315.5	5622.7	224912.0	384786.8	159902.1	8238.3
5567.8	-176.5	284.4	3102.3	4102.8	1170.9	245.9
3121.4	254.8	280.4	384.5	1022.2	637.7	92.2
80115.9	3466.7	3896.5	152067.4	236576.4	84706.7	7149.6
22807.7	1352.6	2153.1	74474.6	118200.6	43753.4	3503.9
411.8	-54.5	51.8	15.8	79.8	64.0	3.4
733.9		103.5	650.0	2663.7	2013.7	59.3
1998.6		156.3	10084.0	15714.6	5630.6	1236.0
1998.6		156.3	10084.0	15714.6	5630.6	1236.0
48306.6	1577.2	745.9	51643.6	69011.1	17374.0	1365.0
3308.6	302.4	154.9	449.7	1074.6	624.9	314.6
44998.0	1274.8	591.0	51193.9	67936.5	16749.1	1050.4
302.8	-336.9	116.3	339.5	414.0	238.3	159.1
1561.6	130.2	147.9	3575.9	4609.7	1033.8	220.5
1531.6	109.7	146.1	3570.9	4604.7	1033.8	220.5
30.0	20.5	1.8	5.0	5.0		
3992.9	798.1	421.7	11284.0	25882.9	14598.9	602.4
11287.9	611.6	708.4	19961.7	38214.9	18253.2	217.3
1844.4	300.9	340.1	16763.1	31799.3	15036.2	
9443.5	310.7	368.3	3198.6	6415.6	3217.0	217.3

14－7 续表 1 continued1

指标名称	Item	在建工程 Circulating funds	资产总计 Circulating funds
总　计	Total	48180.6	599373.9
一、住宿业	Hotels	42715.3	406681.8
1. 按住宿行业小类分组	Grouped by sectors		
旅游饭店	Tourism restaurant	41911.8	391316.0
一般旅馆	Hotels	733.5	11344.2
其他住宿业	Others	70.0	4021.6
2. 按登记注册类型分组	Grouped by type registered		
内资企业	Domestic funds	42172.0	298604.8
国有企业	State－owned	19997.9	134296.1
集体企业	Collective－owned		427.6
股份合作企业	Cooperative	103.1	1693.2
联营企业	Joint		12154.5
国有联营企业	State joint owned		12154.5
集体联营企业	Collective joine owned		
国有与集体联营企业	State－collective joint owned		
其他联营企业	Other joint owned		
有限责任公司	Limited liability corporations	21981.9	125499.0
国有独资公司	State－owned solely	18066.2	21827.4
其他有限责任公司	Limited liability corporations	3915.7	103671.6
股份有限公司	Share holding		1611.8
私营企业	Private	38.0	6051.6
私营独资企业	Private funded		
私营合伙企业	Private partner		
私营有限责任公司	Private limited company	38.0	5970.3
私营股份有限公司	Private share holding		81.3
其他企业	Others	51.1	16871.0
港、澳、台商投资企业	Funded from Hongkong, Macao and Taiwan	15.0	35831.0
合资经营企业(港或澳、台资)	Joint venture	15.0	21322.2
合作经营企业(港或澳、台资)	Cooperative		14508.8
港、澳、台商独资经营企业	Solefunds		
港、澳、台商投资股份有限公司	Share holding		
其他港澳台投资企业	Others		

unit:10000 yuan

二、期末资产负债 The final balance sheet				
流动负债合计 Circulating funds	应付账款 Inventory	非流动负债合计 Total non - current liability	负债合计 Total Investment	所有者权益 Creditor' s equity
220120.3	52162.0	91455.6	321539.4	277834.5
157984.0	42864.8	69022.7	236899.6	169782.2
140201.4	35727.4	69022.7	218502.7	172813.3
10044.7	3380.4		10659.0	685.2
7737.9	3757.0		7737.9	-3716.3
116147.2	27547.8	34802.7	160842.8	137762.0
57108.0	19171.8	7025.0	65293.7	69002.4
350.7	36.2		350.7	76.9
501.3	193.7		501.3	1191.9
			8117.9	4036.6
			8117.9	4036.6
51694.4	6311.1	27777.7	80086.4	45412.6
7687.4	488.8	4500.0	12187.4	9640.0
44007.0	5822.3	23277.7	67899.0	35772.6
842.2	475.2		842.2	769.6
1745.2	168.3		1745.2	4306.4
1715.2	138.3		1715.2	4255.1
30.0	30.0		30.0	51.3
3905.4	1191.5		3905.4	12965.6
16502.5	1585.8	17450.0	33952.5	1878.5
13697.2	1206.6	6000.0	19697.2	1625.0
2805.3	379.2	11450.0	14255.3	253.5

14－7 续表 2 continued2

指标名称	Item	实收资本 Driginal Value of fixed assets	国家资本 State owned
总　计	Total	193221.2	90130.9
一、住宿业	Hotels	154160.4	72931.0
1. 按住宿行业小类分组	Grouped by sectors		
旅游饭店	Tourism restaurant	150615.9	70569.3
一般旅馆	Hotels	3308.7	2151.7
其他住宿业	Others	235.8	210.0
2. 按登记注册类型分组	Grouped by type registered		
内资企业	Domestic funds	113111.6	66912.9
国有企业	State－owned	75536.2	50766.2
集体企业	Collective－owned	20.0	
股份合作企业	Cooperative	1068.3	
联营企业	Joint	3000.0	
国有联营企业	State joint owned	3000.0	
集体联营企业	Collective joine owned		
国有与集体联营企业	State－collective joint owned		
其他联营企业	Other joint owned		
有限责任公司	Limited liability corporations	20809.8	15200.0
国有独资公司	State－owned solely	15000.0	15000.0
其他有限责任公司	Limited liability corporations	5809.8	200.0
股份有限公司	Share holding	996.7	946.7
私营企业	Private	2580.0	
私营独资企业	Private funded		
私营合伙企业	Private partner		
私营有限责任公司	Private limited company	2530.0	
私营股份有限公司	Private share holding	50.0	
其他企业	Others	9100.6	
港、澳、台商投资企业	Funded from Hongkong, Macao and Taiwan	10213.5	
合资经营企业(港或澳、台资)	Joint venture	9960.0	
合作经营企业(港或澳、台资)	Cooperative	253.5	
港、澳、台商独资经营企业	Solefunds		
港、澳、台商投资股份有限公司	Share holding		
其他港澳台投资企业	Others		

单位:万元　unit:10000 yuan

集体资本 Collective	法人资本 Corporate	个人资本 Private	港澳台资本 Funded from Hongkong, Macao and Taiwan	外商资本 Foreign funds
156.0	65375.6	5133.1	200.0	32225.6
24.0	48062.8	717.0	200.0	32225.6
20.0	47082.0	520.0	200.0	32224.6
4.0	955.0	197.0		1.0
	25.8			
24.0	45456.7	717.0		1.0
4.0	24718.0	47.0		1.0
20.0		20.0		
	1068.3			
	3000.0			
	3000.0			
	4939.8	670.0		
	4939.8	670.0		
	50.0			
	2580.0			
	2530.0			
	50.0			
	9100.6			
	1547.5		200.0	8466.0
	1494.0			8466.0
	53.5		200.0	

14－7 续表 3 continued3

指标名称	Item	营业收入 Operation revenue	主营业务收入 Operating revenue
总　计	Total	286788.0	279465.4
一、住宿业	Hotels	164124.6	161806.8
1. 按住宿行业小类分组	Grouped by sectors		
旅游饭店	Tourism restaurant	149578.1	147353.1
一般旅馆	Hotels	6346.9	6254.2
其他住宿业	Others	8199.6	8199.5
2. 按登记注册类型分组	Grouped by type registered		
内资企业	Domestic funds	119587.9	117752.6
国有企业	State－owned	59978.3	59904.8
集体企业	Collective－owned	1230.9	1230.9
股份合作企业	Cooperative	2858.6	1376.5
联营企业	Joint	4000.6	4000.6
国有联营企业	State joint owned	4000.6	4000.6
集体联营企业	Collective joine owned		
国有与集体联营企业	State－collective joint owned		
其他联营企业	Other joint owned		
有限责任公司	Limited liability corporations	35073.7	34800.0
国有独资公司	State－owned solely	974.9	765.5
其他有限责任公司	Limited liability corporations	34098.8	34034.5
股份有限公司	Share holding	2573.1	2573.1
私营企业	Private	6913.8	6907.8
私营独资企业	Private funded		
私营合伙企业	Private partner		
私营有限责任公司	Private limited company	6713.7	6707.7
私营股份有限公司	Private share holding	200.1	200.1
其他企业	Others	6958.9	6958.9
港、澳、台商投资企业	Funded from Hongkong, Macao and Taiwan	11815.7	11333.2
合资经营企业(港或澳、台资)	Joint venture	4849.8	4382.3
合作经营企业(港或澳、台资)	Cooperative	6965.9	6950.9
港、澳、台商独资经营企业	Solefunds		
港、澳、台商投资股份有限公司	Share holding		
其他港澳台投资企业	Others		

单位:万元 unit:10000 yuan

营业成本 Operation costs	主营业务成本 Operating cost	营业税金及附加 Business taxes and extra charges	主营业务税金及附加 Operating taxes and extra harges	其他业务利润 Other profits	销售费用 Marketing expenses
115485.2	113743.5	15517.5	14026.4	5629.6	75513.1
59055.0	58995.2	8985.7	8943.5	4657.4	51883.6
53248.1	53228.3	8048.4	8044.4	4626.1	46404.3
2312.5	2272.5	501.6	463.4	31.3	2600.3
3494.4	3494.4	435.7	435.7		2879.0
45688.7	45631.5	6625.2	6583.0	4645.0	41372.4
22874.2	22828.7	3265.4	3265.4	237.1	20880.9
597.9	597.9	60.1	60.1		330.3
983.7	983.7	104.0	104.0	271.1	452.4
708.8	708.8	362.3	362.3		1882.1
708.8	708.8	362.3	362.3		1882.1
12946.4	12934.7	2058.6	2020.4	229.0	13586.6
296.3	284.6	43.1	43.1	197.7	1606.0
12650.1	12650.1	2015.5	1977.3	31.3	11980.6
1092.2	1092.2	155.2	155.2		708.7
4410.9	4410.9	229.2	225.2		1413.0
4272.9	4272.9	229.2	225.2		1361.0
138.0	138.0				52.0
2074.6	2074.6	390.4	390.4	3907.8	2118.4
3481.3	3478.7	653.6	653.6	12.4	4291.9
625.0	625.0	268.4	268.4		2878.9
2856.3	2853.7	385.2	385.2	12.4	1413.0

14－7 续表 4 continued4

指标名称	Item	管理费用 Management expenses	税 金 Taxes
总 计	Total	68536.0	1988.0
一、住宿业	Hotels	42593.9	1245.9
1. 按住宿行业小类分组	Grouped by sectors		
旅游饭店	Tourism restaurant	39044.8	1108.4
一般旅馆	Hotels	1746.4	48.5
其他住宿业	Others	1802.7	89.0
2. 按登记注册类型分组	Grouped by type registered		
内资企业	Domestic funds	30079.0	1102.9
国有企业	State－owned	17214.9	448.2
集体企业	Collective－owned	133.4	
股份合作企业	Cooperative	401.3	
联营企业	Joint	513.7	
国有联营企业	State joint owned	513.7	
集体联营企业	Collective joine owned		
国有与集体联营企业	State－collective joint owned		
其他联营企业	Other joint owned		
有限责任公司	Limited liability corporations	7930.5	459.8
国有独资公司	State－owned solely	922.2	183.6
其他有限责任公司	Limited liability corporations	7008.3	276.2
股份有限公司	Share holding	619.0	45.6
私营企业	Private	808.6	105.3
私营独资企业	Private funded		
私营合伙企业	Private partner		
私营有限责任公司	Private limited company	797.1	105.3
私营股份有限公司	Private share holding	11.5	
其他企业	Others	2457.6	44.0
港、澳、台商投资企业	Funded from Hongkong, Macao and Taiwan	3164.8	43.2
合资经营企业(港或澳、台资)	Joint venture	1912.9	
合作经营企业(港或澳、台资)	Cooperative	1251.9	43.2
港、澳、台商独资经营企业	Solefunds		
港、澳、台商投资股份有限公司	Share holding		
其他港澳台投资企业	Others		

单位:万元　unit:10000 yuan

三、损益及分配　Gains and losses and distribution				
差旅费 Travel expenses	工会经费 Trade union Outlays	财务费用 Financial expenses	利息收入 Interest income	利息支出 Interest expenditure
520.7	244.2	6076.5	657.3	3025.9
276.3	55.2	3310.9	624.6	1486.0
239.8	43.7	3010.4	616.1	1459.3
10.4	11.5	270.0	1.1	26.7
26.1		30.5	7.4	
204.0	55.2	956.0	1.4	263.3
126.7	36.3	438.8	-7.9	176.0
			5.7	
		0.8	0.8	
			10.1	
		10.1		
54.1	9.4	417.8	5.8	70.6
12.8	2.9	2.8		
41.3	6.5	415.0	5.8	70.6
2.5	0.5	26.9	1.2	16.7
15.0	6.0	4.2	-0.4	
15.0	6.0	1.8	-0.4	
		2.4		
5.7	3.0	51.7	1.9	
72.3		1863.5	610.1	1049.4
		755.3	608.9	
72.3		1108.2	1.2	1049.4

14－7 续表 5 continued5

指标名称	Item	资产减值损失 Lost	公允价值变动收益 Revenue
总　计	Total	6511.0	1785.0
一、住宿业	Hotels	6511.0	
1. 按住宿行业小类分组	Grouped by sectors		
旅游饭店	Tourism restaurant	6511.0	
一般旅馆	Hotels		
其他住宿业	Others		
2. 按登记注册类型分组	Grouped by type registered		
内资企业	Domestic funds	6511.0	
国有企业	State－owned	－0.7	
集体企业	Collective－owned		
股份合作企业	Cooperative		
联营企业	Joint		
国有联营企业	State joint owned		
集体联营企业	Collective joine owned		
国有与集体联营企业	State－collective joint owned		
其他联营企业	Other joint owned		
有限责任公司	Limited liability corporations	6481.7	
国有独资公司	State－owned solely		
其他有限责任公司	Limited liability corporations	6481.7	
股份有限公司	Share holding		
私营企业	Private	30.0	
私营独资企业	Private funded		
私营合伙企业	Private partner		
私营有限责任公司	Private limited company	30.0	
私营股份有限公司	Private share holding		
其他企业	Others		
港、澳、台商投资企业	Funded from Hongkong, Macao and Taiwan		
合资经营企业(港或澳、台资)	Joint venture		
合作经营企业(港或澳、台资)	Cooperative		
港、澳、台商独资经营企业	Solefunds		
港、澳、台商投资股份有限公司	Share holding		
其他港澳台投资企业	Others		

单位:万元 unit:10000 yuan

投资收益 Investment income	营业利润 Business profits	营业外收入 Norbusiness revenue	补贴收入 Subsidies revenue	利润总额 Total profits	应交所得税 Income taxes payable
1007.6	58.5	2054.1	1446.7	-722.3	2731.4
5.5	-7667.9	1956.0	1446.7	-7954.5	1264.9
5.5	-6117.5	1863.8	1446.7	-6476.8	1237.1
	-1107.7	86.0		-1028.8	27.8
	-442.7	6.2		-448.9	
5.5	-11663.1	1942.0	1446.7	-10881.8	78.5
5.5	-4690.0	1761.2	1446.7	-2530.4	0.7
	103.5	0.2		103.7	26.8
	916.4	65.3			
	523.6			523.6	
	523.6			523.6	
	-8371.7	108.1		-8853.2	43.0
	-1895.5	1.1		-1903.1	
	-6476.2	107.0		-6950.1	43.0
	-28.9	3.1		56.8	0.5
	17.8	3.0		-49.6	7.5
	21.6	3.0		-45.8	7.5
	-3.8			-3.8	
	-133.8	1.1		-132.7	
	-1074.7			-1639.4	
	-1026.0			-1590.7	
	-48.7			-48.7	

14－7 续表 6 continued6

指标名称	Item	四、工人成本 Workers cost 应付职工薪酬（本年贷方计发生额）payroll payable (credit accumulated happening this year)
总 计	Total	42381.5
一、住宿业	Hotels	27481.2
1. 按住宿行业小类分组	Grouped by sectors	
旅游饭店	Tourism restaurant	25108.5
一般旅馆	Hotels	911.9
其他住宿业	Others	1460.8
2. 按登记注册类型分组	Grouped by type registered	
内资企业	Domestic funds	24560.4
国有企业	State－owned	12726.3
集体企业	Collective－owned	211.3
股份合作企业	Cooperative	307.8
联营企业	Joint	609.3
国有联营企业	State joint owned	609.3
集体联营企业	Collective joine owned	
国有与集体联营企业	State－collective joint owned	
其他联营企业	Other joint owned	
有限责任公司	Limited liability corporations	7358.0
国有独资公司	State－owned solely	871.8
其他有限责任公司	Limited liability corporations	6486.2
股份有限公司	Share holding	237.3
私营企业	Private	936.5
私营独资企业	Private funded	
私营合伙企业	Private partner	
私营有限责任公司	Private limited company	906.5
私营股份有限公司	Private share holding	30.0
其他企业	Others	2173.9
港、澳、台商投资企业	Funded from Hongkong, Macao and Taiwan	1017.3
合资经营企业（港或澳、台资）	Joint venture	238.8
合作经营企业（港或澳、台资）	Cooperative	778.5
港、澳、台商独资经营企业	Solefunds	
港、澳、台商投资股份有限公司	Share holding	
其他港澳台投资企业	Others	

单位:万元 unit:10000 yuan

五、土地和固定资产 Land and fixed asset					
土地和固定资产支出 Land and fixed asset expenditures	土地购置 Purchase of land	房屋和建筑物 Buildings and constructing	机器设备 Machine and equipment	运输工具 Means of transport	其他费用 Others
7072.8		6338.2	505.3		229.3
6953.5		6292.8	441.4		219.3
6918.7		6292.8	406.6		219.3
34.8			34.8		
4621.3		4152.5	378.3		90.5
219.8			193.7		26.1
50.1			50.1		
4248.3		4152.5	31.4		64.4
4248.3		4152.5	31.4		64.4
936.5					
103.1			103.1		
2332.2		2140.3	63.1		128.8
2332.2		2140.3	63.1		128.8

14－7 续表 7 continued7

指标名称 Item		法人企业数(个) Corporate enterprises (unit)	执行《2006 年企业会计准则》企业个数(个) Number of enterprises implmenting Accounting Standards for Business Enterprises 2006	一、年初存货 Inventory
外商投资企业	Foreign funded	3	2	1384.2
中外合资经营企业	Joint venture	2	1	786.5
中外合作经营企业	Cooperative	1	1	597.7
外资企业	Foreign funds			
外商投资股份有限公司	Share holding			
其他外商投资企业	Others			
3. 按控股情况分组	Grouped by owned			
国有控股	State－owned	26	19	2908.4
集体控股	Collective－owned	1	1	49.8
私人控股	Private－owned	9	7	317.1
港澳台商控股	Hongkong,Macao and Taiwan－Owned	1	1	449.0
外商控股	Foreign－owned	1	1	340.8
其他	Others	15	11	2291.2
4. 按经营形式分组	Grouped by form of management			
独立门店	Substantive store	49	36	6161.7
连锁总店(总部)	Chain headquarter			
连锁门店	Chain store	1	1	64.8
其他	Others	4	4	289.9
5. 按单位规模分组	Gruoped by size of enterprises			
大型	Large－sized	3	2	1233.7
中型	Medium－sized	19	15	3849.6
小型	Small－sized	30	22	1403.8
微型	Micro－sized	2	2	29.3
6. 按星级分组	Grouped by star			
五星	Five－star	2	2	1137.1
四星	Four－star	14	11	3474.9
三星	Three－star	17	13	850.9
二星	Two－star	5	3	122.9
一星	One－star			
其他	Others	16	12	930.6
二、餐饮业	Catering	52	33	3514.5
1. 按餐饮行业小类分组	Grouped by sector			

单位:万元　unit:10000 yuan

流动资产合计 Circulating funds	应收帐款 Receivables	存　货 Inventery	固定资产合计 Total fixed assets	固定资产原价 Original Value of fixed assets	累计折旧 Total depreciation	本年折旧 Depreciation in this year
12695.7	2315.5	1582.6	56369.7	115120.5	58750.8	1209.5
8546.8	716.1	900.4	46058.8	95079.2	49020.4	543.5
4148.9	1599.4	682.2	10310.9	20041.3	9730.4	666.0
26620.5	1552.1	2650.8	85716.3	135991.5	50466.4	4970.0
411.8	-54.5	51.8	15.8	79.8	64.0	3.4
6888.6	255.5	302.3	5137.1	6827.8	1690.7	282.9
9443.5	310.7	368.3	3198.6	6415.6	3217.0	217.3
1844.4	300.9	340.1	16763.1	31799.3	15036.2	
56009.7	3867.1	2440.9	117321.9	206818.1	89502.7	2799.9
75659.8	5829.5	5943.2	193748.6	344583.6	151032.7	8104.8
749.3		97.2	1367.0	1595.0	228.0	93.0
27690.4	564.3	147.1	33283.2	43733.2	10450.0	378.6
35722.9	1213.8	1037.2	75422.2	126923.1	51500.9	2551.9
50136.1	4352.2	3891.4	126200.3	222973.6	96800.6	6765.1
18168.0	824.7	1230.4	26277.8	39113.2	13005.8	-786.6
72.5	3.1	28.5	498.5	901.9	403.4	46.0
10733.9	1454.0	1059.1	48476.1	101147.9	52671.8	599.8
36824.9	3491.0	3372.6	97768.2	170401.9	72661.0	4389.3
11967.0	205.0	1029.2	36073.1	53710.9	17644.3	2076.5
1687.9	423.1	49.5	413.8	1945.6	1531.8	-1861.9
42885.8	820.7	677.1	45667.6	62705.5	17201.8	3372.7
59694.8	3855.4	3903.2	100060.9	131419.7	34159.8	4560.6

14－7 续表 8 continued8

指标名称	Item	在建工程 Circulating funds	资产总计 Circulating funds
外商投资企业	Foreign funded	528.3	72246.0
中外合资经营企业	Joint venture	455.6	57594.9
中外合作经营企业	Cooperative	72.7	14651.1
外资企业	Foreign funds		
外商投资股份有限公司	Share holding		
其他外商投资企业	Others		
3. 按控股情况分组	Grouped by owned		
国有控股	State－owned	38167.2	168488.9
集体控股	Collective－owned		427.6
私人控股	Private－owned	771.5	13395.5
港澳台商控股	Hongkong, Macao and Taiwan－Owned		14508.8
外商控股	Foreign－owned	15.0	21322.2
其他	Others	3761.6	185411.8
4. 按经营形式分组	Grouped by form of management		
独立门店	Substantive store	39533.1	338087.8
连锁总店(总部)	Chain headquarter		
连锁门店	Chain store		2116.3
其他	Others	3182.2	66477.7
5. 按单位规模分组	Gruoped by size of enterprises		
大型	Large－sized	16294.4	129288.8
中型	Medium－sized	4227.9	202344.0
小型	Small－sized	22193.0	74473.7
微型	Micro－sized		575.3
6. 按星级分组	Grouped by star		
五星	Five－star	506.7	61188.3
四星	Four－star	38076.8	192235.9
三星	Three－star	216.1	54017.7
二星	Two－star	3182.2	5689.8
一星	One－star		
其他	Others	733.5	93550.1
二、餐饮业	Catering	5465.3	192692.1
1. 按餐饮行业小类分组	Grouped by sector		

单位:万元 unit:10000 yuan

二、期末资产负债 The final balance sheet				
流动负债合计 Circulating funds	应付账款 Inventory	非流动负债合计 Total non - current liability	负债合计 Total Investment	所有者权益 Creditor's equity
25334.3	13731.2	16770.0	42104.3	30141.7
6627.3	1274.0	15770.0	22397.3	35197.6
18707.0	12457.2	1000.0	19707.0	-5055.9
64252.1	18724.5	11525.0	85055.7	83433.2
350.7	36.2		350.7	76.9
9936.5	2972.2	77.7	10014.2	3381.3
253.5	2805.3	379.2	11450.0	14255.3
13697.2	1206.6	6000.0	19697.2	1625.0
65240.4	17941.1	39970.0	105824.7	79587.1
148631.2	41930.4	45822.7	204346.8	133741.0
1193.0	46.0		1193.0	923.3
8159.8	888.4	23200.0	31359.8	35117.9
18872.8	3288.1	37278.2	56151.0	73137.8
109004.7	31274.2	27166.8	144289.4	58054.6
29766.9	8294.5	4577.7	36119.6	38354.1
339.6	8.0		339.6	235.7
9521.0	2053.7	13928.2	23449.2	37739.1
92471.8	28630.7	31786.8	124258.6	67977.3
10606.9	4167.0	30.0	20529.8	33487.9
4281.0	714.9		4281.0	1408.8
41103.3	7298.5	23277.7	64381.0	29169.1
62136.3	9297.2	22432.9	84639.8	108052.3

14－7 续表 9 continued9

指标名称	Item	实收资本 Driginal Value of fixed assets	国家资本 State owned
外商投资企业	Foreign funded	30835.3	6018.1
中外合资经营企业	Joint venture	26700.0	4000.0
中外合作经营企业	Cooperative	4135.3	2018.1
外资企业	Foreign funds		
外商投资股份有限公司	Share holding		
其他外商投资企业	Others		
3. 按控股情况分组	Grouped by owned		
国有控股	State－owned	93848.5	65010.2
集体控股	Collective－owned	20.0	
私人控股	Private－owned	2990.0	
港澳台商控股	Hongkong, Macao and Taiwan－Owned	253.5	
外商控股	Foreign－owned	9960.0	
其他	Others	45385.7	6218.1
4. 按经营形式分组	Grouped by form of management		
独立门店	Substantive store	149060.6	72931.0
连锁总店(总部)	Chain headquarter		
连锁门店	Chain store	50.0	
其他	Others	5049.8	
5. 按单位规模分组	Gruoped by size of enterprises		
大型	Large－sized	42503.3	
中型	Medium－sized	71019.3	39704.3
小型	Small－sized	40424.8	33224.7
微型	Micro－sized	213.0	2.0
6. 按星级分组	Grouped by star		
五星	Five－star	25700.6	
四星	Four－star	94335.8	52801.6
三星	Three－star	23115.8	15818.0
二星	Two－star	2817.0	457.0
一星	One－star		
其他	Others	8191.2	3854.4
二、餐饮业	Catering	39060.8	17199.9
1. 按餐饮行业小类分组	Grouped by sector		

单位:万元 unit:10000 yuan

集体资本 Collective	法人资本 Corporate	个人资本 Private	港澳台资本 Funded from Hongkong, Macao and Taiwan	外商资本 Foreign funds
	1058.6			23758.6
				22700.0
	1058.6			1058.6
4.0	28786.3	47.0		1.0
20.0				
	2830.0	160.0		
	53.5		200.0	
	1494.0			8466.0
	14899.0	510.0		23758.6
24.0	43473.0	207.0	200.0	32225.6
	50.0			
	4539.8	510.0		
	25303.3	500.0		16700.0
	15590.4		200.0	15524.6
20.0	6966.1	214.0		
4.0	203.0	3.0		1.0
	9000.6			16700.0
	25809.6		200.0	15524.6
20.0	7267.8	10.0		
	2350.0	10.0		
4.0	3634.8	697.0		1.0
132.0	17312.8	4416.1		

14－7 续表 10 continued10

指标名称	Item	营业收入 Operation revenue	主营业务收入 Operating revenue
外商投资企业	Foreign funded	32721.0	32721.0
中外合资经营企业	Joint venture	27347.7	27347.7
中外合作经营企业	Cooperative	5373.3	5373.3
外资企业	Foreign funds		
外商投资股份有限公司	Share holding		
其他外商投资企业	Others		
3. 按控股情况分组	Grouped by owned		
国有控股	State－owned	66926.2	65161.2
集体控股	Collective－owned	1230.9	1230.9
私人控股	Private－owned	9746.9	9738.7
港澳台商控股	Hongkong, Macao and Taiwan－Owned	6965.9	6950.9
外商控股	Foreign－owned	4849.8	4382.3
其他	Others	71696.9	71634.8
4. 按经营形式分组	Grouped by form of management		
独立门店	Substantive store	145072.8	142755.0
连锁总店(总部)	Chain headquarter		
连锁门店	Chain store	4222.1	4222.1
其他	Others	14829.7	14829.7
5. 按单位规模分组	Gruoped by size of enterprises		
大型	Large－sized	46904.4	46904.4
中型	Medium－sized	86666.5	86183.9
小型	Small－sized	30259.7	28455.2
微型	Micro－sized	294.0	263.3
6. 按星级分组	Grouped by star		
五星	Five－star	28480.0	28480.0
四星	Four－star	72434.6	71742.6
三星	Three－star	29687.9	28143.8
二星	Two－star	3690.4	3645.4
一星	One－star		
其他	Others	29831.7	29795.0
二、餐饮业	Catering	122663.4	117658.6
1. 按餐饮行业小类分组	Grouped by sector		

单位:万元 unit:10000 yuan

营业成本 Operation costs	主营业务成本 Operating cost	营业税金及附加 Business taxes and extra charges	主营业务税金及附加 Operating taxes and extra harges	其他业务利润 Other profits	销售费用 Marketing expenses
9885.0	9885.0	1706.9	1706.9		6219.3
8271.3	8271.3	1412.3	1412.3		5727.0
1613.7	1613.7	294.6	294.6		492.3
25121.9	25064.7	3737.6	3737.6	705.9	23642.1
597.9	597.9	60.1	60.1		330.3
5754.9	5754.9	467.2	463.2	20.2	2140.6
2856.3	2853.7	385.2	385.2	12.4	1413.0
625.0	625.0	268.4	268.4		2878.9
23296.3	23296.3	3916.9	3878.7	3918.9	20079.9
49575.4	49515.6	8120.1	8077.9	4657.4	47060.5
3571.2	3571.2	70.2	70.2		44.7
5908.4	5908.4	795.4	795.4		4778.4
16725.7	16725.7	2466.8	2466.8		9002.1
27700.5	27697.9	4912.6	4912.6	3920.2	33370.8
14559.7	14542.5	1594.8	1552.6	735.0	9453.0
69.1	29.1	11.5	11.5	2.2	57.7
9228.6	9228.6	1467.4	1467.4	3907.8	6373.8
24261.3	24247.0	3998.0	3998.0	210.1	24807.2
12455.5	12455.5	1528.8	1490.6	508.2	9040.1
1956.7	1951.2	225.1	225.1		578.4
11152.9	11112.9	1766.4	1762.4	31.3	11084.1
56430.2	54748.3	6531.8	5082.9	972.2	23629.5

14－7 续表 11 continued11

指标名称	Item	三、损益及分配 Gains and losses and distribution 管理费用 Management expenses	税金 Taxes
外商投资企业	Foreign funded	9350.1	99.8
中外合资经营企业	Joint venture	6199.5	
中外合作经营企业	Cooperative	3150.6	99.8
外资企业	Foreign funds		
外商投资股份有限公司	Share holding		
其他外商投资企业	Others		
3. 按控股情况分组	Grouped by owned		
国有控股	State－owned	19065.2	677.4
集体控股	Collective－owned	133.4	
私人控股	Private－owned	1674.5	116.3
港澳台商控股	Hongkong, Macao and Taiwan－Owned	1251.9	43.2
外商控股	Foreign－owned	1912.9	
其他	Others	18119.3	409.0
4. 按经营形式分组	Grouped by form of management		
独立门店	Substantive store	39225.0	1151.6
连锁总店(总部)	Chain headquarter		
连锁门店	Chain store	508.0	
其他	Others	2860.9	94.3
5. 按单位规模分组	Gruoped by size of enterprises		
大型	Large－sized	12927.9	70.0
中型	Medium－sized	22563.1	638.2
小型	Small－sized	6976.5	521.7
微型	Micro－sized	126.4	16.0
6. 按星级分组	Grouped by star		
五星	Five－star	6098.4	44.0
四星	Four－star	24311.8	633.7
三星	Three－star	4602.1	263.6
二星	Two－star	1207.2	69.9
一星	One－star		
其他	Others	6374.4	234.7
二、餐饮业	Catering	25942.1	742.1
1. 按餐饮行业小类分组	Grouped by sector		

单位:万元　unit:10000 yuan

三、损益及分配　Gains and losses and distribution				
差旅费 Travel expenses	工会经费 Trade union Outlays	财务费用 Financial expenses	利息收入 Interest income	利息支出 Interest expenditure
		491.4	13.1	173.3
		317.3	13.9	
		174.1	-0.8	173.3
138.0	39.7	503.3	22.9	192.7
		5.7		
16.0	8.9	210.4	-0.4	2.5
72.3		1108.2	1.2	1049.4
		755.3	608.9	
46.0	6.6	756.8	20.8	241.4
267.3	55.2	3218.0	621.6	1426.0
		2.2		
9.0		90.7	3.0	60.0
93.4	12.1	488.8	6.8	60.0
124.9	9.5	2493.8	608.8	1385.0
50.0	25.5	328.1	9.0	41.0
8.0	8.1	0.2		
5.7		378.6	1.4	
204.0	15.1	2449.6	637.9	1385.0
24.3	20.7	81.4	8.0	8.1
5.5	0.8	16.6	0.3	11.8
36.8	18.6	384.7	-23.0	81.1
244.4	189.0	2765.6	32.7	1539.9

14－7 续表 12 continued12

指标名称	Item	资产减值损失 Lost	公允价值变动收益 Revenue
外商投资企业	Foreign funded		
中外合资经营企业	Joint venture		
中外合作经营企业	Cooperative		
外资企业	Foreign funds		
外商投资股份有限公司	Share holding		
其他外商投资企业	Others		
3. 按控股情况分组	Grouped by owned		
国有控股	State－owned	－0.7	
集体控股	Collective－owned		
私人控股	Private－owned	30.0	
港澳台商控股	Hongkong, Macao and Taiwan－Owned		
外商控股	Foreign－owned		
其他	Others	6481.7	
4. 按经营形式分组	Grouped by form of management		
独立门店	Substantive store	29.3	
连锁总店(总部)	Chain headquarter		
连锁门店	Chain store		
其他	Others	6481.7	
5. 按单位规模分组	Gruoped by size of enterprises		
大型	Large－sized	6481.7	
中型	Medium－sized	－0.7	
小型	Small－sized	30.0	
微型	Micro－sized		
6. 按星级分组	Grouped by star		
五星	Five－star		
四星	Four－star	－0.7	
三星	Three－star		
二星	Two－star		
一星	One－star		
其他	Others	6511.7	
二、餐饮业	Catering		
1. 按餐饮行业小类分组	Grouped by sector		1785.0

单位:万元　unit:10000 yuan

投资收益 Investment income	营业利润 Business profits	营业外收入 Norbusiness revenue	补贴收入 Subsidies revenue	利润总额 Total profits	应交所得税 Income taxes payable
	5069.9	14.0		4566.7	1186.4
	5420.3	10.9		4938.7	1186.4
	-350.4	3.1		-372.0	
5.5	-5138.0	1824.9	1446.7	-3821.2	1.2
	103.5	0.2		103.7	26.8
	-530.8	45.9		-555.6	9.6
	-48.7			-48.7	
	-1026.0			-1590.7	
	-976.2	82.3		-1993.0	1227.3
5.5	-1607.9	1951.2	1446.7	-1379.7	1249.4
	25.8	3.0		23.6	
	-6085.8	1.8		-6598.4	15.5
	-1188.6	15.6		-1624.7	1186.4
5.5	-3802.1	1745.4	1446.7	-2252.9	0.7
	-2706.3	191.3		-4084.5	75.9
	29.1	3.7		7.6	1.9
	4933.2	11.6		4463.4	1186.4
5.5	-6821.1	1732.1	1433.5	-5302.5	0.7
	1956.1	151.0	13.2	976.0	67.7
	-293.6	32.9		-700.6	0.2
	-7442.5	28.4		-7390.8	9.9
1002.1	7726.4	98.1		7232.2	1466.5

14－7 续表 13 continued13

指标名称	Item	四、工人成本 Workers cost 应付职工薪酬（本年贷方累计发生额）payroll payable (credit accumulated happening this year)
外商投资企业	Foreign funded	1903.5
中外合资经营企业	Joint venture	1353.1
中外合作经营企业	Cooperative	550.4
外资企业	Foreign funds	
外商投资股份有限公司	Share holding	
其他外商投资企业	Others	
3. 按控股情况分组	Grouped by owned	
国有控股	State－owned	14184.8
集体控股	Collective－owned	211.3
私人控股	Private－owned	1326.1
港澳台商控股	Hongkong, Macao and Taiwan－Owned	778.5
外商控股	Foreign－owned	238.8
其他	Others	10184.2
4. 按经营形式分组	Grouped by form of management	
独立门店	Substantive store	24468.8
连锁总店(总部)	Chain headquarter	
连锁门店	Chain store	306.1
其他	Others	2706.3
5. 按单位规模分组	Gruoped by size of enterprises	
大型	Large－sized	5348.7
中型	Medium－sized	16170.5
小型	Small－sized	5847.5
微型	Micro－sized	114.5
6. 按星级分组	Grouped by star	
五星	Five－star	2610.4
四星	Four－star	13424.0
三星	Three－star	4872.1
二星	Two－star	568.5
一星	One－star	
其他	Others	6006.2
二、餐饮业	Catering	14900.3
1. 按餐饮行业小类分组	Grouped by sector	

单位:万元　unit:10000 yuan

五、土地和固定资产 Land and fixed asset					
土地和固定资产支出 Land and fixed asset expenditures	土地购置 Purchase of land	房屋和建筑物 Buildings and constructing	机器设备 Machine and equipment	运输工具 Means of transport	其他费用 Others
251.6			225.5		26.1
2332.2		2140.3	63.1		128.8
4351.4		4152.5	134.5		64.4
2801.0		2140.3	441.4		219.3
4152.5		4152.5			
2728.1		2140.3	371.2		216.6
4225.4		4152.5	70.2		2.7
103.1			103.1		
2451.6		2140.3	174.3		137.0
162.6			144.7		17.9
4153.5		4152.5	1.0		
82.7			18.3		64.4
119.3		45.4	63.9		10.0

14－7 续表 14 continued14

指标名称	Item	法人企业数(个) Corporate enterprises (unit)	执行《2006年企业会计准则》企业个数(个) Number of enterprises implmenting Accounting Standards for Business Enterprises 2006	一、年初存货 Inventory
正餐服务	Dinner	52	33	3514.5
快餐服务	Fast food			
饮料及冷饮服务	Beverage and cold drink			
茶馆服务	The teahouse services			
咖啡馆服务	Coffee shops serve			
其他饮料及冷饮服务	Others			
其他餐饮业	Others			
小吃服务	Snack service			
餐饮配送服务	Food and beverage distribution services			
其他未列明餐饮业	Others			
2. 按登记注册类型分组	Grouped by type registered			
内资企业	Domestic funds	51	32	3506.7
国有企业	State－owned	4	2	400.3
集体企业	Collective－owned	3	1	259.9
股份合作企业	Cooperative	2	1	51.5
联营企业	Joint			
国有联营企业	State joint owned			
集体联营企业	Collective joine owned			
国有与集体联营企业	State－collective joint owned			
其他联营企业	Other joint owned			
有限责任公司	Limited liability corporations	13	6	899.4
国有独资企业	State owned solely			
其他有限责任公司	Limited liability corporations	13	6	899.4
股份有限公司	Share holding	2	2	18.8
私营企业	Private	18	14	1421.1
私营独资企业	Private funded	6	3	319.1
私营合伙企业	Private partner			
私营有限责任公司	Private limited company	12	11	1102.0
私营股份有限公司	Private share holding			
其他企业	Others	9	6	455.7
港、澳、台商投资企业	Funded from Hongkong, Macao and Taiwan	1	1	7.8

单位:万元 unit:10000 yuan

二、期末资产负债 The final balance sheet						
流动资产合计 Circulating funds	应收帐款 Receivables	存 货 Inventery	固定资产合计 Total fixed assets	固定资产原价 Original Value of fixed assets	累计折旧 Total depreciation	本年折旧 Depreciation in this year
59694.8	3855.4	3903.2	100060.9	131419.7	34159.8	4560.6
59542.6	3836.9	3840.0	99903.5	131137.6	34035.1	4534.1
18595.2	1438.5	589.1	33495.0	45396.4	11901.3	1032.9
411.0	168.4	46.3	175.7	317.9	142.2	2.9
1109.1	107.3	232.4	167.0	494.6	327.6	35.5
23701.8	718.9	888.5	41241.6	49617.1	11070.8	250.9
23701.8	718.9	888.5	41241.6	49617.1	11070.8	250.9
74.0		11.0	161.8	262.8	101.0	0.2
14432.7	1238.3	1670.5	24142.0	34122.7	10086.3	3103.9
3619.3	459.2	415.2	1216.6	2722.6	1611.6	42.1
10813.4	779.1	1255.3	22925.4	31400.1	8474.7	3061.8
1218.8	165.5	402.2	520.4	926.1	405.9	107.8
152.2	18.5	63.2	157.4	282.1	124.7	26.5

14－7 续表 15 continued15

指标名称 Item		二、期末资产负债 The final balance sheet 在建工程 Circulating funds	资产总计 Circulating funds
正餐服务	Dinner	5465.3	192692.1
快餐服务	Fast food		
饮料及冷饮服务	Beverage and cold drink		
茶馆服务	The teahouse services		
咖啡馆服务	Coffee shops serve		
其他饮料及冷饮服务	Others		
其他餐饮业	Others		
小吃服务	Snack service		
餐饮配送服务	Food and beverage distribution services		
其他未列明餐饮业	Others		
2. 按登记注册类型分组	Grouped by type registered		
内资企业	Domestic funds	5465.3	191497.3
国有企业	State－owned	4060.4	56200.8
集体企业	Collective－owned		586.7
股份合作企业	Cooperative		2080.1
联营企业	Joint		
国有联营企业	State joint owned		
集体联营企业	Collective joine owned		
国有与集体联营企业	State－collective joint owned		
其他联营企业	Other joint owned		
有限责任公司	Limited liability corporations	16.2	75858.3
国有独资企业	State owned solely		
其他有限责任公司	Limited liability corporations	16.2	75858.3
股份有限公司	Share holding		293.8
私营企业	Private	1388.7	53153.2
私营独资企业	Private funded		5638.6
私营合伙企业	Private partner		
私营有限责任公司	Private limited company	1388.7	47514.6
私营股份有限公司	Private share holding		
其他企业	Others		3324.4
港、澳、台商投资企业	Funded from Hongkong, Macao and Taiwan		1194.8

单位:万元 unit:10000 yuan

二、期末资产负债 The final balance sheet				
流动负债合计 Circulating funds	应付账款 Inventory	非流动负债合计 Total non - current liability	负债合计 Total Investment	所有者权益 Creditor's equity
62136.3	9297.2	22432.9	84639.8	108052.3
62085.4	9266.0	22432.9	84588.9	106908.4
19102.3	2884.9	4762.0	23864.4	32336.4
454.1	367.8	195.8	720.4	-133.7
1202.7	132.8		1202.7	877.4
15096.8	3949.4	4431.2	19528.0	56330.3
15096.8	3949.4	4431.2	19528.0	56330.3
178.0	70.0		178.0	115.8
23255.9	1553.7	13043.9	36299.8	16853.4
2886.5	226.1	510.8	3397.3	2241.3
20369.4	1327.6	12533.1	32902.5	14612.1
2795.6	307.4		2795.6	528.8
50.9	31.2		50.9	1143.9

14－7 续表 16 continued16

指标名称	Item	实收资本 Driginal Value of fixed assets
正餐服务	Dinner	
快餐服务	Fast food	39060.8
饮料及冷饮服务	Beverage and cold drink	
茶馆服务	The teahouse services	
咖啡馆服务	Coffee shops serve	
其他饮料及冷饮服务	Others	
其他餐饮业	Others	
小吃服务	Snack service	
餐饮配送服务	Food and beverage distribution services	
其他未列明餐饮业	Others	
2. 按登记注册类型分组	Grouped by type registered	
内资企业	Domestic funds	39060.8
国有企业	State－owned	16829.9
集体企业	Collective－owned	102.0
股份合作企业	Cooperative	530.0
联营企业	Joint	
国有联营企业	State joint owned	
集体联营企业	Collective joine owned	
国有与集体联营企业	State－collective joint owned	
其他联营企业	Other joint owned	
有限责任公司	Limited liability corporations	3667.3
国有独资企业	State owned solely	
其他有限责任公司	Limited liability corporations	3667.3
股份有限公司	Share holding	131.0
私营企业	Private	17356.6
私营独资企业	Private funded	1251.6
私营合伙企业	Private partner	
私营有限责任公司	Private limited company	16105.0
私营股份有限公司	Private share holding	
其他企业	Others	444.0
港、澳、台商投资企业	Funded from Hongkong, Macao and Taiwan	

单位:万元 unit:10000 yuan

国家资本 State owned	集体资本 Collective	法人资本 Corporate	个人资本 Private	港澳台资本 Funded from Hongkong, Macao and Taiwan	外商资本 Foreign funds
17199.9	132.0	17312.8	4416.1		
17199.9	132.0	17312.8	4416.1		
16749.9		80.0			
	102.0				
450.0	30.0		50.0		
		2879.5	787.8		
		2879.5	787.8		
		131.0			
		13946.0	3410.6		
		80.0	1171.6		
		13866.0	2239.0		
		276.3	167.7		

14－7 续表 17 continued17

指标名称	Item	营业收入 Operation revenue	主营业务收入 Operating revenue
正餐服务	Dinner	122663.4	117658.6
快餐服务	Fast food		
饮料及冷饮服务	Beverage and cold drink		
茶馆服务	The teahouse services		
咖啡馆服务	Coffee shops serve		
其他饮料及冷饮服务	Others		
其他餐饮业	Others		
小吃服务	Snack service		
餐饮配送服务	Food and beverage distribution services		
其他未列明餐饮业	Others		
2. 按登记注册类型分组	Grouped by type registered		
内资企业	Domestic funds	121903.0	116898.2
国有企业	State－owned	22235.1	22235.1
集体企业	Collective－owned	2791.4	2791.4
股份合作企业	Cooperative	5519.3	5519.3
联营企业	Joint		
国有联营企业	State joint owned		
集体联营企业	Collective joine owned		
国有与集体联营企业	State－collective joint owned		
其他联营企业	Other joint owned		
有限责任公司	Limited liability corporations	31155.9	31004.4
国有独资企业	State owned solely		
其他有限责任公司	Limited liability corporations	31155.9	31004.4
股份有限公司	Share holding	787.2	787.2
私营企业	Private	47631.2	45977.9
私营独资企业	Private funded	6514.0	4931.7
私营合伙企业	Private partner		
私营有限责任公司	Private limited company	41117.2	41046.2
私营股份有限公司	Private share holding		
其他企业	Others	11782.9	8582.9
港、澳、台商投资企业	Funded from Hongkong, Macao and Taiwan	760.4	760.4

单位:万元　unit:10000 yuan

营业成本 Operation costs	主营业务成本 Operating cost	营业税金及附加 Business taxes and extra charges	主营业务税金及附加 Operating taxes and extra harges	其他业务利润 Other profits	销售费用 Marketing expenses
56430.2	54748.3	6531.8	5082.9	972.2	23629.5
56072.6	54390.7	6480.4	5031.5	972.2	23196.0
6239.5	6239.5	1216.6	206.9	245.3	1509.0
1914.0	1914.0	182.1	182.1	201.1	163.5
3363.3	3363.3	393.6	393.6		1288.6
15807.5	15807.5	1720.3	1703.2	219.1	2706.6
15807.5	15807.5	1720.3	1703.2	219.1	2706.6
468.2	468.2	33.5	33.5		
22459.3	21777.4	2229.0	1996.9	306.7	13776.4
2884.1	2202.2	351.7	164.9		2275.0
19575.2	19575.2	1877.3	1832.0	306.7	11501.4
5820.8	4820.8	705.3	515.3		3751.9
357.6	357.6	51.4	51.4		433.5

14－7 续表 18 continued18

指标名称	Item	管理费用 Management expenses
正餐服务	Dinner	25942.1
快餐服务	Fast food	
饮料及冷饮服务	Beverage and cold drink	
茶馆服务	The teahouse services	
咖啡馆服务	Coffee shops serve	
其他饮料及冷饮服务	Others	
其他餐饮业	Others	
小吃服务	Snack service	
餐饮配送服务	Food and beverage distribution services	
其他未列明餐饮业	Others	
2. 按登记注册类型分组	Grouped by type registered	
内资企业	Domestic funds	25709.9
国有企业	State－owned	12417.1
集体企业	Collective－owned	424.0
股份合作企业	Cooperative	184.9
联营企业	Joint	
国有联营企业	State joint owned	
集体联营企业	Collective joine owned	
国有与集体联营企业	State－collective joint owned	
其他联营企业	Other joint owned	
有限责任公司	Limited liability corporations	6218.2
国有独资企业	State owned solely	
其他有限责任公司	Limited liability corporations	6218.2
股份有限公司	Share holding	235.8
私营企业	Private	4747.8
私营独资企业	Private funded	797.9
私营合伙企业	Private partner	
私营有限责任公司	Private limited company	3949.9
私营股份有限公司	Private share holding	
其他企业	Others	1482.1
港、澳、台商投资企业	Funded from Hongkong, Macao and Taiwan	232.2

单位:万元 unit:10000 yuan

三、损益及分配 Gains and losses and distribution					
税 金 Taxes	差旅费 Travel expenses	工会经费 Trade union Outlays	财务费用 Financial expenses	利息收入 Interest income	利息支出 Interest expenditure
742.1	244.4	189.0	2765.6	32.7	1539.9
742.1	244.4	189.0	2764.9	32.7	1539.9
7.7	18.3	11.7	94.0	1.3	42.1
101.2		1.2	0.7		
		1.6	36.0	0.7	27.5
11.6	39.5	1.2	728.2	1.0	202.1
11.6	39.5	1.2	728.2	1.0	202.1
21.5		1.1	0.5		
395.1	53.8	17.4	1741.1	29.3	1258.8
7.5	0.6	1.2	107.4	2.6	0.3
387.6	53.2	16.2	1633.7	26.7	1258.5
205.0	132.8	154.8	164.4	0.4	9.4
			0.7		

14－7续表19 continued19

指标名称	Item	资产减值损失 Lost	公允价值变动收益 Revenue
正餐服务	Dinner		1785.0
快餐服务	Fast food		
饮料及冷饮服务	Beverage and cold drink		
茶馆服务	The teahouse services		
咖啡馆服务	Coffee shops serve		
其他饮料及冷饮服务	Others		
其他餐饮业	Others		
小吃服务	Snack service		
餐饮配送服务	Food and beverage distribution services		
其他未列明餐饮业	Others		
2. 按登记注册类型分组	Grouped by type registered		
内资企业	Domestic funds		1785.0
国有企业	State－owned		
集体企业	Collective－owned		
股份合作企业	Cooperative		
联营企业	Joint		
国有联营企业	State joint owned		
集体联营企业	Collective joine owned		
国有与集体联营企业	State－collective joint owned		
其他联营企业	Other joint owned		
有限责任公司	Limited liability corporations		
国有独资企业	State owned solely		
其他有限责任公司	Limited liability corporations		
股份有限公司	Share holding		
私营企业	Private		
私营独资企业	Private funded		
私营合伙企业	Private partner		
私营有限责任公司	Private limited company		
私营股份有限公司	Private share holding		
其他企业	Others		1785.0
港、澳、台商投资企业	Funded from Hongkong, Macao and Taiwan		

单位：万元　unit：10000 yuan

投资收益 Investment income	营业利润 Business profits	营业外收入 Norbusiness revenue	补贴收入 Subsidies revenue	利润总额 Total profits	应交所得税 Income taxes payable
1002. 1	7726. 4	98. 1		7232. 2	1466. 5
1002. 1	8041. 4	97. 8		7546. 9	1437. 6
	758. 7	16. 5		416. 4	
	107. 1			23. 8	9. 1
	252. 9	0. 3		338. 9	
	3975. 1	54. 5		4065. 1	1018. 6
	3975. 1	54. 5		4065. 1	1018. 6
	49. 2			9. 2	17. 2
	2709. 1	26. 1		2589. 5	351. 8
	97. 9	7. 2		156. 7	26. 8
	2611. 2	18. 9		2432. 8	325. 0
1002. 1	189. 3	0. 4		104. 0	40. 9
	-315. 0	0. 3		-314. 7	28. 9

14－7 续表 20 continued20

指标名称 Item		四、工人成本 Workers cost 应付职工薪酬（本年贷方累计发生额）payroll payable (credit accumulated happening this year)
正餐服务	Dinner	14900.3
快餐服务	Fast food	
饮料及冷饮服务	Beverage and cold drink	
茶馆服务	The teahouse services	
咖啡馆服务	Coffee shops serve	
其他饮料及冷饮服务	Others	
其他餐饮业	Others	
小吃服务	Snack service	
餐饮配送服务	Food and beverage distribution services	
其他未列明餐饮业	Others	
2. 按登记注册类型分组	Grouped by type registered	
内资企业	Domestic funds	14777.9
国有企业	State－owned	2644.3
集体企业	Collective－owned	381.5
股份合作企业	Cooperative	358.5
联营企业	Joint	
国有联营企业	State joint owned	
集体联营企业	Collective joine owned	
国有与集体联营企业	State－collective joint owned	
其他联营企业	Other joint owned	
有限责任公司	Limited liability corporations	4093.6
国有独资企业	State owned solely	
其他有限责任公司	Limited liability corporations	4093.6
股份有限公司	Share holding	86.5
私营企业	Private	6057.5
私营独资企业	Private funded	244.3
私营合伙企业	Private partner	
私营有限责任公司	Private limited company	5813.2
私营股份有限公司	Private share holding	
其他企业	Others	1156.0
港、澳、台商投资企业	Funded from Hongkong, Macao and Taiwan	122.4

单位:万元 unit:10000 yuan

五、土地和固定资产 Land and fixed asset					
土地和固定资产支出 Land and fixed asset expenditures	土地购置 Purchase of land	房屋和建筑物 Buildings and constructing	机器设备 Machine and equipment	运输工具 Means of transport	其他费用 Others
119.3		45.4	63.9		10.0
119.3		45.4	63.9		10.0
10.7		0.7			10.0
108.6		45.4	63.2		
108.6		45.4	63.2		

14－7 续表 21 continued21

指标名称 Item		法人企业数(个) Corporate enterprises (unit)	执行《2006 年企业会计准则》企业个数(个) Number of enterprises implmenting Accounting Standards for Business Enterprises 2006	一、年初存货 Inventory
合资经营企业(港或澳、台资)	Joint venture			
合作经营企业(港或澳、台资)	Cooperative			
港、澳、台商独资经营企业	Solefunds	1	1	7.8
港、澳、台商投资股份有限公司	Share holding			
其他港澳台投资企业	Others			
外商投资企业	Foreign funded			
中外合资经营企业	Joint venture			
中外合作经营企业	Cooperative			
外资企业	Foreign funds			
外商投资股份有限公司	Share holding			
其他外商投资企业	Others			
3. 按控股情况分组	Grouped by owned			
国有控股	State－owned	5	2	451.8
集体控股	Collective－owned	3	1	259.9
私人控股	Private－owned	34	27	2023.3
港澳台商控股	Hongkong, Macao and Taiwan－Owned			
外商控股	Foreign－owned			
其他	Others	10	3	779.5
4. 按经营形式分组	Grouped by form of management			
独立门店	Substantive store	50	31	3465.0
连锁总店(总部)	Chain headquarter			
连锁门店	Chain store			
其他	Others	2	2	49.5
5. 按单位规模分组	Gruoped by size of enterprises			
大型	Large－sized	3	2	720.4
中型	Medium－sized	3	2	481.3
小型	Small－sized	43	26	2164.4
微型	Micro－sized	3	3	148.4

单位:万元 unit:10000 yuan

流动资产合计 Circulating funds	应收帐款 Receivables	存 货 Inventery	固定资产合计 Total fixed assets	固定资产原价 Original Value of fixed assets	累计折旧 Total depreciation	本年折旧 Depreciation in this year
152.2	18.5	63.2	157.4	282.1	124.7	26.5
18890.4	1439.8	633.0	33651.4	45878.7	12227.2	1067.7
411.0	168.4	46.3	175.7	317.9	142.2	2.9
21747.1	1826.5	2208.4	25252.9	36414.5	11267.4	3289.9
18646.3	420.7	1015.5	40980.9	48808.6	10523.0	200.1
58855.6	3749.4	3714.7	99921.4	131193.8	34073.4	4547.1
839.2	106.0	188.5	139.5	225.9	86.4	13.5
28569.2	600.7	753.9	85640.7	111549.0	25908.2	2690.0
7145.0	398.1	729.4	2238.0	3648.1	1410.1	1150.2
21478.0	2653.3	2316.2	12076.1	15615.7	6340.7	720.4
2502.6	203.3	103.7	106.1	606.9	500.8	

14－7 续表 22 continued22

指标名称 Item		二、期末资产负债 The final balance sheet 在建工程 Circulating funds	资产总计 Circulating funds
合资经营企业(港或澳、台资)	Joint venture		
合作经营企业(港或澳、台资)	Cooperative		
港、澳、台商独资经营企业	Solefunds		1194.8
港、澳、台商投资股份有限公司	Share holding		
其他港澳台投资企业	Others		
外商投资企业	Foreign funded		
中外合资经营企业	Joint venture		
中外合作经营企业	Cooperative		
外资企业	Foreign funds		
外商投资股份有限公司	Share holding		
其他外商投资企业	Others		
3. 按控股情况分组	Grouped by owned		
国有控股	State－owned	4060.4	57456.4
集体控股	Collective－owned		586.7
私人控股	Private－owned	1404.9	63590.3
港澳台商控股	Hongkong, Macao and Taiwan－Owned		
外商控股	Foreign－owned		
其他	Others		71058.7
4. 按经营形式分组	Grouped by form of management		
独立门店	Substantive store	5465.3	190551.8
连锁总店(总部)	Chain headquarter		
连锁门店	Chain store		
其他	Others		2140.3
5. 按单位规模分组	Gruoped by size of enterprises		
大型	Large－sized	4068.8	129998.3
中型	Medium－sized	1380.3	14032.2
小型	Small－sized	16.2	46052.5
微型	Micro－sized		2609.1

单位:万元 unit:10000 yuan

二、期末资产负债 The final balance sheet				
流动负债合计 Circulating funds	应付账款 Inventory	非流动负债合计 Total non - current liability	负债合计 Total Investment	所有者权益 Creditor's equity
50.9	31.2		50.9	1143.9
19857.9	2911.7	4762.0	24620.0	32836.4
454.1	367.8	195.8	720.4	-133.7
28806.3	3030.2	16475.1	45281.4	18308.9
13018.0	2987.5	1000.0	14018.0	57040.7
61449.2	9191.2	22093.4	83613.2	106938.6
687.1	106.0	339.5	1026.6	1113.7
34299.2	4131.7	4112.0	38411.3	91587.0
4390.3	389.7	7600.0	11990.3	2041.9
22361.9	4775.1	10220.1	32652.5	13400.0
1084.9	0.7	500.8	1585.7	1023.4

14－7续表23 continued23

指标名称	Item	实收资本 Driginal Value of fixed assets	国家资本 State owned
合资经营企业(港或澳、台资)	Joint venture		
合作经营企业(港或澳、台资)	Cooperative		
港、澳、台商独资经营企业	Solefunds		
港、澳、台商投资股份有限公司	Share holding		
其他港澳台投资企业	Others		
外商投资企业	Foreign funded		
中外合资经营企业	Joint venture		
中外合作经营企业	Cooperative		
外资企业	Foreign funds		
外商投资股份有限公司	Share holding		
其他外商投资企业	Others		
3. 按控股情况分组	Grouped by owned		
国有控股	State－owned	17329.9	17199.9
集体控股	Collective－owned	102.0	
私人控股	Private－owned	18436.9	
港澳台商控股	Hongkong, Macao and Taiwan－Owned		
外商控股	Foreign－owned		
其他	Others	3192.0	
4. 按经营形式分组	Grouped by form of management		
独立门店	Substantive store	38730.8	17199.9
连锁总店(总部)	Chain headquarter		
连锁门店	Chain store		
其他	Others	330.0	
5. 按单位规模分组	Gruoped by size of enterprises		
大型	Large－sized	30653.4	16653.4
中型	Medium－sized	1340.0	
小型	Small－sized	6997.4	546.5
微型	Micro－sized	70.0	

单位:万元 unit:10000 yuan

集体资本 Collective	法人资本 Corporate	个人资本 Private	港澳台资本 Funded from Hongkong, Macao and Taiwan	外商资本 Foreign funds
	80.0	50.0		
102.0				
	14473.3	3963.6		
30.0	2759.5	402.5		
102.0	17012.8	4416.1		
30.0	300.0			
	14000.0			
	1340.0			
132.0	1916.8	4402.1		
	56.0	14.0		

14－7 续表 24 continued24

指标名称	Item	营业收入 Operation revenue	主营业务收入 Operating revenue
合资经营企业(港或澳、台资)	Joint venture		
合作经营企业(港或澳、台资)	Cooperative		
港、澳、台商独资经营企业	Solefunds	760.4	760.4
港、澳、台商投资股份有限公司	Share holding		
其他港澳台投资企业	Others		
外商投资企业	Foreign funded		
中外合资经营企业	Joint venture		
中外合作经营企业	Cooperative		
外资企业	Foreign funds		
外商投资股份有限公司	Share holding		
其他外商投资企业	Others		
3. 按控股情况分组	Grouped by owned		
国有控股	State－owned	23795.2	23795.2
集体控股	Collective－owned	2791.4	2791.4
私人控股	Private－owned	64943.5	60070.3
港澳台商控股	Hongkong, Macao and Taiwan－Owned		
外商控股	Foreign－owned		
其他	Others	31133.3	31001.7
4. 按经营形式分组	Grouped by form of management		
独立门店	Substantive store	112590.3	107585.5
连锁总店(总部)	Chain headquarter		
连锁门店	Chain store		
其他	Others	10073.1	10073.1
5. 按单位规模分组	Grouped by size of enterprises		
大型	Large－sized	46548.1	46477.1
中型	Medium－sized	14282.1	14282.1
小型	Small－sized	57008.2	56856.7
微型	Micro－sized	4825.0	42.7

单位:万元　unit:10000 yuan

营业成本 Operation costs	主营业务成本 Operating cost	营业税金及附加 Business taxes and extra charges	主营业务税金及附加 Operating taxes and extra harges	其他业务利润 Other profits	销售费用 Marketing expenses
357.6	357.6	51.4	51.4		433.5
6947.6	6947.6	1303.9	294.2	245.3	2180.2
1914.0	1914.0	182.1	182.1	201.1	163.5
31294.1	29612.2	3271.8	2832.6	394.2	18483.3
16274.5	16274.5	1774.0	1774.0	131.6	2802.5
49220.5	47538.6	6042.1	4593.2	972.2	22970.7
7209.7	7209.7	489.7	489.7		658.8
12911.7	12911.7	2588.5	1565.0	71.0	6313.2
4854.6	4854.6	777.4	777.4		5057.5
36969.5	36969.5	2884.9	2738.1	901.2	9558.7
1694.4	12.5	281.0	2.4		2700.1

14－7 续表 25 continued25

指标名称	Item	管理费用 Management expenses	税　金 Taxes
合资经营企业(港或澳、台资)	Joint venture		
合作经营企业(港或澳、台资)	Cooperative		
港、澳、台商独资经营企业	Solefunds	232.2	
港、澳、台商投资股份有限公司	Share holding		
其他港澳台投资企业	Others		
外商投资企业	Foreign funded		
中外合资经营企业	Joint venture		
中外合作经营企业	Cooperative		
外资企业	Foreign funds		
外商投资股份有限公司	Share holding		
其他外商投资企业	Others		
3. 按控股情况分组	Grouped by owned		
国有控股	State－owned	12474.5	7.7
集体控股	Collective－owned	424.0	101.2
私人控股	Private－owned	6748.8	622.1
港澳台商控股	Hongkong, Macao and Taiwan－Owned		
外商控股	Foreign－owned		
其他	Others	6294.8	11.1
4. 按经营形式分组	Grouped by form of management		
独立门店	Substantive store	25750.2	742.1
连锁总店(总部)	Chain headquarter		
连锁门店	Chain store		
其他	Others	191.9	
5. 按单位规模分组	Grouped by size of enterprises		
大型	Large－sized	17530.5	231.9
中型	Medium－sized	2827.2	140.8
小型	Small－sized	5029.4	269.4
微型	Micro－sized	555.0	100.0

单位:万元 unit:10000 yuan

三、损益及分配 Gains and losses and distribution				
差旅费 Travel expenses	工会经费 Trade union Outlays	财务费用 Financial expenses	利息收入 Interest income	利息支出 Interest expenditure
		0.7		
18.3	13.3	130.0	2.0	69.6
	1.2	0.7		
186.6	173.9	2298.0	29.7	1268.2
39.5	0.6	336.9	1.0	202.1
244.4	189.0	2764.1	31.4	1537.1
2.8			1.5	1.3
34.3	8.0	1083.8	-1.4	824.9
35.1	10.7	365.7	2.0	173.0
55.0	20.3	1185.0	32.1	542.0
120.0	150.0	131.1		

14－7 续表 26 continued26

指标名称	Item	资产减值损失 Lost	公允价值变动收益 Revenue
合资经营企业(港或澳、台资)	Joint venture		
合作经营企业(港或澳、台资)	Cooperative		
港、澳、台商独资经营企业	Solefunds		
港、澳、台商投资股份有限公司	Share holding		
其他港澳台投资企业	Others		
外商投资企业	Foreign funded		
中外合资经营企业	Joint venture		
中外合作经营企业	Cooperative		
外资企业	Foreign funds		
外商投资股份有限公司	Share holding		
其他外商投资企业	Others		
3. 按控股情况分组	Grouped by owned		
国有控股	State－owned		
集体控股	Collective－owned		
私人控股	Private－owned		1785.0
港澳台商控股	Hongkong, Macao and Taiwan－Owned		
外商控股	Foreign－owned		
其他	Others		
4. 按经营形式分组	Grouped by form of management		
独立门店	Substantive store		1785.0
连锁总店(总部)	Chain headquarter		
连锁门店	Chain store		
其他	Others		
5. 按单位规模分组	Gruoped by size of enterprises		
大型	Large－sized		
中型	Medium－sized		
小型	Small－sized		
微型	Micro－sized		1785.0

单位:万元 unit:10000 yuan

投资收益 Investment income	营业利润 Business profits	营业外收入 Norbusiness revenue	补贴收入 Subsidies revenue	利润总额 Total profits	应交所得税 Income taxes payable
	-315.0	0.3		-314.7	28.9
	758.8	16.8		416.8	
	107.1			23.8	9.1
1002.1	3209.9	26.5		2949.4	435.3
	3650.6	54.8		3842.2	1022.1
1002.1	6204.9	98.1		5625.0	1466.5
	1521.5			1607.2	
	6120.2	81.6		5830.3	1097.2
	399.7			398.7	119.2
2.1	1410.1	9.1		1017.5	230.5
1000.0	-203.6	7.4		-14.3	19.6

14－7 续表 27 continued27

指标名称 Item		四、工人成本 Workers cost 应付职工薪酬（本年贷方累计发生额）payroll payable (credit accumulated happening this year)
合资经营企业(港或澳、台资)	Joint venture	
合作经营企业(港或澳、台资)	Cooperative	
港、澳、台商独资经营企业	Solefunds	122.4
港、澳、台商投资股份有限公司	Share holding	
其他港澳台投资企业	Others	
外商投资企业	Foreign funded	
中外合资经营企业	Joint venture	
中外合作经营企业	Cooperative	
外资企业	Foreign funds	
外商投资股份有限公司	Share holding	
其他外商投资企业	Others	
3. 按控股情况分组	Grouped by owned	
国有控股	State－owned	2936.8
集体控股	Collective－owned	381.5
私人控股	Private－owned	7864.9
港澳台商控股	Hongkong, Macao and Taiwan－Owned	
外商控股	Foreign－owned	
其他	Others	3717.1
4. 按经营形式分组	Grouped by form of management	
独立门店	Substantive store	14780.3
连锁总店(总部)	Chain headquarter	
连锁门店	Chain store	
其他	Others	120.0
5. 按单位规模分组	Gruoped by size of enterprises	
大型	Large－sized	6999.1
中型	Medium－sized	3097.0
小型	Small－sized	4679.0
微型	Micro－sized	125.2

单位:万元 unit:10000 yuan

	五、土地和固定资产 Land and fixed asset				
其他费用 Others	土地和固定资产支出 Land and fixed asset expenditures	土地购置 Purchase of land	房屋和建筑物 Buildings and constructing	机器设备 Machine and equipment	运输工具 Means of transport
10.7			0.7		10.0
108.6		45.4	63.2		
119.3		45.4	63.9		10.0
119.3		45.4	63.9		10.0

统计资料

STATISTICS

◎ 对外经济贸易和旅游业

FOREIGN TRADE AND TOURISM

第十五篇　对外经济贸易和旅游业

据海关统计，2012年，我市实现进出口总额196.8亿美元，同比增长13.4%。其中实现进口额167.8亿美元，增长11.3%。实现出口额29.0亿美元，增长27.9%。

从我市进出口的贸易方式看，仍然以一般贸易为主，占全市进出口额的九成。2012年，我市一般贸易进出口额为179.0亿美元，占全部进出口额的91.0%，同比增长11.0%。其次是加工贸易进出口额10.8亿美元，占全部进出口额的5.5%，增长26.7%。外商投资企业作为投资进口的设备和物品进出口额为6.5亿美元，增长1.3倍。

从进出口市场情况看，2012年，我市对亚洲进出口38.4亿美元，下降9.8%。对非洲实现进出口额3.0亿美元，同比增长80.8%。对欧洲进出口139.0亿美元，增长16.5%。对拉丁美洲进出口7.0亿美元，增长85.1%。对北美洲进出口5.6亿美元，增长19.7%。对大洋洲进出口3.9亿美元，增长1.4倍。

实际利用外资增长较快，新批外资仍然以二产投资为主。2012年，我市实际利用外资36.8亿美元，同比增长19.6%。其中：外商直接投资8.5亿美元，增长9.9%。外商间接投资28.3亿美元，增长22.8%。新设立外商投资企业42户，同比下降4.5%。合同外资金额8.5亿美元，增长64.1%。

从新批外资的投资领域看，外资仍然以二产投资为主，合同外资和直接投资均在九成左右。二产投资15户，合同外资7.9亿美元，占新设立合同外资金额的93.1%，同比增长1.4倍。直接投资7.5亿美元，占外商直接投资总额的88.4%，同比增长85.7%。三产投资26户，合同外资0.5亿美元，占新设立合同外资金额的6.2%，同比下降71.7%。直接投资0.8亿美元，占外商直接投资总额的9.4%，同比下降73.6%。

从投资来源看，共有15个国家和地区来我市投资建厂，其中，合同外资金额排在前3位的分别是：德国（63126.8万美元）、百慕大（5000.0万美元）、香港（3937.3万美元）。

15-1 对外经济贸易指标
FOREIGN TRADE AND ECONOMIC COOPERATION

		单位 Unit		2011	2012
进出口总额(一)	Total import and export(Ⅰ)	万美元	$10000	1734394	1968046
其中:进口	Imports	万美元	$10000	1507388	1677694
出口	Exports	万美元	$10000	227006	290352
1.国有企业	State owned	万美元	$10000	875665	897119
其中:进口	Imports	万美元	$10000	766153	753131
出口	Exports	万美元	$10000	109512	143988
2.集体企业	Collective owned	万美元	$10000	1240	445
其中:进口	Imports	万美元	$10000	4	5
出口	Exports	万美元	$10000	1236	440
3.三资企业	Foreign funded	万美元	$10000	791357	976066
其中:进口	Imports	万美元	$10000	723339	905720
出口	Exports	万美元	$10000	68018	70346
4.私营企业	Private	万美元	$10000	65945	94243
其中:进口	Imports	万美元	$10000	17868	18809
出口	Exports	万美元	$10000	48076	75434
进出口总额(二)	Total import and export(Ⅱ)	万美元	$10000	1717122	1858746
其中:进口	Imports	万美元	$10000	1517550	1592033
出口	Exports	万美元	$10000	199572	266713
新批项目(企业)数	Number of new registered enterprises	个	unit	44	42
投资总额	Total investment	万美元	$10000	129943.9	557791.8
合同利用外资额	Contract foreign investment	万美元	$10000	51785.6	84955
其中:直接利用外资额	Direct foreign investments	万美元	$10000	51785.6	84955
实际利用外资额	Total of foreign funds actually used	万美元	$10000	307964.9	368236
其中:直接利用外资额	Direct foreign investment	万美元	$10000	77352	85003.6

注:进出口总额(一)中进出口总额是指在长春行政区域内工商注册、并在长春海关登记、赋予代码为"2201"的全部有外贸经营权的企业(公司)进出口总额。它是衡量我市有外贸经营权的企业(公司)经营规模和总体水平的标志。

进出口总额(二)中进出口总额是指在全国各地工商注册,并在当地海关登记的赋予相应代码的有外贸经营权的企业(公司),进口商品目的地为长春市、出口产品货源地产自长春市的进出口总额。它是衡量我市进口市场需求(包括项目)及出口生产质量、能力的标志。

Note:

* lmport – export value(Ⅰ) by changchun foreign trade managing units refer to actul value of imports and exports carried out by corporation which have been registered by changchun customhouse and vested with ri – ght to run import, export business. It is a measure of trade rights to the city and the o-verall level of the enterprise size.

* * lmport value of commodities by the places of their destination and export value of commodities by the place of their origin in china: The places of their consumption, utilization or the place of their final des – tination. The latter indicator refers to the value of export commodities of the places of their ori-gin or t – he place of the commodities dispatched, changchun.

15－2　2000－2012 长春市旅游经济情况

		2000	2001	2002
海外旅游者(人次)	International tourists(person－time)	55734	66853	76146
外国人(人次)	Foreigners(person－time)	38277	45720	55064
华侨(人次)	Overseas Chinese(person－time)			
港澳同胞(人次)	Compatriots from Hongkong and Macao(person－time)	6831	7280	5861
台湾同胞(人次)	Compatriots from Taiwan(person－time)	10626	13853	1522
海外旅游者(人天)	International tourists(person－day)	135065	193350	246356
外国人(人天)	Foreigners(person－day)	107131	153382	196813
华侨(人天)	Overseas Chinese(person－day)			
港澳同胞(人天)	Compatriots from Hongkong and Macao(person－day)	11296	17327	15691
台湾同胞(人天)	Compatriots from Taiwan(person－day)	16638	22641	33852
国内旅游者(万人次)	Domestic tourists(10000person－time)	819	1001	1085.5
旅游外汇收入(万美元)	Foreign exchange earnings from tourism($10000)	2261	3072	4204
旅游业总收入(亿元)	Revenue of tourism(100 millon yuan)	28.9	48	67

DEVELOPMENT OF TOURISM(2000 – 2012)

2003	2004	2005	2006	2007	2008	2009	2010	2011	2012
68877	87201	110000	151100	200248	217008	217000	249824	301639	356627
51523	70249	87100	117200	164834	187702	183251	219780	248034	286961
8546	8378	12100	17500	19210	13905	23326	20475	28809	36828
8808	8574	10700	16200	16204	10399	10534	9569	24796	32838
215277	258627	330000	420600	459611	595025	670934	806995	998963	1146277
178884	220862	276000	340200	409052	510417	583681	722157	838729	935851
18188	20187	28700	40800	50559	54444	57799	57121	85530	109363
18205	17578	24800	39500	47440	30164	29454	27717	74706	101063
1031	1100	1218.4	1366.7	1587.2	1896.6	2246.5	2612.64	3084.17	3620.21
3671	4295	5103.3	6665	8930	10680	11625	13747.87	16974.46	22379.05
83	96.7	120.2	148.2	182.84	228.31	276.6	350.42	431.65	548.28

15－3　主要出口商品情况
MAIN EXPORT GOODS

商品名称 Item		出口金额（万美元）Export（$10000）	占出口总额比重（%）Proportion（%）
合计	Total	290352	100.00
粮食	Food	5334	1.80
汽车（包括整套散件）	Automobile	24049	8.30
汽车零件	Vehicle parts	13225	4.60
服装及衣着附件	Garments and accessories	10857	3.70
新的充气橡胶轮胎	New pneumaticrubber tire	8621	3.00
塑料制品	Plastic products	1730	0.60
肉及杂碎	Meat	4451	1.50
胶合板及类似多层板	Veneer and multiply wood	6938	2.40
家具及其零件	Furniture	4089	1.40
摩托车	Motorcycles	1526	0.53
通断保护电路装置及零件	Hardware	965	0.30
医药品	Medicine materials	1954	0.70
箱包及类似容器	Bags and similar containers	1704	0.59
纺织纱线、织物及制品	Weave and products	1463	0.50
家用或装饰用木制品	Timeber products for household or decoration	577	0.20
医疗仪器及器械	Medical apparatus and appliance	388	0.13
灯具照明装置及其零件	Lighting installation and its spares	1811	0.60
手用或机用工具	Manual or machine tools	1102	0.38
玻璃制品	Glasswares	404	0.14
钢材	Steel products	419	0.14

15－4 主要进口商品情况
MAIN IMPORT GOODS

商品名称 Item		进口金额（万美元） Import（$10000）	占进口总额比重（%） Proportion（%）
合计	Total	1677694	100
汽车零件	Vehicles parts	440939	26.30
汽车（包括整套散件）	Vehicles	505492	30.10
计量检测分析自控仪器及器具	Analysis of measurement control equipment and appliance	92094	5.50
大豆	Soybean	50637	3.00
金属加工机床	Metal－cutling machine tools	49501	3.00
通断保护电路装置及零件	Hardware	25029	1.50
活塞式内燃机的零件	Parts of piston eagine	11471	0.70
钢材	Steel products	9440	0.56
钢铁制标准坚固件	Standard strong steel products	17244	1.02
收音设备	Recording equipment	11015	0.66
集成电路	Integrated circuit	9676	0.58
电动机及发电机	Electromotor and dynamo	9449	0.56
电视、收音机及无线电讯装置的零附件	Electrical apparatus and parts	38307	2.30
初级形状的塑料	Initial shape plastics	6347	0.38
液泵及液体提升机	Pump and liquid elevator	8453	0.50
变压、整流、电感器及零件	Transformer rectifier inductor and parts	6486	0.39
机械提升搬运装卸设备及零件	Mechanical handling equipmeat and parts to upgrade handing	15646	0.93
医疗仪器及器械	Medical apparatus and appliance	5015	0.30
合成橡胶（包括乳胶）	Synthetic rubber（including emulsion）	7779	0.46
电线和电缆	Wire and cable	5959	0.36
制冷设备用压缩机	Compressor for refrigeration facility	4263	0.25
塑料制品	Plastic products	3720	0.22
纺织纱线、织物及制品	Weave and products	4077	0.24
空气调节器	Air conditioners	4638	0.28
阀门	Valve	1739	0.10
棉花	Conton	2111	0.13

15－5　外贸进出口总值分国别(地区)出口情况(2012)
BASIC CONDITIONS OF FOREIGN TRADE BY COUNTRY(2012)

国家(地区)	Country or region	出口额(万美元)　Exports($10000)
总值	Total	290352
日本	Japan	32353
韩国	Korea	12359
美国	United States	14115
德国	Germany	8528
印度	India	8475
香港	HongKong	19821
越南	Vietnam	4494
台湾	Taiwan	3316
比利时	Belgium	3154
加 拿 大	Canada	2337
伊朗	Iran	12891
巴基斯坦	Pakistan	4788
英国	United Kingdom	2850
墨西哥	Mexico	3342
荷兰	Netherland	7578
澳大利亚	Australia	34982
俄罗斯	Russia	12522
菲 律 宾	Philippines	3246
尼日利亚	Nigeria	1173
意 大 利	Italy	2055
阿拉伯联合酋长国	United Arab Emirates	2717
马来西亚	Malaysia	7814
沙特阿拉伯	Saudi Arabia	1733
印度尼西亚	Indonesia	6046
埃及	Egypt	791
法国	France	1295
约旦	Jordan	629
西班牙	Spain	1060
南非(阿扎尼亚)	South Africa	3993
柬埔寨	Cambodia	701
巴西	Brazil	15389
丹麦	Denmark	1620
乌克兰	Ukraine	2085
土耳其	Turkey	1648
泰国	Algeria	5438

15－6 外贸进出口总值分国别(地区)进口情况(2012)

BASIC CONDITIONS OF IMPORT IN FOREIGN TRADE BY COUNTRY(2012)

国家(地区)	Country or region	出口额(万美元) Exports($10000)
德国	Germany	899265
日本	Japan	198395
匈牙利	Hungary	93285
美国	United States	38182
阿拉伯联合酋长国	The United Arab Emirates	356
意大利	Italy	20270
韩国	Korea	12132
捷克共和国	Czech	31158
比利时	Belgium	54493
法国	France	19074
瑞典	Sweden	4186
马来西亚	Malaysia	11677
墨西哥	Mexico	3380
西班牙	Spain	20426
奥地利	Austria	15683
巴西	Brazil	26102
英国	Britain	4195
俄罗斯	Russia	1297
泰国	Thailand	5302
台湾	Taiwan	3649
澳大利亚	Australia	3455
波兰	Poland	5772
瑞士	Switzerland	4716
荷兰	Netherlands	11395
菲律宾	Philippines	1391
新 加 坡	Singapore	1745
印度尼西亚	Indonesia	351
香港	HongKong	650
挪威	Norway	1738
印度	India	1499
以色列	Israel	449
越南	Vietnam	1141
土耳其	Turkey	2199
加 拿 大	Canada	867
丹麦	Denmark	1594
爱尔兰	Ireland	472

15－7　2012年新批外商项目(企业)分类表
NEW REGISTERED FOREIGN PROJECTS (ENTERPRISES) BY CATEGORY IN 2012

		户　数 (个) Enterprises (unit)	外商投资 (万美元) Investment ($10000)	比重 (%) Percentage (%)
总计	Total	42	84955	
1.按行业类别分	Grouped by sector			
第一产业	Primary industry	1	515	0.60
第二产业	Secondary industry	15	79135	93.10
第三产业	Terinary industry	26	5305	6.30
2.按国别、地区分	Grouped by country or region			
香港	Hongkong	10	3937.3	4.60
投资性公司投资	korea	1	1703.3	2.00
日本	Japan	11	3364.6	4.00
荷兰	Holland	1	3655.2	4.30
新加坡	Singapore	2	1082.6	1.30
德国	Germany	3	63126.8	74.30
百慕大	Bermuda	1	5000	5.90
英属维尔京群岛	British Virgin Islands	2	2171.3	2.6
3.按经济类型分	Grouped by ownership			
外资企业	Foreign funds	25	14974.4	17.60
合资经营	Joint venture	17	69980.6	82.40
合作经营	Cooperative			

统计资料

STATISTICS

◎ 金融保险业

BANKING AND INSURANCE

第十六篇　金融、保险业

2012年，在市委、市政府的重视支持下，全市金融部门认真贯彻落实稳健的货币政策，以保持信贷合理均衡投放、信贷结构不断优化为重点，突出抓好深化金融改革、加快金融创新、改进金融服务等工作，货币信贷总体运行平稳，金融支持实体经济和社会民生及薄弱环节的力度加大，为我市经济稳增长提供了有力的资金支持。

（一）各项存款较快增长。2012年末，全市人民币存款余额6578.3亿元，比年初新增1010.2亿元，增长18.1%。存款较快增长的原因主要是受楼市调控、股市低迷、理财产品收益率下降影响，社会资金向存款回流，以及宏观经济增速放缓背景下，企业投资较为谨慎，存款意愿增强。

分结构看，2012年，全市个人存款2813.9亿元，比年初新增456.6亿元，增长19.4%；单位存款3354.6亿元，比年初新增533.0亿元，增长18.9%；财政性存款324.4亿元，比年初新增27.6亿元，增长9.3%。个人存款中储蓄存款2767.4亿元，比年初新增429.6亿元，增长18.4%。单位存款中定期存款新增190.5亿元，同比多增73.6亿元，活期存款新增70.9亿元，同比少增68.7亿元，单位存款结构变化反映当前企业经营活跃度有所降低．这主要与企业扩大再生产意愿减弱，偏好高收益存款有关。

（二）各项贷款增长趋缓。2012年末，全市人民币贷款余额5727.2亿元，比年初增加571.3亿元，增长11.1%，同比少增95.2亿元。贷款同比少增的原因，一是受雨雪天气较多以及农民惜售因素影响，农发行全年贷款减少，年末贷款余额同比下降；二是受总行政策调整影响，部分国有银行12月份贷款减少较多。

（三）信贷支持重点突出。一是对企业生产经营支持力度加大。2012年，全市单位经营贷款、票据融资分别新增41.9亿元和43.4亿元，合计新增85.3亿元，较好地满足了企业流动资金需求。二是发挥金融合力，支持经济发展。2012年，全市银团贷款新增98.5亿元，较好满足实体经济发展的金融需求。三是积极支持居民扩大消费。2012年，全市个人消费贷款新增142.3亿元，同比多增25.8亿元。

三、保险事业进一步发展

2012年，长春市保险业深入贯彻落实科学发展观，大力推进发展方式转变和业务结构调整，坚持深化改革，开拓创新，扩大保险服务领域，服务经济社会发展全局，行业呈现出稳健发展态势。2012年全市保险业实现保费收入89.5亿元，在全省保险市场中占比达到38.5%，同比增长5.9%，高于全省平均增速1.82个百分点，其中财产险公司保费收入38.9亿元，人身险公司保费收入50.6亿元；累计承担风险保障27107亿元，全年赔付支出31.7亿元，同比增长25.5%，其中财产险公司赔付支出20.3亿元，人身险公司赔付支出11.4亿元，为保障人民群众的生命和财产安全提供了巨大的资金支持。

16－1 主要年份城乡居民储蓄存款(人民币)
DEPOSITS OF URBAN AND RURAL RESIDENTS

单位:万元 unit:10000yuan

		2006	2007	2008	2009	2010	2011	2012
年末储蓄存款余额	Balance of deposits at year－end	11745969	12020796	15073851	18341564	20627232	23377845	27673822
按地区分	Grouped by region							
市辖区	District	10109765	10214788	12704620	15512984	17316468	19352550	22643743
榆树市	Yushu	384426	441694	574939	676928	779902	893225	1090981
农安县	Nong'an	430827	486593	603493	722512	846674	1072861	1296227
德惠市	Dehui	438505	487249	643234	765246	865048	1039702	1339419
九台市	Jiutai	382446	390472	547565	663894	819140	1019507	1303452

16－2 1993－2012年保险费收入和赔款支出
PREMIUM AND CLAIM OF INSURANCE(1993－2012)

单位:千元 unit:1000yuan

年份 Year	保险费收入 Premium	赔款支出 Claim	赔付率(%) Payment rate
1992	226790	134070	59.1
1993	225929	130248	57.6
1994	208195	132679	63.7
1995	242880	156920	64.6
1996	243165	27898	11.5
1997	834330	216260	25.9
1998	467423	288599	61.7
1999	840370	234360	27.9
2000	897800	284490	31.7
2001	1203345	404926	33.7
2002	1870688	484611	25.9
2003	2871260	562650	19.6
2004	3212130	579940	18.1
2005	2986980	665300	22.3
2006	3513544	902754	25.7
2007	4521397	1687103	37.3
2008	5685661	2069416	36.4
2009	6810096	2234097	32.8
2010	9325866	2259205	24.2
2011	8443132	2505617	29.7
2012	8953946	3167895	35.4

注:因执行新会计准则,保费收入计算口径发生变化,2011年保费收入为新口径。

16 – 3　2012 年全市金融机构信贷收支(人民币)
CREDIT FUNDS BALANCE SHEET OF FINANCIAL INSTITUTIONS (RMB) IN 2012

单位:亿元　　unit:100million yuan

来源项目名称 Item of sources	金　额 Amount	运用项目名称 Item of uses	金　额 Amount
一、各项存款 Deposits	6578.30	一、各项贷款 Loans	5727.21
1. 单位存款 Deposits of enterprises	3354.64	(一)境内贷款 Domestic loans	5726.67
其中:活期存款 Current deposits	1631.47	1、短期贷款 Short term loans	1418.42
定期存款 Fixed deposits	819.48	(1)个人贷款及透支 Personal loans and overdrafts	188.42
通知存款 deposit at notice	190.83	其中:个人消费贷款 Individual consumption loans	43.00
保证金存款 margin deposit	313.13	(2)单位普通贷款及透支 Non – personal and overdrafts	1129.95
2、个人存款 personal deposit	2813.95	其中:经营贷款 business loans	1082.66
储蓄存款 savings deposit	2767.38	固定资产贷款 Fixed asset loans	14.61
保证金存款 margin deposit for security	4.00	(3)普通并购贷款 General M & A payment	2.00
结构性存款 structured deposit	42.57	(4)银团贷款 Syndicated loans	3.85
3. 财政性存款 Treasury deposits	324.35	(5)贸易融资 Trade financing	94.20
4. 临时性存款 Government and organization	5.61	(6)境外筹资转贷款 On – lending of overseas financing	
5. 委托存款 Precative deposits	18.69	2、中长期贷款 Medium and long – term loans	4142.25
6. 其他存款 Others	61.07	(1)个人贷款 Personal loans	866.96
二、金融债券 Bonds	26.97	其中:个人消费贷款 Individual consumption loans	679.41
三、中长期借款 Payable		(2)单位普通贷款 Non – personal loans	2828.10
四、应付及暂收款 Interbank loan	193.69	其中:经营贷款 business loans	407.28
其中:应付利息 of which: interest payable	87.35	固定资产贷款 Fixed asset loans	2420.82
五、同业往来(来源方) Interbank loan	427.59	(3)普通并购贷款 General M & A payment	6.07
六、系统内资金往来(来源方) Pooling currency	586.63	(4)银团贷款 Syndicated loans	441.11
七、外汇买卖(来源方)foreign exchange trading (sources)	338.95	(5)贸易融资 Trade financing	
其中:结售汇 of which: exchange settlement	338.95	(6)境外筹资转贷款 On – lending of overseas financing	
八、各项准备 Creditor's equity	143.68	3、融资租赁 Lease	0.61
其中:贷款损失准备金 of which: loan loss reserves	132.41	4、票据融资 Bill financing	164.81
九、所有者权益 Creditor's equity	357.45	其中:贴现 of which: discount	164.81
其中:实收资本	146.45	5、各项垫款 Delay loans	0.58
十、其他 Others	– 1690.92	(二)境外贷款 Foreign loans	0.54
		二、有价证券 securities	240.78
		三、股权及其他投资 Equities and other investments	230.93
		四、应收及预付款 Recceivable and payable	76.21
		其中:应收利息 of which: interest payable	37.93
		五、同业往来(运用方) Interbank account	200.07
		六、系统内资金往来 (运用方) Within account	
		七、金银占款 Funds outstanding for gold and silver	
		八、外汇买卖(运用方)foreign exchange trading (users)	339.67
		其中:结售汇 of which: exchange settlement	339.06
		九、固定资产 Fixed assets	101.80
		十、库存现金 Cash in vault	43.47
		十一、投资性房地产 Investment real estate	2.20
资金来源总计 Total of sources	6962.33	资金运用总计 Total of uses	6962.33

16－4　2012 年全市金融机构年末储蓄存款余额(人民币)

DEPOSITS BALANCE SHEET OF FINANCE INSTITUTIONS IN 2012(RMB)

单位:万元　　unit:10000yuan

		金　额 Amount
全市金融机构年末储蓄存款余额	Total	27673822
按地区划分	Grouped by object	
市辖区	District	22643743
榆树	Yushu	1090981
农安	Nong'an	1296227
德惠	Dehui	1339419
九台	Jutai	1303452

16－5　2012 年全市保险业务状况

BASIC STATISTICS ON INSURANCE IN 2012

单位:千元　　unit:1000yuan

		保费收入 Premium	赔款支出 Claim	赔付率(%) Loss ratio
总计	Total	8953946	3167895	35.4
一、财产险合计	Property	3837714	2007120	52.3
企财险	Enterprises property insurance	299296	89878	
家财险	Family property insurance	20639	9497	
机动车险	Motor vehicle insurance	2862927	1583262	
工程保险	Engineering insurance	4881	6359	
责任险	Liability insurance	83397	39337	
保证保险	Guarantee insurance	161646	7783	
货运险	Freight transport insurance	215611	139075	
农业保险	Agriculture insurance	185314	129716	
其他	Other life insurance	4003	2213	
二、人身险合计	Life insurance	5116232	1160775	22.7
人寿保险	Life insurance	4486497	952691	
意外伤害险	Accident injury insurance	176894	40942	
健康险	Health insurance	452841	167142	

统计资料

STATISTICS

◎ 教育、科技及文化事业

EDUCATION,SCIENCE AND TECHNOLOGY CULTURE

第十七篇 教育、科技及文化事业

2012年,教育事业整体水平得到进一步提升。年末全市拥有各级各类教育学校2533所(含学前教育,以下同),其中:在长普通高校37所(含专修学院),成人高校8所,中等职业学校104所,普通高中65所,普通初中265所,职业初中3所,小学1349所,特殊教育学校9所,幼儿园692所,工读学校1所;全市各级各类教育学校招生43.6万人,其中:普通高校招收本专科生11.1万人,成人高校招收本专科生4.1万人,中等职业学校招生2.7万人,普通高中招生4.8万人,普通初中招生6.3万人,小学招生7万人,幼儿园招生6万人;全市各级各类教育学校拥有在校生146.3万人(含在园儿童),其中;普通高校本专科在校生38.8万人,成人高校本专科在校生9.1人,中等职业在校生8.1万人,普通高中在校生14.5万人,普通初中在校生19.7万人,小学在校生40.2万人,特殊教育在校生0.12万人,在园儿童11万人。

2012年,文化事业得到进一步发展。年末全市共有文化(文物)事业机构228家,其中:艺术表演团体3家,艺术表演场馆4家,公共图书馆12家,艺术馆、文化馆12家,文化站161家,文化艺术科技、科研机构2家,文物保护研究机构1家,文物保护管理机构4家,博物馆7家,公共图书馆总藏量401万册。

全市拥有各类文化经营场所1440家,其中,互联网上网服务营业场所827家,(连锁70家),文化娱乐场所327家,演出场所31家,古玩(美术品)经营店9家。市区(含开发区)文化经营场所1049家,其中,互联网上网服务营业场所578家(连锁69家),文化娱乐场所253家,演出场所23家(市直3家),古玩(美术品)经营店9家。

长春电影制片场全年共生产故事片6部,科教片10部。

2012年,全市有广播电台5座,节目10套,中波发射台和转播台2座,广播人口覆盖率为100%;电视台5座,节目9套,电视人口覆盖率为100%。

17－1　长春市各级各类教育基本情况

BASIC STATISTICS ON EDUCATION

		校　数（所）Schools	毕业生数（人）Graduates（person）	在校学生数（人）Student enrollment（person）	教职工数（人）Teacher and staff（person）	
					合　计 Total	#:专职教师 Full time teacher
一、高等教育	Higher education	45	144590	526168	47411	26641
1、研究生培养机构	Graduate cultivation mechanism		13346	47885		
普通高校	Instituions of higher education		13104	46482		
科研机构	Scientific research institution		242	1403		
2.普 通 高 等 教 育	Regular higher education	37	96092	387662	43930	24644
本科生	Undergraduate		70322	313875		
专科生	Specialty		25770	73787		
3.成 人 高 等 教 育	Adult Higher Education	8	35152	90621	2177	1387
本科生	Instituions of higher education		12173	41941		
专科生	Adult eduction shcolls		22979	48680		
4.民办其他高等教育机构	Other private institutions of higher education	12			1304	610
二、高中段教育	High school education	169	78157	226403	20368	15077
1.中等职业	Secondary vocation	104	30230	80938	8351	5671
其中:普通中专	Special education schools	12	4962	19538	1728	1327
成人中专	Special secondary schools for adults	12	3055	7717	1785	1327
职业高中	Vocational senior middle schools	80	15804	35638	4393	2752
其他机构	Others	15	6409	18045	445	265
2.普通高中	Senior secondary schools	65	47927	145465	12017	9406
三、义务教育	Compulsory education	1617	140726	599935	58152	48569
(一)初中阶段	Junior high school education	268	75712	197306	24551	19445
1.职业初中	Vocational middle schools	3	219	352	80	60
2.普通初中	Junior secondary schools	265	75493	196954	24471	19385
(二)小　　学	Primary shools	1349	65014	402629	33601	29124
四、特殊教育	Special education schools	9	173	1257	426	326
五、工读学校	Approved shcools	1			43	31
六、幼 儿 园	Kindergartens	692	41624	110308	13387	7819

17－2 中 学 概 况
BASIC STATISTICS ON SECONDARY SCHOOLS

		校 数（所）Schools	班数（个）Classes（unit）	毕业生数（人）Graduates（person）	在校学生数（人）Student enrollment（person）	教 职 工 数 （人）Teacher and staff（person）	
						合 计 Total	#:专职教师 Full time teacher
长春市	Changchun	330	6871	123420	342419	36488	28791
城区	District	144	3365	54424	165734	17018	14023
市辖区	District	27	964	15104	51054	3892	3321
南关区	Nanguan	10	155	2649	6420	988	857
宽城区	Kuancheng	10	217	3869	9604	952	777
朝阳区	Chaoyang	13	232	4100	10245	1266	1090
二道区	Erdao	10	267	4984	12952	1706	1286
绿园区	Lvyuan	9	199	3100	9077	1040	980
高新开发区	High－technical developing area	4	47	737	2119	295	253
经济开发区	Economic technical developing area	3	34	483	1086	238	210
净月开发区	Jingyue developing area	4	50	757	1926	217	190
汽车区	Automobile area	13	220	3400	9590	1393	1192
省直	Directly under province	12	634	10241	36574	2984	2482
双阳区	Shuangyang	26	327	4741	14397	1875	1248
莲花山区	lianhuashan	3	19	259	690	172	137
四县（市）区	Four counties（cities）	186	3506	68996	176685	19470	14768
农安县	Nong'an	53	935	16251	45601	5779	4131
九台市	Jiutai	35	634	12927	31722	5517	4023
榆树市	Yushu	56	1073	20819	55857	4548	3624
德惠市	Dehui	42	864	18999	43505	3626	2990

注：中学概况各指标口径为普通初中、普通高中学校。

17－3 小 学 概 况
BASIC STATISTICS ON PRIMARY SCHOOLS

		校 数 (所) Schools	班数(个) Class (unit)	毕业生数(人) Graduates (person)	在校学生数(人) Student enrollment (person)	教职工数(人) Teacher and staff(person) 合计 Total	#:专职教师 Full time teacher
长春市	Changchun	1349	13181	65014	402629	33601	29124
城区	District	296	4837	30006	172467	12582	10890
市辖区	District	5	243	1836	12068	629	552
南关区	Nanguan	26	452	3118	16391	1372	1263
宽城区	Kuancheng	27	517	3288	19619	1651	1436
朝阳区	Chaoyang	31	567	4132	20812	1751	1596
二道区	Erdao	15	425	3565	17774	943	807
绿园区	Lvyuan	27	476	3137	18474	1389	1224
高新开发区	Economic technical developing area	2	83	411	3488	41	35
经济开发区	Economic developing area	14	247	1308	8826	567	520
净月开发区	Jingyue developing area	12	295	868	5996	438	405
汽车区	Automobile Disttict	8	282	1615	11326	477	410
省直	Directly under province	5	361	3020	16149	649	545
双阳区	Shuangyang	111	792	3331	19313	2458	1909
莲花山	lianhuashan	13	97	377	2231	217	188
四县(市)区	Four counties(cities)	1053	8344	35008	230162	21019	18234
农安县	Nong'an	303	2241	8485	55563	6540	5475
九台市	Jiutai	200	1449	7004	40370	3427	3003
榆树市	Yushu	320	2766	11509	75633	6140	5492
德惠市	Dehui	230	1888	8010	58596	4912	4264

17－4 幼 儿 园
BASIC STATISTICS ON KINDERGARTENS

		园 数 (所) Kindergartens (unit)	在园幼儿数(人) Children (person)	教职工数(人) Teacher and staff(person) 合计 Total	#:专职教师 Full time teacher
长春市	Changchun	692	110308	13387	7819
城区	District	420	61218	9936	5468
市辖区	District	1	436	67	44
南关区	Nanguan	39	5937	1081	672
宽城区	Kuancheng	52	6329	1373	689
朝阳区	Chaoyang	74	10250	2019	1059
二道区	Erdao	62	8878	1372	762
绿园区	Lvyuan	79	10110	1659	923
高新开发区	Economic technical developing area	5	1535	220	140
经济开发区	Economic developing area	28	3649	585	341
净月开发区	Jingyue developing area	9	1054	185	104
汽车区	Automobile Disttict	13	3327	595	280
省直	Directly under province	0	962	0	0
双阳区	Shuangyang	51	7767	729	411
莲花山	lianhuashan	7	984	51	43
四县(市)区	Four counties(cities)	272	49090	3451	2351
农安县	Nong'an	69	14239	683	550
九台市	Jiutai	39	10132	903	601
榆树市	Yushu	36	8359	469	379
德惠市	Dehui	128	16360	1396	821

17-5 文化事业基本情况
BASIC STATISTICS ON CULTURAL INSTITUTIONS

		单位 Unit	全市 Total	市区 District	县(市) County
一、座席个数	Seats	个 sets	3077	2177	900
1. 电影院、开放礼堂俱乐部	Cinema music hall	个 unit			
2. 艺术表演场所	Theater	个 unit	3077	2177	900
二、演(映)出场次	Performances	场 shous	3130	2900	230
1. 电影院、开放礼堂俱乐部	Cinema music hall	场 shows			
2. 艺术表演场所	Theater	场 shows	309	159	150
其中:艺术演出	Performancing	场 shows	151	151	
3. 艺术表演团体	Art performance group	场 shows	2821	2741	80
三、观众人次	Spectators	千人次 1000person - time	2012	1827	185
1. 电影院、开放礼堂俱乐部	Cinema music hall	千人次 1000person - time			
2. 艺术表演场所	Theater	千人次 1000person - time	220	195	25
其中:艺术演出	Performancing	千人次 1000person - time	183	183	
3. 艺术表演团体	Art performance group	千人次 1000person - time	1792	1632	160
四、举办展览个数	Number of exhibition	个 unit	189	77	112
1. 群众艺术馆	Mass art centres	个 unit	13	13	
2. 文化馆(站)	Cultural centers	个 unit	145	36	109
3. 博物馆	Museums	个 unit	31	28	3
其中:文化部门	Cultural department	个 unit	31	28	3
4. 文物商店	Arts store	个 unit			
五、参观人次	Visitors	千人次 1000person - time	3110	2825	285
1. 文物保护管理机构	Agency of historical relics	千人次 1000person - time			
2. 博物馆	Museums	千人次 1000person - time	3110	2825	285
其中:文化部门	Cultural department	件 pcs	3110	2825	285
六、文物藏品	Number of collection	件 pcs	139376	133531	5845
1. 文物保护管理机构	Agency of historical relics	件 pcs	1008	526	482
2. 博物馆	Museums	件 pcs	138368	133005	5363
其中:文化部门	Cultural department	件 pcs	138368	133005	5363
七、总藏量	Number of collections	千册(件) 1000 pcs	9924	8875	1049
1. 群众艺术馆	Mass art centres	千册 1000 pcs	10	10	
2. 文化馆(站)	Cultural centers	千册 1000 pcs	683		683
3. 公共图书馆	Public libraries	千册 1000 pcs	9231	8865	366

17-6 文化事业机构、人数
INSTITUTIONS AND PERSONNEL INCULTURE AND ART

		机构数（个） Institutions			职工数（人） Workers and staff members(person)		
		总计 Total	市区 District	县（市） County	总计 Total	市区 District	县（市） County
一、电影事业	Film						
1. 电影发行放映管理机构	Film renting units						
2. 电影制片厂	Film studios						
3. 电影院、影剧院	Cinemas						
4. 开放礼堂、俱乐部	Music hall						
5. 对内礼堂、俱乐部	Theatre						
6. 电影队	Film team						
二、艺术业	Art institutions	18	13	5	1342	1257	85
1. 艺术表演团体	Art performance troups	7	6	1	1103	1078	25
2. 艺术表演场所	Theatre	7	6	1	223	178	45
3. 艺术创作机构	Art creation institution	4	1	3	16	1	15
三、文化科技科研机构	Institutions of S&R	4	4		110	110	
四、出版事业	Published						
1、报社	Newspapers						
2、出版	Published						
3、画报社	Painting						
4、杂志社	Magazine						
五、文物事业	Cultural relics	16	10	6	553	453	100
1. 文物保护管理机构	Agency of historical relics	4	1	3	49	3	46
2. 文物研究机构	Research historical relics agency	2	2		69	69	
3. 博物馆	Museums	9	6	3	422	368	54
其中:文化部门	Cultural department	9	6	3	422	368	54
4. 文物商店	Arts store	1	1		13	13	
六、图书馆	Public libraries	13	9	4	665	519	146
其中:少儿公共图书馆	Public libraries	2	2		275	275	
七、群众文化	Mass culture	173	9	164	816	255	561
1. 群众艺术馆	Mass art centres	3	3		152	152	
2. 文化馆	Culture centres	10	6	4	284	103	181
3. 文化站	Culture department and stations	160		160	380		380
其中:乡镇文化站	Township cultural stations	96		96	226		226

17－7　2012年全部工业企业基本情况

指标名称	Item	企业数(个) Enterprises (unit)
总计	Total	1081
一、按企业规模分组	Grouped by size of enterprises	
大型企业	Large－sized enterprises	46
中型企业	Medium－sized enterprises	159
小型企业	Small－sized enterprises	830
微型企业	Micro－sized enterprises	46
二、按隶属关系分组	Grouped by administrative	
中央	Central	29
省(自治区、直辖市)	Province (autonomous region, municipality)	32
地(区、市、州、盟)	Region (district, city, prefecture, league)	102
县(区、市、旗)	County (district, city, banner)	89
街道	Street	5
镇	Town	21
乡	Township	2
(社区)居委会	Residents committee	
村委会	Village committee	5
其他	Others	796
三、按登记注册类型分组	Grouped by type registered	
内资企业	Domestic funds	931
国有企业	State－owned	35
集体企业	Collective－owned	12
股份合作企业	Share holding cooperative	4
联营企业	Joint ownership	
国有联营企业	State joint ownership enterprises	
集体联营企业	Joint ownership	
国有与集体联营企业	Joint ownership	
其他联营企业	Others	
有限责任公司	Limited company	260
国有独资公司	State－owned	9
其他有限责任公司	Others	251
股份有限公司	Share holding	58
私营企业	Private	514
私营独资企业	Solely Owned	74
私营合伙企业	Private partnership	4
私营有限责任公司	Limited company	420
私营股份有限公司	Private share holding	16
其他企业	Others	48
港、澳、台商投资企业	Funded from Hongkong, Macao and Taiwan	26
合资经营企业(港或澳、台资)	Funded from Hongkong, Macao and taiwan	15
合作经营企业(港或澳、台资)	Cooperative	1
港、澳、台商独资经营企业	Solely owned	8
港、澳、台商投资股份有限公司	Company invested by Hong Kong, Macau or Taiwan businessmen	2
其他港澳台投资企业	Others	

BASIC CONDITIONS OF ALL INDUSTRIAL ENTERPRISES IN 2012

#有 R&D 活动 With R&D activities	#有科技机构 With S&T institutions	年末从业人员(人) Employees at yearend(person)	工业总产值(万元) Total industrial output value (10000yuan)	主营业务收入(万元) Main business revenue (10000yuan)	利润总额(万元) Profit (10000yuan)	资产总计(万元) Total assets (10000yuan)	出口交货值 Export delivery value (万元) (10000yuan)
81	50	482532	82941695.5	86428767.4	6574263.6	60346467.6	1586527.3
21	10	293433	59684953.6	64222970.8	5227670.1	40931659.1	1411809.8
25	16	94123	8202777.1	8128316.9	609620.1	7771140.9	97915.4
35	24	93756	14358354.7	13471756.2	724371.1	10955320.7	76064.0
		1220	695610.1	605723.5	12602.3	688346.9	738.1
11	7	216652	45008946.2	50043837.8	4228615.3	36085010.5	896743.5
6	4	17008	4973122.7	4468623.7	308878.0	5398167.4	22146.0
18	9	58048	7257093.3	7264525.7	519517.1	4553600.6	26712.7
4		21099	2207298.6	2161484.2	105330.7	1402928.7	2760.0
		423	27234.5	32995.4	817.4	14538.7	
		1832	245774.7	242852.5	11565.4	48061.6	
		456	24259.9	26207.0	557.1	12046.3	
		519	27947.8	21200.5	373.7	13717.2	
42	30	166495	23170017.8	22167040.6	1398608.9	12818396.6	638165.1
57	45	403774	68231680.2	72092672.5	5492473.2	51444587.0	1079146.3
6	4	167507	38576994.0	43518577.1	4085018.9	28016022.3	396553.2
		2119	101553.3	96810.3	16035.4	91807.6	
		1723	31681.6	61383.6	334.7	86582.3	
20	14	102046	8548606.0	8367239.3	365334.6	8668723.4	42154.2
4	2	44083	3659245.5	3716629.4	3397.3	4626148.3	1258.1
16	12	57963	4889360.5	4650609.9	361937.3	4042575.1	40896.1
14	5	56035	12869517.4	12348948.0	584884.1	11038339.1	589493.4
14	19	66570	7355796.1	7049337.5	414374.3	3078248.4	50898.2
	4	6813	831850.8	795739.1	49777.6	282391.1	
		241	33388.8	32231.2	2452.4	7686.8	
12	13	57278	6205242.5	5952959.8	352388.5	2611006.8	50898.2
2	2	2238	285314.0	268407.4	9755.8	177163.7	
3	3	7774	747531.8	650376.7	26491.2	464863.9	47.3
8		17592	6560854.6	6199916.8	388763.5	2762520.4	318797.2
5		5762	387450.7	384119.8	52286.6	609638.0	15629.4
		392	4553.2	6712.8	171.1	3762.2	
2		11076	6090994.5	5737171.3	324574.6	2076002.6	303167.8
1		362	77856.2	71912.9	11731.2	73117.6	

17－7 续表1

指标名称 Item		企业数(个) Enterprises (unit)
外商投资企业	Foreign funded	124
中外合资经营企业	Joint Venture	73
中外合作经营企业	cooperative enterprises	3
外资企业	Solely Owned	46
外商投资股份有限公司	Company invested by foreign businessmen	2
其他外商投资企业	Others	
四、按国民经济行业大类分组	Grouped by sector	
农、林、牧、渔业	Farming,forestry,animal husbandry and fishery	
农业	Agricultural science	
林业	Mining Industry	
畜牧业	Animal husbandry	
渔业	Fishery	
农、林、牧、渔服务业	Farming,forestry,animalhusbandry and fishery services	
采矿业	Mining Industry	17
煤炭开采和洗选业	Coal mining and dressing	11
石油和天然气开采业	Extraction of petroleum and natural gas	1
黑色金属矿采选业	Minging and dressing of ferrous metals	
有色金属矿采选业	Mining and dressing of nonferrous metals	
非金属矿采选业	Nonmetal Minerals minging and of dressing	3
开采辅助活动	Mining auxliary activities	2
其他采矿业	Others	
制造业	Manufacturing	1030
农副食品加工业	Farm sideline food processing	145
食品制造业	Food manufacturing	35
酒、饮料和精制茶制造业	Wine、drinks and Refined tea Industry	34
烟草制品业	Tobacco processing	1
纺织业	Textile industry	6
纺织服装、服饰业	Garments shoes and hats	13
皮革、毛皮、羽毛及其制品和制鞋业	Leather, fur, feather and related products and footwear industry	1
木材加工和木、竹、藤、棕、草制品业	Timber,bamboo,cane,palm and straw products	18
家具制造业	Furniture manufacturing	14
造纸和纸制品业	Paper making and paper products	13
印刷和记录媒介复制业	Printing and record medium reproduction	21
文教、工美、体育和娱乐用品制造业	Education, arts and crafts, PE, and entertainment products	4
石油加工、炼焦和核燃料加工业	Petroleum processing coking and nuclear processing	7
化学原料和化学制品制造业	Raw chemical material and chemical products	48
医药制造业	Medical and pharmacutical products	56
化学纤维制造业	Chemical fiber manufacturing	1
橡胶和塑料制品业	Rubber and plastic products	39
非金属矿物制品业	Nonmetal mineral products	70
黑色金属冶炼和压延加工业	Smelting and pressing of ferrous metals	11
有色金属冶炼和压延加工业	Smelting and pressing of non－ferrous metals	1
金属制品业	Nonmetal mineral products	54

continued1

#有 R&D 活动 With R&D activities	#有科技机构 With S&T institutions	年末从业人员(人) Employees at yearend(person)	工业总产值(万元) Total industrial output value (10000yuan)	主营业务收入(万元) Main business revenue (10000yuan)	利润总额(万元) Profit (10000yuan)	资产总计(万元) Total assets (10000yuan)	出口交货值 Export delivery value (万元) (10000yuan)
16	5	61166	8149160.7	8136178.1	693026.9	6139360.2	188583.8
13	5	37703	5831129.0	5736276.8	410848.1	3908059.9	46383.3
		645	139667.6	161676.9	18625.0	378367.6	
3		20141	1681064.2	1749059.3	214537.0	1468586.5	81849.7
		2677	497299.9	489165.1	49016.8	384346.2	60350.8
		13490	551303.2	504347.6	13756.3	1006741.9	
		10435	282963.3	231823.3	51181.2	315785.0	
		43	2001.3	2001.3	2.0	1447.7	
		348	51143.2	50833.8	1083.4	6553.6	
		2664	215195.4	219689.2	-38510.3	682955.6	
79	49	408310	77367788.8	80924016.1	6651846.9	51396960.6	1586527.3
2	9	37555	10236572.2	10073658.7	551601.9	2695706.6	338058.5
1	1	9105	1384774.0	1037198.2	59750.1	1102665.5	59906.6
1		7763	647441.5	658495.6	9355.4	441675.9	
		1427	435432.6	415800.6	44301.0	361586.7	
		1432	58161.4	55329.0	427.8	77243.5	
1	1	5044	191816.9	200458.2	15992.2	208712.1	6545.3
		108	14505.3	15391.5	1344.2	11039.1	
1		2023	351515.0	302855.6	10859.7	387383.0	17250.3
		2033	170221.5	164754.9	9217.8	67879.3	5432.7
		1472	150281.3	87723.5	5937.8	40644.6	
		2668	178727.4	171155.6	10257.4	100306.2	
		1107	64601.2	61869.3	4144.6	20041.7	10838.2
		1019	440446.2	479156.8	28228.2	199185.8	
2	2	7869	1132088.4	1010957.8	71766.2	1122049.2	17083.4
20	6	14630	885989.5	739502.5	113747.2	1325864.2	47758.1
		120	5363.4	5363.4	149.8	2543.4	
1		5136	577906.2	553008.6	33999.3	430456.8	
1		10462	4746031.5	4339163.5	238347.1	4342367.9	10714.1
		1927	508600.1	466800.0	15468.6	215690.4	
		70	22921.0	24289.4	299.4	5341.4	
1		8216	695233.9	674660.0	17094.7	469947.9	

17－7 续表 2

指标名称	Item	企业数(个) Enterprises (unit)
通用设备制造业	Ordinary machinery	56
专用设备制造业	Special purpose equipment	37
汽车制造业	Automobile industry	234
铁路、船舶、航空航天和其他运输设备制造业	Railway, water way, aviation and other transportation equipment	23
电气机械和器材制造业	Electric equipment and machinery	51
计算机、通信和其他电子设备制造业	Telecommunication equipment computer and other electronic equipment	16
仪器仪表制造业	Instrument manufacturing	14
其他制造业	Others	5
废弃资源综合利用业	Waste resources comprehensive utilization industry	2
金属制品、机械和设备修理业	Metal products、machinery、Equipment repair industry	
电力、热力、燃气及水生产和供应业	Production and supply of electric power and heat power and gas and water	34
电力、热力生产和供应业	Production and supply of electric power and heat power	30
燃气生产和供应业	Production and supply of gas	2
水的生产和供应业	Water production and supply	2
五、按企业控股情况分组	Grouped by owned	
国有控股	State－owned	93
集体控股	Collective－owned	35
私人控股	Private－owned	734
港澳台商控股	Hongkong, Macao and Taiwan－owned	19
外商控股	Foreign－owned	84
其他	Others	116
六、按地区分组	Total	
市辖区	District	
南关区	Nanguan	117
宽城区	Kuancheng	119
朝阳区	Chaoyang	169
二道区	Erdao	276
绿园区	Lvyuan	99
双阳区	Shuangyang	36
农安县	Nong'an	48
九台市	Jiutai	43
榆树市	Yushu	60
德惠市	Dehui	114

continued2

		年末从业人员（人）Employees at yearend (person)	工业总产值（万元）Total industrial output value (10000yuan)	主营业务收入（万元）Main business revenue (10000yuan)	利润总额（万元）Profit (10000yuan)	资产总计（万元）Total assets (10000yuan)	出口交货值 Export delivery value（万元）(10000yuan)
#有 R&D 活动 With R&D activities	#有科技机构 With S&T institutions						
2	3	8005	781892.8	760825.8	83369.4	468490.1	276.6
5	2	7177	564077.9	534185.0	38445.6	354789.8	17735.0
26	18	234461	49209993.9	54215676.0	4959254.9	32743105.1	518375.2
2	2	23254	2721581.9	2706120.1	222339.9	3221906.5	520537.8
3	1	6688	695958.6	686005.3	37000.1	460082.9	1954.6
4	2	3982	233393.3	198728.9	41628.9	231852.2	5131.1
6	2	2895	146367.5	125325.4	19877.4	239002.7	8929.8
		280	51364.4	77097.8	4193.7	15878.5	
		382	64528.0	82459.1	3446.6	33521.6	
2	1	60732	5022603.5	5000403.7	-91339.6	7942765.1	
2	1	55167	4764615.8	4780374.4	-76864.7	7416920.8	
		1816	188569.6	157473.9	-1698.3	277912.3	
		3749	69418.1	62555.4	-12776.6	247932.0	
26	14	270300	54248885.0	58661300.2	4678977.6	43910180.5	953817.6
4	2	12807	2502563.8	2460616.6	100820.0	1403070.7	77602.2
24	26	108530	11487189.9	10983938.0	629621.8	6146233.0	65855.1
4		14866	6360277.2	5975853.6	334485.5	2628721.1	303215.1
9	2	38125	5331666.8	5425061.4	544185.8	3832993.2	151169.5
14	6	37904	3011112.8	2921997.6	286172.9	2425269.1	34867.8
15	11	56119	6295528.3	6308327.6	431771.7	4742198.4	55574.7
4	2	26907	7228661.8	7134492.9	319541.4	2798126.9	235864.0
41	17	108084	10349624.2	10037663.9	459527.7	11260819.1	149686.8
11	9	61098	10230525.4	9724933.0	632708.7	8004706.6	106220.5
7	2	174857	42172896.8	47258861.6	4373700.8	29680862.2	937846.3
1		7246	294479.8	265974.1	1273.5	431095.8	
		8917	1341296.3	1264693.0	116966.0	617726.6	182.0
1	1	8793	849455.5	813506.7	44177.2	963301.7	
		10832	1280496.8	1246029.7	39034.5	769924.6	2712.6
1	8	19679	2898730.6	2374284.9	155562.1	1077705.7	98440.4

17－8　2012 年全部工业企业 R&D 人员

指标名称	Item	R&D 人员合计(人)	#1.参加项目人员 Personnel in S&T project	2.管理和服务人员 S&t Management and service
总计	Total	18806	15160	3643
一、按企业规模分组	Grouped by size of enterprises			
大型	Large－sized enterprises	15272	12068	3204
中型	Medium－sized enterprises	2013	1792	221
小型	Small－sized enterprises	1521	1300	221
微型	Micro－sized enterprises			
二、按隶属关系分组	Grouped by administrative			
中央	Central	12736	9678	3058
省(自治区、直辖市)	Province (autonomous region, municipality)	1258	1174	84
地(区、市、州、盟)	Region (district, city, prefecture, league)	1849	1706	143
县(区、市、旗)	County (district, city, banner)	109	105	4
街道	Street			
镇	Town			
乡	Township			
(社区)居委会	Residents committee			
村委会	Village committee			
其他	Others	2854	2497	357
三、按登记注册类型分组	Grouped by type registered			
内资企业	Domestic funds	16647	131217	3467
国有企业	State－owned	9668	6858	2810
集体企业	Collective－owned			
股份合作企业	Share holding cooperative			
联营企业	Joint ownership			
国有联营企业	State joint ownership enterprises			
集体联营企业	Joint ownership			
国有与集体联营企业	Joint ownership			
其他联营企业	Others			
有限责任公司	Limited company	3868	3488	380
国有独资公司	State－owned	2177	2136	41
其他有限责任公司	Others	1691	1352	339
股份有限公司	Share holding	2627	2423	204
私营企业	Private	438	383	55
私营独资企业	Solely Owned			
私营合伙企业	Private partnership			
私营有限责任公司	Limited company	328	276	52
私营股份有限公司	Private.share holding	110	107	3
其他企业	Others	83	65	18
港、澳、台商投资企业	Funded from Hongkong, Macao and Taiwan	1046	1003	43
合资经营企业(港或澳、台资)	Funded from Hongkong, Macao and taiwan	242	227	15
合作经营企业(港或澳、台资)	Cooperative			
港、澳、台商独资经营企业	Solely owned	784	756	28
港、澳、台商投资股份有限公司	Company invested by Hong Kong, Macau or Taiwan businessmen	20	20	
其他港澳台投资企业	Others			
外商投资企业	Foreign funded	1076	940	136
中外合资经营企业	Joint Venture	935	847	88
中外合作经营企业	cooperative enterprises			
外资企业	Solely Owned	141	93	48
外商投资股份有限公司	Company invested by foreign businessmen			
其他外商投资企业	Others			

BASIC STATISTICS ON R&D PERSONNEL OF ALL INDUSTRIAL ENTERPRISES IN 2012

#女性 Female	#研究人员 Researcher	#1.全时人员 Full - time	2.非全时人员 Part - time	R&D人员折合全时当量合计(人年) Full - time equivalent of R&D staff	#研究人员 Researcher	#1.基础研究人员 fundamental research	2.应用研究人员 Application research	3.试验发展人员 Experimental developing
5581	8530	8101	10705	14495.4	6371.6		1705.2	12790.2
4455	7330	5957	9315	12162.1	5551.8		1705.2	10456.9
431	523	1462	551	1256.9	349.1			1256.9
695	677	682	839	1076.4	470.7			1076.4
3715	6130	4022	8714	10251.0	4749.5		1647.0	8604.0
542	569	760	498	1101.4	512.1			1101.4
425	518	1099	750	1476.4	406.7		58.2	1418.2
25	50	57	52	70.9	33.5			70.9
874	1263	2163	691	1595.7	669.8			1595.7
5072	7569	6716	9968	13138	5769.7		1705.2	11432.8
2884	3990	3331	6337	8803.5	3567.4		1647.0	7156.5
1116	2256	1255	2613	1822.6	1086.8			1822.6
822	1855	163	2014	1067.7	911.3			1067.7
294	401	1092	599	755	175.5			755
883	1145	1801	826	2194.7	1041.4		58.2	2136.5
153	162	303	135	245.4	60.7			245.4
115	158	215	113	145.2	59.3			145.2
38	4	88	22	100.2	1.3			100.2
36	16	26	57	71.8	13.4			71.8
337	596	963	83	557.1	305.7			557.1
61	48	180	62	147.1	26.3			147.1
261	543	783	1	395.5	275.8			395.5
15	5		20	14.4	3.6			14.4
172	365	422	654	800.3	296.3			800.3
133	333	379	556	714.1	275.2			714.1
39	32	43	98	86.2	21.0			86.2

17－8 续表 1

指标名称	Item	R&D 人员合计(人) Personnel	#1. 参加项目人员 Personnel in S&T project	2. 管理和服务人员 S&t Management and service
四、按国民经济行业大类分组	Grouped by sector			
制造业	Manufacturing	16750	13131	3619
农副食品加工业	Farm sideline food processing	763	733	30
食品制造业	Food manufacturing	38	38	
酒、饮料和精制茶制造业	Wine、drinks and Refined tea Industry	18	18	
烟草制品业	Tobacco processing			
纺织业	Textile industry			
纺织服装、服饰业	Textile clothing industry	13	10	3
皮革、毛皮、羽毛及其制品和制鞋业	Leather, fur, feather and related products and footwear industry			
木材加工和木、竹、藤、棕、草制品业	Timber, bamboo, cane, palm and straw products	515	450	65
家具制造业	Furniture manufacturing			
造纸和纸制品业	Paper making and paper products			
印刷和记录媒介复制业	Printing and record medium reproduction			
文教、工美、体育和娱乐用品制造业	Education, arts and crafts, PE, and entertainment products			
石油加工、炼焦和核燃料加工业	Petroleum processing coking and nuclear processing			
化学原料和化学制品制造业	Raw chemical material and chemical products	155	114	41
医药制造业	Medical and pharmacutical products	1402	1193	209
化学纤维制造业	Chemical fiber manufacturing			
橡胶和塑料制品业	Rubber and plastic products	11	11	
非金属矿物制品业	Nonmetal mineral products	68	63	5
黑色金属冶炼和压延加工业	Smelting and pressing of ferrous metals			
有色金属冶炼和压延加工业	Smelting and pressing of non－ferrous metals			
金属制品业	Nonmetal mineral products	23	22	1
通用设备制造业	Ordinary machinery	93	78	15
专用设备制造业	Special purpose equipment	88	78	10
汽车制造业	Automobile industry	11239	8329	2910
铁路、船舶、航空航天和其他运输设备制造业	Railway, water way, aviation and other transportation equipment	1028	787	241
电气机械和器材制造业	Electric equipment and machinery	57	47	10
计算机、通信和其他电子设备制造业	Telecommunication equipment computer and other electronic equipment	431	414	17
仪器仪表制造业	Instrument manufacturing	808	746	62
其他制造业	Others			
废弃资源综合利用业	Waste resources comprehensive utilization industry			
金属制品、机械和设备修理业	Metal products、machinery、Equipment repair industry			
电力、热力、燃气及水生产和供应业	Production and supply of electric power and heat power and gas and water	2056	2029	27
电力、热力生产和供应业	Production and supply of electric power and heat power	2056	2029	27
燃气生产和供应业	Production and supply of gas			
水的生产和供应业	Water production and supply			
五、按企业控股情况分组	Grouped by owned			
国有控股	State－owned	14572	11320	3252
集体控股	Collective－owned	408	362	46
私人控股	Private－owned	810	716	94
港澳台商控股	Hongkong, Macao and Taiwan－owned	834	806	28
外商控股	Foreign－owned	739	651	88
其他	Others	1443	1305	138
六、按地区分组	Total			
市辖区	District			
南关区	Nanguan	1438	1310	128
宽城区	Kuancheng	849	801	48
朝阳区	Chaoyang	5528	5119	409
二道区	Erdao	632	527	105
绿园区	Lvyuan	10260	7328	2932
双阳区	Shuangyang	50	27	23
农安县	Nong'an			
九台市	Jiutai	11	10	1
榆树市	Yushu			
德惠市	Dehui	38	38	

continued1

#女性 Female	#研究人员 Researcher	#1. 全时人员 Full – time	2. 非全时人员 Part – time	R&D 人员 折合全时当量 合计(人年) Full – time equivalent of R&D staff	#研究人员 Researcher	#1. 基础研究人员 fundamental research	2. 应用研究人员 Application research	3. 试验发展人员 Experimental developing
4817	6682	8037	8713	13486.6	5465.3		1705.2	11781.4
263	548	755	8	392.0	279.6			392.0
9		37	1	16.7				16.7
10	10		18	4.7	2.6			4.7
4	2	7	6	1.4	0.2			1.4
364	240	107	408	486.7	226.8			486.7
64	40	8	147	9.0	2.3			9.0
526	356	884	518	973.9	243.4			973.9
1	3		11	5.1	1.4			5.1
2	8	33	35	68.0	8.0			68.0
1	4	23		13.2	2.3			13.2
31	56	57	36	41.2	26.4			41.2
19	39	66	22	44.0	27.0			44.0
3140	4252	4170	7069	10016.0	3764.2		1705.2	8310.8
132	586	698	330	544.4	488.7			544.4
11	17	49	8	31.8	9.9			31.8
142	255	428	3	364.8	220.3			364.8
98	270	715	93	473.7	162.2			473.7
764	1844	64	1992	1008.8	906.3			1008.8
764	1844	64	1992	1008.8	906.3			1008.8
4445	7046	5112	9460	11879	5513.3		1705.2	10173.8
97	90	227	181	128.9	23.0			128.9
259	256	570	240	487.6	94.9			487.6
276	556	783	51	436.6	286.5			436.6
90	286	200	539	557.5	239.6			557.5
414	296	1209	234	1005.8	214.4			1005.8
399	512	1022	416	1141.5	391.3		58.2	1083.3
299	575	802	47	466.8	302.0			466.8
1840	3602	2175	3353	3290.4	1676			3290
117	270	369	263	501.3	206.8			501.3
2894	4155	3670	6590	9036.6	3784.5		1647.0	7389.6
21	13	19	31	41.0	10.6			41.0
2	3	7	4	1.2	0.3			1.2
9		37	1	16.7				16.7

17－9　2012年全部工业企业R&D经费情况

指标名称	Item	R&D经费内部支出合计 Internal expenses of R&D	(一)按活动类型分组 ①基础研究支出 fundamental research	②应用研究支出 Application research	③试验发展支出 Experimental developing
总计	Total	311356.5		78333.9	233022.6
一、按企业规模分组	Grouped by size of enterprises				
大型	Large－sized enterprises	272169.8		78333.9	193835.9
中型	Medium－sized enterprises	25133.8			25133.8
小型	Small－sized enterprises	140529		140529	
微型	Micro－sized enterprises				
二、按隶属关系分组	Grouped by administrative				
中央	Central	199895.8		77191.5	122704.3
省(自治区、直辖市)	Province (autonomous region, municipality)	6970.0			6970.0
地(区、市、州、盟)	Region (district, city, prefecture, league)	26256.7		1142.4	25114.3
县(区、市、旗)	County (district, city, banner)	892.3			892.3
街道	Street				
镇	Town				
乡	Township				
(社区)居委会	Residents committee				
村委会	Village committee				
其他	Others	77341.7			77341.7
三、按登记注册类型分组	Grouped by type registered				
内资企业	Domestic funds	240573.2		78333.9	162439.3
国有企业	State－owned	157907.3		77191.5	80715.8
集体企业	Collective－owned				
股份合作企业	Share holding cooperative				
联营企业	Joint ownership				
国有联营企业	State joint ownership enterprises				
集体联营企业	Joint ownership				
国有与集体联营企业	Joint ownership				
其他联营企业	Others				
有限责任公司	Limited company	20118.2			20118.2
国有独资公司	State－owned	5453.4			5453.4
其他有限责任公司	Others	14664.8			14664.8
股份有限公司	Share holding	53851.8		1142.4	52709.4
私营企业	Private	8017.8			8017.8
私营独资企业	Solely Owned				
私营合伙企业	Private partnership				
私营有限责任公司	Limited company	7336.5			7336.5
私营股份有限公司	Private Share holding	681.3			681.3
其他企业	Others	878.1			878.1
港、澳、台商投资企业	Funded from Hongkong, Macao and Taiwan	49882.4			49882.4
合资经营企业(港或澳、台资)	Funded from Hongkong, Macao and taiwan	1884.8			1884.8
合作经营企业(港或澳、台资)	Cooperative				
港、澳、台商独资经营企业	Solely owned	47856.6			47856.6
港、澳、台商投资股份有限公司	Company invested by Hong Kong, Macau or Taiwan businessmen	141.0			141.0
其他港澳台投资企业	Others				
外商投资企业	Foreign funded	20700.9			20700.9
中外合资经营企业	Joint Venture	18144.2			18144.2
中外合作经营企业	cooperative enterprises				
外资企业	Solely owned	2556.7			2556.7
外商投资股份有限公司	Company invested by foreign businessmen				
其他外商投资企业	Others				

EXPENDITURE FOR R&D FUNDS OF ALL INDUSTRIAL ENTERPRISES IN 2012

(二)按支出用途分组					(三)按资金来源分组				R&D 经费外部支出 Exterior outlays of R&D			
1. 经常费支出 Regular expenses	#人员劳务费 personnel	2. 资产性支出 Assets	#①土建工程 Civil engineering	②仪器设备 Equipment	1. 政府资金 Government funds	2. 企业资金 Enterprises funds	3. 境外资金 Offshore funds	4. 其他资金 Other funds		对境内研究机构支出 Expenses on domestic research institues	对境内高等学校支出 Expenses on domestic colleges	对境外支出 Expenses offshore
287963.8	59887.3	23392.7	441.4	22951.3	8354.1	301154.6	873.7	974.1	103952.2	55286.2	32735.9	5379.2
255714.4	49725.2	16455.4	419.9	16035.5	5953.7	265301.8	839.2	75.1	97767.7	50387.4	32600.9	4840.1
19608.1	6411.8	5525.7	15.0	5510.7	1625.8	22699.1	34.5	774.4	3955.0	3484.9	37.8	
12641.3	3750.3	1411.6	6.5	1405.1	774.6	13153.7		124.6	2229.5	1413.9	97.2	539.1
184718.4	40958.4	15177.4	244.2	14933.2	5877.4	193158.7	859.7		97620.8	50273.5	32600.9	4840.1
4460.7	2440.3	2509.3	0.6	2508.7	102.9	6092.7		774.4	1224.8	1218.4	6.4	
24006.5	6434.6	2250.2	169.8	2080.4	349.3	25907.4			3629.9	2657.0	2.6	539.1
694.7	307.1	197.6		197.6	85.4	806.9			48.2		48.2	
74083.5	9746.9	3258.2	26.8	3231.4	1939.1	75188.9	14.0	199.7	1428.5	1137.3	77.8	
218574.3	52567.3	22198.9	433.6	21765.3	7625.3	231375.2	873.7	899.0	99250.4	51721.0	32715.9	4840.1
143842.3	34677.7	14065.0	234.3	13830.7	1379.0	156528.3			88068.3	47164.2	32007.1	1788.0
17839.7	8346.6	2278.5	10.4	2268.1	999.2	18959.9	34.5	124.6	3187.8	3100.5	54.3	
4006.6	1806.7	1446.8	10.0	1436.8	370.2	5062.7	20.5		1537.5	1537.5		
13833.1	4539.9	831.7	0.4	831.3	629.0	13897.2	14.0	124.6	1650.3	1563.0	54.3	
50170.8	9460.6	3681.0	168.4	3512.6	4526.5	47711.7	839.2	774.4	7660.1	1195.5	615.2	3052.1
6057.8	1921.5	1960.0	20.5	1939.5	715.2	7302.6			103.4	30.0	39.3	
5376.5	1610.1	1960.0	20.5	1939.5	715.2	6621.3			103.4	30.0	39.3	
681.3	311.4					681.3						
663.7	160.9	214.4		214.4	5.4	872.7			230.8	230.8		
49867.9	1624.6	14.5	0.1	14.4	636.3	49246.1			20.0		20.0	
1870.3	579.8	14.5	0.1	14.4	10.0	1874.8			20.0		20.0	
47856.6	1037.0				626.3	47230.3						
141.0	7.8					141.0						
19521.6	5695.4	1179.3	7.7	1171.6	92.5	20533.3		75.1	4681.8	3565.2		539.1
17155.8	5185.3	988.4	1.4	987.0	92.5	18051.7			2335.0	1218.4		539.1
2365.8	510.1	190.9	6.3	184.6		2481.6		75.1	2346.8	2346.8		

表 17－9 续表 1

指标名称	Item	R&D 经费内部支出合计 Internal expenses of R&D	(一)按活动类型分组 ①基础研究支出 fundamental research	②应用研究支出 Application research	③试验发展支出 Experimental developing
四、按国民经济行业大类分组	Grouped by sector				
制造业	Manufacturing	308339.1		78333.9	230005.2
农副食品加工业	Farm sideline food processing	45866.1			45866.1
食品制造业	Food manufacturing	2429.3			2429.3
酒、饮料和精制茶制造业	Wine、drinks and Refined tea Industry	285.0			285.0
烟草制品业	Tobacco processing				
纺织业	Textile industry				
纺织服装、服饰业	Textile clothing industry	29.3			29.3
皮革、毛皮、羽毛及其制品和制鞋业	Leather, fur, feather and related products and footwear industry				
木材加工和木、竹、藤、棕、草制品业	Timber, bamboo, cane, palm and straw products	321.0			321.0
石油加工、炼焦和核燃料加工业	Petroleum processing coking and nuclear processing				
化学原料和化学制品制造业	Raw chemical material and chemical products	927.6			927.6
医药制造业	Medical and pharmacutical products	14505.8			14505.8
化学纤维制造业	Chemical fiber manufacturing				
橡胶和塑料制品业	Rubber and plastic products	272.8			272.8
非金属矿物制品业	Nonmetal mineral products	371.9			371.9
黑色金属冶炼和压延加工业	Smelting and pressing of ferrous metals				
有色金属冶炼和压延加工业	Smelting and pressing of non－ferrous metals				
金属制品业	Nonmetal mineral products	297.8			297.8
通用设备制造业	Ordinary machinery	401.6			401.6
专用设备制造业	Special purpose equipment	2041.6			2041.6
汽车制造业	Automobile industry	189227.7		78333.9	110893.8
铁路、船舶、航空航天和其他运输设备制造业	Railway, water way, aviation and other transportation equipment	40494.3			40494.3
电气机械和器材制造业	Electric equipment and machinery	1409.4			1409.4
计算机、通信和其他电子设备制造业	Telecommunication equipment computer and other electronic equipment	3520.6			3520.6
仪器仪表制造业	Instrument manufacturing	6137.3			6137.3
其他制造业	Others				
废弃资源综合利用业	Waste resources comprehensive utilization industry				
金属制品、机械和设备修理业	Metal products、machinery、Equipment repair industry				
电力、热力、燃气及水生产和供应业	Production and supply of electric power and heat power and gas and water	2817.4			2817.4
电力、热力生产和供应业	Production and supply of electric power and heat power	2817.4			2817.4
燃气生产和供应业	Production and supply of gas				
水的生产和供应业	Water production and supply				
五、按企业控股情况分组	Grouped by owned				
国有控股	State－owned	217678.0		78333.9	139544.1
集体控股	Collective－owned	2974.9			2974.9
私人控股	Private－owned	14148.1			14148.1
港澳台商控股	Hongkong, Macao and Taiwan－owned	48103.1			48103.1
外商控股	Foreign－owned	14898.1			14898.1
其他	Others	13354.3			13354.3
六、按地区分组	Total				
市辖区	District				
南关区	Nanguan	17581.6		1142.4	16439.2
宽城区	Kuancheng	46773.9			46773.9
朝阳区	Chaoyang	49342.2			49542.2
二道区	Erdao	9644.4			9644.4
绿园区	Lvyuan	184411.9		77191.5	107220.4
双阳区	Shuangyang	623.2			623.2
农安县	Nong'an				
九台市	Jiutai	350.0			350.0
榆树市	Yushu				
德惠市	Dehui	2429.3			2429.3

(二)按支出用途分组					(三)按资金来源分组				R&D 经费外部支出 Exterior outlays of R&D			
1.经常费支出 Regular expenses	#人员劳务费 personnel	2.资产性支出 Assets	#①土建工程 Civil engineering	②仪器设备 Equipment	1.政府资金 Government funds	2.企业资金 Enterprises funds	3.境外资金 Offshore funds	4.其他资金 Other funds		对境内研究机构支出 Expenses on domestic research institues	对境内高等学校支出 Expenses on domestic colleges	对境外支出 Expenses offshore
285695.1	58396.5	22844.0	431.4	22412.6	8354.1	298137.2	873.7	974.1	102414.7	53748.7	32735.9	5379.2
45598.1	1035.3	268.0	6.0	262.0	656.3	45209.8			50.0	30.0	20.0	
2429.3	55.7					2429.3						
285.0	240.0				45.0	240.0						
29.3	6.5					8.8	20.5					
226.0	43.0	95.0		95.0		321.0						
927.6	489.4					927.6						
12357.2	3035.4	2148.6	0.4	2148.2	1547.0	12958.8			2571.0	2533.4	37.6	
112.2	23.2	160.6		160.6		272.8						
371.9	74.3					371.9						
297.8	155.8					297.8						
201.6	151.1					201.6			10.0		10.0	
1642.2	413.6	399.4	0.5	398.9	77.1	1964.5			6.4		6.4	
172099.8	42006.9	17127.9	418.1	16709.8	1664.2	187549.5	14.0		92007.4	49952.3	32008.5	2327.1
40494.3	5960.0				3664.9	35990.2	839.2		7686.1	1221.5	615.2	3052.1
1288.2	291.4	121.2	6.3	114.9		1334.3		75.1				
2797.9	2258.1	722.7	0.1	722.6	108.9	3287.1		124.6	34.1			
4336.7	2056.8	1800.6		1800.6	590.7	4772.2		774.4	49.7	11.5	38.2	
2268.7	1490.8	548.7	10.0	538.7		2817.4			1537.5	1537.5		
2268.7	1490.8	548.7	10.0	538.7		2817.4			1537.5	1537.5		
198923.5	46893.6	18954.5	413.1	18541.4	6210.6	209908.7	859.7	899.0	97652.2	50273.5	32632.3	4840.1
2785.6	1067.7	189.3	0.1	189.2	108.1	2866.8			38.2		38.2	
11764.9	3085.0	2383.2	20.5	2362.7	720.6	13413.5	14.0		834.6	702.1	65.4	
48103.1	1084.9				635.3	47467.8						
14386.8	2847.1	511.3	7.7	503.6		14823.0		75.1	4283.6	3565.2		539.1
11999.9	4909.0	1354.4		1354.4	679.5	12674.8			1143.6	745.4		
14882.3	6604.3	2699.3	176.1	2523.2	659.4	16847.1		75.1	1238.4	1218.4	20.0	
46704.4	1256.8	69.5		69.5	695.0	46078.9			11.5	11.5		
45089.6	13049.3	4452.6	72.7	4379.9	1848.4	47693.8			3748.3	3078.5	110.3	94.2
7197.4	1665.4	2447.0	6.0	2441.0	168.7	8556.2	20.5	899.0	2961.2	2222.8	20.0	539.1
170775.4	36916.5	13636.5	186.2	13450.3	4889.4	178669.3	853.2		95642.5	48404.7	32585.6	4745.9
535.4	109.3	87.8	0.4	87.4	93.2	530.0			350.3	350.3		
350.0	230.0					350.0						
2429.3	55.7					2429.3						

17－10　2012 年全部工业企业全部 R&D 项目情况

指标	Item	项目数（项）Projects（unit）
总计	Total	978
一、按企业规模分组	Grouped by size of enterprises	
大型	Large－sized enterprises	603
中型	Medium－sized enterprises	232
小型	Small－sized enterprises	143
微型	Micro－sized enterprises	
二、按隶属关系分组	Grouped by administrative	
中央	Central	494
省（自治区、直辖市）	Province（autonomous region，municipality）	45
地（区、市、州、盟）	Region（district，city，prefecture，league）	128
县（区、市、旗）	County（district，city，banner）	11
其他	Others	300
三、按登记注册类型分组	Grouped by type registered	30
内资企业	Domestic funds	799
国有企业	State－owned	447
集体企业	Collective－owned	
有限责任公司	Limited company	119
国有独资公司	State－owned	31
其他有限责任公司	Others	88
股份有限公司	Share holding	172
私营企业	Private	54
私营独资企业	Solely Owned	
私营合伙企业	Private partnership	
私营有限责任公司	Limited company	45
私营股份有限公司	Private Share holding	9
其他企业	Others	7
港、澳、台商投资企业	Funded from Hongkong，Macao and Taiwan	44
合资经营企业（港或澳、台资）	Funded from Hongkong，Macao and taiwan	30
合作经营企业（港或澳、台资）	Cooperative	
港、澳、台商独资经营企业	Solely owned	12
港、澳、台商投资股份有限公司	Company invested by Hong Kong，Macau or Taiwan businessmen	2
其他港澳台投资企业	Others	
外商投资企业	Foreign funded	135
中外合资经营企业	Joint Venture	121
中外合作经营企业	cooperative enterprises	
外资企业	Solely owned	14
外商投资股份有限公司	Company invested by foreign businessmen	
其他外商投资企业	Others	
四、按国民经济行业大类分组	Grouped by new sector	
制造业	Manufacturing	960
农副食品加工业	Farm sideline food processing	11
食品制造业	Food manufacturing	2
酒、饮料和精制茶制造业	Wine、drinks and Refined tea Industry	5
烟草制品业	Tobacco processing	
纺织业	Textile industry	
纺织服装、服饰业	Textile clothing industry	

SUMMARY OF ALL R&D PROJECTS OF ALL INDUSTRIAL ENTERPRISES IN 2012

参加项目人员(人) Personnel in R&D project	项目人员折合全时当量(人年) Full - time equivalent of engaged project personnel (person year)	全部项目经费内部支出(万元) Internal expenpenses of all projects (10000 yuan)
15160	11561.2	283459.5
12068	9505.4	250895.4
1792	1115.9	20930.6
1300	939.9	11633.5
9678	7700.0	183108.0
1174	1024.6	4403.0
1706	1383.7	22494.1
105	67.8	685.8
2497	1385.1	72768.6
13217	10326.8	214930.7
6858	6238.4	144416.3
3488	1735.0	16033.0
2136	1049.7	3874.6
1352	685.3	12158.4
2423	2068.5	48006.4
383	229.7	5719.0
276	131.6	5057.4
107	98.1	661.6
65	55.1	756.0
1003	533.9	49254.1
227	138.2	1882.8
756	381.3	47230.3
20	14.4	141.0
940	700.5	19274.7
847	642.7	16911.0
93	57.8	2363.7
13131	10564.2	281190.8
733	376.2	45177.0
38	16.7	2429.3
18	4.7	240.0
10	1.1	29.3

17－10 续表 1

指标	Item	项目数（项）Projects（unit）
皮革、毛皮、羽毛及其制品和制鞋业	Leather, fur, feather and related products and footwear industry	
木材加工和木、竹、藤、棕、草制品业	Timber, bamboo, cane, palm and straw products	9
家具制造业	Furniture manufacturing	
造纸和纸制品业	Paper making and paper products	
印刷和记录媒介复制业	Printing and record medium reproduction	
文教、工美、体育和娱乐用品制造业	Education, arts and crafts, PE, and entertainment products	
石油加工、炼焦和核燃料加工业	Petroleum processing coking and nuclear processing	
化学原料和化学制品制造业	Raw chemical material and chemical products	3
医药制造业	Medical and pharmacutical products	112
化学纤维制造业	Chemical fiber manufacturing	
橡胶和塑料制品业	Rubber and plastic products	2
非金属矿物制品业	Nonmetal mineral products	4
黑色金属冶炼和压延加工业	Smelting and pressing of ferrous metals	
有色金属冶炼和压延加工业	Smelting and pressing of non－ferrous metals	
金属制品业	Nonmetal mineral products	6
通用设备制造业	Ordinary machinery	5
专用设备制造业	Special purpose equipment	5
汽车制造业	Automobile industry	662
铁路、船舶、航空航天和其他运输设备制造业	Railway, water way, aviation and other transportation equipment	39
电气机械和器材制造业	Electric equipment and machinery	17
计算机、通信和其他电子设备制造业	Telecommunication equipment computer and other electronic equipment	12
仪器仪表制造业	Instrument manufacturing	65
其他制造业	Others	
废弃资源综合利用业	Waste resources comprehensive utilization industry	
金属制品、机械和设备修理业	Metal products、machinery、Equipment repair industry	
电力、热力、燃气及水生产和供应业	Production and supply of electric power and heat power and gas and water	18
电力、热力生产和供应业	Production and supply of electric power and heat power	18
燃气生产和供应业	Production and supply of gas	
水的生产和供应业	Water production and supply	
五、按企业控股情况分组	Grouped by owned	
国有控股	State－owned	658
集体控股	Collective－owned	59
私人控股	Private－owned	105
港澳台商控股	Hongkong, Macao and Taiwan－owned	17
外商控股	Foreign－owned	44
其他	Others	95
六、按地区分组	Total	
市辖区	District	
南关区	Nanguan	89
宽城区	Kuancheng	26
朝阳区	Chaoyang	439
二道区	Erdao	39
绿园区	Lvyuan	371
双阳区	Shuangyang	11
农安县	Nong'an	
九台市	Jiutai	1
榆树市	Yushu	
德惠市	Dehui	2

continued1

参加项目人员(人) Personnel in S&T project	项目人员折合全时当量(人年) Full-time equivalent of engaged project personnel (person year)	全部项目经费内部支出(万元) Internal expenpenses of all projects (10000 yuan)
450	425.2	258.0
114	6.8	485.0
1193	828.8	11876.8
11	5.1	171.4
63	63.0	371.9
22	12.6	297.8
78	37.3	401.6
78	39.6	1375.4
8329	7385.4	173430.7
787	534.8	36855.1
47	25.7	1194.6
414	348.5	1040.6
746	452.8	5556.3
2029	997.0	2268.7
2029	997.0	2268.7
11320	9164.7	197124.3
362	123.9	2436.1
716	451.9	10338.2
806	422.4	47467.8
651	503.1	13845.4
1305	895.3	12247.7
1310	1058.9	12841.2
801	434.7	45942.3
5119	3053.2	42186.7
527	433.0	8455.4
7328	6541.5	170788.5
27	22.1	466.1
10	1.1	350.0
38	16.7	2429.3

17－11　2012年全部工业企业办科技机构情况

指标名称	Item	机构数（个） Institutions
总计	Total	52
一、按企业规模分组	Grouped by size of enterprises	
大型	Large－sized enterprises	12
中型	Medium－sized enterprises	16
小型	Small－sized enterprises	24
微型	Micro－sized enterprises	
二、按隶属关系分组	Grouped by administrative	
中央	Central	7
省（自治区、直辖市）	Province (autonomous region, municipality)	4
地（区、市、州、盟）	Region (district, city, prefecture, league)	11
县（区、市、旗）	County (district, city, banner)	
其他	Others	
三、按登记注册类型分组	Grouped by type registered	
内资企业	Domestic funds	47
国有企业	State－owned	4
集体企业	Collective－owned	
有限责任公司	Limited company	14
国有独资公司	State－owned	2
其他有限责任公司	Others	12
股份有限公司	Share holding	7
私营企业	Private	19
私营独资企业	Solely Owned	4
私营合伙企业	Private partnership	
私营有限责任公司	Limited company	13
私营股份有限公司	Private Share holding	2
其他企业	Others	3
港、澳、台、商投资企业	Funded from Hongkong, Macao and Taiwan	
外商投资企业	Foreign funded	5
中外合资经营企业	Joint Venture	5
中外合作经营企业	cooperative enterprises	
外资企业	Solely owned	
外商投资股份有限公司	Company invested by foreign businessmen	
其他外商投资企业	Others	
四、按国民经济行业大类分组	Grouped by sector	
制造业	Manufacturing	51
农副食品加工业	Farm sideline food processing	9
食品制造业	Food manufacturing	1
酒、饮料和精制茶制造业	Wine、drinks and Refined tea Industry	
烟草制品业	Tobacco processing	
纺织业	Textile industry	
纺织服装、服饰业	Textile clothing industry	1
皮革、毛皮、羽毛及其制品和制鞋	Leather, fur, feather and related products and footwear industry	
木材加工及木、竹、藤、棕、草制品业	Timber, bamboo, cane, palm and straw products	
家具制造业	Furniture manufacturing	
造纸及纸制品业	Paper making and paper products	
印刷和记录媒介复制业	Printing and record medium reproduction	
文教、工美、体育和娱乐用品制造业	Education, arts and crafts, PE, and entertainment products	

BASIC CONDITIONS OF R&D INSTITUTIONS OF ALL INDUSTRIAL ENTERPRISES IN 2012

机构人员合计(人) Personnel	#博士毕业 Doctors	硕士毕业 Postgraduates	本科毕业 Bachelor	机构经费支出(万元) Institutions' expenses (10000yuan)	仪器和设备原价(万元) Prices of instruments and equipment (10000yuan)	进口 Import	境外机构数(个) Offshore institutions
11846	212	2102	7431	280175.6	231298.2	106720.3	
10122	169	1853	6264	255257.9	192006.6	106678.2	
1251	15	151	966	16848.0	32842.0	42.0	
473	28	98	201	8069.7	6449.6	0.1	
9078	163	1732	5564	245859.1	180076.9	106477.3	
254	9	76	158	2820.6	2632.5	15.0	
1331	19	95	1016	9342.3	26164.6	227.9	
1183	21	199	693	22153.6	22424.2	0.1	
11013	209	1982	6854	262324.8	216168.8	106720.2	
8121	123	1425	5048	222127.2	172672.2	103277.3	
1184	49	263	665	12027.4	27971.6	3215.0	
559	32	158	298	3640.0	8753.4	3200.0	
625	17	105	367	8387.4	19218.2	15.0	
1173	23	235	834	21195.3	9036.4	227.9	
368	10	45	214	6562.9	6008.6		
30		1	3	346.5	331.4		
320	8	43	205	6094.4	5583.9		
18	2	1	6	122.0	93.3		
167	4	14	93	412.0	480.0		
833	3	120	577	17850.8	15129.4	0.1	
833	3	120	577	17850.8	15129.4	0.1	
11299	180	1944	7145	276675.6	222598.2	103520.3	
68	2	4	13	1022.9	2883.2		
5			4	0.5	0.5		
12			12	140.0	53.4		

17-11 续表1

指标名称	Item	机构数（个）Institutions
石油加工、炼焦和核燃料加工业	Petroleum processing coking and nuclear processing	
化学原料和化学制品制造业	Raw chemical material and chemical products	2
医药制造业	Medical and pharmacutical products	6
化学纤维制造业	Chemical fiber manufacturing	
橡胶和塑料制品业	Rubber and Plastic products	
非金属矿物制品业	Nonmetal mineral products	
黑色金属冶炼和压延加工业	Smelting and pressing of ferrous metals	
有色金属冶炼及压延加工业	Smelting and pressing of non-ferrous metals	
金属制品业	Nonmetal mineral products	
通用设备制造业	Ordinary machinery	3
专用设备制造业	Special purpose equipment	2
汽车制造业	Automobile industry	20
铁路、船舶、航空航天和其他运输设备制造业	Railway, water way, aviation and other transportation equipment	2
电气机械和器材制造业	Electric equipment and machinery	1
计算机、通信和其他电子设备制造业	Telecommunication equipment computer and other electronic equipment	2
仪器仪表制造业	Instrument manufacturing	2
其他制造业	Others	
金属制品、机械和设备修理业	Metal products、machinery、Equipment repair industry	
电力、热力、燃气及水生产和供应业	Production and supply of electric power and heat power and gas and water	1
电力、热力生产和供应业	Production and supply of electric power and heat power	1
燃气生产和供应业	Production and supply of gas	
水的生产和供应业	Water production and supply	
五、按企业控股情况分组	Grouped by owned	
国有控股	State-owned	16
集体控股	Collective-owned	2
私人控股	Private-owned	26
港澳台商控股	Hongkong, Macao and Taiwan-owned	
外商控股	Foreign-owned	2
其他	Others	6
六、按地区分组	Total	
市辖区	District	
南关区	Nanguan	13
宽城区	Kuancheng	2
朝阳区	Chaoyang	17
二道区	Erdao	9
绿园区	Lvyuan	2
双阳区	Shuangyang	
农安县	Nong'an	
九台市	Jiutai	1
榆树市	Yushu	
德惠市	Dehui	8

continued1

机构人员合计(人) Personnel	#博士毕业 Doctors	硕士毕业 Postgraduates	本科毕业 Bachelor	机构经费支出(万元) Institutions' expenses (10000yuan)	仪器和设备原价(万元) Prices of instruments and equipment (10000yuan)	进口 Import	境外机构数(个) Offshore institutions
33	5	11	15	194.0	222.0		
243	9	43	127	1942.4	847.0		
149	7	41	80	1591.1	953.7	27.0	
87	1	13	71	581.7	277.6	15.0	
9668	130	1583	6096	249707.6	211838.6	103478.3	
709	21	176	489	17820.6	2886.3		
45		3	36	1560.0	264.3		
139	2	38	99	922.9	585.9		
141	3	32	103	1191.9	1785.7		
547	32	158	286	3500.0	8700.0	3200.0	
547	32	158	286	3500.0	8700.0	3200.0	
10045	181	1857	6344	250380.3	190597.9	106720.2	
127	5	49	64	4211.6	7069.1		
854	18	65	523	12074.7	24104.1		
334		25	248	3344.8	945.1	0.1	
486	8	106	252	10164.2	8582.0		
1584	26	228	1160	15694.8	17175.3	227.9	
79	1	6	39	1563.0	464.3		
1752	44	331	1113	38649.1	44089.4	3894.3	
340	13	51	236	5296.0	5964.5	42.1	
8024	126	1484	4871	218319.8	163009.5	102556.0	
10	2	1	5	35.0	12.0		
57		1	7	617.9	583.2		

17－12　2012年全部工业企业自主知识产权保护情况

指标名称	Item	专利申请数(件) Patent application (piece)	发明专利(件) Inventions
总计	Total	1302	427
一、按企业规模分组	Grouped by size of enterprises		
大型	Large－sized enterprises	835	266
中型	Medium－sized enterprises	252	110
小型	Small－sized enterprises	215	51
微型	Micro－sized enterprises		
二、按隶属关系分组	Grouped by administrative		
中央	Central	637	230
省(自治区、直辖市)	Province (autonomous region, municipality)	21	6
地(区、市、州、盟)	Region (district, city, prefecture, league)	256	61
县(区、市、旗)	County (district, city, banner)	33	7
街道	Street		
镇	Town		
乡	Township		
(社区)居委会	Residents committee		
村委会	Village committee		
其他	Others	352	122
三、按登记注册类型分组	Grouped by type registered		
内资企业	Domestic funds	1138	374
国有企业	State－owned	433	122
集体企业	Collective－owned		
股份合作企业	Share holding cooperative		
联营企业	Joint ownership		
国有联营企业	State joint ownership enterprises		
集体联营企业	Joint ownership		
国有与集体联营企业	Joint ownership		
其他联营企业	Others		
有限责任公司	Limited company	258	123
国有独资公司	State－owned	66	36
其他有限责任公司	Others	192	87
股份有限公司	Share holding	363	117
私营企业	Private	65	13
私营独资企业	Solely Owned	8	2
私营合伙企业	Private partnership		
私营有限责任公司	Limited company	40	10
私营股份有限公司	Private Share holding	17	1
其他企业	Others	19	1
港、澳、台商投资企业	Funded from Hongkong, Macao and Taiwan	17	17
合资经营企业(港或澳、台资)	Funded from Hongkong, Macao and taiwan	3	3
合作经营企业(港或澳、台资)	Cooperative		
港、澳、台商独资经营企业	Solely owned	14	14
港、澳、台商投资股份有限公司	Company invested by Hong Kong, Macau or Taiwan businessmen		
其他港澳台投资企业	Other		
外商投资企业	Foreign funded	147	36
中外合资经营企业	Joint Venture	125	32
中外合作经营企业	cooperative enterprises		
外资企业	Solely owned	22	4
外商投资股份有限公司	Company invested by foreign businessmen		
其他外商投资企业	Others		

INDEPENDENT INTELLECTUAL PROPERTY RIGHTS OF ALL INDUSTRIAL ENTERPRISES AND RELEVANT CONDITIONS IN 2012

有效发明专利数(件) Effective patent inventions	境外注册 Overseas registration	专利所有权转让及许可数(项) Number of patent ownership transferred and licensed	专利所有权转让与许可收入(万元) Income of patent ownership transferred and licensed (10000yuan)	发表科技论文(篇) Science and technology papers published	拥有注册商标数(件) Registered trademarks owned	境外授权 Offshore authorization	形成国家或行业标准数(项) national standards or trade standards
1918	8	24		575	1141	36	63
1666	2	2		500	795	27	44
142	3	21		38	116		13
110	3	1		37	230	9	6
1601	3			517	354	9	44
6				9	16		
172	2	1		13	113		8
49							
87	3	23		12	656	27	11
1834	8	9		575	654	9	59
1497				395	357	9	8
126	5	1		112	72		13
37	3			95	20		3
86	2	1		17	52		10
188				40	91		32
18		8		4	131		6
8					66		
4		8		4	64		6
6					1		
5	3				2		
15					478	27	2
1					66	9	
14					412	18	2
69		15			9		2
45		15			6		2
24					3		

17－12 续表 1

指标名称	Item	专利申请数（件） Patent application (piece)	发明专利（件） Inventions
四、按国民经济行业大类分组	Grouped by sector		
制造业	Manufacturing	1255	415
农副食品加工业	Farm sideline food processing	5	5
食品制造业	Food manufacturing		
酒、饮料和精制茶制造业	Wine、drinks and Refined tea Industry		
烟草制品业	Tobacco processing		
纺织业	Textile industry		
纺织服装、服饰业	Textile clothing industry	7	7
皮革、毛皮、羽毛及其制品和制鞋业	Leather, fur, feather and related products and footwear industry		
化学原料和化学制品制造业	Raw chemical material and chemical products	41	7
医药制造业	Medical and pharmacntical products	139	45
化学纤维制造业	Chemical fiber manufacturing		
橡胶和塑料制品业	Rubber and plastic products	5	1
非金属矿物制品业	Nonmetal mineral products		
黑色金属冶炼和压延加工业	Smelting and pressing of ferrous metals		
有色金属冶炼和压延加工业	Smelting and pressing of non－ferrous metals		
金属制品业	Nonmetal mineral products	14	2
通用设备制造业	Ordinary machinery	28	5
专用设备制造业	Special purpose equipment	32	5
汽车制造业	Automobile industry	691	182
铁路、船舶、航空航天和其他运输设备制造业	Railway, water way, aviation and other transportation equipment	152	96
电气机械和器材制造业	Electric equipment and machinery	25	4
计算机、通信和其他电子设备制造业	Telecommunication equipment computer and other electronic equipment	78	42
仪器仪表制造业	Instrument manufacturing	36	14
其他制造业	Others		
废弃资源综合利用业	Waste resources comprehensive utilization industry		
金属制品、机械和设备修理业	Metal products、machinery、Equipment repair industry		
电力、热力、燃气及水生产和供应业	Production and supply of electric power and heat power and gas and water	47	12
电力、热力生产和供应业	Production and supply of electric power and heat power	46	12
燃气生产和供应业	Production and supply of gas	1	
水的生产和供应业	Water production and supply		
五、按企业控股情况分组	Grouped by owned		
国有控股	State－owned	804	288
集体控股	Collective－owned	64	14
私人控股	Private－owned	157	28
港澳台商控股	Hongkong, Macao and Taiwan－owned	27	16
外商控股	Foreign－owned	46	14
其他	Others	204	67
六、按地区分组	Total		
市辖区	District		
南关区	Nanguan	157	32
宽城区	Kuancheng	17	2
朝阳区	Chaoyang	530	159
二道区	Erdao	64	27
绿园区	Lvyuan	520	203
双阳区	Shuangyang	13	3
农安县	Nong'an		
九台市	Jiutai	1	
榆树市	Yushu		
德惠市	Dehui		

continued1

有效发明专利数(件) Effective patent inventions	境外注册 Overseas registration	专利所有权转让及许可数(项) Number of patent ownership transferred and licensed	专利所有权转让与许可收入(万元) Income of patent ownership transferred and licensed (10000yuan)	发表科技论文(篇) Science and technology papers published	拥有注册商标数(件) Registered trademarks owned	境外授权 Offshore authorization	形成国家或行业标准数(项) national standards or trade standards
1894	8	24		452	1139	36	61
2				1	454	18	2
					1		
3	3				2		
151	5			17	296	9	2
2							
					3		
3					3		1
3				6	4		
1596		23		392	358	9	17
25				25			27
1		1			1		
8				5	2		2
97				6	16		10
24				99			2
23				99			2
1							
1638	3			545	419	9	50
49		13			1		
31	3	8		4	203	9	7
14					412	18	2
40					5		
143	2	3		2	101		4
50		2		11	159	9	10
2					413	18	2
330	5	22		131	180	1	14
14				13	60		3
1522	3			420	329	8	34

17－13　2012年全部工业企业新产品开发、生产及销售情况

指标名称	Item	新产品开发项目数（项） Number of new product development
总计	Total	1631
一、按企业规模分组	Grouped by size of enterprises	
大型	Large－sized enterprises	780
中型	Medium－sized enterprises	548
小型	Small－sized enterprises	303
微型	Micro－sized enterprises	
二、按隶属关系分组	Grouped by administrative	
中央	Central	518
省（自治区、直辖市）	Province（autonomous region, municipality）	49
地（区、市、州、盟）	Region（district, city, prefecture, league）	448
县（区、市、旗）	County（district, city, banner）	17
街道	Street	
镇	Town	
乡	Township	
（社区）居委会	Residents committee	
村委会	Village committee	
其他	Others	599
三、按登记注册类型分组	Grouped by type registered	
内资企业	Domestic funds	1119
国有企业	State－owned	515
集体企业	Collective－owned	
股份合作企业	Share holding cooperative	
联营企业	Joint ownership	
国有联营企业	State joint ownership enterprises	
集体联营企业	Joint ownership	
国有与集体联营企业	Joint ownership	
其他联营企业	Others	
有限责任公司	Limited company	287
国有独资公司	State－owned	58
其他有限责任公司	Others	229
股份有限公司	Share holding	231
私营企业	Private	84
私营独资企业	Solely Owned	
私营合伙企业	Private partnership	
私营有限责任公司	Limited company	62
私营股份有限公司	Private Share holding	22
其他企业	Others	16
港、澳、台商投资企业	Funded from Hongkong, Macao and Taiwan	91
合资经营企业（港或澳、台资）	Funded from Hongkong, Macao and taiwan	54
合作经营企业（港或澳、台资）	Cooperative	
港、澳、台商独资经营企业	Solely owned	35
港、澳、台商投资股份有限公司	Company invested by Hong Kong, Macau or Taiwan businessmen	2
其他港澳台投资企业	Others	
外商投资企业	Foreign funded	407
中外合资经营企业	Joint Venture	352
中外合作经营企业	cooperative enterprises	1
外资企业	Solely owned	51
外商投资股份有限公司	Company invested by foreign businessmen	3
其他外商投资企业	Others	

NEW PRODUCT DEVELOPMENT, MANUFACTURING AND SALE OF ALL INDUSTRIAL ENTERPRISES IN 2012

新产品开发经费支出(万元) Expenses on new product development (10000yuan)	新产品产值(万元) Production value of new product (10000yuan)	新产品销售收入(万元) Sales income of new product (10000yuan)	
			出口 Exporto
454993.1	5622113.6	18315622.3	547352.2
352155.9	4929526.4	17636997.7	525744.2
65576.7	330106.5	343174.2	21608.0
37260.5	362480.7	335450.4	
159217.6	2301750.4	14904789.6	520153.7
8909.8	128193.5	97940.2	5508.0
72787.0	546400.4	540464.7	5704.6
6289.6	10395.2	8907.8	
207789.1	2635374.1	2763520	15985.9
240808.2	27929798	15506475.6	544863.3
31847.3	221763.9	12821099.5	27546.2
46625.6	182810.0	183984.3	21043.9
9683.9	1359.8	1330.0	
36941.7	181450.2	182654.3	21043.9
152243.6	2311315.5	2437214.1	495823.2
13016	79290.4	64847.2	450.0
	478.6	427.8	
11084.3	60716.4	61854.4	450.0
1931.7	18095.4	2565	
1419.2	300.0	180.0	
116590.2	2058078.0	2057569.6	
5211.6	56338.5	55830.1	
111237.6	2001739.5	2001739.5	
141.0			
93251.2	768555.8	750727.6	2488.9
70272.1	636734.3	616325.2	
1000.5	1068.6	3562.0	
15897.5	130752.9	130840.4	2488.9
6081.1			

17－13 续表 1

指标名称	Item	新产品开发项目数（项）Number of new product development
四、按国民经济行业大类分组	Grouped by sector	
制造业	Manufacturing	1618
农副食品加工业	Farm sideline food processing	33
食品制造业	Food manufacturing	4
酒、饮料和精制茶制造业	Wine、drinks and Refined tea Industry	4
烟草制品业	Tobacco processing	
纺织业	Textile industry	
纺织服装、服饰业	Textile clothing industry	2
皮革、毛皮、羽毛及其制品和制鞋业	Leather, fur, feather and related products and footwear industry	
木材加工和木、竹、藤、棕、草制品业	Timber, bamboo, cane, palm and straw products	5
化学原料和化学制品制造业	Raw chemical material and chemical products	7
医药制造业	Medical and pharmacntical products	142
化学纤维制造业	Chemical fiber manufacturing	
橡胶和塑料制品业	Rubber and plastic products	8
非金属矿物制品业	Nonmetal mineral products	5
黑色金属冶炼和压延加工业	Smelting and pressing of ferrous metals	3
有色金属冶炼和压延加工业	Smelting and pressing of non－ferrous metals	
金属制品业	Nonmetal mineral products	6
通用设备制造业	Ordinary machinery	11
专用设备制造业	Special purpose equipment	34
汽车制造业	Automobile industry	1097
铁路、船舶、航空航天和其他运输设备制造业	Railway, water way, aviation and other transportation equipment	115
电气机械和器材制造业	Electric equipment and machinery	52
计算机、通信和其他电子设备制造业	Telecommunication equipment computer and other electronic equipment	20
仪器仪表制造业	Instrument manufacturing	69
其他制造业	Others	
废弃资源综合利用业	Waste resources comprehensive utilization industry	1
金属制品、机械和设备修理业	Metal products、machinery、Equipment repair industry	
电力、热力、燃气及水生产和供应业	Production and supply of electric power and heat power and gas and water	13
电力、热力生产和供应业	Production and supply of electric power and heat power	11
燃气生产和供应业	Production and supply of gas	2
水的生产和供应业	Water production and supply	
五、按企业控股情况分组	Grouped by owned	
国有控股	State－owned	826
集体控股	Collective－owned	88
私人控股	Private－owned	249
港澳台商控股	Hongkong, Macao and Taiwan－owned	37
外商控股	Foreign－owned	162
其他	Others	266
六、按地区分组	Total	
市辖区	District	
南关区	Nanguan	193
宽城区	Kuancheng	43
朝阳区	Chaoyang	1052
二道区	Erdao	170
绿园区	Lvyuan	143
双阳区	Shuangyang	27
农安县	Nong'an	
九台市	Jiutai	2
榆树市	Yushu	
德惠市	Dehui	1

continued1

新产品开发经费支出(万元) Expenses on new product development (10000yuan)	新产品产值(万元) Production value of new product (10000yuan)	新产品销售收入(万元) Sales income of new product (10000yuan)	出口 Exporto
445287	5622113.6	18200517.1	547352.2
110452.6	2012418.5	2013418.5	
1014.3	1306.4	3799.8	
228.0			
1119.8	630.0	630.0	
107.0			
4320.0	1178.0	1946.0	
21399.2	123024.3	93324.3	
3224.5			
1163.6			
3475			
297.8	3940.8	3940.8	
2257.1	6530.8	6318.5	180.0
3295.9	21018.9	20684.9	
142009.5	1076519.3	13677630.9	47732.2
130196.5	2175887.3	2174750.2	495560.7
9505.9	140543.1	149364	
5112.0	36556.2	35313.9	3684.0
5712.2	22560.0	19395.3	195.3
35.1			
9706.1		115105.2	
2164.7			
7541.4		115105.2	
199777.6	2535185.3	15244677.3	532111.4
8234.7	98917.8	103511.9	
34518.7	148596.9	154543.3	12556.6
111378.6	2007739.5	2007262.5	
64157.9	560782.7	537008.2	2488.9
36925.6	270891.4	268619.1	195.3
52245.4	723562.0	692572.3	3215.7
108656.0	2034770.8	2034000.8	
126747.4	558487.3	643521.6	33800.3
31440.8	122882.4	129510.6	2668.9
132930.4	2178842.5	14801290.0	507667.3
	2500.0	11165.0	
1350.5	1068.6	3562.0	
22.0			

17－14　2012年全部工业企业政府相关政策落实情况

指标名称	Item	来自政府部门的科技活动资金（万元）Science and technology activity fund from government	研究开发费用加计扣除减免税(万元) Research and development expenses with additional deduction of tax reduction and exemption	高新技术企业减免税(万元) High tech enterprise tax reduction and exemption
总计	Total	24631.7	180129.3	18447.2
一、按企业规模分组	Grouped by size of enterprises			
大型	Large－sized enterprises	19368.0	177673.0	11770.1
中型	Medium－sized enterprises	3840.1	1529.2	5310.2
小型	Small－sized enterprises	1423.6	927.1	1366.9
微型	Micro－sized enterprises			
二、按隶属关系分组	Grouped by administrative			
中央	Central	19468.9	177327.7	3364.7
省(自治区、直辖市)	Province (autonomous region, municipality)	138.0	87.2	232.8
地(区、市、州、盟)	Region (district, city, prefecture, league)	1197.1	1180.6	6503.7
县(区、市、旗)	County (district, city, banner)	135.0	1.8	2528.4
街道	Street			
镇	Town			
乡	Township			
(社区)居委会	Residents committee			
村委会	Village committee			
其他	Others	3692.7	1532.0	5817.6
三、按登记注册类型分组	Grouped by type registered			
内资企业	Domestic funds	22735.9	179279.0	10022.5
国有企业	State－owned	4013.0	174100.7	763.4
集体企业	Collective－owned			
股份合作企业	Share holding cooperative			
有限责任公司	Limited company	3090.9	1169.8	4180.7
国有独资公司	State－owned	1293.0	492.0	
其他有限责任公司	Others	1797.9	677.8	4180.7
股份有限公司	Share holding	14843.1	3439.7	4269.3
私营企业	Private	779.9	568.8	809.1
私营独资企业	Solely Owned			
私营合伙企业	Private partnership			
私营有限责任公司	Limited company	779.9	568.8	809.1
私营股份有限公司	Private Share holding			
其他企业	Others	9.0		
港、澳、台商投资企业	Funded from Hongkong, Macao and taiwan	1515.0		322.9
合资经营企业(港或澳、台资)	Funded from Hongkong, Macao and taiwan	46.0		322.9
合作经营企业(港或澳、台资)	Cooperative			
港、澳、台商独资经营企业	Solely owned	1469.0		
港、澳、台商投资股份有限公司	Company invested by Hong Kong, Macau or Taiwan businessmen			
其他港澳台投资企业	Others			
外商投资企业	Foreign funded	380.8	850.3	8101.8
中外合资经营企业	Joint Venture	380.8	407.2	8101.8
中外合作经营企业	cooperative enterprises			
外资企业	Solely owned		443.1	
外商投资股份有限公司	Company invested by foreign businessmen			

IMPLEMENTATION OF GOVERNMENT'S RELEVANT POLICIES OF ALL INDUSTRIAL ENTERPRISES SIZE IN 2012

17－14 续表 1 continued1

指标名称 Item		来自政府部门的科技活动资金（万元） Science and technology activity fund from government	研究开发费用加计扣除减免税(万元) Research and development expenses with additional deduction of tax reduction and exemption	高新技术企业减免税（万元） High tech enterprise tax reduction and exemption
其他外商投资企业	Others			
四、按国民经济行业大类分组	Grouped by sector			
制造业	Manufacturing	24631.7	180129.3	18447.2
农副食品加工业	Farm sideline food processing	1501.0		
食品制造业	Food manufacturing			
酒、饮料和精制茶制造业	Wine、drinks and Refined tea Industry	45.0		
烟草制品业	Tobacco processing			
医药制造业	Medical and pharmacntical products	2654.0	537.0	2508.2
化学纤维制造业	Chemical fiber manufacturing			
橡胶和塑料制品业	Rubber and plastic products			
非金属矿物制品业	Nonmetal mineral products			
黑色金属冶炼和压延加工业	Smelting and pressing of ferrous metals	3.5		
有色金属冶炼和压延加工业	Smelting and pressing of non－ferrous metals			
金属制品业	Nonmetal mineral products			10.0
通用设备制造业	Ordinary machinery	85.0	87.2	232.8
专用设备制造业	Special purpose equipment	120.1	49.8	305.8
汽车制造业	Automobile industry	4703.1	175998.4	12428.5
铁路、船舶、航空航天和其他运输设备制造业	Railway, water way, aviation and other transportation equipment	14084.3	3039.2	2012.0
电气机械和器材制造业	Electric equipment and machinery		196.5	552.9
计算机、通信和其他电子设备制造业	Telecommunication equipment computer and other electronic equipment	342.9		261.2
仪器仪表制造业	Instrument manufacturing	1092.8	221.2	135.8
五、按企业控股情况分组	Grouped by owned			
国有控股	State－owned	20373.1	177762.5	6646.9
集体控股	Collective－owned	175.0	89.0	581.2
私人控股	Private－owned	970.4	858.9	1411.0
港澳台商控股	Hongkong, Macao and Taiwan－owned	1509.0		
外商控股	Foreign－owned		850.3	4335.7
其他	Others	1604.2	568.6	5472.4
六、按地区分组	Total			
市辖区	District			
南关区	Nanguan	961.3	909.3	8591.3
宽城区	Kuancheng	1717.8	365.6	334.2
朝阳区	Chaoyang	3973.8	1092.3	6534.9
二道区	Erdao	541.3	919.7	
绿园区	Lvyuan	17081.5	176604.3	2051.0
双阳区	Shuangyang	356.0	238.1	935.8
农安县	Nong'an			
九台市	Jiutai			
榆树市	Yushu			
德惠市	Dehui			

17－15　2012年全部工业企业技术获取和技术改造情况

指标名称	Item	引进技术经费支出（万元）Expenses on technology introduction
总计	Total	16953.2
一、按企业规模分组	Grouped by size of enterprises	
大型	Large－sized enterprises	16305.5
中型	Medium－sized enterprises	633.8
小型	Small－sized enterprises	13.9
微型	Micro－sized enterprises	
二、按隶属关系分组	Grouped by administrative	
中央	Central	16305.5
省（自治区、直辖市）	Province (autonomous region, municipality)	
地（区、市、州、盟）	Region (district, city, prefecture, league)	13.9
县（区、市、旗）	County (district, city, banner)	
其他	Others	633.8
三、按登记注册类型分组	Grouped by type registered	
内资企业	Domestic funds	16319.4
国有企业	State－owned	5447.8
有限责任公司	Limited company	13.9
国有独资公司	State－owned	
其他有限责任公司	Others	13.9
股份有限公司	Share holding	10857.7
私营企业	Private	
私营独资企业	Solely Owned	
私营合伙企业	Private partnership	
私营有限责任公司	Limited company	
私营股份有限公司	Private Share holding	
其他企业	Others	
港、澳、台商投资企业	Funded from Hongkong, Macao and Taiwan	
合资经营企业（港或澳、台资）	Funded from Hongkong, Macao and taiwan	
合作经营企业（港或澳、台资）	Cooperative	
港、澳、台商独资经营企业	Solely owned	
港、澳、台商投资股份有限公司	Company invested by Hong Kong, Macau or Taiwan businessmen	
其他港澳台投资企业	Others	
外商投资企业	Foreign funded	633.8
中外合资经营企业	Joint Venture	633.8
中外合作经营企业	cooperative enterprises	
外资企业	Solely owned	
外商投资股份有限公司	Company invested by foreign businessmen	
其他外商投资企业	Others	
四、按国民经济行业大类分组	Grouped by sector	
制造业	Manufacturing	16953.2
农副食品加工业	Farm sideline food processing	
食品制造业	Food manufacturing	
酒、饮料和精制茶制造业	Wine、drinks and Refined tea Industry	
烟草制品业	Tobacco processing	
纺织业	Textile industry	
纺织服装、服饰业	Textile clothing industry	

BASIC STATISTICS ON TECHNOLOGICAL TRANSFORMATION TECHNOLOGY DEVELOPING OF ALL INDUSTRIAL ENTERPRISES SIZE IN 2012

消化吸收经费支出(万元) Expenses on training	购买国内技术经费支出(万元) Technology developing	技术改造经费支出(万元) Innovation
4668.3	5633.5	235680.6
4169.0	743.1	223640.3
	4885.6	11779.3
499.3	4.8	261.0
4169.0	743.1	185824.4
320.0	4890.4	17377.8
179.3		32478.4
4489.0	747.9	200961.5
4169.0	658.9	171708.4
320.0	89.0	3911.7
		15.0
320.0	89.0	3896.7
		23816.8
		1324.6
		1324.6
		200.0
		34719.1
		5500.0
		29219.1
179.3	4885.6	
179.3		
	4885.6	
4668.3	5633.5	218793.3
		11550.0
		17869.1
		15.0

表 17－15 续表 1

指标名称	Item	引进技术经费支出（万元） Expenses on technology introduction
专用设备制造业	Special purpose equipment	
汽车制造业	Automobile industry	6081.6
铁路、船舶、航空航天和其他运输设备制造业	Railway, water way, aviation and other transportation equipment	10871.6
电气机械和器材制造业	Electric equipment and machinery	
计算机、通信和其他电子设备制造业	Telecommunication equipment computer and other electronic equipment	
仪器仪表制造业	Instrument manufacturing	
其他制造业	Others	
废弃资源综合利用业	Waste resources comprehensive utilization industry	
金属制品、机械和设备修理业	Metal products、machinery、Equipment repair industry	
电力、热力、燃气及水生产和供应业	Production and supply of electric power and heat power and gas and water	
电力、热力生产和供应业	Production and supply of electric power and heat power	
燃气生产和供应业	Production and supply of gas	
水的生产和供应业	Water production and supply	
五、按企业控股情况分组	Grouped by owned	
国有控股	State－owned	16305.5
集体控股	Collective－owned	633.8
私人控股	Private－owned	13.9
港澳台商控股	Hongkong, Macao and Taiwan－owned	
外商控股	Foreign－owned	
其他	Others	
六、按地区分组	Total	
市辖区	District	
南关区	Nanguan	
宽城区	Kuancheng	
朝阳区	Chaoyang	851.6
二道区	Erdao	13.9
绿园区	Lvyuan	16087.7
双阳区	Shuangyang	
农安县	Nong'an	
九台市	Jiutai	
榆树市	Yushu	
德惠市	Dehui	

continued1

消化吸收 经费支出(万元) Expenses on training	购买国内技术 经费支出(万元) Technology developing	技术改造经费 支出(万元) Innovation
		56.8
4348.3	5544.5	173405.7
320.0	89.0	14162.0
		134.7
		1600.0
		16887.3
		16887.3
4169.0	743.1	203141.2
320.0	4.8	1520.3
		29219.1
179.3	4885.6	
		1800.0
		11873.6
		11484.7
69.0	8.9	11358.9
499.3	4890.4	15119.3
4100.0	734.2	167975.0
		17869.1

17－16　2012年全部工业企业限额以上R&D项目情况

指标名称	Item	项目数合计(项) Projects (unit)	参加科技项目人员(人) science and technology personnel	本年度项目经费内部支出(万元) Internal expenpenses of all projects (10000 yuan)
总计	Total	718	8132	276459.1
一、按项目来源分组	Grouped by proiects			
国家科技项目	National at projects	18	387	14282.8
地方科技项目	Local projects	32	606	44164.6
其他企业委托科技项目	Other enterprises projects	50	363	8209.9
本企业自选科技项目	Enterprises prjects	608	6651	207276.1
来自境外的科技项目	Foreign proiects	4	32	1099.3
其他科技项目	Others	6	93	1426.4
二、按项目合作形式分组	Grouped by cooperation eype			
与境外机构合作	With foreign countries	12	38	2378.9
与境内高校合作	With higher education	53	691	21726.3
与境内独立研究院所合作	With institution	44	397	10585.4
与境内注册的外商独资企业合作	With foreign cooperata	1	4	100.0
与境内注册的其他企业合作	With others enterprises	26	419	8170.5
独立研究	Independent studies	578	6559	227474.6
其他	Others	4	24	6023.4
三、按项目活动类型分组	Grouped by activetype			
基础研究	Fundamental research			
应用研究	Application research	145	1685	72634.6
试验发展	Experimental developing	573	6447	203824.5
四、按项目成果形式分组	Experimenteelaevelopment			
论文或专著	Prototype or sample	3	23	369.2
自主研制的新产品原型或样机、样件、样品、配方、新装置	Sample article, recipe, new device of self－developed product	306	3353	109970.4
自主开发的新技术或新工艺、新工法	Self－developed new technology, new process, or new method	394	4612	165014.6
发明专利	Inventions and patents	15	144	1104.9
五、按项目技术经济目标分组	Crouped by goals			
科学原理的探索、发现	Exploration and discovery of scientific principles	3	13	172.1
技术原理的研究	Technology principal research	279	3571	131398.7
开发全新产品	New products	286	3201	118051.9
增加产品功能或提高性能	Product function and performance improvement	107	873	20421.7
提高劳动生产率	Raising productivity	15	159	892.2
减少能源消耗或提高能源使用效率	Reducting energy consumption, or improving engergy usage effectiveness	13	173	887.8
节约原材料	Saving material	5	58	2798.7
减少环境污染	Reducing environment waste	1	12	190.0
其他	Others	9	72	1646.0
六、企业规模分组	Grouped by size of enterprises			
大型	Large－sized enterprises	432	6213	247707.4
中型	Medium－sized enterprises	158	1147	18850.5
小型	Small－sized enterprises	128	772	9901.2
微型	Micro－sized enterprises			
七、隶属关系分组	Grouped by administrative			
中央	Central	374	4885	180856.6
省(自治区、直辖市)	Province (autonomous region, municipality)	24	491	4189.1
地(区、市、州、盟)	Region (district, city, prefecture, league)	115	1159	21888.9
县(区、市、旗)	County (district, city, banner)	10	78	368.9
其他	Others	195	1519	69155.6

R&D PROJECTS STATUS ABOVE NORM OF ALL INDUSTRIAL ENTERPRISES IN 2012

17－16 续表 1　　continued1

指标名称	Item	项目数合计(项) Projects (unit)	参加科技项目人员(人) science and technology personnel	本年度项目经费内部支出(万元) Internal expenpenses of all projects (10000 yuan)
八、登记注册类型分组	Grouped by type registered			
内资企业	Domestic funds	574	7013	209541.9
国有企业	State－owned	288	3726	142426.2
集体企业	Collective－owned			
有限责任公司	Limited company	100	1166	14710.6
国有独资公司	State－owned	27	361	3209.9
其他有限责任公司	Others	73	805	11500.7
股份有限公司	Share holding	130	1721	47021.7
私营企业	Private	52	367	4974.5
私营独资企业	Solely Owned			
私营合伙企业	Private partnership			
私营有限责任公司	Limited company	43	260	4412.9
私营股份有限公司	Private Share holding	9	107	561.6
其他企业	Others	4	33	408.9
港、澳、台商投资企业	Funded from Hongkong, Macao and Taiwan	29	536	49035.0
合资经营企业(港或澳、台资)	Funded from Hongkong, Macao and taiwan	15	115	1663.7
合作经营企业(港或澳、台资)	Cooperative			
港、澳、台商独资经营企业	Solely owned	12	401	47230.3
港、澳、台商投资股份有限公司	Company invested by Hong Kong, Macau or Taiwan businessmen	2	20	141.0
其他港澳台投资企业	Others			
外商投资企业	Foreign funded	115	583	17882.2
中外合资经营企业	Joint Venture	101	497	15518.6
中外合作经营企业	cooperative enterprises			
外资企业	Solely owned	14	86	2363.6
外商投资股份有限公司	Company invested by foreign businessmen			
其他外商投资企业	Others			
九、按国民经济行业大类分组	Grouped by sector			
制造业	Manufacturing	700	7875	274855.1
农副食品加工业	Farm sideline food processing	11	375	44901.0
食品制造业	Food manufacturing	2	38	2429.3
酒、饮料和精制茶制造业	Wine、drinks and Refined tea Industry	5	18	240.0
烟草制品业	Tobacco processing			
纺织业	Textile industry			
纺织服装、服饰业	Textile clothing industry	1	10	29.3
皮革、毛皮、羽毛及其制品和制鞋业	Leather, fur, feather and related products and footwear industry			
木材加工和木、竹、藤、棕、草制品业	Timber, bamboo, cane, palm and straw products	6	146	180.0
家具制造业	Furniture manufacturing			
造纸和纸制品业	Paper making and paper products			
印刷和记录媒介复制业	Printing and record medium reproduction			
文教、工美、体育和娱乐用品制造业	Education, arts and crafts, PE, and entertainment products			
石油加工、炼焦和核燃料加工业	Petroleum processing coking and nuclear processing			
化学原料和化学制品制造业	Raw chemical material and chemical products	3	39	385.0
医药制造业	Medical and pharmacntical products	98	706	10453.3

表17－16续表2 continued2

指标名称	Item	项目数合计(项) Projects (unit)	参加科技项目人员(人) science and technology personnel	本年度项目经费内部支出(万元) Internal expenpenses of all projects (10000 yuan)
化学纤维制造业	Chemical fiber manufacturing			
橡胶和塑料制品业	Rubber and plastic products	2	11	158.9
非金属矿物制品业	Nonmetal mineral products	4	52	371.9
黑色金属冶炼和压延加工业	Smelting and pressing of ferrous metals			
有色金属冶炼和压延加工业	Smelting and pressing of non－ferrous metals			
金属制品业	Nonmetal mineral products	6	22	297.8
通用设备制造业	Ordinary machinery	5	48	231.6
专用设备制造业	Special purpose equipment	5	74	1375.4
汽车制造业	Automobile industry	471	4905	169338.3
铁路、船舶、航空航天和其他运输设备制造业	Railway, water way, aviation and other transportation equipment	39	787	36855.1
电气机械和器材制造业	Electric equipment and machinery	10	33	1170.4
计算机、通信和其他电子设备制造业	Telecommunication equipment computer and other electronic equipment	9	152	940.9
仪器仪表制造业	Instrument manufacturing	23	459	5496.9
其他制造业	Others			
废弃资源综合利用业	Waste resources comprehensive utilization industry			
金属制品、机械和设备修理业	Metal products、machinery、Equipment repair industry			
电力、热力、燃气及水生产和供应业	Production and supply of electric power and heat power and gas and water	18	257	1604.0
电力、热力生产和供应业	Production and supply of electric power and heat power	18	257	1604.0
燃气生产和供应业	Production and supply of gas			
水的生产和供应业	Water production and supply			
十、企业控股情况分组	Grouped by owned			
国有控股	State－owned	442	5902	194020.7
集体控股	Collective－owned	41	116	1814.8
私人控股	Private－owned	93	635	9081.8
港澳台商控股	Hongkong, Macao and Taiwan－owned	17	451	47381.3
外商控股	Foreign－owned	31	408	12894.2
其他	Others	94	620	11266.3
十一、按地区分组	Total			
市辖区	District			
南关区	Nanguan	82	815	12580.9
宽城区	Kuancheng	18	422	45756.6
朝阳区	Chaoyang	238	1882	37963.9
二道区	Erdao	38	478	7488.6
绿园区	Lvyuan	333	4474	169612.2
双阳区	Shuangyang	6	13	377.6
农安县	Nong'an			
九台市	Jiutai	1	10	250.0
榆树市	Yushu			
德惠市	Dehui	2	38	2429.3

统计资料

STATISTICS

◎ 体育、卫生及其他事业

SPORTS, PUBLIC HEALTH AND OTHERS

第十八篇　体育、卫生及其他事业

2012 年,我市成功承办了全球华人羽毛球锦标赛、瓦萨国际越野滑雪赛、世界杯自由式滑雪赛等国际国内大型体育赛事 20 项次。举办了市青少年短道、速滑、篮球等省市各级各类体育赛事 220 项。我市代表团参加了十二届全国冬季运动会 3 大项 10 分项 91 小项角逐,夺得金牌 29 枚、银牌 16 枚、铜牌 20 枚、金牌总数列全国第二的优异成绩,继续保持了我市冬季项目全国前列位置。

以"健康长春——体育伴随你我他"为主题,开展全民健身活动 1000 项次,公布了《长春市体质状况报告》。投入资金 450 万元,为城区安装 43 套健身路径,为 10 乡镇、62 个行政村安装健身器材。全年体育彩票销售 6.3 亿元,占全省销售比例的 42.3%。

2012 年末,全市卫生医疗机构 4092 个,增长 1.47%。其中:医院、卫生院 302 所,下降 1.31%,拥有医疗、疗养床位 4.23 万张,比上年增长 6.47%。卫生技术人员 4.3 万人,比上年增长 5.5%。每千人拥有执业医师和执业助理医师 2.44 人。

截止 2012 年末,市辖区建成社区卫生服务中心 51 家,城区人员覆盖率达到 100%,367 万农民参加了新型合作医疗,参合率达到 99.7%,共筹集资金 10.6 亿元,已有 121 万参合农民受益,支付补偿金 10.2 亿元,占筹资总额的 96.2%。

18－1 公共体育场
STADIUMS AND GYMNASIUMS

	实际数（个）Number		实际数（个）Number		实际数（个）Number
体育场 Stadium	20	体育馆 Gymnasiums	22	室内游泳池 Swimming pool	7
室外游泳池 Outdoor swimming pools	6	运动场 Stadiums	75	足球场 Football court	45
室内游泳馆 Swimming pools	16	室内网球场 Indoor tennis court	7	保龄球房 Bowling ball room	5

18－2 卫生机构床位、人员数
BEDS AND PERSONNEL IN HEALTH INSTITUTIONS

机构分类 Institutions		机构数（个）Institutions	床位数（张）Beds	人员数(人) Personnel				
				合计 Total	#卫生技术员 Medical technical personnel			
					合计 Total	执业医师 Certified doctors	执业助理医师 Assistant doctors	注册护士 Registered nurses
总计	Total	4090	42283	59158	42934	17078	18505	15795
一、医院	Hospitals	167	37144	37780	30388	11879	12460	12523
二、社区卫生服务中心(站)	Community health ceve canters	96	1086	2993	2442	885	1006	849
三、卫生院	Clinics	135	3243	3976	2932	923	1267	651
四、门诊部	Policlinic	226	103	1560	1505	863	919	456
五、诊所、卫生所、医务室	Clinique meadical instituteinfirmary	1223		2276	2270	1284	1311	776
六、急救中心(站)	First－aid centre	1		141	76	43	43	33
七、村卫生室	Village clinic	2189		6765	452	215	397	55
八、采供血机构	Blood bank	1		238	175	32	42	90
九、妇幼保健院(所站)	Maternity and child care centers	11	429	1008	779	388	431	210
十、专科疾病防治院(所站)	Specialized prevention & treatment centers or station	7	278	416	288	117	136	61
十一、疾病预防控制中心	Sanitation and antiepidemic agencies	13		1341	1025	431	475	83
十二、卫生监督所(中心)	Health care centre	15		500	497	0	0	0
十三、健康教育所(站中心)	Health training centre	2		53	32	5	5	1
十四、其他卫生机构	Other institutions	4		17	16	4	4	6

18－3 计划生育情况
BASIC STATISTICS ON BIRTH CONTROL

	育龄妇女人数（人）Birth－aged women (person)	其中：已婚 Married	20周岁以前结婚人数（人）Married before 20 years old	23周岁以后结婚人数（人）Married after 23 years old	晚婚率（%）Rate of married at mature age (%)	晚育率（%）Rate of late childbirth (%)	计划内出生（人）Plan birth (person)	计划生育率（%）Birth control rate (%)	领证率（%）Link card rate (%)
总　计 Total	2106400	1454087	10820	14331	45.55	64.52	50780	95.87	36.96
南关区 Nanguan	130576	84829		648	55.91	93.7	2469	100	66.71
宽城区 Kuancheng	139184	98563	9	1212	48.93	91.44	4271	99.81	31.79
朝阳区 Chaoyang	191548	121314	185	1007	74.43	90.09	4005	99.28	29.09
二道区 Erdao	90278	62921	5	482	76.14	94.12	1676	99.94	60.76
绿园区 Lvyuan	141405	100213		416	70.51	91.82	2077	99.81	39.72
榆树市 Yushu	347160	242874	2954	1725	34.66	42.11	7716	92.77	50.26
农安县 Nong'an	313593	221625	2786	3528	45.09	47.33	9332	92.54	30.04
德惠市 Dehui	268885	168112	2285	1619	35.99	46.92	6463	96.81	19.7
九台市 Jiutai	212773	154902	1977	1934	42.4	48.1	6549	93.61	26.58
双阳区 Shuangyang	95468	70367	567	844	46.2	51.49	2261	94.8	38.97
经开区 Developing area	63791	47711	1	374	63.61	92.31	1813	100	9.21
净旅区 Tourism area	34041	25560	42	154	54.8	80.14	521	99.05	20.64
高新区 High－technical area	20493	15679	4	193	57.78	80.28	552	100	30.56
汽开区 Motor vehicle development zone	44372	31197		113	64.57	90.65	841	99.64	50.07
莲花山 Lianhua mountainarea	12833	8220	5	82	43.85	63.1	234	100	37.67

18－4 节 育 情 况
BASIC CONDITION OF CONTRACEPTION

		避孕人数(人) Persons of contraception (person)	避孕率(%) Rate of contraception (%)	手术例数(个) Number of operations
总　计	Total	1308959	90.02	47103
南关区	Nanguan	73138	86.22	721
宽城区	Kuancheng	88302	89.59	3572
朝阳区	Chaoyang	111360	91.8	5629
二道区	Erdao	58966	93.71	1971
绿园区	Lvyuan	90195	90	949
榆树市	Yushu	207119	85.28	7872
农安县	Nong'an	202866	91.54	9781
德惠市	Dehui	155836	92.7	7197
九台市	Jiutai	143135	92.4	5549
双阳区	Shuangyang	65151	92.59	1416
经开区	Developing area	39741	83.3	771
净月区	Tourism area	23582	92.26	435
高新区	High－technical area	14409	91.9	755
汽开区	Motor vehicles development zone	27599	88.47	278
莲花山	Lianhua mountainarea	7560	91.97	207

18－5 火 灾 基 本 情 况
BASIC STATISTICS ON FIRES

		全　市 Total
次数(次)	Cases	2569
死人(人)	Deaths(person)	2
伤人(人)	Injuries(person)	1
直接损失(元)	Direct losses (yuan)	7845141

18－6　交通事故情况
BASIC STATISTICS ON TRAFFIC ACCIDENTS

		次　数 Times	死　亡(人) Death(person)	伤　人(人) Injuries(person)	直接折款(元) Loss(yuan)
总计	Total	28009	551	1398	89963683
市辖区	District	431	35	73	1799320
南关交警大队	Nanguan traffic police department	1270	29	14	1827250
宽城交警大队	Kuancheng traffic police department	5611	32	423	19123447
朝阳交警大队	Chanyang traffic police department	10584	27	340	21843578
二道交警大队	Erdao traffic police department	1954	25	16	2862367
绿园交警大队	Lvyuan traffic police department	1751	27	119	6351988
汽车厂交警大队	Automobile factory traffic police department	1589	18	232	8706596
高新交警大队	High－teeh traffic police department	13	18		23000
双阳交警大队	Shuangyang traffic police department	971	58	111	5413273
农安交警大队	Nong'an traffic police department	67	66		76740
经济开发区交警大队	Econmic development zone traffic police department	936	17		831101
净月开发区交警大队	Jing yue development zone traffic police department	1937	26	21	8762790
公路治安巡逻大队	Road peace and patrol department				
九台交警大队	Jiutai traffic police department	31	57	3	116800
榆树交警大队	Yushu traffic police department	813	65	46	12194183
德惠交警大队	Dehui traffic police department	51	51		31250

18－7　刑事案件情况
BASIC STATISTICS ON PUBLIC ORDER

<table>
<tr><td>立　案
Put on record</td><td>合计(起)
Total(case)</td><td>33677</td><td>破　案
Break cases</td><td>合计(件)
Total(case)</td><td>14633</td></tr>
<tr><td rowspan="5">发案地域
Put on record
Area of Cases happened</td><td>城区 City zone</td><td>26637</td><td colspan="2">破获年前案件
Break cases before the year</td><td>5860</td></tr>
<tr><td>郊区 Suburb</td><td>217</td><td colspan="2">破获外省、区市案件
Break cases in other provinces and cities</td><td>361</td></tr>
<tr><td rowspan="2">镇 Town</td><td rowspan="2">6682</td><td rowspan="3">直接受害人
Direct victims</td><td>死亡(人) Death (person)</td><td>412</td></tr>
<tr><td>受伤(人) Injury (person)</td><td>1738</td></tr>
<tr><td>其他 Others</td><td>141</td><td>其他(人) Others (person)</td><td>11823</td></tr>
<tr><td colspan="2">补立年前案件
Makeup case before the year</td><td>3695</td><td colspan="2">财物、损失总价值(万元)
Total value of property and loss(10000yuan)</td><td>13951.3</td></tr>
</table>

主要统计指标解释

EXPLANATORY NOTES ON MAIN STATISTICAL INDICATORS

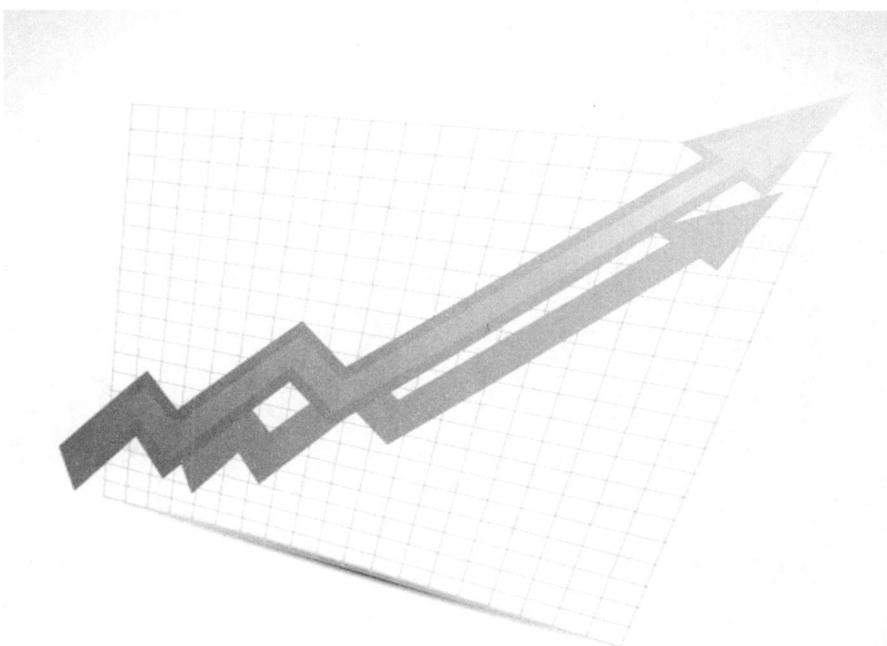

主要统计指标解释

自然资源

森林覆盖率 通常是指森林面积占土地总面积之比,一般用百分数表示。但国家规定在计算森林覆盖率时,森林面积还包括灌木林面积、农田林网树占地面积以及四旁树木的覆盖面积。森林覆盖率,是反映一个国家或地区森林资源和绿化水平的重要指标。计算公式:

$$森林覆盖率(\%)=\frac{森林面积}{土地总面积}\times 100\%$$

本《年鉴》内所列森林覆盖率是按有林地面积计算的。

森林蓄积量 指森林面积上生长着的林木树干材积总量。它是反映一个国家或地区森林资源总规模和水平的重要指标。

矿产保有储量 指探明的矿产储量(包括工业储量和远景储量)扣除已开采部分和地下损失量后的年末实有储量。它反映国家矿产资源的现状。

综　　合

国内生产总值 是按市场价格计算的国内生产总值的简称。它是一个国家(地区)所有常住单位在一定时期内生产活动的最终成果。国内生产总值有三种表现形态,即价值形态、收入形态和产品形态。从价值形态看,它是所有常住单位在一定时期内所生产的全部货物和服务价值超过同期投入的全部非固定资产货物和服务价值的差额,即所有常住单位的增加值之和;从收入形态看,它是所有常住单位在一定时期内所创造并分配给常住单位和非常住单位的初次分配收入之和;从产品形态看,它是最终使用的货物和服务减去进口货物和服务。在实际核算中,国内生产总值的三种表现形态表现为三种计算方法,即生产法、收入法和支出法。三种方法分别从不同的方面反映国内生产总值及构成。

国民生产总值 是按市场价格计算的国民生产总值的简称。它是一个国家所有常住单位在一定时期内收入初次分配的最终成果。一国常住单位从事生产活动所创造的增加值在初次分配过程中主要分配给该国的常住单位,但也有一部分以劳动者报酬和财产收入等形式分配给该国的非常住单位,同时,国外生产所创造的增加值也有一部分以劳动者报酬和财产收入等形式分配给该国的常住单位。从而产生了国民生产总值概念,它等于国内生产总值加上来自国外的劳动者报酬和财产收入减去付给国外的劳动者报酬和财产收入。与国内生产总值不同,国内生产总值是一个生产概念,而国民生产总值则是个收入概念。

国民生产总值同社会总产值、国民收入的区别,从核算范围看,社会总产值和国民收入都只计算物质生产部门的劳动成果,而国民生产总值除计算物质生产部门劳动成果外,还计算非物质生产部门的劳动成果。从这三个指标的价值构成看,社会总产值计算了社会产品的全部价值;国民生产总值计算在生产产品和提供劳务过程中增加的价值,即增加值不计算中间产品和中间劳务投入的价值;而国民收入除了不计算中间产品价值外,还不包括固定资产折旧价值,即只计算净产值。

三次产业 根据社会生产活动历史发展的顺序对产业结构的划分,产品直接取自自然界的部门称为第一产业,对初级产品进行再加工的部门称为第二产业,为生产和消费提供各种服务的部门称为第三产业。它是世界上通用的产业结构分类,但各国的划分不尽一致。我国的三次产业划分是:

第一产业:农业(包括种植业、林业、牧业、副业和渔业)。

第二产业:工业(包括采掘工业、制造业、自来水、电力、蒸汽、热水、煤气)和建筑业。

第三产业:除第一、第二产业以外的其他各业。由于第三产业包括的行业多、范围广,根据我国的实际情况,第三产业可分为两大部分,一是流通部门,二是服务部门。具体又可分为四个层次:

第一层次:流通部门,包括交通运输业、邮电通讯业、商业、饮食业、物资供销和仓储业。

第二层次:为生产和生活服务的部门,包括金融、保险业,地质普查业,房地产、公用事业,居民服务业,咨询服务业和综合技术服务业,农、林、牧、渔、水利服务业和水利业,公路、内河(湖)航道养护业等。

第三层次:为提高科学文化水平和居民素质服务的部门,包括教育、文化、广播电视,科学研究、卫生、体育和社会福利事业等。

第四层次:为社会公共需要服务的部门,包括国家机关、政党机关、社会团体,以及军队和警察等。

支出法国内生产总值 指一个国家(或地区)所有常住单位在一定时期内用于最终消费、资本形成总额,以及货物和服务的净出口总额,它反映本期生产的国民生产总值的使用构成。

最终消费 指常住单位在一定时期内对于货物和服务的全部最终消费支出,也就是常住单位为满足物质、文化和精神生活的需要,从本国经济领土和国外购买的货物和服务的支出,它不包括非常住单位在本国经济领土内的消费支出。最终消费分为居民消费和政府消费。

(一)居民消费:指常住住户在一定时期内对于货物和服务的全部最终消费支出。居民关于货物的最终消费支出在货物的所有权发生变化时记录,关于服务的最终消费支出在服务提供的时候记录。居民消费支出按市场价格计算,即按居民支付的购买者价格计算,货物的购买者价格是购买者取得交货所支付的价格,它包括购买者支付的运输和商业费用。居民消费支出除了直接以货币形式购买的货物和服务的消费支出外,还包括以其他方式获得的货物和服务的消费支出,即所谓的虚拟消费支出。居民虚拟消费支出包括如下几种类型:单位以实物报酬及实物转移的形式提供给劳动者的货物和服务;住户生产并由本住户消费了的货物和服务,其中的服务仅指住户的自有住房服务;金融机构提供的金融媒介服务;保险公司提供的保险服务。

(二)政府消费:指政府部门为全社会提供的公共服务的消费支出和免费或以较低的价格向居民住户提供的货物和服务的净支出,前者等于政府服务的产出价值减去政府单位所获得的经营收入的价值,政府服务的产出价值等于它的经常性业务支出加上固定资产折旧;后者等于政府部门向居民住户提供的货物和服务的市场价值减去向居民住户收取的价值。

资本形成总额 指常住单位在一定时期内获得减去处置的固定资产和存货的净额,包括固定资产形成总额和存货增加两项。

(一)固定资产形成总额:指常住单位在一定时期内购置、转入和自产自用的固定资产价值,扣除固定资产的销售和转出后的价值。可分为有形固定资产形成总额和无形固定资产形成总额。有形固定资产形成总额包括一定时期内完成的建筑工程、安装工程和设备工器具购置(减处置)价值,以及土地改良、新增役、种、奶、毛、娱乐用牲畜和新增经济林木价值。无形固定资产形成总额包括矿藏的勘探、计算机软件、娱乐和文学艺术品原件等获得减处置。

(二)存货增加:指常住单位在一定时期内存货实物量变动的市场价值即期末价值减期初价值的差额。存货增加可以是正值,也可以是负值,正值表示存货上升,负值表示存货下降。它包括生产单位购进的原材料、燃料和储备物资等存货,以及生产单位生产的产成品、在制品和半成品等存货等。

人　口

人口数 指一定时点、一定地区范围内的有生命的个人的总和。年度统计的年末人口数是指每年 12 月 31 日 24 时的人口数。

出生率(又称粗出生率) 指在一定时期内(通常为一年)平均每千人所出生的人数的比率,一般用千分率表示。计算公式:

$$出生率=\frac{年出生人数}{年平均人数}\times 1000‰$$

出生人数是指活婴儿，即胎儿脱离母体时(不管怀孕月数)，有过呼吸或其他生命现象。

年平均人数是年初、年底人口数的平均数，也可用年中人口数代替。

死亡率(又称粗死亡率) 指在一定时期内(通常为一年)一定地区的死亡人数与同期平均人数(或期中人数)之比，一般用千分率表示。计算公式为：

$$死亡率 = \frac{年死亡人数}{年平均人数} \times 1000‰$$

人口自然增长率 指在一定时期内(通常为一年)人口自然增加数(出生人数减死亡人数)与该时期内平均人数(或期中人数)之比，一般用千分率表示。计算公式：

$$人口自然增长率 = \frac{本年出生人数 - 本年死亡人数}{年平均人数} \times 1000‰$$

$$人口自然增长率 = 人口出生率 - 人口死亡率$$

从业人员和职工工资

从业人员 指从事一定社会劳动并取得劳动报酬或经营收入的人员。包括：

(1)全部职工

(2)再就业的离退休人员

(3)私营业主

(4)个体户主

(5)私营和个体从业人员

(6)乡镇企业从业人员

(7)农村从业人员

(8)其他从业人员(包括民办教师、宗教职业者、现役军人等)

这一指标反映了一定时期内全部劳动力资源的实际利用情况，是研究我国基本国情国力的重要指标。

各单位的从业人员是指在各级国家机关、政党机关、社会团体及企业、事业单位中工作，并取得劳动报酬的全部人员。包括职工、再就业的离退休人员、民办教师以及在各单位中工作的外方人员和港、澳、台方人员。

各单位的从业人员反映了各单位实际参加生产或工作的全部劳动力。

经济活动人口 指在16岁以上，有劳动能力，参加或要求参加社会经济活动的人口。包括：从业人员和失业人员。

城镇登记失业人员及失业率 指有非农业户口，在一定的劳动年龄内，有劳动能力，无业而要求就业，并在当地就业服务机构进行求职登记的人员。城镇登记失业率指城镇登记失业人数同城镇从业人数与城镇登记失业人数之和的比。计算公式为：

$$城镇登记失业率 = \frac{城镇登记失业人数}{(城镇从业人数 + 城镇登记失业人数)} \times 100\%$$

职工工资总额 指各单位在一定时期内直接支付给本单位全部职工的劳动报酬总额。

工资总额的计算原则应以直接支付给职工的全部劳动报酬为根据。各单位支付给职工的劳动报酬以及其他根据有关规定支付的工资，不论是计入成本的还是不计入成本的，不论是按国家规定列入计征奖金税项目的，还是未列入计征奖金税项目的，不论是以货币形式支付的还是以实物形式支付的，均包括在工资总额内。

职工平均工资 指企业、事业、机关单位的职工在一定时期内平均每人所得的货币工资额。它表明一定时期职工工资收入的高低程度，是反映职工工资水平的主要指标。计算公式为：

$$职工平均工资 = \frac{报告期实际支付的全部职工工资总额}{报告期全部职工平均人数}$$

职工平均实际工资 指扣除物价变动因素后的职工平均工资。计算公式为：

$$职工平均实际工资 = \frac{报告期职工平均工资}{报告期城镇居民消费价格指数}$$

固定资产投资

全社会固定资产投资 固定资产投资是社会固定资产再生产的主要手段。通过建造和购置固定资产的活动，国民经济不断采用先进技术装备，建立新兴部门，进一步调整经济结构和生产力的地区分布，增强经济实力，为改善人民物质文化生活创造物质条件。这对我国的社会主义现代化建设具有重要意义。

固定资产投资额是以货币表现的建造和购置固定资产活动的工作量，它是反映固定资产投资规模、速度、比例关系和使用方向的综合性指标。全社会固定资产投资按经济类型可分为国有、集体、个体、联营、股份制、外商、港澳台商、其他等。按照管理渠道，全社会固定资产投资总额分为基本建设、更新改造、房地产开发投资和其他固定资产投资四个部分。

基本建设投资 基本建设是企业、事业、行政单位以扩大生产能力或工程效益为主要目的新建、扩建工程及有关工作。其综合范围为总投资50万元以上(含50万元，下同)的基本建设项目。具体包括：(1)列入中央和各级地方本年基本建设计划的建设项目，以及虽未列入本年基本建设计划，但使用以前年度基建计划内结转投资(包括利用基建设备材料)在本年继续施工的建设项目；(2)本年基本建设计划内投资与更新改造计划内投资结合安排的新建项目和新增生产能力(或工程效益)达到大中型项目标准的扩建项目，以及为改变生产力布局而进行的全厂性迁建项目；(3)国有单位既未列入基建计划，也未列入更新改造计划的总投资在50万元以上的新建、扩建、恢复项目和为改变生产力布局而进行的全厂性迁建项目，以及行政、事业单位增建业务用房和行政单位增建生活福利设施的项目。

更新改造投资 更新改造是指企业、事业单位对原有设施进行固定资产更新和技术改造，以及相应配套的工程和有关工作(不包括大修理和维护工程)。其综合范围为总投资50万元以上的更新改造项目。具体包括：(1)列入中央和各级地方本年更新改造计划的投资单位(项目)和虽未列入本年更新改造计划，但使用上年更新改造计划内结转的投资在本年继续施工的项目；(2)本年更新改造计划内投资与基本建设计划内投资结合安排的对企、事业单位原有设施进行技术改造或更新的项目和增建主要生产车间、分厂等其新增生产能力(或工程效益)未达到大中型项目标准的项目，以及由于城市环境保护和安全生产的需要而进行的迁建工作；(3)国有企、事业单位既未列入基建计划也未列入更新改造计划，总投资在50万元以上的属于改建或更新改造性质的项目，以及由于城市环境保护和安全生产的需要而进行的迁建工程。

房地产开发投资 指房地产开发公司、商品房建设公司及其他房地产开发法人单位和附属于其他法人单位实际从事房地产开发或经营的活动单位统一开发的包括统代建、拆迁还建的住宅、厂房、仓库、饭店、宾馆、度假村、写字楼、办公楼等房屋建筑物和配套的服务设施、土地开发工程(如道路、给水、排水、供电、供热、通讯、平整场地等基础设施工程)的投资。不包括单纯的土地交易活动。

其他固定资产投资 指全社会固定资产投资中未列入基本建设、更新改造和房地产开发投资的建造和购置固定资产的活动。具体包括：

(1)国有单位按规定不纳入基本建设计划和更新改造计划管理，计划总投资(或实际需要总投资)在50万元以上的以下工程：①用油田维护费和石油开发基金进行的油田维护和开发工程；②煤炭、铁矿、森工等采掘采伐业用维简费进行的开拓延伸工程；③交通部门用公路养路费对原有公路、桥梁进行改建的工程；④商业部门用简易建筑费建造的仓库工程。

(2)城镇集体固定资产投资：指所有隶属城市、县城和经国务院及省、自治区、直辖市批准建制的镇领导的集体单位(乡镇企业局管理的除外)建造和购置固定资产计划总投资(或实际需要总投资)在50万元以上的项目。

(3)除上述以外的其他各种企、事业单位、个体建造和购置固定资产总投资在50万元以上的、未列入基本建设计划和更新改造计划的项目。

城镇和工矿区私人建房投资和农村个人投资 城镇和工矿区私人建房包括市、县城、镇、工矿区所辖范围内的全部私人建房,不论其房主是否系本地的常住户口均应包括。农村个人投资包括农村个人建房及购置生产性固定资产的投资。

新增生产能力 指通过固定资产投资活动而增加的设计能力或工程效益,它是用实物形态表示的固定资产投资的成果。新增生产能力的计算,是以能独立发挥生产能力或效益的单项工程(或项目)为对象。当单项工程(或项目)建成,经有关部门鉴定合格,正式移交投入生产,即可计算新增生产能力。

新增生产能力或工程效益有以下几种表现形式:

(1)以建设项目或单位工程建成后的年产能力表示,如煤炭开采、石油开采等。

(2)以建设项目或单项工程建成后处理原料的能力表示,如选矿工程的年处理矿石能力,洗煤厂年洗原煤能力等。

(3)以新增的主要设备数量或容量表示。如棉纺锭枚数,发电机组容量等。

(4)以建筑物容积、容量、面积或长度表示。如水库容量、铁路公路里程等。

新增生产能力的数量一般按设计能力计算。设计能力是指设计文件中规定的在正常情况下能够达到的生产能力,而不论投产后的实际产量如何。以设备数量、建筑物容积、面积、长度等表示的新增生产能力(或效益),则按建成的实际数量计算。

房屋建筑面积 指从房屋外墙线算起的各层平面面积的总和,包括可供使用的有效面积和房屋结构(如柱、墙)占用面积。多层建筑按各层(包括地下室)面积总和计算。

住宅建筑面积 指施工和竣工房屋建筑面积中供居住用的施工和竣工房屋建筑面积。

施工面积 指报告期内施工的全部房屋建筑面积。包括本期新开工的面积、上期跨入本期继续施工的房屋面积、上期停缓建在本期恢复施工的房屋面积、本期竣工的房屋面积及本期施工后又停缓建的房屋面积。

竣工面积 指在报告期内房屋建筑按照设计要求已全部完工,达到住人和使用条件,经验收鉴定合格,正式移交使用单位的建筑面积。

房屋建筑面积竣工率 指一定时期内房屋竣工面积占同期房屋施工面积的比率。它是从房屋建筑施工速度的角度反映投资效果和建筑业经济效益的指标。

新增固定资产 指通过投资活动所形成的新的固定资产价值。包括已经建成投入生产或交付使用的工程价值和达到固定资产标准的设备、工具、器具的价值及有关应摊入的费用。它是以价值形式表示的固定资产投资成果的综合性指标,可以综合反映不同时期、不同部门、不同地区的固定资产投资成果。

建设项目投产率 指一定时期内全部建成投入生产项目个数与同期正式施工项目个数的比率。它是从项目建设速度的角度反映投资效果的指标。

固定资产交付使用率 指一定时期新增固定资产与同期完成投资额的比率。它是反映各个时期固定资产动用速度,衡量建设过程中投资效果的一个综合性指标。

能源和原材料消费

能源生产总量 指一定时期内全国(地区)一次能源生产量的总和,是观察全国(地区)能源生产水平、规模、构成和发展速度的总量指标。一次能源生产量包括原煤、原油、天然气、水电及其他动力能(如风能、地热能等)发电量。不包括低热值燃料生产量、生物质能、太阳能等的利用和由一次能源加工转换而成的二次能源产量。

能源消费总量 指一定时期内全国(地区)物质生产部门、非物质生产部门和生活消费的各种能源的总和,是观察能源消费水平、构成和增长速度的总量指标,能源消费总量包括原煤和原油及其制品、天然气、电力。不包括低热值燃料、生物质能和太阳能等的利用。能源消费总量分为三部分,即终端能源消费量、能源加工转换损失量和损失量。

(1)终端能源消费量 指一定时期内全国(地区)物质生产部门、非物质生产部门和生活消费的各种能源在扣除了用于加工转换二次能源消费量和损失量以后的数量。

(2)能源加工转换损失量 指一定时期内全国(地区)投入加工转换的各种能源数量之和与产出各种能源

产品之和的差额。它是观察能源在加工转换过程中损失量变化的指标。

(3)能源损失量 指一定时期内能源在输送、分配、储存过程中发生的损失和由客观原因造成的各种损失量。包括各种气体能源放空、放散量。

财　政

财政收入　国家财政参与社会产品分配所取得的收入,是实现国家职能的财力保证。财政收入所包括的内容几经变化,目前主要包括:

(1)各项税收　包括增值税、营业税、消费税、土地增值税、城市维护建设税、资源税、城市土地使用税、印花税、固定资产投资方向调节税、个人所得税、企业所得税、关税、农牧业税和耕地占用税等。

(2)专项收入　包括征收排污费、征收城市水资源费收入,教育费附加收入等。

(3)其他收入　包括基本建设贷款归还收入、国家能源交通重点建设基金收入、国家预算调节基金等。

(4)国有企业计划亏损补贴　这项为负收入,冲减财政收入。

财政支出　国家财政将筹集起来的资金进行分配使用,以满足经济建设和各项事业的需要,主要包括:

(1)基本建设支出　指按国家有关规定,属于基本建设范围内的基本建设有偿使用、拨款、资本金支出以及经国家批准对专项和政策性基建投资贷款,在部门的基建投资额中统筹支付的贴息支出。

(2)企业挖潜改造资金　指国家预算内拨给的用于企业挖潜、革新和改造方面的资金。包括各部门企业挖潜改造资金和企业挖潜改造贷款资金,为农业服务的县办“五小”企业技术改造补助,挖潜改造贷款利息支出。

(3)地质勘探费用　国家预算用于地质勘探单位的勘探工作费用,包括地质勘探管理机构及其事业单位经费、地质勘探经费。

(4)科技三项费用　国家预算用于科技支出的费用,包括新产品试制费、中间试验费、重要科学研究补助费。

(5)支援农村生产支出　国家财政支援农村集体(户)各项生产的支出。包括对农村举办的小型农田水利和打井、喷灌等的补助费;对农村水土保持措施的补助费;对农村举办的小水电站的补助费;特大抗旱的补助费;农村开荒补助费;扶持乡镇企业资金;农村农技推广和植保补助费;农村草场和畜禽保护补助费;农村造林和林木保护补助费;农村水产补助费;发展粮食生产专项资金。

(6)农林水利气象等部门的事业费用　国家财政用于农垦、农场、农业、畜牧、农机、林业、森工、水利、水产、气象、乡镇企业的技术推广、良种推广(示范)、植物(畜禽、森林)保护、水质监测、勘探设计、资源调查、干部训练等项费用,园艺特产补助费,中等专业学校经费,飞播牧草试验补助费,营林机构、气象机构经费,渔政费以及农业管理事业费等。

(7)工业交通商业等部门的事业费　国家预算支付给工交商各部门用于事业发展的经费。包括勘探设计费、中等专业学校经费、技术学校经费、干部训练费。

(8)文教科学卫生事业费　国家预算用于文化、出版、文物、教育、卫生、中医、公费医疗、体育、档案、地震、海洋、通讯、电影电视、计划生育、党政群干部训练、自然科学、社会科学、科协等项事业的经费支出和高技术研究专项经费。主要包括工资、补助工资、福利费、离退休费、助学金、公务费、设备购置费、修缮费、业务费、差额补助费。

(9)抚恤和社会福利救济费　国家预算用于抚恤和社会福利救济事业的经费,包括由民政部门开支的烈士家属和牺牲病残人员家属的一次性、定期抚恤金,革命伤残人员的抚恤金,各种伤残补助费、烈军属、复员退伍军人生活补助费、退伍军人安置费,优抚事业单位经费,烈士纪念建筑物管理、维修费,自然灾害救济事业费和特大自然灾害后重建补助费等。

(10)国防支出　国家预算用于国防建设和保卫国家安全的支出,包括国防费、国防科研事业费、民兵建设以及专项工程支出等。

(11)行政管理费　包括行政管理支出,党派团体补助支出,外交支出,公安安全支出,司法支出,法院支出，检察院支出和公检法办案费用补助。

(12)价格补贴支出　经国家批准，由国家财政拨给的政策性补贴支出，主要包括粮食加价款，粮、棉、油差价补贴，棉花收购价外奖励款，副食品风险基金，市镇居民的肉食价格补贴，平抑市价肉食、蔬菜价差补贴等以及经国家批准的教材课本、报刊新闻纸等价格补贴。

物　　价

零售价格指数　是反映城乡商品零售价格变动趋势的一种经济指数。零售物价的调整变动直接影响到城乡居民的生活支出和国家的财政收入，影响居民购买力和市场供需平衡，影响消费与积累的比例。因此，计算零售价格指数，可以从一个侧面对上述经济活动进行观察和分析。

居民消费价格指数　是反映一定时期内城乡居民所购买的生活消费品价格和服务项目价格变动趋势和程度的相对数。是综合了城市居民消费价格指数和农民消费价格指数计算取得。利用居民消费价格指数，可以观察和分析消费品的零售价格和服务价格变动对城乡居民实际生活费支出的影响程度。

城市居民消费价格指数　是反映城市职工及其家庭所购买的生活消费品和服务项目价格变动趋势及其程度的相对数。编制城市居民消费价格指数，可以观察和分析消费品的零售价格和服务项目价格变动对职工货币工资的影响，作为研究职工生活和确定工资政策的依据。

农村居民消费价格指数　是反映农村居民家庭所购买的生活消费品的价格和服务项目价格变动趋势和程度的相对数。用它可以观察农村消费品的零售价格和服务项目价格变动对农村居民生活消费支出的影响，直接反映农民生活水平的实际变化情况，为分析和研究农村居民生活问题提供依据。

农产品收购价格指数　是反映国有商业、集体商业、个体商业、外贸部门、国家机关、社会团体等各种经济类型的商业企业和有关部门收购农产品价格的变动趋势和程度的相对数。农产品收购价格指数可以观察和研究农产品收购价格总水平的变化情况，以及对农民货币收入的影响，作为制订和检查农产品价格政策的依据。计算指数所选的商品有 11 个大类、包括 276 种农副土特产品。采用加权倒数平均公式(即按报告期实际收购金额加权综合法)计算。

农村工业品零售价格指数　是反映农村市场工业品零售价格水平变动趋势和程度的相对数。通过农村工业品零售价格指数，可以观察工业品零售价格变动对农民货币支出的影响。

工业品出厂价格指数　是反映全部工业产品出厂价格总水平的变动趋势和程度的相对数。其中除包括工业企业售给商业、外贸、物资部门的产品外，还包括售给工业和其他部门的生产资料以及直接售给居民的生活消费品。通过工业生产价格指数能观察出厂价格变动对工业总产值的影响。

固定资产投资价格指数　是反映固定资产投资额价格变动趋势和程度的相对数。固定资产投资额是由建筑安装工程投资完成额、设备、工器具购置投资完成额和其他费用投资完成额三部分组成的。编制固定资产投资价格指数应首先分别编制上述三部分投资的价格指数，然后采用加权算术平均法求出固定资产投资价格总指数。

编制固定资产投资价格指数可以准确地反映固定资产投资中涉及的各类商品和取费项目价格变动趋势和变动幅度，消除按现价计算的固定资产投资指标中的价格变动因素，真实地反映固定资产投资的规模、速度、结构和效益，为国家科学地制定、检查固定资产投资计划并提高宏观调控水平，为完善国民经济核算体系提供科学的，可靠的依据。

人民生活

城镇居民家庭就业人口　指城镇居民从事社会劳动并取得劳动报酬或经营收入的人口。就业人口包括通过国家统筹规划和指导由劳动部门介绍就业，自愿组织起来就业和自谋职业等方式，在国有制、集体所有制、中外合资、中外合作、外资在华独资的企事业单位和私营企业单位工作或从事个体劳动的有固定性职业或临时性职业的人口。被聘用和留用的离退休人员也计入就业人口。本指标可以反映城镇居民的就业情况，是计算就业面、负担系数的重要资料。

城镇居民家庭全部收入 指被调查城镇居民家庭全部的实际现金收入，包括经常或固定得到的收入和一次性收入。不包括周转性收入，如提取银行存款、向亲友借入款、收回借出款以及其他各种暂收款。

城镇居民家庭可支配收入 指被调查的城镇居民家庭在支付个人所得税之后，所余下的实际收入。

城镇居民家庭消费性支出 指被调查的城镇居民家庭用于日常生活的全部支出，包括购买商品支出和文化生活、服务等非商品性支出。不包括罚没、丢失款和缴纳的各种税款(如个人所得税、牌照税、房产税等)，也不包括个体劳动者生产经营过程中发生的各项费用。

城镇居民家庭购买商品支出 指被调查的城镇居民家庭购买商品的全部支出，包括从商店、工厂、饮食业、工作单位食堂、集市以及直接从农民购买各种商品的开支。共分九类：食品、衣着品、日用品、文化娱乐用品、书报杂志、药及医疗用品、房屋及建筑材料、燃料、其他商品。不论自用的或赠送亲友的都包括在内。

农村居民家庭纯收入 指农村常住居民家庭总收入中，扣除从事生产和非生产经营费用支出、缴纳税款和上交承包集体任务金额以后剩余的，可直接用于进行生产性、非生产性建设投资、生活消费和积蓄的那一部分收入。它是反映农民家庭实际收入水平的综合性的主要指标。农民家庭纯收入，既包括从事生产性和非生产性的经营收入，又包括取自在外人口寄回带回和国家财政救济、各种补贴等非经营性收入；既包括货币收入，又包括自产自用的实物收入。但不包括向银行、信用社和向亲友借款等属于借贷性的收入。

农村居民家庭整半劳动力 指农村常住居民家庭成员中有劳动能力并经常参加实际劳动的人员。是生产的基本要素指标之一，是发展生产增加农民家庭收入的重要源泉。按规定，农村男 18 周岁至 50 周岁、女 18 周岁至 45 周岁为整劳动力；男 16 周岁到 17 周岁、51 周岁到 60 周岁，女 16 周岁到 17 周岁、46 周岁到 55 周岁为半劳动力。农民家庭整半劳动力，既包括在上述规定劳动年龄内和在劳动年龄以外有劳动能力并经常参加实际劳动的男女整半劳动力；也包括农民家庭常住人员中属于职工的劳动力。但不包括在劳动年龄内已丧失劳动能力的人员。

农村居民家庭生活消费支出 指农村常住居民家庭年内用于日常生活的全部开支。它是用来反映和研究农民家庭实际生活消费水平高低的重要指标。农民家庭生活消费支出，包括用于吃、穿、住、烧、用等生活消费品开支和文化、生活服务费用开支两大部分。

农村居民家庭商品性生活消费支出 指农村常住居民家庭用其货币收入，在市场上购买食品、衣着、家庭用家具器皿、日用杂品、燃料、耐用消费品、以及文教卫生用品等生活消费总量。包括向国有商店、集体商店和集市贸易市场以及其他流通渠道购买的全部生活消费品。农民家庭商品性生活消费支出，是农民家庭生活消费支出的一个重要组成部分，是用来反映和分析农民家庭生活消费水平的商品化程度，及其由自给性经济向商品经济发展趋势的重要指标，也是研究和预测农民家庭对市场消费品需求，制定商品供应计划的重要依据。

城乡居民储蓄存款余额 城乡居民储蓄存款，包括城镇居民储蓄存款和农民个人储蓄存款两部分。不包括居民的手存现金和工矿企业、部队、机关团体等集团存款。储蓄存款余额，是指城乡居民存入银行及农村信用社储蓄的时点数(存入数扣除取出数的余额)，如月末、季末或年末数额。

市政公用事业

年底自来水生产能力 指年底城建部门管理的自来水厂和自备水源的社会单位取水、净化、送水、出厂输水干管等环节的实际生产能力。

年底供水管道长度 指从送水泵到用户水表之间所有管道的长度。

全年供水总量 指公用自来水厂和自备水源的社会单位全年的供水总量，包括有效供水量及损失水量。

生活用水量 指居民日常生活与公共福利设施的用水量。包括居民、饮食店、旅馆、医院、理发店、浴池、洗衣店、游泳池、商店、学校、机关、部队等单位的用水量。

城市人口用水普及率 指城市用水的非农业人口数(不包括临时人口和流动人口)与城市非农业人口总数之比。计算公式：

$$用水普及率=(城市用水的非农业人口数÷城市非农业人口数)\times 100\%$$

人工煤气生产能力 指城市煤气厂制气、净化、输送等环节的综合实际生产能力。

输气管道长度 指由压缩机、鼓风机、储气罐的出口到用户立管之间的全部管道长度。

全年供气总量 指全年售给各类用户的全部煤气量。包括工业用量、家庭用量和其他用量。

城市用气普及率 指使用煤气(包括人工煤气、液化石油气、天然气)的城市非农业人口数(不包括临时人口和流动人口)与城市非农业人口总数之比。计算公式:

$$城市煤气普及率=\frac{城市用气的非农业人口}{城市非农业人口总数}\times 100\%$$

城市供热能力 指热电厂、热力公司和达到标准的集中采暖锅炉房向城市输送的供热源的设计能力。每小时向城市输送的蒸汽、热水能力。

城市供热总量 指热电厂、热力公司和达到标准的集中采暖锅炉房全年向城市输送的全部蒸汽、热水量。

城市供热管道长度 指热电厂、热力公司和达到标准的集中采暖锅炉房管理的集中供热热源到用户之间的全部供气、供热水的管道长度。

年底实有铺装道路长度 指除土路外,路面经过铺装宽度在3.5米以上的道路,包括高级、次高级道路和普通道路。

城市桥梁 指城市范围内,修建在河道上的桥梁和道路与道路立交、道路跨越铁路的立交桥,以及人行天桥。包括永久性桥和半永久性桥,不包括临时性桥、铁路桥、涵洞。

城市下水道总长度 指所有排水总管、干管、支管及暗渠、检查井、连接井进出水口等长度之和。

城市污水日处理能力 指污水处理厂每昼夜处理污水量的设计能力。

年末实有公共汽(电)车 指年底可参加营运的全部车辆数,包括年底营运车辆数和库存查封未参加营运的车辆,不包括非营运车辆,如架线车、油罐车、工程车、货车及其他专用车辆和借入客运车辆。

营运线路长度 指设置的固定营运线路长度,包括郊区营运线路长度。不包括临时行驶的线路长度。

城市园林绿地面积 指城市公共绿地、专用绿地、生产绿地、防护绿地、郊区风景名胜区的全部面积。

公共绿地 指供游览休息的各种公园、动物园、植物园、陵园以及花园、游园和供游览休息用的林荫道绿地、广场绿地。不包括一般栽植的行道树及林荫道的面积。

农　业

农林牧渔业总产值 是以货币表现的农、林、牧、渔业全部产品的总量,它反映一定时期内农业生产总规模和总成果。

农、林、牧、渔业的统计范围包括国有经济的各种专业农(农、林、牧、渔)场以及国家各级机关团体学校、部队、集体所有制的乡、镇、村各级办农场;工矿企业经营的农、林、牧、渔业,农村各种经济组织和农户经营的农林牧渔业和农民家庭兼营的商品性工业等。

(1)农业 包括种植业和其他农业。

种植业 包括谷物、豆类、薯类、棉、油料、糖料、麻类、烟叶、蔬菜、药材、瓜类和其他农作物的种植,以及茶园、桑园、果园的生产经营。

其他农业 包括采集野生植物的果实、纤维、树胶、树脂、油料以及柴草、野生药材、菌类以及农民家庭兼营的商品性工业。

(2)林业 包括林木的栽培(不包括茶园、桑园和果园的栽培、管理和收获等活动)、林产品的采集和村及村以下合作经济组织和农户的竹木采伐。

(3)牧业 包括除渔业养殖以外的一切动物饲养和放牧以及野生动物的捕猎和饲养。

(4)渔业 包括水生动物和海藻类植物的养殖和捕捞。

农业总产值的计算方法通常是按农林牧渔业产品及其副产品的产量分别乘以各自单位产品价格求得,少数生产周期较长,当年没有产品或产品产量不易统计的,则采用间接方法匡算其产值,然后将四业产品产值相加即为农业总产值。

1957年以前的农业总产值中包括了厩肥和农民自给性手工业(如农民自制衣服、鞋、袜、自己从事粮食初步加工等)。1958年及以后的农业总产值,林业中增加了村及村以下竹木采伐产值;牧业中取消了厩肥产值;副业中取消了农民自给性手工业产值,增加了村及村以下办的工业产值;渔业中增加了海洋捕捞水产品产值。1980年及以后的农业总产值,在副业中增加了农民家庭兼营工业商品部分的产值。从1984年起村及村以下办工业产值划归工业。从1993年起,取消副业。将野生动物的捕猎划入牧业,野生植物采集和农民家庭兼营商品性工业划归农业。

粮食产量 指全社会的产量。包括国有经济经营的、集体统一经营的和农民家庭经营的粮食产量,还包括工矿企业办的农场和其他生产单位的产量。粮食除包括稻谷、小麦、玉米、高粱、谷子及其他杂粮外,还包括薯类和豆类。其产量计算方法,豆类按去豆荚后的干豆计算;薯类(包括甘薯和马铃薯,不包括芋头和木薯)1963年以前按每4公斤鲜薯折1公斤粮食计算,从1964年开始及以后改为按5公斤鲜薯折1公斤粮食计算。城市郊区作为蔬菜的薯类(如:马铃薯等)按鲜品计算,并且不做为粮食统计。其他粮食一律按脱粒后的原粮计算。

油料产量 指全部油料作物的生产量。包括花生、油菜籽、芝麻、向日葵籽、胡麻籽(亚麻籽)和其他油料。不包括大豆,也不包括木本油料和野生油料。花生以带壳干花生计算。

水产品产量 指人工养殖的水产品和天然生长的水产品的捕捞量。包括海水的鱼类、虾蟹类、贝类和藻类以及内陆水域的鱼类、虾蟹类和贝类,不包括淡水生殖物。

猪、牛、羊肉产量 指当年出栏并已屠宰后除去头蹄下水后带骨肉(即胴体重)的重量。

耕地面积 指年初可以用来种植农作物、经常进行耕锄的田地,除包括熟地、当年新开荒地、连续撂荒未满三年的耕地和当年的休闲地(轮歇地)外,还包括以种植农作物为主并附带种植桑树、茶树、果树和其他林木的土地,以及沿海、沿湖地区已围垦利用的"海涂"、"湖田"等面积。但不包括属于专业性的桑园、茶园、果园、果木苗圃、林地、芦苇地、天然或人工草地面积。

农作物播种面积 指实际播种或移植有农作物的面积。凡是实际种植有农作物的面积,不论种植在耕地上还是种植在非耕地上,均包括在农作物播种面积中。在播种季节基本结束后,因遭灾而重新改种和补种的农作物面积,也包括在内。

有效灌溉面积 指具有一定的水源,地块比较平整,灌溉工程或设备已经配套,在一般年景下当年能够进行正常灌溉的耕地面积。

农用化肥施用量 指本年内实际用于农业生产的化肥数量。包括氮肥、磷肥、钾肥和复合肥。化肥施用量要求按折纯量计算数量。折纯法化肥施用量是把氮肥、磷肥和钾肥分别按含氮、含五氧化二磷、含氧化钾的百分之一百成份折算后的数量。复合肥按其所含主要成分折算。

农业机械总动力 指主要用于农、林、牧、渔业的各种动力机械的动力总和。包括耕作机械、排灌机械、收获机械、农用运输机械、植物保护机械、牧业机械、林业机械、渔业机械和其他农业机械〔内燃机按引擎马力折成瓦(特)计算,电动机按功率折成瓦(特)计算〕。不包括专门用于乡、镇、村、组办工业、基本建设、非农业运输、科学试验和教学等非农业生产方面的动力机械与作业机械。

农林牧渔业劳动力 指直接参加农林牧渔业生产劳动的劳动力。

期初(末)畜禽存栏头(只)数 指本期期初(末)农村各种合作经济组织和国营农场、农民个人、机关、团体、学校、工矿企业、部队等单位以及城镇居民饲养的大牲畜、猪、羊、家禽等畜禽的存栏头(只)数。

谷物 指籽实主要供作粮食的作物。这类作物包括稻谷、小麦、玉米、谷子、高粱和其他谷物,不包括豆类和薯类作物。

工　业

工业 指从事自然资源的开采,对采掘品和农产品进行加工和再加工的物质生产部门。具体包括:(1)对自然资源的开采,如采矿、晒盐、森林采伐等(但不包括禽兽捕猎和水产捕捞);(2)对农副产品的加工、再加工,如粮油加工、食品加工、轧花、缫丝、纺织、制革等;(3)对采掘品的加工、再加工,如炼铁、炼钢、化工生产、石油加工、机器制造、木材加工等,以及电力、自来水、煤气的生产和供应等;(4)对工业品的修理、翻新,如机器设备的修理、交通运输工具(包括小卧车)的修理等。

1984年以前农村的村及村以下办工业归属农业,1984年以后划归工业。

本年鉴中涉及的企业登记注册类型:

(1)国有及国有控股企业。国有企业(即过去的全民所有制工业或国营工业) 是指企业全部资产归国家所有,并按《中华人民共和国企业法人登记管理条例》规定登记注册的非公司制的经济组织。包括国有企业、国有独资公司和国有联营企业。1957年以前的公私合营和私营工业,后均改造为国营工业,1992年改为国有工业,这部分工业的资料不单独分列时,均包括在国有企业内。国有控股企业是对混合所有制经济的企业进行的"国有空股"分类。它是指这些企业的全部资产中国有资产(股份)相对其他所有者中的任何一个所有者占资(股)最多的企业。该分组反映了国有经济控股情况。

(2)集体企业 指企业资产归集体所有,并按《中华人民共和国企业法人登记管理条件》规定登记注册的经济组织。是社会主义公有制经济的组成部分。包括城乡所有使用集体投资举办的企业,以及部分个人通过集资自愿放弃所有权并依法经工商行政管理机关认定为集体所有制的企业。

(3)股份有限公司 指根据《中华人民共和国企业法人登记管理条例》规定登记注册,其全部注册资本由等额股份构成并通过发行股票筹集资本,股东以其认购的股份对公司承担有限责任,公司以其全部资产对其债务承担责任的经济组织。

(4)港、澳、台商投资企业 指企业注册登记类型中的港、澳、台合资、合作、独资经营企业和股份有限公司之和。

(5)外商投资企业 指企业注册登记类型中的中外资、合作经营企业、外资企业和外商投资股份有限公司之和。

(6)本年鉴中涉及的名为"其他"的企业均指除国有企业、集体企业、个体经营以外的其他类型工业企业(单位)。包括联营企业、私营企业、股份有限公司、有限责任公司;外商投资企业(中外合资经营、中外合作经营、外资企业)港、澳、台投资企业(与大陆合资经营与大陆合作经营,港、澳、台独资企业)及其它企业。

轻工业 指主要提供生活消费品和制作手工工具的工业。按其所使用的原料不同,可分为两大类:(1)以农产品为原料的轻工业,是指直接或间接以农产品为基本原料的轻工业。主要包括食品制造、饮料制造、烟草加工、纺织、缝纫、皮革和毛皮制作、造纸以及印刷等工业;(2)以非农产品为原料的轻工业,是指以工业品为原料的轻工业。主要包括文教体育用品、化学药品制造、合成纤维制造、日用化学制品、日用玻璃制品、日用金属制品、手工工具制造、医疗器械制造、文化和办公用机械制造等工业。

重工业 是指为国民经济各部门提供物质技术基础的主要生产资料的工业。按其生产性质和产品用途,可以分为下列三类:(1)采掘(伐)工业,是指对自然资源的开采,包括石油开采、煤炭开采、金属矿开采、非金属矿开采和木材采伐等工业;(2)原材料工业,指向国民经济各部门提供基本材料、动力和燃料的工业。包括金属冶炼及加工、炼焦及焦炭化学、化工原料、水泥、人造板以及电力、石油和煤炭加工等工业;(3)加工工业,是指对工业原材料进行再加工制造的工业,以及为农业提供的生产资料如化肥、农药等工业。

根据上述划分原则,修理业中以重工业产品为修理作业对象的划为重工业,反之划为轻工业。

工业总产值 是以货币表现的工业企业在一定时期内生产的已出售或可供出售工业产品总量,它反映一定时间内工业生产的总规模和总水平。它包括:在本企业内不再进行加工,经检验、包装入库(规定不需包装的产品除外)的成品价值,工业性作业价值,自制半成品、在产品期末期初差额价值。工业总产值采用"工厂法"计算,即以工业企业作为一个整体,按企业工业生产活动的最终成果来计算,企业内部不允许重复计算,不能把企业内部各个车间(分厂)生产的成果相加。但在企业之间、行业之间、地区之间存在着重复计算。

轻重工业总产值的划分也是按"工厂法"计算的,即一个工业企业在正常情况下生产的主要产品的性质属于轻工业,则该企业的全部总产值作为轻工业总产值;一个工业企业生产的主要产品的性质属于重工业,则该企业的全部总产值作为重工业总产值。

工业增加值 是指工业行业在报告期内以货币表现的工业生产活动的最终成果。

固定资产原价　固定资产原价指企业在建造、购置、安装、改建、扩建、技术改造某项固定资产时所支出的全部货币总额。它一般包括买价、包装费、运杂费和安装费等。

固定资产净值　是指固定资产原价减去历年已提折旧额后的净额。

流动资产　流动资产是指可以在一年或者超过一年的一个营业周期内变现或者耗用的资产，包括现金及各种存款、短期投资、应收及预付货款、存货等。

利税总额　指企业利润总额、产品销售税金及附加和应交增值税之和。

资金利税率　指在一定时期内已实现的利润、税金总额与同期的资产(固定资产净值和流动资产)之比。计算公式：

$$\text{资金利税率}(\%)=\frac{\text{报告期累计实现利税总额}}{\text{固定资产净值平均余额}+\text{流动资产平均余额}}\times 100\%$$

资金利税率反映每单位(通常是每万元)资金所提供的利润税金额。它是考察和评价部门或企业资金运用的经济效益，分析资金投入效果的主要分析指标。

工业成本费用利润率　指在一定时期内实现的利润与成本费用之比，是反映工业生产成本及费用投入的经济效益指标，同时也是反映降低成本的经济效益的指标。计算公式：

$$\text{工业成本费用利润率}(\%)=\frac{\text{利润总额}}{\text{成本费用总额}}\times 100\%$$

工业增加值率　指在一定时期内工业增加值占同期工业总产值的比重，反映降低中间消耗的经济效益。计算公式：

$$\text{工业增加值率}(\%)=\frac{\text{工业增加值(现价)}}{\text{工业总产值(现价)}}\times 100\%$$

流动资金周转次数　指在一定时期内流动资产完成的周转次数，反映流动资产的周转速度。计算公式：

$$\text{流动资金周转次数}=\frac{\text{产品销售收入}}{\text{全部流动资产平均余额}}$$

产品销售率　指一定时期内销售产值与同期全部工业总产值之比，反映工业产品生产已实现销售的程度。计算公式：

$$\text{工业产品销售率}(\%)=\frac{\text{报告期现价工业销售产值}}{\text{报告期现价工业总产值}}\times 100\%$$

产品销售收入　指企业销售产品的销售收入和提供劳务等主要经营业务取得的业务总额。

产品销售成本　指企业销售产品和提供劳务等主要经营业务的实际成本。

产品销售税金及附加　指企业销售产品和提供工业性劳务等主要经营业务应负担的城市维护建设税、消费税、资源税和教育费附加。

产品销售利润　指企业销售产品和提供工业性劳务等主要经营业务收入扣除其成本、费用、税金后的利润。

利润总额　指企业实现的利润。

应交增值税　指企业在报告期内应交纳的增值税额。

产值利税率　指报告期已实现的利润、税金总额(包括利润总额、产品销售税金及附加和应交增值税)占同期全部工业总产值的百分比，计算公式为：

$$\text{产值利税率}(\%)=\frac{\text{利税总额}}{\text{工业总产值}}\times 100\%$$

全员劳动生产率　指根据产品的价值量指标计算的平均每一个职工在单位时间内的产品生产量。是考核企业经济活动的重要指标，是企业生产技术水平、经营管理水平、职工技术熟练程度和劳动积极性的综合表现。目前我国的全员劳动生产率是将工业企业的工业增加值除以同一时期全部职工的平均人数来计算的。计算公式：

$$\text{全员劳动生产率}=\frac{\text{工业增加值}}{\text{全部职工平均人数}}$$

资本金　指企业在工商行政管理部门登记的注册资金合计。企业资本金按投资主体可分为国家资本金、法人资本金、个人资本金和外商资本金等。资本金合计包括企业各种投资主体注册的全部资本金。

总资产 指企业拥有或控制的全部资产。包括流动资产、长期投资、固定资产、无形及递延资产、其他长期资产、递延税项等，即为企业资产负债表的资产总计项。

(1)流动资产 指企业可以在一年内或者超过一年的一个生产周期内变现或耗用的资产合计。包括现金及各种存款、短期投资、应收及预付款项、存货等。

(2)固定资产 指企业固定资产净值、固定资产清理、在建工程、待处理固定资产损失所占用的资金合计。

(3)无形资产 指企业长期使用而没有实物形态的资产。包括专利权、非专利技术、商标权、著作权、土地使用权、商誉等。

总负债 指企业承担并需要偿还的全部债务。包括流动负债和长期负债、递延税项等，即为企业资产负债表的负债合计项。

(1)流动负债 指企业在一年内或者超过一年的一个营业周期内需要偿还的债务合计，其中包括短期借款，应付及预收款项、应付工资、应交税金和应交利润等。

(2)长期负债 指企业在一年以上或者超过一年的一个生产周期以上需要偿还的债务合计，其中包括长期借款、应付债务、长期应付款项等。

所有者权益 指企业投资人对企业净资产的所有权。企业净资产等于企业全部资产减去全部负债后的余额，其中包括投资者对企业的最初投入，以及资本公积金、盈余公积金和未分配利润，对股份制企业即为股东权益。

交通运输和邮电通讯业

铁路营业里程 又称营业长度，指办理客货运输业务的铁路正线总长度。凡是全线或部分建成双线及以上的线路，以第一线的实际长度计算；复线、站线、段管线、岔线和特殊用途线以及不计算运费的联络线都不计算营业里程。铁路营业里程是反映铁路运输业基础设施发展水平的重要指标，也是计算客货周转量、运输密度和机车车辆运用效率等指标的基础资料。

铁路正线延展里程 是正线第一线、第二线、第三线和其他正线建筑里程之和，不包括站线、段管线、岔线及特殊用途线的延展里程。它是作为计算铁路线上钢轨、枕木及路基砂石需要量的主要依据。

公路里程 指在一定时期内实际达到《公路工程技术标准 JTJ01－88》规定的等级公路，并经公路主管部门正式验收交付使用的公路里程数。其计算单位为:km。它包括大中城市的郊区公路以及通过小城镇街道部分的公路里程，也包括桥梁、渡口的长度，但不包括大中城市的街道、厂矿、林区生产用道和农业生产用道的里程。两条或多条公路共同经由一路段，只计算一次，不得重复计算里程长度。公路里程是反映公路建设发展规模的重要指标，也是计算运输网密度等指标的基础资料。

内河航道里程 也称“内河通航里程”，是反映内河水运网规模、水平和发展情况的主要指标；是指在一定时期内，能通航运输船舶及排筏的天然河流、湖泊水库、运河及通航渠道的长度。包括全年季节性通航累计三个月以上的航道，但不包括仅供零散流放竹、木排的河道。

民用航空航线里程 指民航运输定期班机飞行的航线长度的总和。航线长度按机场之间的距离计算，通常有两种计算方法:将每条航线长度相加称为重复计算航线里程；如将两条或两条以上航线经过同一区段里程，只计算一次航线长度称为不重复计算航线里程。一般常用的是后者，它能确切反映民航运输网的规模，表明民航事业为国民经济服务和方便人民生活程度的主要指标。

货(客)运量 指在一定时期内，各种运输工具实际运送的货物(旅客)数量。是反映运输业为国民经济和人民生活服务的数量指标，也是制定和检查运输生产计划，研究运输发展规模和速度的重要指标。货运按吨计算，客运按人计算。货物不论运输距离长短，货物类别，均按实际重量统计；旅客不论行程远近或票价多少，均按一人一次作为客运量统计。半价票、小孩票也按一人统计。

货物(旅客)周转量 指在一定时期内，由各种运输工具运送的货物(旅客)数量与其相应运输距离的乘积之总和，是反映运输业生产总成果的重要指标，也是编制和检查运输生产计划，计算运输效率、劳动生产率以及核算运输单位成本的主要基础资料。通常以吨公里和人公里为计算单位。计算货物周转量通常按发出站与到达站之间的最短距离,也就是计费距离计算。

邮电业务总量 指以货币表现的邮电部门用于传递信息和提供其他邮电服务的总数量。它综合反映了一定时期邮电工作的总成果,是研究邮电业务量构成和发展趋势的重要指标。根据邮电管理体制不同,分为中央国营业务总量和地方国营业务总量。它用各种邮电分类业务量,如函件件数、电报份数、长话张数、市内电话和农村电话的年均户数、订销报刊累计份数等,分别乘以相应的平均单价(不变价),加总后再加上出租电路和设备的收入、代用户维护电话交换机和线路等设备的收入、其他业务收入求得。

市内电话 指接入县城(包括个别城镇)及县以上城市的市内电话网上,并按市内电话进行经营管理的电话。按计费办法分为包月制和计次制两种。

(1)住宅电话 指话机装在居民住宅里的电话。它包括私人付费、公费和免费三个部分。

(2)私人付费电话 指住宅居民自费安装并自己缴纳通话费的电话。

无线寻呼电话用户 指携带小型寻呼机,接收市话用户通过无线寻呼中心,在规定范围内向其发出声音、数字或文字显示信息的用户。目前在邮电部门办理登记手续的无线寻呼电话用户,每一部寻呼机按一户计算。

移动电话用户 指在邮电部门登记,通过移动电话交换机进入移动电话网、占有移动电话号码的电话用户。用户数量以实际办理登记手续进入邮电部门移动电话网的户数进行计算,一部或一台移动电话统计为一户。

建 筑 业

建筑业总产值(即自行完成施工产值) 指建筑业企业或附营建筑施工单位自行完成的按工程进度计算的建筑安装生产总值。建筑业产值包括:

① 建筑工程产值:指列入建筑工程预算内的各种工程价值。

② 设备安装工程产值:指设备安装工程价值。

③ 房屋、构筑物修理产值:指房屋、构筑物修理所完成的价值,但不包括被修理房屋、构筑物本身的价值和生产设备的修理价值。

④ 非标准设备制造产值:指加工制造没有定型的、非标准的生产设备的加工费和原材料价值,不论是现场还是附属加工厂为本单位承建工程制造的非标准设备的价值,都应计算产值。

建筑业增加值 指建筑业企业在报告期内以货币表现的建筑业生产经营活动的最终结果。目前建筑业增加值采用分配法(收入法)计算,即从收入的角度出发,根据生产要素在生产过程中应得的收入份额计算。具体计算公式为:

建筑业增加值 = 本年提取的固定资产折旧 + 应付工资 + 应付福利费 + 管理费中的劳动待业保险金、税金 + 工程结算税金及附加 + 工程结算利润。

房屋建筑施工面积 指在报告期内施工的全部房屋建筑面积。包括本期内新开工的、上期施工跨入本期继续施工、上期停建本期复工的房屋建筑面积;不包括上期开工后又停工,本期未施工的房屋建筑面积。

房屋建筑竣工面积 指在报告期内,按照设计所规定的工程内容全部完成,达到了设计规定的交工条件,经有关部门检查验收鉴定合格的房屋建筑面积。

自有机械设备年末总台数 指归本企业(或单位)所有,属于本企业固定资产的生产性机械设备年末总台数。包括施工机械、生产设备、运输设备以及其他设备。

自有机械设备年末总功率 指本企业(或单位)自有施工机械、生产设备、运输设备以及其他设备等列为在册固定资产的生产性机械设备年末总功率,按设定能力或查定能力计算。包括机械本身的动力和为该机械服务的单独动力设备,如电动机等。计算单位用千瓦,动力换算可按 1 马力 = 0.735 千瓦折合成千瓦数。电焊机、变压器、锅炉不计算动力。

工程结算收入 指企业(或单位)按工程的分部分项自行完成的建筑产品价值并已与甲方在报告期内办理结算手续的工程价款收入,以及向甲方收取的除工程价款以外的按规定列作营业收入的各种款项,如临时设施费、劳动保险费、施工机械调迁费等以及向甲方收取的各种索赔款。

工程结算利润 指已结算工程实现的利润。如为亏损以"-"号表示。其计算公式为:

工程结算利润=工程结算收入-工程结算成本-工程结算税金及附加

企业总收入 指与企业生产经营直接有关的各项收入,包括工程结算收入和其他业务收入,即:

企业总收入=工程结算收入+其他业务收入

批发零售贸易和餐饮业

社会消费品零售额 指各种经济类型的批发零售贸易业、餐饮业、制造业和其他行业对城乡居民和社会集团的消费品零售额。这个指标反映通过各种商品流通渠道向居民和社会集团供应的生活消费品来满足他们生活需要,是研究人民生活,社会消费品购买力、货币流通等问题的重要指标。社会消费品零售额包括:(1)售给城乡居民作为生活用的商品和修建房屋用的建筑材料;(2)售给机关、团体、学校、部队、企业、事业单位的职工食堂和旅店(招待所)附设专门供本店旅客食用,不对外营业的食堂的各种食品、燃料;企业、单位和国营农场直接售给本单位职工和职工食堂的自己生产的产品;(3)售给部队干部、战士生活用的粮食、副食品、衣着品、日用品、燃料;(4)售给来华的外国人、华桥、港澳台同胞的消费品;(5)居民自费购买的中、西药品、中药材及医疗用品;(6)报社、出版社直接售给居民和社会集团的报纸、图书、杂志、集邮公司出售的新、旧纪念邮票、特种邮票、首日封、集邮册、集邮工具等;(7)旧货寄售商店自购、自销部分的商品;(8)煤气公司、液化石油气站售给居民和社会集团的煤气灶具和罐装液化石油气;(9)农民售给非农业居民和社会集团的商品。不包括售给国民经济各部门企业、事业单位(包括国有经济的农场)生产经营用的各种原材料、燃料、设备、工具等和售给批发零售贸易业、餐饮业作为转卖用的商品、旧货寄售商店受托寄售卖出的商品、服务业的营业收入、邮局出售邮票的收入、自来水、电力、煤气生产(供应)单位的产品供应收入,也不包括农民之间的商品销售。

批发零售贸易业商品购、销、存总额 指以各种经济类型的批发、零售贸易业(不包括个体)为总体的商品购、销、存。

商品购进总额 指从本企业(单位)以外的单位和个人购进(包括从国外直接进口)作为转卖或加工后转卖的商品。这个指标反映批发零售贸易业从国内、国外市场上购进商品的总量。商品购进总额包括:(1)从工农业生产者购进的商品;(2)从出版社、报社的出版发行部门购进的图书、杂志和报纸;(3)从各种经济类型的批发零售贸易企业(单位)购进的商品;(4)从其他单位购进的商品,如从机关、团体、企业、单位购进的剩余物资,从餐饮业、服务业购进的商品,从海关、市场管理部门购进的缉私和没收的商品,从居民收购的废旧商品等;(5)从国(境)外直接进口的商品。不包括企业(单位)为自身经营用,和未通过买卖行为而收入的商品以及销售退回、商品升溢等。

商品销售总额 指对本企业(单位)以外的单位和个人出售(包括对国(境)外直接出口)的商品。这个指标反映批发零售贸易业在国内市场上销售商品以及出口商品的总量。商品销售总额包括:(1)售给城乡居民和社会集团消费用的商品;(2)售给工业、农业、建筑业、运输邮电业、批发零售贸易业、餐饮业、服务业等作为生产、经营使用的商品;(3)售给批发零售贸易业作为转卖或加工后转卖的商品;(4)对国(境)外直接出口的商品。不包括:出售本企业(单位)自用的废旧包装用品,未通过买卖行为付出的商品,经本单位介绍,由买卖双方直接结算,本单位只收取手续费的业务,购货退出的商品以及商品损耗和损失等。

批发零售贸易业年末库存 指年末各种经济类型的批发零售贸易企业(单位)已取得所有权的商品。它反映各地区、各批发零售贸易企业(单位)的商品库存情况,和对市场商品供应的保证程度。期末库存包括:(1)存放在批发零售贸易业经营单位(如门市部、批发站、经营处)仓库、货场、货柜和货架中的商品;(2)挑选、整理、包装中的商品;(3)已记入购进而尚未运到本单位的商品,即发货单或银行承兑凭证已到而货未到部分;(4)寄放他处的商品,如因购货方拒绝承付而暂时存放在购货方的商品和已办完加工成品收回手续而货未提回的商品;(5)委托其他单位代销(未作销售或调出)尚未售出的商品;(6)代其他单位购进尚未交付的商品。不包括所有权不属于本单位的商品、拨付除批发零售贸易业以外的其他行业所属独立核算加工厂等加工生产尚未收回成品的商品、代国家物资储备部门保管的商品等。期末库存总额计算方法是:农副产品采购单位按购进价计算,批发单位按进货价计算,零售单位按什么价格核算就按什么价格计算。

城乡集市贸易成交额 指在农村集市和城市集市上买卖双方(包括农民、非农业居民、机关、团体、工商企业、个体商贩)成交的全部商品金额,是反映集市贸易规模的综合性指标。

对外经济贸易和旅游业

利用外资 指我国各级政府、部门、企业和其他经济组织通过对外借款、吸收外商直接投资以及用其他方式筹措的境外现汇、设备、技术等。

对外借款 是我国利用外资的主要部分。包括我国通过外国政府贷款,国际金融组织贷款,外国银行商业贷款,出口信贷以及对外发行债券,股票等方式,从境外筹措的资金。

外商直接投资 是指外国企业和经济组织或个人(包括华侨、港澳台胞以及我国在境外注册的企业)按我国有关政策、法规、用现汇、实物、技术等在我国境内开办外商独资企业、与我国境内的企业或经济组织共同举办中外合资经营企业、合作经营企业或合作开发资源的投资(包括外商投资收益的再投资)以及经政府有关部门批准的项目投资总额内,企业从境外借入的资金。

旅游人数 指来我国参观、访问、旅行、探亲、访友、休养、考察、参加会议和从事经济、科技、文化、教育、体育、宗教等活动的外国人、华侨、港澳和台湾同胞的人数。不包括外国在我国的常驻机构,如使领馆、通讯社、企业办事处的工作人员;来我国常驻的外国专家、留学生以及在岸逗留不过夜人员。

国际旅游(外汇)收入 指入境旅游的外国人、华侨、港澳台同胞在中国大陆旅游过程中发生的一切旅游支出,对于国家来说就是国际旅游(外汇)收入。

进出口总额 海关进出口总额指实际进出我国国境的货物总金额。包括对外贸易实际进出口货物,来料加工装配进出口货物,国家间、联合国及国际组织无偿援助物资和赠送品,华侨、港澳台同胞和外籍华人捐赠品,租赁期满归承租人所有的租赁货物,进料加工进出口货物,边境地方贸易及边境地区小额贸易进出口货物(边民互市贸易除外),中外合资经营企业、中外合作经营企业、外商独资经营企业进出口货物和公用物品,到、离岸价格在规定限额以上的进出口货样和广告品(无商业价值、无使用价值和免费提供出口的除外),从保税仓库提取在中国境内销售的进口货物,以及其他进出口货物。进出口总额用以观察一个国家在对外贸易方面的总规模。我国规定出口货物按离岸价格统计,进口货物按到岸价格统计。

金融和保险

存款 企业、机关、团体或居民根据可以收回的原则,把货币资金存入银行或其他信用机构保管并取得一定利息的一种信用活动形式。根据存款对象的不同可划分为企业存款、财政存款、机关团体存款、基本建设存款、城镇储蓄存款、农村存款等科目。它是银行信贷资金的主要来源。

贷款 银行或其他信用机构根据必须归还的原则,按一定利率,为企业、个人等提供资金的一种信用活动形式。我国银行贷款分为流动资金贷款、固定资产贷款、城乡个体工商户贷款以及农业贷款等科目。

承保额 又叫保险金额。它是保险人对被保险人负担损失补偿或约定给付的金额。它是保险合同上的最高责任额,也是计算保费的依据。

保费 又叫保险费。是保险人根据保险合同的有关规定,为被保险人取得因约定危险事故发生所造成的经济损失补偿(或给付)权利,付给保险人的代价。包括财产险和人身险储金收入。

赔款 保险事故发生后,经查证确属保险责任范围以内的保险标的损失,保险人根据保险合同的规定履行赔偿义务,给矛被保险人的款项叫做赔款。赔款可分为已决赔款和未决赔款两种。

教育、科技和文化事业

普通高等学校　指按照国家规定的设置标准和审批程序批准举办，通过国家统一招生考试，招收高中毕业生为主要培养对象，实施高等教育的全日制大学、独立设置的学院和高等专科学校、短期职业大学。

成人高等学校　指按照国家有关规定审批，招收通过全国成人高教统一招生考试的具有高中毕业或同等学历的在职从业人员利用脱产、半脱产、业余或函授等多种形式对其实施高等学历教育，培养高等教育专科或本科毕业水平的专门人才，修业年限、课程设置和总学时数均按高等学历教育要求付诸实施的学校。包括广播电视大学、职工高等学校、农民高等学校、管理干部学院、教育学院、独立设置的函授学院等。

小学学龄儿童入学率　指调查范围内已入小学学习的学龄儿童占校内外学龄儿童总数(包括弱智儿童在内，但不包括盲聋哑儿童)的比重。计算公式：

$$小学学龄儿童入学率 = \frac{已入学的小学学龄儿童数}{校内外小学学龄儿童总数} \times 100\%$$

独立研究与开发机构　指有明确的任务和研究方向，有一定学术水平的业务骨干和一定数量的研究人员，具有研究、开发、开展学术工作的基本条件，主要进行科学研究与技术开发活动，并且在行政上有独立的组织形式财务上独立核算盈亏，有权与其他单位签订合同，在银行有单独户头的单位。包括国务院各部门、中国科学院、中国社会科学院和各省、自治区、直辖市以及地(市)以上〔含地(市)〕各部门所属的国有独立的科学研究与技术开发机构。

独立研究与开发机构职工　指在科学研究与技术开发机构工作，并由其支付工资的各种人员。包括长期职工和临时职工，不包括编制以外的离休、退休人员和停薪留职人员，但包括招聘人员。

研究与发展经费支出　指报告期内用于研究与实验发展课题活动(基础研究、应用研究、实验发展)的全部实际支出。包括用于研究与发展课题活动的直接支出，还包括间接用于研究与发展活动的一切支出(院、所管理费、维持院、所正常运转的必需费用和与研究发展有关的基本建设支出)。

科学家和工程师　指具有大学本科及以上学历的和不具备上述学历但有高、中级职称的人员。

其他科技人员　指大专、中专毕业和具有初级职称的从事科技活动人员。

发明　指专利法及其实施细则所称的发明，指对有关产品、方法或其改进所提出的新的技术方案。

实用新型　指专利法及其实施细则所称的实用新型，指对产品的形状、构造或者其结合所提出的适于实用的新的技术方案。

外观设计　专利法及其实施细则所称的外观设计是指对产品的形状、图案、色彩或者其结合所作出的富有美感并适于工业上应用的新设计。

文化事业机构　指从事专业文化工作和为专业文化工作服务的独立建制的单独核算的单位。不包括这些单位另外举办独立核算的其他机构和各部门的业余文化组织。

艺术表演团体　指从事戏曲、音乐、舞蹈、杂技等专业艺术表演，有独立帐户，实行单独核算的团体。不包括半工半艺、半农半艺和民间职业剧团。

电影放映单位　指具有放映机器设备、固定或不固定的放映场所与专职或兼职的放映技术人员，经有关部门登记批准，经常为一定的观众对象放映电影的机构。包括经批准对外开放进行营业，并与电影发行放映管理机构分帐的专用放映单位和军委系统租片单位。

艺术表演观众人数(人次)　指售票、包场演出或民族地区免费演出的艺术表演观众人次数。不包括彩排审查和内部观摩演出的观看人次数。

体育、卫生和其他事业

等级运动员人数　指经考核正式批准授予等级运动员称号的人数。运动员等级分为国际级运动健将、运动健将、一级运动员、二级运动员、三级运动员、少年级运动员。

等级裁判员人数　指经考核正式批准授予等级裁判员称号的人数。裁判员等级分为国际裁判、国家级裁判、一级裁判、二级裁判、三级裁判。

体育场 指有400米跑道(中心含足球场),有固定道牙,跑道6条以上,并有固定看台的室外田径场地。以看台容纳观众人数分:甲级25000人以上,乙级15000-25000人,丙级5000-15000人,丁级5000人以下。

体育馆 指有固定看台,可借篮球、排球、羽毛球、乒乓球、体操等项目训练比赛活动用的室内运动场地。以看台容纳观众人数分:甲级6000人以上,乙级4000-6000人,丙级2000-4000人,丁级2000人以下。

医院 指名称为医院,设有固定床位能收容病人住院并能为病人提供医疗、护理服务的医疗机构。包括县及县以上医院、农村乡卫生院、其他医院三部分。按所属性质分为卫生部门、工业及其他部门,集体经济单位三类。其中县及县以上医院按业务性质分为综合医院和专科医院。

卫生技术人员 指卫生事业机构支付工资的全部固定职工和合同制职工中现任职务为卫生技术工作的专业人员。包括中医师、西医师、中西医结合高级医师、护师、中药师、西药师、检验师、其他技师、中医士、西医士、护士、助产士、中药剂士、西药剂士、检验士、其他技士、其他中医、护理员、中药剂员、西药剂员、检验员,其他初级卫生技术人员。

医生 指经卫生部门审查合格,从事医疗工作的专业人员。分为中医医生和西医医生。包括卫生技术人员中的中医师、西医师、中西结合高级医师、中医士、西医士和其他中医。

社会福利事业单位 指集中收养社会孤老、残、幼的机构。包括由民政部门管理的社会福利院、儿童福利院、精神病人福利院和城镇集体办的福利院,以及农村集体举办的敬老院。

社会福利事业单位收养人数 包括民政部门管理的和城镇及农村集体举办的社会福利事业单位中收养的老人、少年儿童、缺乏生活自理能力的残疾人员和精神病人。

社会福利企业单位 指以安置城镇有一定劳动能力的盲、聋、哑和肢体残疾人员就业为目的,享受国家减免税待遇的国有或集体经济性质的企业。包括福利工厂、福利商业服务业、假肢厂和安置农场等单位。

律师 指受聘参加法律顾问处工作,担任法律顾问、刑(民)事代理人、刑事辩护人,办理非诉讼事件、解答法律询问,代写法律事务文书等主要从事律师业务的专职法律工作者和兼职律师。

公证人员 指在国家公证机关依法办理公证事务的司法人员。包括公证员、助理公证员和在公证处工作的其他人员。

办理公证文书 指公证处在一定时期内办结的公证文书件数。公证文书系按司法部规定或批准的格式制作。包括国内公证和涉外公证两部分。其中国内公证分为经济合同公证和民事法律关系公证两大类。

调解人员 在人民调解委员会担负调解民间一般民事纠纷和轻微违法行为所引起的纠纷的工作人员。包括调解委员会的委员和调解小组的调解员。

调解民间纠纷 指调解委员会依照法律规定,根据自愿原则,用说服教育的方法调解民间发生的有关民事权利和义务的争执,促成当事双方达到协议和谅解,解决纠纷。包括婚姻家庭纠纷,财产权益纠纷等。不包括法院受理调解的民事案件数。

离休、退休、退职人员 指正式办理了离休、退休、退职手续,并享受相应的离休、退休、退职待遇的人员。

保险福利费用 指企业、事业、机关单位在工资以外实际支付给职工和离休、退休、退职人员个人以及用于集体的劳动保险和福利费用。

(1)职工保险福利费用具体包括:

①医疗卫生费 指实行公费医疗企业的职工及其供养的直系亲属的医疗费、医务经费、职工因工负伤就医路费以及住院伙食补助费等;卫生部门开支的事业及机关单位职工的公费医疗经费;未参加公费医疗的企业、事业和机关单位职工的医药费。

②丧葬抚恤救济费 指职工死亡的丧葬费、丧葬补助费和所遗供养直系亲属的抚恤费、救济费、生活补助费以及职工供养直系亲属死亡时的丧葬补助费等。

③生活困难补助 指对生活困难的职工实际支付的定期补助和临时性补助。

④文体宣传费 指企业、事业和机关单位实际支付的文体宣传费。不包括学习费。

⑤集体福利事业补贴费 指对职工浴室、理发室、洗衣房、哺乳室、托儿所等集体福利设施各项支出与收入相抵后的差额补助费。

⑥集体福利设施费　指按照国家规定开支的集体福利设施费用。如职工食堂炊事用具的购置费、修理费、职工宿舍的修缮费用。不包括由企业、事业、机关单位自筹经费开支的职工福利设施的基本建设费用。

⑦计划生育补贴　指发给职工独生子女的补贴费和保健费。

⑧其他　指上述费用以外,单位支付给职工的保险福利费。

(2)离休、退休、退职人员保险福利费用具体包括:

①离休金　指发给离休人员的工资和按 1982 年国务院发布的"关于老干部离职休养制度的几项规定"发给符合规定的离休干部相当于 1－2 个月标准工资的生活补贴和国务院〔1989〕82、83 号文件规定提高离休人员的待遇所增加的费用及粮油价格补贴等。

②退休金　指按照国家有关规定发给退休人员的退休费和国务院〔1989〕82、83 号文件规定提高退休人员的待遇所增加的费用及粮油价格补贴等。

③退职生活费　指按照 1978 年国务院《关于工人退休、退职的暂行办法》规定定期发给退职人员的生活费用和国务院〔1989〕82、83 号文件规定提高退职人员的待遇所增加的费用及粮油价格补贴等。

④医疗卫生费　离休、退休、退职人员的医疗费、住院费以及住院伙食补助等费用。

⑤护理费　因工致残、饮食起居需人扶助的离休、退休人员的护理费以及因病不能自理的离休人员的护理费。

⑥生活补贴　按照 1985 年国务院《关于发给离休退休人员生活补贴费的通知》规定,发给离休、退休人员的生活补贴费。

⑦交通费补贴　指按月发给离休人员的交通费补贴。

⑧丧葬抚恤救济费　指离休、退休、退职人员死亡的丧葬费、丧葬补助费和所遗供养直系亲属的抚恤费、救济费、生活补助费以及供养直系亲属死亡时的丧葬补助费等。

⑨其他　包括易地安置的离休、退休、退职人员的安家补助费;离休、退休、退职人员的生活困难补助费、书报费、洗理费、副食品价格补贴、房租价格补贴、水电补贴、少数民族补贴以及老干部活动经费开支的旅游费用等。

工业废水排放量　指经过企业厂区所有排放口排到企业外部的工业废水量。包括生活废水、外排的直接冷却水、超标排放的矿井地下水和与工业废水混排的厂区生活污水,不包括外排的间接冷却水(清污不分流的间接冷却水应计算在内)。

工业废水排放达标量　指各项指标都达到国家或地方排放标准的外排工业废水量,包括未经处理外排达标的和经过处理后外排达标的两部分。国家排放标准见 GB8978－88。

工业废水处理量　指报告期内各种水治理设施实际处理的工业废水量,包括处理后外排的和处理后回用的工业废水量。虽然处理但未达到国家或地方排放标准的废水量也应计算在内。计算时,如遇有车间和厂排放口均有治理设施,并对同一废水分级处理时,不应重复计算工业废水处理量。

工业废气排放量　指企业厂区内燃料燃烧和生产工艺过程中产生的各种排入空气的含有污染物的气体的总量,以标准状态〔273K,101325Pa〕计。

二氧化硫排放量　指企业在燃料燃烧和生产工艺过程中排入大气的二氧化硫量。

工业烟尘排放量　指企业厂区内的燃料燃烧产生的烟气中夹带的颗粒物的量。

工业粉尘排放量　指企业在生产工艺过程中排放的颗粒物重量。如钢铁企业的耐火材料粉尘、焦化企业的筛焦系统粉尘、烧结机的粉尘、石灰窑的粉尘、建材企业的水泥粉尘等。不包括电厂排入大气的烟尘。

工业固体废物产生量　指企业在生产过程中产生的固体状、半固体状和高浓度液体状废弃物的总量,包括危险废物、冶炼废渣、粉煤灰、炉渣、煤矸石、尾矿、放射性废物和其他废物等;不包括矿山开采的剥离废石和掘进废石(煤矸石和呈酸性或碱性的废石除外)。酸性或碱性废石是指采掘的废石其流经水、雨淋水的 pH 值小于 4 或 pH 值大于 10.5 者。

环境污染与破坏事故　指由于违反环境保护法规的经济、社会活动与行为,以及意外因素的影响或不可抗拒的自然灾害等原因,致使环境受到污染,国家重点保护的野生动植物、自然保护区受到破坏,人体健康受到危害,社会经济和人民财产受到损失,造成不良社会影响的突发性事件。

Explanatory Notes on Main Statistical Indicators

ADMINISTRATIVE DIVISION AND NATURAL RESOURCE

Forest Coverage - Rate refers to the ratio of area of afforested land to total area of land (measured in percentage). According to regulations of the government , calculation forest coverage - rate, in addition to afforested land, the area of bush forest, the area of forest land inside farm land and the area of trees planted by the side of farm houses and along the roads, rivers and fields should be included in the area of afforested land in the calculation of the forest coverage - rate. This indicator shows the forest resources and afforestation progress of a country or a region. The formula for calculating forest coverage - rate is as follows:

$$\text{Forestry Coverage - rate}(\%) = \frac{\text{Area of Afforested Land}}{\text{Area of Total Land}} \times 100\%$$

Stock Volume of Forest refers to total stock volume of wood growing in forest area, which shows the total size and level of forest resources of a country or a region.

Ensured Mineral Reserves refer to the actual mineral reserves , which equal to the proven mineral reserves (including industrial reserves and prospective reserves) minus extracted parts and underground losses. This indicator shows the current condition of the mineral resources of a country.

GENERAL SURVEY

Gross Domestic Product refers to gross domestic product calculated at market prices, which is the final products of all resident units in a country (or region) during a certain period of time. Gross domestic product is expressed in three different forms, i. e. value added, income, and products respectively. The form of value added refers to the total value of all products and suervices produced by all resident units during a certain period of time minus total value of input of materials and services of the nature of non - fixed assets or the summation of the value added of all resident and non - resedent units; the form of products refers to all final goods and services minus imports of goods and services. In the practice of national accounting, gross domestic product is calculated with three approaches, i. e. product approach, income approach, and expenditure approach respectively to reflect gross domestic product and its composition from different aspects.

Gross National Product refers to gross national product calculated at market price, which is the final result of the primary distribution of the income created by all the resident units of a country during a certain period of time. The value added created by the resident units of a country engaged in production activities is mainly distributed to the resident units of that country while a part of it is distributed to the non - resident units of the country in the form of remuneration for the labourers and property income. Simultaneously a part of the value added created abroad is distributed to the resident units of the country in the form of remuneration for the labourers and property income. Thus the concept of gross national product is formed, which equals to gross domestic product plus overseas incomeas remuneration for the labourers and property in come minus payment abroad as remuneration for the labourers and property income. Unlike gross domestic product which is a comcept of production, gross national product is a concept of income.

The difference among gross national product and total value of society and notional income is that the total value of society and national income only take into account products of material production sectors, while the gross national product, in addition to products of material production sectors, also takes into account of products of non – material production sectors. in terms of the value composition of the three conceptions, the total value of society includes the total value of all products of the society; the gross national product includes only the newly created value in the process of producing goods and services, i.e. the value added and excludes the value of the input of intermediate goods and services; National income excludes both the intermediate input and depreciation of fixed assets and includes only the net value of output.

Three Industries Industry structure has been classified according to the historical sequence of development. Primary industry refers to estraction of natural resources; secondary industry involves processing of primary products ; and tertiary industry provides services of various kinds for production and consumption. The above classification is universal although it varies to some extent form country to country. Industry in China comprises:

Primary industry: agriculture (including farming, forestry, animal husbandry, sideline production and fishery).

Secondary industry: industry (including mining and quarrying, manufacturing, water supply, electricity generation and supply, steam ,hot water, gas) and construction.

Tertiary industry: all other industries not included in primary or secondary .

Due to the fact that tertiary industry involves in a large variety of industries in China, it is divided into two sectors: circulation sector and service sector and further into four levels:

The first level: circulation sector, including transportation, postal and telecommunications, services, commerse, catering trade, material supply and marketing, and storage.

The second level: service sector providing services for production and consumption, including banking, insurance, geological survey, real estate, puglic utilities, service for residents, consultancy service, and comprehensive technical services, and service for agriculture, forestry, animal husbandry, fishery, water conservancy, and maintenance of roads and inland water ways, etc.

The third level :service sector for up grading scientific, educational and cultural level of thepeople, including education, culture, broadcasting, televiseon, scientific research, public health, sports, and social welfare, etc.

The fourth level: sector ptoviding services for public needs, including government agencies, political and party organizations, social organizations, armies, and policemen.

GDP Calculated With Expenditure Approach refers to total expenditure on final comsumption, total capital formation and net export of goods and services by resident units of a country in a certain period of time. It reflects the composition of GDP by its use.

Final Consumption refers to the total expenditure of resident units on final consumption of goods and services in a certain period, namely the expenditure of the resident units for purchases of goods and services from domestic economic territory and abroad to meet the requirements of material, cultural and spiritual life. It excludes the expenditure of non – resedent units on consumption in the economic territory of the country. The final consumption is classi fied into resident consumption and government consumption.

(1) Resident consumption refers to the total expenditure of resident housen olds on the final consumption of goods and services in a certain period of time. The expenditure of residents on final consumption of goods is recorded when the change of the ownership of goods happens. The expenditure of residents on final consumption of services is recorded when

the services are provided. The expenditure of the residents on consumption is calculated at market prices, namely the purchasers' privices which the residents pay; the purchasers' prices of goods are the prices the resedents pay when they obtain the goods, including the transport and commercial expenses paided by the residents. In addition to the expenditure on consumption of goods and services bought by the residents directly with money, the expenditure on goods and services obtained by the residents in other ways, i.e. the so – called fictitious expenditure on consumption, is also included in the expenditure of the residents on consumption. The fictitious expenditure of the residents on consumption includes the following types: (a) the goods and services provided to the residenrs by the units in the form of payment in kind and transfer in kind; (b) the goods and services produced and consumed by the households themselves, in which the services refer only to the services provided by the residential buildings owned by the households; (c) the ser vices of financial intermediary provided by the fiancial institutions; (d) the insurance services provided by the insurance companies.

(2) Government consumption refers to the expenditure on the consumption of the public services provided by the government to the whole society and the net expenditure on the goods and services provided by the government to the households free charge or at lower prices. The former equals tothe output value of the govenment services minus the value of operating in come obtained by the government departments. (The output value of the government serveces equa ls to its current operating expenditure plus depreciation of fixed assets). The latter equals to the market value of the goods and services provided by the government to the households minus the value received by the government from the households.

Total Capital Formation refers to the net amount of the fixed assets and stock acquired minus those disposed, including the total fixed assets formation and the increase in stock.

(1) Total Fixed Capital Formation refers to the value of fixed assets purchased, transferred in by the resident units and those produced and used by themselves in a certain period deducting the value of fixed assets sold and transferred out. It can be classified into total tangible assets formation and total intangible assets formation. The total tangible assers formation include the valus of the construction projects, installation projects completed and the equipment, apparatus and instruments purchased as well as the value of land improved, the value of draught animals, breeding stock, milk, wool and recreational animals and the newly increased economic forest in acertain period. The total intangible assets formation includes the prospecting of minerals, the acquisition of computer soft wares, the originals of recreational works and works of literature and arts minus the disposal of them.

(2) Increase in stock refers to market value of the change in a certain period, i. e. the difference of value between the begining and the end of the period. The increase in stock can depositive. A positive valus indicates the increase in stock while a negative value indicates the decrease in stock. The stock includes the raw materials, fuels and reserve mate rials purchased by the production units as well as the stock of finished products, semi – finished products, work – in – progress, etc.

POPULATION

Total Population refers to the total number of people alive at a certain point of time within agiven area.

The annual statistics on total population is taken at mid night, the 31st of December.

Birth Rate (or Crude Birth Rate) refers to the ratio of the number of births to the average population during a certain period of time (usually a year), which is often expressed in ‰. The following formula is used:

$$\text{Birth Rate} = \frac{\text{Number of Births}}{\text{Average Number of Population}} \times 1000‰$$

Number of Births refers to live births, i.e. the births when babies had showed any vital phenomena regardless of the length of pregnancy.

Annual Average Number of Population is the average of the number of population at the baginning of the year and that at the end of the year. sometimes it is substituted for with the mid - year population.

Death Rate (or Crude Death Rate) refers to the ratio of the number of deaths to the average population (or mid - year population) during a certain period of time(usually a year), which is often expressed in ‰. The following formula is used:

$$\text{Birth Rate} = \frac{\text{Number of Deaths}}{\text{Annual Average Numger of Po pulation}} \times 1000‰$$

Natural Growth Rate of Population refers to the ratio of natur al increase in population (number of births minus number of deaths) in a certain period of time (usually a year) to the average population (or mid - year population) of the same period, which is often expressed in ‰. The following formulas are applied:

$$\text{Natural Growth of Population} = \frac{\text{Number of Births} - \text{Number of Deaths}}{\text{Average Number of Population}} \times 1000‰$$

$$\text{Natural Growth Rate of Population} = \text{Birth Rate} - \text{Death Rate}$$

EMPLOYMENT AND WAGE

Employed Persons refers to the persons who are engaged in social labour and receivere muneration payment or earn business income, including:

(1) total staff and workers,

(2) reemployed retirees,

(3) employers of private enterprises,

(4) employers of individual economy,

(5) employed persons in private enterprises and individual economy,

(6) employed persons in the enterprises in the urban areas,

(7) employed persons in the rural areas,

(8) other employed persons (including teachers in the schools run by the local people engaged in religious profession and the servicemen, etc.)

This indicator reflects the actual utilization of total labour force during a certain period of time and is often used for the research on China's economic affairs and national power.

Persons employed in various units refer to all the persons working in government agencies of various levels, political and party organizations, social organizations, and enterprises and institutions and reciving payment, including staff and workers, reemployed retirees, teachers in schools run by the local people, foreigners, and Chinese compatriots from Hong Kong, Macao, and Taiwan working in various units. This indicator reflects the total number of laborers actually engaged in production or other operations in various units.

Economically Active Population refers to the population, th e members of which are aged 16 and over, capable to labour, participating in or desitous to participate in the social and economic activities, including employed persons and unemployed persons.

Registered Unemployed Persons And Registered Unemployent Rate in Urban Areas: The registered unemployed persons in urban areas refer to the persons who are registered as permanent residents in the urban areas engaged in non – agricultural activities, aged within the range of working age, capable to labour, unemployed but desirous to be employed and have been registered at the local employment service agencies to apply for a job. Registered unemployment rate in persons and the registered unemployed persons. The formula is as follows:

Registered unemployment rate in urban areas = the number of the registered unemployed persons ÷ (the number of employed persons + the number of the registered unemployed persons) × 100‰

Total Wages of Staff And Workers refer to the total remunera tion payment to staff and workersin various units during a certain period of time.

The calculation of total wages is based on the total remuneration payment to the staff and workers. Therefore, all the wages and salaries and other payments to staff and workers are included in the total wages regardless of their sources, category, and forms(in kind or cash).

Average Wage of Staff And Workers refers to the average wage in money terms per person during acertain period of time for staff and workers in enterprises, insitutions, and government agencies, which reflects the general level of wage income during a certain period of time and is calculated as follows:

$$\text{Average wage of staff and workers} = \frac{\text{Total Wages of Staff and Workers in Reference Period}}{\text{AverageNumber of Staff and Workers in Reference Period}}$$

Average Real Wage of Staff and Workers refers to average wage of sraff and workers after removing the effects of price changes, whichis calculated as follows:

Average Real Wage of Staff and Workers = Average Wage of Staff and Workers in Reference Period ÷ Consumer Price Index of Urban Residents in Reference Period

INVESTMENT IN FIXED ASSETS

Total Investment in Fixed Assets in the Whole Country Investment in fixed assets is the essential means for social reproductuion of fixed assets. By means of construction and purchase of fixed assets, more advanced technonlogies and equipment are adopted in the national economy, and new sectors are established, which promote the adjustment of economic structure and the regional distribution of productive forces and enhance the economic strengths so as to provide the material conditions for improving prople's livelihood. This is significant for speeding up the drive of socialist modernization in China.

Amount of investment in fixed assets refers to the volume of activities in construction and purchases of fixed assets in monetary terms. It is a comprehensive indicator which shows the size, pace, proportional relations and use orientation of the investment in fixed assets. Total investment in fixed assets in the whole country includes, by status of economic ownership, the investment by the state – owned units, collective units, individuals, joint ownership units, share – holding units, as well as investment by businessmen from foreign countries and from Hong Kong, Macau and Taiwan, and by other units. According to China's current management system, the investment in fixed assets in the whole country is classified into the following four parts: investment in capital construction, investment in innoation, investment in real estates development and other investment in fixed assets.

Investment in Capital Construction Capital construction refers to the new construction projects or extension projects and the related work of the enterprises, institutions or administrative units mainly for the purpose of expanding production capacity or improving project efficiency covering only projects each with a total investment of 500000 RMB yuan and over. It includes(1)projects listed in the capital construction plan of the current year of the central government and the local governments at various levels as well as the projects, though not listed in the capital construction plan of the current year, but continued to be constructed in this year, using the investment listed in the plan of capital construction of previous years and carried forward to this year(also using the equipment and materials kept in stock of the capital construction);(2)new construction projects arranged both in the plan of capital construction and the plan of innovation; extension projects with the newly increased production capacity (or project efficiency)up to the standard of a large and mediumsized project; and the projects of moving the whole factory to a new site so as to improve the distribution of productive forces; (3)new construction projects, extension projects or restoration projects or restoration projects with the total investment of 500000RMB yuan and over by the state - owned units, though listed neither in the plan of capital construction nor in the plan of innovation; the projects in the state - owned units of moving the whole factory to a nes site so as to improve thd distribution of productive forces; and the projects of building additional business houses by the administrative units and institutions and building welfare facilities by the administrative units.

Investment in Innovation Innovation refers to the renewal of fixed assets and technolical innovation of the original facilities by the enterpriese and institutions as well as the corresponding supplementary projects and the related work(excluding majoroverhaul and maintenance projects) covering only projects each with a total investment of 500000RMB yuan and over. It includes(1)projects listed in the innocvation plan of the current year of the central government and the local governments at various levels as well as the projects, though not listed in the innovation plan of the current year, but continued to be constructed in this year, using the investment listed in the plan of innovation of previous years and crarried forward to this year;(2)projects of technological innovation or renewal of the original facilitiews, arranged both in the plan of innovation and in the plan of capital construction; extension projects(main workshops ora branchof the factory) with the newly increased production capacity (or project efficiency) not up to the standard of a large and mediumsized project; and the projects of moving the whole factory to a new site so as to meet the requirements of urban environmental protection or safe production;(3) projects of reconstruction or technological innovation with the total investment of 500000 RMB yuan and over by the state - owned units, though listed neither in the plan of capital construction nor in the plan of innovation; the projects in the state - owened units of moving the whole factory to a new site so as to meet the requirements of urban environmental protection or safe production.

Investment in Real Estate Development It includes the investment by the real estate development companies, commercial buildings construction companies and other real estate development units of various types of ownership in the construction of house buildings, such as residential buildings, factory buildings, warehouses, hotels, guesthouses, holiday villages, office buildings, and the complementary service facilities and land development projects, such as roads, water supply, water drainage, power supply, heating, telecommunications, land leveling and other projects of infrastructure. It excludes the activities in simple land transactions.

Other Investment in Fixed Assets refers to the construction and purchases of fixed assets not listed in the investment in capital construction, investment in innovation and investment in real estate development. It includes:

A) The following projects of the state - owned units with the total planned (or actually needed) investment of 500000 yuan and over, which are not included in the plan of capital construction and the plan of innovation(1) projects of oil fields maintenance and exploitation with the oil fields maitenance funds and petroleum development funds; (2) opening and extending projects with the maintenance funds in coal, ore and other mining enterprises and logging enterprises; (3) project of reconstruction of the original highways and bridges with the highway maintenance funds in the department of communication; (4) projects of construction of warehouses with the funds of simple construction in the commercial department.

B) The investment in fixed assets by urban collective units: refer to projects of construction and purchases of fixed assets with the planned total investment of 500000 yuan and over by all collective units in cities and county towns and in townships which are approved by the State Council or provincial governments, excluding investment by collective units under township enterprise administration offices.

C) The projects of construction and purchases of fixed assets by the enterprises, institutions or individuals other than those mentioned above with total investment of 500000 yuan and over, which are not included in the plan of capital construction and the plan of innovation.

Private Investment in House Construction in Urban Areas, Industrial and Mining Areas and Individual Investment in Rural Areas The private house construction in the urban areas and industrial and mining areas includes all the private house construction under the jurisdiction of cities, counties, towns and industrial and mining areas, no matter whether the owner of the house is registered as the permanent resident in the locality or not. The individual investment in the rural areas includes the investment in house construction and purchase of productive fixed assets by the individuals in the rural areas.

Newly Increased Production Capacity refers to the increase of designed capacity and project efficiency through investment in fixed assets, which reflects the accomplishment of investment in fixed assets, which reflects the accomplishment of investment in fixed assets in kind. The calculation of newly increased production capacity is based on individual project which operates independently and efficiently. When an individual project is completed and checked and accepted and put into production, it is counted as newly increased production capacity.

The newly increased production capacity and project efficiency are usually expressed in one of the following forms:

(1)annual production capacity, such as extraction of coal and petroleum;

(2)raw material processing capacity, such as ore dressing capacity of ore dressing projects, the dressing capacity of a coal washery;

(3)number or capacity of major equipment increased, such as the number of cotton spindles increased and the capacity of generating sets increased;

(4)physical measures of construction, such as volume, capacity, area, and length, for instance, the capacity of reservoire, the length of railways of highways.

Newly increased production capacity in terms of quantity is calculated in designed capacity of a capacity in general, which refers to the production capacity of a project under normal conditions designed capacity in general, which refers to the production capacity of a project under normal conditions designed in construction documents regardless of the actual output.

Foor Space of Builidings Under Construction and Completed refers to total floor space in each story of buildings calculated from the outside line of building walls, including both usable space and the space occupied by constructions like pillars or walls, The floor space of multi – story buildings includes the total floor space of each story (including basement).

Floor Space of Residential Buildings refers to the floor space of the residential buildings under construction and completed among the total space of buildings under construction and completed.

Floor Space Under Construction refers to total floor space of all buildings under construction during the reference period, including floor space of newly started buildings during the reference period, floor space of construction extended from the previous period to the current period, floor space of construction suspended during the previous period and resumed in the current period, floor space of construction completed in the current period, and floor space of construction started and then suspended in the current period.

Floor Space of Buildings Completed refers to the floor space of buildings completed in the reference period, which have come up to the designed standards and have been put into use.

Completion Rate of Floor Space of Buildings refers to the ratio of the floor space of buildings completed in certain period of time to the floor space of buildings under construction in the same period, which reflects the investment result and economic efficiency of the construction industry from the angle of the speed of project construction.

Newly Increased Fixed Assets refer to the newly increased value of fixed assets through investment, including the value of equipment, tools, and vessels considered as fixed assets, as well as the relevant expenses as investment in fixed assets. This is a comprehensive indicator of investment in fixed assets, reflecting the achievements of investment in fixed assets in fifferent periods, different sectors, and different regions.

Rate of Construction Projects Completed and Put into Use refers to the ratio of the number of construction projects completed and put into use in certain period of time to the number of projects under construction in the same period. This reflects the investment efficiency from the angle of the speed of projects construction.

Rate of Projects of Fixed Assets Completed and Put into Operation refers to the ratio of the newly increased fixed assets to the total investment made in the same period. This is a comprehensive indicator, reflecting the speed of the employment of fixed assets and the investment efficiency.

ENERGY AND MATERIAL

Total Eneray Production refers to the total production of primary energy by all energy producing enterprises in the country (region) in a given period of time. It is a comprehensive indicator to show the capacity, scale, composition and development of energy production of the country(region) . The production of primary energy includes that of coal, crude oil, natural gas, hydro - power and electricity generated by other means such as wind power and geothermal power. However, it excludes the production of fuels of low calorific value, bioenergy, solar energy and the secondary energy converted from the primary energy.

Total Domestic Energy Consrmpionrefers to the total consumption of energy of various kinds by material production sectors, non - material production sectors and households in the country(region) in a given period of time. It is a comprehensive indicator to show the scale, composition and development of energy consumption. The total energy consumption includes that of coal, crude oil and their products, natural gas and electricity, However, it excludes the consumption of fuel of low calorific value, bioenergy and solar energy. Total domestic energy consumption can be divided intothree parts:

(1) Final Energy Consumption: It refers to the total energy consumption by material production sectors, non - material production sectors and households in the country(region) in a given period of time, but excludes the consumption in conversion of the primary energy into th e secondary energy and the loss in the process of energy conversion.

(2) Loss During the Process of Energy Çonversion: It refers to the total input of various kinds of energy for conversion, minus the total output of various kinds of energy in the country in agiven period of time. It is an indicator to show the loss that occurs during the process of energy conversion.

(3) Loss: It refers to the total of the loss of energy during the course of energy transport, distribution and storage and the loss caused by any objective reason in a given period of time. Theloss of vareous kinds of gas due to gas discharges and stock taking is excluded.

PUBLIC FINANCE

Government Revenue refers to the revenue of the government finance by means of participating in the distribution of the social products, which is the financial resources for ensuring the government to function. The contents of government revenue have been changed several times. Now itincludes the following main items:

(1) Various tax revenues, including value added tax, buśiness tax, consumption tax, land value added tax , tax on city maintenance and construction, resources tax, tax on use of urban land, stamp tax, tax on adjustment of the orientation of investment in fixed assets, personal income tax, enterprise income tax, tariff, tax on agriculture and animal husbandry and ta x on occupancy of cultivated land etc.

(2) Special revenues, including revenue collected from imposing fee on sewage treatment, revenue collected from imposing fee on urban water resources, and extra - charges for education, etc.

(3) Other revenues, including revenue from the repayment of capital construction loan, the funds for the state key construction projects in energy industry and transportation, and the funds foustate budget adjustment, etc.

(4) Planned subsidies for the losses of the state - owned enterprises. This is an item of negativerevenue, used to eat

up part of the government revenue.

Government Expenditure refers to the distribution and use of the funds the government financehas raised, so as to meet the needs of economic construction and various causes. It includes the following main items:

(1) Expenditure for capital construction: It refers to the non – gratuitous use and appropriation of funds for capital construction in the range of capital construction, outlay of capital as well as the loans on capital construction approved by the government for special purpose or policy purpose and the expenditure with discount paid in an overall way within the amount of the funds appropriated to the departments for capital construction.

(2) Innovation funds of the enterprises: They refer to the funds appropriated from the government budget for the enterprises to tap the latent power, upgrade the technology and carry out innovation, including the innovation fund of the departments, loan of the enterprises for innovation, subsidies on the innovation of the small fertilizer plant, small cement plant, small coal mines, small machinery plant and small steel plant, the expenditure of interest for the loan for innovation.

(3) Geological prospecting expenses: They refer to the expenses appropriated from the government budget to the geological prospecting units for the expenditure of the prospecting: work, including the expenditures of the administrative agencies for geological prospecting and their institutional units as well as the geological prospecting expenditure.

(4) Expenditures for science and technology promotion: They refer to the expenses appropriated from the government budget for the scientific and technological expenditure, including new products development expenditure, expenditure for intermediate trial and subsidies on important scientific researches.

(5) Expenditure for supporting rural production: It refers to the expenditure s appropriated from the government budget for supporting the various expenditures of the rural collective units or households for production, including the subsidies to the small water conservancy projects and well drilling, sprinkling irrigation projects run by the villages; subsidies on the rural water and soilcon serving measures; subsidies to the small power stations run by the villages; subsidies to the expenditure for fighting against particularly severe draughts; subsidies on the rural waste land exclamation; fund for supportin the township enterprises; subsidies to the expenditure for popularization of the agricultural technologies and plant protection in the rural areas; subsidies to the expenditure for the protection of grass lands and cattle and rowls; subsidies on afforestation and forest protection in rural areas; subsidies on the rural aquatic products industry; special fund for developing grain prodrction.

(6) Operating expenses of the departments of farming, forestry, water conservancy and meteorologyetc.: They refer to the expenses apprlpriated from the government budget for the expenditures of agricultural exclamation, farms, agriculture, animal husbandry, agricultural machinery, forsetry, timber industry, water conservancy, aquatic products industry, meteorology, technology popularization in township enterprises, popularization (demonstration) of improved varieties, plant (cattle and fowls, forest) protection, water quality monitoring, prospecting and designing, resources investigation, cadres training, subsidies to horticulture gardens, expenditures of afforestation agencies and meteorology agencies, expenses for fishery administration and operating expenses for agricultural administration, etc.

(7) Operating expenses of the departments of industry, transport and commerce: They refer to the expenses appropriated form the government budget to the departments of industry, transport and commerce for the expenditure of buseness development, including expenses for prospecting and designing, expenditures of specialized secondary schools, expenditures of the technical training schools and expenditures for cadres training, etc.

(8) Operating expenses of the departments of culture, education, science and public health: Theyrefer to the expens-

es appropriated from the government budget for the expenditures of the causes of culture, publication, cultural relics, education, public health, traditional Chinese medical science, free medical services, sports, archives, earthquake, ocean, communications, broadcasting, film and television, family planning; expenditure for training of cadres of government, party and mass organization; expenditures for natural sciences, social sciences, association s for science and technology and the special expenditure for the high - tech researches. They include mainly wages, extra wages, welfare funds, pension for the retirees, stipend, expenses for official business, expenses for equipment purchases, expenses for repairs, business expenses and subsidies to theunits which are unable to support their expenditures by their own earnings.

(9) Pension for the disabled or for the families of the bereaved and relief funds for social welfard: They refer to the funds appropriated from the government budget for the expenditures of penseon for the disabled or for the families of the bereaved and relief funds for social welfare, including the lump - sum or regular pinsion paid by the departments of civil affairs to the members of martyrs' families and families of those who died for the public interest, pension to the revolutionary disabled, subsidies for permanent disability of various kinds, subsidies to the military martyrs' dependents and the demobilized armymen, expenditure for settling down the demobilized armymen, operating expenses of the consoling institutions, expenses for management and repair of the commemorative buildings for the martyrs, the expenses managed by the departments of civil affairs for the retirees and those who have quitted their work, expenses for social relief inrural and urban areas, operating expenses for providing relief to the areas of matural calmity andsubsidies on the reconstruction after the particularly severe natural calamities, etc.

(10) Expenditures for national defence: They refer to the funds appropriated form the government budget for the expenditures for building up national defence and safeguarding national security, including expenses fo national defence, expenses of scientific researches on national defence, expenses for building up people's militia and expenditure for special projects, etc.

(11) Administrative expenses: They include expenditrue for administration, subsidies to the parties and mass organizations, diplomatic expenditure, expenditure for public security, judicial expenditure, law court expenditure, procuratorial expenditure and srbsidies to the expenses fortreating the cases by the public security departments, procuratorial organs and law courts.

(12) Expenditure for price subsidies: It refers to the expenditure appropriated, with the approval of the government, form the government budget for the policy subsidies to price adjustment, including the fund for the increase of grain prices, the subsidies to the difference between the selling prices and purchasing prices of grain, cotton and edible oil, awards in addition to thepurchasing prices of cotton, risk fund for mom - staple food, siubsidies on the prices of meat and meat products, subsidies on the price difference for curbing the high market prices of meat, meatproducts and vegetables and the subsidies approved by the government on the prices of textbooks andnewaprint of newspapers and perodicals.

PRICE

Retail Price Index reflects the general change in retail prices of commodities. The change and adjustment in retail prices directly affect the living expenditure of urban an d rural residents, government revenue, purchasing power of resedents and the equilibrium of market supply and demand, amd the ratio of consumption to accumulation. Therefore, the clalculation of retail price index isuseful to analyze the changes of the above economic acivities.

Consumer Price Index reflects the relative change in prices of consumer goods and services purchased by urban and rural resedents, and is a composite index derived from the urban consumer price index and the rural consumer price index. Consumer price index can be used to analyze the impact of consumer price change on actual expenditure for living cost of urban and rural residents.

Urban Consumer Price Index reflects the relative change in prices of consumer goods and services purchased by urban and staff and worders and their families and can be used to observe and analyze the impact of price changes in consumer goods and services on money wages of staff and workers, andprovide bases for policy making concerning the living cost and wages of staff and workers.

Rural Consumer Price Index reflects the relative change in prices of consumer goods and services purchased by rural households and can be used to observe the impact of change in prices of consumer goods and services on living expenditure and actual change in peasants' living cost. It providesbases for analysis and research on peasants' living cost and welfare.

Index of Purchasing Prices of Farm Products reflets the relative change in purchasing prices of farm products purchased by state - owned, collective - owned, and individual commercial enteprises, foreign trade sectors, government agencies, social orgazinations and other units of various types of ownership. It is used to observe the impact of change in purchasing prices of farm products on money income of peasants and is calculated with the method of weighted harmonic mean , taking theamount of purchases during a given period as the weight. Number of products involved in the current calculation totalled 276 in 11 categories.

' **Retail Price Index of Rural Industrial Products** reflects the relative change in prices of industrial prodrcts in rural market and can be used to observe the impact of the price change on farmers' money expenditure.

Ex - factory Price Index of Industrial Products reflects the change in general ex - factory prices ofall industrial products, including sales of industrial products to commercial enterpeises, foreign trade sectors, materials supplying and distributing sectors as well as sales of production means to industry and other sectors and sales of consumer goods to residents. It can be used to analyze theimpact of ex - factory prices on gross industrial output value.

Price Index of Investment in Fixed Assets reflects th e change in prices of investment in fixedassets. The investment in fixed assests consists of three components, namely the investment inconstruction and installation, the investment in purchases of equipment and instrument, and the investment in other items. Price index of investment in fixed assets in calculated as the weighted arithmetic mean of the price indices of the three components of investment in fixed assets.

Price index of investmint in fixed assets reflects the changes of prices in various goods and services involved in investmetn in fixed assets and therefore can be used to observe the actual size, speed , structure, and efficiency of investment in rixed assets and provides reliable and scientific data for government planning, management, decision making , and further improving the current national accounting system.

PEOPLE'S LIVELIHOOD

Employed Population in Urban Households rfefers to urban residnts engagd in certain work and receiving payment for their labour or income from their business operation, including those who work in state - owned or collective units , joint ventures, foreign - owned units and private units with permanent or temporary jobs. The self - employed individuals and reemployed retires are also included. This indicator reflects the situation of urban employment and is the basic data for calculating employment rate and dependency ratio.

Total Income of Urban Households refers to the total actual cash income of the same holds, including regular or fixed income and occasional income. The income of a circulating nature such as withdrawal from band deposits, loans borrowed from relatives or friends, repayment of loans received and various temporary collection of money is excluded.

Disposable Income refers to the income of the sample horseholds which can be used for daily expenses, i.e. total income minus income tax.

Expenditure For Consumption refers to total expenditure of th e sample hoseholds for consumptionin daily life, including expenditure for various commodities and expenses for non – commodity items such as culture and service, etc., but excluding fines and confiscation, loss, tax payments (such asincome tax, license tax, real estates tax, etc.) and various espenses by individual laborers for business purposes.

Expenditure For Purchases of Commodities refers to total expense s of the sample households for the purchases of commodities from shops, factories, catering trade, canteens, markets and the peasants. This expenditure is classified into nine itims: food, clothing, daliy – life necessities, culturaland recreational articles, newspapers and magazines, medicines and medical appliances, housing and building materials, fuels and other commodities. No matter whether the commodities are purchased for their own consumption or for gifts to relatives and friends, they are all included.

Net Income of Rural Households refers to the total income of the permanet residents of the rural households during a year after the eduction of the expenses for productive and non – productive business operation, the payment ofr taxes and the payment for collective units for their contracted taskd. The net income can be spent for investments in productive and non – productive construction, for consumption in daily life and for savings deposit. It is a comprehensive indicator to show the actual level of the income of the peasants' household. The net income of the rural householdaincludes not only the income from the productive and non – productive business operation, but also the income from the non – business operation, such as the money remitted or brought back by the members of the bousehold who are in other places, the government relief payment and various subsidies. It includes not only the money income, but also the income inkind. But the income from borrowing frombanks, friends and relatives is excluded.

Able – bodied and Semi – Ablebodied Laborers of Rural Households refer to permanent residents of rural horseholds who are able to work and actually engaged in social labour, which are one factor of production and sources of rural household income. According to the relevant regulations, maleaged 18 – 50, female aged 18 – 45 are considered as able – bodied laborers; male aged 1 6 – 17 and actually engaged in social labour are also considered as able – bodied or semi – ablebodied laborers, while those who are within the above ahe range but unaboe to work are not counted as able – bodied or semi – ablebodied laborers.

Expenditure of Rural Households For Consumption refers to total expenses of rural households on daily life, including expenses on food, clthing, housing, fuel, articles for daily use, and expecnseson cultural life and services. This indicator in used to show the actual consumption level of peasants.

Expenditure of Rural Households on Commodities refers tototal expenses of the permanent residents of the rural households on purchases of food, clothing, furniture, household appliances, articles for daily use, fuels, durable foodes, and cultural, educational and medicinal articles, including purchases from state – owned shops, collective shops, free mardets, and etc. Expenditure of peasants for purchase of commodities is an important part of peasants' consumption expenditure, which reflects the extent of commercialization of peasants' consumption and the developingprocess from self - sufficient economy toward commodity economy. It provides basis for the analysis and research of peasants' market demand and for the formulation of the plan of commodity supply.

The Outstanding Amount of Savings Deposits of Urban and Rural Residents includes two parts: the band savings deposit of urban residents and the band savings deposit of rural re sidents. The cashhold by residents and the deposits of organizations such as enterprises, etc. are not included. The outstanding amount of saving deposits is the amount of saving deposits at a certain point of time such as the end of month, quarter, or year.

General Survey of Cities(Prefecture)

Production Capacity of Tap Water at The Year - End refers to the actual comprehensive production capacity of the waterworks administered by the urban construction department and those owned by enterprises or institutions, taking the capacity of the main links, such as water inflow, purification, conveyance and outflow of the trunk pipelines into account.

Length of Water Supply Pipelines at The Year - end refers to the total length of all the pipelines between the water pumps and the users' water meters.

Annual Volume of Water Supply refers to the total volume of water supplied by the public water - works and those owned by individual enterprises and institutions during the whole year, including both the effective water supply and loss during the water supply.

Consumption of Water For Residental Use refers to the water consumption of householes for daily life and the water consumption of public welfare facilities, including the consumption of restaurants, hotels, hospitals, barber shops, public bathhouses, laundries, swimming pools, shops, schools, institutions, army units and other units.

Percentage of Urban Population With Access to Tap Water refers to the ratio of the urban non - agricultural population (excluing temporary and mobile population) with access to tap water to the total urban non - agricultural population. The formula is:

$$\text{Percentage of Population with Access to Tap Water} = \frac{\text{Urban Non - agrecultural Population with Access to Tap Water}}{\text{Urban Non - agricultural Population}} \times 100\%$$

Production Capacity of Gaswork Gas refers to the actual comprehe nsive production capacity of theurban gasworkd in gas generation, purification and delivery.

Length of Gas Pipelines refers to the total pipeline length between the outlet of the compressor, blower or gas tank and the shaft pipe of users.

Volume of Gas Supply refers to the total volume of gas sold to users in a year, including the volume for industrial use, residential use and other uses.

Percentage of Urban Population With Access Gas refers to the ratio of the urban non - agricrltural population with access to gas (including gas, liquefied petroleum gas and natural gas) to the urbannon - agricultural population (excluding temporary and mobile population). The formual is:

$$\text{Percentage of Population with Access to Gas} = \frac{\text{Urban Non - agriculotural Population with Access to Gas}}{\text{Urban Non - agricultural Population}} \times 100\%$$

Heating Capacity in Urban Area refers to the capacity of hourly supply of steam and hot water tocities by thermal power plants, beating corporations and centralized neating boiler rooms which meet certain standard.

Feating Volume in Urban Area refers to the total volume of steam and hot water supplied to cities every year by therual power plants, heating corporations and centralized heating boiler rooms whichmeet certain standard.

Length of Heating Pipelines refers to the total length of pipelines for centralized supply of steam and hot water from the thermal power plants, heating corporations and centralized heatingboiler rooms which met certain standard to the users.

Length of Paved Roads at The Year - end refers to the length of r oads with a paved surface, and with a width of more than 3.5 meters, including high - quality, medium - quality and ordinary roads.

Urban Bridgesrefer to bridges over river courses, great separated junctions and overpasses inurban areas. Permanent bridges and semi - permanent bridges are included. Temporary bridges, railwaybridges and culverts are excluded.

Length of Urban Sewage Pipes refers to the total length of gener al drainage, trunks. branch and blind drainage, inspection wells, connection wells, inlets and outlets, etc.

Daily Disposal Capacity of Urban Sewage refers to the designed 24 - hour capacity of sewage disposal at the sewage treatment works.

Number of Public Vehicles (Buses and Trolley - Buses) at The Year - end refers to the total number of operational buses available at the year - end, including the year - end operational vehicles andvehicles in stock. Non - operational vehicles such as stringing cars, tank cars, m achine - shop cars, trucks and other special vehicles and the borrowed passenger vehicles are excluded.

Length of Routes in Operation refers to the length of designated regular routes in operation, including the length of suburbanroutes in operation. The length of temporary op erational lines is not included.

Area of Urban Gardens and Green Areasrefers to the total area of urban public green land, specialgreen land, production green land, protection green land and suburban scenic spots.

Public Green Arearefers to green areas of varions parks, zoos, botanical gardens, cemeterise, amusement parks, tree - flanked boulevards green - land squares for tourism and relaxing. Areas withtrees planted along - side the streets and boulevards are excluded.

AGRICULTURE

Gross Output Value of Farming, Forestry, Animal Husbandry and Fishery refers to the total volume of products of farming, forestry, animal husbandry and fishery in value terms, which reflects the total scale and total result of anricultural production during a hiven period of time. The statistical coverage of farming, forestry, animal husbandry and rishery are as follows: In terms of ownership, China's agreculture includes specialized state farms (farming, forestry, animal husbandry, fishery); farms managed by various government agencies, organ ezations, schools, research institutions, and army; farms managed by rural collective organizatons at levels of township, town, and village; farming, forestry, animal husbandry, fishery run by various rural collective organizations and individual farmers.

(1) Farming includes cultivation of farm crops and other agricultural activities. Cultivation includes the cultivation of grain crops, beans, tubers, cotton, oil - bearing crops, sugarcrops, fiber crops tobacco, vegetables, medicinal herbs, melons and gourds, a nd cultivation andmanagement of tea plantations, mulberryficlds and orchards. Other agricultural activities includes gathering fruits, fiber, gum and resin of wild plants, oil - bearing plants, grass, wild medicinal herbs, fungus plants, and commodity industries of the rural households.

(2) Forestry refers to planting trees of various kinds (excluding tea plantations, mulberryfields and orchards), gathering of forest products, and cutting and felling of bamboo and trees by villages and other cooperative organizations under villages. (3) Animal husbandry refers to raising and grazing of all animals except fishe ry and aquaculture, and hunting and raising of wild animals.

(4) Fishery refers to cultivationand catching of fish and other aquatic animals and cultivationand collection of seaweed and other aquatic plants. Gross output value of agriculture is obtained by first multiplying the output of each product orby - product by its price, resulting in the output value of each single item. For a small number of products, annual output of which is not available or difficult to get due to the long production/growing process involved, the output value is estimated through an indirect approach. The sum of output value of all products of farming, forestry, animal husbandry, and fishery is then equal to the gross output value of agriculture.

Prior to 1957, China's gross agricultural output value included barn yard men ure and handicraft products for self - con - sumption (clothes, shoes, stockings, and initial grain proce ssing undertaken bypeasants). Since 1958, cutting and felling of bamboo and trees by villages and other cooperative organizations under villages have been included in forestry; value of barnyar d manure has been excluded from animal husbandry; self - consumed handicrafts has been excluded from sidelineoccupations, while the output value of industries run by villages and cooperative orhanizationsunder village had been included in sideline occupations and the output value of fish catches bymotou fishing boats has been added to fishery. Since 1980, the value of handicraft products made forsale by individuals in households had been added to sideline occupations. Since 1984, industries run by villages and cooperative organizations under villages haue been included in the sector ofindustry. Since 1993, the subdivision of sideline occupations has been canceled, and the hunting of wild animals has been classified into animal husbandry, and the gathering of wild plants and commodity industry run by rural househole have been included in farming.

Grain Yield refers to the yield in the whole country including g rains produced by state farms, collectine units, indrstrial enterprises and mines. Grain includes rice, wheat, corn, sorghum, millet and other miscellaneous grains as well as tubers and beans. Output of beans re fers to dry beanswithout pods. The output of tubers (sweet potatoes and potatoes, not including ta ros and cassava) was converted into that of grain at the ratio 4:1 ,i. e. four dilograms of fresh tub ers was equivalentto one kilogram of grain up to 1963. Since 1964 the ratio for conversion has been 5: 1. Tuberssupplied as vegetables(such as potatoes) in cities and suburbs are calculated as fresh vegetables and their output is not included in the output of grain. Ouptut of all other grains refers to husked grain.

Yield of Oil - Bearing Crops refers to the total yield of oil - bearing crops of various kinds, including peanuts, (dry, inshell) rapeseeds, sesame, sun flower seeds, flax seeds, and other oil - bearing crops. Ssybeans, oil - bearing woody plants, and wild oil - bearing crops are not included.

Output of Aquatic Products refers to catches of both artificially cultured and naturally grown aquatic products, including fish, shrimps, crabs and shellfish in sea and inland water as well asseaweed. Freshwater plants are not included.

Output of Pork, Beef and Mutton refers to the meat of slaughtered hogs, cattle, sheep and goatswith head, feet, and offal taken away.

Cultivated Area (Area Under Cultivation) refers to farm land which is plowed constantly for growing crops, including cultivated land, newly cultivated land in the current year, farmland left without cultivation for less than three years and fallow land in the current year, rotation land, rotation land of grass and crops, farmland with some fruit trees, mulberry trees and other trees andcultivated seashore land, lake land, and etc. The land of mulberry ficlds, tea pl antations, orchards, nurseries of young plants, forest land, reed land, natural and man - made grassla nd and other landare not included in cultivated land.

Sown Area of Crops refers to area of land sown or trans planted with crops regard less of being incultivated area of non - cultivated area. Area of land resown due to natural disast ers is also included.

Irrigated Arearefers to areas that are effectively irrigated, i . e. level land which has water source and complete sets of irrigation facilities to lift and move adequate water for irrigation purpose under normal conditions.

Consumption of Chemical Fertilizers in Agriculture refers to the quantity of chemical fertilizersapplied in agriculture in the year, including nitrogenous fertilizer, phosphate ferttilizer, potashferilier, and compound fertilizer. The consumptiohn of chemical fertilizers is required incalcration to convert the gross weight into weight containing 100% effective component(eg. 100% nitrogen content in nitrogenous fertilizer, 100% phosphorous pentoxide contem in phosphatefertilizer, 100% potasium oxide content in potash fertilizer). Compound fertilizer is converted with its major compoment.

Total Power of Farm Machinery refers to total mechanical power of machinery used in faming, forestry, animal husbandry, and fishery, including ploughing, irrigation and dra inage, harvesting, transport, plant protection, stock breeding, forestry and fishery. The power of internal combustionengines is required to convert horsepowers into watts and the power of electric motors is required to be converted into watts. Machinery employed for non - agricultural purposes, such as the machines used in township - run and village - run industry, construction, non - agricultural transport, scientific experiments and teaching, is excluded.

Laborers Engaged in Farming, Forestry, Animal Husbandry And Fishery refers to the total laborers who are directly engaged in production of farming, forestry, animal husbandry and fishery.

Number of Livestock or Poultry on Hand at Teh Beginning (or end) Of The Reference Perild refers to the total number of large animals, pigw, sheep, fowls, ets. raised by rural cooperative organizations, state farms, rural individuals, government agencies, schools, industrial and mining enterprises, army, and urban residents at the beginning (or end)of the reference period.

Cerealsrefer to seeds of various kinds of crops which are used mainly for grain. Cereals include paddy, wheat, maize, millet, Chinese sorghum, etc., escept beans and tubers.

INDUSTRY

Industryrefers to the material production sector which is engaged in extraction of natural resources and proce ssing and reprocesseing of minerals and agricultural products, including (1)extraction of natural resources, such as mining, salt production, logging (but not includinghunting and fishing); (2) processing and reprocessing of farm and sideline producees, such as ricehusking, flour milling, wine making, oil pressing, cotton ginning, silk reeling, spinning and weaving, and leather making; (3) manufacture of industrial products, such as steel making, iron smelting, chemicals manufacturing, petroleum processing, machine building, timber processing; water and gasproduction and electricity generation and supply; (4) repairing of industrial products such as therepairing of machinery and means of transport (including cars).

Prior to 1984, the rural industry run by villages and cooperative organiza tions under village wasclassified into agriculture. Since 1984, it has been grouped into industry.

(1)**State - owned and state holding majority shares enterprises** refer to state - owned enterprises and the enterprises which state holds majority shares. State - owned enterprises(industry ownership by the whole people or state - run industry)refers to non - corporation economic units, where the entire assets are owned by the state and which have registered in accordance with the Regulation of the People's Republic of China on the Management of Registration of Corporate Enterprises, including the state - owned enterprise, sole stae - funded corporation and state - owned joint ownership enterprise. Joint state - private industries and private industries, which existed before 1957, have been transformed into state - run industrics. Since 1992, those were named state - owned industries. Statistics on these enterprises has been included in the state - industries since 1957 when separation of data was no longer necessary.

(2)**Collective - owned Enterprises** refers to industrial enterprises where the means of production are owned collectives and some enterprises which were formerly owned privately but have been registered in industrial and commercial administration agency as collective units through raising fund from the public.

(3)**Share - holding Corporations Ltd.** Refer to economic units registered in accordance with the Regulation of the People'sRepublic of China on the Management of Registration of Corporate Enterprises, with total registered capitals divided into equal shares and raised throught issuing stocks. Each investor hears limited liability to the corporationdepending on the holding of shares, and the corporation bears liability to its debt to the maximum of its total assets.

Light Industry refers to the industry that produces consummer goods and hand tools. It consists of two categories, depending on the materials used:

(1)Industries using farm products as raw materials. These are branches of light industry which directly or indirectly use farm products as basic raw materials, including the manufacture of food and beverages, tobacco processing, textile, clothing, fur and leather manufacturing, paper making, printing, etc.

(2)Industries using non farm products as raw materials. These are branches of light industry which use manufactured goods as raw materials, including the manufacture of cultural, educational articles and sports goods, chemicals, synthetic fiber, chemical products for daily use, glass products for daily use, metal products for daily use, hand tools, medical apparatus and instruments, and the manufacture of cultural and clerical machinery.

Heavy Industry refers to the industry which produces capital goo ds, and provides various sectorsof the national economy with necessary material and technical basis. It consists of the following three branches according to the purpose of production or the use of products:

(1) Mining, quarrying and logging industry refers to the industry that extracts natural resources, including extraction of petroleum, coal, metal and non – metal ores and logging.

(2) Raw materials industry refers to the industry that provides various sector s of the national economy with raw materials, fuels and power. It includes smelting and processing of metals, coking and coke chemistry, chemical materials and building materials such as cement, plywood, and power, petroleum refining and coal dressing.

(3) Manufacturing industry refers to the industry that processes raw materials. It includes machine – builiding industry which equips sectors of the national economy, industries of metal structure and cement products, industries producing means of agricultural production, such as chemical fertilizers and pesticides.

According to the above principle of classification, the rpeairing trades which are engaged primarity in repairing products of heavy industry are classified into heavy in dustry while these engaged in repairing products of light industry are classified into light indrstry.

Gross Industrial Output Value is the total volume of indrstrial products sold or available forsale in value terms which reflects the total achievements and overall scale of industrial production during a given period. It includes the value of the finished products, which are not tobe further processed in the enterprises and have been inspected, packed and prt in storage, the value of industrial services rendered to other units and the changes in the value of the semi – finihed products and products in process between the behinning and closing of th e period(only theenterprises with long ptoduction cycle are required to calculatc the changes). The gross industrial output value is calculated with "factory method". Nodouble calculations are to be made within the same enterprise. However, double counting does occur among different enterprises.

Output value of light and heavy industries is also classified with the "factory" method. Undernormal conditions, if the major products of an industrial enterprise belong to light industry products, the gross output value of that enterprise is classified whohhy into light industry; thesame principle applies to heavy industry.

Value Added of Industryrefers to the final results of industrial production of the industrial trade in money terms during the reference pereod.

Original Value of Fixed Assets refers to the original value of all fixed assets owned by industrial enterpreses, calculated at the cost paid at the time of purch ase, installation, reconstruction, expansion, and technical innoivation and transformation of the said assets, which includes expenses on purchase, package, transportation, and installation, etc.

Net Value of Fixed Assetsis obtained by deducting depreciation over years from the original value of fixed assets.

Working Capital (Circulating Assets) refers to assets which can be cashed in or spent or consumed in an operating cycle of one year or over one year, which includes cash, various deposits, shortterm investment, and receivable payments, and advance payments, stock, etc.

Total Value of Profit and Tax (Pre – Tax Profits)refers to the sum of the total profits, products sales tax and surcharges and the value added tax payable of industrial enterprises. It is alsocalled pre – tax profits.

Ration of Pre – Tax Profits to Assets refers to the ration of pre – tax profits realized in a givenperiod to total assets (net fixed assets plus working capital) , which reflects the economic efficiency of the assets utilization and is calculated as follows:

$$\text{Ratio of Pre - tax Profits to Assets}(\%) = \frac{\text{Pre - tax Profits in Reference Per iod}}{\text{Average Net Fixed Asses + Average Balance of Working Capital}} \times 100\%$$

Ration of Profits to Total Industrial Costs refers to the ratil of profits realized in a given period to the total costs in the same period, which reflects the economec efficiency of input cost and is calculoated as follows:

$$\text{Ratio of Profits to Total Industrial Cost }(\%) = \frac{\text{Total Profits}}{\text{Tota 1 Costs}} \times 100\%$$

Value Added Rate of Industry refers to the ratio of value added of industry in a given period of the gross output value in the same period, which reflects the economic efficiency of cutting down the intermediate input and is calculated as follows:

$$\text{Value added Rate of Industry}(\%) = \frac{\text{Calue Added of Industry (at Current Prices)}}{\text{Gross Output Value (at Current Prices)}} \times 100\%$$

Number of Times of The Turnover or Working Capital refers to the number of times of turnover of work in capital in a given period of time, which reflects the speed of the turnover of working capital and is calculated as follows:

$$\text{Turnover of Working Capital }(\%) = \frac{\text{Sales Revenue of Products}}{\text{Average Balance of total Working Capital}} \times 100\%$$

Sales Rate of Industrial Products refers to the ratio of total sales in a given period to the gross output value in the same period, which reflects the extent of industrial output sold and is calculated as follows:

$$\text{Sales Rate of Industrial Products}(\%) = \frac{\text{Total Sales (at Current Prices)}}{\text{Gross Output Value (at Current Prices)}} \times 100\%$$

Sales Revenue of Industrial Productsrefers to the revenre from the sales of products by industrial enterprises and the revenre from services provided and etc.

Sales Cost of Industrial Products refers to the actual cost of products of industrial enterprises and industrial enterprises and industrial services provided, etc.

Tax and Extra Charger on Sales of Products refer to the tax on c ity maintenance and construction, consumption tax, resources tax and extracharges for education, which should be borne by the enteprises in selling products and providing industrial services.

Sales Profit of Products refers to the profit gained by the enter prises by deducting cost, chargesand taxes from the business income of the enterprises obtained in selling prod ucts and providing industrial services.

Total Profits refer to the profits gained by the enterprises.

Value Added Tax Payable refers to the amount of the value added tax which should be paid by the eterprises in the reporting period.

Ratio of Per - Tax Profits to Gross Output Value refers to the rat io of the total amount of pre - tax profits gained (including total profits, sales tax and extra charges of prod ucts as well as thevalue added tax payable) in the reporting period to the gross output value in th e samd period (theratio is expressed in percentage). The formula is as follows:

$$\text{Ratio of Pre - tax Profits to Gross Output Value}(\%) = \frac{\text{Total Amount of Pr e - tax Profits}}{\text{Gross Output Value}} \times 100\%$$

Overall Labour Productivity of Industrial Enterprises refers to the average output per staff and worker in industrial enterprises in value terms. At present, the value added and the average number of staff and workers of an industrial enterprises in a given period are used to calculate the overall labour productivity. The formula used is:

$$\text{Overall Labour Productivity} = \frac{\text{Value Added of Industry}}{\text{Average Number of Staff and Workers}}$$

For the purpose of comparison of the overall labour productivity among different years, the data on the overall labour productivity of the years prior to 1990 have beeh adjusted on the bases of 1990 constant prices.

Capital refers to the corporation's capital registered in the departments of administration for industry and commerce. According to the different nature of investors, corporations' capital can be divided into state capital, legal person's capital, personal capital, foreign capital, etc. Total capital includes total registered capital of all investors in the corporation.

Total Assetsrefer to all assets which are owned or controlled by enterprises, including circulating assets, long – term investmint, fixed assets, intangible assets and deferred assets, other long – term assets, and dererred taxes, etc. The summation of above items is equal to total assets shown in the balance sheets of the enterprises.

(1) Circulating assets (working capital) refer to assets which can be cashed in or spent or consumed in an operating cycle of one year or over one year, including cash, all kings of deposits, short term investmint, receivables, advance payment, stock, etc.

(2) Fixed assets refer to the net value of fixed assets, clearance of fixed as sets, project under construction, fised assets losses in suspense. These are corporations' fund holdings.

(3) Intangible assets refer to the assets without matereial form used by enter prises over a longtime, such as patints, non – patent technolohies, trade marks, copy right, land use right, business reputation, etc.

Total Liabilities refer to the debts that enterprises are respon sible for repayment, including liquid liabilitier, long – term liabilities and deferred taxes, etc. Total liabilities correspond to the summation item of liabilities shown in the balance sheets of rhe enterprises .

(1) Liquid liabilities (also called quick liabilities or immediate liab ilities) refer to enterprises total debt payable within an operating cycle of one year or over on e year, includingshort term loans, payables and advance payments, wages payable, taxes payable and profit payable, etc.

(2) Long – term liabilities refers to total debt payable within an operating cycle of one year orover one yera, including long – tem loans, payable liabilities, long – term payables, etc.

Creditors' Equityrefers to investors' ownership of net assets of the enterprise. It is equal to the total assets of the enterprise minus its total liabilities, including the primary input from investors, capital accumulation fund, surplus accumulation fund and undistributed profit. It is the stock nolders' equity in stock companies.

TRANSPORTATION, POSTAL AND TELECOMMUNICATIONS SERVICES

Length of Railwaus in Operationrefers to the total length of the trunk line under passenger and freight transportation. The calculation is based on the actual length of the first line even if this line has a full or partial double track or more tracks, excluding double tracks, stationsidings, tracks under the charge of stations, branch lines, special purpose lines and the non – payable connecting lines. The length of railways in operation is an important indi cator to show the development of the intra – structure for the railway transport, and also the essential data to calculate volume of passenger freight transport, traffic density and utilization efficiency of the locomotives and carriages.

Extention Length of Trunk Lines refers to the sum of the first, the second, the third lines and other constructed length of the trunk railways, excluding the extention length of the station lines, lines under the jurisdiction of depots, sidings and lines for special purpose. It provide simportant information for the calculation of the needs for rails, sleepers, sand and stone for the construction of railways.

Length of Highways refers to the length of highways which are built in conformity with the grades specified by the bighway engineering standard formulated by the Ministry of Communications, and have been formally checked and accepted by the departments of highways and put into use. The lengthof highways includes that of the suburb highways at large and medium - sized cities, highways passingthrough streets at small cities and towns, and also the length of bridges and fe rries. It does notinclude the length of streets in big and medium - sixed cities and highways built for the production purpose at factories, mines, forest areas and agricultural areas. If two or more highways go the semesaction of the way, the length of the section is only calculated for once and on duplication isallowed. The length of highways is an important indicator to show the development of the highway construction and to provide essential information to calculate the transport net work density.

Length of Navigable Inland Waterways refers to the length of the natural rivers, lakes, reservoirs, canals, and ditches open to navigation during a given period, which enables the transport byships and rafts. It includes the channels open to navigation for over 3 months a ccumulatively in ayear, yet this does not include the river courses which are only used to float o dd logs and bamboorafts.

Length of Civil Aviation Routes refers to the length of all rou tes for regular civil aviationflights. There are usually two ways to calculate the distance between airports connected by theroute length: One is to put the length of all air routes together , called duplic ated calculation ofthe length of the routes; the other is not to allow the duplication in calculati on when two or moreroutes passing the same section. The latter is usually used, as it can precisely show the size ofthe civil aviation network and indicate the extent of civil aviation serving th e national economyand the people.

Freight (Passenger) Traffic refers to the volume of freight (pas senger) transported with various means. Freight transport is calculated in tons and passenger traffic is calculated in the number of persons. Despite the type of freight and travelling distance, the freight transport is calculated in the actual weight of the goods: and despite the travelling distance and ticket price, the apassenger traffic is calculated by the principle that one person can be counted only once in onetravel. The passenger who travel with a half - price ticket or a child ticket is also calculated asalso calculated as one person. The freight (passenger) traffic provides a quant itative measure to show how the transport industry serves the national economy and people, and is also an important indicator for planning the transport industry and for studying the development scale and speed of the transport industry.

Freight Ton - Kilometers (Passenger - Kilometers) refer to the sum of the products of the volume of transported cargo (passengers) multiplying ty the transport distance, usually using ton - kilometer and passenger - kilometere as units for measurmement. Normally, the shortest distance between thedeparture station and the desination station (i.e., the payable distance) is the basis to calculatethe freight ton - kilometers. This is an important indicator to show the total results of thetranspor industry, to prepare and examine the transport plan and to measure th e efficiency, thelabour productivity and the unit cost of transport.

Business Volume of Post and Telecommunications refers to the inf ormation delivered and other post and telecommunications services provided by the post and telecommunications departments for the customers. It is derived by first multiplying busindss volume of different types , such as number of letters, telegrams, long distance calls, city and rural telephone subscribers and accumulated number of newspapers and jounals subscribed and sold, etc. by their respective average unit price (fixedprice) and then adding these products together: plus the income from mainte nance of telephone exchanges and lines, and the income from other business operations. The business volume of post and telecommunitations indicates the total achievements made by the post and telecommunications depament during a given period of time in a comprehensive way, and is an important indicator to study the composition and development of the post and telecommunications busines s.

Local (Urban) Telephone refers to telephones connected to urban telephone network (at and abovework (at and above county level). The telephone charge is either monthly fixed rate or numerical rate.

(1) Resident telephones refer to telephones installed in resident dwellings, in cluding those withtelephone charges paid by individuals, by public units and free of charge.

(2) Personal telephones refer to telephones instlled and paid at one's own expe nse.

Subscriber of Pagding Services refer to subscribers who carry small size pagers and receive audiosignals, digital signals or literal signals sent out by city telephone through wireless pagingcenter within assigned area. Each pager is counted as a subscriber.

Mobile Thlephone Subscribers rerfer to the persons who own mobil e belephone number connected withthe mobile telephone communicaiton network and registered by post and telecommunications organization. The number of subscribers is calculated only when the subscribers who bave gone through all the register formalities and entered into the mobile telephone ne twork. One mobile telephone is treated as a subscriber.

CONSTRUCTION

Gross Output Value of Construction (Output Value of Projeots Under Cons truction) refers to the gross output value of construction and installation projects that are undertaken by construction enterpreses or affiliated constructing units, calculated in line with the planned schedule. It includes;

(1) Output value of construction projects, that is the value of projects covered by the project budgets;

(2) Output value of installation projects, that is the value of the installation of equipment;

(3) Output value of repair of buidings and structures, that is the value created through therepairs of buildings or structures, but does not include the value of buildings or structures being repaired and the value of the repair of production equipmint;

(4) Output value of manufactured non - standard equipment, that is the valu e of non - standard production equipment (including raw materials and manufacturing cost) made for the construction project, irrespective of whether the equipment is manufactured on the construction site or by subsidiary owrkshops.

Value - added of Construction refers to the final result of the activities of production and management of construction in monetary terms in the reference period. At present, the vcalue added of construction is calculated with the income approach. In other words, it is the sum of income of various production factors in the production process. The formula is as follows:

Value - added of construction = depreciation of fixed assets in the year + wages payable + welfare expenses payable + insurance premium and tax for wait in for employment in the administrative expenses + taxes and sturcharges on project settlement + profit gained from project settlement.

Floor Space of Buildings Under Construction refer to floor space of building under construction during the reference period, in cluding newly started buildings, buildings started earlier and continued during the reference period, and buildings suspended earlier but restarted during thereference period. Excluded are buildings started and then suspended earlier that have not been restarted during the reference time.

Floor Space of Buildings Completed refers to the floor space of buildings that are completed in the reference period in accordance with the requirements of the design, up to the standard for putting them into use, and have been checked and accepted by concerned departments as qualified ones.

Total Number of Machinery and Equipment Owned by The Construction Ente rprises(or Units) By TheEnd of Year refers to the number of machines and equipment owned by the enterprises (or units, andlisted as the fixed assets of the enterprises (or units) by the end of the year, including machinery and equipment for construction, production and transportation.

Total Power of Machinery and Equipment Owned By The Construction Enterprises (Or Untits) By The End of Year refers to the total power of machinery and equipment owned by the enterprises (or nuits), and listed as the fixed assets of the enterprises (of units) by the end of the year, including machinery and equipment for construction, production and transportation. The power of the machineryis calculated on basis of the designed or verifide capacity, covering the power of the machinery/equipment and the separate power equipment serving the machinery/equipment (such aselectric motors), but excluding welders, transformers and boilers. The unit used for the calcuation of power is kilowatt, with horsepower converted to kilowatt by 1 horsepower = 0.73 5 kilowatt.

Income From Settlement of Projects refers to the incom e received by the construction enterprise/unit from the completed portion of the project through settlement procedures with the contracte during the referecnce preiod, and other charges to the contractee as operational costs, such as facility fee, labour insurance premium, moving cost of construction unit, as well as various types of claims to the contractee.

Profit From Settlement of Projects refers to profit realized th rough settled projects. It is calculated with the following formula:

Profit from Settlement of Projects = Income from Settlement of Projects – Sttled Cost – Settled Taxes and Other Cost

Total Revenys of Enterprisesrefers to the sum of income from production and operation of enterprises, including income from settlement of projects and other operational income, namely:

Total Revenue of Enterprises = Income from Settlement of Projects + Other Operational Income

WHOLESALE, RETAIL SALES AND CATERING TRADE

Total Retail Sales of Consumer Goods refer to the sum of retail sales of consumer goods by the establishments in wholesale trade, retail sale trade, catering trade, manufacturing industry and other industries of different types of ownership, to urban and rural residents and social groups. This indicator is used to show the supply of consumers goods through various channels to households and institutions to meet their demands, and is therefore very important for the study of the issues on people's livelihood, on the purchasing power of consumer goods and on the circulation of money. The retail sales of consumer goods include: (1) commodities sold to urban and rural residents forresidential use and building materials sold to them for the construction of repair of houses; (2) food and fuels sold to canteens of institutions, enterprises, schools, military units and to canteens of hotels and hostels that only serve their guests, and commodities produced by enterprises, institutions of state farms and sold directly to their employees of their canteens; (3) grain and non – staple food, clothing, daily articles and fuels sold to military personnel; (4) cosumer goods sold to foreigners, overseas Chinese, and Chinese compatriots from Taiwan, Hong Kong and Macao during their stay in the mainland of China; (5) Chinese and western medicines, herbs and medicalfacilities purchased by residents; (6) newspapers, books and magazines directly sold to residentsand social groups by publishers, new and old commemorative stamps, special stamps , first – day covers, stamp albums and other stamp – collection articles sold by stamp companies; (7) consumer goods purchased and then sold by second – hand shops; (8) stoves and other heating facilities and liquified gas sold by gas companies to households and institutions; and (9) commodities sold by farmers to non – agricultural residents and social groups. Excluded under this heading are: raw materials, fuels, epuipment, tools sold to enterprises, institutions and state farms for production purpose; commodities sold to trade establishments for re – selling; commissioned sales at second – hand shops; operational income of urban public utilities; stamps sold at post offices; income of water, power, gas production and supply establishmets from the supply of their products; and sales of commodities among farmers.

Pruchase, Sales and Stock of Commodities by Wholesale and Retail Trade refer to the purchase, sales and stock of commodities by wholesale and retail estabilshments of different ownership (excluding individual sellers).

Total Purchasses of Commodities refer to the purchases of commodities by the establishments fromother establishments or individuals (including direct import from abroad) for the purpose of re – selling, either with or without further processing of the commodities purchased.

This indicator isused to show the total value of purchases of commodities by wholesale and retail establishmentsfrom domestic and overseas markets. The total purchases include: (1) agricultual and industrial products purchased from producers; (2) books, magazines and newspapers purchased from distribution departments of the publishers; (3) commodities purchased from wholesale and retail establishments; (4) commodities purchased from other units, such as surplus materials purchased from govermnent agencies, enterprises or institutions, commodities purchased from cate ring and service establishments, confiscated goods purchased from customs authorities or market m anagement agencies, second – hand goods and wastes purchased from residents; and (5) commodities directly imported from abroad. Excluded are commodities purchased by establishments (units) for use in their own businessoperation, commodities obtained without buying or selling procedures, rejected commodities, etc.

Total Sales of Commodities refer to selling of commodities by the establishments to other establishments and individuals (including direct export). This indicator is used to show the total value of sales of commodities at domestic markets and export. The total sales include: (1) commodities sold to urban and rural residents and social groups for their consumption; (2) commodities sold to establishments in industry, agriculture, construction, transportation, post and telecommunications, wholesale and retail trades, catering trade and public utility for their production and operation; (3) commodities sold to wholesale and retail establishments for re – selling, with or without further processing; and (4) commodities for direct to other countries. Excluded are selling of waste packaging materials used by the establishments (units) themselves, commoditie stransferred without buying of selling procedures, commission income from brokerage in transcationswhose settlement is directly handled by buyers and sellers, rejected commodities in the purchase, loss in commodities, etc.

Commodity Stock of Wholesale and Retail Enterprices at Year – End refers to total commodities possessed by wholesale and retail enterprises (units) of various types of owners hip, which reflects the commodity stock level of various wholesale and retail enterprises and the potential for market supply. It includes: (1)commodites located in storage, garages, counters, and shelves of operating units (such as sale stores, wholesale centers, and operating offices) of wholesale and retail enterprises; (2)commodities in the process of selecting, sorting, and packing; (3) commodities not arrived but recorded as purchase in the account, i.e. commodities not arrived but payment receiptsfor the commodities from the sellers or the banks arrived; (4) commodities deposited in other places rather than places mentioned above, for instance: commodities in the hold of purchasers temporarily due to the refusal of payment and commodities not taken back after going through the formalities; (5)commodities entrusted entrusted to other units to sell but not sold yet; (6) commodities purchased for other units but not delivered yet. Commodities not included as stock are thos e not owned by theenterprises (units), those allocated to financially independent factories rather than wholesale and retail enterprises for processing but not taken back yet, and finally those put in stock bywholesale and retail enterprises on behalf of the state material reserves units. In the calculation of the value of commodities stock at the end of period, the value is calculated at purchasing prices in agricultural goods purchasing units and wholesale units, and at the a ccunting prices in retail units.

Volume of Business (Transaction Value) at Urban and Rural Free Market refers to the value of all goods changed hands between sellers and buyers, includiug farmers, non – agricultural residents, institutions, organizations, enterprises and private, at urban and rural free markets. It is a comprehensive indicator used to show the size of the transaction at the free trade markets.

FOREIGN ECONOMY TRADE AND INTERNATIONAL TOURISM

Utilization of Forcign Capital refers to remittance, equipment and technology financed from abroad, by loans, foreign direct investment and other forms undertaken by the Chinese governments at alllevel, by various departments, enterprises and other economic units.

Foreing Loansa major part of China's utilization of foreign capital, refer to funds borrowed from abroad, including loans of foreign governments, loans of international financial institutions, commercial loans of foreign bands, export credit, and funds raised by Chinese bonds and shares issued abroad.

Direct Investment By Foreing Entrepreneurs refers to the investments inside China by foreign enterprises and economic organizations or individuals(including overseas Chinese, compatriots from Hong Kong and Macao, and Chinese enterprises registered abroad), following the relevant policies and laws of China, for the establishment of ventures exclusively with foreign own investment, Sino – foreign joint ventures and cooperative enterprises or for co – operative exploration of resources with enterprises or economic organizations in China . It includes the re – investment of the foreign entrepreneurs with the profits gained from the investment and the funds that enterprises borrow form abroad in the total investment of projects which are approved by the relevant department of the government.

Number of Tourists refers to the number of foreigners, overseas Chinese, and compatriots from HongKong, Macao and Taiwan coming to China for sight seeing, visits, tours, family reunions, vacations, study tours and other activities of an economic, scientific and technological, cultural, physical cultureand religious nature. This does not include the number of employees of foreign organizations stationed in China such as embassies, consulates, news agencies, the offices of corporations and enterprises and foreign experts and students residing in China and the persons staying briefly inChina but not for passing the night.

Foreing Exchange Earnings From International Tourism refer to the total expenditures of the foreigners, overseas Chinese, compatriots from Hong Kong, Macao and Taiwan in the process of their tourism in the mainland of China. Their expenditures mentioned above are foreign exchange earnings to China.

Total Imports and Exports at Customs refer to the value of commodities imported into and exported from the boundary of China. They include the actual imports and exports through foreign trade, imported and exported goods under the processing and assembling trades and materials, supplies and gifts as aid given gratis between governments and by the United Nations and other internation alorganizations, and contributions donated by overseas Chinese, compatriots in Hong Kong and Macao and Chinese with foreign citizenship, leasing commodities owned by tenant at the expiration of leasing period, the imported and exported commodities processed with imported materials, commodities trading in border areas (excluding mutual exchange goods), the imported and exported commodities and articles for public use of the Sino – foreign joint ventures, cooperatioe enterprises and ventures exclucively with foreign own investment. Also included are import or export of samples and ad vertising goods forwhose CIF or FOB value are beyond the permitted ceiling(excluding goods of no tr ading or use value and free commodities for export), imported goods sold in China from bonded warehoues and other imported or exportde goods. The indicator of the total imports and exports at customs can be used toobserve the total size of external trade in a country. In accordance with the stipulation of theChinese government, imports are calculated at CIF, while exports are calculated at FOB

BANKING AND INSURANCE

Deposit is a form of credit by which enterprises, institutions, or ganizations or residents can putmoney into banks and other credit institutions for safekeeping and interest earning under the principle of free withdrawal. According to different depositors, deposits are divided into enterprise deposits, treasury deposits, deposits of govenment agencies and organizations, capital constructiondeposits, urban savings deposits, rural deposits and other deposits. Deposits are major sources of the credit funds of bands.

Loan is a form of credit by which banks and other credit institutions provide funds at certaininterest rate to enterprises and individuals in the light of the principle of unconditional repayment. Loans from Chinese banks include circulating capital loans, fixed assets loans, loans tourban and rural individuals engaged in industrial and commercial business and agricultural loans.

Amount Insured refers to the amount of compensation for the loss or agreed sum of money to be paid by the insurer to the insurant. It is the maximum amount of liabilities written in thein surance contract and is also used as a basis to calculate the premium.

Premium is the fee paid by the insurant based on a proportion of the benefit he or she may get from the insurance plus the insurance value. It includes the income from the deposit of property insurance and presonal insurance.

Settled Clain is the compensation paid by the insurer to the insurant in accordance with the insurance contract for the loss which has been checked and found to be in the range of liability of the insurance after an accident has happened to the insured property or to a person who has insured his life. It is further divided into settled and unsettled claim.

EDUCATION, SCIENCE AND CULTURE

Regular Institutions of Hegher Learning refer to educational est ablishments set up according to the government evaluation and approval procedures, enrolling graduates from senior secondary schoolsand providing higher education courses and training for senior professionals. They include full – time universities, colleges, high professional schools and short – term professional universities.

Institutions of Higher Learning For Adults refer to educational establishments, set up in line with relevant rules approved by the government, enrolling staff and workers with senior secondary school or equivalent education, and providing higher education courses in many forms of full – time, part – time, spare – time, or correspondence for adults. professionals thus trained receive aqualification equivalent to graduates studying regular courses at regular univer sities, colleges and professional colleges. Institutions of higher learning for adults include Radio and TV universities, schools of high education for staff and workers and peasants, colleges for management cadres, pedagogical colleges, independent correspondence colleges.

Proxlment Rrte of Primary School – Age Children refers to the propor tion of school – age children enrolled at schools to the total number of school – age children both in and outside schools (including regarded children, but excluding blind, deaf and mute children). The formula is:

$$\text{Enrollment Rate of Primary School – age Children} = \frac{\text{Total Primary School – age Children at Schools}}{\text{Total Primary school – age Children Both at and Outside Schools}} \times 100\%$$

Independent Research and Development Institutions refer to the state – owned insitutions which havederect mission and research purpose, a certain number of core member with higher research level and a certain number of research personnel, favorable conditions for R&D and engaging in scientific research and technological development. The institutions also have their own independent organization and finance, authority to sign contracts with other units, with their own accounts inbands. Independent research and development institutions include the institutions attached tocentral governmert agencies, Chinese Academy of Sciences. Chinses Academy of Social Sciences and the institutions attached to local governments.

Presonnel of Independent Research and Development Institutions refers to the persons who work and receive payment in research and development institutions. It includes regular full – time and temporary staff and workers, but excludes retirees and persons who leave their work temporarily without payment but still retain their posts.

Total Expenditure on Research and Development refers to all actual expenditure made for R&D (basic research, applied research and experimental development) in reference period. It includes direct expenditure on R&D and indirect expenditure on R&D (including m anagement expenses, administrative expense and investment in capital construction ralating to R & D.

Scientists and Engineers refer to persons who have completed university or higher education orobtained titles of senior and middle – level professional positions.

Other Technical Personnel refers to persons involved in science and technology with secondary specialized education or three – year college education and persons with junior professional titles.

Inventions refer to the inventions as specified by the patent law and its detailed rules and regulations for implementation. They refer to the new technical proposals to the products ormethods or their modifications.

Utility Models refer to the utility models as specified by the patent law and its detailed rulesand regulations for implementation. They refer to the practical and new technical proposals on the shape and structure of the product or the combination of both.

Desings refer to the designs as specified by the patent law and its detailed rules and regulationfor implementation. They refer to the aesthetics and industry – applicable new designs for the shape, pattern and color of the product, of their combinations.

Cultural Institutions refer to units which have their own organizatinal system and independent accounting system and specialize in or serve cultural development. They exclude other establishments run by these cultural institutions and amateur cultural groups established by various departments.

Art Troupe refers to the troupe which is engaged in drama, opera, music, dance, acrobatics or other art performance, opens independent accounts with banks annd has self – supporting accounting system; excluding the troupes which are engaged partly in industrial or agricultural activities, partly art performance and the professional troupes organized by the people.

Film Projection Units refer to units with film projection equipment, full or part – time projectionists, permanent or non – permanent places, approved by related administrative departments to show films regularly for certain groups of audience, includinng those film projection units whichhave been approved to give commercial shows and run business with independent accounting system aswell as those film – renting units of the military system.

Number or Spectators at art Performance refers to the number of attendants at commercial shows, completely booked shows or free shows given in minority national areas, and does not include thenumber of spectators at rehearsals for examination and internal shows for study.

SPORTS, PUBLIC HEALTY AND OTHERS

Number or Athletes in Grades refers to the number of athletes who have been given titles through examination. The titles of athletes include international masters of sports, masters of sports, first – grade, second – grade and third – grade sportsmen and young athletes.

Number of Referees in Grades refers to the number of referees who have been given titles after examination. They are classified as international referees, national refereces and referees of the first, second and third grades.

Stadiums refer to stadiums for track annd field events with six – lane 400 – meter tracks around soccer felds, permanent track marks and permanent bleachers. stadiums are classified according toseating capacity. They inclrde Class A stadiums seating 25000 people each. Class B stadiums seating15000 to 25000 people each. Class C stadiums seating 5000 to 15000 people each, and Class D stadiums seating fewer than 5000 people.

Gymnasiums refer to indoor sports grounds with permanent seats in which basketball, volleyball. badminton, tabble tennis and gymnastics competitions can be held. Gymnasiums are classified according to seating capacity. They include Class A gymnasiums seating over 6000people. Class B gymnasiums seating 4000 to 6000 people. Class C gymnasiums seating 2000 to 4000 people, and Class D gymnasiums seating fewer than 2000 people.

Hospitals refer to medical institutions named as"hospital"with permanent hospital beds, which areable to take in patients and provid them with medical and nursing services. Hospitals are classified into three categories: hospitals at or above the county level, hospitals of rural townships, and otherhospitals. According to their ownership, hospitals can be classified into three categories: hospitals under the public health departments, hospitals under industrial and other departments and collective – owned hospitals. Hospitals at or above county level are divided into comprehensi ve and specialized hospitals.

Medical Technical Personnel refers to all permanent medical staff and workers employee by medical institutions, including doctors of Chinese and Western medicine, senior doctors who integrate traditional Chinese thrapeutics with Western thrapeutics in practice, senior nurses, pharmacists of Chinese and Western medicine, laboratory specialists, other specilists, paramedics of Chinese and Western medicine, nurses, midwives, druggists in Chinese and Western medicine, laboratory technicians, other technieians, other practitioners of Chinese medicine , nursing attendants, pharmacological workers of Chinese and Western medicine, laboratory workers, and other primary medical personnel.

Doctors refer to qualified professional medical workers approved to practice by public health departments. They are classified into doctors of Chinese medicine, doctors of Western medicine, seniordoctors who integrate traditinal Chinese thrapeutics with Western thrape utics in practice, paramedics of Chinese medicine and Western medicine, annd other specialists of Chinese medicine.

Social Welfare Institutions refer to institutions taking care of old people without children, handicapped people and orphans. They include social welfare institutions run by civil affairs departments, children's welfare institutions, social welfare institutions form ental patients, and collective – owned old people's homes in rural areas.

Number of People Taken in By Social Welfare Institutions refers to the number of old people, children, totally dependent handicapped people and mental patients taken in by scoial welfare institutions run by civil affairs departments and those run by collective units in urban and ruralareas.

Social Welfare Enterprises are collective – owned enterprises which employ the blind, deaf – mute, and other handicapped people who are able to work in cities and towns and enjoy exemption from state taxes, including welfare plants, welfare commercial services, artificial limb plants and farms, etc.

Lawyers are legal workers who are employed full – time by legal counseling firms to act as legal advisers, agents in criminal or civil law suits, or defenders in criminal law suits, or to handle non – litigious legal affairs, to advise on matters of law or to write legal papers for others. Both full – time and part – time lawyers are included.

Notary Personnes refers to judicial workers of the state notary offices handling notarization work according to law. They include notaries, as sistant notaries, and other people working for notary offices.

Notarized Documents refer to the documents settled by notary offices in a year. The notarial documents are drawn up in accordance with the regulations of the Ministry of Justice, including domestic documents and foreign – related documents. Domestic documents are divided into two major categories, documents on economic contracts and documents on civil legal relations.

Mediatorsrefer to workers on people's mediation committees res ponsible for mediating in civil disputed and cases of slight in fraction of the law. They include members of the mediation committees and mediators of mediation groups.

Mediation of Civil Disputes refers to mediation committees' work in mediating in civil disputes concerning civil rights and duties through persuasion and education in a ccordance with the provisions of law on a voluntary basis, so as to solve disputes by helping the parties involved come to an agreement and understanding. These disputes include divorce cases and disputes over property ownership, but exclude the civil cases to be handled by the court.

Retired or Restgned Personnel refers to the persons who have formally gone through the formalities for their retirement or quitting work and enjoy the corresponding treatments.

Insurance and Welfare Funds refers to labour insurannce and welfare fund paid by entrprises, oranizations and institutions to their staff and worders as well as retired and resigned personsin addition to their wages and salaries.

(1) **Insurance and Welfare Funds For Staff and Workess** include:

① Medical Care Allowance: It refers to the cost of medical care of staff and workers and their dependent family members who are covered by the medicare system of enterprises, travellig expenses of injured employees to hospital and their perdiem subsidies during hospita lization, cost of medical care of employees who are covered by the medicare system of institutions and organizations, as well as cost of medicine of employees of enterprises and institutions who are not covered by the medicare system.

② Funeral Expenses and Pensions for family of the Deceased: They refer to funeral expenses of staff and workers, and pensions and allowance for their dependent family members, as well assbsidies to funeral expenses of staff and workers' dependent family members.

③ Subsidies for Living Expenses: They refer to regular or abhoc subsidies to staff and wordersw ho have difficulties in making ends meet.

④ Expenses for Recreational, Sports and Pubilcity Acitivities: They refer to actual payment made by enterprises and institutions in recreational, sports and publicity activities, excluding training cost.

⑤ Subsidies to Collective Welfare Undertakings: They refer to subsidies to the operation of welfare undertakings that can not fully cover their cost, such as public bath rooms, barber shops, laundries, nurseries and kinder gartens.

⑥ Expenses for Collective Welfare Facilities: They refer to expenses for collective welfare facilities that are spent in line with state regulations, such as the purchase and repair of cook ingutensils for canteens, and repair of living quarters of staff and workers, but excluding the expenses for welfare projects that are constructed with self - raised funds.

⑦ Family Planning Subsidy: It refers to subsidy and health allowance paid to the one - child family of staff and workers.

⑧ Others: They refer to other insurance and welfare funds paid to staff and workers.

(2) **Insurance and Welfare Funds For Retired and Resigned Staff and Workers**

① Pensions for retired veteran cadres: They refer to pensions and other subsidies paid toretired in line with relevant government documents.

② Pensions for retirement: They refer to living allowance and other subsidies paid to retired staff and workers in line with the relevant government documents.

③ Resignation Allowances for Living Expenses: They refer to living allowance and subsidies paid to resigned staff and workers in line with relevant government instructions.

④ Expenses for Medical Care: They refer to the costs for medical treatment, hospetalization and food subsidies in hbospitals for retired and resigned staff and workers.

⑤ Nursing Cost: It refers to cost for nursing retired or resigned staff and workers who are unable to take care of themselves and need the help from nurses.

⑥ Living Subsidy: It refers to living subsidy paid to retired employees in line with the instructions in a 1985 State Council document.

⑦ Traffic Subsidy: It refers to the monthly traffic subsidy paid to senior retired staff.

⑧ Funeral Expenses and Pensions for Family of the Deceased: They refer to th e funeral expenses of retired staff and workers, and pensions and allowance for their dependent family members, as wellas subsidies to funeral expenses of retired staff and workers' dependent family members.

⑨ Others: They refer to other expenses, including moving and settlement allow ance, allowance for difficult families, book and newspaper allowance, subsidy for non – staple foods, housing subsidy, water and electricity subsidy, special allowanec for staff and workers of national minorities, travelling cost for senior retired staff, etc.

Volume of Industrial Waste Water Discharged refers to the volume of industrial waste water discharged, through all outlets, to the outside of industrial enterprises, including waste water produced, direct – cooling water, underground water from mines that does not meet the standard of discharge, and the domestic sewage mixed up with industrial waste water when discharged, but excluding discharged indirect – cooling water.

Volume of Waste Water up to The Standard For Discharge refer s to the volume of discharge dindustrial waste water that, with or without treatment, has come up to the national or local standards for discharge.

Volume of Treated Industrial Wasth Waterrefers to the volume of industrial waste water after being treated and purified through various water treatment facilities in the reference period, including the volume discharged or recovered after being treated. The volume of waste water that fails to meet the national or local standards after treatment is also included. If there aretreatment facilities both at the outlets of workshops and at the outlets of the factory, and the same volume of waste water has been treated twice, duplication should be avoided in the calculation of the volume of treated industrial waste water.

Volume of Wasth Gas Emission refers to waste gas emitted from burning of fuels and from production process in the area of the factory, and is measured by 10000 standard cubic metres each year under normal condition.

Volume of Sulphur Dioxide Discharged refers to the volume of sulp hurdioxide discharged to the air in the process of fuel burning or in the production process.

Volume of Industrial Soot Discharged refers to the volume of solid soot in the smoke discharged in the process of fuel burning in the area of the factory.

Industrial Dust Discharged refers to the total weight of solid dust discharged by industrial enterprises in the production process, such as dust of refactory materials from iron plants, dust from coke – screening system or from sintering machines of coking plants, dust from lime kilms, cementdust from building material enterprises, etc., but excluding smoke and dust discharged by powerplants.

Volume of Industrial Solid Wastes Produced refers to the total volume of solid, semi – solid or high concentration liquid residue produced by industrial enterprises in their production process, including dangerous wastes, residues from melting, slag, powdered coal ash, gangue, chemical residues, tailings, radioactive residues and other residues, but excluding stripped or dug stones inmining (except gangue and acid or alkali stones which are stones washed or soaked by water with a pH value smaller than 4 or larger than 10.5.)

Accidents of Environment Pollution and Destruction refer to sudden accidents, due to economic and social behavior or activities in contrast with environment protection legislation, unexpected factors or irresistible natural disasters, that cause the pollution of environment, the destructionof natural protectionzones, wild plants and animals, the danger to the health of people, and theloss in the property of the society and people.

企事业单位形象展示

长春统计年鉴（2013）

——魅力新长春

MEI LI XIN CHANG CHUN

吉林省人民政府参事室文史研究馆

2012年2月8日，省委书记王儒林（前排左12）与省政府参事、文史研究馆馆员合影。

吉林省人民政府参事室始建于1957年4月，省政府秘书长肖丹峰兼任主任，历任参事63人，现有参事22人。现任参事室主任王立安。参事工作是党的统一战线工作的重要方面，是政府工作的组成部分，是我国民主政治的具体体现。

2010年1月《政府参事工作条例》实施以来，吉林省政府参事室牢牢把握“参政议政、建言献策、咨询国是、民主监督、统战联谊”的工作原则，围绕中心，服务大局，组织参事深入基层调查研究，讲真话、查实情，向省政府提交调研报告和咨询建议58件，领导批示58件，批示率100%。这些报告和建议，得到了省政府领导的高度重视。如《关于切实改进物业服务与管理的建议》、《关于吉林银行应在长春市中东大市场增设营业网点的建议》、《关于在全国推广“暖房子”工程的建议》、《一些学校收取高昂择校费群众反响大》、《关于建设舒太公路松花江大桥的建议》、《关于长春市应加强自行车交通系统规划建设的建议》、《值得注意的中小企业税赋问题》、《关于繁荣我省文化事业的两点建议》、《关于加强我省蔬菜等鲜活农产品流通体系的建议》、《关于在省党代会报告中增加“农业走出去”内容的建议》、《关于维护社会稳定创新社会管理的几点思考》、《关于设立“吉林省科技创新年”的建议》、《关于加强“人参文化”的宣传尽快申报世界非物质文化遗产的建议》等都为省政府领导科学民主决策提供了重要参考。参事积极参与修改地方性法规（草案）和政府工作报告（征求意见稿）。如，对《吉林省机关事务管理办法》（征求意见稿）提出了很好的修改意见和建议，对政府工作报告（征求意见稿）提出修改意见和建议34条，大多数被采纳。

吉林省人民政府文史研究馆成立于1955年4月，副省长关俊彦兼任馆长，累计聘任（任命）馆员64人，现有馆员35人。中国文联副主席段成桂同志任馆长，原省级老领导谷长春同志任名誉馆长。政府文史研究馆作为统战性、荣誉性的机构，主要任务是，组织馆员开展文史研究和艺术创作，传承、弘扬和创新中华民族优秀传统文化；围绕文化建设的重要问题，深入研究，建言献策；开展统战联谊活动；开展对外文化交流。

2010年以来，文史研究馆组织馆员积极开展存史资政、文化建设、艺术创作等活动。如，王同策馆员作为常务副主编编撰的《罗振玉学术论著集》获全国古籍图书出版一等奖，由省政府文史研究馆负责编撰的《中国地域文化通览 吉林卷》，由中央文史研究馆转中华书局付梓，名誉馆长主编《满族口头遗产传统说部丛书》（民间文艺卷）部分出版，参事室主任主编《吉林省贡品文化丛书》部分出版，馆员编撰的《〈打牲乌拉志典〉全书校释及其有关研究》、《中国满族姓名研究》、《中国满族萨满神歌方言用语研究》等出版。举办了“庆祝建党九十周年馆员书画展”等6次书画展览活动，受到社会各界好评。

新闻媒体十分关注省政府参事室文史研究馆的工作，2010年以来，《人民日报》、《人民政协报》、国务院参事室网站、《吉林日报》、吉林电视台、《协商新报》、省政府公众信息网等刊登、播发参事馆员活动105件（次）。

2012年2月28日，省政府参事室主任王立安主持仲春书画笔会

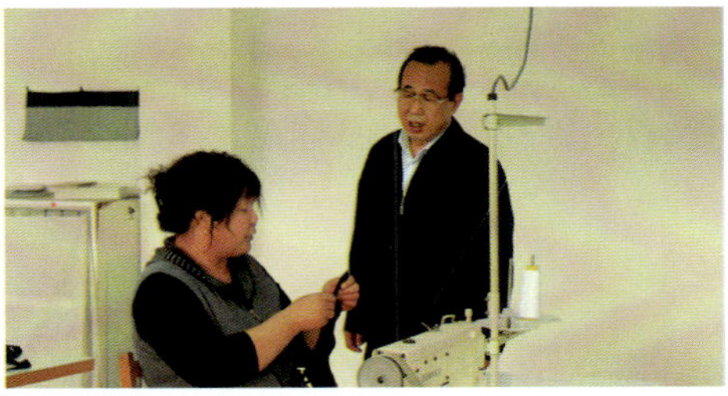

2012年5月14日，王立安主任在四平市服装厂与工人交谈

2012年9月1日，王立安主任在柳河县杨家大院村与农民交谈

2012年9月6日，省政府参事王源（右三）、于一成（右四）、张军（右二）深入九台市其塔木镇调研

吉林省促进中小企业发展服务中心

由省中心、省开行主办的“吉林省中小企业融资平台榆树银企保专场对接会”在榆树市召开

吉林省中小企业高级电工、高级焊工培训班在辽源市技师学院举行

敦化市副市长李光周、省中心主任王洪博共同为敦化市中小企业健康辅导站揭牌

吉林省促进中小企业发展服务中心承担着贯彻落实中小企业法律法规和方针政策，集聚、带动、指导社会服务机构为中小企业提供优质服务，推进中小企业服务体系建设，运营、管理、指导吉林省中小企业公共服务平台网络等重要职责。

中心始终秉承“服务企业、促进发展”的宗旨，围绕“九大服务、一大建设”创造性地开展工作，即为中小企业及民营经济提供政策服务、信息咨询、人才培训、技术支持、创业辅导、市场开拓、管理咨询、融资担保、法律维权等服务，同时，发挥省级中小企业综合服务机构的龙头示范带动作用，指导全省市、县中小企业服务中心的业务建设。中心是全国中小企业服务联盟副主任单位、吉林省中小企业服务联盟理事长单位、吉林省政府批准成立的吉林省中小企业融资服务平台和吉林省信用担保协会会长单位。中心已通过ISO9001质量管理体系认证；2009年、2010年、2011年连续三年被吉林省政府授予“吉林省十佳中小企业社会服务机构”称号；2011年3月，被国家工信部认定为首批“国家中小企业公共服务示范平台”；2011年、2012年连续两年在全国中小企业服务联盟能力竞赛评比活动中荣获“优秀综合服务机构”称号，并被中国中小企业发展促进中心推介为“2012中国中小企业首选服务商”；2012年8月，被吉林省文明委评为“2010-2012年度全省精神文明建设先进单位”；2012年11月，被吉林日报社评为“吉林省人民满意金牌形象单位”。

中心每年服务企业万户以上，集聚服务资源近300家。每年为中小企业融资15亿元以上；培训各类企业人才近万人；常年举办中小企业人才招聘会；开展国家、省扶持中小微企业政策措施的宣传、贯彻、落实、督导服务；召开产学研对接会，解决企业技术难题近千个；为千户企业提供管理咨询、管理诊断、健康体检等服务；组织企业参加国内外展会，帮助企业开辟国内外市场；为千户企业提供法律维权服务；开展创业辅导服务，提高创业成功率。

中小企业管理咨询暨产学研对接会在敦化市举办

省中心联合省人才市场举办“吉林省中小企业（民营经济）大型人才公益招聘会”

省中心组织省内化工企业参加“第十一届中国国际化工展览会”

中共长春市直属机关工作委员会

第二十四届全国城市机关党建工作经验交流会

首届市直机关干部职工健身活动表演赛

领导班子成员

万人下乡抗灾保粮行动

市直机关两锋（风）行动述评会

市直机关党工委全体合影

中共长春市直属机关工作委员会（简称市直机关党工委），是负责领导市直机关党的工作的市委派出机构。

2012年，在市委的领导下，市直机关党工委坚持服务中心，建设队伍，努力建设学习型、服务型、创新型党组织，全面提高机关党建科学化水平，为建设幸福长春、率先全面建成小康社会做出了积极贡献。一是机关党建服务中心作用充分发挥。围绕发展和民生两大中心任务，扎实开展了“服务发展先锋行动、改善民生春风行动”主题活动，保障和推动了各单位中心任务的完成，充分发挥了机关党组织和党员的作用。在我市遭受布拉万台风侵袭，玉米大面积倒伏的紧要关头，机关各级党组织积极响应号召，迅速带领广大机关党员，第一时间到达指定地点，开展抗灾保粮，2天共有万余人次参加会战。二是机关基层组织建设水平稳步提高。积极开展了基层组织建设年活动，实施创优、基础、素质、暖心四个工程，开展了“深入基层、深入群众、深入实际”活动。全年共有23个直属党组织进行了换届，48个直属机关党委成立了机关纪委。扎实开展了党组织服务民生和“三帮扶”工作，市直机关各级党组织和党员干部与困难群众结成帮扶对子2610个，共为基层和群众办实事好事4600余件，657名困难群众的生活得到有效改善；为55个结对共建薄弱村争取到优惠政策178项，筹集帮扶资金3200余万元，使薄弱村面貌有较大改变；全年为310名机关困难党员、职工发放60多万元救助款。三是机关宣传思想建设成效更加明显。开展了“建学习型党组织”和“学理论、读经典、强修养”活动，组织近万名机关干部参加了学习市第十二次党代会和十八大精神理论知识测试。创办的《彩话长春机关》质量不断提高。长春机关党建网实现了升级改版。成功举办第二十四届全国城市机关党建工作经验交流会，提升了长春机关党建在全国的地位和影响力。四是机关作风效能建设力度继续加大。组织开展了机关“纪律作风建设年”活动，对机关作风建设实施了专项督查，并通报全机关，市委、市政府主要领导对此作出批示。组织5千余名机关党员干部参加了廉政知识测试。2000多人参观了省廉政教育基地。与纪委、组织部、宣传部联合摄制了“三满意”机关建设公益宣传片，在长春电视台新闻时段播放。开展了市直机关“三满意”示范窗口评选。加大了对窗口单位明察暗访力度，制定了暗访、谈话和通报等制度，机关作风效能义务监督员队伍不断加强。市直机关党建目标考核得到进一步强化。五是机关文化建设成果不断丰富。广泛开展了“长春市直属机关文化理念”征集活动，编辑出版了《知行集》。面向社会各界广泛开展了“长春市直机关党员之歌” 曲谱征集活动。现已收到全国17个省区、33个城市，共89部应征作品。成功组织了首届机关职工健身活动表演赛。举办了“喜迎十八大、展青春风采、创一流业绩”主题演讲赛和女职工趣味运动会等多项文体活动。先后组织170余名先进模范休假疗养。投入10多万元，为市直机关近30个部门购买了书籍、健身器材等文体活动设施。

《知行集》和《彩话长春机关》

坚持以民为本　建设幸福长春
着力推进全市民政事业科学发展

姜治莹市长、孙政委上台领奖照片

全市民政工作深入贯彻落实市十二次党代会、市委十二届二次全会、市政府第一次全体会议精神，按照全国、全省民政工作安排，以幸福长春建设为引领，以基本民生保障为根本，以提升资金保障能力、项目谋划能力和干部队伍务实创新能力为支撑，切实转变工作方式、工作理念和工作作风，着力推进社会救助、社会福利、社区建设、社会事务、社会组织和双拥优抚安置工作六大体系建设，充分发挥民政在社会建设中的骨干作用，为建设幸福长春、率先全面建成小康社会作出积极贡献。

具体概括为：**提升三个能力，实现三个转变，推进六大建设。**

提升三个能力，就是提升资金保障能力、项目谋划能力和干部队伍务实创新能力。实现三个转变，就是实现民政工作由依靠传统手段向依靠现代技术手段转变，由政府全面负责向引导社会力量积极参与转变，由以管理为主向寓管理于服务转变，着力打造为民、务实、高效、清廉的现代民政。推进六大建设，就是通过健全制度，创新机制，加大投入，进一步推动社会救助、社会福利、社区建设、社会事务、社会组织和双拥优抚安置

长 春 市 民 政 局

工作“六大体系”建设，促进全市民政工作水平实现新的跃升。

2013年全市民政工作着力抓好以下九个方面的工作:

一是以民生保障为根本，着力抓好社会救助体系完善；二是以综合防御为支撑，着力抓好综合防灾减灾救灾体系建设；三是以养老服务为重点，着力抓好适度普惠型社会福利事业发展；四是以“三化七有”为目标，着力抓好幸福社区建设；五是以公益服务为基本，着力抓好专项社会事务管理；六是以服务社会为宗旨，着力抓好社会组织的培育发展；七是以军民融合为方向，着力抓好双拥优抚安置工作水平的提升；八是以项目谋划为载体，着力抓好慈善募捐事业健康发展；九是以能力提升为核心，着力抓好民政系统干部队伍建设。

市民政局徐连东局长参观我市革命烈士纪念馆

2013年长春市民政工作会议对先进单位进行表彰

我市举办幸福社区论坛

长春市工业和信息化局

长春市工业和信息化局（市中小企业发展局）是市政府负责全市经济运行和工业生产综合管理、指导和促进全市中小企业及民营经济发展,进行区域经济调节的工作部门。主要负责制定全市新型工业化发展战略、政策，指导全市工业结构调整，推进信息化和工业化融合；研究拟订并组织实施工业和信息化发展规划、行业政策和行业管理；工业项目的组织实施、跟踪管理和服务，指导和推进行业技术创新和技术进步；负责全市中小企业、非国有经济的指导、综合协调和服务；统筹推进全市信息化、节能降耗和资源综合利用工作；负责全市开发区和工业集中区发展战略、产业规划，协调解决开发区发展中的重大问题。调节工业经济日常运行，组织解决经济运行中的重大问题。

多年来，市工信局（市中小局）按照市委、市政府确定的战略部署和发展要求，坚持以科学发展观为指导，坚持以构建新型工业化体系为方向，紧紧围绕结构调整和发展方式转变，紧紧围绕工业转型升级，全面实施“工业强市”和“投资拉动、项目带动、创新驱动”战略，注重政策引导、资金扶持和招商引资，注重技术进步和科技创新，注重大企业与中小企业协调发展，积极促进传统产业做大做强，新兴产业不断崛起，民营经济快速腾飞，推动全市工业基础更加扎实，结构更加合理，规模质量同步增长，对全市经济社会发展贡献不断提升。2012年，全市规模以上工业企业达到1035户，规模以上工业实现工业增加值1811.5亿元，占全市GDP的比重40.6%；实现税金475.1亿元，占全市财政收入比重51.2%；完成工业固定资产投资1400亿元，占全市固定资产投资比重44.1%；全市各类开发区（工业集中区）GDP和规模以上工业产值分别占全市的71%和86.9%；全市中小企业户数达到6.6万户，从业人员达到192万人。

长春市文化广电新闻出版局

2012年，长春市文化广电新闻出版局以科学发展为主题，以创建国家公共文化服务体系示范区为抓手，以民生行动计划任务为载体，以举办长春电影节、长春图书博览会等节庆活动为助力，稳步推进文化体制改革，不断规范文化市场秩序，全市文化广电新闻出版事业产业繁荣发展，圆满完成了全年工作任务。公共文化服务体系示范区建设通过国家督导检查；被省“扫黄打非”工作领导小组评为先进集体；被省版权局评为版权宣传先进集体；农安县合隆镇谷家岭村农家书屋、九台市卡伦镇任家村农家书屋、榆树市五棵树镇互助村农家书屋等三个农家书屋被国家评为2012年全国示范农家书屋；第十一届中国长春电影节被评为“节庆中华博览会暨第四届节庆中华奖”节庆成就奖、“2012年度中国十大影响节庆活动”；2012长春图书博览会被中国会展行业年会组委会、全国会展评选活动办公室评为“2012年度中国十大优秀特色展会”。

一是创建国家公共文化服务体系示范区工作扎实推进。出台了全市创建示范区的相关文件和标准，召开了全市示范区创建工作会议启动了基层群众文化队伍培训工作，对文化馆（站）、社区、文化大院业务骨干及文化志愿者按计划实施了培训，顺利通过了国家督查组对我市示范区建设情况的督导检查。

二是系列公共服务文化活动丰富多彩。全年举办广场文化活动200场，各类讲座80场。开展了“情暖万家系列公益演出”和“千场文艺演出进农家大院”系列文化活动。成功举办长春电影节、书博会，开展了全民阅读活动，放映公益电影21992场。主办了“迎新年”民族风情专场演出、元宵节新春秧歌大赛、全家福照片展、大学生广场系列演出、青少年艺术系列大赛、“春芽”少儿文艺调演、长春市朝鲜族传统文化体育活动、“唱响长春，共筑家园”——庆祝建党九十一周年农民工文化专场演出等系列文化活动。继续实施“经典剧目抢救恢复工程”，举办了评剧艺术周和儿童剧艺术周公益性演出，谋划了新的文化艺术品牌“戏剧星期六”——长春青年实验话剧系列演出，创作演出了儿童剧《大山里的红灯笼》，市场反映良好。市朝鲜族群众艺术馆参加了平壤第28届朝鲜“四月之春”国际艺术节，受到朝鲜观众的热烈欢迎。

三是文化遗产保护向纵深推进。新民大街正式入选“第四届十大中国历史文化名街”，举办了非物质文化遗产保护系列活动，挖掘了《袁喜和鱼皮画》和《满族神鼓制作》等10个非遗项目。

四是文化市场管理力度加大。深入开展“扫黄打非”斗争，实施文化市场信息共享和远程技术监管平台建设工程，加强了文化市场安全监管和对无证无照文化经营场所的打击力度。版权保护工作得到进一步加强。市属广播、电视全面取消了医药医疗专题广告。电影管理工作依法稳步推进，广播电视安全播出得到了进一步强化。

五是文化产业发展势头良好。吉林东北亚文化创意科技园被命名为国家级文化产业试验园区。成功举办第八届长春（全国）印刷包装机械、器材展销会暨“先进印刷技术、设备现场展示”活动。电影票房收入1.8亿元左右，增长幅度达25%。

长春市领导与2012长春图书博览会购书卡刷卡服务志愿者在一起

国家新闻出版总署副署长阎晓宏在2012长春图书博览会开幕式致词

中共长春市委副书记、市长姜治莹在第十一届中国长春电影节开幕式致词

中共长春市委常委、副市长吴兰在2012长春图书博览会现场接受红领巾小记者采访（2012年9月19日）

领导视察2012长春图书博览会现场

领导在2012长春图书博览会开幕式为书屋揭牌

2012年5月22日“唱响长春共筑家园”主题文化活动暨第十一届中国长春电影节群众电影文化活动文艺晚会

2012长春图书博览会向特殊群体赠送849万余元免费购书卡

2012年3月19日全市创建国家公共文化服务体系示范区工作会议

《城市速递》的采、编、播系统

《社区办事处》演播室

市委常委、宣传部长吴德金来长春广播电视台检查工作

新闻中心非线编辑区

24小时直播平台导播间

2013年《幸福长春》长春市春晚

长春广播电视台

长春广播电视台是2012年长春市委市政府根据宣传文化管理体制改革要求，在整合长春人民广播电台、长春电视台等单位的基础上组建而成的正局级事业单位，由中共长春市委宣传部负责业务指导。

长春广播电视台的主要工作职能是：贯彻执行国家和省有关新闻宣传、广播影视文化工作的路线方针政策，坚持正确舆论导向，开展积极的舆论监督；围绕党委、政府中心工作开展新闻宣传；依法依规制作、播出广播电视节目、传播新闻信息、提供生活资讯和积极健康的娱乐节目，满足人民群众的精神文化需求；根据市委、市政府关于经济社会发展战略规划，拟定并组织本台广播电视事业和产业发展规划，促进广播电视事业和产业发展；依法开展经营活动；完成党委、政府交办的其他工作。

长春广播电视台成立以来，在市委市政府的正确领导下，紧紧围绕党和政府中心工作，自觉服务全市发展大局，着力强化内容生产和文化惠民，通过实施“净屏工程”、打造绿色频率频道、培育品牌栏目、创作精品节目、推动经营创新，着力拓展新闻资讯、宣传教育、生活指导、文化娱乐、商业广告五大业务，实现了长春广播电视事业持续稳定发展。长春广播电视台先后荣获“民生工作突出贡献单位”、“宣传思想文化工作标兵单位”和“创先争优先进基层党组织”等荣誉称号。

长春广播电视台业务分广播、电视两大板块，其中广播业务包括长春新闻广播、长春交通之声广播电台等6个台9个频率，通过中波和调频频率24小时全天播出，覆盖长春及周边地区近千万人口；电视业务包括综合频道、娱乐频道等5个频道，日播电视节目100小时以上，覆盖长春地区，辐射省内吉林、四平、松原部分地区及黑龙江省部分县市。

在几代广播电视人的努力下，长春广播电视台拥有广播电视《长春新闻》、《交通之声》、《支队长热线》、《968整点资讯》以及《城市速递》、《发现长春》等具有广泛社会影响力和公信力的广播电视品牌节目多次获得中宣部“五个一工程奖”等国家和省市级大奖。

2011年交通之声14周年台庆晚会现场

石头口门水库大坝鸟瞰一瞥

長春明珠 ——石头口门水库

长春市石头口门水库位于吉林省中部，第二松花江支流饮马河中游，始建于1958年，1959年蓄水，1965年工程全部竣工。是一座以防洪除涝、城市供水为主，结合灌溉、发电、养鱼、旅游等综合利用的大（Ⅰ）型水利枢纽工程。坝址以上集水面积为4944平方公里，水面占地94.2平方公里，总库容12.77亿立方米。

长春市石头口门水库是长春市等地的主要水源地之一，年向长春市供水2.4亿立方米，向龙嘉国际机场供水1000万立方米，向九台市供水1500万立方米，向华能九台发电厂供水1000万立方米，为长春市区域经济发展做出了贡献。

石头口门水库连续多年被水利部松辽委评为松辽流域水库管理先进单；2010——2012年，连续三年被长春市评为绿化先进单位；2011年被长春市委、市政府评为水利建设管理工作先进单位；2011年—2012年被长春市委评为服务民生先进单位；2012年被长春市委评为精神文明先进单位；

2008年，在长春市委、市政府的支持下，石头口门水库实施了湿地建设工程，栽植芦苇1440公顷，香蒲30公顷，修建围堤20公里，建设涵洞14个，闸门2座。湿地建设工程实施给石头口门水库带来了新的生机和活力，标志着石头口门水库环境保护和园区绿化跨入新的阶段，为确保向长春市提供优质的源水奠定了坚实的基础。

石头口门水库风景秀丽，景色宜人，2003年10月被水利部评为国家级水利风景区。多年来，石头口门水库依靠自己的力量，调动职工植树造林，消灭了荒山地、宜林地。植树100万棵，森林覆盖率由1980年的61%提高到现在的70%。

库区沿岸群山环绕，绿涛如海的森林，郁郁葱葱，满目苍翠，给湖上风光增添了许多秀色。仿长城、赛蓬莱、天坛、圣水观音等人工景点和自然景观有机的结合，构成了人间仙境，世外桃源。如果正值寒露、霜降时节，树叶经秋霜点染，山水秀色，更是五彩斑斓，风光如画，美丽富饶的石头口门水库就像一颗璀璨的明珠，镶嵌在吉林省东部辽阔的大地上。

目前，石头口门水库形成了以防洪除涝、城市供水为主，兼有多种经营的水利产业新格局，经济实力和服务水平显著提高，实现了社会效益、经济效益、生态效益相统一。

展望未来，我们深感任重而道远。面临深化改革、加快发展的历史机遇，全局干部职工决心在长春市水利局的指导下，在石头口门水库管理局党委的正确领导下，以党的十八大精神为指导，按照长春市“十二五”规划的要求，认真贯彻落实好各项任务，扎扎实实的做好各项工作，努力实践新的治水思路，积极推进水利管理体制改革，继续深化内部管理体制和运行机制改革，以争创国家级水利管理先进单位为契机，紧密联系我局实际，强化科学管理，提高经济效益，充分发挥资源优势，以水资源的可持续利用支撑长春地区经济社会的可持续发展。

赛蓬莱——石头口门水库标志性景观

世纪源——石头口门水库职工住宅小区一景

石头口门水库景观九曲荷塘

石头口门水库特色景观“财源滚滚”

石头口门水库冬捕奇观

蓬勃发展的长春会展业

君子兰节开幕式

动漫展比赛现场

轨道交通论坛现场

汽博会现场

2012年，在市委、市政府的正确领导下，在各相关部门的支持配合下，经过全市上下的共同努力和扎实工作，我市会展业取得了蓬勃发展，圆满完成了各项工作任务。

全年共举办各类展会238项，在全部会展活动中，其中展览134项，会议（论坛）56项，其他活动48项，比上年增长25%。展出面积224万平方米，比上年增长23%。展会直接收入30亿元，带动其他相关产业收入270亿元。主要特点：

一、重点展会成效显著，规模和层次不断提升。第八届东博会坚持形式创新、内容创新，取得了更加务实的效果，规模档次不断扩大，影响力进一步提升；第十一届农博会，国内外2200多家展商、采购商参会，展示展销900多个系列、万余种名优涉农产品，累计190万人次进场参观，规模和人气创历届之最；汽博会展览面积实现19万平方米新的突破，规模、档次达到历史新高；第七届民博会吸引了全国30多个省、市、自治区优秀民间艺术品参展，规模和层次进一步提升；雕塑展与净月经济开发区合作，主题鲜明，特色突出；2012长春房地产展示交易会成果丰硕。5天房屋累计成交总面积为19.28万平方米，成交总额达11.9亿元，有力拉动了长春房地产业的发展；第八届中国（长春）国际动漫艺术博览会首次进驻长春国际会展中心举办，参展单位近300家，共有近66万人参展与交流，签约项目总金额达到3.8亿元，规模和层次达到历届之最。电影节层次和影响力进一步提升，图书博览会规模进一步扩大，为推动长春文化名城建设发挥了应有的作用；创博会人潮涌动，贴近民生，为广大市民特别是大中专毕业生提供了广阔的创业就业空间；冰雪节、消夏节内容丰富，极大活跃了市民的业余生活，丰富了城市文化氛围。

二、办展主体建设取得新进展。构建起以重点展会组委会和大型会展集团为主体，以中小办展公司为辅助的办展新格局，形成了一批相对稳定、业务精练的专业办展机构和人员；截止到目前，以长春百瑞国际会展集团为龙头，全市会展企业已经发展到86家（04年之前仅有8家），其中，专业办展公司61家，具有会

农博会开幕式

房交会开幕式

汽博会开幕式

展业务的综合性公司25家；会展人才培养取得突破性进展，长春职业技术学院、吉林省艺术学院、长春大学旅游学院、吉林经济技术管理学院先后开设了会展专业。

三、会展基础设施建设成就斐然。国际会展中心在原来的五个展馆的基础上，先后新建了三个展馆，扩大了展览面积。目前，会展中心室内外展览面积总计已经达到20万平方米；农博园几年来也不断进行改造升级，整体承载功能得到进一步提升；中机（长春）物流科技园，一期30万平方米工程已经落成并开始运营，其中，可用于展览的室内外面积为15万平方米。截止到目前，全市拥有大小展览场馆7处，展览总面积80万平方米。

四、会展活动的对外影响力和知名度进一步扩大。通过各项会展活动的成功举办，借梯登高，筑巢引凤，邀请众多国内外政要、嘉宾、各行业精英来长参展参会，极大提升了长春的国际知名度和影响力，会展活动成为“世界了解长春，长春走向世界”的重要窗口。

五、加强了全市会展业基础性工作。启动了会展人员培训工作。依托吉林省艺术学院的师资、设备和场地优势，在艺术学院设立了长春市会展人才培训基地。

2013年，将以市第十二次党代会和市委十一届九次全会、市政府第十四次全体会议和市十四届人代会精神为指导，以长吉图开放开发先导区建设和长吉一体化战略为契机，按照市委、市政府确定的“加快构建工业和服务业双拉动增长格局”的总体要求，重点根据市场需求，充分发挥我市产业、区位、气候、文化等各方面的优势，紧紧围绕汽车、轨道客车、农业食品、冰雪旅游、城市雕塑、电影、科技、文化、教育等支柱产业和基础雄厚的行业以及先进装备制造、新能源、新材料、生物制药和信息动漫等新兴战略性产业，在创新品牌、提升质量、拓展途径、规范管理上下功夫，在提升展会市场化程度、增强展会自身造血功能上有突破，在延长会展产业链、放大展会的综合效应上求实效，加快推进各重点展会由政府主导为主向市场化运作为主转变，构建政企分开、责权分明、充满特色和活力的会展经济发展体系，真正把会展业打造成现代服务业中的支柱产业和拉动经济、社

长春瓦萨滑雪节现场

农博会展出品种

雕塑展揭幕式

长春市规划局

——走科学规划之路，建绿色宜居之城

双阳现场办公

长春市是一座在规划指引下发展建设的城市。随着我国政治体制改革的进一步深化，特别是政府职能从经济建设型向公共服务型的深刻转型，城乡规划的工作重心也逐步转变成为调控城市空间资源、指导城乡发展与建设、维护社会公平、组织制定和监督实施保障公共安全和公众利益的重要公共政策。未来，城乡规划将不断解放思想，创新发展，充分突出规划的全局性、综合性、战略性、前瞻性和实践性，始终坚持以先进的规划理念引领城市发展，为长春市建设绿色宜居城市，迈向东北亚国际中心城市提供技术引领。

新的历史时期，规划工作紧密围绕市委、市政府，立足国家战略高度，结合城市自身发展要求，规划编制将从静态规划向以规划研究为前提、项目策划为导向的实施规划转变；规划管理将从集中管理向以分局管理为主导、市局指导为辅助的两级管理体制转变；规划监察将从工程监察向以规划制定实施为核心、长效管理为目标的全面监察转变；测绘工作将从基础测绘向以数字城市技术为支撑、智慧城市建设为导向的全面信息化转变，努力保持在全国规划行业的先进性、创新性和特色性。

结合“四个转变”，规划工作将着力推进“编制、管理、监督、保障”四个体系的构建，使城乡规划引导和调控城乡建设发展、优化资源配置的重要作用得到充分发挥。

超前引领，率先示范，构建科学合理的城乡规划编制研究体系。长春市积极探索、示范创新，引领行业发展，在全国率先构建了“以战略规划为统领，以法定规划为核心，以常规规划为补充，以数据和研究为基础”的涵盖大中小类及2000多个子项的长春市城乡规划编制研究体系。逐年评估、逐年修正的工作模式有效推进了城乡规划项目化，提高可实施性。2012年规划编制完成了50余项宏观、中观层面的编制任务。其中，在“长吉图”国家战略背景下，组织多家国内外知名设计团队，联合编制完成了包含11个专题报告的战略规划；总体规划获得国务院正式批复；控制性详细规划和镇乡规划完成了市区全覆盖，实现了依据控规提出规划条件，使城市规划迈上了法制化新台阶。

集中统一，分级管理，建立城乡一体的城乡规划管理体系。规划队伍强化以人为本，强化公开、透明、便捷，强化主动服务，按照“统一规划、分级管理、重心下移、条块结合、高效便捷”的原则，建立科学、统一、高效的“市、区（开发区）、镇（乡、街）、村（居）”四位一体的规划管理体制。

主体明确，方式多样，打造措施有力的城乡规划监督体系。大力推进城市规划的公众参与和监督，以规划编制、规划审批、批后管理三个环节为重点，以“长春规划”网站和项目建设“现场公示牌”为载体，推行“十公开、一监督”制度，进一步加大规划工作的公开性和透明度。

法规完备，队伍强大，营造投入稳定的城乡规划保障体系。长春市规划局协调法制办出台了《长春市历史文化街区和历史建

北湖鸟瞰图

中心城区改造

中心城区改造

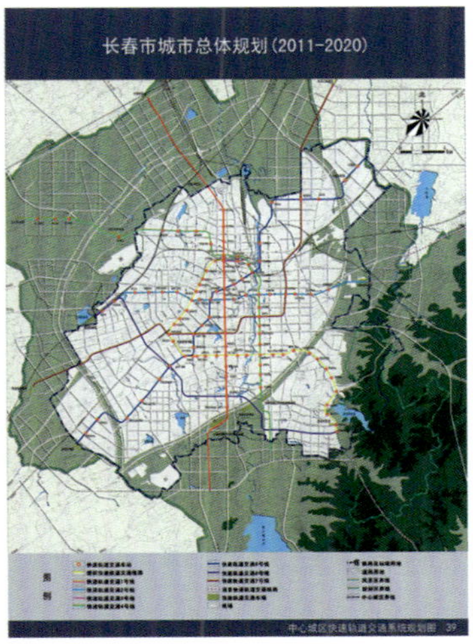

中心城区轨道

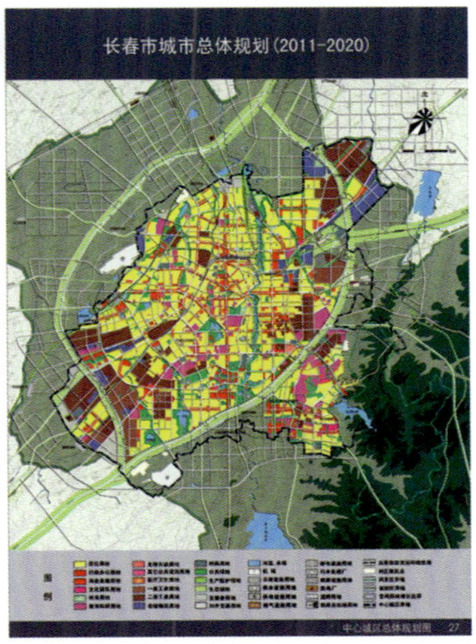

中心城区总体规划

筑保护条例》、《长春市城市雕塑管理办法》等5项政府规章，重新制定了监督检查、行政处罚等17个局内规范性文件,逐步建立了适应长春市情的地方性城乡规划法规体系及其相配套的技术标准体系，成为“吉林省行政执法自由裁量权示范单位”。“数字长春”建设作为国家、省、市三级共建的全国性试点城市项目，已经纳入全国“数字城市”建设体系，为“智慧长春”建设奠定了坚实的基础。

未来，长春市规划局要秉承“民生为先、统筹为要、生态为基、文化为魂”的城市建设方针，把“全心全意推进城乡规划向公共政策属性转变，全心全意提高规划队伍的整体素质和综合实力，全心全意为长春经济社会发展做好规划服务”当作一切工作的出发点和落脚点，科学规划，超前引领，加快推进“四个转变”，全力建设“四个体系”，努力实现长春城乡规划工作新跨越，为把长春建设成为特色鲜明、产业清晰、空间疏朗、环境宜人的东北亚国际中心城市提供规划保障。

东北亚金融总部基地

长春市市容环卫局

党组书记、局长　韩志斌

市容环卫局局长韩志斌在长春市创建全国文明城市暨奋战150天市容环境综合整治总结表彰大会上作表态发言

召开全市市容环卫系统工作会议

长春市市容环卫局主要负责全市生活垃圾场建设与运行管理工作；对全市临时占道，户外广告牌匾，街路清扫保洁，生活垃圾收集运输，公厕管理等工作进行监督、检查和指导；具体负责主要街路户外广告的审批和日常监管工作。

2012年，在市委市政府的领导下，长春市市容环卫工作以打造整洁城市为目标，以150天市容环境综合整治为载体，整合要素、创新机制、提升能力，通过管理打造城市品牌，通过管理提升城市形象，为市民营造宜居环境，为城市经济发展助力。

一、基础能力不断提升。坚持市、区二元投资结构，加大资金投入，为进一步提高机械化作业水平，强化现代化管理手段，提高环卫工人待遇提供资金保障。年初以来，投入6000万元，购置了49台道路清扫车，893台电瓶保洁车和222台电瓶收集车，主要街路机械化清扫率提高至47.2%；投入2000万元，实施市容环卫数字化平台建设，为实施网格化管理奠定硬件基础；投入180万元，购置2000个果皮箱，为减少行人随意丢弃垃圾创造了条件；投资1.54亿元，在城区周边新建移动式垃圾转运站180个，村屯垃圾实现了“集中收集、统一清运”的目标；投入7000万元，为环卫临时工人办理社会保险，投入830万元，建立了环卫工人伤亡救助基金，环卫工人待遇进一步得到提高。

二、工作机制进一步完善。针对违规运输渣土、露天烧烤、非法广告整治工作涉及部门多的特点，主动沟通，积极协调，开展多部门联合执法，依据各自职能综合施治的部门联动机制，形成了工作合力；针对环卫作业面临的新形势，将作业时段由白天向夜间转变，作业方式由人工为主向以机械为主转变，清扫保洁实现了降本增效；将冬季清雪工作做为确保道路畅通，方便出行的民生工程来抓，在加强清雪设备投入

开展局长接待日活动认真解决群众反映的问题

市容环卫局开展街路宣传

清雪机械对人行步道积雪进行清理

省委书记王儒林慰问长春市一线环卫工人

省委副书记、省长巴音朝鲁慰问我市一线环卫工人

省委常委、市委书记高广滨视察环卫工人临时休息室

市委副书记、市长姜治莹视察环卫工人休息室

省市领导慰问我市一线环卫工人

孙亚明副市长与环卫工人座谈

的基础上，注重软、硬件的结合，明确市、区、街三级责任，在资金拨付上采取“以奖代投”，调动了各方面的积极性，提高了清雪工作的参与度。

三、队伍建设得到加强。制定了《关于进一步加强机关作风建设的实施方案》，开展以“转变工作作风、提高工作效能、增强队伍凝聚力”为主题的作风建设，克服“虚、拖、懒、散、庸”等不良风气，积极倡导“快、实、细、新、高”的工作作风。组织机关干部到张凤英慈善大院走访慰问，到蘑菇沟垃圾场垃圾处理一线体验生活，让大家受教育，有感受，增强机关凝聚力和工作执行力。邀请市委党校王健教授做《廉洁从政，保持党的纯洁性》讲座，深化机关干部廉洁意识；开展以行政强制法为主要内容的培训，提高机关干部业务能力。

四、宣传工作取得实效。专门制定了年度市容环卫宣传方案，通过开展集中宣传日、“四进”（进单位、进社区、进业户、进学校）宣传周、在户外LED广告屏滚动播放环卫宣传短片等多形式的宣传，通过形式多样、载体丰富的宣传活动，在全社会大力营造了爱护市容环境、珍惜环卫工人劳动成果的社会氛围。

2012年，我局被评为市政府部门绩效考核优秀档次，市民生工作先进单位，市“三满意”机关先进单位。

市容环卫工作关乎城市形象，关系百姓民生。我局将继续坚持“以人为本，净化城市，服务市民”的理念，全面致力于打造整洁城市，建设幸福长春，用更多、更好的工作实绩造福春城百姓。

清雪机械雪中除雪作业

环卫职工连夜清除市区道路积雪

开展机械化清雪作业

长春市宽城区政府

长春市火车站南出口

长春市火车站北出口

公路客运北站

宽城区位于长春市北部，辖宽城经济开发区、宽城工业集中区、兰家镇和十个街道办事处，区域面积238平方公里，全区人口近50万。作为长春市较早发展起来的老城区，宽城区产生了长春第一座发电厂、第一座煤气厂、第一个防疫站、第一辆出租车等诸多“城市之最”。

一、宽城区区位优势

作为东北亚地区的几何中心，宽城正位于《东北地区振兴规划》确定的哈大一线轴线的核心节点上，位于吉林省长吉图开放带动先导区的主轴线上，位于长春市北部新城的核心腹地和长东北开放开发先导区的前沿阵地，是东北新一轮发展的区域聚集点和重要增长极，面临着难得的发展机遇。从发展基础上看，宽城区具有以下优势条件：

一是区位优势明显。宽城区处于长春市行政区划中心位置，吉林省委、省政府、长春火车站、长春火车站北部立体换乘中心、长春公路客运中心站、长春电信枢纽中心、长春邮政大楼和伪满州国末代皇帝溥仪的宫殿——伪皇宫均坐落在区域内，是长春市的重要门户和对外窗口。

二是交通条件优越。区域内汇集京哈铁路高铁线、长白铁路线、102国道、302国道、京哈高速公路、长松高速公路、绕城高速公路等交通主干线，仅铁路专用线就有近百条，地铁、轻轨和数十条城市公交线路的始发站也坐落区内，是长春市交通资源最密集的区域，也是吉林省的重要交通枢纽和物资集散地。

三是产业基础雄厚。京哈铁路把全区分为南北两个区域，铁南地区人口稠密、商业集中、人文气息浓厚，是长春市最繁华的商圈之一，以服装、食品、医药等生活日用品为主的商贸、物流业，在长春市占有重要份额；铁北地区是长春的老工业基地，行走配套、机械制造、电器仪表、医药加工等产业起步较早，具有较强的工业基础和产业优势，为长春市经济发展做出过突出贡献。

四是发展空间广阔。随着棚户区改造、企业搬迁等工作的开展及城市基础设施的逐步完善，盘活了铁北大量土地资源，三环以外有一百多平方公里可用空间。宽城经济开发区规划控制面积80平方公里，拥有工业、物流业和商服业等产业功能分区，工业集中区规划控制面积15平方公里，以发展轨道客车装备产业为主，承载着长春北部工业发展的希望。

五是投资环境优良。宽城区城市基础设施逐步完善，城市服务功能日趋完备，城市环境质量明显改善，以土地为主的各种生产要素具有明显的比较优势，同时配套出台了一系列加快发展、招商引资的政策措施，可以享受省级开发区和总部基地的各种优惠政策，政务大厅实行一站式办公，对投资项目和落户企业实行全过程、全天候优质服务，是聚宝成金的理想投资区域。

二、铁北改造成果

自2006年宽城区启动“改造大铁北、建设新宽城、打造长春北部现

代中心区”的发展战略，全区经济社会发展发生了翻天覆地的变化。截至2012年，全区地区生产总值实现191.7亿元，全社会固定资产投资实现186亿元，全区社会消费品零售额实现190亿元，全口径财政收入完成31.3亿元，引进内资企业235个，引进内资企业注册资金44.4亿元，实际利用外资5560万美元，均创历史最好水平。

项目建设扎实推进，产业集聚优势进一步彰显，铁北高端服务业聚集发展态势愈发明显，住邦城市广场投入运营，宽城万达广场商业项目主体封顶，鑫生丽水、昌盛熙旺中心和中东新生活城市广场即将开工建设；物流业连片发展，以雨润农副产品物流园、金达洲汽车贸易园等项目为代表的30个物流项目，形成总面积约10平方公里的生产资料物流、能源物流、生活日用品物流集散基地；打造轨道交通装备加工制造支柱产业，成立了长春装备制造产业开发区，占地98万平方米的长客装备公司二期工程全面开工，占地40万平方米的轨道客车零配件产业园已完成大部分建设任务。

经历着巨变的宽城，不再以老工业生产基地为人们熟知，取而代之的商业、服务业已成为全区经济发展的支柱产业，随着长春火车站南出口、地铁一号线、台北大街立交桥、“两横三纵”快速路、莱市街乙二路桥等“七路一桥”建设完工，全区道路通行能力将大幅提升，城市承载能力进一步增强，建成后的新宽城将以另一番欣欣向荣的景象成为长春市的重要窗口之一。

宽城区政府中央公园

宽城区九台北路

宽城区文化馆

养正高中

伪满皇宫博物院全景

凝聚人道力量　共建幸福长春

长春市红十字会

2009年省委常委、市委书记、市红十字会名誉会长高广滨出席市红十字会第四次会员代表大会，并发表重要讲话

2011年10月市委常委、副市长吴兰在学校红十字书屋捐赠仪式为学生发放图书

2011年6月，市委常委、副书记郑文芝在图书博览会上接受红十字小记者采访

长春市红十字会秉承“人道、博爱、奉献”的红十字精神，致力于动员社会力量，改善最易受损害群体境况，是政府在人道领域的得力助手，是社会主义和谐社会建设的重要力量，是精神文明建设的生力军。几年来，市红十字会积极服务经济社会发展大局，保护人民群众生命与健康、促进社会和谐文明进步，起到十分重要的促进作用。先后获得中国红十字会汶川抗震救灾先进集体、青海玉树抗震救灾先进集体；吉林省红十字会汶川抗震救灾最佳组织奖；市委、市政府支援抗震救灾先进基层党组织、基层党组织服务民生工作先进集体、大救助工作先进单位、创建文明工作先进单位、文教工作先进单位、会展工作先进单位、“十一五”期间母婴安全工作突出贡献单位等荣誉。

加强组织建设，夯实发展基础。一是2009年圆满召开了市红十字会第四次会员代表大会，省委常委、市委书记高广滨到会并做了重要讲话。聘请高广滨书记、崔杰市长担任市红十字会名誉会长，市委常委、副市长郑文芝当选为市红十字会会长。二是2011年成立了市卫生系统、教育系统红十字会。三是2012年召开了市红十字会第四届理事会第二次会议，补聘姜治莹市长、郑文芝副书记为市红十字会名誉会长，选举市委常委、副市长吴兰为市红十字会会长。

积极参与救灾工作，帮助灾区渡过难关。一是2008年为四川汶川地震灾区募集捐款7900余万元；二是2009年为青海玉树地震灾区募集捐款990余万元；三是2010年为我市洪水灾区募集款物800余万元，四是2013年为四川雅安地震灾区捐款300余万元。

温暖贫困群众，大力开展救助工作。一是开展“一元钱献爱心”等募捐救助活动。募集捐款物近400万元，其中，为300名贫困家庭肿瘤患者赠送100万元抗肿瘤药物；为400户贫困家庭发放100万元婴幼儿奶粉；向市儿童福利院捐赠36万元幼儿营养米粉；为贫困家庭矮小症患者发放50万元药品；向市人民医院捐赠100万元药品救治贫困家庭患者。二是开展医疗救助活动。申请中国红十字基金会小天使基金救助14岁以下贫困家庭白血病患儿，目前已救助300余人；设立专项救助基金对特困家庭进行大病救助，目前已投入23.5万元，救助了29名患者；投入56万余元对贫困家庭的孕产妇、艾滋病患者、结核患者进行救助。三是开展贫困助学活动。通过与爱心企业合作，建立红十字博爱助学基金，对贫困家庭学生进行救助，帮助他们完成学业；为市培智学校和绿园区哈达小学两所教学条件较差的学校，购置了价值10万元的办公设备；为农民工子弟学校宽城区柳影小学申请了10万元的国家助学救助金；争取“舒肤佳”健康长城工程援助项目款9万元，为双阳区、农安县的三所农村贫困偏远小学建设洗手池。四是开展应急救助活动。2009年5月救助市九十中学门前车祸受害者和家属2万余元；2010年1月帮助一名患先天性心脏病女婴免费治疗，2011年2月救助一名白血病患儿4万元医疗费。五是开展节日救助活动。多年来，扎实开展“红十字博爱送万家”活动，积极筹集救助物资，共为困难家庭发放了价值150余万元的大米、豆油、保暖内衣、棉被等物资。六是开展特色服务民生活动。按照《民生计划》要求，2011年捐赠50万元为100所受灾、偏远贫困、农民工子弟等学校建立红十字书屋；2012年捐赠50万元，为100个基层社区建立红十字书屋。

关爱生命关注健康，推动应急救护培训。按照《中国红十字事业2010-2014发展规划》和《健康城市三年行动规划》的要求，积极推动应急救护进社区、农村、学校、企业、机关活动，在全市普及应急救护知识。几年来，为高危行业、外资企业等培训红十字急救员2000多名；利用重要纪念日、展会等为群众开展普及讲座、组织急救演练和发放宣传资料，普及群众10万余人。

开展红十字志愿服务，打造红十字品牌项目。一是打造“达家邦”红十字志愿服务品牌。宣传“达家邦”的无私奉献、互帮互助、宽容大气、自强不息的精神。二是开展特色志愿服务。在中考、高考期间，在部分考点外设立“红十字志愿者爱心服务站”，为考生和家长提供温馨服务，得到广大考生及家长的好评。三是开展红十字小记者活动。在汽博会和书博会期间，组织红十字小记者参加新闻采访活动，成为展会上一道靓丽的风景线。四是广泛开展各项志愿服务。不断加强红十字志愿者队伍建设，积极组织志愿者参与宣传推动无偿献血、造血干细胞捐献、遗体和人体器官捐献、预防艾滋病等活动。

长春市红十字会将以高度的责任心、强烈的使命感和务实的作风，为推进我市红十字事业的发展，为建设和谐幸福长春做出新的更大的贡献。

2010年8月为我市洪水灾区送去消杀药品

2011年1月开展“红十字博爱送万家”活动慰问困难户

2012年5月市红十字会为中小学校医进行应急救护知识普及培训

2009年5月小朋友为玉树地震灾区捐款

攻坚克难 开拓进取 为城市建设再做新贡献

长春市土地储备中心

市国土局副局长、储备中心主任 林 松

2013年土地储备业务工作和党风廉政建设大会

长春市土地储备中心自2001年成立以来，在市委、市政府的统一部署和市国土局的正确领导下，始终紧紧围绕城市发展大局，致力于保障城市发展用地需求、促进地方经济发展、改善困难群众民生、推动城市建设步伐等重点工作，在有力支持全市城建大局的同时，不断实现自身跨越式的发展。截止到目前，共储备各类土地5210公顷，为长春市的发展建设提供居住、商服、办公、基础设施建设等各类土地3890公顷，通过土地出让，累计为地方财政创造收益132亿元。通过土地储备，实施了大面积的棚户区改造，扶持了企业改制和退城进区，支持了南部新城等“三城”建设，改善了城市结构和城市面貌，落实了民生。

2013年，储备中心以“一个片区，三个新城”为重点，全力做好土地储备工作。“一个片区”就是全力启动并推进永春片区的土地收储工作，确保完成区域内5平方公里，争取达到8平方公里的土地整理任务。“三个新城”就是完成南部新城和北部新城这两个新城的征地拆迁和基础设施建设任务，积极推进西部新城重点区域的土地征收和基础设施配套工作。

按照市委、市政府的总体部署，2013年，要加快南部新城永春区域的开发建设，储备中心要完成“保五争八”的工作任务，这对储备中心来说，任务艰巨，使命光荣。为了切实完成好“保五争八”工作任务，国土局高位统筹，上下联动，储备中心积极沟通，扎实工作，到目前各项工作正在按计划积极推进。

近年来，储备中心不断强化工作管理，狠抓队伍建设，着力培养“规范、公开、廉洁、效率、服务”五大作风，不断完善和健全“业务、财务、管理”三大方面制度，加强党风廉政建设，努力打造一支风清气正，团结向上的土地储备队伍。

展望未来，新的起点，新的挑战，新的机遇，储备中心坚信，在市委、市政府的统一部署和市国土局的正确领导下，储备中心一定能够开拓进取，不辱使命，圆满完成“保五争八”的工作任务，在全力完成好城建工作任务的同时，昂首阔步地走向更加灿烂辉煌的明天！

南部新城拆迁前的村屯

长春市土地储备中心办公楼

南部新城回迁小区七个区域当中的C区

天下粮仓 沃土榆树

榆树市市委书记　李国强

榆树市市长　李洪亮

榆树市位于吉林省中北部美丽富饶的第二松花江畔，处于长春、吉林、哈尔滨三大城市的经济辐射半径之内。现辖长春五棵树经济开发区、吉林榆树环城工业集中区两个省级开发区、24个乡（镇）、4个市区街道办事处、388个行政村，幅员面积4712.49平方公里，总人口130.77万人。

榆树市以建设“一个中心（建设吉林省北部区域性中心城市）、四大基地（全国粮食生产基地、全国农产品加工及集散基地、中国北方酒业基地、中国北方冬季蔬菜生产基地）为发展战略，经济社会发展取得了显著成就。荣获“全国粮食生产标兵县（市）”荣誉称号，实现九连冠。连续七年被评为“全国最具投资潜力中小城市百强”，被国家评为“全国农产品加工创业基地”、“国家级生态示范区”、“中国北方酒业基地”，全国产业发展能力百强县（市），被农业部确定为全国50个国家级现代农业示范区重点创建县（市）。

社会经济快速发展，综合实力整体增强。2012年，全市生产总值实现341.9亿元，比上年增长13.4%。规上工业总产值实现125.8亿元，比上年增长29%；农业总产值实现169.3亿元，比上年增长8.5%；全口径财政收入12.85亿元，比上年增长27.9%，本级财政收入10.02亿元，同比增长33.9%；固定资产投资完成额197.8亿元，比上年增长70.6%，工业固定资产投资额159.8亿元，比上年增长161.9%；城镇居民人均可支配收入达到16200元，农民人均纯收入11001元。

农牧业全面发展，全力打造全国粮食生产基地。我市处于世界“三大黄金玉米带”上，自然水土条件优越，素有“天下第一粮仓”美誉，粮食总产量占吉林省的1/10、全国的1/180。2012年粮食产量64.1亿斤，再创历史新高。全面加快中国北方冬季蔬菜生产基地建设，破解了北方冬季不能生产蔬菜的难题。丰富的粮食资源，促进畜牧业快速发展。全市生猪、黄牛、家禽年发展分别是239.7万头、108万头、5258.6万只，畜禽饲养总量居吉林省县（市）之首。

特色工业整体跃升，全力打造中国北方酒业基地。五棵树经济开发区和环城工业集中区基础设施日趋完善，承载能力显著提高，跨入省级优秀开发区行列。工业形成了玉米化工、生物制药、畜禽加工、白酒酿造、机械制造、新型建材六条产业链，工业经济整体实力快速提升。全市酒类生产企业达到132家，形成了以吉林省榆树钱酒业、长春市丰谷酒业、榆树市

天下第一粮仓

——榆树市人民政府

榆树四海实业发展有限公司

中粮生化能源（榆树）有限公司

吉久王酒厂等企业为龙头，吉林茅酒、榆树酿酒集团、长春世宝酒业等企业为重点的产业集群，年生产能力达到27万吨。“榆树钱”酒荣获“中国优质酒”称号，2010年喜获“中国驰名商标”称号；榆树大曲、吉久王、榆树王、榆五特液等品牌酒，不仅在东北市场占有相当的份额，而且销往北京、天津、河南、河北、广东等二十多个省市。

城市面貌变化显著，城市承载功能提高。以建设吉林省北部区域性中心城市为目标，坚持高起点规划、高标准建设的原则，全面加快城镇化发展步伐。新城区路网建成使用，承载功能逐步完善。市区建成区面积扩大到26平方公里，常住人口达到31万人。市政道路、供水、供热、供电、供气管网等设施不断完善。市区大气环境质量稳定保持国家二级标准，美化、绿化、亮化、净化水平全面提高，成功跨入省级卫生城市行列。

社会建设全面推进，社会保障日臻完善。以畅通路、安居房、洁净水、满意热、安全电等工程为重点的民生工程全面实施。道路交通全面升级，乡村公路硬质化路面实现“村村通”，通屯率达到85%以上。各级各类教育全面发展，文体基础设施日益完善。城乡医疗和公共卫生服务体系不断完善，城镇职工、居民和新农合保险实现全覆盖。社会保障覆盖面逐步扩大，弱势群体生活得到保障。城乡低保、农村“五保”和大病医疗救助标准进一步提高。广播电视、人口计生工作整体升位，经济社会发展的协调性、稳定性显著增强。

长春通威饲料有限公司

中化帝斯曼生化中间体（长春）有限公司

榆树市财政局

“十一五”期间和“十二五”初期，榆树市财政收入指标增幅均在两位数以上。2012年，全市公共预算全口径财政收入完成128,541万元，同比增长27.9%。公共预算地方级财政收入完成100,206万元，同比增长33.9%，首次突破10亿元大关。财政支出总计为441,498万元，在全省县（市）中位列第一。

针对工作中出现的新情况、新问题，榆树市财政局深入研究，创新机制，先后实施了一系列财政改革，创造了五项第一。即：第一个在全省县级全面实行财政国库集中支付制度改革；第一个在全省实行综合治税改革；第一个在全省县级全面实施一体化信息平台管理系统；第一个在全省县级实行村财乡管；第一个在全省实施村集体经济组织财务人员从业资格培训。财政改革成效显著：部门预算改革使全市各部门、各单位的预算内、外资金已全部纳入部门预算编制范围，细化了预算编制，规范了收支行为，强化了预算约束力；国库集中支付改革减少了拨款的中间环节，有效的防止了资金被挪用、挤占；政府采购改革实行“量化考核、末位淘汰”制度，有效规范了采购市场的正常秩序，受到了社会各界的一致好评；财政信息一体化大平台建设将所有行政事业单位的财政业务纳入一个大平台办理，呈现了管理范围“全”、预算编制“准”、支出管理“细”、对账速度“快”、办事过程“明”等特点；综合治税改革实现了税收征管向多部门、多税种、多行业、多领域延伸，涉税信息由税务部门单向“采集”变为部门多向“汇集”，形成了多角度、立体化的税源监控大格局，促进地方财税收入的稳步增长。

针对财政管理方面存在的薄弱环节，先后出台了关于加强非税收入管理、专项资金管理、投资评审管理、国有资产处置出租出借及对外投资管理、债务管理、行政事业性收费和基金征收管理等规范性文件，完善了财政资金监管机制。确定2013年为“强基础、善管理、重服务、惠民生”主题实践活动年，全面扎实推进财政基础工作，提升了管理和服务水平，全局细化了工作任务，明确了职责范围，财政监督管理机制进一步得到规范。

几年来，榆树市财政局先后荣获“全国财政工作先进集体”，是“十一五”期间全省唯一获此殊荣的县级财政局；“全国财政法制宣传教育先进集体”；“全省精神文明建设先进集体”，长春市委“三帮扶”工作先进集体。

榆树市经济局

榆树市位于吉林省中北部，处于长春、哈尔滨、吉林三个地级市构成的三角中心，处于松辽平原腹地，素有“粮豆之乡”、“天下第一粮仓”之美誉。全市幅员4712平方公里，耕地面积34.9万公顷。辖长春五棵树经济开发区、榆树环城工业集中区两个省级开发区，24个乡镇，4个街道办事处，388个行政村，总人口130.6万。

近年来，榆树市经济局围绕全市“一个中心、四大基地”发展战略，盘活存量、引进增量、扩大总量，大力发展民营经济，有力促进榆树经济平稳较快发展。

民营经济呈现快速发展态势。经济局按照“主题是发展，主攻是工业，主体是民营”的经济发展思路，保持全市民营经济高态势发展。2012年，全市地区生产总值完成362亿元，同比增长20.2%；民营经济实现增加值265亿元，同比增长29.9%，占GDP的74%；规模以上工业企业完成产值125.8亿元，同比增长29%，增速列长春地区前列。

工业项目建设取得新突破。围绕战略性新兴产业和农产品加工业，引进了中粮集团、吉粮集团、四海生猪、华泽集团、京粮集团、大连实德、荷兰帝斯曼等知名企业，重点打造玉米化工、生物制药、畜禽加工、白酒酿造、新型建材、机械制造六大产业链条，招商引资和重大工业项目建设取得可喜成效。2012年共开发工业项目220个，完成工业固定资产投资91.32亿元，同比增长48.5%。

全民创业工作取得新成效。2012年，我们积极实施全省新一轮民营经济腾飞计划，继续实施“培育小企业、打造小老板”工程以及“万名创业者、万名小老板”培训计划，充分利用五棵树开发区、环城工业集中区这两个创业基地，让有创业愿望和创业能力的人才进入创业基地，发挥创业基地的创业平台作用。全年推介项目145项，推荐创业成功项目92个。新办小企业达148户。新增个体工商户2643户，新增就业人员8125人。同时，积极解决企业融资难问题，建立企业研发中心，打造企业核心竞争力。

商贸流通逐步走向新繁荣。2012年，全市社会商品零售总额实现94.2亿元，同比增长17.1%。继续推进“万村千乡市场工程”工作；市场建设工作成效显著，按照“谁投资,谁管理,谁受益”的原则，共建设和改造11个市场；积极规划物流中心建设，围绕公路和铁路干线，积极打造物流产业。一是仓储物流基地，二是发展第三方物流，三是打造农机物流产业，隆兴农机市场是东北三省规模最大的农机物流基地。

长春通威饲料有限公司

锦丰大门

吉粮外景

坚持计划生育基本国策
推进人口计生工作全面发展
——榆树市人口计生局

榆树市委、市政府对人口计生工作高度重视。图为市委领导听取人口计生工作汇报。

吉林省人口计生委主任于洪才（左二）在长春市人口计生委领导的陪同下，到榆树市人口计生服务站调研。

榆树市人口计生局坚持计划生育基本国策，认真贯彻落实国家计划生育各项政策，适应人口和计划生育的新形势，坚持统筹解决人口数量、素质、结构和分布问题，促进人口长期均衡发展的总体工作目标，科学谋划，大胆探索，突出工作重点，深化综合改革，创新工作机制，强化服务管理，推进了人口计生工作全面发展，为全市经济社会发展创造了良好的人口环境。2009年以来，在“党政线”和“计生线”考核中，我市连年获得吉林省委、省政府综合奖、先进奖、党政领导重视奖，有22项单项工作受到国家、省和长春市人口计生委的表彰和奖励。

一、严格执行计划生育政策，持续稳定低生育水平

人口计生局认真执行国家人口计生政策，严格加强生育管理，全市低生育水平持续稳定。坚持人口计生依法行政，各项人口计生法规政策有效落实。完善生育再生育管理制度，规范申报程序，严格审查把关，有效减少了违法生育问题。加强技术服务管理，各项计划生育措施得到落实。深入开展阳光计生行动和诚信计生活动，群众参与人口计生工作和执行计划生育政策的自觉性不断提高。认真开展打击“两非”专项治理活动，出生人口性别比偏高问题得到缓解。

二、全面推进国家免费优生项目，有效预防出生缺陷

为了扎实推进优生检查，投资200万元打造了高标准的优生检测中心。选送技术人员参加国家、省和长春市的专业培训。广泛开展了免费孕前优生健康检查宣传进村屯、进社区活动，发放宣传单，开展宣传教育活动。落实市、乡、村、组四级人口计生干部组织工作职责和市计生服务站的优生检查职责，把检查工作责任落到实处。建立考核奖惩机制，对乡、镇、街的参检人数、优生知识知晓率、优生指导、叶酸发放等指标进行严格考核，并拿出20万元对工作突出的乡镇街和计生干部进行奖励。落实优生指导措施，有针对性地提出优生指导意见。两年多来，为全市14,000多对服务对象进行了免费优生健康检查。同时，还为1.8万名育龄群众进行了免费体格检查，为8585名服务对象进行了乳腺免费诊治服务活动，提高了群众生殖健康水平。

三、认真落实奖扶政策，完善人口计生利益导向机制

人口计生局始终把建立和完善计划生育政策体系，树立人口计生利益导向，作为新时期人口计生工作的重要措施来抓。认真落实计划生育家庭奖励扶助政策。目前，全市享受奖励扶助政策的总人数达到8556人，发放奖励扶助资金总额1029万元。还深入乡、镇、街对全市的奖励扶助对象进行指纹采集，建立了电子档案，使奖励扶助管理进一步规范。积极鼓励计划生育家庭参加相关保险。全市参加人身意外伤害保险的计划生育特殊家庭1850个。开展“幸福家庭”创建活动。全市7万个农村计划生育家庭参加到创建活动中来，提高了家庭发展力和文明水平。

长春市人口计生委副主任刘国瑞(右三)深入榆树市调研，探索幸福家庭创建活动深入发展的途径。图为刘国瑞副主任在秀水镇与创建对象座谈。

四、大力加强人口信息化建设，完善全人口和流动人口基础数据

人口计生局把人口数据基础建设放到重要位置。注重加强了信息平台建设。投资84.5万元升级了全人口和流动人口信息平台，加强了数字化服务站建设，形成了横纵相连的人口数据网络，目前，全人口信息平台实现了全省联网，流动人口信息平台实现了全国互联互通。加强了基层信息员队伍建设。通过办班培训、巡回指导、个别辅导等形式，深化人口信息业务人员培训，不断提高人口信息工作人员素质和工作能力。开展了人口信息核查专项行动。采取纵向入户逐户逐人调查核对，横向与公安、卫生、民政部门相关数据比对的方法，开展了人口信息数据大核查，提高了人口数据的准确性和完整性。

2011年4月，全省人口计生服务机构“县乡一体化”改革经验交流会在榆树召开。图为交流会会场。

五、探索创新流动人口服务管理，推进流动人口基本公共服务均等化

榆树市人口计生服务站及生殖保健医院承担国家免费孕前优生健康检查项目和全市育龄妇女体格检查工作，全年接待人口计生服务对象近2万人次。图为土桥镇育龄妇女体格检查现场。

榆树市每年流动人口近10万人。人口计生局从流动人口工作需要出发，积极探索创新流动人口服务管理办法。深化流动人口区域协作管理，从加强区域协作管理出发，建立“两地”管理工作职责，与外地人口计生流动人口管理机构建立了以流入地管理为主，双向密切协作的管理模式。按照同宣传、同管理、同服务原则，做好信息交流、孕情和生殖健康检查、情况协查等服务管理工作。建立了流动人口信息双向交流QQ群，使流动人口信息交流更加便捷。他们把做好流动人口计生服务作为推进基本公共服务均等化的重要工作，采取认真调查、预约登记、单独组织等措施，保证了流动人口及时参加免费孕前优生健康检查、免费体格检查和计划生育技术服务。流动人口计划生育基本公共服务均等化工作被评为全省示范市。

六、切实发挥党的建设统领作用，保证人口计生工作有效开展

以扎实推进基层组织建设年带动机关建设和人口计生工作。深化“三满意机关”创建活动。按照“基层满意、企业满意、群众满意”要求，创新机关服务方式，组织机关党员领导干部和工作人员深入基层，调查了解情况，研究解决问题，培养了“快、实、细、新”的机关工作作风。明确科室职能和人员岗位职责，实行了指纹签到制度，使机关管理得到加强。加强人口计生软环境建设。以“责任第一位、工作第一流、业绩第一名”为建设主要内容和目标，建立了“党员先锋岗”、“党员服务示范窗口”，扎实做好各项服务工作，推动了人口计生软环境建设健康发展。

牢固树立四种意识　开创法院工作新局面
——榆树市人民法院

院长潘长文到民营企业调研

2011年以来，新一届榆树法院党组一班人组织带领全院法官干警开拓进取，扎实工作，为我市经济发展，社会和谐稳定提供了有力的司法保障，法院各项工作受到上级法院和市委的肯定与人民群众好评。法院先后被评为“全市五五普法先进单位”，长春市法院系统信访工作先进单位，全省法院系统新闻宣传和司法新闻宣传先进单位。

一、牢固树立服务大局意识，积极为经济发展社会稳定提供司法服务和保障

院党组一班人大局意识强，善于从全市大局来考虑法院工作，不断提高服务经济建设的能力和水平。主持制定了法院服务经济发展的意见，带领法官走访民营企业和个体工商户，了解法律需求，征求意见，培训员工，排忧解难，为招商引资、民营经济发展、新农村建设提供良好的司法服务。对于涉及经济发展社会稳定的集团诉讼和群体诉讼等重大案件，院长、各位副院长亲临现场办案，两年来化解重大纠纷30余起，取得良好办案效果。

二、牢固树立公正公平意识，让每一起案件的处理都使当事人感受到司法的正义

院党组始终强调要把公正公平放在审判工作的首要位置。充分发挥合议庭、审判委员会作用，深化量刑规范化改革，严把刑事案件的事实关、证据关、适用法律关，确保无罪的人不受刑事追究，刑事案件无错案。加强了审判管理和监督，提高了民事案件办案效率，平均审限30天左右，远远低于法律规定的审限。依法公正裁判民告官案件，保障行政相对人合法权益。两年来法院受理诉讼案件12019件，结案率达到97%以上，上诉率3.45%，发改案件仅占结案总数的0.85%，案件质量效率得到有效保障。

三、牢固树立司法为民意识，以实际行动切实维护人民群众的根本利益

院党组始终坚持司法为民的社会主义法治理念，为群众办实事办好事。开辟群众维权绿色通道，进一步规范立案工作，诉讼服务功能进一步完善；为困难群众减缓免诉讼费，保障当事人及时行使诉权；人民法庭立足辖区，巡回办案；落实院长接待制度和院长公开电话制度，认真办理人民群众来信来访，畅通申诉信访渠道；落实信访案件的“四个必须、五项制度”，信访案件得到有效化解，坚持群众路线，正确适用政策和法律处理好人民内部矛盾，民商事调解撤诉案件达到60%，案件执结率达到85%以上。

四、牢固树立素质优先意识，努力建设一支高素质的一流基层法院队伍

院党组把建设一支一流的法院队伍作为工作目标。加强班子自身建设，深刻领会科学发展观的重大涵义和意义，自觉以科学发展观指导审判工作。提拔使用干部坚持德才兼备原则，公正公平，班子形成合力。加强廉政建设，不办人情案、关系案、金钱案，无违法违纪案件发生。加强业务建设，组织法官培训，鼓励青年干警自学，两年来有5名同志通过司法考试，法官撰写各类文章百余篇。加强机关党建，进行政法干警核心价值观教育，积极开展基层组织建设年、队伍形象建设年和人民法官为人民主题实践及向模范法官翟树全学习等活动，改进作风，提高素质。加强文化建设，法院文化建设的“四三二”模式受到省市法院的重视，《人民法院报》还以专版的形式予以报道。加强制度建设，坚持依法依规范治院，从严治院。

榆树法院全体法官干警决心在新一届院党组领导下，坚持为大局服务，为人民司法方针服务，履行好审判职能，为全市经济发展社会稳定提供坚强有力的司法保障，开创法院工作新局面。

榆树市环保局

农村环境整治让黑土地得到休养——粪肥当家　芝麻开花

近年来，我们紧紧围绕“实现生态农村新突破”战略构想，坚定不移地探索黑土地生态保护的新道路。

一、　明确向老传统要新作为思路　找到困扰农村环境症结

2011年初，决定选择育民乡爱民村庙台沟屯作为垃圾转化利用试点，探索“分类收集、集中堆肥、统一还田”绿色治理模式。

通过一年时间的运行，收到了意想不到的成效。第一次转运粪肥，育民乡庙台沟屯仅用两天时间就送完了1200立方米优质粪肥，实现一亩地多打粮食500多斤，这种环境整治模式，既根治了村屯脏乱差，又培肥了地力，促进了粮食增收，改善了农产品质量，对于农业可持续发展具有深远意义。

二、找准收管运有效措施 创新模式实现标本兼治

从扭转领导干部思想观念入手，组织帮助农民找准了“收一管一运”的有效措施。在分类收集环节，采取农户自收自运、村级卫生队定时定点统一收运、种粮大户规模收运等多种方式。在集中沤肥环节，由村委会聘用专职积肥员，工资酬劳通过一事一议或者有偿使用农肥来解决。在统一还田环节，视当地实际情况和农民意愿，采取无偿或有偿两种方式，统一还田。不到一年时间，全市已有482个自然屯实施了生活垃圾与畜禽粪便转化利用示范工程，实现了标本兼治。

三、　充分发挥农民的主体作用 赢得更多认可和支持

在农村环境治理工作中，榆树市充分发挥广大农民的主体作用，通过上门征询意见，赢得农民认可和支持；开门制定方案，确保方案不偏离群众意愿；出台切合实际的《村规民约》，主动提供垃圾分类和积肥技术服务；作为民生工程来抓，2013年将对1000个自然屯实施垃圾深度治理示范工程，可受益人口达30万人，通过“治点、联片、扩面”，利用3年时间实现全市388个行政村环境治理全覆盖、粪肥还田全部循环一次，实现农村人居环境、土壤环境、生态环境协调统一。

服务榆树促经济增长 改善民生保交通稳定
构建综合交通体 助飞榆树交通梦

——榆树市交通运输局

榆陶公路上的“天下第一粮仓”

榆江公路榆树段竣工典礼

榆树市交通运输局局长安兴山陪同副市长赵国军验收新建乡村公路

榆树市交通运输局始终按照“便捷、安全、经济、高效、绿色”的发展战略，创造性开展工作，全力推进基础设施建设，十年间，完成了榆江公路、榆陶公路国道102线至陶赖昭段改建项目、科铁公路、黑大公路、榆舒铁路等重点项目、农村样本公路和水运建设工程。

科铁公路（内蒙科右前旗至黑龙江铁栗公路），在榆树市境内，起点为韩家油房，终点为于家，全长78.432公里。

黑大公路（黑河至大连）是榆树通往黑、辽两省的主干道，从北到南纵贯榆树全境，榆树段长79.048公里。

榆陶公路（榆树至陶赖昭）横穿长春五棵树现代农业产业开发区，是榆树和京哈高速公路唯一的连接线，也是通往长春市的最便捷通道，全长40.028公里。

榆江公路（榆树至江源）是吉林省“十一五”公路网规划重点建设项目，是贯通吉林省南北的一条重点干线，全长61.536公里（其中榆树段52.737公里）

榆树市交通运输局投资了1.75亿元，完成新建村级公路4600公里，实现了村级公路的硬化，保证了乡乡通畅、村村通达。农村公路的建设，改善了农村运输条件和投资环境，加快了农村经济的发展和社会主义新农村建设。

榆舒铁路（榆树至舒兰），是吉林省政府和国家铁道部共同审批确立的建设项目。2007年开始立项，2008年开工建设，2009年年末正式通车运营，全程61公里。

在水运方面，近几年我们修建了桦树、腰围子等十三处渡口，在五棵树江边修建码头一个，并争取上级投资建造海事监督艇一艘，“吉海巡19”海事监督艇于2012年7月11日正式首航。

榆树市交通干线公路从低等级到高等级，村级公路硬化从无到有，交通路网规模从小到大，变化翻天覆地，成就令人瞩目，一个以构建快速交通为骨架，干线公路为支撑、农村公路、铁路、水运为脉络的综合交通体系已迅速形成。

执法监管出威信 文明和谐树形象

榆树市交通运输局下属市交通运输督查执法大队、公路管理段、运输管理所、出租车管理办公室、地方海事处、乡道管理所、福安超限检测站、牛头山超限检测站等行政执法单位，履行路政治超、营运打非、水上刹违等多项行政执法职能，在规范道路货运客运市场秩序、水上交通秩序、机动车维修市场秩序，保障道路运输安全，保护公路设施完好上发挥了重要的作用。

党群同心惠民生 共谱和谐新乐章

榆树市交通运输局结合工作实际，不断创新工作载体，采取

“吉海巡19”海事监督艇

榆树市交通运输系统联合治超

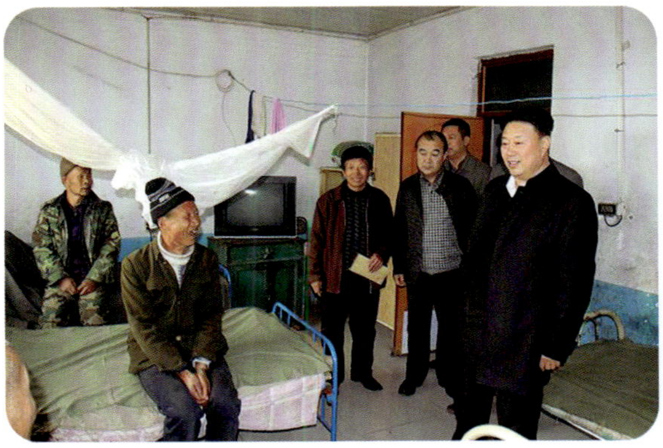

2012年10月“喜迎十八大　送温暖　献爱心”活动，交通运输局领导慰问育民乡敬老院

安兴山局长深入客运集团检查GPS使用情况

切实有效措施，深入开展基层党组织服务民生活动，积极推进“三帮扶”工作，取得较好效果。

2012年3月，榆树交通运输局党员干部帮扶育民乡（包保乡镇）特困农户，为其送去价值2.5万元的种子化肥；2012年10月，开展“喜迎十八大　送温暖　献爱心”系列活动;交通运输局党员干部慰问育民乡敬老院及中心小学，送去价值3万元的慰问物资；雷锋车、党员先锋号在十八大期间为60岁以上老人提供免费乘车服务；其层单位党员干部以各种方式开展送温暖、献爱心活动。春节期间，交通运输局领导干部走访慰问一线职工、退休老党员；2013年3月，交通运输局开展“支农走基层　帮扶送温暖”活动，党员干部为包保乡镇环城乡特困农户送去种子化肥价值2.5万元；

精心打造客运品牌　创建特色企业文化

榆树市交通运输局精心打造客运行业文明形象和服务品牌，高标准、高质量、高效益地提供优质服务。

市客运部门拥有长途客车78辆，每辆客车上都安装了GPS终端设备，使其在全程监控下安全运营。

我市拥有标准校车90辆，开通的150条线路，每天承担着接送近9000名中小学学生上下学任务，解决了36所农村中小学学生交通安全问题。

榆树市公交有限公司完善公交线路，尽求布局合理，现有市内市郊营运线路12条，营运车辆共143台。

榆树市交通运输局加强行业管理，为城市客运交通更好更快的发展，为建设幸福榆树、构建和谐社会作出了积极的贡献。

客运集团新型校车

榆树市公交有限公司CNC节能型公交车

榆树市住房和城乡建设局

宋局工作照

榆树市住房和城乡建设局是全市住房和城乡建设的行政主管部门，主要职责是负责全市城乡的规划、建设、管理工作及住房保障、房地产管理工作。办公地址位于新民大街与府前路交汇处。全系统总人数2309人，其中机关编制63人，局长1名、副局长3名，机关干部32人，离退休、离岗干部27人，内设人秘科、计财科、建工科、乡建科、法制科、综合科、行政审批办公室、人民防空办公室、燃气管理办公室、墙体材料革新办公室、保障性住房管理办公室、城乡建设档案馆12个科室。所属自来水公司（代管榆树市富田污水处理管理有限公司）、市政工程公司、供热工程公司、公用事业管理处、房地产管理处、园林管理处、建设规划办公室、物业管理办公室、卫生事业费管理办公室、市区节约用水办公室、污水（垃圾）管理办公室、建设执法监察大队、建设工程质量监督站、城乡规划勘测设计院、建设工程交易中心、无害垃圾处理中心、黑林房管所、土桥房管所、弓棚房管所19家基层单位，干部职工2246人。

截止2012年底，我市城市建成区面积22.5平方公里，人口26万。各类楼房1876栋、908万平方米（其中棚户区改造新建楼房118.4万平方米，新建廉租房12万平方米）；柏油路44条、面积90万平方米，排水管网105公里，硬铺装巷路119条；供水企业1家、运营水厂两处、深水井36眼、ＤＮ75mm供水管网163公里，日供水能力2.5万吨，用户85646户。二次供水泵站73处、用户57530户，其中自来水公司管理的62处、用户52989户；供热单位53家，锅炉房90座、锅炉109台，供热管网142公里，供热面积735万平方米；民用压缩天然气总站1座，管网25公里，覆盖小区43个、用户9962户。燃气瓶组供气站3座、用户232户；垃圾处理场1个、13万平方米；污水处理场1个、4.5万平方米；公园2个、29.2万平方米，广场4个、街头绿地2个。截止日前，市区绿化总面积598公顷，绿化覆盖率30.6%，绿地面积577公顷，绿地率29.7%，人均占有公共绿地面积6.1平方米。

乡镇建成区面积39平方公里、人口14.5万。各类楼房1083栋、165.9万平方米。柏油路112公里、面积72万平方米。水厂37座、水井47眼，日供水能力2.5万吨。供热站57座、供热面积133万平方米。

雕塑广场

供电大厦楼体亮化

新民立交桥

榆树公园

暖房子

工农大街鸟瞰

榆树市畜牧兽医局

榆树实施现代生态畜六大工程　提升畜牧业发展质量和效益

长春市人大调研组来榆树调研指导畜牧工作

榆树畜牧资源丰富，畜牧基础建设水平较高，畜牧产业对县域经济发展具有较强的拉动力。畜牧综合产业链不断成熟，已经具备了实施现代生态畜牧业工程基本条件。近年来，榆树市全力推进畜牧生产大市向畜牧经济强市转变。着眼长远，立足当前。以市场为导向，以正大项目为依托，围绕质量抓标准。围绕综合效益，抓产业园区。围绕生态发展，抓农牧循环。到2015年，全面实现吉林省提出的《现代畜牧业四年提升计划》的“五化”目标。

1、推进现代生态畜牧业产业园区工程。结合“五棵树‘三化’统筹推进现代综合示范区”建设，抓好现代生态畜牧业产业园区试点。一是建设畜牧产业基地。在五棵树建设“现代生态畜牧业产业园区”。二是延长上下游产业链。三是分区分批规划建设。2014年完成五棵树现代生态畜牧业产业园区建设。

泰国正大肉鸡饲养舍

五棵树汉夏黄牛交易市场

五棵树四海食品有限公司

2、推进畜禽产业生态工程。

3、推进市场工程。几年来，不断加大市场建设力度。2000年投资8000万元加成五棵树现代黄牛交易市场，年上市黄牛万头以上，年交易额150亿元。投资1300万元建设弓棚生猪交易市场。一是完善、提高五棵树现代黄牛交易市场，使五棵树现代黄牛交易市场成为东北最大、设施最完善、标准最高的现代黄牛交易集散地。二是建设现代化畜禽交易中心。三是建设网络市场。

4、推进科技工程。一是加强基础建设。二是开展技术培训。每年组织乡镇畜牧站技术人员、畜牧园区和规模养殖户技术员参加省、长春市技术培训230多人次。三是推广全力良种技术。积极推广了生猪、肉牛的三元杂交技术。全市投资5800万元，建设了13处优良种猪繁育基地、四是筹建优良基础母牛基地和畜牧研究院。这项工作已经拿出规划初稿，正在进行项目争取。

5、推进标准化质量安全工程。一是推进标准化生产。以畜牧产业园区建设为依托，在全市畜牧小区、规模养殖户推行畜禽标准化生产，成立了标准化生产办公室。二是积极进行认证和商标注册。三是强化质量安全监控，动物防疫体系建设情况。

6、推进正大省级样板工程。正大项目是一项省长工程。我们紧紧围绕正榆亿只肉鸡产业化项目引进，积极服务项目建设。目前已经完成了44个肉鸡笼养殖场、24个种鸡场、1个孵化场、1个屠宰厂、1个饲料厂、6个有机肥厂、1个物流洗消中心、1个动保中心、1个综合管理信息中心的项目选址工作。其中五棵树永吉村、互助村等8个笼养殖场已经竣工，投入使用。

泰国正大肉鸡

五棵树四海食品有限公司

中央储备粮榆树直属库

中储粮吉林分公司丁召团总经理到榆树直属库视察

中储粮吉林分公司在情系三农演出

职工运动会

榆树直属库大门口

中央储备粮榆树直属库坐落在吉林省榆树市刘家镇。

榆树市位于吉林省中北部，幅员面积4700平方公里，总人口130万。榆树市农业资源富足，是全国重点商品粮基地县（市）之一，粮食种植面积35万公顷，年粮食总产量300万吨，粮食商品量约225万吨。榆树地区粮食总产量约占全省总产量十分之一，占长春地区总产量三分之一。自2004年以来，榆树市一直是粮食总产量稳居全国第一的粮食主产县，素有“天下第一粮仓”的美誉，中央储备粮榆树直属库也被誉为“松辽平源第一仓”。

2000年10月经国家发展计划委员会、财政部、国家粮食局、中国农业发展银行、中国储备管理总公司计“【2000】564号”文件批准，2001年4月中国储备粮管理总公司正式授牌为中央储备粮榆树直属库，并于2001年8月21日在榆树市工商行政管理局注册成立。企业法人营业执照注册号为2201821002019号，注册资金14，582万元，法定代表人为王德军，经济性质为全民所有制。

企业经营方式为：收购、销售、调运。库容总量为23万吨，占地面积26万平方米，现有员工92人，库领导6人，中层干部11人，大专以上文化程度员工54人。员工平均年龄36岁。国家总投资14，582万元。有高大平房仓32个仓间、浅圆仓10座。有日降水能力1，000吨的烘干机组一个，铁路专用线2.25公里，有自动化的发放系统，一次装车能力可达1，500吨。库内储存中央储备粮23万吨（其中：玉米20万吨，稻谷3万吨）；库内环境优美,文化生活丰富,共设仓储、设备、财会、购销、综合、监管六个科室，从财务、仓储、综合、监管、购销、设备管理等环节都实现了微机网络化管理。

榆树直属库自运营以来,始终坚持严格制度、严格管理、严格责任，以实现“两个确保”和“三个维护”这宗旨，有效发挥了国家宏观调控职能，为国家创造了较好的经济和社会效益。通过切实强化管理，深入开展企业内控建设和全面预算管理，不断提升企业经营管理的整体水平。企业经营13年来，经济效益和管理水平在吉林辖区内位居前列，并成功研发仓内膜下环流通风低温储粮技术，自主研发烘干尾气跟踪控制法等科学储粮技术，在中储粮总公司东北九省区库点范围内得到推广。开展“中央储备玉米、粳稻谷安全储藏水分的研究”，被吉林省科技厅确认为吉林省科技成果。多年来，榆树直属库已成为中储粮吉林分公司辖区内仓储精细化管理、科技储粮、全面预算管理等多项工作的试点单位和样板库。

2003年，榆树直属库被评为中国储备粮管理总公司“先进直属库”；2006年，被吉林省人民政府评为省级精神文明单位，被省直机关工委评为2003-2006年度“先进基层党组织”；2008年，库党总支被吉林省直机关工委授予省直机关2007-2008年度“五好”党支部称号，库工会被吉林省总工会授予“最佳职工代表大会”称号；2010年，被榆树市人民政府评为榆树市2010年度防火工作先进单位；同年，在中储粮总公司十周年庆典上再次获得“先进直属库”荣誉；2011年度被长春市粮食局评为安全储粮先进单位。

榆树直属库全景

榆树市环城乡

环城乡地处东经126° 26′ ～126° 40′，北纬44° 41′ ～44° 59′。东接城发乡，南接保寿镇，西接闵家镇，北接城郊街道和恩育乡。全乡幅员为265.67平方公里。辖24个行政村（桂家、东岭、朝阳、平安、八家、双井、城子、万隆、卢家、封堆、胜利、房身、西良、福安、姜家、六合、四间、张奎、三道、夏宝、柳树、肖乡、柳青、朱家），103个自然屯，106个村民小组。总户数22469户，总人口75106人。

环城乡上接城市，下联乡村，是城乡结合部，共享城市资源，交通便利，水电资源丰富，具有发展经济得天独厚的优势。改革开放以来，在榆树市委、市政府的领导下，环城乡按照“工业立乡、农业兴乡、商贸活乡”的工作思路，不断推进产业结构的优化升级，形成了以土地资源开发，农产品加工，打造绿色农业品牌，培植农牧业生产基地，挖掘第三产业潜力等一、二、三产业竞相发展的新局面，使工业、农业、牧业、商业相互联系，相互促进，协调发展，成为推动榆树市经济发展的重要组成部分。

环城乡是长春市乡镇企业30强乡镇之一，1997年被列入长春市级乡镇企业小区，享受省级乡镇企业小区待遇。有省级农业示范田一个，农产品产销旺盛远近驰名。环城乡素有蔬菜大乡之称，形成了初春庭院小菜、夏季地膜菜、秋季大路菜、四季都上市的大棚菜系列化蔬菜生产新格局。打造了八家村香瓜、双井村脱毒马铃薯等具有浓郁地方特色的农产品品牌。截至2012年末，环城乡商业性业户达到611家，其中，批发零售业409个；餐饮服务业6家；居民服务业、娱乐业196户家，利润总额达到1662万元。2012年，环城乡地区生产总值57.4亿元。其中，第一产业28.2亿元；第二产业收入22.2亿元；第三产业收入7亿元。全口径财政收入1800万元，农民人均收入实现11836元。年终被榆树市委、市政府评为2012年度农村经济社会综合发展模范单位，精神文明建设工作先进集体，乡党委被长春市委命名为先进党委。

政府大楼

九台市经济局

九台市经济局，2007年2月8日经市政府批准组建，是直属于市政府的综合经济管理部门。

现内设党政办公室、经济技术合作科、外经贸科、工业和信息化科、市场管理科、中小企业科、行政审批办公室5科2室。下设两个直属事业单位，即九台市经济干部管理学校和九台市中小企业服务中心，同时，按照政府相关规定管理市酒类管理办公室。

市经济局主要负责全市招商引资及项目建设，经济运行调节，外经外贸合作，民营经济发展，市场流通管理，行政审批等相关工作。现有行政编制28名，局长1名、副局长3名。

近年来，在市委、市政府的正确领导下，紧紧抓住长吉图、长吉一体化和长东北战略加速开发建设的历史机遇，围绕“三城并进、二三产并举”的全新战略，突出重点、合力攻坚，以深化经济体制改革，突出发展民营经济，加大招商引资力度，加快县域经济发展，推进新型工业化进程，实现富民强县为宗旨，以把九台建设成为全省综合实力最强县为目标，开拓经济工作新局面。

九台市经济局多次被评为全省招商引资先进单位、全省民营经济腾飞先进县（市）、全省工业提速增效活动先进县（即规模工业十强县）。

九台市农业局

九台市位于吉林省中部，处于长春市、吉林市两大中心城市之间的交通走廊地带和长吉经济圈的核心位置，是长吉经济一体化发展的最重要结点和经济的集聚区。九台境内有长吉高速公路、长吉北线公路、长图铁路和长春龙嘉国际机场等构筑了“三横三纵一空”的立体化交通格局。幅员面积3375平方千米，有耕地22万公顷，常年粮食总产30亿斤以上，2011年被评为全国粮食生产先进单位。是国家重点商品粮生产基地县之一。九台地势属松嫩平原东南边缘与长白山余脉过渡的台地，境内地形地势呈西南东北狭长状，东南高，西北低。境内河网密布，低山耸生。一江三河（松花江、饮马河、雾开河、沐石河）及大小支流130多条纵贯南北，总体呈一水三山六分田的格局。境内平原、台地和丘陵分别占全市总面积的44%、34%和22%。

一、九台市农业局简介

九台市农业局是市政府主管农村工作的职能部门。主要职能是贯彻落实国家有关农业和农村经济工作的方针政策、法律、法规，负责农业行政执法工作，编制全市农业产业化总体规划和种植计划并组织实施。拟定全市种植业布局和结构调整。指导、监督、管理农村经济组织建设。负责农村财务审计和会计人员培训。2013年，内设党政办公室、行政审批办公室、农业科、农经科、科教信息科、法制场站科。下属单位有农业技术推广中心、植物保护检疫站、农村经济管理总站、种子管理站、农村能源环境保护办公室、土壤肥料工作站、新农村办公室、九台市农民科技教育中心、良种繁育场、种子公司。全系统有职工1037人，其中局机关21人，下属单位1016人。有高级农艺师72人，农艺师162人。

二、发展情况

近几年，在市委市政府的正确领导下，在农业局党委的精心指导下，本着服务“三农”，提高农技服务、增加农民收入为宗旨，切实抓好农技推广工作，落实推广了玉米高光效栽培、玉米大垅双行栽培、农田灭鼠、测土施肥、深松整地、赤眼蜂防治玉米螟、优良耐密高产品种选用、水稻病虫害综合防治、种子等离子处理、机械精量和半精量播种、低残留短残效化学除草剂应用、钵盘旱育苗等12项技术，并取得了显著成效。农业中心、土肥站、植保站、能源办等单位通过各种形式培训农业技术骨干每年都在1000人以上，有效地提高了农民科学种田的积极性。使得粮食产量连年增长。特别是今年玉米高光效种植技术，深得老百姓的认可，使农业科技向前迈进了一大步。2008年，全市农作物总播种面积16万公顷，粮食作物播种面积14.8万公顷，粮食产量22亿斤，农民人均收入5860元，到2013年，分别发展到的18.7万公顷、17.3万公顷、32.7亿斤、11680元，分别增长了16.8%、16.8%、48%、99.3%

全市农民专业合作社组织从2008年的198个发展到2013年的1672个，耕地面积达到了1.33万公顷。按照中央一号文件精神，今年我市家庭农场数量达到了70家，期中，九台市池中田家庭农场、九台市庆山农机专业合作社等农民组织在全省起到了辐射、带动、示范、典型的作用。其运营实现了统一种植、统一管理、统一收获、统一销售。

三、近几年取得的成绩荣誉

1、农业方面:

2009年粮食总产达到了23.2亿斤，九台市政府被农业部评为全国产粮大县；农业局被农业部评为农村土地承包纠纷仲裁先进单位、被吉林省评为农民负担管理先进单位；2010年粮食总产达到了25.5亿公斤，2011年，粮食产量达到26.5亿斤，2012年，粮食产量达到27.6亿斤，九台市荣获全国粮食生产先进县、全省粮油高产创建先进县、全国农村集体“三资”管理示范县；农业局获吉林省农民专业合作社工作先进单位和全市农民负担监督管理工作先进单位。九台市农业技术推广中心协助省农科院在九台市种植的玉米“利民33”亩产达到了953.81公斤，荣获农业部主办的“玉米王”挑战赛吉林省“半湿润区玉米高产栽培技术示范与推广”一等奖。2013年，粮食产量达到32.7亿斤，实现了历史性突破。

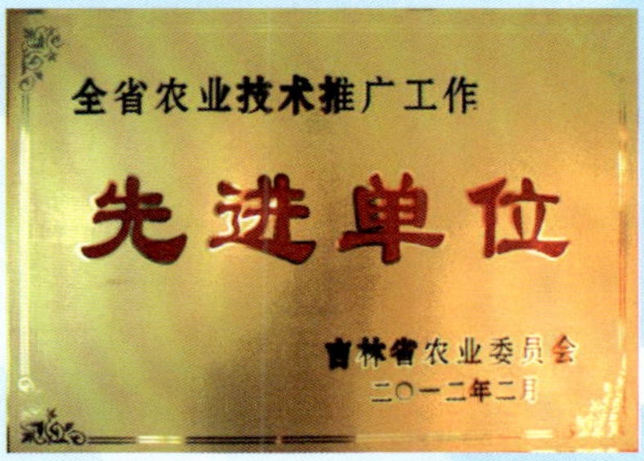

2、产业化方面:

到2012年年末，全市规模以上农产品加工企业112家，销售收入258.59亿元，全省排名第一位，比前三年平均销售收入增长76.9%。全市拥有国家级龙头企业1家，省级龙头企业10家，长春市级龙头企业19家。2013年，疆宁肉业等8家农产品加工优秀企业有望晋级长春市级龙头企业。获得中国名牌农产品1家、中国驰名商标3家、吉林省著名商标8家、吉林省名牌6家、获得有机食品认证3家、企业拥有专利证书3家。

目前，已经形成了以天景公司为代表的粘甜玉米加工系列、以金锣公司为代表的肉制品加工系列、以良泽米业为代表的优质大米系列、以朱老六食品为代表的大豆加工系列、以亚泰医药为代表的中医药系列、以向宇果仁为代表的特色类加工系列的六大系列重点产业。

3、新农村建设方面:

自2006年，党中央提出了建设社会主义新农村的重大历史任务以来，九台市按照中央和省、长春市的总体要求，成立了新农村建设领导小组，并明确了任务，科学制定了发展规划。按照“生产发展、生活宽裕、乡风文明、村容整洁、管理民主”这个目标，九台市投入大量资金，在各试点村镇进行项目建设。到目前为止，新农村建设工作稳步推进，乡村环境有了新起色，乡容村貌有了新改观，取得了阶段性成果。

九台市民政局

九台市委书记何泉秀（中）市长史长友（左）视察九台市社会福利服务中心

九台市民政局局长王占高（中）和九台市人武部部长李明（右）陪同省民政厅耿建仁处长（左）出席九台市2013年退役士兵就业招聘会

九台市民政局紧紧围绕保障和改善民生的主题，服务百姓，造福民生，全力打造务实民政、阳光民政、廉洁民政，在保障和改善民生和维护社会稳定上发挥了重要的基础作用。2012年，九台市民政局被长春市政府评为民政工作先进单位。在九台市政府2012年绩效考核中，九台市民政局被评为一类单位，在九台市委市政府2012年度民生计划考核中，被评为民生工作先进单位。

社会救助能力不断增强。城乡低保标准与居民人均收入同步增长，实现动态管理下的应保尽保。城乡医疗救助扎实开展，"一站式"救助方便快捷，住院、门诊慢性病和临时救助水平不断提高。积极开展节日和应急性临时救助，为因突发灾害的百姓救急救难。积极开展 "情暖万家"两节救助、"爱心布谷"慈善助春耕、"慈善救助圆梦大学"等慈善救助活动，把慈善爱心送到贫弱群体。

双拥和优抚安置工作水平不断提高。广泛开展“微机进军营”活动，为九台市人武部等八个驻军单位配备电脑40台。建立了退役士兵职业培训基地，举办了退役士兵职业技能培训班，开展了退役士兵就业专场招聘会，退役士兵安置率达到100%。开展了零散烈士纪念设施抢救保护工作，对全市建国前老兵及革命伤残军人配备常用药品。将601名老兵遗孀全部纳入农村低保范围，享受最高救助档次，解除他们的后顾之忧。

公共服务能力不断提高。高标准完成九台市社会福利服务中心改造工程，面向社会提供宾馆式养老服务，是目前长春地区环境最好的养老机构。扎实开展流浪乞讨人员救助管理工作，市社会管理救助站达到国家三级站标准。落实民政对象殡葬基本费用减免政策，为城乡低保户、农村五保户、重点优抚对象免除基本丧葬费用。高标准完成城区地名标志设置工作，在城区设置标准街路牌，达到大中城市标准。

打造阳光民政，着力提升队伍建设水平。以“真情暖人心，满意在民政”为主题，开展“创先争优”活动，不断提高群众对民政工作的满意度。搭建民众诉求平台，千方百计为民政对象服务。

2012年九台市慈善会圆梦大学救助活动现场

九台市救助管理站

九台市殡仪馆

九台市社会福利中心

九台市环境保护局

赵海波局长带队检查企业

【概述】九台市环境保护局紧紧围绕生态文明建设，以污染减排为核心，以改善环境质量为目标，以建设幸福九台为宗旨，全面推进城乡环境综合整治，并逐年加大环保资金投入，确保了饮马河、雾开河、沐石河、第二松花江九台段等流域水质达到相应功能区标准，生活饮用水水质达标率保持在100%。城市环境空气质量达到国家二级标准，区域环境噪声控制在53分贝以下，交通干线噪声控制在68分贝以下，促进了全市经济社会的和谐发展。

【建设项目管理和跟踪服务】

一是严把建设项目审批关。将环保审批作为行政许可的前置条件。优先引进清洁生产和循环经济项目，着力提升产业层次。建立完善了建设项目审批制度，成立建设项目审查委员会，对全市所有新、扩、改建项目进行集体讨论审定，保证了建设项目环境管理规范公正、公开透明。

二是做好项目跟踪服务。积极主动地对全市所有的建设项目进行跟踪服务。为提高环保服务质量，变坐等上门为主动服务上门，变上访为下访。做到能办结的现场办结，一时不能办结的做好跟踪服务，对超权限的项目，主动帮助企业向上协调项目审批，加快项目审批进度。全年审批建设项目173个，否决污染重、能耗大的项目9个，建设项目“三同时”验收71个。

【环保工程建设和污染减排】

污染减排是环保工作的重中之重。我市今年列入减排计划的工业源长春朱老六食品有限公司污水处理改造工程项目、华能吉林发电有限公司九台电厂1号、2号机组烟气脱硝工程项目已全面完成。另外，列入减排计划的农业源包括65家规模化养殖企业已全部完成了污染治理设施的建设（含扩建）并已投入使用。

按计划对吉林省龙嘉堡矿业有限责任公司、吉林省建华管桩有限公司、长春市新北凹印制板厂3家企业进行了清洁生产审核工作。

积极推进长春九台卡伦经济开发区污水处理厂、空港污水处理厂、垃圾处理厂二期工程、城市医疗废物处理中心建设。

【环保专项行动和环境安全】

今年以来，我局在环境监管中突出“五个强化”，扎实开展“整治违法排污企业保障群众健康”环保专项行动，不断改善我市环境质量，确保我市环境安全。

一是强化现场执法监察。重点抓好“错时”和“全天候”执法，加大夜间、双休日和节假日检查频次，不定期检查治污设施的运行情况，必要时派出监察员实行24小时监督。

二是强化突出问题督办。把群众多次投诉、反映强烈的9家燃煤锅炉污染物超标排放单位和53家餐饮业油烟超标排放单位通过约谈法人、跟踪督察等方式进行了限期治理。

三是强化行政处罚力度。对治污设施不正常运转、偷排、漏排、等严重违法排污行为，依法从严处罚。全年共处罚企业24

家，收缴罚款50余万元。通过对典型环境违法案件的查处，起到了一定的警示、教育作用。

四是强化工业园区管理。集中检查工业园区重点企业的环评执行情况、建设项目“三同时”执行情况和污染治理设施运转等情况，对未批先建、未验已产、污染物超标排放企业等进行限期整改。

五是强化保障环境安全。对全市44家重金属、化工企业、液氨制冷和放射源使用单位进行了专项整治。其中，对存在环境安全隐患的12家企业实施了关闭，18家企业责令停止生产，限期治理，4家企业实施了行政处罚。

【排污申报登记和排污费征收】

按照国家环境保护相关法律法规和省市环保部门要求，坚持“一切排放污染物的单位和个体工商户都必须进行排污申报”的原则，拓宽申报面、详实掌握企业排污状况，采取宣传、监察、监测、督查相结合的方法，完成排污申报登记175家，收缴排污费700余万元。为我市区域环境管理打下了坚实的基础。

【农村环境综合治理】

积极推进农村环境连片整治示范项目建设工作。在2012年第一、第二批农村环境连片整治示范项目已投入运行和使用的基础上，今年开展了31个行政村的第三批农村环境连片整治示范项目建设。总投资1982余万元，共建设垃圾分类站31座，配置垃圾箱687个、垃圾池69个，购置各种运输车辆181台，建设饮用水源保护房及防护设施6套。实现了生活垃圾定点存放清运率达到100%，无害化处理率达到80%以上，畜禽粪便得到有效处理且综合利用率达到80%以上。

华能吉林发电有限公司九台电厂

长春海伯尔生物技术有限公司

长春金锣肉制品有限公司

全面开展“生态保护工程”建设。在市政府的统一领导下，各职能部门联动开展了治理沙场、整治石场和退耕还林“生态环境三项保护工程”。促进了我市生态环境的保护和改善。

【环境宣传教育和绿色创建】

为提高民众的环境意识，动员全市的力量共同“保护生态环境，建设美丽九台”。一是开展了“联合保护城乡环境，共建绿色宜居城市”活动。与企事业单位签订“联保共建”协议书1065份。二是利用电视、报纸、政府信息网等对我市环保工作进行了广泛宣传。三是利用“4.22世界地球日”、“6.5世界环境日”等开展了以生态文明建设为主题大型宣传活动。四是组织开展了环保进校园、进机关、进企业、进社区、进乡镇“五进”宣传活动。五是在日常的环保执法、服务工作中，宣传环保法律法规及国家相关政策，推广环保技术方法等。

深化绿色创建工作。通过复检省级绿色社区1个、市级绿色社区1个，创建市级环境教育基地1个，市级绿色学校2所。使绿色理念逐步向社会各领域无限延伸。

【环境信访工作】

建立和完善了部门联动机制，严肃查处环境信访案件。今年，共接到各类环境投诉73件次，全部进行了查办和回复。全面实现了环境信访案件办结率100%，满意率98%以上，维护了社会的和谐稳定。

吉林亚泰制药股份有限公司

九台市污水处理厂

吉林省九台市东湖镇

东湖镇党委书记　张惠民

吉林省九台市东湖镇（原放牛沟镇），位于长春和吉林两大城市之间，是长春龙嘉国际机场的出入口所在地，素有长春水源、建材和能源三大基地之美称。全镇幅员面积121平方公里，其中山地2037公顷、耕地5575公顷、水域1876公顷；内辖11个行政村，110个农业社，总人口3.34万人，其中农业人口为2.1万人。是吉林省"十强镇"、小城镇综合改革试点镇、长春市一般预算全口径财政收入超亿元强镇、吉林省卫生镇、国家级环境优美乡镇，东湖镇区位优势明显、交通便捷、资源丰富、环境优美、人杰地灵，已逐渐成为有识之士实现梦想、成就事业的宝地。

交通优势：

东湖镇交通便捷，四通八达。长吉高速公路、长石公路、长吉城际铁路贯穿东西，九双公路连接南北，与吉长南北线公路、长图铁路融会贯通，实现域内村村通、屯屯通水泥路，长春龙嘉国际机场，长吉城际铁路和长吉高速公路在域内均设有出口，构建了"六横一纵一空"的立体交通网，形成了陆空齐备的交通优势，搭建了便捷的通道，缩短了东湖与外界的时空距离。

基础设施：

东湖镇基础设施日臻完善，基本实现了主街两侧楼房化、道路硬面化、绿化、美化和亮化，实现了有线电视、电话、水泥路村村通、屯屯通，镇区普及给排水，实施了放牛和清淤护坡污水暗拍工程，投资7000万元的净水厂建设工程。电力容量巨大，东北电网从境内穿过，电力资源充沛，无需限电，全镇有10000KV的电力容量，已启动5000KV的电力容量，尚余5000KV的电力容量，可保证未来的电力供应；正在启动投资7000万元的净水厂建设工程，引石头口门水入东湖，解决用水难的问题，解决影响经济社会发展的瓶颈，提高城镇综合承载能力。

粮食资源：

东湖镇盛产玉米、大豆、水稻、高粱、谷子、蔬菜和其他杂豆等经济作物。全镇耕地面积5575公顷，人均3.5亩，年产粮食5万吨。

水利资源：

东湖镇水利资源丰富，境内有饮马河、雾开河、放牛河、团山子河、腰站河等5条河流，有水库3座，水域面积1876.1公顷，总储水量达5.5亿立方米，其中长春市石头口门水库是长春市水源基地和国家级水利风景区。

林业资源：

九台市东湖镇林业资源丰富，全镇有林地面积2037公顷，其中山林面积为1654公顷，由天然林和人工林所组成，森林覆盖率

为22.6%，有松树、杨树、榆树、柳树、柞树、桦树；也有苹果、李子、梨、葡萄，还有云杉、桧柏、梧桐、沙地柏、女真、榆、杨、菊、玫瑰等苗木花卉品种，域内有二龙山、放牛山、双顶山和团山子四座山，是长白山余脉。

矿产资源：

九台市东湖镇矿产资源丰富，已探明的有原煤、大理石、石灰石、沸石、黄金等矿藏21种，原煤储量为3.2亿吨，域内有羊草沟、双顶山、放牛沟3家煤矿，年产原煤150万吨，是长春市的能源基地；石材储量为30亿立方米，有嘉鹏、亨达等10家采石场，年产石材150万立方米，是长春市的能源、建筑石材基地。

旅游资源：

从空中俯瞰东湖，蓝天白云、山青水秀、楼房林立，初具城市特色；东有长春市石头口门水库国家水利风景区，西有卡伦湖渡假村，中有九台市神农山庄生态旅游区，吸引八方来客观光旅游，旅游资源丰富，开发潜力巨大。

产业优势：

近年来，勤劳智慧的东湖人，坚定不移地走“生态立镇、工业强镇、商贸旺镇、产业富镇”之路，依托得天独厚的区位、交通、临空和资源优势，使东湖镇初步形成以煤炭石材采掘经销业为基础，新型能源建材业、生态旅游业、商贸物流业、家具制造业、蔬菜业为主要培育产业，服务业为重要补充的产业格局，镇域经济得到快速增长，人民生活水平逐年提高。

目前，东湖镇党委、政府一班人，带领全镇人民，紧紧抓住长吉一体化、九台“三城并进，二三产业并举”、吉林省统筹推进农村“三化”进程的大好机遇。抢抓机遇，善谋实干，努力把东湖建成环境优美、经济发达、社会和谐、文明富裕的吉林省窗口城镇。

东湖镇将以得天独厚的区位、交通、资源和临空优势，抢抓机遇，率先发展，以建设“环境优美、经济发达、社会和谐、文明富裕的吉林省窗口城镇”为目标，以公开透明的政策环境，诚实守信的人文环境，公平公正的法制环境，和谐稳定的社会环境，优质高效的服务环境，诚招天下有识之士投资兴业，共创辉煌。

九台市兴隆镇

自强则兴　厚德则隆

兴隆镇政府

兴隆大街

兴隆镇文化绿化广场

兴隆镇地处九台市区北18公里，西距102国道15公里，九德公路横贯南北。全镇幅员面积187.26平方公里，下辖20个村。

近年来，兴隆镇以“农业兴镇、工业强镇、商贸活镇”为发展思路，突出招商引资和项目建设，在特色产业发展、基础设施建设、创新社会管理、美化村屯环境等方面取得了显著成绩。

农业产业结构调整取得新突破。全镇瓜菜特色种植面积达1200公顷，特色种植产业链初步形成。有省市级牧业小区20个、养殖户6000多户，形成了小区带动、大户示范的发展格局。

项目建设和民营经济发展取得新进展。几年来，共引进项目12个，固定资产投资8亿元。现有民营企业70多家，其中规模以上企业2家，形成了以长春昊源电控有限公司为代表的机械加工业和以长春君德米业公司为代表的农副产品加工业两大产业体系。

小城镇农村基础设施建设呈现新风貌。全镇商贸开发总面积3.5万平方米，修建了2.2万平方米的文化休闲广场和农贸市场。修建水泥路150公里，实现了水泥路通村到屯。新建了垃圾集中倾倒点320个，极大改善了村容屯貌。

社会事业全面发展，民生得到了进一步改善。加大了在文教卫生、社会福利、综合治理等方面投入和管理力度，公益性社会事业建设达到了群众满意。

未来五年的基本思路：以党的十八大精神为指导，以实现“项目增动力、文化增活力、村民增财力、城镇增魅力”为目标，以大手笔推动大发展、以大发展实现大跨越。

农业方面：种植业以家庭农场为基点，实现土地规模经营和农业机械化，到2017年蔬菜瓜果种植面积突破2000公顷。畜牧业以小区为主导，实现生态养殖、绿色养殖。

园区发展和新农村建设：以九德公路为轴，在9公里至23公里间打造一条集机械加工、农副产品加工收储、精品养殖、瓜菜园区为主的经济长廊。探索在新兴村以宅基地换房作为小城镇建设的切入点，实现“四变”、“六化”目标。“四变”：平房变楼房，农民变工人、农村变城市、村民变市民。“六化”：财产增值化、收入保障化、服务均等化、农业现代化、环境宜居化、生活幸福化。

有梦想就有方向，有奋斗就有未来。让我们共同努力，一起创建文明兴隆、和谐兴隆、美丽兴隆。

兴隆镇棚膜经济一角

兴隆镇休闲广场

五家子文化大院

▼兴隆镇商贸楼

九台市其塔木镇人民政府

诗意生态其塔木

美丽的古河流，命名了塞北一个明珠般的小镇——吉林省九台市其塔木镇。

其塔木镇位于九台市东50公里处，距长春市110公里，与舒兰、永吉、德惠三县市相邻，全镇幅员面积208平方公里，耕地面积11510公顷，其中水田5000公顷，林地面积1652公顷，主粮以种植水稻、玉米为主。全镇下辖17个村，174个社，118个自然屯，总人口5.4万人。这里集市繁华，商贸发达，有百年历史，是九台东部最大的农贸、粮食营销集散地，素有中国民间文化艺术之乡、松花江畔鱼米之乡、萨满文化之乡、北方剪纸艺术之乡、吉林省省级级生态乡镇等美誉。

2012年其塔木镇全口径财政收入3497.2万元，地区生产总值19780万元，工业总产值15798万元，固定资产投资1396万元，农民人均纯收入9545万元，在2012年度九台市乡镇综合评比中名列第一。

"其塔木"满语意为"吉祥的神木"，自古以来就是军事重镇，兵家必争之地，这里东临松花江，西有牛头山水库，九舒、德吉公路交叉横穿镇区，交通便利，四通八达，有山有水，山青水秀，资源丰富，人杰地灵。松花江、四楞山、牛头山水库、成多禄、关云德、萨满文化、烈士陵园、东北商贸重镇，这些响亮的文化符号，让这里闻名遐迩，其塔木人用他们好客、热情、实在的性格打造了其塔木一面面红旗。

"仓廪实而知礼节，衣食足而知荣辱"。在十八大提出"新型城镇化"方针指引下，其塔木镇各项事业迅猛发展，特别是在小城镇建设、招商引资、商贸产业、农业产业化、民营经济、镇域经济、环境卫生、社会事业等方面卓有成效，并出台和实施了《九台市其塔木镇总体规划（2011-2030年）》和《吉林省其塔木镇新区控制性详细规划》。于2011年成功引进吉林五洲集团投资10亿元的大型商住综合项目，不仅成为其塔木新一张宣传名片，更是一棵年轻的梧桐树。五洲商贸中心生意兴隆，新建小区胜过花园，让镇民过上了"下地上班，回家住楼"实实在在的城市生活。进入现代化气息浓郁的其塔木镇西柳商贸中心，鳞次栉比的商铺展示着来自各地的商品，应有尽有，无论男女老幼的购物需求，在这里都能得到满足，那种"赶集如过年"的景象一去不复返了，这里就是日日开张的、家门口的大集。逛得饿了，出门就是美食街，烧烤、小吃应有尽有，令人闻香而至，大快朵颐。广场上举办的"盛夏冰爽"啤酒节、其塔木农民文化艺术节、九台乡村好声音、服装节、其塔木农民画展、秧歌大赛等系列大型活动，让其塔木人民享受城镇化建设的成果，整个夏秋季节，每到夜晚，五洲商贸城广场有上千人在这里扭秧歌、跳健身舞、喝啤酒、吃小吃，这里成了欢乐的海洋。

繁荣的其塔木，蕴含无限商机；和谐的其塔木，独具品质魅力；开放的其塔木，充满活力生机；美丽的其塔木，广迎四海宾朋。其塔木镇党委、政府将遵循"坚持科学发展、奋力跨越赶超，建设富裕文明和谐幸福新九台"的总方针，解放思想，真抓实干，提质提效，围绕商贸、农业、民生、生态、文化五个重点，打好常态工作持久战，稳步推进招商引资和项目建设，积极策划创建新型城镇化改革创新试验区，为打造九台市东方明珠、东北商贸重镇、吉林省"第一张小城镇名片"而凝民心、聚合力，一同携手书写历史、规划吉祥远景、共创美好未来。

其塔木牛头湖

到其塔木商贸中心赶"现代化"大集

杜鹃盛开四楞山

文化古镇·五洲新风

上河湾镇人民政府

上河湾镇领导陪同市委何书记考察果园，与林果协会会长亲切交谈

采摘节期间，农家乐热闹非凡

农村俱乐部 送戏下乡来到上河湾

上河湾镇位于九台市东北49公里处，属于半山区乡镇，东临第二松花江，地处九台、德惠、舒兰、榆树四市中心区域。全镇幅员面积204.8平方公里,耕地面积12900公顷,有林地面积6000余公顷，总人口5.4万人，辖22个行政村，1个街道社区。地理区位优势大，交通便捷，九大公路、德其公路横穿境内，四通八达，市场经济活跃；自然资源开发潜力大，天然林、水资源丰富，金矿、沸石矿、珍珠岩矿、石灰石矿等矿产资源储量丰富；粮食集散能力大，域内土壤肥沃，土质疏松，气候适宜，粮食稳产增收，有大中型粮食营销点12个，年营销粮食15万吨；畜禽产业规模大，生态养殖生猪、肉鸡等专业大户320户，健康牧业小区18个，年出栏生猪12万头、肉鸡500万只；旅游资源潜力大，我们将因势利导，乘势而上，加快发展；民营经济迅速成长正在发展壮大；小城镇建设发展快，有标准化住宅小区8个，小城镇集聚效应突显；基础设施比较完善，上下水管线通畅，通村路面全部硬化；各项社会事业，循序渐进，勃发生机，这些都为经济发展和社会进步奠定了坚实基础。上河湾有二百余年传统的“上河湾大集”， 物华天宝，人杰地灵，商贸繁华，是九台市目前最大的农贸市场，省内闻名，被列入国家农贸价格预测点之一。“上河湾干豆付”、“123”小苹果、套子里鸭蛋等农产品远近闻名，本地盛产各类芸豆，2003年被中国特产协会命名为“中国芸豆之乡”。

这里山青水秀，景致宜人，环境优美，政通人和。这里的古人类遗址，隋唐残存的古城墙遗址，夏金时代的烽火台遗址，焦家岭战役遗址等，已列为国家重点保护的文化遗产。

“十二五”期间，我们上河湾镇将按照“商贸兴镇、产业富民”的总体思路，全力实施“全员招商、产业富民、环境整治、城镇安居、争资固本、平安兴镇”六大工程，努力实现镇域经济全面发展。

按照我镇地理区位优势和特色产业分布状况，我们将要着力发展以林果苗木业、休闲旅游业为支撑的第三产业和温室两瓜种植、畜牧养殖为龙头的精品农业两个重点，巩固粮食收储优势地位，同时加快农产品加工业，推动产业聚集。我们将建立以东部临江各村为主体的绿色水稻培育基地；以焦家村为主体的芸豆生产基地；以双顶村、桦林村为主体的林果、果苗生产基地；以干沟村、榆树村为主体的覆膜棚种两瓜生产基地；以干沟村、焦家村、四台村为主体的畜禽养殖基地；以三台珍珠岩矿、石羊沸石矿、于家金矿为主体的矿业产业基地；以镇区粮食收储为主体的粮食营销集散基地；以套子里村、桦林村、双顶村为主体的集踏青、采摘、垂钓、水上乐园等旅游产业基地。“十二五”末，上河湾将变得更新、更美、更迷人。

上河湾秧歌队喜庆热闹

上河湾林果喜获丰收 飘香四溢

采摘节期间游客络绎不绝 快乐采摘

上河湾镇域小区干净整洁

上河湾套子里防洪交通桥竣工通车

九台市纪家镇人民政府

纪家镇是九台市传统的农业生产和畜牧养殖大镇，幅员面积184.7平方公里，在册耕地面积1.1万公顷，共有19个行政村，105个自然屯，总人口39996人。多年来，在九台市委市政府的领导下，社会、经济、文化等各项事业都取得了长足发展，特别是2013年，镇党委、政府紧紧围绕发展、稳定和民生这条主线，科学制定了以发展“南菜、中薯、北牧、西园”和“两街”建设为重点的特色乡镇定位，倾全镇之力重点打造特色乡镇。到目前，无论是现代农业经营，民营经济发展，还是小城镇建设和农村经营管理等方都取得了一定成效，有些工作并取得跨越性发展。

1、现代农业快速发展。农业科技推广全面普及。测土施肥、玉米高光效和保护性耕作等十五项农业先进技术得到全面应用和普及，建立了1个市级13公顷的高产示范园区和19个镇级高产创建示范园区，马铃薯特色产业发展迅猛，基本实现种、贮、加、销一条龙发展格局。

2、民营经济跨越发展。我镇把发展民营经济作为全镇的重心工作来抓，到目前，全镇个体民营业户发展到1021户，民营企业41家，长春市级农业产业化龙头企业2家，新报规上企业2家，各类农民专业合作社发展112个，全镇民营经济实现产值11亿元，同比增长30%，利润7700万元，同比增长28%。一是成立农副产品加工园区。二是全力开展招商引资。三是积极培育农民专业合作组织。四是大力发展劳务输出业。

3、新农村建设扎实推进。纪家镇在新农村建设中，把新农村建设与小城镇开发、所有项目资金捆绑使用，用最少的建设成本取得最大的建设成果。一是科学规划发展方向。二是集各界之力开展新农村建设。投资85万元的路灯亮化工程也正在招标，国家级“美丽乡村”。三是稳步开展小城镇商业开发。通过招商，镇政府与长春盛龙房地产有限公司达成开发协议，一期投资2800万元，建筑面积11000平方米的商品楼，四是全力开展农村环境整治。成立了镇城管中队和保洁队伍，使农村环境整治制度化、常态化。

4、民生事业明显改善。全镇村村通硬化工程达到100%，村小合并100%，校车屯屯通100%，居民清洁饮用水达标100%，清洁户用沼气池用户560户，投资1300万元的镇社会福利中心正在办理，其它社会事业和民生工作如社会治安治理、安全生产、信访维稳和农经管理等工作都能做到稳定化、责任化、常态化。

鱼米矿泉之乡　农安西南强镇

农安县三岗镇

笑脸喜迎八方客

筑路引资添硕果

清泉自涌甘如饴

地处三地三县交界处的农安县三岗镇，历史悠久、古韵犹存、物产丰富、交通便利，政通人和、百姓安乐。有诗赞曰：“连绵起伏三道岗，百年驿站美名扬。多泉汇聚百顷水，浇灌十里稻谷香。”

来到三岗，品泉之灵秀。三岗素有“矿泉之乡”美誉。三岗镇宝泉村域内拥有多个天然泉眼，日涌水量1800余吨，清冽泉水汇聚成宝泉河，流域面积近200公顷，是共青团水库的主要水源地。1983年，国家地质矿产部专家鉴定泉水时，称其“含有锌、钴、硒、钼、铬等18种人体必需的微量元素，具有抗癌和防治心血管系统疾病的医疗保健作用。”一时间，“三岗矿泉”闻名遐迩。

来到三岗，尝鱼之鲜美。三岗盛产鲢鱼、鲤鱼、草根等诸多鱼类水产品。以共青团水库为主产区，以洼中高区域2814鱼池为副产区，辅以宝泉河流域大小几十个小型鱼池，年产各类鲜鱼8万余斤。“泉水养殖，无需饲料，且肉质鲜嫩，味道鲜美”成为三岗鲜鱼的主要特点。

来到三岗，闻米之香醇。宝泉河水灌溉有机稻米，是宝泉河流域群众科学种田的共识。目前，宝泉河流域旱田改水田面积已达120公顷。同时，群众放弃增产化肥，改用有机肥料，逐步改良土壤，前后历经五六年时间，亩产优质有机稻米可达1000斤。再经深加工、精包装，远销省内外各地。

来到三岗，观业之兴盛。三岗镇种植业以粮食为主，经济作物为辅。其中：玉米9000余公顷，总产量达11万吨，产值2.2亿元；香瓜、西瓜、土豆等主要经济作物200余公顷，平均每公顷产值3万元及以上，尤其香瓜、西瓜颇具规模、远近闻名；另外，全镇现有温室大棚80余栋，蔬菜四季可摘，主要销往长春市内各大超市。养殖业以牧业小区辐射带动农户分散养殖，猪、牛、羊、鸡、鹅品种齐全，畜禽总量年发展到300万头（只），创造产值3200万元。工业企业18户，产值3200万元，利润920万元。

三岗，魂在之于水，神在之于人。我们相信，通过全镇广大干部群众的不懈努力和勤劳奉献，三岗镇必将成为农安西南强镇、一颗闪耀明珠。

富民新策牧业兴

碧波斜阳相映美

和谐民生谱华章

农安县卫生局

农安县卫生局党委书记、局长　张凯

农安县卫生局所属医疗卫生单位41家。其中，县直医疗卫生单位8家，乡镇卫生院29家，社区卫生服务中心4家。全县卫生系统在职职工3077人。其中，县直医疗卫生单位1844人，乡镇卫生院1233人。

近年来，农安县卫生事业在县委、县政府的坚强领导下，在省市卫生部门的大力支持下，不断加大资金投入，改善卫生基础设施建设，在医疗救治、疾病预防控制、卫生监督三大体系的建设协调发展，不断满足群众的就医需求，为提高全县人民健康水平，提供了强有力的医疗卫生保障。

公立医院改革试点工作取得了突破性进展。2012年，在县医院、县中医院两家公立医院中认真落实省政府提出的“整合五项机制，创建吉林模式”的公立医院改革工作任务。一是全部药品实行了零差率销售。二是实行了新农合付费机制改革。三是实施了分级诊疗提高报销比例机制。四是建立了政府投入保障机制。五是完成了人事制度和绩效考核分配制度的改革。我县公立医院改革试点工作得到了卫生部和省市领导的充分肯定。原卫生部副部长、党组书记张茅、副部长马晓伟、副省长马俊清分别来到农安县视察公立医院改革工作，并给予了

2012年5月，卫生部党组书记、副部长张茅、副省长马俊清等领导视察农安县公立医院改革工作

2012年11月，农安县成功通过“全国农村中医药先进单位”专家组考核验收

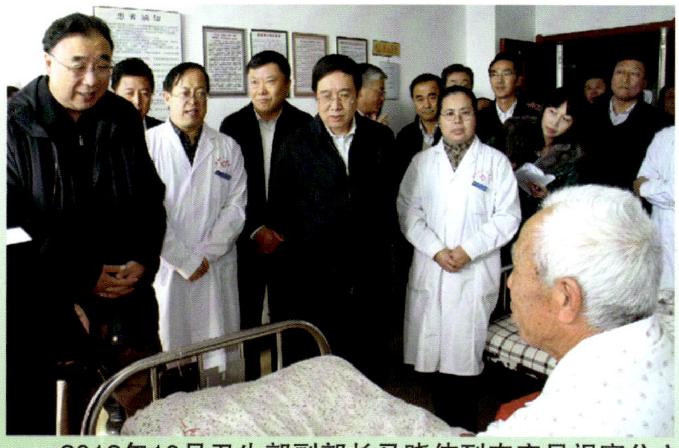

2012年10月卫生部副部长马晓伟到农安县视察公立医院改革工作

2013年6月，国家卫生计生委副主任、国家中医药管理局局长王国强到农安县视察公立医院改革、基层医疗卫生工作

2013年8月，吉林省卫生厅副厅长刘中正到农安县杨树林乡东白社区卫生服务站调研基层医疗卫生工作

卫生局领导同国内外友人商讨社会融资、兴办医疗机构

殷切希望。

全面完成创建国家级卫生县城的工作任务。卫生系统完成了所承担的六大项创城任务。得到了国家专家组的高度评价，通过了考核验收。

成功创建了全国农村中医药先进县。2012年11月，农安县成功通过了国家级专家组的评估、考核验收，获得了全国农村中医药先进县的殊荣。

新型农村合作医疗工作健康运行。自2006年新型农村合作医疗工作启动以来，全县农民的参合率、受益率和满意率逐年提高。定点医疗机构和经办机构全部实行了网上审批报销，不断完善政策，提高报销补偿比例，加强新农合队伍建设和定点医疗机构监管，全面提高了新农合服务质量。

疾病预防控制工作措施得力。加强了传染病防控力度，手足口病、流行性出血热等重点传染病发生趋势稳中有降，将人感染H7N9禽流感疫情拒县城之外，乡镇卫生院、社区卫生服务中心预防接种门诊建设全面完成。传染病发病率与去年周期比下降20.86%。

基本公共卫生服务均等化工作有效开展。扎实开展了10类41项基本公共卫生服务工作。全县累计建立居民健康档案101.32万份，建档率为94%；累计建立电子居民健康档案84.19万份，建档率为79%。

2009至2012年，农安县卫生局连续被长春市卫生局评为“白求恩杯”竞赛活动优胜单位；2010至2012年连续被长春市人民政府评为全市文教工作先进单位；2010年被长春市人民政府评为基本公共卫生服务均等化工作优秀管理单位；2012年被长春市人民政府评为医药卫生体制改革先进单位、中医药工作先进单位；2012年被省卫生厅评为吉林省新农合管理工作先进单位。

副县长徐宁同卫生局领导在“艾滋病防治宣传日”活动现场发放宣传单

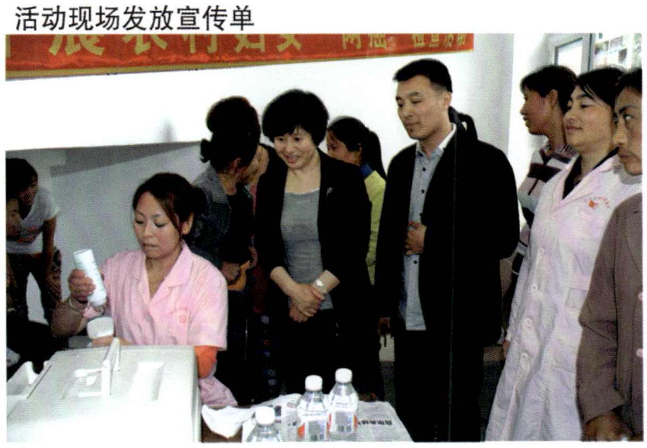

卫生局组织对农村妇女“两癌”筛查活动

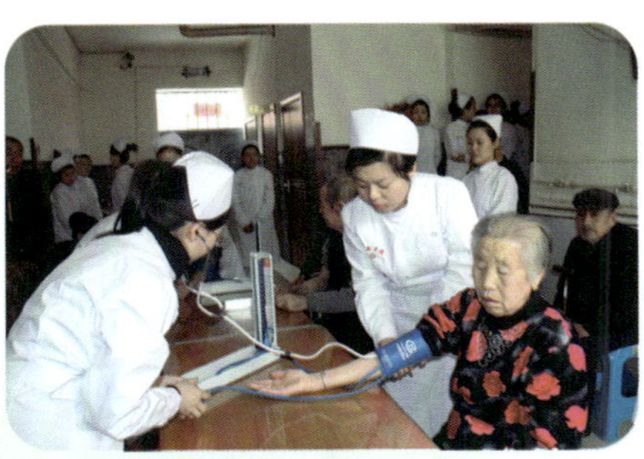

全县各医疗卫生单位深入开展学雷锋、进社区、走家庭义诊活动

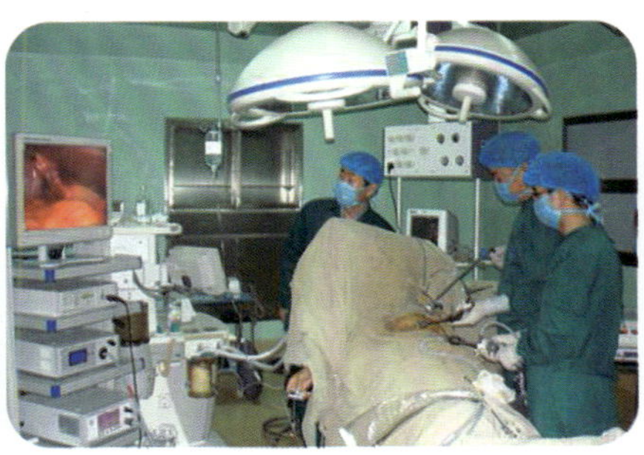

县人民医院能够开展多种腹腔外科微创手术

卫生风采，农安县第三届全民运动会

双阳区人民检察院

——回眸发展 共创未来

长春市双阳区检察院全体班子成员合影

孙冠夫检察长带领全体班子成员走访、服务企业

分管领导与干警在讨论案件

近年来，长春市双阳区人民检察院在上级院和区委的正确领导下，在人大的有力监督和社会各界的鼎力支持下，坚持以科学发展观为统领，围绕“务实、规范、创新、科学”发展的总基调，全面服务经济发展、维护社会和谐稳定，在改革创新中实现了跨越式发展，为区域发展和社会稳定做出了积极的贡献。先后被评为全省政法系统模范政法单位，全省检察机关标准化建设示范院，全市检察机关先进基层检察院。

岁月恒久远，沧海变桑田。自1979年恢复建院30多年来，几代双阳检察人呕心沥血，艰苦奋斗、团结进取，创先争优，当年低矮的“陋室”早已变成现代化设施齐全六层大楼，挎斗摩托车早已被先进的交通装备所替代，双阳检察队伍在奋进中不断壮大。现有检察编制73人，实有干警65人，年均办理各类案件500余件，办公楼、综合楼面积6000平米，检察院建设日新月异。在新的形势下，双阳检察人以法律监督为己任，把公正作为永远的价值追求，严厉打击各类刑事犯罪，连续多年保持批捕准确率和起诉有罪判决率百分之百，依法查办和有效预防职务犯罪，以案件集中管理改革为重点深入推进执法规范化建设，严管厚爱着力提升检察队伍的综合素质，检察事业呈现一片蓬勃发展、欣欣向荣的新气象。

打铁还需自身硬。新一届党组高点定位、崇法明理、自我加压、勇争一流，带领全院干警，牢固树立“项目不发展、经济没希望，个人没未来”和做企业发展的“清道夫”的服务理念，多措并举助力民营经济发展。以正确实施修改后刑诉法和民诉法为契机，牢固树立人权意识、程序意识等“五个意识”，坚持实体与程序并重、公正与效率并重、法律监督与自身监督并重。以“五个零容忍”的坚决态度强化纪律作风建设，以设定“底线、红线、防线”、实行一岗双责的方式构建“三线一网”从严治检。加强职业道德建设，建立“引才、重才、用才”的人才兴检机制，积极营造浓厚的检察文化氛围，促进检察事业迈上新台阶。

雄关漫道真如铁，而今迈步从头越。新起点、新期待，双阳检察人将与双阳人民一道，励精图治，拼搏进取，为“三城一区、幸福双阳”建设贡献力量，携手共创美好未来！

长春市规划局双阳分局

局长　王雅冬

近年来，分局按照市规划局和双阳区委、区政府的要求，在分局领导的正确引领和全体党员干部的不懈努力下，完成了一系列卓有成效的工作。

一、理顺体制，明确职责，着力构建覆盖城乡的城乡一体规划管理网络

针对双阳区的实际情况和特点，分局指派专人对全区规划编制、乡镇规划管理机构建设、乡镇规划管理和监督检查开展情况进行了深入调研。并起草了《长春市双阳区人民政府关于推进双阳区城乡一体规划管理工作的实施意见》，经报请区领导同意，2013年6月中旬以政府文件的形式正式下发。标志着双阳区覆盖城乡的城乡一体规划管理网络模式正式启动。

二、认真贯彻规划法律法规，抓好建设工程规划管理监督检查工作

近年来，共对城区内31个新建、续建共计265栋，建筑面积152,2473.31平方米的建设工程实施了规划监督检查。

三、积极开展违法建设排查、处理百日会战攻坚行动

年初，分局起草了《双阳区违法建筑排查、处理百日会战攻坚行动方案》。于2013年6月上旬正式下发全区。在市规划局和区政府的部署下，分局对全区违法建筑实施了地毯式排查并全部履行了法律程序，截至8月5日，分局共对全区2799处，面积5，4045.0平方米的违法建设履行了法律程序。

四、创新规划管理模式，改进服务方式，高质量、高效率地为重点项目服务

一是积极推进全区重点项目建设，围绕重点项目分局进行跟踪服务；二是为解决乡镇重大项目规划手续办理难题，分局采取“走出去、请进来”的方式，与乡镇建立常态联系机制，帮助乡镇建设项目出主意、想办法，研究解决方案。

五、启动“城乡规划编制攻坚年”活动，推进各项规划编制进程

自“城乡规划编制攻坚年”活动开展以来，双阳区中心城区分区规划（2011-2020）、控制性详细规划及奢岭镇总体规划（2012-2020）、控制性详细规划已完成编制工作，并且经市规委会论证通过，完成向市政府报批工作。

城市规划工作是一项基础性工作。今后，分局将在市规划局和双阳区委、区政府的正确领导下，继续全面贯彻落实党的十八大精神和科学的发展观，以人为本、求真务实、开拓创新，扎扎实实做好各项工作，为推动双阳区经济、社会和环境的协调发展，为全面建设小康社会，实现经济繁荣与人民生活水平的不断提高和生活环境的不断改善作出应有的贡献。

曲国辉局长率领市规划局班子成员到双阳区现场办公推进项目建设

双阳区妇联

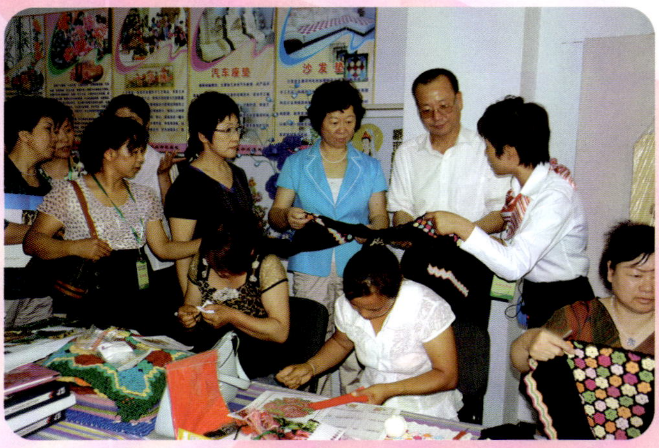

省妇联关主席陪同省委秘书长参观妇女编织基地

区直机关党员志愿者为福利院老人包铰子

几年来，双阳区妇联在区委、区政府的正确领导和上级妇联的大力指导下，围绕中心，服务大局、服务妇女，团结带领全区广大妇女，凝心聚力、团结奋进、开拓创新、主动作为，为双阳区经济社会发展做出突出贡献，妇女工作取得了丰硕成果，妇女事业呈现出生机与活力。双阳区妇联先后获得了全国三八红旗集体、全国城乡妇女岗位建功先进集体、省实施妇女儿童发展规划先进集体等30多项荣誉称号。2012年，双阳区被国务院妇儿工委确定为实施中国妇女儿童发展纲要国家级示范区（2012--2015）。

一、围绕中心，服务大局，带领广大妇女推动经济发展成效显著

一是搭建平台促进妇女创业就业。开展妇女创业就业服务工程，帮助3000多人次妇女顺利实现就业。发放妇女小额担保财政贴息贷款2168万元、贫困妇女生产贴息贷款100万元、党内扶持资金35万元，争取国家财政贴息445万元，帮助600余名妇女实现创业梦想。二是引导农村妇女在产业化发展中增收致富。举办妇女实用技术培训班210期，培养妇女致富妇能手1000多名，推广致富项目20多个。扶持妇女专业合作社160个，建立巾帼信息服务站200个，发展“巾帼示范村”80个、“巾帼现代科技农业示范基地”20个，为统筹城乡发展做出贡献。三是激励女职工岗位建功创先争优。几年来，涌现出全国三八红旗集体、全国城乡妇女岗位建功先进集体等4个，全国三八红旗手、全国城乡妇女岗位建功先进个人等3个；省“双学双比”女状元、省、市三八红旗手等19个。这些先进典型，成为激励双阳女性创业创新的先锋楷模。

二、立足职能，服务民生，带领广大妇女促进社会和谐贡献突出

一是参与社会管理促进和谐稳定。进行普法讲座和法律咨询300多场次，受益人群达2万多人次。共接待来访妇女210人次，调解率达到100%。在区政务大厅设立妇联服务窗口，为妇女群众提供优质服务。二是开展文明创建凝聚社会正能量。开办“现代女性大讲堂”30多场次，培训妇女2000多人次，强力推进创业带富、孝老爱亲等各类和谐家庭创建活动，组建百支巾帼志愿服务团队，开展千场志愿服务活动，万名群众受益。三是关爱特殊群体普惠妇女儿童。代理贫困儿童1100多名，为6000多名妇女进行“两癌”免费检查，为43名贫困“两癌”妇女申请救助60多万元。争取省市妇联投入资金14万元建立6所“留守儿童之家”，

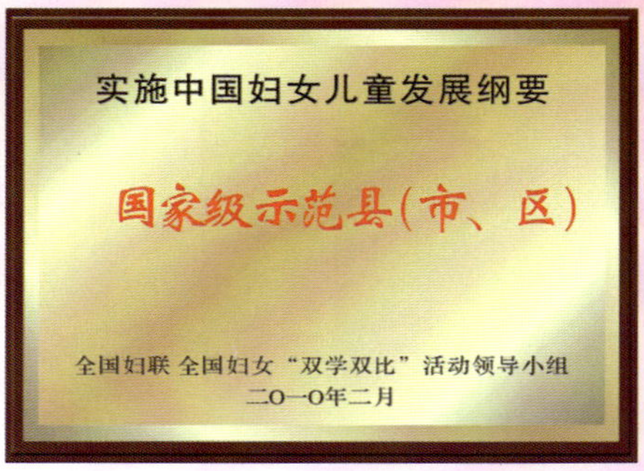

凝心聚力　开拓创新
促进妇女事业实现新跨越

协调社会爱心人士募集爱心款物100多万元，惠及妇女儿童 500余人次，协调企业家捐款40多万元，资助20名贫困大学生完成学业，实现人生梦想。

三、高度重视，凝聚合力，促进妇女发展环境不断优化

一是妇女儿童发展规划全面实施。推动2001--2010年妇女儿童发展规划全面实施，多项重点指标实现突破性进展，达到全市领先水平，妇女儿童生存环境日趋优化。组织编制完成2011--2020年双阳区妇女儿童发展规划，促进妇女儿童事业再上新台阶。二是社会化维权实效日益凸显。在全区建立144个妇女儿童维权站， 设立13个家庭暴力投诉站，成立一批维权维稳巾帼志愿者服务团队，开通了一条“12338”妇女维权咨询服务热线，充分发挥巾帼司法顾问团作用，切实维护妇女儿童合法公益。深入开展“和谐家庭”、“平安家庭”评比表彰活动和“三零示范社区（村）”创建活动，推动全社会形成文明健康、积极向上的良好氛围。

四、固本强基，开拓创新，妇联组织影响力进一步提升

一是妇联组织活力显著增强。全区各级妇联组织组建率达100%，村（社区）“妇女之家”实现全覆盖，女性进村委会比例达到103%，村妇代会主任达到100%，提高了村妇代会主任工资待遇，极大地激发了妇联组织生机与活力。 二是妇联干部队伍不断成长。举办妇联干部各类专题培训班20多场次，培训妇女干部1000多人次，通过开阔视野，创新思维，一支年轻化、知识化、实干型、高素质妇联干部队伍正在不断成长。三是妇联工作格局有效拓展。先后与青岛市、大安市等妇联进行经验交流，参加“引凤还巢”和“妇女儿童工作”等省、市各类会议上作经验介绍8次。接待国家、省、市妇联领导调研22次，承办省、市妇联大型现场会4 场，妇联品牌工作在国家、省、市新闻媒体刊登新闻宣传稿件107件，新闻数量与质量实现历史突破，区妇联社会影响力显著提升。

五年的工作实践，让双阳区妇联面向未来，充满信心。我们坚信，在区委的坚强领导下，双阳区妇联将会以更大的热情和更振奋的精神创造出更加光辉的业绩，妇女事业必定会绽放出更加绚丽的光彩！

妇女小额担保财政贴息贷款发放现场

巾帼志愿者带领留守儿童参观东北师范大学自然博物馆

区农电志愿者为留守儿童过生日

巧姐作品

手工纺织作品展示

长春市国土资源局双阳分局

杨青国　局长

长春市国土资源局双阳分局是负责全区国土资源（包括土地与矿产）管理的行政与执法的职能部门，肩负着保护与合理利用国土资源，为地方经济发展服务的光荣任务和神圣使命。即主要的任务是抓“双保”。一是保发展，二是保红线。几年来，该局紧紧围绕“打造三城一区，建设幸福双阳”战略目标，立足本职，求真务实，做出了不凡的工作业绩，为双阳、为国家做出了突出贡献。

在保发展方面，科学编制实施土地利用总体规划和矿产资源规划及其年度计划，合理有序安排用地办矿指标及土地、矿产利用结构布局，并与省市主管部门紧密衔接，最大限度地挖掘国土资源利用潜力，充分满足项目用地及矿产资源需求。最优质地为项目提供全方位的服务，及时足量地提供国土资源，保障了重点项目、大项目的及时落地，保障了经济建设的快速发展。

在保红线方面，一是大力开展农村土地整治，新增有效耕地面积。近五年来申报实施土地整理复垦、新莱田建设项目和城乡建设用地增减挂钩试点项目十多个，资金达2亿多元，新增耕地抵顶占用耕地有余，实现了耕地的占补平衡。二是通过层层签订协议，并落实各项管理措施，对耕地实行了有效保护，杜绝了低效利用土地、浪费土地等现象。通过对基本农田的升级整理等措施，特殊保护了基本农田，确保了基本农田一分未被占用。三是在全区范围内开展了国土资源节约集约利用模范县创建活动，并作为国家级试点单位，认真研究节约集约利用国土资源的策略，积极探索创建模式，最大限度地实现了国土资源的节约集约利用。四是严格落实执法监察措施，严厉打击违法占地。通过全方位全天候的动态巡查，卫片执法检查和由区里统一组织的国土、规划、建设、公检法等相关部门联合执法等措施，严查严管，有效打击、全面杜绝了违法用地和办矿现象。

近年来，双阳卓有成效的工作，得到了诸多高端、靓丽的荣誉和奖励。曾被国土资源部授予“双保”行动成效显著单位、全国国土资源节约集约利用模范县。在全市评比中，连年被市政府和市国土局评为优胜单位。

省委书记王儒林在奢岭镇城乡建设用地增减挂钩试点项目区视察农民回迁楼

国土部耕保司严之尧司长（右1）在双阳区奢岭镇农村土地整治重大工程项目村庄复垦区视察

局领导班子

狠抓耕地保护，对基本农田实行特殊保护

长春市双阳区交通运输局

双阳公路客运站大厅

双阳公路客运中心站坐落在长春市双阳区长白路388号，现有职工22人，平均文化程度高中以上，是一个较年轻的集体，中心站每日担负着86条营运线路，150多个班次，1000人次的旅客运输任务，有着舒适、宽敞的乘客候车大厅，有功能齐全的计算机系统进行班车调度、售票、检票及行包托运受理，有完善的消防系统和电视监视系统，有先进的电子显示屏幕导乘系统和广播系统等。服务线路覆盖吉林省内：磐石，桦甸，梅河口，辽源，长春等市、县，是交通部命名的二级客运站。

我们优质服务的宗旨是实现站务管理工作规范化，程序化，科学化，促进客运站快速发展，积极自觉的参与活动中，营造良好的“创建诚信优质服务示范客运站”的良好氛围。

“开展创建诚信优质服务示范客运站”活动具有重大意义。我们全体站务员将会通过学习，统一思想，积极行动，努力给旅客提供整洁的候车环境。

长春市环境保护局双阳分局

近几年来，双阳环保分局紧紧围绕区委、区政府和上级环保部门的总体部署，解放思想、奋力拼搏，为打造三城一区、建设幸福双阳作出了应有的贡献。

一、扎实做好环保服务工作

实行“一站式办公”、“一条龙服务”，为社会和群众提供周到、便捷、高效的服务。对左右全区经济发展形势的大项目、急项目，开辟绿色通道、特事特办、优先审批。为了加快大项目的引进，我们还采取了领导包保大项目，实行全程服务的措施。对全区招商引资和重大项目，领导亲自帮助企业及项目单位联系环评单位，积极与上级相关部门沟通协调，保证大项目以最快的速度办理环保审批手续。对基层乡镇和开发区存在的集中项目问题，主动上门、现场办公。

二、强化环境监督管理工作

1、以强化污染减排为重点，进一步削减主要污染物排放。按照十二五污染减排的总体要求，坚持目标不变、力度不减、标准不降，优化减排措施，强化减排责任。一是建立健全全区污染物总量削减情况督查制度。二是全力推进减排工程措施落到实处。加快吉林亚泰水泥有限公司、电厂和水泥窑脱硫脱硝设施进程，完成污水处理厂在线监测设备安装和联网工作。三是全力推进监管减排。加大对重点减排项目的监管力度，切实提高我区治污设施的运行效率。

2、以强化环境执法为重点，进一步保障群众环境权益和环境安全。一是继续深入开展环保专项行动。以环保专项行动推进对重点环境问题的落实。二是开展全区饮用水源保护区环境安全隐患排查和整治，确保群众饮用水安全。三是继续加强环境信访工作。四是继续完善环境应急管理。加强对重点行业和敏感地区的风险隐患排查。五是加强工业固废管理，严厉打击危险废物随意处置，乱丢乱倒等违法行为，发现一起，严处一起。

三、全面推进生态建设工作

1、开展农村环境连片整治工作。双阳区先后有18个行政村开展了农村环境连片整治工作，总投资1000余万元。通过对水源地保护、生活污水处理、生活垃圾处理、畜禽养殖污染治理，较好地保证了村民的饮用水安全，减少了生活污水对环境的污染，有效改善了农村环境质量和生态环境。

2、深入开展生态建设示范区。在总结前几年生态示范区创建工作经验的基础上，2012年生态示范区创建工作又迈上了一个新的台阶，2013年，完成了齐家镇省级生态乡镇的验收命名，齐家镇曙光村、奢岭镇幸福村国家级生态村考核验收，待国家命名，还完成了齐家镇9个村、奢岭镇8个村生态建设规划评审论证。

3、积极推动畜禽养殖污染物减排。按照省环保厅下达的减排指标任务精心组织。一是制定方案，明确目标任务。签订了目标责任书，做到了任务明确、责任明确；二是加强督察，抓好落实。区环保分局、区畜牧局组成联合督导检查组，深入到各乡镇街，各减排企业进行督导检查。

双阳农业局

长春市双阳区充分发挥区位优势、生态优势、特色产业优势，以服务城市、改善生态、增加农民收入为宗旨，围绕农业生产、生活和生态功能，拓展农业发展空间，调整优化农业产业布局，推进产业升级。努力打造产业布局合理、生产要素集聚、科技和设施装备先进、经营机制完善、生态优良、经济效益和带动效应明显的现代都市农业先导区。

一是围绕综合效益提升，创新式发展精品型农业。在保持精优粮食产量稳定的基础上，加速传统农业向现代都市农业转型。新发展蔬菜面积120公顷，50栋以上的规模棚膜经济群5个，全区蔬菜面积达到7770公顷。农牧业小区达到103个；绿色优质水稻发展到7000公顷；有机稻发展到30公顷，其中杨家有机稻米生产基地已经获得有机生产转换期认证。积极推进梅花鹿市场建设，建成了梅花鹿产品科技研发和鹿产品质量检验两个中心，实现梅花鹿产业结构优化升级。“双阳梅花鹿”获得“最具影响力中国农产品区域公用品牌”。

二是围绕装备水平提高，引领式发展设施型农业。通过认真落实农机购置补贴政策，拉动农民购买农用机械，使农业机械化程度不断提高。全区农机保有量达到1.3万台（套），农机总动力达到33万千瓦，建设全程机械化示范区55个，面积达到2万公顷。全区建设指针式喷灌设备96套，卷盘式喷灌机300套。全区具备电子商务功能的农业信息服务站发展到100个，通过电子商务平台购买化肥570多吨，位列全省第一。积极探索物联网在农业生产中的应用，在奢岭国信、鹿乡缘山湖等两个蔬菜生产基地建设示范点，效果较好。

三是围绕市民消费需求，突破式发展体验型农业。以休闲采摘、劳作体验、观光品尝拉动，优化特色农业结构，逐步形成接二连三高新农业新架构，实现在一产上做三产文章，为都市人打造更广阔的生活空间，为农业创造更为广阔的发展空间。全区特色采摘园、休闲观光园等体验型农业发展到28处，面积230公顷。

四是围绕未来发展趋势，探索式发展循环型农业。以生产绿色有机农产品为主线，探索种、养、加、沼四结合的综合利用模式，建设循环型农业标准化示范基地。全区建设了6个稻田养鸭、养蟹示范点；农作物秸秆还田面积1300公顷；新发展林下经济种养面积200公顷。齐家浩鑫农牧循环经济项目稳步推进。

长春市双阳区林业局

村屯绿化

近五年来，是双阳区林业生态建设水平全面提高、森林资源保护全面加强、林业产业全面发展、林业企业整体经济实力不断增强的五年。五年来，在区委、区政府的正确领导下，在上级林业主管部门的大力支持下，紧紧围绕区委提出的“打造三城一区，建设幸福双阳”的总体目标，精心组织、强化措施，全面完成了各年度林业工作任务，为推动双阳区经济发展，建设和谐新双阳夯实了基础。主要标志是：

（一）以造林绿化为主线，生态环境得到明显改善。过去的五年，紧紧抓住国家重视林业生态建设的有力契机，先后实施了退耕还林、“三北四期”农田防护林、道路及村屯绿化等重点造林绿化工程，林业生态建设水平全面提高，生态环境得到明显改善。累计完成造林任务7734公顷,完成高标准村屯绿化425个，完成道路绿化244公里，完成河渠绿化84公里，新建义务植树基地37个，义务植树455万株，农田林网恢复完善582公顷，改培速生丰产用材林620公顷，幼龄林抚育6300公顷，森林覆盖率达24.7%，实现了森林面积、蓄积双增长的目标。目前，双阳区实施的重点工程，树木整齐、标准一致、生长旺盛，林木涵养水源、保持水土，防风固土能力逐步增强。

（二）以宣传设施和扑火队伍建设为重点，实现连续33年无重大森林火灾目标。过去的五年，克服气候变化异常、高森林火险现象增多、火源管理难度加大等困难，始终贯彻预防为主的方针，强化森林防火宣传、严格火源管理，落实各级政府负全责的责任机制，森林防火工作全面加强。积极筹措和向上争取资金，重点加大了森林防火信息化和扑火队伍建设力度。投入1000多万元，加强了森林防火宣传设施建设，加大了扑火器材及交通工具投入力度，五年新增森林防火宣传设施1000处，购置配备了72台森林防火专用摩托车，5台防火运兵车，组建了专业扑火队伍，森林防火能力全面加强，创造了连续33年无重大森林火灾的历史性佳绩。

（三）以打击各类涉林违法行为重点，森林资源保护得到全面加强。突出依法保护的重要性，坚持依法保护的经常性，把打击各类涉林违法行为作为加强森林资源保护的重点，时时开展了打击非法侵占林地、毁林开荒等各类专项战役，五年共破获各类林业案件1210件，案件查处率和结案率均达到100%，清收林地达1000公顷，挽回经济损失800多万元，处罚金额达800万元。采取得力措施封山禁牧和封山育林，全面禁止猎杀野生动物，加大了森林病虫害防治和监测力度，松干蚧防治取得了阶段性成果，对美国白蛾进行了严密监控，有效地保护了国家森林资源。在林木采伐工作中，做到从严管理，全程监控，严格限额采伐，使森林资源管理步入了法制化管理轨道。

退耕还林地云杉造林

（四）全面加大向上争取力度，林业经济发展充满生机与活力。五年来，林业系统各单位都把争取项目资金放在首要位置，得到了省林业厅的大力支持，如：石溪林场的山地苗圃项目争取80万元，防火道路建设项目争取40万元；烧锅林场防火道路建设项目争取40万元；太平林场扶贫资金项目争取50万元；长岭苗圃土壤改良项目争取40万元。同时，争取国家和省政府专项投资达到了3851万元，其中：国家投资达1834万元，创历史新高。在兴林富民上想办法、下功夫、见实效。大力发展多种经营，安排职工就业，增加职工收入，在岗职工年收入由2005年的6000元增加到2012年的15000元，年均增加20%以上。目前林业产业已经形成一定规模，摆脱了低谷徘徊局面，进入了快速发展阶段。

（五）建立林下经济示范基地，带动全区林下经济产业发展。坚持遵循生态建设与产业发展并重原则，把林业产业发展作为全区经济发展的重中之重，积极探索林下经济发展新路子，打破以木材生产为主的固有模式，走综合经营之路，依托国有林场森林资源优势，率先在5个国有林场建立林下经济项目林下参54公顷、大果榛子30公顷、果树新品种采摘5公顷、山野菜65公顷等示范基地，对全区农民起到示范带动作用。目前，全区以林下山野菜、林下参、大果榛子等特色养殖种植为代表的林下经济取得了一定成效。全区林下经济已发展到221公顷，总产值达423万元。

（六）集体林权制度改革取得重大成果，为林业和农村发展注入强大活力。经过精心谋划和全力推进，举全系统之力，集体林权制度改革取得显著成效。主体改革任务基本完成，明晰产权、承包到户取得重大进展。目前，已完成“两权”确权任务的有132个村，占总村数的100%；共完成“两权”确权面积37.79万亩，占应确权面积的100%；应签订确权合同27049份，已签订确权合同26802份，占应签订确权合同的99.08%；理顺完善的合同247份，占应签订确权合同的0.92%。接待农民上访80余次，矛盾调处率达100%。目前正在发放集体组织林权证，准备发放个人林权证，将有25.51万农民将直接受益。

经过不懈努力，双阳区林业工作多次受到国家和省市表彰。2007年林业产业科技工作被国家评为科技示范县；2010年双阳区林业局被评为全国森林资源管理先进单位。2011年双阳区森林防火工作被省政府评为先进单位，被市政府评为模范单位。2012年被省政府评为林业发展调研示范先进单位、被省林业厅评为2012年全省林业科技工作先进单位。

双阳苗圃紫叶稠李育苗地

退耕还林杨树造林

街路绿化

吊水壶国家级森林公园

溶洞钟乳石

长春吊水壶国家森林公园坐落于双阳区山河镇，距长春市中心78公里。总面积4785公顷，森林覆盖面积3500公顷，现有树种300多种，树龄最长百余年，中草药材近千种，菌类三十余种，野山菜四十余种，各种鸟类近百种还有野生鹿群，各种鼠类十余种。这里还流传着王母娘娘手镯穿石缸、白龙黑莽大战、宋太祖授建赵氏梨园等神话和历史传说。

风景区内山峦起伏，奇石林立，峡谷幽静，溪水叮咚，野生动植物资源极为丰富。吊水壶风景区以溶洞、冰洞、长春第一峰为主体，山、水、林、峰、洞、石交相辉映。进山门，便是十里绿色长廊，两山掩映，人行谷底，只见青山翠蔓，如碧海泛舟。长廊尽头就是海拔711米的长春地区最高峰——长春第一峰。整个溶洞由天宫、龙宫和天宫洞组成，占据了三个“东北之最”，即溶洞位置海拔最高(690米)，落差最大(73米)，面积最大(5000多平方米)。洞长386米，大小溶洞 9 处，洞内有2亿多年前形成的钟乳石倒挂淋漓，千姿百态，五颜六色。奇妙无比，瀑布由洞顶飞流直下，湖水清澈透底，弥勒大佛拥着百子镇守天庭。五百罗汉把守着宫廷大门，观音手持杨柳净瓶将圣水洒向人间，永保幸福与安康。石缸又称冰洞，它有五大看点，“一是洞里的冰瀑布、二是洞中的冰钟乳、三是洞中的彩色的冰、四是奇特的洞壁上的方解石、五是洞内的活生物红蝙蝠“。完好的保留了史前冰川，像蓝色宝石一样沉睡在百米以下的古洞之中。大小老道洞为解放前真人真事修练成仙所遗留。老虎洞有一个动人的历史传说一直流传至今。鸽子洞有上千只野鸽长年生存在悬崖峭壁上，风洞每到盛夏洞内微风徐徐，是人们乘凉的好地方。

山 门

春天映山红花争奇斗艳、杜鹃鸟把春报，夏日参天的古树，茂密的森林，是人们休闲度假的天然氧吧，秋天红叶满山，果实累累，松鼠、花鼠与人们争抢储存核桃、棒子、松果。冬天白雪皑皑，雪将参天的大树压得枝头伏地，整个山上银装束裹。长春第一峰、长春第一场雪、百鸟园、娱乐场、长春最大的森林氧吧、长春最凉爽的地方就在这里。

长春第一峰

溶洞岩溶景观

吊水壶国家森林公园观景塔

冰钟乳

双阳梅花鹿
ShuangYangMeiHuaLu

长春市双阳区畜牧业管理局

一、发展现状

双阳区梅花鹿存栏达19.2万只，养鹿户近1万户，超千只规模养殖户10户，全区建设梅花鹿标准化专业化养殖小区22个，鹿产品加工企业38家，鹿产品经销企业188家。双阳区鹿产品交易市场年均鹿副产品吞吐量达到1500吨，产值10.5亿元，利润达1.3亿元，已成为全国最大的鹿产品交易集散地。

二、发展优势

双阳区委区政府高度重视梅花鹿特色产业，大力扶持产业发展，加强人才队伍建设，鼓励科技创新，使梅花鹿产业发展优势不断扩大。1987年“双阳梅花鹿”育种项目被列入国家农业科技星火计划；1992年“双阳梅花鹿”育种获国家科技进步一等奖；1995年双阳区被国务院命名成为全国唯一的“中国梅花鹿之乡”，2004年“国家级中国梅花鹿标准示范区”建设项目启动实施。2006年，双阳区作为全国唯一的中国梅花鹿标准化示范区顺利通过国家验收。2008年，“双阳梅花鹿”地理标志证明商标经国家工商总局商标局核准予以注册。2011年，双阳区被中国野生动物保护协会确定为“中国梅花鹿种源养殖示范区”。2012年，“双阳梅花鹿”被农业部优农协会等六家单位共同评选为“2012最具影响力中国农产品区域公用品牌”。2013年，双阳梅花鹿地理标志商标使用范围扩大到20个产品。双阳梅花鹿的知名度不断得到提升，双阳梅花鹿的信誉度不断得到增强。

三、发展布局

双阳区委、区政府在梅花鹿产业上注重长远发展和科学发展，制定了《长春市双阳梅花鹿产业发展“十二五”规划》，全力构建“三大基地、二个中心、一个市场、一个核心产业园区多点辐射”的梅花鹿产业发展格局，重点实施八大工程体系建设，力争将双阳区打造成为一流的、国内外知名的、品牌响亮的“中国鹿城”。

（一）三大基地。全国最大的梅花鹿标准化规模养殖示范基地，全国最大的梅花鹿种源保护基地和全国实力最强的鹿产品精深加工基地。

（二）二个中心。全国领先的梅花鹿产品科技研发中心和全国一流的鹿产品质量检验中心。

（三）一个市场。即双阳区鹿产品交易市场。

（四）一个核心产业园区。在双阳经济开发区建设占地2平方公里的梅花鹿核心产业园区。

（五）八大工程。即标准化规模生产工程，良种提纯扶壮工程，科技支撑工程，产品精深加工工程，流通市场与营销体系工程，生产与产品质量安全保障工程，现代产业服务工程，鹿文化建设工程。

吉林省长春市双阳区区标

双阳区鹿产品交易市场一条街

双阳梅花鹿公鹿

双阳梅花鹿母鹿

双阳区三鹿场

“中国梅花鹿之乡”证书

国家科学技术进步一等奖证书

中国梅花鹿种源养殖示范区

双阳区博文鹿业

双阳区云山街道

云山街道地处双阳中心城区，是全区政治、经济、文化中心。最近几年，云山街道在强化职能作用，加强城市管理，服务民生，构建和谐，维护稳定工作中取得了长足的发展。

一、立足改革创新 强化自身功能

借鉴先进经验，结合本地实际，在探索中实践，在实践中提高，云山街道一直坚韧地迈动着改革创新步伐，明晰了功能定位，实现了创新突破，完成了蜕变转变。街道办事处经营城市、管理城市、建设城市职能得以加强，社会管理和公共服务的功能更加完备，在“三城一区、幸福双阳”建设中的作用日渐突出。

二、精心经营城区 营造美丽云山

后发先至，大胆实践，干中学，学中干，几年风雨实践，辛勤汗水加科学谋划，财政投入加民企开发，上级支持加自身挖潜，绿化、硬化、亮化、美化，扎实有效的四大工程建设，营造了如今山清，水绿，夜明，街美，宜居，宜游，生态，环保的美丽新云山。

三、强化网格建设 打造平安云山

切实加强社区建设，全面实施网格化管理，做到“关口前移，服务下沉”，事在网中，人在格中，小事不出格，大事不出网。结合平安双阳、平安云山建设，目前博山、通阳两个试点社区基本实现了“地网、人网、天网”一体化。以健康、积极、丰富的居民文化体育生活占领城区居民文化宣传阵地的基层基础建设有声有色，邪教组织和不良风气逐渐失去生存土壤，活动空间和喘息空气，提升了居民群众的安全感。

四、深化调处机制 构建和谐云山

继续深化“三级连调，四级联动机制”，强化综治协管员和信访维稳信息员队伍建设，进一步强化组织领导，建立健全日常工作机制、考核评比机制、检查督导机制等，实现了矛盾纠纷和信访稳定工作的新突破，许多集中复杂的历史遗留问题，改革发展中产生的新问题新矛盾得以化解和稳控，特别是最近几年，成功化解和稳控了多起群体性越级访事件，街道实现了由信访维稳后进到先进的大逆转，辖区社会逐步走向和谐。

五、切实改善民生 建设幸福云山

切实关注民生，切实解决群众关心、关注的热点难点问题，以转变作风为起点，以实际解决问题为切入点，以居民的满意度为目标，以居民的幸福指数为指标，结合云山实际，从居民的日常琐碎小事到涉及居民生产生活难题，包括危及人民群众生命财产安全的民生大事，事事有人问，事事有人管，件件有答复，件件有着落。最近几年，通过入户走访，带案下访，耐心接访，结对帮扶，亲情救助，特殊群体包保等措施，实实在在解决了很多问题，化解了许多矛盾纠纷，确保了各种安全稳定，拉近了党群干群关系，建立了友情、亲情，促进了和谐社会建设，提升了居民群众的幸福感。

机械工业第九设计研究院有限公司

一汽通用公司长春基地建设项目

九院总承包的吉林汽车G3项目涂装车间

机械工业第九设计研究院有限公司成立于1958年，是中国专业从事汽车工厂规划、设计和建造的甲级设计研究院。拥有工程设计、工程总承包、工程咨询、工程监理、工程造价咨询、环境专项工程设计和咨询等18项甲级资质。建立了符合GB/T19001-2008、GB/T24001-2004、GB/T28001-2011标准的质量、环境、职业健康安全管理体系。

九院下设建筑工程分院、制造技术分院及设备工程分院三个分院，拥有建筑工程公司（工程监理公司）、蓝迪公司两个全资子公司，分别在天津、成都设立了分公司。

九院现有员工718人。其中，研究员级高工32人，高级职称284人，国家各类注册（工程）师301人次。拥有国家级设计大师3人，省级设计大师3人，享受国务院政府津贴专家4人，机械工业科技专家2人，汽车行业咨询专家5人，机械工业青年科技专家1人。

目前，九院共有246项设计、科研、工程软件等成果获得了国家、省部级科技进步和优秀设计奖，拥有技术专利26项。

宽泛的市场准入，为九院提供了广阔的市场空间。建院五十多年以来，九院以雄厚的技术力量、先进的设计理念、丰富的设计经验、先进的技术装备、优良的产品质量共计完成各类工程项目5000多个，完成设计投资额2400多亿元，设计成果遍及29个省、市、自治区，连续多年获得全国勘察设计行业综合实力“百强”单位称号，2012年，在全国工程项目管理和总承包百强排名中，九院分列第54位和48位。

美丽的九院

吉林省城乡规划设计研究院

院长　张晓艳

吉林省城乡规划设计研究院是1978年经吉林省人民政府批准成立的隶属吉林省住房和城乡建设厅的事业单位，经过全院职工多年的拼搏和努力，现已发展成为一个具有甲级城市规划设计、甲级建筑工程设计、甲级工程咨询，乙级市政工程设计、乙级旅游规划设计、乙级建设监理资质、乙级工程造价资质、乙级文物保护勘察设计资质的综合性规划设计研究单位。现拥有各类专业技术人员320人，其中教授级高级工程师25人、高级工程师59人，各类国家注册人员70余人。

吉林省城乡规划设计研究院始终秉承“诚信、优质、高效、创新”的企业文化，凭借雄厚的专业技术力量，立足本省、面向全国，在激烈的市场竞争中保持健康、快速的发展态势，创造了良好的社会效益和经济效益。近年来重点完成了吉林省城镇体系规划，“长吉图”城镇体系规划和全省镇村体系规划50余项，为统筹推进吉林特色城镇化发展作出了突出贡献。承担了全省29个市（县）以上城市总体规划编制工作。完成控制性详细规划和修建性详细规划等200余项。完成吉林省城镇污水及再生利用设施专项规划、城镇垃圾处理专项规划、城市供水设施和燃气设施专项规划及各县市各类基础设施专项规划近80余项。完成吉林省速滑馆、集安市博物馆、四川省黑水县高级中学、抚松县医院、吉林省体育局综合训练馆等医疗、文化、教育、商业、办公、体育公共建筑设计项目、中海国际社区等居住建筑设计项目及市政工程、监理、造价等项目300余项。

吉林省城乡规划设计研究院始终以“关注民生，服务社会”为己任，积极投身于全省城乡公益事业。近年来完成全省煤矿棚户区、塌陷区移民搬迁、城市棚户区、林业棚户区、工矿棚户区、农村泥草房改造等“六路”安居工程规划和保障性住房设计工作100余项，8个市县中心城区“暖房子”改造规划、能评和改造施工等设计，为我省实施民生工程做出了重大贡献。参加了四川省平武县和四川省黑水县地震灾区重建规划、建筑工程设计与施工服务，出色完成了各项援建任务，得到吉林省政府和黑水县政府的高度评价。协助省住房和城乡建设厅参加对口支援新疆工作，编制阿勒泰地区农牧民定居点示范规划和对口支援的专项规划，获得吉林省援建指挥部和当地政府的一致好评。

2002年吉林省城乡规划设计研究院顺利通过了ISO19001-2000质量管理体系认证，实现了设计质量的规范化管理。近年来承担的《长吉图城镇体系规划规划研究》、《依安县依龙镇总体规划》、《四川省黑水县高级中学》等项目荣获省级优秀城市规划设计、优秀工程设计、优秀工程咨询等一等奖10余项，二、三等奖40余项。荣获吉林省文明委员会授予的“先进单位”、吉林省直机关党工委授予的“先进基层党组织”等荣誉称号10余项。

吉林省城乡规划设计研究院将恪守“科技领先、顾客至上、优质高效、尊信守约”的质量方针，竭诚为社会各界提供优质的设计和高效的服务。

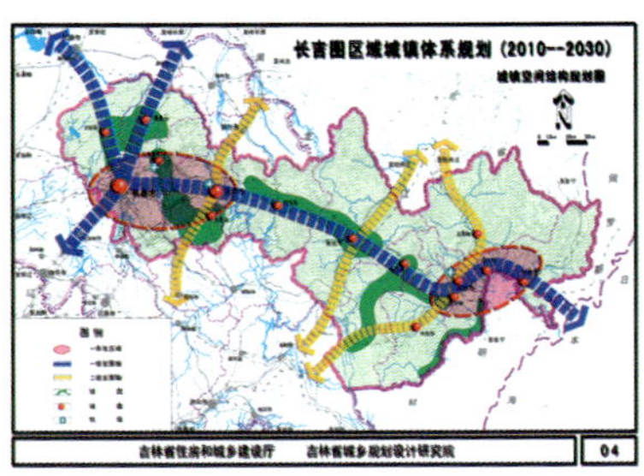

城镇空间结构规划图

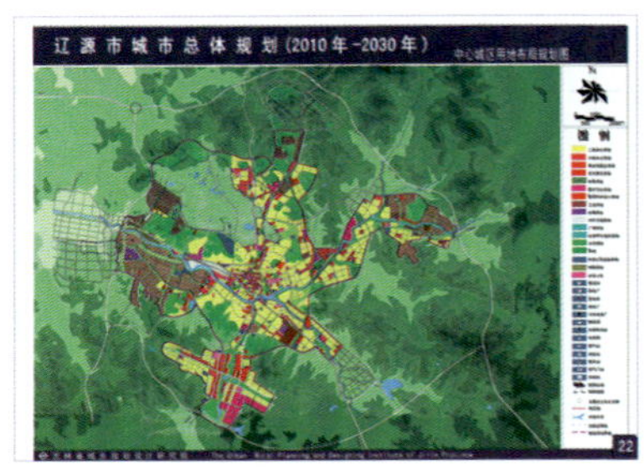

辽源中心城区用地布局规划图

净月办公楼

吉林省邮电规划设计院有限公司

吉林省邮电规划设计院有限公司成立于2006年9月，前身是吉林省邮电规划设计院，创建于1983年6月，在中国网通集团的统一部署下，设计院进行了改制，成为民营企业。公司持有国家建设部颁发的甲级《工程设计证书》、甲级《工程勘察证书》以及国家发展和改革委员会颁发的甲级《工程咨询资格证书》。公司现有办公面积4600平方米，员工208人，其中正高级工程师5人，高级工程师26人，工程师44人，助理工程师65人。90%以上工程技术人员具有通信相关专业日校本科以上学历，是集通信工程咨询、规划、勘察、设计为一体的综合性经济实体。

公司技术力量雄厚，可承担程控电话交换、数据通信、移动通信、电信业务支撑系统、光纤及微波传输、通信电源、通信线路、通信管道、智能楼宇、土建工艺等专业的勘察设计、可行性研究、发展规划及技术咨询服务业务。

公司十分重视技术设备的配置及更新，拥有一流的工程勘察测量和计算机辅助设计软硬件设备。建立了100Mbps宽带局域网，并以FTTB+LAN方式接入INTERNET，配备了激光测距仪、地阻测试仪、GPS、无线规划软件、数码相机、短板印刷等勘查、规划、出版设备，全公司的规划、设计工作全部实现了计算机辅助设计。先进的管理和优良的技术手段带来的质量和效率的提高，取得了巨大的经济效益和社会效益。

多年来，我们先后为联通、移动、电信等运行商提供了长途交换网、本地电话网、SDH传输网、模拟和数字移动网、INTERNET网、ATM网、软交换网、支撑网、增值业务网等一大批重点工程的规划、设计。有36项工程设计获国家级、部省级优秀设计奖。

吉林省邮电规划设计院有限公司全体员工，通过建立和保持质量管理体系来实现对顾客和社会的承诺，“精心设计、质量第一、真诚服务、持续改进”是我们长期遵循的目标，为顾客服务，让顾客满意，是我们永恒的主题。

长春市农业机械研究院

长春市农业机械研究院（原长春市农业机械研究所）始建于1971年4月，隶属于长春市农业委员会，是全国创建较早的地市级农业科研事业单位，是吉林省农业机械研发与推广公共技术服务平台、长春现代农业产业技术创新战略联盟成员单位，下设田间机械研究所、畜牧机械研究所、设施农业机械研究所、科研中试示范基地、农机装备实验工厂、科研管理办公室等部门，担负着长春地区农业机械的研究、试制、引进、推广等工作。2012年长春市机械化保护性耕作研究推广中心牌子加挂在我院，中心主要围绕我市机械化保护性耕作技术模式、关键技术、配套机具等开展技术研究与示范推广工作。

研究院共有职工71人，科技人员57人，占全院职工总数80%。其中：正高级工程师6人，享受国务院津贴1人、吉林省青年科技英才1人、长春市劳模2人、长春市突出贡献专家2人、长春市优秀人才1人。在市农委党委及院党总支的正确领导下，全院职工励精图治、奋力拼搏，我院由小到大、由弱到强，先后被评为吉林省精神文明先进单位、巾帼建功立业文明岗、长春市农业农村工作先进单位。

建院四十多年来，我院认真贯彻落实邓小平“科学技术是第一生产力”的重要思想，把农业科技创新作为推动农业现代化驱动力，充分调动科技人员的积极性，始终坚持“求实、奉献、开拓、创新”的精神，奉行全心全意为“三农”服务的宗旨，以服务大农业技术装备为主，形成了保护性耕作技术装备、田间作业技术装备、设施农业技术装备、畜禽废弃物综合利用技术装备四个主要研发方向。多年来，我院以科研成果转化为重点，以科技创新为核心，以市场需求为导向，走“选、改、创”研发道路，先后共承担并完成了国家、省、市科技项目110多项。获国家发明专利5项，实用新型专利21项，获科技进步奖、科技成果转化奖、先进农业技术推广奖等各级、各类奖励近30项，多项成果填补了国内、省内空白。其中，畜禽废弃物系列处理设备与产业化项目获长春市科技进步一等奖；“玉米联合耕播机”被列为农业科技成果转化项目；“深松技术装备产业化推广项目”被评为市先进农业技术推广一等奖；“中耕深松机具示范推广项目”和“水田保护性耕作技术及配套机具的实验研究项目”被列为市重大农业技术推广项目；“机械清洁温室棚顶薄膜表面灰尘设备”获国家发明专利，这些项目创造巨大的社会效益。风雨历程四十年，我们将在今后发展的道路上不断开拓创新，踏踏实实做好本职工作，为全省农业增效、农民增收做出更大贡献。

中国银行吉林省分行

省委书记王儒林亲切会见张平行长

中国银行吉林省分行与吉林省人力资源和社会保障厅签署合作协议

中国银行吉林省分行与长春净月高新技术产业开发区签署战略合作协议

中国银行“长城金达莱金融IC卡”首发仪式

“百年中行·魅力净月”旅游观光车发车仪式

2012年，中国银行迎来百年华诞，历经一个世纪艰苦卓绝的奋斗与追求，秉承中国银行百年传承的宝贵创新精神，吉林省分行全体员工坚持发展不动摇，狠抓创新不放松，各项工作再创佳绩，各项业务继续高速发展，圆满完成2009年以来实施的“四年再造”战略目标。

2012年，中国银行吉林省分行人民币各项存款余额1,151亿元，较年初增加188亿元，增幅19.62%；该行外币各项存款余额71,864万美元，较年初增加2,553万美元，增幅3.68%；该行人民币各项贷款余额757亿元，较年初增加78亿元，增幅11.47%；该行外币各项贷款余额21,190万美元，较年初减少10,857万美元，降幅33.88%；该行实现中间业务净收入76,748万元，较年初增加17,335万元，增幅29.18%；该行信贷资产不良余额49,829万元，较年初减少31,901万元，降幅39.04%；不良率0.65%，较年初下降0.52个百分点；该行实现拨备前利润25.75亿元，同比增加3.72亿元，增幅16.89%。全辖实现净利润19.93亿元，同比增加4,625万元，增幅2.38%。

一、业务发展取得新进展，实现新突破

2012年，中国银行吉林省分行各项业务延续前几年大发展的良好势头，存款、贷款、创新三箭齐发，各项业务稳健发展。一是各项存款进入稳健增长轨道，存款总量稳稳站上千亿台阶。该行公司、个人、金融机构三项存款市场份额实现了同步提升；二是信贷投放领先同业，资产结构得到优化。该行加强信贷规模精细化管理，确保信贷资源发挥最大带动作用，主动调整贷款结构，向轻资本型授信业务倾斜，优先支持零售贷款业务发展；三是利润计划顺利实现，经营成果稳固提升。在“四年再造”战略目标的指引下，盈利能力显著增强，经营利润持续提升，完成总行计划的106.08%。

二、开展全面金融创新，驱动业务转型发展

2012年，中国银行吉林省分行不断解放思想，创新金融服务，在保持传统业务强势增长的同时，投行业务成为该行2012年业务发展的最大亮点。一是超额完成创新计划，投行产品业务交易量及增速均居全国第一，2012年，该行完成投行业务257亿元，同比增长561.17%；二是多款产品叙做全国首单。该行在系统内首家开办了“投融通”项下券商票据代理、无总量低风险中银集富、政府平台类的股权质押融资以及发债短期搭桥等业务模式，创新业务全面开花；三是综合带动作用明显。该行通过创新解决规模外企业融资160.98亿元，有效带动阶段性存款170亿元，年内实现中间业务收入1.78亿元，占全部公司中间业务收入的85%。在满足客户融资需求的同时，进一步巩固了该行与重点客户、地方政府的合作关系，投行业务创新已成为该行转型发展的重要方向和手段。

三、纵深推进渠道建设，促进网点效能提升

2012年，中国银行吉林省分行继续大力开展网点效能提升项目，网点营业模式发生了根本性变革。该行强力推动“新模式”落地，继续加大产品下沉、培训下沉力度，加强网点的考核评价。按照目标责任状，对各类网点进行阶段性评价，督促各类网点落实目标责任制，鼓励网点争先进位，助力网点业务发展实现新突破。一是加快网点建设，该行网点新增机构达到28家，为四大行中最多；二是机构布局向县域延伸，县支行由过去的16家增加到现在的22家，大大弥补了该行在县域经济中的短板；三是大力整治低产低效网点，通过搬迁、合并、转移等多种措施，彻底解决网点低产低效问题；四是在专属渠道方面，该行已建成出国金融服务中心9家、贵金属销售门店14家、理财中心137家、财富管理中心8家，形成中国银行特色的渠道模式。

四、加强风险防控，提升运营效率

2012年，面对迎接党的十八大和百年行庆等艰巨任务，中国银行吉林省分行加强风险防控力度，运营效率显著增强。一是强化制度建设。该行提出了“四个严禁”、“四个不准”、“八项规定”等有针对性措施，从制度设计入手防止各类案件发生；二是不断改进工作方法，提高工作效率，风险管理条线项目沟通能力和评审服务效率均有提升；三是围绕全行中心工作，以提升运营生产力为目标，不断深化流程改革，进一步提高运营效率，降低运营成本，整合内控资源，理顺内控组织架构，切实防范各类操作风险。对远程集中授权效率问题、业务经理转型问题以及柜员减负问题进行了专项改进，该行运营效率得到了新的提升。

五、文化建设持续提升，不断积聚正能量

2012年是中国银行行庆之年。中国银行吉林省分行以“百年行庆”为核心，开展了一系列丰富多彩的文化活动，提振员工士气，提升文化影响力。该行成功举办了“百年中行—百年辉煌”庆祝大会，引起社会各界广泛关注，得到各方领导好评和广大客户积极响应，中行品牌形象和社会影响力得到了新的提升；开展了“百年中行—百名优秀员工”评选活动，并对入行30年、20年老员工进行表彰，树立先进典型，凝聚全行力量；该行积极组织参加全球员工技能大赛和首届全球运动会，该行员工积极进取，顽强拼搏，取得了全球运动会团体总分第六名的好成绩；此外，该行还举办了年度“十大先进人物”和“十大业务亮点”评选活动，开展了员工风采大赛、健步走等各种形式的文体活动，不断积聚和释放全行员工投身发展、创新、改革、建设的正能量，营造和维护务实进取、和谐奋进的主流氛围。

中国银行吉林省分行走进“政风行风热线”直播解答客户咨询

长春农商银行

CHANGHUN RURAL COMMERCIAL BANK

长春农村商业银行股份有限公司（简称长春农商银行）于2009年7月29日正式挂牌开业，是一家立足长春，走专业化、精品化之路的中小企业伙伴银行。

市场定位 坚持“开拓创新，诚信共赢”的经营理念和“立足城乡，支持三农，服务中小企业”的市场定位，致力于为客户提供全面、优质、高效的金融服务。相继开发了“贷捷利”、“吉易贷”、“车商宝”等“易、捷、通、宝”系列十余类信贷产品，引进德国“微贷”技术，设立“微贷工场”，累计支持中小企业8000多户，扶持小微型企业和个体工商户30000多户，提供信贷资金200多亿元，在自身规模不断壮大的同时，对支持地方经济发展做出了积极贡献。

战略目标 依据金融形势变化，确定了“立足长春，面向全国”的战略目标，并分步实施，逐步拉开快速、健康发展的序幕。截至目前，长春农商银行拥有45个分支机构。其中，长春市区有41家，黑龙江阿城、兰西2家全资村镇银行，大连普湾新区和黑龙江肇东2家支行。

经营规模 截至2011年末，资产规模248亿元，各项存款余额122亿元、贷款余额80亿元，贷款五级分类不良率始终控制在0.5%以内。

员工队伍 长春农商银行共有员工948人，平均年龄28周岁，研究生29人，本科学历531人，高级职称7人，助理及以上职称115人，金融相关专业人员占比60%以上。成立以来，从各专业银行引进投行、票据、理财、科技等专业人才42人。

企业文化 着力打造具有“本土”特色的企业文化。聘请专业公司对长春农商银行企业文化进行整体策划，重塑文化体系，提炼企业精神，确立了“开拓创新，诚信共赢”的核心价值观，以“长”字的行书体作为行徽，形状为印章，代表着长春农商银行对社会的诚信承诺；意取“长春”首字，象征“生长”、“长久”；色选“富贵红”，体现长春农商银行积极向上，锐意进取的精神。

荣誉奖项 成立以来，先后两次被中国银行业协会评为“中国银行业文明规范服务示范单位”；2010年，被中国银监会评为“全国银行业金融机构小企业金融服务先进单位”荣誉称号，“贷捷利”信贷产品获得银监会颁发的“全国银行业金融机构小企业金融服务特色产品”奖；2011年，被地方金融研究院评为“全国十佳农村商业银行”；在“2011农村金融品牌建设论坛暨首届中国农村金融品牌价值榜”评选活动中，荣获“十大品牌创新机构”荣誉称号。

随着长春农商银行的快速发展，未来将继续扩大服务领域，立足长春，面向全国，努力为广大中小企业、微型企业、个体工商户、“三农”经济提供优质金融服务，努力创建一流的精品银行。

中国民生银行长春分行

中国民生银行长春分行是中国民生银行在全国设立的第26家一级分行。自2009年2月18日成立以来，民生银行长春分行坚定不移地践行总行“民营、小微、高端客户”战略，围绕“特色银行、效益银行”的发展目标，牢固树立“诚信、人本、求实、创新、协作”企业文化核心理念，戮力探索和创新传统银行不愿或不敢涉足的领域，极力寻找竞争成本低而综合效益高的蓝海，创造了先发优势。截至2012年末，民生银行长春分行拥有营业部1家，支行9家，二级分行1家，自助银行（含单体机）26间。

成立四年来，在地方党政、监管部门及社会各界的大力支持下，民生银行长春分行各项工作呈现健康向上、全面发展的良好态势。在日常经营工作中，民生银行长春分行始终坚定不移地贯彻执行总行“民营、小微和高端客户”战略——这一与吉林省发展需求相契合的战略定位，使得民生银行长春分行在激烈的行业竞争面前，以其朴素、极具亲和力的风格，赢得了市场和消费者的尊重；并凭借差异化的精准定位，拼搏向上的企业精神赢得了自己的话语权，奏响了市场拓展与企业发展的激昂乐章。

截至2012年末，长春分行存款220亿元，接近上一年的两倍；贷款110亿元，其中小微企业贷款占分行贷款余额的半壁江山，比三年前的总和增长1.3倍；投放到吉林省的融资总量累计达200多亿元，其中小微企业贷款52亿元，直接创造就业岗位2万余个。在小微贷款投向上，充分体现了国计民生链上游配套企业及下游配件经销商进行大力倾斜。通过特色化、批量化、专业化营销，支持了吉林省经济特别是区域特色经济的发展。民生银行长春分行在支农方面探索成立的梅河口民生村镇银行，截至2012年末各项存款已过12亿元，各项贷款已达6亿多元，在民生系统30家村镇银行综合评比中位列前三甲。

四年来，民生银行长春分行为吉林省区域社会发展和经济建设贡献了自己的最大力量。

服务赢信誉　特色铸辉煌

中航安盟财产保险有限公司吉林省分公司

中航安盟保险是由两家世界500强企业—中国航空工业集团和法国安盟保险集团共同组建的全国性财产保险公司，是目前中国唯一一家拥有农业保险经营资格的中外合资保险公司。成立于2011年9月的吉林省分公司，在2012年取得了较好的经济效益和社会效益。全省已经发展到20家分支机构，全年保费总额达33,180万元，其中农险保费收入28,082万元，商险保费收入5,098万元。

公司实力雄厚，理念超前，借鉴西方先进的防灾防损经验，努力为客户提供国际一流的保险服务。公司拥有完整的客户服务体系，突出产品和销售创新，强调自身的社会责任，业务经营严格与国家大政方针协调一致，业务拓展与公益事业及民生工程紧密结合，为政府排忧，为社会尽责，为客户解难。公司被吉林省消费者协会评为2012年度消费者满意单位。

公司的农险业务秉持“心系三农，服务至上”的宗旨，拥有吉林省农险市场三分之一的份额。公司结合我省农业发展实际和风险特点，开发了产量保险、价格保险、指数保险等创新型农险特色产品。公司恪守信誉，2012年百年不遇的“布拉万”台风袭击和吉林省西部干旱灾害，导致农业损失巨大。公司以农民利益为优先考虑，及时圆满完成了农险赔款工作，得到了政府的表扬和农民的赞誉，全年实现农险无投诉、无上访。

公司的商险业务坚持“蓝海”战略思想，重点开发农村商业保险市场，并紧紧围绕民生工程，开发创新险种。有些险种的保费收入低，经营风险大，盈利水平低，但与老百姓的生活息息相关。通过推出新产品，迅速提升了公司知名度，公司业务呈良性快速发展态势。

公司在全省优先发展校车险，形成巨大优势。2013年2月4日公司参加了教育部在人民大会堂召开的全国校车安全管理会议，并成为吉林省教育厅指定的唯一参与吉林省校车服务中心的保险公司，全面提升了校车险的管理水平，引领的吉林省校车公益保险业务的开展。

新的年度，公司在业务经营中将把服务、创新和责任有机结合起来，再接再厉，再造辉煌。

2012年 8月14日，吉林省分公司与中国光大银行长春分行就战略合作召开会议。吉林省分公司总经理左愚与光大长春分行行长王守坤分别代表双方签署了银保战略合作协议。

2012年11月13日，共青团吉林省委召开2011-2012年度省级青年文明号表彰大会，吉林省分公司团组织被评选为“2012年度省级青年文明号”集体。

中航安盟保险紧急动员做好“布拉万”台风灾害查勘工作

2013年3月15日，中航安盟保险被授予“吉林省消费者满意单位”荣誉称号。吉林省委常委、副省长陈伟根，省人大常委会副主任王守臣，省政协副主席王尔智对2012年度消费者满意单位和全省十大消费维权人物进行了颁奖和表彰。吉林省共有20家企业获奖，中航安盟保险是2家获奖保险企业之一。

2013年1月6日，吉林省德惠市同太乡五福堂村保户刘生福由乡村两级工作人员陪同下，手举绣有“情系保户，雪中送炭”的大红锦旗来到德惠市营销服务部，感谢中航安盟保险对其农房失火损失的赔付。

吉林大学中国国有经济研究中心

吉林大学中国国有经济研究中心成立于1999年，2000年12月被教育部批准为普通高等学校人文社会科学重点研究基地，是目前国内唯一以研究国有经济为主要内容的重点研究基地。

中心主任由博士生导师徐传谌教授担任，中国人民大学博士生导师黄泰岩教授担任中心学术委员会主任。中心荟萃了一支年富力强，具有良好理论素质、创新精神和优良学风、较突出研究成就的科研梯队。现有专兼职研究人员37人，其中教授20人，博士生导师18人，具有博士学位35人。教育部跨世纪优秀人才1人，教育部新世纪优秀人才2人。

十年来，在CSSCI检索来源期刊上发表论文562篇，出版专著、教材66部，获省、部级奖励52项，向政府有关部门和企事业单位提交并被采纳的咨询报告达50余篇，承担各级各类科研项目139项，获课题经费总额达1600余万元。

在人才培养方面，中心所在的吉林大学经济学科在国内首批拥有政治经济学专业博士、硕士授予权，是理论经济学一级学科博士学位授权点，是国内公认的高层次经济学人才培养中心。

在学术交流方面，中心与国、内外经济学界和实际工作部门有着广泛的联系和合作。先后有20余名研究人员赴美国、日本、欧盟等国家（地区）进行讲学、考察访问和开展合作研究，先后接受来自美国、日本、英国和韩国的学者来访。中心已成功举办了十一届“国有经济论坛”国内或国际大型学术研讨会，累计参会学者、企业家、政府官员达到千余人次。2009年起，该论坛升级为“中国国有经济发展论坛”，每年在北京举办。

2010年5月，吉林大学与中国恒天集团签订了“产学研”合作协议，根据协议，“中国国有经济发展论坛”就是双方重点打造的合作项目之一。2011年“吉林大学——中国恒天集团有限公司博士后科研合作基地”举行了揭牌仪式，这是中国恒天集团有限公司与吉林大学“产学研”全面合作的又一标志性成果，也是双方深化人才培养、开展项目研究的一个里程碑。

中心注重资料信息的建设和积累，资料室拥有数量丰富、种类齐全的中外经济学理论图书资料；中心不断强化网络信息的交流平台，在中心网站http://ccpser.jlu.edu.cn上设有“国有经济研究”、“国有经济论坛”、“国有经济动态”等多项链接。中心不断追踪本领域的发展趋向，有效汇集和传播国有经济研究信息，建设了内容丰富的资料库和数据库。

2010年中心被批准为吉林大学“985工程”中国国有经济改革与发展研究哲学社会科学创新基地。中心经过长期酝酿和讨论，逐渐确立“走出去”和“国际化”的发展方向，并在不断探索中深化体制、机制的改革。中心力争成为全国领先、并在国际上有重要影响的国有经济研究领域的科学研究中心、人才培养中心、学术交流中心、图书信息中心和咨询服务中心，为中国国有经济的理论研究、国有经济的战略调整、国有企业的改革与发展做出较大贡献。

国务院发展研究中心副主任侯云春出席2011国有经济发展论坛

全国人大法律委员会副主任委员洪虎参加2009中国国有经济发展论坛并作主题演讲

中心主任徐传谌教授接受中央电视台记者采访

徐传谌教授在2009中国国有经济发展论坛上作主题演讲

国家统计局总经济师姚景源出席2011国有经济发展论坛

长 春 市 国 有 资 本

长春市国有资本投资经营有限公司简称长春国投公司，组建于2004年，是长春市国资委出资组建的直属一类重点企业。几年来，公司以“服务区域发展，调控经济运行，追求持续超越”作为企业使命，以打造国内优秀国资经营品牌为愿景，完善发展战略，优化资源配置，将“资产经营和资本经营双轮驱动”作为主要发展方式，构建起以金融服务、战略性新兴产业投资、现代服务、房地产和基础设施建设、装备制造、国有实物资产经营为主营业务板块的多元化行业布局，保持了良好的发展势头。至2012年末，长春国投公司拥有一级出资企业19家，合并总资产已达到12亿元，营业总收入近3亿元，实现利润8,400万元，连续多年成为市国资委年度业绩考核标杆企业，在区域经济发展和经济布局结构调整中发挥了国有投资公司的应有作用，已成为具有较高知名度和良好美誉度的区域性国资经营优秀品牌。

在发展中，长春国投公司始终牢记“为城市、为发展、为出资人”的“三为”宗旨，在谋求经济效益的同时，时刻把国有企业社会责任放在重要位置，将目光着眼于社会民生、社会稳定和城市建设。为解决市民“菜篮子”问题，长春国投公司

长春市政府最重要的国有资本市场化经营平台

投 资 经 营 有 限 公 司

联合三家业内知名企业投资重金积极筹建东三省最大的农产品物流中心，力求将其打造成为规模宏大、功能完善、配套齐全的未来城市生活给养地；在长春市拥有50多年积淀的农机制造支柱企业——长拖集团出现困境时，长春国投公司谋而后定、从大局出发，将保留我市传统工业的重任扛在肩上，果断舍弃部分利益，通过战略重组引入国内机械行业巨头企业，为长拖集团维稳和重获新生做出了卓越贡献；从助推城市发展、维护社会稳定方面考虑，长春国投公司专门组建了宇都建设投资公司，以“为百姓推出平价房、放心房”为己任，以“质量、服务、诚信”为基本理念，积极参与商业住宅和保障房开发建设，履行了作为一个国有企业应尽的社会责任，在区域行业内赢得了良好口碑，得到了政府和市民的高度肯定和认同……长春国投公司依托自身资源，在市政府的支持和经营团队的引领下，正在城市各个领域发挥着越来越重要的作用。

面向未来，长春国投公司将依据国家产业政策和地方经济布局需要，不断助推区域经济发展，同众多企业一道，携手共铸魅力新长春。

长春市拟投建的东北三省最大的农产品物流园区

重组后的新长拖集团

宇都和源项目——长春市南部新城的新地标

吉林大学汽车工程学院

1958年，周恩来参观学校研制的农用内燃水泵（左三为戴桂蕊）

吉林大学汽车工程学院成立于1955年，是中国汽车工业人才培养的摇篮和科学研究的重要基地，其车辆工程学科是国内汽车领域最早的国家级重点学科，拥有汽车仿真与控制国家重点实验室。

汽车学院拥有以中国工程院院士郭孔辉教授为核心的200多名教师组成的教学和科研队伍，其中教授52人，副教授54人，含中国工程院院士1人，国务院学位委员会学科评议组成员1 人，长江学者1人，千人计划1人，博士生导师26人。

汽车学院设有博士后流动站2个，有博士学位授权点3个，硕士学位授权点7个，本科生专业4个，其车辆工程、动力机械及工程专业为我国“211”工程首批重点建设专业。2009年，车辆工程专业获得首批国家特色专业，2012年，车辆工程专业获得工程认证，是全国近百个车辆工程专业的唯一代表。目前，学院在读博士生近230人，硕士生900余人，本科生2000余人，已累计向社会输送各类专业人才22000 余人。

汽车学院承担着重要的国家和省部级研究课题，面向国家汽车强国战略需求和国际汽车工程科技前沿，围绕汽车行业产品开发与创新体系中的重大科学问题、关键共性技术等开展了大量的基础性和创新性研究。在整车和底盘、动力和传动的产品开发先进技术方面，创新研发了一系列先进设计理论、技术方法、软件平台和重大实验装备，并全面推广应用于我国主要汽车厂商，为我国主要汽车企业的自主创新能力建设做出了重要贡献，已成为我国在汽车产品开发领域从事基础、共性和前沿技术研究，解决国家和行业重大工程需求，进行高水平国际合作的重要基地。

汽车学院与许多国家和地区的高校、科研院所、企业建立了广泛的学术交流与合作关系。常年选派专家、学者出国讲学、参加国际学术会议、访问或进修；并邀请国外著名的专家学者来校讲学、联合培养学生和进行科学研究。

汽车学院为学生的发展提供了较多的发展机会。攻读硕士研究生的学生约占毕业生人数的35%，免试生约占毕业生人数20%。为奖励品学兼优的学生，除学校统一设立的奖贷学金外，学院还设有“潍柴动力”等十余项社会奖助学金。毕业生分布在各大汽车骨干企业及科研院所，高校，合资企业，众多毕业生已成为著名专家学者和企业家。

几代人的努力，铸就了汽车学院今日的辉煌，在新的历史时期，汽车学院正朝着建设国内一流、国际知名的高水平、研究型学院阔步前进。

中国首台NADSL2

汽车四鼓底盘测功机

长春工业大学

吉林省副省长王化文和校长张德江为“合成树脂、合成橡胶、碳纤维协同创新中心”揭牌

2011年党委书记董玉辉为合作研发的5000吨碳纤维原丝项目投产剪彩

校长张德江为毕业生授学位

长春工业大学始建于1952年，是一所以工为主，工、管、文、理、经、法、教育、艺术等多学科相互支撑、协调发展的吉林省省属重点大学。2004年在国家本科教学工作水平评估中获得优秀等级。2009年成为博士学位立项建设单位，2013年顺利通过整体验收。2011年荣获“全国文明单位”称号。

学校现有南湖、北湖、林园三个校区，全日制在校生18750名，教职员工1892名，形成了以本科教育为主，研究生、本科生、留学生、高职生和继续教育多层次的办学格局。学校设有18个学院和两个教研部，现有8个省优势特色重点学科，17个一级学科硕士点，涵盖了68个二级学科硕士点，3个硕士专业学位授权点，13个工程硕士授权领域，53个本科专业，6个国家级特色专业，12个省级特色专业。学校创建了以教育部重点实验室、教育部工程研究中心、国家级实验教学示范中心和吉林省重点实验室、省科技创新中心为代表的13个省部级科研机构，6个省实验教学示范中心。

学校与美国奥克兰大学建立合作办学关系

2013年学校顺利通过新增博士学位授予单位立项建设整体验收

学校在多年的办学历程中，形成了独具特色的优良传统，积淀了弥足珍贵的精神财富。学校凝炼出了“爱国敬业、求实创新”的校训，培育了“自强不息、志在一流”的精神，“艰苦奋斗、严谨求实”的校风，树立了“和谐进取、事业养生”的工作理念，营造了良好的办学环境和育人氛围。学校在长期的办学实践中形成了“三实、三结合”的办学特色，即在服务吉林经济社会发展过程中，人才培养面向“实际”、科研工作讲求“实用”、社会服务注重“实效”；在培养高级应用型人才过程中，以社会需求为导向，人才培养模式改革与社会需求相结合，以学生实践与创新能力为重点，课内、课外相结合，以德育为首位，人格养成与智力发展相结合。

2012年学校建校六十周年庆典会场

学校坚持“为吉林省经济社会发展服务、为学生健康成长服务”的“两服务”办学宗旨，紧紧围绕吉林省各个历史时期经济和社会发展特别是工业建设和产业结构调整的需要开展人才培养、科技研发和社会服务。建校六十年来，为国家培养了十万余名合格人才，取得了大批科技成果，为国家和吉林省的经济发展和社会进步做出了重要贡献。

毕业生就业率稳居同类高校前列，2009年荣获“全国毕业生就业典型经验高校”称号

目前，学校正在积极推进有特色高水平教学研究型大学建设，为把长春工业大学建成国内一流的地方工业大学而努力奋斗！

放飞梦想

国家百所示范性高等职业院校

全国政协副主席王忠禹视察学院

学院与长春轨道交通集团和同济大学轨道学院合作办学签约仪式

美国波特兰州立大学代表团访问学院，院长王树彬代表学院与之签署合作交流协议。

长春职业技术学院成立于2000年，是一所以高等职业教育为主、社会培训与认证教育协调发展的城市高职，是百所国家示范性高等职业院校，国家教育体制改革试点院校。

学院占地面积578亩，建筑面积25.9万平方米，教职工900人，全日制在校生10070人。学院根据吉林省、长春市支柱、优势和战略性新兴产业人才需求，设立了汽车、工程、轨道、食品、信息、旅游、商贸、服务外包、国际交流和培训十个分院，45个专业，面向全国22个省招生。

学院遵循内涵发展的办学方针，确立了“立德为先、强能为本、突出特色、和谐发展”的办学理念，凝练了“铸诚精艺”为核心的校园文化。学院遵循市场规律和高职教育规律，形成了政府主导、行业指导，企业参与的“一主多元”办学模式。实施了校企融合、工学结合的“五同”人才培养模式。毕业生就业率连续五年稳定在96%以上，用人单位满意率达92%，就业工作跨入全国高等院校50强。

学院现有专任教师473人，其中教授38人，副教授299人，“双师素质”教师占88%。学院现有国家级优秀教学团队2个，省级优秀教学团队7个；教育部行业职业教育指导委员会委员5人，国家级教学名师1人、省级教学名师2人，聘请行业企业兼职教师300余人。

学院现有国家级重点建设专业5个，省级示范专业9个，省级特色专业群8个；国家级精品课程7门，省级和教指委精品课程33门；国家级教学成果奖二等

2012年全国职业院校技能大赛荣获一等奖

全省职业技能大赛在学院举行

2012年5月，我院学生蔡泓滢荣获长春市“十佳大学生”称号

——长春职业技术学院

奖1项，省级教学成果奖6项；学院有1000多名学生在技能大赛中获奖,其中获得国家级奖项67项,省级奖项170项。

学院教学设施先进齐全，教学仪器设备总值1.3亿元。建成了集教学、培训、科研、生产、技术服务于一体的10个校内实训基地，其中国家级实训基地5个，省级实训基地5个，可同时容纳8000人进行实验、实训、实习，并全部通过了ISO9000：2000版国际质量管理体系认证。学院建有稳定的校外实训基地358个，学生半年以上顶岗实习率达100%。学院依托校内外实践教学条件广泛开展社会服务与培训，可进行8大类、58个项目的培训和认证，每年社会培训和技能鉴定超万人次，毕业生“双证率”达到92.66%。

学院荣获“全国职业教育先进单位”、“全国高等职业院校就业星级示范校”、“高校为振兴老工业基地服务先进单位”、“全国高校就业50强”、“吉林省精神文明建设先进单位”、“吉林省五一劳动奖状”、“长春市人民满意学校”等称号。2007年通过教育部高职高专人才培养工作水平评估，并获“优秀”评价。2010年被教育部、财政部认定为国家百所示范性高等职业院校。多位党和国家领导人来到学院视察指导，给予了较高的评价。

学院全景

自觉教育育英才

——东北师范大学附属中学

东北师范大学附属中学创建于1950年。学校现有自由、青华、明珠、净月、北京朝阳五个校区。学校总占地面积37万平方米。全校有一线教职工1026人（含外聘教师和职员），15000名在校学生。学校第一任校长为我国著名教育家陈元晖先生。现任校长李桢教授，党委书记史亮同志。

作为吉林省的一张名片，东北师大附中在教育教学过程中始终遵循着一种包容的文化，营造一种允许学生个性发展的开放环境，提供一种减少压抑、增加快乐、培育个性、关注健康、获得尊重、拥有个人成长价值感的个性化教育。

东北师大附中拥有一大批闻名省内外的优秀教师，其力量雄厚，结构优化，团队教研优势明显。省级学科带头人，省级骨干教师、市级骨干教师构成的荣誉教师团队占全校专任教师人数的46.5%。目前拥有硕士研究生及以上学历教师占高中教师总数的72%。

学校科学整合国家、地方和校本课程，探索形成“目标—模组—层级”式课程结构体系。对必修课程精益求精；开足、开好国家课程；充分实现“走班”选课。校本选修课程已运行成熟300余门。菜单化的课程体系为学生个性化发展提供保障。

东北师大附中基于自觉教育的理念，逐步形成 “主体性德育实践课程体系”。学校将国防教育、农村社会实践、现代工业体验、社区服务、课题研究、学生社团等有机整合为主体性实践课程，建立多元评价机制，促进学生自觉发展。

东北师大附中是吉林省唯一一所同时拥有北京大学、清华大学、香港大学、香港理工大学、复旦大学、中国人民大学、同济大学、北京师范大学校长直推计划的学校。学校一直是北京大学、清华大学等知名高校的优秀生源基地校，是北京大学、清华大学外埠最大的生源校。在2012年高考中，我校学生强势发挥。在吉林省、长春地区高分段分布中遥居首位。在吉林省文科前10名中，我校有7人，在吉林省理科前10名中我校有3人。普通本科进线率近100%，共有102人被北京大学、清华大学、香港中文大学、香港理工大学、香港城市大学等知名大学录取，有73名优秀学子被国外大学录取。

学校实施“金牌工程”，自2004年起，每年都几乎包揽五大学科全国中学生奥林匹克竞赛吉林赛区团体和个人第一名。学校在国际奥林匹克学科竞赛中取得了14块国际奖牌，其中，金牌7枚，不断刷新着吉林省选手在国际赛场上的成绩。

目前东北师大附中已同美国、日本、加拿大、俄罗斯、韩国等国家的30多所学校建立了友谊校关系或合作项目。其中，美国的明尼苏达大学、加拿大多伦多大学、法国莱恩第一大学、日本早稻田大学、韩国首尔大学等世界名校近几年陆续到我校招生。2012年5月底，学校成为东北三省首家公立IB学校，填补了吉林省基础教育开设国际课程的空白。

东北师大附中始终坚守“为学生一生奠基，对民族未来负责”的宗旨，为学生全面而有个性的人生发展奠基，让每个学生成为自身发展的主宰者。

1984年，我校确定双阳区劝农山乡为学生农村社会实践基地。2009年，学校在吉林省新农村示范村、农安县合隆镇陈家店村建立现代农业实践基地，并开展“青春田园”系列农村实践活动。

1979年，确定高炮旅为我校学生军训基地，至今已经整整坚持了33年。我校高一军训方队在省、市军训汇报比武中，多年蝉联军体拳、分列式特等奖。

2007年至今，我校共开设了校本课程891门次、381门类，图为学生在厨艺课堂上与老师学调制鸡尾酒。

2012年6月22日晚，我校“骄阳似我 炫动春城”学子风采文艺汇演在长春市文化广场举行。师生们用最悠扬的歌声、最婀娜的舞姿、最激情的诗篇为市民朋友奉献了一场充满青春活力的视听盛宴。省人大常委会党组书记、副主任聂文权，副市长桂广礼出席并观看了演出。

榆树市第一高级中学

榆树市第一高级中学始建于1925年，是一所文化积淀深厚的名校，是省级重点高中。学校占地9.1万平方米，建筑面积6.3万平方米，现有教学班106个，7600余名学生，380名教职工。学校具有一流的办学条件，为师生的发展提供了广阔的平台。

学校确立了“全面发展、全部成材、特长培养、特色办学”的育人目标，落实了“依法治校、德育立校、科研兴校、质量强校、管理建校”的治校方略，近年来大力实行了“兴业工程、育人工程、名师工程、质量工程、平安工程”等五项工程，榆树一中呈现出崭新的发展局面，受到各级政府的表彰和广大人民群众的赞誉。

升国旗

全校教师师德高尚，业务精良，教风严谨，奋发向上。任课教师学历全部达标，其中有68名教师获研究生学历和研究生课程班结业。有1名国家级学科带头人，有36名国家级、省市级骨干教师、名师、师德标兵，2012年，有一名教师获“长春名师”称号。专任教师近年共承担国家级、省级、市级科研课题60余个，并形成了语文作文、音乐欣赏、美术素描、摄影学、体育分类教学、研究性教学等校本教材。学校大力推行“实施生命教育，打造生命课堂”系列活动，使课堂教学提升到一个新水平。

多年来,榆树一中为党和国家培养了一批又一批素质全面的优秀毕业生。近年来，我校高考进线率稳居同类学校榜首，考入各大高校的人数也位列第一。2011年高考我校刘妍秀同学以691分的成绩考入清华大学。

学校根据学生实际情况，坚持因材施教、尊重差异、培养特长的育人特色。开设美术班、体育班，每年都有二百多名学生被体育、艺术院校录取。

学校先后被授予“国家级体育运动传统校”、“全省基础教育校本科研先进单位”、“吉林省基础教育校本科研基地”、“吉林省精神文明单位”、“长春市文明单位”、“长春市师德建设先进校”、“长春市花园式学校示范校”、“长春市警民共建先进单位”、“长春市科研先进校”“平安校园示范校”、“榆树市明星校”等光荣称号。

东楼

中楼

榆树弓棚高级中学

弓棚高级中学始建于1954年，其前身为榆树市第五中学，学校秉承艰苦创业，求真务实的优良传统，不断开拓进取，走改革兴校之路，为国家培养了大批优秀人才。它经历了半个多世纪的风雨洗礼，经过几代人的辛勤耕耘，正迈着矫健的步伐，走向一个又一个辉煌。

学校坐落在吉林省综合改革十强镇—榆树市弓棚镇，占地总面积8万平方米，建筑面积26722余平方米，分教学区、生活区、活动区，学校环境优美，景色迷人，交通便利，北倚拉林河，南靠松花江，紧临科铁公路线，经过多年的建设和发展，学校建有教学楼、实验楼、食堂楼、学生公寓楼、标准的运动场等完善的基础设施，拥有校园宽带网、多媒体教室、微机室等先进的教学设备，八万多册图书的图书室，200个座位的阅览室，弓棚高级中学是莘莘学子修身治学之理想圣地。

学校不断强化服务意识，面向全体学生，改革人才培养结构，教学成果显著提高，现有教学班45个，在校生3340人，教职工151人。学校师资力量雄厚，高级教师26人，中级教师68人。被市“名优工程”表彰教师17人，长春市中青年教师新课程大赛新秀4人，长春十佳教师1人，国家级优秀教师1人。教师学历达标率100%，其中10人参加研究生班进修学习，有100人以上具备中高级水平；广大教师教育教学论文在县级、市级、省级和国家级评比中获奖并在各级刊物上发表；各教研组根据本组的具体实际开展了课题研究，现承担了市级和省级课题3项，促进了学校科研的发展和广大教师课堂教学理论与实践的结合，推动了我校教育教学的发展。

学校校园文化生活丰富多彩。学校开展艺术节、体育周、科技周、辩论赛、演讲比赛、“五四歌手”选拔赛、学校运动会、成人宣誓仪式等活动，有音乐、绘画、书法、田径、篮球、科研等兴趣小组活动，还有语文、数学、物理、化学、英语等竞赛，更有文学社和校园电视广播等。大大丰富了学生的校园文化生活，拓宽了学生的自由发展空间

“以人为本，和谐、健康、持续发展”是学校的教育理念。全校教职工在先进的教育理念的指导下，认真做好教育教学每一个环节的工作，共同铸就了“宽容、和谐、拼搏”的学校精神；学校以“求真、砺志、笃学、达才”为校训，在教育教学中形成了“正身、重范、敬业、爱生”的教风；“刻苦、进取、善思、会学”的学风；实行“文化＋特色”的培养模式，注重学生思想道德建设,重视学生的全面发展，此外，针对品学兼优的特困生，学校还特别设立了助学基金，帮助贫困生圆了读书梦。近十年来，高考上线率逐年上升。2000—2007年学校共有413人考入国家重点院校，5200多人考入本科院校，弓棚高中曾先后被评为“教学质量先进校”、“教学科研工作先进校”“教学提高幅度最大校”、“教学管理先进校”等。2007年高考弓棚高中各科成绩在同类高中中均列第一名，被定为“吉林省新课程示范校”。

展望未来，学校领导班子正率领全体教职工励精图治、奋发图强，继续抓好校园建设，强化内部管理，全面推进新课程改革，努力争创吉林省农村优秀高中，将弓棚高级中学办成具有自己鲜明特色的高级中学，为弓棚的腾飞发展做出巨大贡献！

前进中的弓棚中学

弓棚中学始建于1983年7月；学校占地面积33000平方米，建筑面积4200平方米；学校现有教学班26个，教职工89名，在校生1366名，是一所规模较大的农村初中。

学校有良好的文化积淀，教育思想先进。学校确立了“立德修业、树人成才”的办学理念。学校的办学综旨是：面向全体学生、实施素质教育、努力创办优质农村初中；学校的育人目标是：使学生学会做人、学会做事，强身健体、立志报国；学校的管理目标是：建文化校园、抓规范管理、创一流质量。

学校有着励精图治、艰苦创业的传统。有勇于开创、锐意创新的领导班子，学校工作不断实现新跨越；有兢兢业业、适应学生发展、谙熟班级管理的班任队伍，班级秩序井然；学校有专任教师76名，均为本科学历，其中市级骨干教师13名，学科带头人、教师新秀各3名，科研型名教师1名。这些为学校的发展提供了宝贵的人才资源。

学校站在教育发展的前沿，教育技术现代化。学校有标准的理、化、生实验室，有两个微机室，生机比例为13：1，有两个多媒体教室，可以充分满足学科教学与信息技术的整合，装备有较为先进的室外监控系统和语音广播系统。

学校注重发挥环境育人的功能，校园环境优美。学校有花园1600平方米，园内塔松桧柏、绿草如茵、花香四溢、百鸟鸣啼；有果园2000平方米，春季花团紧簇、夏季绿叶掩映、秋季果实累累、冬季银装耀眼。学校文化色彩浓郁，文化设施品位高雅。学校设有标准的篮球场地及操场，是同学们健身和户外活动的乐园。校舍整洁富丽、窗明几净，室内饮水、取暖等设施一应俱全。

学校以培养优秀人才为己任，教学质量优良。学校努力构建教师、学习型组织，促进教师的专业发展，调整创新教学模式，走科研促教、科研兴教之路，保障教育教学信息的丰富和畅通，使教学质量不断提高。中考成绩连续6年位居榆树市农村初中前三名。

学校积极创办特色教育，培养特长生。在“中语会”指导下，成立了文学社，培养学生创新写作，学校还成立了电子琴、声乐、舞蹈班、刺绣班。

学校在教育局指导下，实施规范化管理，学校管理向科学化轨道迈进。在德育管理上，主张“用人格铸造人格、用情感激发情感、用爱心呼唤爱心”，实现“三层互动、全员育人”。学校：以人为本、以德立校、德育为首；教师：重言行、讲公正、示人格；学生：注重行为养成、传统美德、自我认识、自我完善。达到“为学生一生发展导航”的目标。在教学管理上，坚持一个宗旨，就是要从生命和基础教育的整体性出发。唤醒每位学生，让每一个学生都真正活起来。教学中时刻体现创新精神和实践能力的培养。做到四个“还给”：把课堂还给学生，让课堂焕发生命的活力；把班级还给学生，让班级充满成长的气息；把创造还给教师，让教育充满智慧的挑战；把精神发展的主动权还给师生，让学校充满勃勃生机。在后勤管理上：确保优质服务、高效服务、科学理财管物；提高角色意识、服务意识、主人翁意识；求实校园环境美化、员工素质优化、后勤管理科学化。科学规范的管理使学校赢得了全面发展的机遇。

学校工作成效显著，先后成为长春市花园式学校、长春市校园文化建设示范校、长春市一类一级学校、长春市教师专业发展型学校、长春市课题推动课程改革先进校、榆树市教学质量先进校、榆树市教育科研基地校。

百合口腔团队

百合口腔企业文化建设

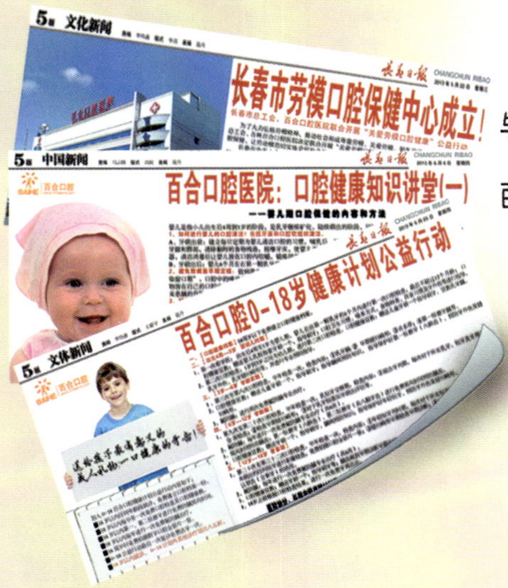

与长春市总工会成立长春市劳模口腔保健中心

百合口腔开设的每周两期口腔健康讲堂
普及口腔知识 提升生命质量

0-18岁百合口腔健康计划公益行动

百合口腔医院党政工团建设

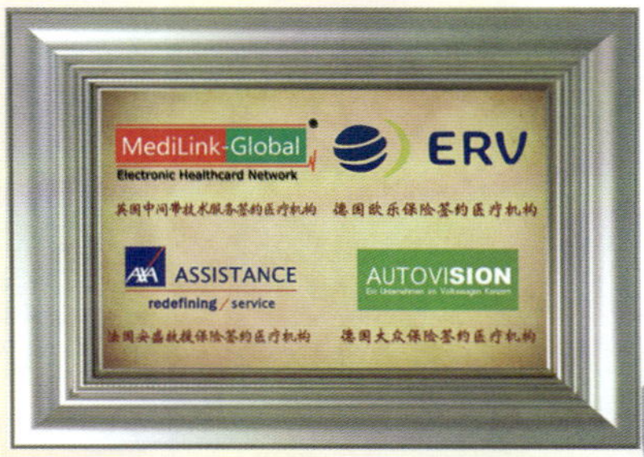

与德国、法国、英国等国际保险集团签约

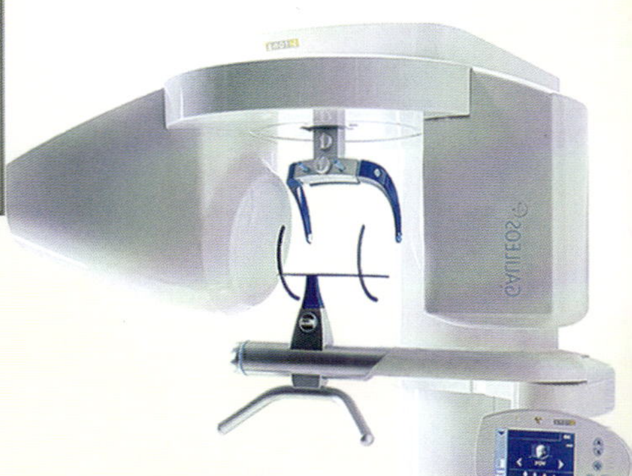

引进德国数字口腔CT

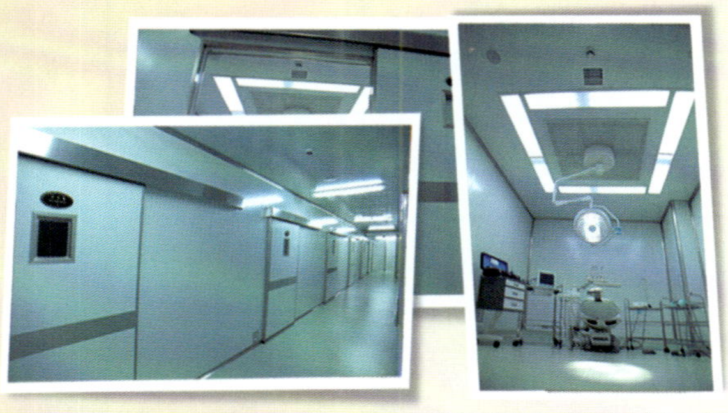

层流净化种植手术室　至今为止省内唯一获得种植准入资质民营口腔专科医院

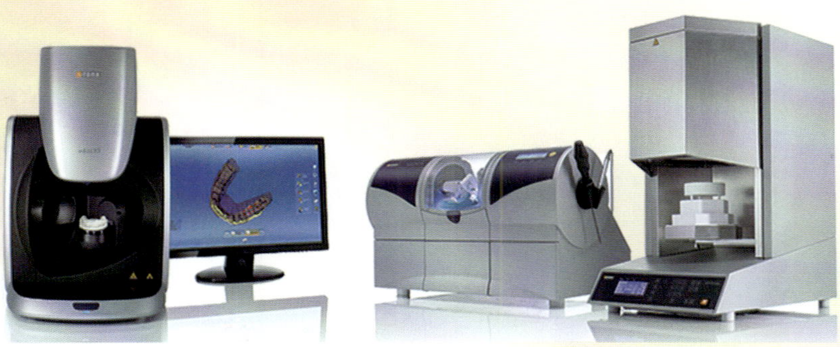

省内首家、独家引进原装德国全瓷牙CAD/CAM（计算机辅助设计与切削系统）系统

夯实创先争优基础 筑牢为民服务品牌

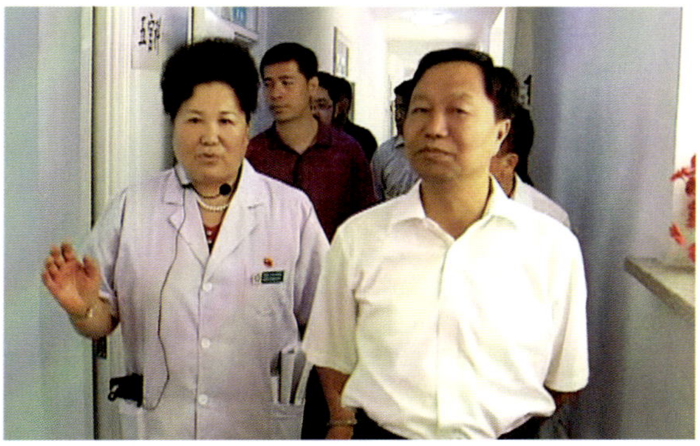

崔杰市长参观体检中心

副市长郑文芝、市卫生局局长齐国华视察社区工作

市纪检委史继光书记、市人大副主任张树明等一行领导视察康复科

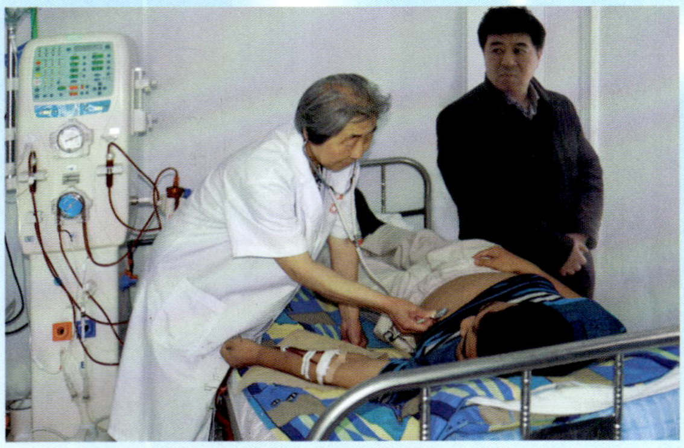

区委书记王铁茗视察透析科工作

吉大二院民康医院在南关区区委、区政府和市、区卫生局党委的领导下，坚持“便民、利民、服务于民”的办院方针，以创先争优活动为载体，开展了“树立先锋形象，做健康卫士”活动，打造服务好、质量好、医德好、患者满意的诚信服务品牌医院。

一、在加快医院发展中创先争优

坚持团结求实、创新发展的理念，开展医院管理年工作，不断向管理要效益、向管理要成果。

（一）注重岗位练兵

强化医疗护理质量，开展技术比武、岗位练兵，使医院形成了比、学、赶、帮、超的氛围，提升了医院的服务水平。

（二）加强内涵建设

提高员工素质作为打造医院品牌团队，加强内涵建设。开展医疗质量管理、优质服务，发征求意见卡，反馈患者意见。承担应急任务，提高医务人员应急救治能力；组织员工关注弱势群体，为灾区、低保户捐款，开展丰富多彩的医院文化活动，寓教于乐，提高了职工的综合素质。

（三）优化医院环境

把打造宾馆式、花园式医院作为努力方向，全面优化医院环境，安装了呼叫系统、监控仪，改善了办公条件，让患者就医如同到家一般亲切。

二、在改进医德医风中创先争优

（一）抓好警示教育，增强自律意识，强化班子建设，中层培训，党员教育，开展党员示范岗活动，开展先进党支部，注重党员示范窗口评比。

每周一次医德医风会，观看医德医风教育片，增强法律意识和自我约束意识，坚持廉洁行医。

（二）拓宽监督渠道，规范从医行为

医院成立药事管理和药物治疗学委员会，建立抗菌药物管理制度、抗菌药物临床应用预警机制和临床抗菌药物使用情况定期检查临床干预、处方点评工作，以多种渠道规范从

区长杨大勇、陈区长视察民生工作

吉大二院民康医院

院长　赵春萍

医行为，先后接受崔杰市长视察、国家预防司检查、市纪委书记调研，得到了上级领导的一致肯定。

三、在便民惠民服务中创先争优

坚持把“便民、惠民、利民”作为优质服务宗旨，心为民所想，力为民所用，争创一流业绩，争创为民服务品牌。

（一）创新服务举措，让群众便捷就医

医院购置了日本东芝16排CT机　，数字化DR放射线机等大型医疗设备；完成手术室器械设备的更新换代，引进了胰岛素泵、输液泵、注射泵、吸入器等；成立了体检中心，开展10项单病种手术减免政策；开展爱心透析活动，低保患者100%免费透析等；为辖区居民开展慢病知识讲座；组织透析患者到净月旅游，用心理疗法献爱心；启动网络会诊平台，吉大二院专家可对医院患者进行网上会诊，也与国内其他知名医院开通了远程会诊业务，组织进修学习培训、考试，大大提高了医院诊治水平，取得省级考试第二名，省级护理考试优秀奖，市级考试第三名。

购置亚泰大街1085号房屋5-6层总面积为1923.77平方米，共计7117.949万元。解决了多年拖欠职工工资问题(1999年—2009年共计3000万元)，每年按比例补发，职工工资由每月180元到现在的100%发放，还有奖金，工资增长233%，固定资产增加466%，职工的各种福利待遇明显增加，医院职工的凝聚力、战斗力明显增强。分别为鸿城、永吉两个社区投资690万和390万，完成鸿城、永吉社区卫生服务中心两个国家项目。

(二)落实基本药物制度，让患者得到实惠

在长春市首家推行基本药物零差价销售，政府给予70%补偿。医院通过院内控药管理，实行层层负责制，严把用药关，药价下浮30-40%，患者得到了实惠，把党和政府的温暖送到患者心坎上，在中央电视台焦点访谈栏目中给予了高度赞扬。

（三）开展志愿者活动，搭建一线服务平台

开展社区卫生服务志愿者活动，为辖区居民服务。建立了健康档案，指导居民健康用药，使百姓成为健康市民。

四、坚持典型带动，弘扬行业正气

以创先争优为平台，抓典型、树典型、学习典型，用典型引路，创行业新风，促进了医院各项工作的全面发展，医院被评为全国“三好一满意”百佳医院；省卫生系统思想政治工作先进单位；吉林省诚信医疗单位；医院被评为巾帼建功立业先进集体；长春市卫生系统精神文明优胜单位；被长春市总工会评为长春职工之家先进单位；院党总支被评为区创先争优先进基层党组织；综合内科被市总工会评为王洪军式高技能人才创新团队：神经内科被评为长春市卫生系统优秀护理团队等。

长春市儿童福利院

省委常委、市委书记高广滨春节前到儿童福利院走访慰问

市长姜治莹看望儿童

长春市民政局局长徐连东看望儿童

长春市儿童福利院作为长春市2007年94项民生工程之一，于2007年8月破土动工，2008年6月1日正式投入使用，2009年2月被吉林省民政厅评为“精品工程”。它占地面积约2.45公顷，建筑面积约7800平方米，可接纳孤残儿童300人。整幢建筑呈“E”字形，由4栋既独立又连接的楼互相连通，分为儿童养护区、医疗区、康复区、教育区、生活保障区和办公区六大部分。主要为本市城区孤、弃、残儿童提供养护、医疗、康复、教育、家庭寄养、国内收养、涉外送养等服务，也为社会上有家庭的残疾儿童提供康复性医疗服务。

在长春市儿童福利院，生命至尊，健康至上，与爱同行、共享蓝天的文化理念，已深深植根于所有员工的头脑，并成为步调一致的行动。秉持“一切为了孩子”的办院宗旨和“儿童利益最大化”的工作原则，全院上下形成了“追求卓越，争创一流”的浓厚氛围。

长春市儿童福利院致力于建立完善的标准化服务体系，全面施行标准化管理，全面提高养护、医疗、教育、康复工作水平，全面关注儿童的情感满足、社会认知、心理卫生等方面的需求，体现人性化的互动作用；

完善硬件设施，强化科学管理，落实以岗位责任制为核心的制度体系，健全儿童养育、康复标准，为孤残儿童提供规范、优质的服务；

在集中供养、国内领养、涉外送养、社会助养、家庭寄养五种养护模式基础上探索新的养育模式；

加强员工队伍建设，培养一支专业化、高素质的人才队伍；

积极争取民政部及中国人口福利基金会、中国社会工作协会的大力支持，加强与美国“半边天”基金会等国内外合作项目的开发和运用，促进抚育、教育体系与国际接轨……

2009年，长春市儿童福利院被民政部确定为“吉林省脑瘫儿童术后康复训练基地”，除开展脑瘫儿童康复、自闭症儿童康复

第一届宝宝爬爬运动会

化妆舞会

排队去上课

等训练业务外，目前还可为社会残疾儿童家长提供社区指导、培训等服务。

2012年，长春市儿童福利院被民政部确定为“吉林省孤残儿童护理员职业技能鉴定培训基地”，负责对全省的孤残儿童护理员进行职业技能鉴定培训工作，为促进吉林省儿童福利机构的专业化和规范化发展创造条件。

建院至今，我院还先后获得吉林省民政系统行风建设示范单位、吉林省优秀青少年维权岗、民政部“涉外送养工作先进福利机构”、全国优秀福利彩票公益金项目、吉林省“优秀青少年维权岗”、长春市“三八”红旗集体、长春市实施妇女儿童发展规划先进集体等多项荣誉。

面对未来，长春市儿童福利院全体干部员工将立足于本院，科学谋划，扎实工作，为孤残儿童提供优质服务，为这些儿童的健康成长作出应有的贡献！

术后脑瘫儿童与外国志愿者在做游戏

第一届脑瘫儿童运动会

长春市儿童福利院全景

榆树市医院

党委书记、院长　李海宽

榆树市医院院长李海宽同志向国家中医药示范单位创建评审专家组汇报中医创建工作

榆树市医院是一所有67年建院史的长春地区首家二级甲等医院，全国质量、信誉、服务3A单位，承担着榆树市130多万人口的医疗、预防、保健任务，是榆树市医疗中心。近年来，榆树市医院坚持以病人为中心，创新医院管理，促进医院管理水平和医疗护理质量不断提高，获得社会普遍认同，群众满意率极大提升。在社会效益和经济效益显著提升，实现了职工满意、患者满意，政府满意。

医院占地面积64000平方米，建筑面积53000平方米，床位962张。医院现有在岗职工1391人，中高级技术人员168人，设39个临床科室，中医科获全国综合医院中医工作示范单位，神经内科被长春市列为特色科室，静脉输液用换气针头获中国爱迪生发明奖，颈前肌群不离断行甲状腺手术治疗甲状腺肿被长春市评为新技术二等奖，同时，乳腺疾病治疗、宫腔镜、腹腔镜、脑神经外科技术等都具有独到的特色。

2012年，门诊人397182次 同比增加35187人，住院人次48246人，同比增加11559人，出院人次46693人，出院率97%。业务收入2.76亿元，同比增加1.03亿元，同比增长58.9%，创历史新高；同比费用降低35%，为历史最低。

“平安医院”创建工作卓有成效。

医院党委高度重视 “平安医院” 创建活动，坚持“安全第一，预防为主，综合治理”的方针，医教科组织常年的医师规范化培训，经常深入临床科室进行病历书写指导，护理部坚持经常性的优质服务讲座，开展护理操作技能比赛和护士长夜查等活动。医院设立了《患者投诉意见箱》，公开了举报电话，建立了《患者投诉举报处理办法》等，极大地方便了患者的投诉，做到有诉必有反馈，在规定时间内给投诉

榆树市医院内科住院部

榆树市医院外景

榆树市医院外景鸟瞰图

者一个满意的答复。每个疗区都布置了漂亮的“爱心墙”，“爱心墙”不仅有温馨的提示语、健康小常识，还贴满了对患者的祝福语、可爱的图画、优美的诗歌等。在2013年市卫生局调查问卷中，患者满意率达到98%以上。

“三好一满意”工作受到长春市卫生局的表彰。

医院认真开展“三好一满意”活动。在开展活动中，能够坚持以病人为中心，创新医院管理，促进医院管理水平和医疗护理质量不断提高，获得社会的普遍认同，群众满意率极大提升。2012年10月29日，长春市卫生局就“三好一满意”活动进行总结，对我院给予了通报表彰。

中医科获全国综合医院中医工作示范单位。

医院用了三个月的时间对中医药诊室进行扩建和改建，使中医药诊室达到了380平方米，增加了5个中医诊室，同时增加了针灸治疗、中药熏蒸等服务项目，还开展了中药饮片、中药免煎颗粒、中成药、针灸、艾灸、药贴、推拿等中医药服务。2012年12月11日，我院中医工作评审通过，成为全国75家综合医院中医工作示范单位之一。

医院先后荣获吉林省百家诚信单位、吉林省卫生系统精神文明建设先进集体、长春市先进基层党组织、榆树市先进党委等多个荣誉称号。

现在的榆树市医院面貌焕然一新，职工工作热情高涨，各项活动中都走在系统的前列。目前，榆树市医院正致力于医院改革，通过改革增加医院的发展后劲，提升县级医院服务能力，缓解农村群众看病难看病贵问题；通过改革，使职工有更大的干劲，医院有更大的发展，有更大的变化，有更大的作为，有更大的社会效益和经济效益。

医院夜景

榆树市医院综合楼

榆树市中医院

榆树市中医院座落于享有天下第一粮仓美誉的吉林省榆树市。是集医疗、教学、科研、急救、康复、预防、保健于一体的非营利性的“二级甲等”中医医院，榆树市120急救中心的依托医院。创办于1979年10月。经过几代中医人的不懈努力,医院取得令人瞩目的成绩。医院被国家中医药管理局确认为感染性疾病防治能力建设项目单位，骨伤科被省中医药管理局命名为重点专科,肝病科、糖尿病科被长春市卫生局命名为重点发展专科。曾先后获得“吉林省消费者满意单位”、“吉林省职工之家”、“长春市五一劳动奖状”等荣誉称号。

张院长办公照

医院占地面积1万平方米，建筑面积1.8万平方米，固定资产5000余万元，医院医疗设备精良，配置了日本日立牌核磁共振，德国西门子全身螺旋CT扫描机、DR等先进的诊疗设备。医院实际开放床位245张，床位使用率93%，开设13个临床科室，10个医技科室，医院现有职工360人，专业技术人员303人，具有中高级以上职称167人。省级名医1人，长春市级名医3人，省级重点专科3个。医院年收入5000余万元。

医院始终奉行“以病人为中心”的服务宗旨，坚持以人为本，为患者提供人性化的医疗服务，全体医院职工有志把榆树市中医院建设成为一座拥有一流的医疗技术、一流的医疗设备、一流的就医环境、一流的管理的现代化中医医院。

检查指导工作

抗洪送药下乡

二甲等级评审

其塔木中心卫生院

九台市其塔木镇位于九台市最东端，距九台市50公里，长春100公里，吉林80公里，位于永吉、舒兰、德惠、榆树、九台等市县的交界处，同周边8个乡镇相比邻，全镇17个行政村，人口5.4万。其塔木中心卫生院1958年建院，经过半个多世纪的发展、建设，现已成为集内、外、妇、儿、急诊、急救、防保等为一体的一所农村较大的综合性卫生院，服务人口30余万，服务半径30余公里，设有内、外、妇、儿、中医、肛肠、皮肤、X线、化验、B超、理疗、防保站、预防接种门诊、公共卫生等20几个科室，占地面积为14063平方米，建筑面积达4000平方米，卫生技术人员41人，（其中副高职称4人、中级职称10、初级职称27人、）设备有上世纪70年代日本岛津500maX光机一台、B超一台、心电图机二台、上级配备的整体化验室，新购置全自动生化分析仪一台，麻醉机一台、中华慈善总会捐赠的百胜彩超一台。医院现在可开展剖腹产、宫外孕、子宫肌瘤、卵巢瘤、阑尾炎、疝气、整骨复位、钢板固定等多种手术。是九台市新型农村合作医疗定点医院。

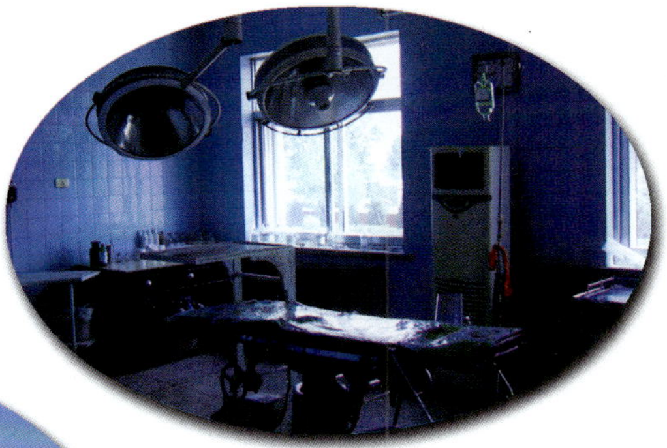

德惠高氏骨伤医院

高院长主持院务会

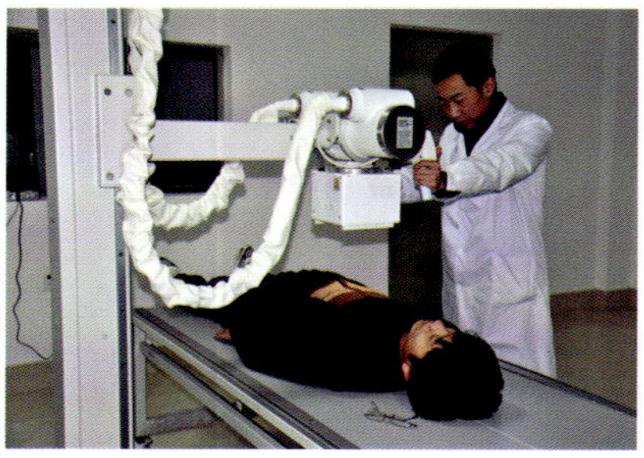

先进的DR诊断机

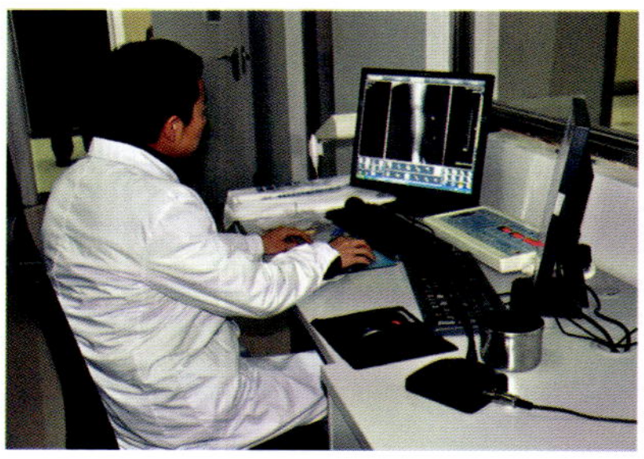

医生通过拍摄的电脑影像科学诊断

医生正在诊断

德惠高氏骨伤医院（原德惠万宝骨伤医院）位于吉林省德惠市米沙子镇西朝阳大街，于2011年11月8日正式喜迁新址。

高氏骨伤医院在高明礼院长的带领下，一直秉承和弘扬前辈博学求精、厚德至善的医学精神，践行视患如亲、仁爱天下的济世宗旨，行仁医之术，造福桑梓。高氏骨伤历经几代、百余年的传承和发扬，已形成自己独具特色治疗手段，十余种成熟的良药秘方，效果突出的骨伤疗法，春城内外远近驰名。多年来，各地患者慕名而来，满意而归。高氏骨伤医院先后荣获“吉林省人民口碑金奖单位”、“吉林省最得民心奖”，高明礼院长个人荣获“骨科名医”、“中医世家”等殊荣。为把高氏骨伤医院做强做大，给广大患者提供更加舒适、便捷的医疗环境，高氏家族高瞻远瞩，斥巨资兴建了现代化高氏骨伤医院。

新落成的高氏骨伤医院占地10600m^2，总建筑面积7150m^2，由主楼、综合楼和医技楼三部分组成，总投资约3000余万元。新院完全按照现代化专科医院进行设计和管理，配套设备设施先进完善。

——医院整体环境温馨优雅，功能布局完善合理，极具人性化，宽敞明亮的各类诊室、候诊大厅以及配有呼叫系统、电视系统的各类病房，令广大就诊患者倍感便利和舒适。

——医院招贤业内知名专家、资深教授等优秀医疗精英，检查、诊断、临床等技术精湛、经验丰富，在弘扬和传承传统医学的同时，将完美融合现代医疗特色。

——医院配套设备、设施先进完善，内设自动化网络办公管理系统、自动化消防喷淋系统、全方位自动化监控系统、自动化呼叫系统、自动化发电系统等，为就诊患者提供了便捷、全方位的安全保障。

——医院斥资重金引进国内外先进的螺旋CT扫描机、DR诊断机、可移动C型臂、彩超机、化验机等高精尖设备，为广大患者精确诊断、及时治疗提供了强有的技术保障。

——医院管理机构简洁明晰，通过引进科学、规范、便利的自动化办公系统，实施挂号、取药、检查、诊断、治疗、康复等一条龙，让广大患者充分感受人性化的优质服务。

——医院本着高起点、高标准、高技术、高品质的办院标准，以患者至上，济康于众的办院宗旨，以传承岐黄瑰宝，吸纳西医精华，发展高氏骨伤，解除患者病痛为办院目标，争创同行认可，政府放心，群众满意的特色专科品牌医院。

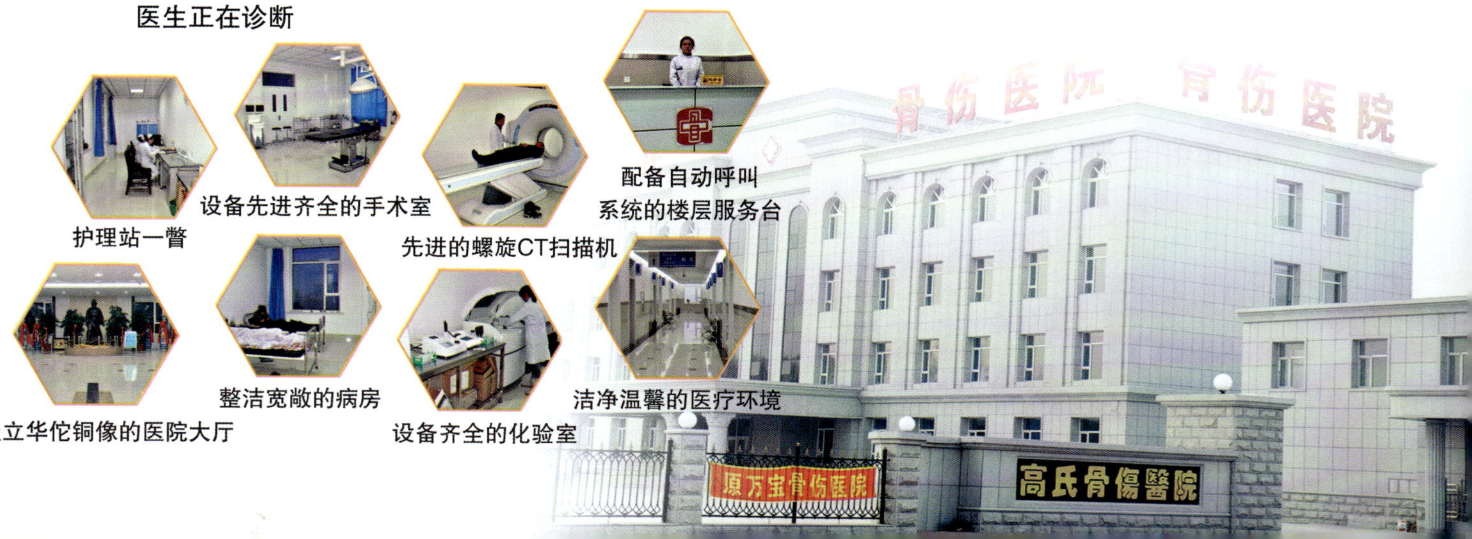

护理站一瞥

设备先进齐全的手术室

先进的螺旋CT扫描机

配备自动呼叫系统的楼层服务台

竖立华佗铜像的医院大厅

整洁宽敞的病房

设备齐全的化验室

洁净温馨的医疗环境

农安县中医院

农安县中医院始建于1980年12月，是一所以中医为主、中西医结合的二级甲等中医医院。先后被评为长春市文明窗口单位，吉林省卫生系统精神文明先进集体，全国农村中医药工作先进单位。

医院现有占地面积5,414m²，建筑面积11,000m²。医院编制床位250张，设有5个住院病区，12个临床科室。省级重点专科1个（脑病科），县级重点专科3个（心病科、针灸理疗康复科、肛肠科），6个医技科室。医院现有职工321人，其中卫生专业技术人员260人，高级职称18人，中级职称86人，初级职称156人。

医院拥有多排螺旋CT机，数字化彩色多普勒超声仪，X线数字摄影机（DR），全自动生化分析仪，全自动血凝分析仪，全自动血液分析仪，血流变分析仪，尿沉渣分析仪，细菌鉴定药敏分析仪,电子胃镜、结肠镜，裂隙显微镜等,能为临床提供准确和可靠的诊断依据。此外，医院还拥有高速涡轮钻牙机，光敏固化机，超声洁牙机，中药煎药机，肛肠综合治疗仪，成套康复理疗设备，新生儿洗浴中心等，可治疗相应的疾病和满足临床的需要。医院还装备了层流净化手术室，可以开展各种外科、妇产科等大中型手术。

国家卫生和计划生育委员会副主任、国家中医药管理局局长王国强来我院调研

吉林省二级中医医院等级评审专家组来我院评审

医院常年与吉大一院、二院、三院、长春中医学院附属医院(省中医院)、市妇产医院专家进行技术协作，对疑难病例及时请上级医院专家教授进行会诊及手术，使基层百姓用低廉的费用享受到三甲医院专家级的技术和服务。

医院于2011年底被吉林省政府确定为公立医院改革试点单位之一，一年多年，我院积极开展“创新吉林模式，整合五项机制”的医疗卫生体制改革，具体做法一是全部药品实行零差率销售，二是实行新农合、医保资金付费改革机制，三是实行分级诊疗机制，四是强化政府投入机制，五是实行绩效考核分配机制。同时还积极探索开展各种便民服务，住院患者实行“先诊疗，后结算”的管理办法，群众十分满意，改革取得了阶段性成果。

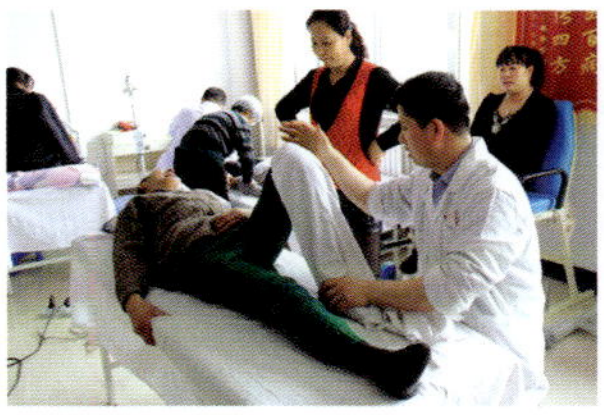

脑病患者正在进行康复治疗

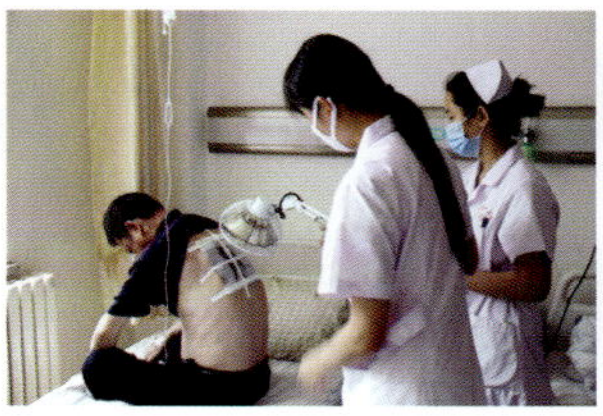

我院积极应用中医适宜技术，图为医生为患者做中药塌渍

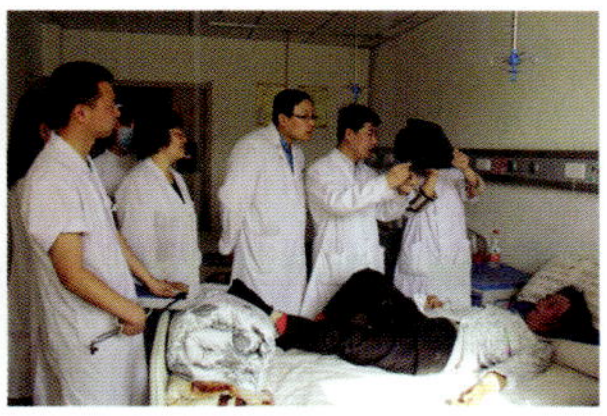

脑病专科主任在查房

宽城区医院

友好协作

针灸理疗科

宽城区医院始建于1957年，是一所集医疗、预防、康复、教学指导为一体的综合性二级乙等医院。医院现有职工370人、卫生技术人员316人，为了满足城乡居民多层次、多样化的医疗卫生服务需求，医院积极争取区委、区政府和上级卫生部门的支持，搬进了新建的卫生大厦，购进大量的新设备,基础设施建设实现历史性突破。

友好协作整合资源。为提升医院为民服务能力，2011年11月，宽城区医院与吉大二院结为友好协作关系，吉大二院定期派出相关专家赴进行疑难病会诊、技术指导、教学查房、讲座等，双向转诊服务系统的建立，使宽城人在二级医院即可享有三甲医院的医疗服务。为进一步提升医疗质量，促进人才梯队建设，宽城区医院与长春市中医药大学合作，成为中医药大学的教学医院，促进医院诊疗技术水平提升。

关注农村居民健康。医院针对新农合患者实行“一站式”报销，简化了报销程序，让农民就诊更方便，举办“进农户乡村行”、妇女健康普查等活动，将医院优秀的医疗团队带到群众中去，为农民朋友们义诊、咨询，切实了解村民们的医疗需求，促进辖区农村居民健康水平的提升。

解决百姓“看病贵”问题。医院积极推进基本药物制度基层全覆盖，实施单病种“双向定额”管理， 针对低保户、特困职工、残疾人等贫困人群，实行“七免.十九减”优惠政策，降低患者就诊、住院费用，切实减轻了群众看病的经济负担，真正让老百姓看得起病。

深化优质服务。医院为住院患者提供陪检护士全程陪检服务，减轻家属负担，和谐了医患关系；口腔、理疗、推拿、妇科门诊、慢病门诊实行延时服务，让群众可以避开就诊高峰，

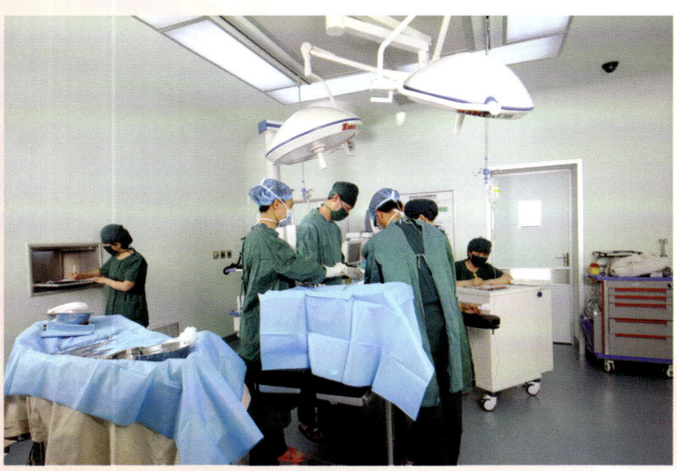
手术室

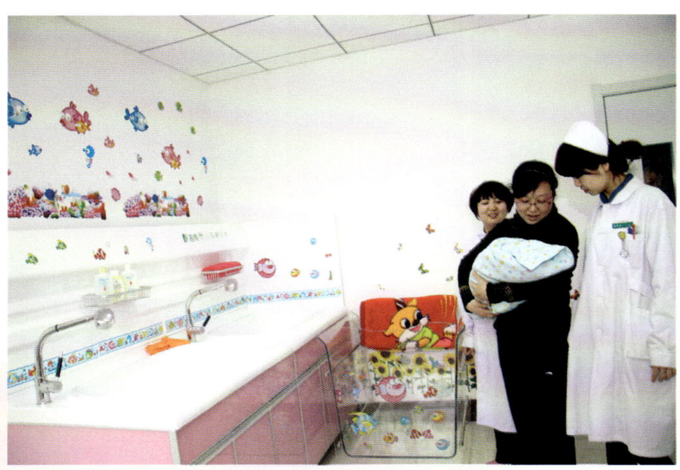
婴儿沐浴室

惠民生 求发展 创人民满意医院

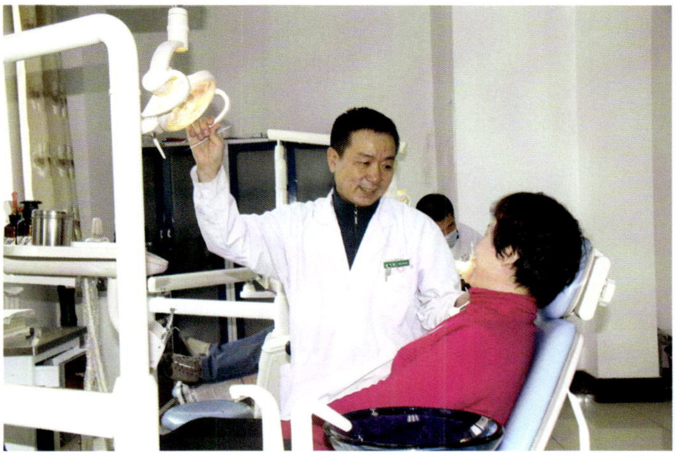
口腔科

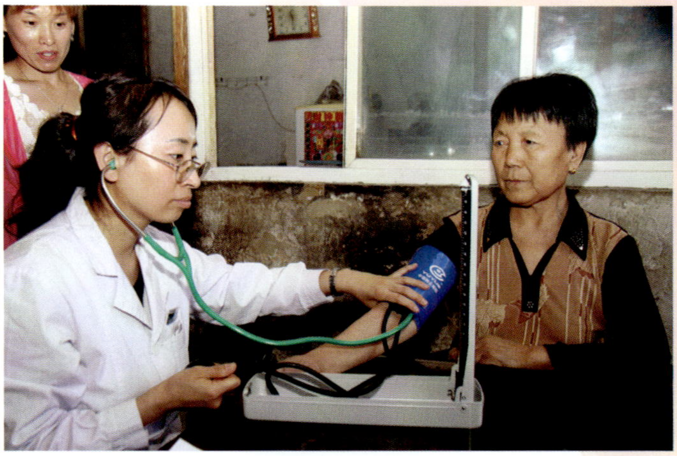
进农户乡村行

合理安排就诊时间，给上班族带来了便利；门诊中药房为患者提供免费代煎中草药服务，深受群众欢迎；对出院患者实行跟踪随访，让服务延伸到家庭。

特色诊疗拓展服务。医院成立糖尿病病友之“家”、哮喘病病友之“家”，定期举办病友活动日和专家讲座。设立体检科，为群众健康体检，实现对疾病早预防、早发现、早治疗。门诊开展特色诊疗服务，其中骨质增生科采用太极神综合疗法治疗慢性风湿骨病，标本兼治、远期疗效确切，深受广大骨病患者信赖；针灸理疗科为患者播放轻音乐，让患者在轻松地音乐中诊治，理疗科主要以传统针灸、中医中药及各种物理疗法为治疗手段，对糖尿病足、重度失眠症、抑郁症的治疗，临床效果良好，受到广大患者的认可与好评。疼痛科主治颈腰间盘突出症、颈肩腰腿痛等疼痛性疾病。主要处置方法为射频微创治疗、局部注射治疗，创伤小，效果良好；中医推拿按摩门诊主要运用“卧位四项推拿十二手法”，以达到手法补泻，调整阴阳、活血化瘀、缓急止痛、舒筋通络、推拿正骨的作用，满足风湿骨痛患者及亚健康人群的治疗和保健需求。

“让利于民、惠民便民”。宽城区医院立足于民生，真正让人民群众得到方便和实惠，赢得了人民群众的满意，带动了医院各项事业的全面发展，树立医疗卫生行业新形象。

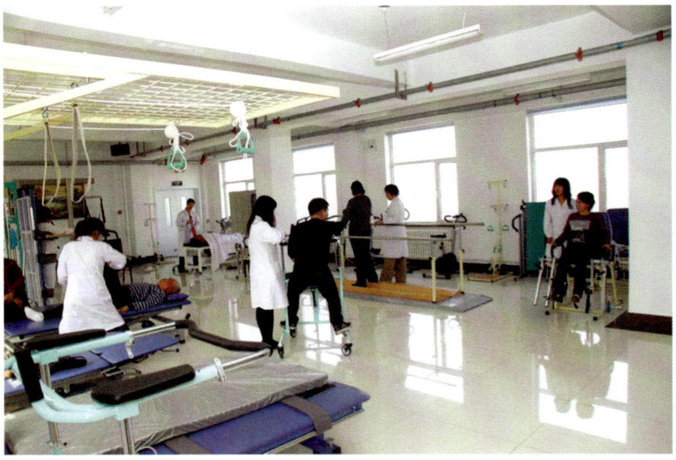
康复大厅

护士陪检

绿园区人民医院

书记、院长　高景凤

绿园区人民医院（普阳社区卫生服务中心）位于皓月大路和普阳街交汇处（皓月大路885号），一个机构两块牌子。占地面积6062平方米，建筑面积14000平方米综合大楼。整个医院及中心划分A、B两个区域，A区是基本医疗服务功能区，B区是公共卫生服务功能区。为国家爱婴医院、省级精神文明单位、长春市职工职业道德十佳单位、长春市巾帼建功先进单位、省市医保定点单位，绿园区低保和新型农村合作医疗定点单位，是集医疗、护理、科研、传染病防治、社区卫生服务等职能为一体的综合性医院。下设青蒲和双丰社区卫生服务站。

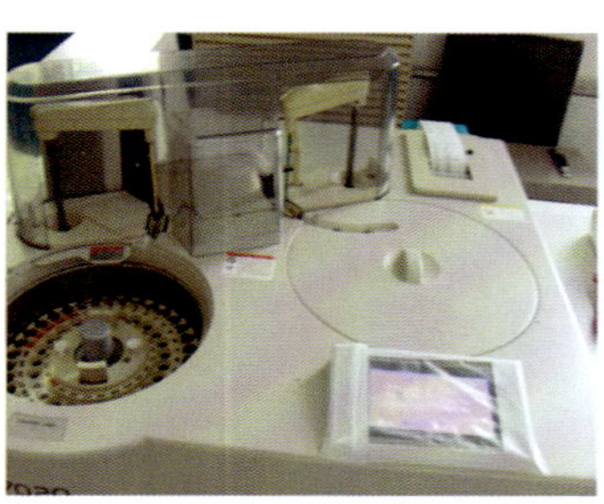

生化分析仪

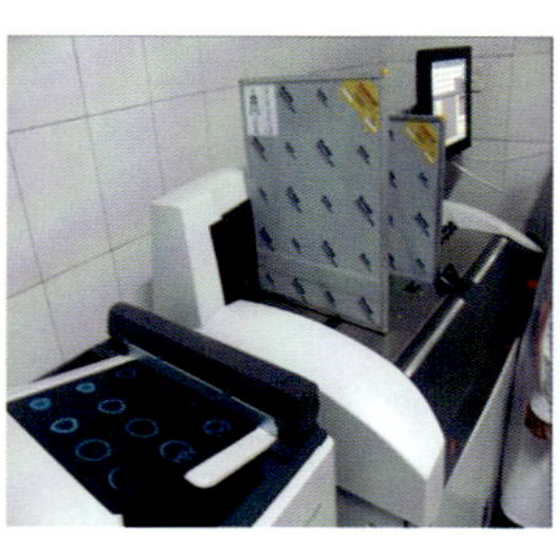

CR

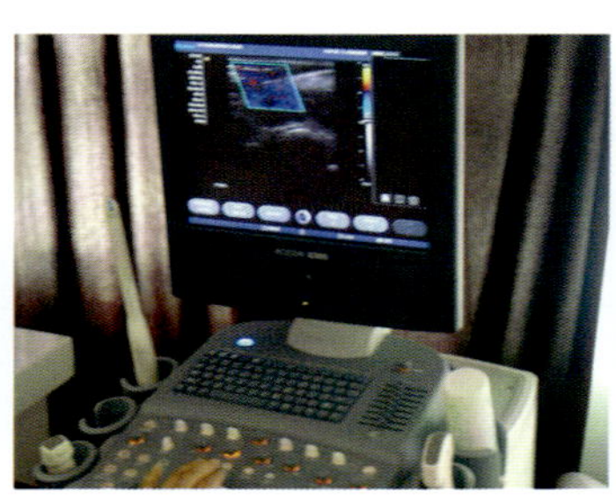

思维彩色超生

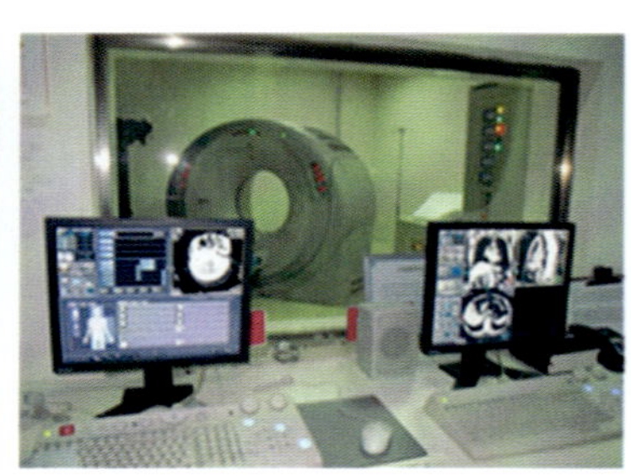

CT

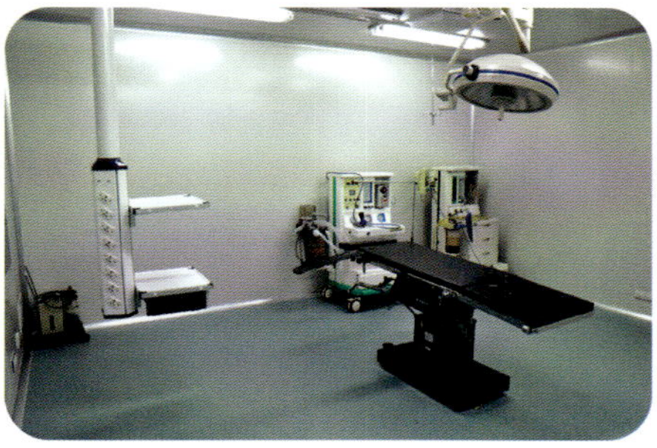

全封闭、高标准的层流手术室

宽敞明亮的疗区环境

健康指标检测与饮食指导于一体的健康小屋

医院开放床位150张，现有在职职工243人，聘任人员71人。医院科室设备齐全，技术力量雄厚，设有内科、外科、妇产科、儿科、急诊科、眼科、口腔、中医理疗科、腰间盘等临床科室，另设放射线、CT、心电、彩色超声、检验及胃肠镜科等医技科室，拥有16排螺旋CT扫描仪、CR、彩色超声、全自动血球分析仪、心电监护仪、胃肠镜、新型肛肠治疗仪等大型医疗设备。为辖区16.3万社区居民提供优质的基本医疗和公共卫生服务。

医院坚持“以病人为中心、以质量为核心”的服务宗旨、“科技兴院，人才强院，依法治院”的战略，树立了“品牌”意识、“民生”意识，以发展为主题，突出民生，突出服务，突出质量，突出特色，着力抓住“六大重点”，精心设计了“八大服务工程”。医院将一如既往发扬“呵护生命从规范做起、提升内涵从基础做起、关爱病人从服务做起、奉献社会从诚信做起”的服务理念，继续追求“技术上精益求精、服务上至善至美、信用上真诚可靠”的公众形象，真正成为人民满意和人民信得过的医院。

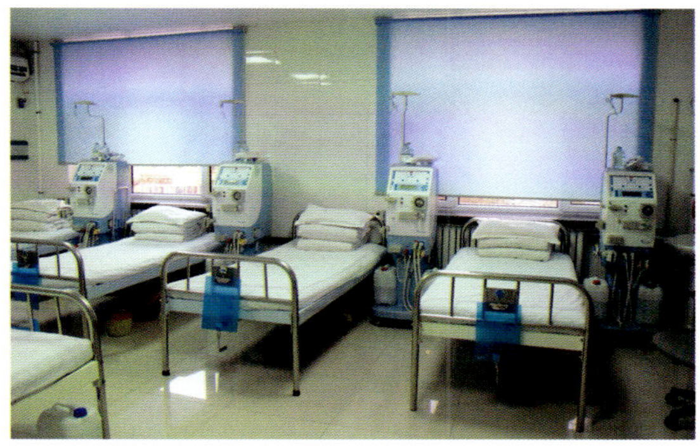

为辖区低保尿毒症患者免费透析的爱心透析中心

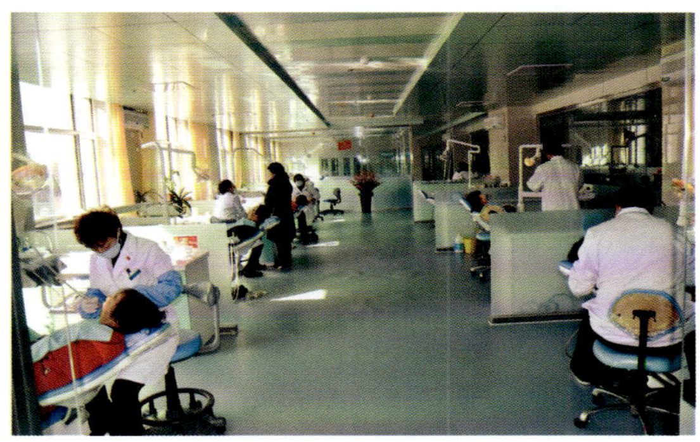

医院特色科室——口腔科

医院大楼外观

双阳区太平镇中心卫生院

领导班子

卫生院领导班子

双阳区太平镇中心卫生院位于长春市双阳区南部，距城区22公里，太平镇街道，辖区11个行政村，11个村级卫生所，乡村医生42人，服务人口2.5万人，是一所集医疗、预防、保健、健康教育于一体的综合性非营利性医院，也是我区唯一一家一级甲等医院。卫生院现有职工33人，病床20张，业务用房1200平方米，服务半径17公里。

设有内科、外科、妇科、儿科、中医科、口腔科、理疗科、防保科等科室，辅助科室有检验室、电诊室、放射线科、妇科治疗室等。为了更好的服务于广大群众，卫生院现有救护车一台，200mAX光机1台，推车式B超2台，心电机2台。检验设备有生化分析仪、血球检测仪、血离子检测仪、尿检测分析仪等设备，妇科有电子阴道镜检测仪及光纳米治疗仪等设备，为全镇父老乡亲提供基本医疗服务和公共卫生服务，以预防为主，防治结合作为卫生院的基本定位，具有公益性，非营利性为目的，能够为患者提供最方便、最快捷、最优美的就医条件及医疗技术水平。

卫生院全体职工

护理站

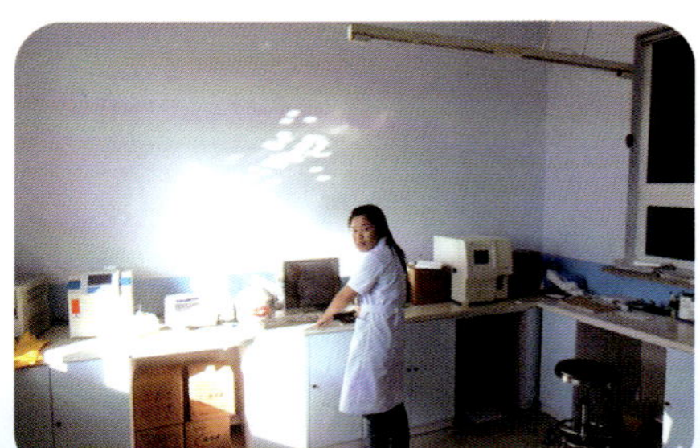
化验室

吉林万通药业有限公司

吉林万通药业有限公司位于长春国家高新技术产业开发区，系国家高新技术企业。于2006年12月29日经吉林省工商局批准设立的中外合资企业。公司主要从事生产、研制、开发药品等经营活动，注册资金5000万元，总资产1亿元。

厂区占地面积30185平方米，建筑面积21587平方米，绿地面积8000余平方米，厂区环境整洁，布局合理，完全按照GMP要求进行建设。公司现有员工126人，其中大专以上学历的32人，有高级职称的2人，中级职称的22人。公司现有8种剂型，50个品种，52个批准文号。

严格按照GMP管理，强化员工的质量意识，从而保证了产品的质量。公司十分注重产品开发。其中“丹葶肺心颗粒”、“颈痛灵药酒”为国内独家产品。“颈痛灵药酒”被列为国家二级中药保护品种，在1994年最受吉林人民欢迎的医药保健品评议推荐活动中获金奖，2001年度被评为吉林省医药工业骨干产品、长春市用户满意产品，2002年、2005年、2008年被授予吉林省名牌产品称号，2007年6月获国家知识产权局发明专利证书；“丹葶肺心颗粒”荣获长春市科技进步一等奖；“碳酸钙片”荣获98中华医药保健品国际博览会推荐品牌、2000年长春市科学技术进步一等奖,被评为1999年长春市新产品成果奖、吉林省科学技术进步奖，“氯霉素阴道软胶囊”荣获长春市新产品成果奖。“氨酚伪麻胶囊”荣获1998年长春市科学进步二等奖；1998年9月“颈痛灵药酒、氨酚伪麻胶囊、氯霉素阴道软胶囊”获春城百万消费者信得过产品荣誉称号，公司产品所使用的万通商标为中国驰名商标。

公司产品销售网络健全,遍及全国31个省、325个地级市和2800多个县（市）。销售渠道畅通,可迅速将产品推向全国。

在未来的发展中，吉林万通药业将弘扬“科技兴厂，药业报国”的企业宗旨，发扬“开拓创新，超越自我，少说多做，干就一流”企业精神，进一步把企业做大、做强、做优，为人类的健康事业做出不懈的努力！

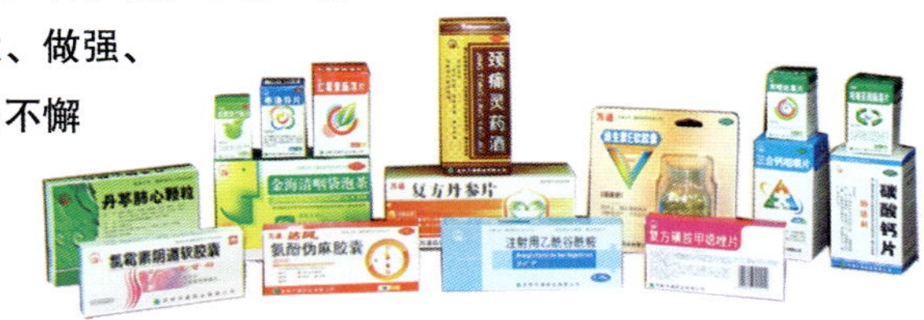

吉视传媒股份有限公司

王胜杰总经理在吉视传媒长春分公司成立挂牌仪式上致辞。

2012年2月23日，省委常委、宣传部长荀凤栖和公司总经理王胜杰在上交所为公司鸣锣开市。

吉视传媒客户体验中心。

吉视传媒股份有限公司（以下简称“吉视传媒”或“公司”）注册资本14亿元，总资产55亿元，净资产40亿元。公司总部设在吉林省长春市，在北京及吉林省设立4个控股子公司，50个分公司，员工共计5700多人。公司建成了覆盖全省的智能光网络，总长度为59082.86公里，其中国家光缆干线网络400公里，省级光缆干线网7400公里，分配网光缆长度51282.86公里，全省电缆分配网总长度为144544.66公里，向全省460万有线电视用户提供广播电视基本业务、数字电视增值业务、宽带双向交互业务和集团用户专网业务等服务，形成了专业化、个性化、多样化的业务体系。

按照现代企业管理的规律并结合吉林省实际情况，公司不断创新企业经营管理模式和运行机制，构建了二元组织结构、扁平化管理、全面预算的经营管理模式和以收支两条线、核定刚性支出、项目审批审核为核心的运行机制，实现了收入可控、成本可控、利润可控、投资可控、风险可控的管理目标。依托现代化企业管理手段，实现了财务管理电算化、用户管理网络化、物资管理信息化和行政办公自动化，公司在业内独创了5S管理体系，所有业务都实现了流程管理和绩效评价，企业管理走上规范化、科学化、制度化轨道，通过了ISO9001质量管理体系认证和高新技术企业认定。2012年2月，公司股票在上海证券交易所首发上市（股票代码601929），融资19.6亿元，成为近十年来我省第一家在上海主板上市的企业，全省第一家上市的文化类企业，2003年全国文化体制改革以来第一家整体

2011年8月28日，中共中央政治局常委李长春同志，在吉林省委、省政府等领导陪同下视察公司，王胜杰总经理代表公司汇报公司发展情况。

上市的网络集团公司，全省上市融资最多的企业。实现了我省文化产业发展的重大突破，为全省广电乃至整个文化产业的整合发展搭建了平台，发挥了重要的示范和先导作用。

经过几年的快速发展，公司的资产规模逐渐扩大，盈利能力逐步增强，在国内和业内的影响力和知名度显著提升。2009年和2011年，公司两次作为广电网络行业的代表在全国文化体制改革会议上进行经验交流，先后被授予“全国五一劳动奖状”、“全国文化体制改革先进企业”、“吉林省优秀文化企业”、“2010年吉林省防汛抗洪抢险救灾先进集体”和“消费者满意服务单位”等荣誉称号。2011年8月，李长春同志亲自到公司视察调研，充分肯定了公司在广电网络行业的领先地位和对行业发展的引领带动作用，勉励公司积极探索新的增值业务和盈利模式，不断提升企业综合实力和竞争力。2012年，公司全年实现收入17.63亿元，净利润3.83亿元。自2007年以来，公司经营规模不断扩大，盈利能力逐年提高，收入和利润连续六年实现高速增长。

面对文化大发展大繁荣的新要求和人民群众对精神文化产品的新期待，面对三网融合的政策调整和新媒体激烈竞争，吉视传媒股份有限公司将以建设“数字吉林”为己任，全力巩固开拓基本业务领域，全力开发高清交互电视业务市场，走出一条主业突出、多业并举的多元化经营之路，为满足广大用户多方面、多层次、多样性的精神文化和经济生活需求，推进三网融合，促进吉林省家庭和社会信息化发挥积极作用。

高歌猛进的修正药业

修正药业集团长春高新制药有限公司是修正药业集团下属的全资子公司。注册成立于2002年6月。2003年通过了片剂、硬胶囊、软胶囊、小容量注射剂的药品GMP认证。2004年，集团内剂型布局调整，为公司转入了颗粒剂、滴眼剂并通过了GMP认证。进入2006年，随着市场对产品的需求明显增加，公司领导及时调整经营理念，以高产低耗、保证质量、提高劳动生产率为目标，强化企业管理，使生产形成了一定规模，公司也从此步入了高速增长期。在其后的三年里，产品产量迅速增长，达到了2006年的三倍。

2007年，集团公司为进一步满足市场对产品的需求，在长春高新技术产业开发区南区建设修正生物药业园作为修正药业集团长春高新制药有限公司的生产区。2009年11月一期工程完成，通过了片剂、硬胶囊剂、颗粒剂、软胶囊剂和中药前处理提取车间的药品GMP认证并投产；2010年5月，滴眼剂车间改造完成并通过药品GMP认证。2010年，公司实现了新厂区产品产量为2007年原厂区5倍的预定目标，达到了53.5万件，产量、销量都比上年度翻了一番。

公司现有7个剂型56个品种，从2007年到2012年的6年里，修正药业集团长春高新制药有限公司的产品生产增长了5倍多，产品产量在修正药业集团内的比例从9.5%上升到了17%，工业产值从2亿多元上升到9亿多元，成为修正药业集团一个重要的产品生产公司。

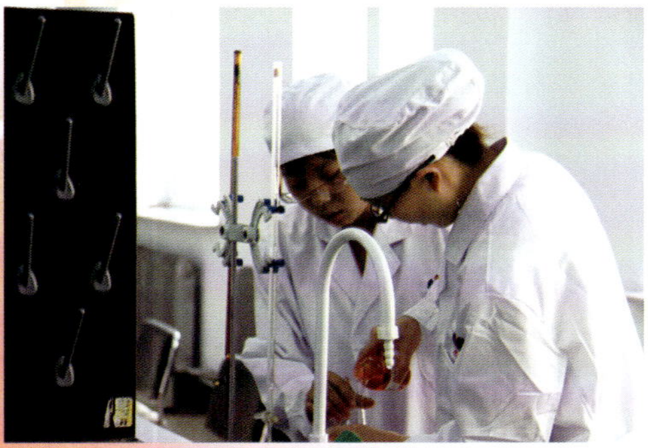

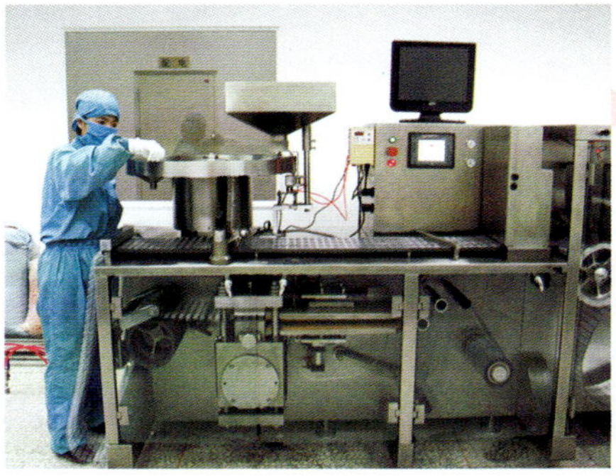

集团及长春高新制药

在生产不断发展，企业不断壮大的形势下，公司继续加强员工的岗前培训和在岗培训，员工岗位技能有了较大程度的提高；继续加大企业文化建设的力度；同时改善员工的生活条件；丰富员工的业余文体生活；员工整体素质逐年提升，关心企业发展的主人翁精神不断增强，成为企业全面、长远、可持续发展的巨大助力。由于公司的快速发展，连续两年被长春高新技术开发区评为“高增长‘十佳’企业”。

经过近几年的不懈努力，修正药业集团长春高新制药有限公司在修正药业集团内乃至本地区的影响力和知名度都有明显提升，越来越受到当地政府的关注和重视，国内外、省内外领导和有关人士不断莅临视察、考察、参观。

展望未来，修正药业集团长春高新制药有限公司将满怀信心地高举“修元正本，造福苍生”的旗帜，以修正文化和修正哲学为指导，不断提升安全、环保、清洁、文明生产的水平，大力推进修正药业集团长春高新制药有限公司的工业水平的全面、健康、快速发展。

长春长生生物科技

高总工作照

公司概况

长春长生生物科技股份有限公司创立于1992年8月18日，是科技部认定的高新技术企业。公司主要担负生物高技术产品的研制、生产、销售工作，主营生物制品并提供生物技术咨询服务。疫苗作为一种预防性生物制品使人类免受了疾病的痛苦，为保护人类的健康做出巨大贡献的同时又促进了社会、经济的发展，让人们逐步意识到了健康与社会发展之间的良性循环。

公司成立以来至2012年底总资产达111219万元，累计实现产值450755万元，上缴税金6个多亿元，员工人数达到920人，产品由一个品种发展到十余个品种和系列。目前公司的主导产品为冻干甲型肝炎减毒活疫苗、人用狂犬病疫苗（Vero细胞）、流行性感冒裂解疫苗、冻干水痘减毒活疫苗、吸附无细胞百白破联合疫苗、AC群脑膜炎球菌多糖疫苗等，均为公司独立自主研发的成果。

发展历程：

艰苦创业，励志图强（1992年）

1992年8月18日，长生生物科技股份有限公司（长生实业）在高新开发区注册成立。面临创业之初经验缺乏、资金紧张、人才短缺的困境，一切从零开始，从无到有，面对瞬息万变的市场竞争，满怀着对生物制药的希望和期待，明确了企业的发展方向，走上了创业的征程。

历史转折，走向成熟（1992–2002）

10年的发展，长生公司的产品由单一品种发展到十余个品种和系列。并建立了现代化的生产车间、研发和质量管理中心，形成了研发、生产、质检和市场营销为一体的管理体系，所有制品于2000年全部通过国家GMP认证。并于1997年正式注册启用“万信”商标，长生公司拥有了自己的品牌。连续被长春市高新开发区评为“优秀高新技术企业”，被长春市政府评为“企业管理十佳单位”，被省政府评为“省级三好企业”等多种荣誉称号。长生公司的发展得到了各级领导的高度重视，党和国家领导人胡锦涛、江泽民、张德江、谷牧、邹家华、万国权及省市

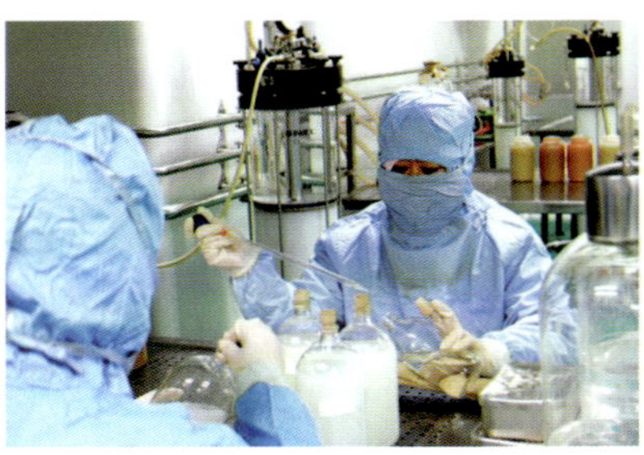

股 份 有 限 公 司

开发区领导先后亲临公司视察，对公司取得的成绩和发展方向给予了充分的肯定。

科技兴业，战略营销（2003-2007）

2003年4月，公司本着“以人为本，科技创新”的企业理念，成立了长春长生生物生命科学研究所。在加强自主开发的同时，不断扩大与国内外权威机构、科研院所的合作，开发新的产品和项目。随着产品的不断创新，公司树立了自己的品牌，并以优良的品质和完善的售后服务，建立了遍布全国的销售网络，并把目光投向国际市场，2003年起，先后与东南亚、中东、非洲及欧洲等地区建立了贸易合作关系，在十几个国家注册成功，现有四个品种实现出口。

多元发展，谱写辉煌（2008-2012）

2008年，新的生物医药产业基地落成全面投入使用（占地面积7万平方米，总投资7亿元，大大提高了公司的知名度和市场竞争力。2009年，甲型流感疫情爆发，我公司作为国家科技部战略联盟的重要成员，在公司各个部门的共同努力下，甲流疫苗研制成功，并生产出符合国家标准的高质量的甲流疫苗，完成国家下达的收储任务，为人类健康做出了巨大的贡献。

结束语

二十年，在各级领导的亲切关怀下和社会各界的支持下，在合作伙伴的密切配合支持下，高俊芳总经理提出“以信息为载体，以市场为导向，以创新为灵魂，以质量求生存”的整体发展战略，增强长生的凝聚力、形象力、文化力和发展力，使社会公众更好的认知长生，支持长生，首肯长生人，使长生在社会公众中树立一个实力雄厚，诚实守信的现代化医药企业集团形象。

行政办公楼

1995年6月25日，时任国家主席江泽民到公司视察

1996年中共中央总书记、国家主席胡锦涛到公司视察

1998年6月1日，时任省委书记张德江来公司视察

2008年省长韩长赋到公司视察

2008年市委书记高广滨到公司视察

国药一心制药有限公司

省、市及集团领导多次亲临指导工作

国药一心制药有限公司始建于1997年11月，为肿瘤患者和肝病患者用品开发，集研发、生产、营销为一体的专业化、高成长性制药企业。2008年被评为国家级高新技术企业，是吉林省内规模最大、设施最全、现代化生产水平最高的医药生产企业之一。2012年荣誉获得中国化学制药信用等级AA级，是国药集团的抗肿瘤、抗病毒制造工业平台。

公司理念：“关爱生命、呵护健康”；承载使命：战胜癌症是永恒不变的使命；发展战略目标：做国际知名、国内领先的集研发、生产、销售于一体的专业化抗肿瘤和生物大分子药物平台。

公司生产基地位于长春市双阳经济开发区一心路1号，占地面积12万平方米，建筑面积4万平米。

拥有国内领先生产线：冻干粉针（含抗肿瘤）生产线，冻干粉针（含激素类药及小容量注射剂）生产线，原料药车间。生产能力--普药冻干产品年产3000万支；普药水针产品年产可达1500万支。

GMP项目改造：2012年完成新注射剂车间及固体制剂车间（抗肿瘤药固体车间、普药固体车间）的建设，新建注射剂车间按新版GMP标准要求于2013年初已通过国家局新版GMP认证，并投入使用。公司实现了全剂型覆盖，具有抗肿瘤药、肝病（抗病毒）药物的规模生产优势，满足未来产品制造需求。同时积极履行社会责任，保障国家医药卫生安全。

公司坚持专业化新药开发方向，以跨越式发展为主题，坚持国际合作和国内联合并重的思路，建设抗肿瘤专业化平台。不断挖掘创新药开发潜能，立足国内和医工总院合作为主，加速国际合作；立足小分子靶向药物和高端制剂开发为主，加快生物大分子尤其单抗肿瘤药物的引进开发，已形成国际知识产权的创新产品和高端制剂产品及3.1类产品很好的研发产品系列。公司截止2012年底获得新药证书12个，获得发明专利16项，实用新型专利2项，承担数项省级或国家级的科研基金课题。

公司主打产品注射用甘露聚糖肽（力尔凡）冻干粉针剂，是国内甘露聚糖肽品牌的缔造者；醋酸奥曲肽注射液（力尔宁）为公司专利产品，已经成为全国销量第一的国产奥曲肽品种。公司通过学术创新特色营销模式，打造具有国内规模优势的营销格局，强化学术引导，精细向精益营销升级转型。

公司通过精细化运营管理，强化应用绩效管理、全面预算管理、对标管理等先进的管理工具，滚动进行管理提升，整体管理水平显著提升。

十多年来，国药一心本着长期稳定、互利双赢、彼此为伴、资源优化的理念，在风起云涌的医药新时期，全力将社会责任和人类健康使命一肩挑起，先后启动了一系列国际化高端认证工作，为未来国际化战略合作奠定了夯实的基础，成为肿瘤药品领域的明星企业。同时，国药一心积极配合国控开展国际协同加工，进行共同注册，临床参与，代理进口注册等一系列外练活动，勤修内功、厚积薄发，为未来的全面国际化积累宝贵的国际经验。

整洁的仓储环境

整洁卫生的食堂

先进的仪器设备

公司力争“十二五“期间成为中国抗肿瘤领域的重要的研发和生产基地，成为中药现代化的研发和产业基地，成为国际抗肿瘤先进技术和产品的转化基地，营业收入达到10亿。打造出具备国际订单制造能力，拥有国际GMP等资质，整体成为国际化的医药生产、研发、营销一体化的企业。

以人为本的企业文化

规范的现场管理

宽敞明亮的办公环境

企业荣誉

生产基地

吉林省龙家堡矿业有限责任公司

吉林省龙家堡矿业有限责任公司，隶属于辽源矿业集团公司。矿区位于长春市东北，地处九台市境内龙家堡镇。距离长春市18公里，距离九台36公里，西南3.6公里为长吉高速公路，东南1公里紧邻龙嘉国际机场、长吉城际高铁，北面7公里有长吉北线一级公路和长吉铁路，交通地理位置便利。

龙家堡矿区为羊草沟煤田深部，煤层埋藏深度510米至1450米。煤层走向长平均3000米，倾斜长6500米，面积16.17平方公里。龙家堡矿区含四个煤层，煤层总厚度0.80~25.35米之间,平均厚7.50米,煤组夹有1~8层夹矸,岩性为黑色的砂岩、粉砂岩。龙家堡矿区已探明地质储量1.8亿吨，可采储量1.2亿吨。煤种为低硫、低磷、富灰、高挥发份、中等发热量、可选性好的长焰煤，在国内被称为“绿色环保煤炭”。

矿井建井时间为2006年3月1日，2009年7月11日正式投产。煤矿设计由省煤炭设计院承担，核定生产能力300万吨/年。开拓方式为立井单水平开拓，布置一对井筒，主井为主提升井，井筒内布置一对22t箕斗和梯子间、兼作回风井，井筒直径7.5m，长度846.6米。副井为辅助提升之用，兼作进风井。布置一对1.5t矿车多绳双层四车一宽一窄罐笼和梯子间,井筒直径7.5m。长度871.4米。采煤方法是单一长壁综采机械化放顶煤

主运输采用胶带输送机运输煤炭。辅助运输采用12吨柴油机车牵引900mm轨距的1.5吨矿车运输。矿井地面变电所，由双电网双电源向其供电，一条为九矿线，为主电源，另一条为东九乙线，为备用电源。矿井变电所设置66KV/10KV变配点装置，户外装有二台SZ25000/66KVA主变压器。地面变电所直接向主井

提升机、副井提升机、主通风机、压风机、选煤厂、锅炉房供双回路10KV电源，向井下中央变电所供两回路10KV电源。

通风方式为中央并列式，副井入风、主井排风。主通风机采用山西安运风机有限公司生产的FBCDZ—10—№36/2×900型弯掠组合隔爆对旋轴流式主通风机两台，1台使用，1台备用，电动机功率为2×900Kw。

矿井现开采2个采煤工作面，采煤机型号为MG400/940-WD、MG500/1280-WD，工作面运输机型号为前部SGZ764/630、SGZ1000/2×700，后部SGZ630/320，工作面内安装ZF5600/18/35支撑掩护式液压支架，顺槽胶带运输机型号为SJJ1200/2×400、SJ120/220/2×400。矿井现有4个使用EBZ160型综掘机的掘进工作面，3个开拓工作面。

综合自动化包括主井提升、空气压缩机等26个自动化监控系统，综合自动化程度达到全国先进水平。

龙家堡矿业公司以科学发展观为导向，依靠科技兴矿，引进先进的技术和设备，实行现代化的管理机制，使这座新型矿井呈现出一片勃勃生机。自投产以来，龙家堡矿业公司按照一矿一井的模式设置机构配备人员，全矿现有员工2500余人，企业资产总额18.03亿元，每年上缴税费近3亿元，为九台经济发展做出了巨大贡献。

作为近年来吉林省发现的第一大优质煤田，龙家堡煤矿从设计到施工，始终遵循着高起点、高技术、高标准、高效率、高效益的建设原则。我们坚持安全第一，实现安全发展；坚持科技领先，实现科学发展；坚持军事化管理，实现企业和谐发展。

龙家堡矿的建设目标是省内一流，国内先进，井下机械化、地面花园化、装备数字化、管理信息化、环保达标规范化的大型现代化矿井。

一汽物流有限公司

【概况】一汽物流有限公司是一汽股份有限公司的全资子公司。主要为一汽提供产前、产中、产后全方位的物流服务，是一汽的主要物流供应商。公司在全国有整车仓储基地76万平方米、高标准库房11万平方米、铁路专用线47公里、内燃机4台、铁路货车50辆、电气集中车站3个；有叉车、吊车、轿车运输车、集装箱及封闭式零部件运输车等专业物流设备2700余台；掌控商品车发运专用车7000余台；资产总额18.27亿元。

【经营工作】2012年，公司实现营业收入和利润总额分别同比增长24%和122%。累计发运商品整车210万台，目前已具备了月发运超过20万辆商品车的能力；整车发运到货准时率达到93%，商品车综合质损率控制在0.19%，事故率控制在了2.91起/百万公里。整车物流资源网络化建设日趋完善，驻外机构已覆盖全国20多个大中城市，对流网络资源布局稳步拓展；在全国多地设置了中心库、中转库，仓储面积已超过100万平方米。

企业未来发展规划发布

零部件物流。天津物流部进一步拓展了一汽丰田物流业务，承接了长春丰越西工厂50%的干线零部件运输业务，被交通部和财政部列为公路甩挂运输第二批试点单位；承接了100%的丰越西工厂整车发运业务；启动了常熟备品库建设项目，12月份已正式投入运行。

合作与发展交流

成都子公司。服务于一汽-大众公司成都三厂的成都子公司，2012年正式投入运营，并出色完成了全年任务。目前，动力总成的仓储、排序、配送、上线业务，整车倒运、仓储业务，一汽-丰田西南备品中心仓储配送业务等已全面投入运营，并提前达到预期设计产能，运营正常、成果显著，其中，在大众康采恩组织的两次奥迪特评审

备品物流服务

轿车整备装车

2012 佛山物流基地奠基

智能零部件仓储

整车停车场

中，整车仓储业务获得了92分和93分的好成绩；成都物流基地NCS动力总成物流配送优化改进项目，在天津夏利站比赛中还荣获了“一汽集团服务质量改善明星”称号；丰田备品业务连续5个月出入库作业无差错，获得了客户的好评。

规划发展工作。公司十二五规划稳步推进，5+2基地群建设取得新进展，成都基地建成投入运营，二期扩能正在筹划；大岭汽车物流园区项目进入可研阶段；轴齿中心物流项目开始实施；东山铁路发运中心正在建设；青岛基地土地协议已经签署；天津基地合作与发展框架大体形成；华东分拨中心无锡库、上海库、宁波库已经启动；满足一汽一大众公司佛山工厂30万辆物流服务的佛山物流基地于2012年12月2日举行了奠基仪式，并开始施工。

信息化工作。继续加大投入。完成了“一汽物流信息系统V1.0”项目，与其配套，和启明公司合作，解决了整车、零部件物流数据信息存储和灾备等安全问题。在完成了对原有信息系统的推广应用和服务升级工作的同时，在业务核算系统、职能管理平台上自行设计开发了事故借款管理、司机风险保障金管理、驻外人员差旅费管理等管理系统。

体系建设。公司通过了质量、环境、安全与职业健康管理体系的第三方监审，公司不仅被国家评定为最高级别的3A级诚信物流企业，而且，再次被集团授予模范企业称号且名列榜首。

安全品质管理。从管理监督、强化驾驶操作技能培训和规范安全品质标准化等方面入手，强化管理，保障经营。商品车综合质损率同比下降0.01%；零部件货损率同比下降0.01%；交通事故数同比下降0.49，均控制在了年度目标值以内。

2012年，一汽物流佛山物流基地奠基，佛山物流基地的建设，不仅满足一汽一大众第四工厂的整车物流服务，更重要的是搭建了一汽物流“5+2”资源网络布局的新平台。为一汽物流全国整车物流资源的优化、为用户提供更加一体化、高效、快捷的物流服务提供了新支点。

轿车运输车

备品运输车

打造百年基业　开创亚泰新时代

亚泰集团创立于1986年，组建于1993年，1995年在上海证券交易所挂牌上市。在2012年“中国500强企业”排名中位列270位。目前，亚泰集团已成为以建材、地产、金融为主业，涉足煤炭、医药、商贸等领域的综合类大型企业集团。

建材产业

亚泰建材产业是东北地区最大的熟料、水泥生产基地和国家重点支持的水泥企业集团，由30家企业和1个研究院组成，已形成了集石灰石矿开采、砂石骨料开采、熟料生产、水泥生产、预拌混凝土制造、建材制品深加工和产品销售于一体的产业链。

如今，建材产业拥有“鼎鹿”牌、“天鹅”牌两个中国驰名商标，“山泉”牌、“龙潭山”牌、“铁新”牌、“坚霸”牌四个省级著名商标和“金鼎鹿”牌建材制品商标，年产熟料、水泥5500万吨，预拌混凝土产能达450万立方米，骨料产能达310万立方米，每年综合利用各类工业废渣量达到730万吨；利用低温余热年发电量8亿度，节约标准煤29万吨，年综合减少二氧化碳排放71万吨；通过污水处理中水回用系统，年节水660万吨，走出了一个清洁、低碳、可持续的循环经济发展之路。

地产产业

亚泰地产开发公司由13家企业组成，具有国家房地产综合开发一级资质，开发项目已经拓展到全国五省十一市，年开发能力150万平方米以上。现已形成了集土地一级整理、城市基础建设、房地产开发、建筑施工、装饰装潢、环境工程、物业管理和供热服务为一体，专业分工明确、结构完整的产业链。2006年，亚泰地产首次跻身“中国房地产百强”，并连续四年荣膺“中国房地产百强企业”称号。

金融业

金融业是亚泰集团的支柱产业，现已形成了以证券、银行、基金、期货为主的资本运作平台，实现了产业资本与金融资本的相互融合和优势互补。亚泰集团控股的东北证券股份有限公司（股票代码：000686）是吉林省成立最早、东北地区规模最大的唯一一家综合类券商，2007年8月27日，在深圳证券交易所上市；吉林银行是吉林省唯一一家地方商业银行，亚泰集团是吉林银行第三大股东，参股比例为9.96%。

煤炭产业

煤炭产业由2个煤炭生产企业、1个煤炭洗选企业和1个煤炭销售企业组成，现共有4座矿井，分布在黑龙江省双鸭山市和内蒙古通辽市，年原煤生产能力240万吨，年原煤洗选量达到210万吨，年购销精煤达800万吨，煤炭资源储量达到1.02亿吨，形成了集煤炭开采、洗选、销售为一体的产业链，是亚泰集团重要的能源基地。

医药产业

医药产业由1个研发中心、3个生产生物制药、抗癌中药、

亚泰集团

——吉林亚泰（集团）股份有限公司

建　材

商　贸

地　产

中国企业 270名

医　药

东北证券

煤　业

OTC中药企业和1个药品零售连锁企业组成，现有人参皂苷Rg3、“人用狂犬病疫苗”等百余个药品生产文号。具有自主知识产权的人参皂苷Rg3及其制品——“参一胶囊”是国家首个一类中药单体抗癌新药，入选国家“十一五”科技支撑计划，产品畅销全国并出口东南亚等国家和地区；吉林大药房拥有400余个药品零售终端，是全国医药零售连锁15强企业，吉林省最大的国家药品储备库单位。

商贸产业

商贸产业由8家企业组成，经营范围涉及购物中心、连锁超市、度假酒店、商务酒店等。商贸产业作为亚泰集团的对外窗口单位，以完善的设施、优美的环境、时尚的风格、优质的服务，得到了社会各界和广大消费者的广泛赞誉，先后获得“全国金鼎百货店”、“全国百城万店无假货示范店”等荣誉称号。

根据“四五”规划，到2015年，亚泰集团总资产将达到630亿元，实现营业收入1000亿元，利税120亿元，净利润60亿元，净资产280亿元，综合实力进入国内500强企业集团前200位，成为主业突出、结构合理、管理先进、在国内最具竞争力、影响力的大型现代企业集团，为创新、创利、创财富，全面开创亚泰新时代，打造百年基业奠定坚实的基础！

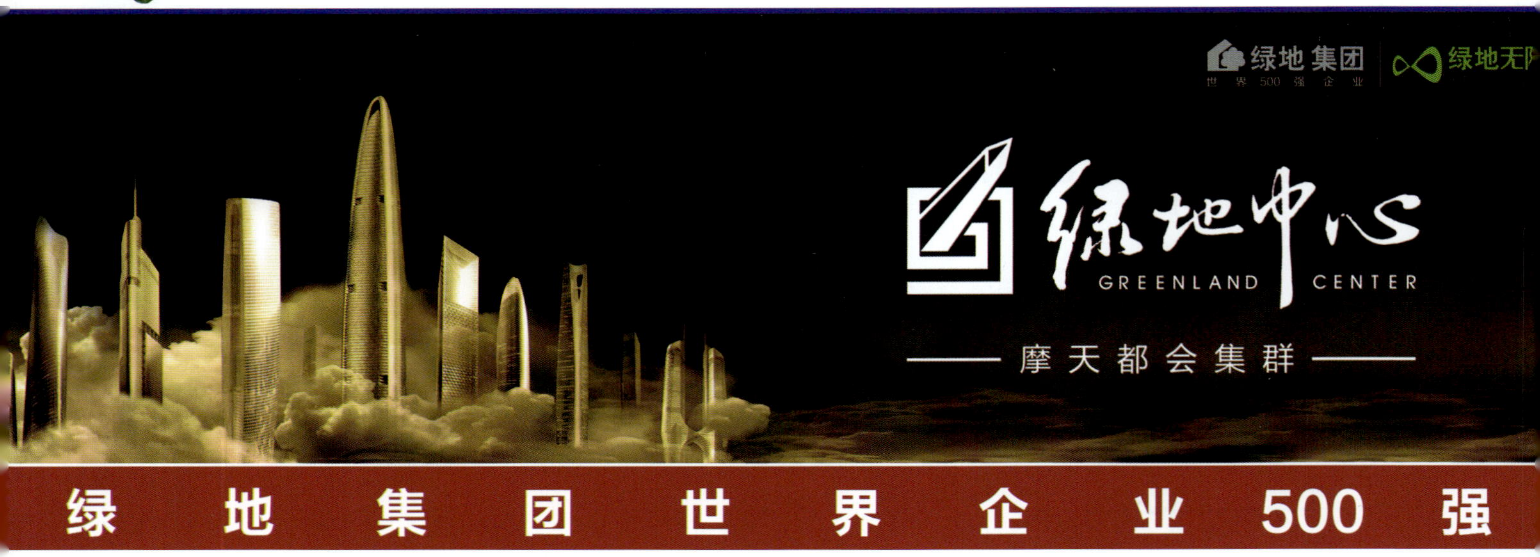

勇者无疆 绿地领航

绿地集团深耕东北十载成就大美长春

“一路走来，绿地汲取白山黑水间的自然灵气，十年间一直用行动缔造着春城的奇迹，我们在路上，将用不懈的努力成就大美长春。”

——题记

领军中国地产，绿地让生活更美好

绿地在创立的20年间，始终秉承“绿地，让生活更美好”的企业宗旨，做政府所想、为市场所需，通过产业经营与资本经营并举发展，已形成目前“房地产主业突出，能源、金融等相关产业并举发展”的产业布局，在2012美国《财富》全球企业500强中位列第483位，在2012中国企业500强中位列第73位，在以房地产为主业的综合企业集团中排名第1位。其中，房地产开发经营作为绿地集团的核心主导产业，项目遍及全国25个省75座城市，并成功进入韩国济州实施海外发展战略。房地产开发规模、产品类型、品质品牌均处于全国领先地位，特别在超高层、大型城市综合体、高铁站商务区等领域遥遥领先，目前建成和在建超高层城市地标建筑达15幢，其中3幢高度位列世界排名前十。

深耕东北十载，把握城市发展命脉

十年，绿地带给东北人太多的改变，在长春、吉林、牡丹江、哈尔滨、大庆五座城市已形成优势集聚、联动发展的新局面。产品规划呈现出超高层、综合体、写字间、商办、住宅、公寓、酒店等丰富产品线，其中，长春已成功投资开发高度300米的吉林省第一高楼——长春绿地中心、南部新城首家城市综合体——长春绿地中央广场、高端商务写字楼——绿地蓝海、以及绿地上海城、英湖印象、新里 中央公馆、海域 中央墅共七大项目，项目涵盖超高层、城市综合体、高档住宅、5A级写字楼等各大品类。截至2012年，累计投资近150亿元，总开发面积超200万平方米，利税超7亿元，直接拉动就业近万人。

成就大美长春，品牌铸就发展新貌

如今，长春也像上海、巴黎、伦敦、维也纳等国际著名城市一样，正在形成“宜居宜业”的规划格局，绿地正用实际行动加速着长春羽化成蝶的过程，在南部新城，集合绿地缤纷城、SOHO行政公馆、国际级商务写字楼等业态于一身的绿地中央广场即将与春城百姓见面，共同谱写新长春CBD的发展旋律；在魅力净月，全新的国家高科技产业园区建设正在绿地的开拓下酝酿着明日的开拓激情；在活力高新，绿地即将点燃长春新一轮跨越发展的豪情！2013年，我们没有停下发展的脚步，绿地在继续做好品牌的战略部署的同时，也将用更多优质的建筑回馈春城，在东北的土地上继续扬鞭策马，树立绿地世界500强的国际高度，用品牌的力量成就大美长春！

绿地集团
世界500强企业
绿地无限
全球化地标缔造者
全球化
向上的力量
10年5城30盘 专注打造各级产品系
GREENLAND IN CHINA
国际花都系列
专注营造舒适生活
新里公馆系列
专注构建卓越品质
海域别墅系列
专注创建鼎级别墅享受
中央广场系列
专注打造城市核心
绿地中心系列
专注建设城市CBD
产业园系列
专注推进城市产业进程
绿地，让生活更美好
绿地集团世界企业500强

长春建工集团有限公司

长春建工集团有限公司董事长 张永利

集团公司领导班子共同谋划发展未来

长春建工集团有限公司是集建筑施工、建材生产、建筑设计、建筑装潢、技术研发、市政公用工程建设于一体的大型企业集团。注册资本金3亿元人民币，是吉林省唯一房屋建筑工程施工总承包特级资质企业。

集团公司拥有各类工程技术及管理人员547人，年施工生产能力为年完成营业收入50亿元以上，年完成施工面积500万平方米以上，年完成竣工面积350万平方米以上。

集团公司与上海浦东发展银行长春分行签定了长期战略合作协议，年综合授信5亿元人民币，有着较强的经济实力、良好信誉和发展前景。

集团公司多年连续荣获国家及省、市政府颁发的安全生产先进单位、全国质量安全信誉AAA级优秀施工企业、全国AAA级信用施工示范单位、吉林省“重合同守信誉”先进单位等多项荣誉。曾被评为国家级鲁班奖、国家级质量信得过单位，多次获省级优质工程奖、三市观摩奖、长春市“君子兰”杯优质工程和外埠市级优质工程等荣誉。

集团公司有着悠久的历史和辉煌的业绩，经过创业者们六十多年的艰苦奋斗，经受了无数次的市场考验，在几代员工的

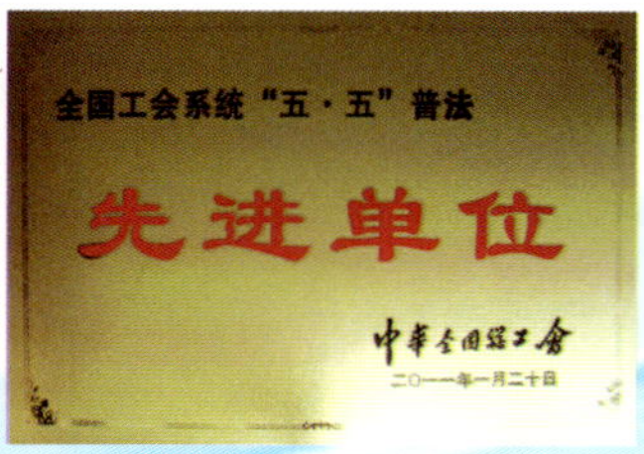

吉林省唯一房屋建筑工程施工总承包特级资质企业

不懈努力下，用辛勤的汗水书写了一幅幅动人的篇章，创造了一个个辉煌的业绩。曾先后承建过首都人民大会堂、长春第一汽车制造厂、省人民广播电台、长春市图书馆、长春客车工厂、长春地质宫、长春解放纪念碑、长春市图书馆、长春双阳水泥厂等一大批国家和省市重点工程项目的建设。近年来，又承建了长春市委办公大楼、长春广播电视中心、一汽大众厂房、东北师范大学新校区、长春红旗街万达广场、赛德广场、中山大厦、长春市保障性住房团山小区、南部新城小区、长春房地产交易中心等地方重点项目建设，为吉林省和长春市地方经济的发展和城市建设做出了突出贡献。

长春房地产交易中心
（获国家级标准化示范现场、“哈、长、大”三市建设工程安全联合检查金牌、省AA级文明工地、市标准化示范现场、）

长春红旗街万达广场项目
（获“沈、哈、长”三市优质工程金杯奖、长春市“君子兰”杯）

回顾过去，我们感到无比的欣慰和自豪，展望未来，我们更充满必胜的信心，集团公司将以科学发展观统领全局，不断推进人才强企战略，加强企业诚信建设，强化企业品牌建设。以"和谐、诚信、务实、创新"的经营理念，服务于社会广大用户。集团公司愿与社会各界朋友精诚合作、共同发展，互惠共赢。

▶集团每年都组织丰富多彩的职工文化娱乐活动

用我们的作品 构筑长春的繁华

董事长 张亚萍

三年创业果敢前行，三年构筑特色之路，三年引领华丽蜕变。十年间，新开源人完成了从拆迁、拆除到地产的转型，新开源人以特有的专注、专业、专心，以创新的管理模式、卓越的品牌文化、顶尖的行业团队，倾心尽责地服务于每一个细节，脚踏实地地打造着新开源品牌文化，完美细致地为这座城市呈现各个阶段视界非凡的作品。

厘清目标 艰苦创业

二零零三年，长春市拆迁政企分开，这一年正式成立了长春市私营企业中专业承担拆迁任务的拆迁公司。创业之路是艰辛和孤独的，但又是自豪和超级渴望的，新开源人对目标的掌控力、执著心促使新开源成就了在别人看来只有百分之零点一的机会；新开源人的不抛弃、不放弃促使公司赢得了事业上的一次次超越；新开源人的专注、专业、专心做好每一件事的态度促使一个个项目完美收官。

新开源人从不放过工作中的小细节，从不放过经营中的小环节，十年间长春市的每个角落都留下新开源拆迁团队果敢前行的脚印，留下新开源人攻艰克难的指挥若定的声音，留下新开源领航者对目标坚定的锐利眼神；因为在新开源语录里从没有困难，从没有问题，新开源拆迁以稳扎稳打、严谨细腻的工作作风，在拆迁界搏出了自己的一席之地。

创新思路 规范行规

从创业之初的五六个人发展到几十人再到近百人，要做大、做强自己的企业，必须要由完善的体系来支撑，新开源的领航者——张亚萍对行业的精准定位和前瞻比任何一个人思考的都超前、都深刻。

二零零六年，新开源再次将视野放大，创立了吉林省富城房屋拆除公司，这时侯的拆迁、拆除市场没有完备的体系或制度能令到企业大步前行吗？如何创新思路？如何在行业内领跑？如何树立拆迁、拆除品牌？复制他人只能随波逐流，只有想不到，没有做不到。

新开源人不设限的信念系统，促使公司大胆突破、睿智创新、整合内部资源、融汇行业内经验，在长春市拆迁、拆除史上涌推首例适合本行业的管理模式，并以行业内领跑的四大运作模式（独创拆迁/拆除企业组织结构、首创拆迁/拆除企业规章制度、首创拆迁/拆除工作流程、独创持续不断的培训体系）为基础，引领一群具备良好的道德素养、专业业务素质、善于团队作战、勇于接受挑战的行业精兵，在城市拆迁/拆除浪潮中创造佳绩百余项，在长春市国有、集体土地上，树立起了独特的品牌，筑就了特色的发展之路。

互动分享 打造团队

“我的梦，新开源的梦，中国梦！依靠激情、梦想、感恩、责任去成就梦想吧！你的未来超乎你的想像！”，这是新开源时下最流行的一句话，团队的所有伙伴们、家人们、朋友们都感觉到这股超强的正能量。

我爱我家

2011年新开源地产定向越野

——吉林省新开源房地产开发有限公司

公司一直沿用二零零八年启动的短信互动平台，团队建立了自己的新开源行动分享群、奇迹分享微信群，这里面传递着诚实的声音、解决问题的方法、坦诚的建议、正向的能量，每天项目日例会、每月公司月例会、每年公司年终会已形成企业特有的"风俗习惯"。

新开源核心团队近二十人，整个团队百余人，让这么多人同频同步，需要无比强大的凝聚力、正能量，公司每一年都会选择培训市场上顶级的培训团队对企业进行内训及外训，免费派送核心成员到商学院进修和学习，使整个团队具有很高的忠诚度，核心团队中百分之七十的员工追随近十年。从过去到现在直至将来，新开源始终坚信只有团队建设精良，只有不断向内求，只有建立持续不断的学习型团队，企业才会有更良好的、更大的发展。

总结只为当下注力

放大格局 华丽蜕变

新开源人专注在目标里，这时看不到任何障碍，当然也收不到任何干扰。新开源的领航者时刻警觉于明确的目标，强烈的动机，保持每天的进步成长，不断放大的格局，这些高级智慧再一次引领新开源与二零零九年走向更高级的蜕变之旅——成立吉林省新开源房地产开发有限公司。

作为一个房地产业的"新军"，方向和定位尤为重要。按照新开源地产的计划，未来企业要专注研发中高端住宅项目，目前公司已储备了长春市、吉林市高新北区、农安县共五块建筑开发用地资源，准备用于住宅小区及酒店的开发建设，之前已成功开发了农安县开源茗都住宅及商业项目。

关于事业上的目标，新开源人给企业定的阶段性目标是资产突破十个亿。新开源领航者将植入正能量、行动力、创新力、感恩心给核心团队伙伴们，引领全体员工们行走在十亿目标的路上。

作为新一届的政协委员张亚萍，认真学习党的十八大精神，带领新开源团队紧密围绕在市委、市政府周围，积极为我市发展民营经济献言献策，为全面建设成幸福长春，率先全面建成小康社会的宏伟目标发挥企业全员的智慧！曾经的新开源，征战城市与乡间的角落，改变落后与陈旧，搭建幸福与丰盛；当下的新开源，用心雕刻精品建筑，赋予每个作品生命质感，致力于成为行业最受尊崇、最具引领、最富生命力的创新型民营开发企业，用我们的作品构筑城市的繁华！新开源定会做大、做强自己的企业！回报服务社会！！

长春市潘塔纳尔项目

吉林市开源温泉大酒店项目

农安开源茗都项目

鑫佳泰集团董事长林秀气，1968年10月22日出生于福建省泉州市，2004年1月1日晋升为工程师，同年11月毕业于吉林大学工商管理专业，硕士研究生。近三年接连被各省市单位评为优秀企业家。

吉林鑫佳泰

吉林鑫佳泰实业集团有限公司（以下简称：鑫佳泰集团）成立于1998年2月，是国家建设部批准的幕墙施工一级、装修装饰施工一级、幕墙设计甲级、装饰设计甲级资质的国家建筑幕墙，装修装饰设计、施工大型骨干企业。

鑫佳泰集团是二级资质的房地产开发企业。

鑫佳泰集团通过了世标认证中心的质量管理（ISO9001：2008）、环境管理（ISO14001：2004）、职业健康安全管理（GB/T28001-2001）三标一体认证。

鑫佳泰集团是一家多元化的大型企业集团，集团注册资金5000万元，其子公司长春市炜达置业有限公司等也都分别注册5000万元不等。集团公司位于长春市洋浦大街4323号。

鑫佳泰集团开发的佳泰缔景城项目，建筑面积20余万平方米，总高度约100米，由6栋地下2层地上32层的商业住宅楼构成。于2013年3月被长春日报社、长春新闻网联合评定为“2012长春城市新地标蓝筹楼盘”。

鑫佳泰集团承建的宝矿大厦项目，位于上海市北外滩地标位置，于2010年竣工，被评为优质工程。

实业集团有限公司

公司经营范围：建筑幕墙工程设计与施工；建筑装修装饰工程设计与施工；建筑工程；房地产开发、销售；断桥铝窗的生产加工等。

鑫佳泰集团在北京、上海、吉林、福建等全国各省市设立了多个分公司和生产基地。集团现有管理人员300人，安装施工人员1200余人。年施工能力60万平方米，在吉林省幕墙施工企业中首屈一指。

集团子公司长春市炜达置业有限公司开发的长春市城市综合体“佳泰缔景城”一期工程已竣工交付使用，二期工程正在建设中。

鑫佳泰集团十几年来承建完成的建筑幕墙、装修装饰工程遍布各地，在集团所在地吉林省长春市，每隔不足500米就有一座精美的建筑是鑫佳泰建造，成为城市一道靓丽的风景线。鑫佳泰集团承建完成的幕墙、装饰工程荣获国家及省市20余项优质工程奖，其中2005年6月承建的“长春通信枢纽办公大楼工程”被评为中国优质工程。2006年承建的“吉林日报社新闻中心大厦工程”荣获“全国建筑工程装饰奖（建筑幕墙类）”。

鑫佳泰集团于2013年陆续组织全体员工赴港澳旅游学习，图为首批赴港澳员工在浅水湾及金紫荆广场等处留影。

鑫佳泰集团丰硕的业绩，优异的产品质量，获得了国家及地方建筑主管部门的一致好评和充分信赖，曾获得：金鼎奖 2010中国建筑装饰专业承包百强企业；东北区最佳诚信企业；吉林省十佳优秀企业等荣誉称号。企业连续多年被省市评为优秀企业、诚信企业。2005年被评为“全国工程建设质量安全信誉AAA级保障企业”，2011年以来连续被吉林省信用评价中心评定为“AAA级信用企业”。

鑫佳泰人，将用勤劳、智慧、诚实、科技创新、矢志进取的精神，再创辉煌，扮靓城市，扮美生活。

鑫佳泰集团承建的吉林日报社新闻中心项目，工程规模10000平方米，以石材幕墙、玻璃幕墙为主，于2007年被吉林省建筑装饰业协会评为“2007年度吉林省建筑装饰奖”，同年被中国建筑装饰协会评为“全国建筑工程装饰奖（建筑幕墙类）”。

中信地产 //CITIC REAL ESTATE// 公园筑家 健康生活

中信地产7载深耕 三年荣冠春城

中信地产是世界500强企业中国中信集团公司一级子公司，具备一级房地产开发资质，拥有20多年房地产开发经验。多年来，中信地产积极参与城市规划建设、土地整理与开发和住宅开发建设。

2005年，中信地产响应国家振兴东北老工业基地的号召，以国之信进驻长春。2007年，倾力打造长春现代农博园，作为农博会的永久会址，助推长春经济发展。在开发百万山居生态大城——中信城的同时，中信地产努力满足长春市民在居住、教育、商业等各方面的需求，投巨资建设东师附小实验学校。

历经多年打造，中信城凭借其200万平醇熟生态大城的独有品质，获得2010-2012年的长春销冠殊荣，也是首个创造长春连续三载销冠传奇的高品质楼盘。在缔造百万醇熟生态大城之后，中信地产凭借其多年的豪宅缔造经验，精心打造长春唯一资源型山居别墅——中信·净月山。又以央企之子雄厚实力进军城市中心，倾力筑造御园项目，标榜长春墅级真豪宅。

中信地产
CITIC REAL ESTATE

农博园 NONG BO YUAN

百万平国际级农博园，净月区首席配套，
中信地产落户长春的第一名片，农博会举办地的永久住址。

中信城 ZHONG XIN CHENG

净月首席200万平生态大城，法式浪漫公园城，
享30万平净月山生态环境，
20万平大型商业醇熟配套，
融汇法式浪漫与都市繁华，山居生活静享。

中信·净月山 ZHONG XIN · JING YUE SHAN

长春唯一资源型山居别墅，独享稀缺独栋、双拼产品形态，
独揽30万平净月山山体公园，
以海拔385米巅峰独辟视界，
以独一无二的峰景山居比肩世界领袖生活，
以国际峰墅品质缔造家族传世之宅。

御园 YU YUAN

傲踞城央领地，国际级豪宅锻造标准，
始成一环内地标领袖——御园，
揽动植物园美景，享城央繁华，
优享出则入市，
退则隐居的人生意境。

中信地产，一直跟随政府领导，积极响应政府号召，以改善人居为使命，不断完善并满足人们对居住的需求，
建造出更宜居的优质楼盘。今后，中信地产将推出更具竞争力的高品质楼盘，敬请期待！

84567 666 | 中国·长春·净月区·聚业大街 长房售证（2011）第074号

本广告只做邀约邀请，提供的一切图片及资料仅供参考。所有细节均以最后政府机构批准之法律文件及双方签订《商品房买卖合同》为准。

祈天施富 合利万家

老百姓买房，图的是一个安心和实惠，吉林省天富房地产开发有限公司一直凭借稳重扎实的步伐前进，立足本土，惠泽百姓。企业本着“以诚待人，以信立业的经营理念，以信誉求生存，质量求发展”的高标准，以客户服务为中心的服务 宗旨，成功的开发了天富一个又一个项目。

现任吉林省天富房地产开发集团有限公司总裁马镜淇，中共党员，清华大学工商管理硕士学位，长春市二道区人大代表。原本是一名人民警察，受改革开放大潮的影响，毅然辞去了警察工作，于2003年1月成立了吉林省天富房地产开发集团有限公司，注册资金五千万人民币，二级资质。

在马镜淇的带领下，天富集团公司从小到大、从无到有、从弱到强，如今发展到以房地产开发为核心业务，集房地产开发、投资、建筑、安装、物业管理、商贸为产业链的综合性房地产开发集团。秉承“祈天施富、合利万家”的使命和“守正筑坚、积善笃行”的愿景，实现“诚信、正直、稳进、高效、共赢、创新”的价值观。天富集团公司从组建伊始，成功开发建设了天富家园和天富北苑、天富公馆、天富御苑四个项目，总

北苑鸟瞰

——吉林省天富房地产开发有限公司

建筑面积70万平方米，安置回迁居民1035户，给被拆迁居民货币补偿两亿多元，无偿解决33名低保户住房，安排就业人员386人。即将启动的天富东苑位于长春经济技术开发区，建筑面积12万平方米，目前正在筹备开发建设中，为打造长春东城拉动长、吉、图经济，天富集团公司描绘了一幅幅宜居宜业，波澜壮阔的新城建设画卷。

身为二道区人大代表的马镜淇同志，以饱满的政治热情和高度的政治责任感，认真履行人大代表的职责，积极建言献策，经常参与基层活动，走访区内选民，耐心聆听选民的各种呼声，并及时将民众有针对性、建设性的意见和建议反馈给政府各职能部门，深受区内选民的拥护和信任。

几年来，天富集团公司得到了广大业主，特别是回迁居民的高度评价和省市领导的认可，原省委书记王珉、省长王儒林等有关部门的领导多次来小区视察工作。同时新闻媒体接连不断的来天富家园采访，并播出和刊登天富集团的消息，2007年一月份被省政府授予“棚户区改造攻艰工作先进单位”的称号。2008年被评为吉林省明星企业。

天富家园小区鸟瞰图

中 铁 十 三 局 集 团

原吉林省委书记孙政才到六公司施工现场视察

铁道部副部长卢春房到哈大联络线工地视察

长春市副市长肖万民到公司机关召开座谈会

中铁十三局集团第六工程有限公司坐落于吉林省长春市，其前身是中铁十三局集团有限公司第六工程公司，2012年3月改制为具有独立法人资质的子公司，变更为中铁十三局集团第六工程有限公司。

中铁十三局集团第六工程有限公司现有员工1000余人，专业技术人员500余人，施工设备类固定资产1200余台（套），机械化施工程度达85%，年施工能力在25亿元以上。具有公路、房屋建筑、市政公用、水利水电、公路路基、桥梁、隧道、钢结构、建筑装饰等多项施工总承包资质和专业承包资质。具备跨地区、跨行业和跨国经营的能力。施工地域遍布西藏、贵州、甘肃、内蒙、青海、吉林、河北、河南、安徽、湖南、湖北、北京等省市区，并已进入安哥拉海外市场。先后参建了举世瞩目的青藏、沪昆、合福高速铁路；兰渝、宁西、林白、巴珠铁路；哈大客专长春联络线、长客试验线；长沙、长春地铁；荆宜、随岳中、承唐、承朝、郴宁高速公路；引松入长、南水北调以及轨道交通、钢结构、市政、房建等多项工程建设。

取得的主要科技成果有：青藏铁路25标古露人工湿地获西藏自治区环境保护优胜单位；吉林省引松入长老爷岭隧洞获吉林省“长白山杯”一等奖和“全国用户满意工程”奖；长春轻轨独塔无背索斜拉桥获吉林省“科技进步二等奖”和“火车头优质工程”奖；长春大桥获吉林省和全国“市

长春地铁1号线盾构机始发仪式

长春站北广场轻轨三期换乘中心主体工程

301国防工程综合办公楼

第六工程有限公司

政工程金杯”奖；解放军65301部队住宅楼获吉林省“长白山杯”一等奖；长春税务学院学生公寓获哈、沈、长三市“优质工程”奖；长春市北广场地铁换乘站获哈、长、大三市联检“金牌工程奖”；长春301国防工程获吉林省“长白山杯”和“全国用户满意工程”奖；　中粮生化能源玉米深加工工程获吉林省“长白山杯”一等奖；102国道跨京哈铁路立交桥工程获“中国市政金杯示范工程”奖；中铁国际花园获吉林省“长白山杯”一等奖；102国道跨伊通河大桥获中企协“科技进步奖”和“技术创新二等奖”；南水北调卢沟桥暗涵工程获国调办“质量管理先进集体”和“优秀建设集体金质奖”。

102国道跨京哈铁路立交桥工程

公司先后有多人荣获全国劳动模范、国资委劳动模范、五一劳动奖章、火车头奖章等荣誉称号。

哈大长春联络线——长春站到西客站上下行

哈大长春联络线项目——高低错落

13局6公司办公大楼

长春建工集团
吉源建设股份有限公司

国家审计署驻长春办事处办公楼

长春建工集团吉源建设股份有限公司是国家首批具有房屋建筑工程施工总承包壹级资质的建筑业施工企业。2006年3月经长春市国资委批准，由国有企业改制为民营股份制的建筑施工企业。

公司连续多年被评为省、市建筑业“优秀企业”，“安全生产先进单位”，“吉林省AAA级重合同、守信用企业”。改制后，连续六年被属地政府授予“纳税大户”企业，2010年公司二次荣获全国“安康杯”竞赛优胜企业，同时荣获“鸟巢杯”2010中国建筑业优秀百强企业，2011年荣获“全国AAA级信用施工示范单位”荣誉称号。

公司始终坚持“以质量求生存，以信誉谋发展”和“过程精品”的质量理念。通过了ISO9001质量管理体系、环境管理体系和职业健康安全管理体系认证。近年来，公司承建的吉林省吉粮大厦、国家审计署长春特派员办事处办公楼、长影世纪村51#楼、吉林大学白求恩第一医院住院楼和外科大楼、南航雅苑2#楼等一大批名优工程和标志性建筑。先后荣获省“长白山杯”、市“君子兰杯”、“沈、哈、长三市样板工程金、银牌”等优质工程奖50多项，为吉林省、长春市的城市建设和经济发展做出了突出贡献。

公司高度重视企业文化和精神文明建设，坚持弘扬“诚信、和谐、品质、创新”的企业精神，牢固树立“为社会塑造时代精品，为人民建造满意居所”的文化理念，崇尚读书，通过正能量的聚积和传递，使企业和员工的整体素质得到不断提升。吉源人将一如继往地本着“诚信双赢”的合作原则，愿同社会各界同仁精诚合作，共谋发展，携手共创更加美好的未来!

吉大一院外科大楼

鸿城国际3号楼

天合富奥汽车安全系统（长春）有限公司
TRW FAWER Automobile Safety Systems (Changchun) Co., Ltd.

天合富奥汽车安全系统（长春）有限公司是由美国天合汽车（TRW）公司和一汽富奥汽车零部件股份有限公司于1995年11月合资兴建的中外合资企业，总投资为31416万元。

公司坐落于长春市西南部的高新技术产业开发区，占地面积50000平方米，建筑面积26800平方米，在沈阳、成都、佛山设有三家分公司，是国内规模较大的现代化汽车零部件生产基地。

公司产品包括底盘和乘员安全系统两大系列。底盘产品主要有制动盘/鼓、后轮毂轴和前轮毂、车轮支架、旋转臂、旋转轴承、手制动总成、副车架总成、前后转向节总成、前后滑柱总成和后轴总成；安全系统产品主要有方向盘、安全气囊和安全带。

公司主要客户包括：一汽大众、一汽轿车、一汽丰田、上海大众、北京奔驰、华晨宝马、华晨、南京福特、重庆福特、沃尔沃、广汽、广汽菲亚特、奇瑞等。

公司自成立以来，不断创造辉煌业绩。现已形成了年产200万辆汽车底盘和制动系统总成、250万套方向盘和230万套安全气囊的生产能力，2012年年收入突破80亿元人民币，是国家级高新技术企业，吉林省重点企业。

公司连年获得客户的表彰，是一汽大众A级供应商。2013年，方向盘缝制团队荣获了中华全国总工会授予的“全国五一巾帼标兵岗”光荣称号。公司还通过了VDA6.1、TS16949、ISO14001、OHSAS18001等质量、安全、健康、环境体系认证。

天合富奥汽车安全系统（长春）有限公司一直坚持“做好第一次、做好每一次、持续改进”的质量方针，努力成为用户信赖的企业，为中国汽车工业的发展做出贡献。

TRW FAWER Automobile Safety Systems (Changchun) Co., Ltd is a joint venture company established in November 1995 by and between TRW, an American company and FAWER Automotive Components Shareholding Co., Ltd. of FAW. Its total investment was RMB 314.16 Million.

The joint venture is located in Hi-tech Industrial Development Zone, southwest of Changchun, covering an area of 50000m^2 with building area of 26800m^2. It has three subsidiaries in Shenyang, Chengdu and Foshan and is a large modern automobile component manufacturing site of China.

The joint venture manufactures two kinds of products, namely Braking System and Occupant Safety Systems. Braking system includes rotors, drums, spindle & hubs, wheel carrier, swing arm, swivel bearing, parking brake assembly, sub frame assembly, front & rear knuckle assembly, front & rear strut assembly and rear axle assembly. Occupant Safety Systems includes steering wheel, airbag and seat belt.

The joint venture has many key customers, such as FAW-VW, FAW Car, FAW Toyota, SVW, BBAC, BMW, BBA, Ford Nanjing, CFMA, Volvo, GAC, GAC Fiat, Chery, etc.

The joint venture has built up a yearly capacity of 2 million car sets of braking system, 2.5 million sets of steering wheels and 2.3 million sets of airbags. In 2012, the projected sales revenue reached RMB 8 Billion. Now it is one of the High and New Tech Enterprises recognized by the State and a key manufacturing enterprise of Jilin Province.

The joint venture wins awards from customers every year and is FAW-VW “A” Rate Supplier. In 2013, steering wheels sewing team was awarded as “National May First Woman Model” by All China Federation of Trade Unions. The joint venture has also been certified by Quality/ Safety/ Health/ Environment Systems, such as VDA6.1、TS16949、ISO14001、OHSAS18001.

TRW FAWER Automobile Safety Systems (Changchun) Co., Ltd. will always follow its quality policy of “Right the First Time, Right Every Time, Continually Improve”, exert itself to be an enterprise that customers can trust and contribute to the development of China automobile industry.

长春研奥电器有限公司

总经理　李彪

长春研奥电器有限公司注册于长春轨道交通装备产业开发区，总资产2.8亿余元。占地面积为42000m^2，员工420人，是铁道部定点的轨道客车配套供应商。为长春轨道客车股份有限公司、唐山轨道客车有限公司、大连机车车辆有限公司、北车集团大连电力牵引研发中心等十余家客户生产司机操控台、电气控制系统、空调控制系统、逆变系统等控制单元，已为轨道客车生产5万余套产品。2012年销售收入3.25亿元，上缴税费2180万元。

长春研奥电器有限公司率先迈开企业体制改革步伐，于2008年4月顺利完成企业改制工作，对原有企业262人进行了员工安置分流工作，改制期间员工无人上访，职工利益得到了保障。改制后，公司建立了产权明晰、权责明确、管理科学的现代企业制度，成为专业化的现代企业。

新公司成立后，公司领导班子审时度势分析轨道车辆市场和公司发展面临的形势，组建新公司董事会，股东大会，成立党工团组织，将公司整体利益、群众福利生活放在重心，重大事项先民主后集中，重大决策事项通过董事会上表决通过执行；制定《公司管理程序和体系文件》，通过了国际和国家管理体系机构的资质认证审核，使公司现场、设备、环境和工作秩序整体面貌发生根本变化；把公司战略发展放在技术引进、研发创新、质量创优、岗位创新、人才培养的重要核心，近三年陆续招聘和引进各个岗位人才400人，其中高中、大专学历278人，本科学历112人，硕士研究生10人，外派培训30余人次，使公司各类人才资源的储备和实力得到增强；公司还利用省级项目资金引进先进的技术、设备、工装、测试装备，使公司为轨道车辆批量生产电器配套的能力不断得到提

1号楼办公楼

办公区

空调控制系统-电气

灯具车间

装配车间操作台

升。

长春研奥电器有限公司具有全面的技术改进实力，有成梯队的配置的科研生产队伍，拥有一支由3名高级工程师、9名硕士研究生及35名省级重点本科人员组成的研发、生产队伍，具有良好的综合素质和科研能力。与北京交通大学、长春工业大学建立了研发合作关系。与大连牵引研发中心联合研发轨道客车牵引变流器、辅助电源，形成批量产业，现应用项目有长春轻轨2，3期。自主研发轨道客车LED照明系统，形成试点生产，现应用项目有北京9号线地铁、广佛城际铁路。2011全年共完成215项产品的设计开发输出和在产510余种产品的技术服务工作。产品的研发在成熟、可靠的基础上向电子方向拓展、向变流变频方向拓展、向LED方向拓展是我们不断追求的。

长春研奥电器有限公司自改制来，解放思想、科学发展、不断变革、不断超越、培育了一支高素质的员工队伍，这都是公司的财富的创造者，同时也是企业成果的享有者。研奥企业文化是凝聚研奥人的法宝，培训体系是造就人才的摇篮，和谐建设是研奥可持续发展的根本。2011年，公司建立健全了全新的组织架构及人员调配工作。而且在质量管理上，引入了IRIS、EN15085管理体系；在技术管理上，推行分组管理、推行RAMS；在综合管理上推行项目管理、5S管理；在信息化建设上推行OA系统；在人员管理上，全年共展开培训60次，培训人数1191人，提高员工整体技能水平；在企业文化建设上，公司党工团各级组织紧扣生产经营主旋律，通过开展趣味运动会、五四优秀青工评选等活动，不断加速人才成长和队伍建设，充分发挥“内聚人心，外塑形象”的作用。

现正是轨道客车产业发展的历史性机遇期，国家把振兴装备制造业放在关系国民经济和社会发展全局的战略地位高度重视，现全省正全面提升轨道客车零部件产业配套能力，实现其系统化开发、专业化生产、模块化供货和集群式发展。有了各级政府及部门的高度关注和鼎力支持，我们更要加快发展步伐，把长春研奥电器有限公司打造成国内轨道车辆配套行业里的精英企业,为我市的经济发展做出更大贡献。

司机台操控系统

试验车间–淋雨设备

长春市北方特种电线

长春市北方特种电线电缆制造有限公司坐落于吉林省长春市净月开发区，背依风景秀丽的净月潭国家森林公园，距环城高速公路净月出口100米，地理位置优越，交通便利。

主要生产产品包括《北特》牌：布电线、裸电线、聚氯乙烯绝缘聚氯乙烯护套电力电缆、控制电缆、预分支电缆、屏蔽电缆、通讯电缆、高低压交联电缆、防老化线、阻燃、耐火电缆等多种电线电缆，三千多种规格。

我厂的经营方针是：“严格管理，技术求精，热情服务，信誉至上。”

一、企业人员状况

公司现有职工120名，有高级工程师2名，各类工程技术人员10名，行政人员5名，大中专毕业生占全体员工比例的20%。另外，还高薪聘请10名有多年生产制造经验的老技工，充实在生产一线。由此可见，企业的技术力量较为雄厚。

二、厂房、附属设施情况

公司占地10000平方米，厂房面积4000平方米，绿化带1000平方米，四个生产车间，八个物品库房，三个车库，二个变电室，院落宽敞，保卫、防火设施齐备，交通运输便利，生产环境优越。

三、工装设备、试验装置及检测手段

公司是长春市电线电缆行业重点生产企业。拥有一流的检测设备，引进了国内外最先进水平的挤塑机、成缆机、编织机、装铠机、叉绞机、管绞机等，主要生产设备40台（套），工装模具近200台（件），其中有ф400、ф500管式绞线机3台、ф150、ф90等挤塑机各种型号6台、成缆机各种型号6台、及吉林省唯一的一座

电 缆 制 造 有 限 公 司

高压屏蔽试验室等设备，具有大批量的生产能力。

四、财务情况

我公司现在经营状况很好，呈现年年上升势头。且能根据国家政策，积极纳税。

五、质量保证体系

具有健全的质量管理体系，已经取得ISO9001：2000国际标准质量管理体系认证证书，完全按照标准要求生产。我厂生产的电缆，包括：塑力缆、控制电缆、屏蔽电缆、高、低压交联电缆，预分支电缆等产品已获得全国工业产品生产许可证；电线系列产品已获得中国质量认证中心颁发的3C证书，所有产品由吉林省产品监督检验院、长春市产品质量监督检验院承检。

我公司产品连续七年抽检保持合格，被评为2007年—2010年省唯一《电线电缆名牌产品》，并被吉林省打假办公室列为“保护产品”，欢迎您登陆全国12365打假网站，查询我厂产品相关信息。

六、生产能力

由于完全按照ISO9001：2000标准进行生产，按企业现有人员及设备情况，企业每月可生产各种电线、电缆600吨。

七、产品情况

1）电线电缆结构均按有关标准及规定程序批准的图纸制造；

2）电线电缆的抗拉程度完全符合国家标准；

3）电线电缆的电阻均符合国家标准；

4）电线电缆的外观圆滑、结构合理、没有毛刺；

5）各种导线、电缆的计算截面，绞合结构、标准单位重量。在20℃时的直流电阻、线膨胀系数均符合规定。

八、对用户的承诺

1）严格履行合同条款，保证按期交货；

2）产品实行“三包”；

3）免费送货。

我公司本着“开拓进取、务实发展、团结拼搏、创造辉煌、服务社会、造福人民”的企业思想从严治厂，遵循“以人为本、个人与社会共同发展”的企业理念，通过发扬“团队精神、创新精神、奉献精神、挑战精神”强化管理，服务于我国的经济建设，服务于客户，在不断改造自我的同时，不断推动社会的进步。

全国工业产品生产许可证

（副 本）

长春市北方特种电线电缆制造有限公司

经审查，你单位生产的下列产品符合取得生产许可证条件，特发此证。

产品名称：电线电缆（明细附后）

住 所：净月大街1186号

生产地址：吉林省长春市净月开发区净月大街1186号

证书编号：(吉)XK06-001-00003

有效期至：2017年12月19日

2012年 12月 20日

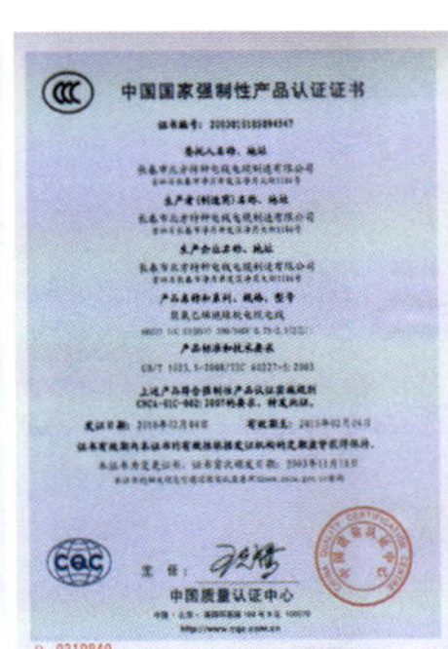
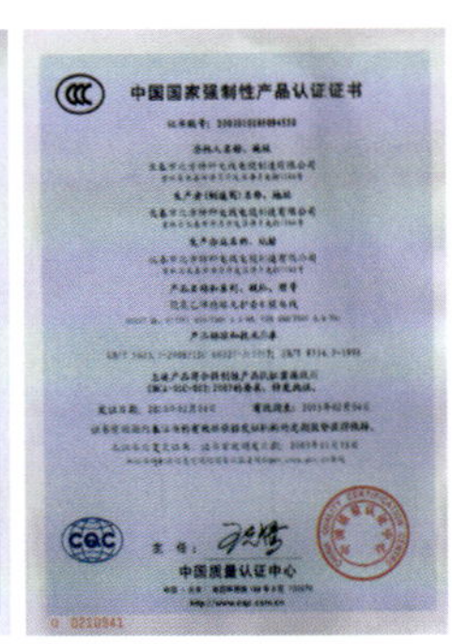
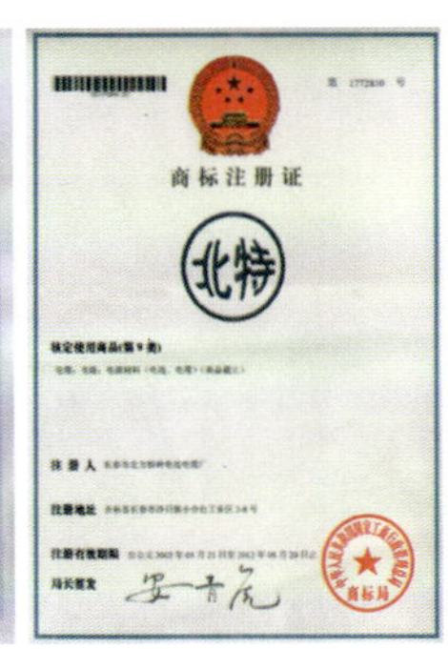

为中国人做一片属于自己的汽车玻璃

福耀集团长春有限公司总经理　翁祖盛

公司部分奖杯和奖牌

福耀集团长春有限公司座落于北国春城——长春市经技术开发区汽车产业工业园，是福耀集团的全资子公司，也是福耀集团面对国内、外市场建立的第一家外省生产基地。占地面积20万平方米，注册资本3亿元人民币。自2000年9月成立至今，已经发展成为下辖钢化厂、包装厂、夹层厂、包边厂四个技术先进的生产工厂，24条先进的生产线及41台世界先进的生产设备。生产能力为年生产轿车夹层前挡300万片，大巴夹层前挡5万片，钢化侧窗及后挡840万片,包边120万片的大型汽车安全玻璃制造商。现有员工1600余人，总投资已达9.6亿元人民币。

凭借优质的产品和完善的售后服务，福耀集团长春有限公司已经成为众多中国整车厂商的合作伙伴，为一汽大众、一汽轿车、一汽解放、哈飞汽车、沈阳华晨金杯、上海通用沈阳工厂等国内十几家汽车制造厂提供配套。

福耀集团研究院院长向一汽大众公司外方采购部部长介绍公司新产品新技术

工作人员在审核产品

2006年10月国家发改委认定的企业技术中心

工厂现场

出口奥迪配套签约仪式

2012年10月25日与一汽大众集团公司共同举办的汽车玻璃技术交流会

生产现场图片

福耀集团长春有限公司
Fuyao Group Changchun Co., Ltd.

在做大规模、做精质量的同时，福耀集团长春有限公司积极拓展海外市场，现已成为宾利前风挡、德国AUDI C6前风挡、AUCI C7前风挡、B8轿车、B8旅行车后挡、德国VW PASSAT B6前后风挡、德国宝马多款车型玻璃的供货商。

公司自2001年正式投产以来，销售额以25%的速度呈现稳步上升态势，实现销售总量1亿多片，销售总额近80亿元，实现利税约10亿元，出口创汇3.6亿元。产品辐射到东北地区及海外市场，是我国东北地区目前规模最大、技术含量最高的汽车玻璃生产基地。

在众多客户中， 福耀好评如潮。德国大众“A级供应商”、中国第一汽车集团公司“优秀供应商”及“核心供应商”、一汽大众汽车有限公司“十佳供应商”是客户对福耀的评价；国务院侨务办公室还授予福耀集团长春有限公司“全国百家明星侨资企业”、省市政府分别评选福耀集团长春有限公司为“吉林省先进民营科技企业”、“吉林省高新技术企业”、“长春市突出贡献民营企业”、“外商投资先进技术企业”、“纳税明星企业”“A级纳税人”及“长春市第33届模范集体”。

“为中国人做一片属于自己的汽车玻璃”是福耀的使命，“打造全球最具竞争力的汽车玻璃专业供应商”是福耀的愿景，“全球客户的忠实伙伴、全球行业的行为典范、全球员工的最佳雇主、全球公众的信赖品牌”是福耀的追求目标。不只是做企业，不只是做市场，福耀做的是中国人自己的品牌。

长春一汽鞍井钢材加工配送有限公司

鞍井公司鸟瞰图

长春一汽鞍井钢材加工配送有限公司位于中国第一汽车股份有限公司3#门内，占地面积1.73万平方米。鞍钢集团、中国第一汽车股份有限公司、日本三井物产株式会社出于战略合作需要，而由鞍钢股份有限公司、一汽解放汽车有限公司、日本三井物产株式会社共同出资设立的中外合资企业。公司成立于2005年4月6日，注册在长春高新产业技术开发区，并于2006年底正式竣工投产。

公司引进了德国SUNDWIG公司的矫直机组及横切机组、韩国大铉公司的纵剪机组等先进的工艺装备，具有年产50万吨以上的超高强度钢材加工能力。目前激光焊管生产线（德国WEIL公司）已投入生产，具有年产100万米以上的激光焊管（可用于制造轿车副车架及底盘等）生产能力。

公司坚持积累整合、滚动发展，不断拓展服务功能，提升与汽车、钢铁、零部件等行业同步发展能力，实施工贸一体化运营，逐步实现由钢材加工配送中心向全能型服务中心转变，成为国内先进的钢材深加工企业，打造中国最好的焊管品牌。

激光焊管

矫直机组

小横切

纵剪

薄板横切

長春通利铝合金科技有限公司（CAST）

Changchun Tong-Li Aluminium Smelting Technology Co., Ltd

长春通利铝合金科技有限公司于2004年7月22日由“世界500强”企业日本丰田通商株式会社与长春一汽综合利用有限公司共同出资设立，注册资本255万美元，位于长春经济技术开发区世纪大街4000号，是中国国内第一家提供熔化的再生铝合金产品的公司。作为一汽集团和丰田事业的关联公司，与丰田通商株式会社世界各地13家铝熔化工厂共同开展全球性业务；与长春一汽综合利用有限公司的各分、子公司共同参与资源的回收、再生、利用事业。

公司全貌

公司以人、社会、地球之间的共存共荣为宗旨，以建设富裕、舒适的地球社会做贡献的资源循环利用企业为目标，秉承“爱护地球，注重环保”意识，积极进行资源的再生利用，以铝废材料为主要原料，生产高品质的液态再生铝合金溶汤和固态再生铝合金锭，具有年处理铝废材料30,000吨的能力。

作为一汽和丰田车制造工程的前端，公司产品保障一汽丰田顶级轿车“Crown皇冠”和“Reiz锐志”V6发动机生产的原料供应，荣获一汽丰田（长春）发动机有限公司“2006年（品质）优良奖”及“2005－2007年度优秀供应商”的荣誉。

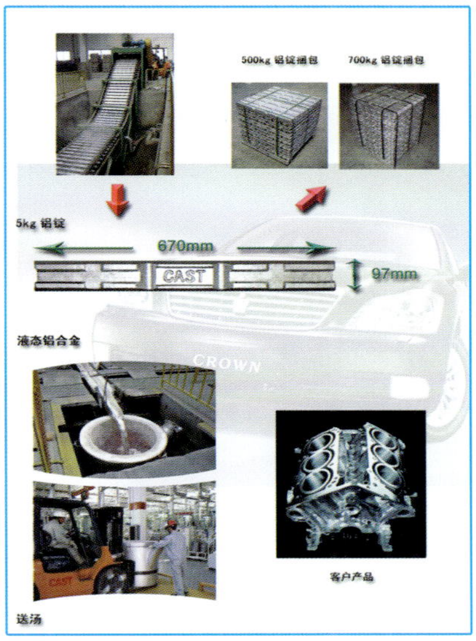

产品介绍

公司2007年取得ISO14001:2004及GB/T24001-2004环境管理体系认证；2009年取得OHSAS18001：2007职业健康安全管理体系认证和ISO/TS16949:2009汽车供应商质量管理体系认证。2011年通过吉林省环境保护厅“清洁生产”审核验收，2012年通过长春市安全生产监督管理局“安全生产标准化”认证。

公司坚持以遵守法律法规为源，以尊重人的理念为基础，为全体员工提供安全而健康的劳动保障并持续改进，追求“零危险工场”的实现。2010年度获得长春市人民政府安全生产“先进单位”称号；2009年度获得长春经济技术开发区管理委员会安全生产“优秀企业”称号；2010年度、2011年度获得长春经济技术开发区管理委员会安全生产“突出贡献奖”称号；2008年度、2009年度获得长春经济技术开发区安全生产委员会安全生产“优秀示范化单位”称号。

熔化设备

公司坚持信用原则，依法纳税，2010年获得长春市国家税务局、长春市地方税务局“纳税信用等级A级纳税人”称号。自2005年起，连续获得长春经济开发区管理委员会“经济运行先进单位”称号。

作为长春市的企业市民，公司将致力于公正、公平的企业活动，努力履行社会责任，保护地球环境，发挥创造性，努力提供附加价值，以人为本，为魅力新长春做出更大的贡献！

长春通利铝合金科技有限公司

地址：长春经济技术开发区世纪大街4000号

电话：86-431-84853822

传真：86-431-84853899

网址：www.jl-cast.com

送汤作业

再生铝合金溶汤

广岛技术（长春）汽车部件有限公司

广岛技术（长春）汽车部件有限公司始建于2007年2月，注册资本16亿日元（约1.1亿元），公司位于长春市高新开发区畅达路455号，占地面积25000万平方米，是由具有世界尖端科技和雄厚实力的日本株式会社广岛技术、住友商事株式会社二大国际公司共同出资创建的。

广岛技术（长春）的产品涉及范围：汽车零部件、机械设备零部件及其配件的研究、开发、制造及相关技术和售后服务，以及上述产品的批发、进出口、经济贸易咨询及售后服务等。公司投产初期主要产品为汽车排气系统零部件，将来汽车外覆盖类等产品会陆续投产上市。

广岛技术——广阔世界遍布全球的15家公司中，唯有广岛技术（长春）是以生产排气以及外覆盖零件产品为事业的二大支柱而成立的首家公司。长期培育的技术决窍与才智集于广岛技术（长春）汽车部件有限公司，将为中国提供高质量产品和一流服务。

设备

质量体系认证证书

- 目前主要产品：
- MAZDA睿翼（2.0L & 2.5L）排气系统
- 奔腾B70 排气歧管
- MAZDA6 排气歧管
- 奔腾B90排气歧管

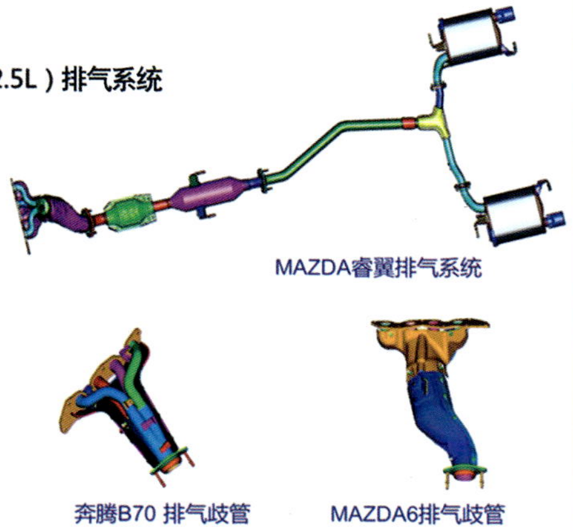

产品图

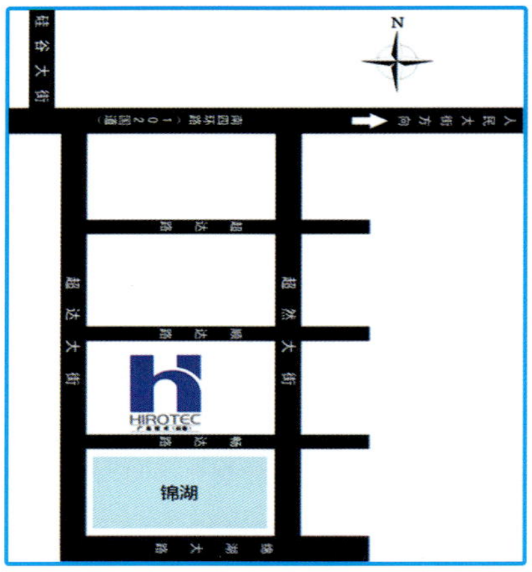

公司位置图

工厂生产线

长春旭阳工业（集团）股份有限公司

长春旭阳工业（集团）股份有限公司是长春市国资委控股的大型股份制企业，省、市政府重点支持的四大汽车零部件企业集团之一。近年来，旭阳集团以“合资合作”为持续动力源，以“技术创新”和“管理创新”两轮驱动，取得了长足的发展。

坚持以合作开放促发展

在汽车零部件市场日趋国际化的大背景下，为了适应日益激烈的市场竞争的需要，与国际先进企业接轨，旭阳集团加大了合资合作的力度，先后与法国佛吉亚集团、富维江森、日本中势橡胶、台湾信昌等国（境）内外知名企业成立了多家合资企业，通过合资合作，旭阳不仅引进了大量的资金、先进的技术，也提升了公司的品牌和管理水平、获得了新的市场，企业的效益得到了明显的增长。

2010年，旭阳集团与法国佛吉亚集团实现了全面战略合作，佛吉亚集团通过增资成为旭阳集团的参股股东，同时在长春组建了两家合资企业。在外埠市场的开发上，旭阳和佛吉亚也开展积极合作，2011年双方在成都设立的佛吉亚旭阳座椅成都分厂已经成为集团新的经济增长点，2012年双方又在广东佛山设立了佛山毯业公司和佛山内饰公司两家企业。

2012年9月，旭阳集团与佛吉亚集团、吉林大学又共同合资组建了汽车零部件研发有限公司，合资合作的范围从生产制造领域延伸到技术研发领域。随着集团合资合作和外埠市场开发工作的推进，集团在行业内的知名度进一步提升。

坚持以技术创新促发展

旭阳集团始终坚持以市场为导向，不断创新技术、创新产品。为提高企业的核心竞争力，旭阳集团不断加大技术改造和产品研发的力度，最近几年来平均每年投入超过5000万元的技术研发和技术改造资金。通过引进国外先进的技术和设备，采用新技术、新材料和新工艺开发新产品，在内饰新产品研发和新材料研发等方面积极努力，开发出了适合市场需求、具有较强竞争力和高附加值的汽车座椅、高铁座椅、汽车地毯、汽车内饰件和内饰材料新产品。

为加强研发能力建设，集团先后投入7800万元，新建了研发大楼、实验室和试制车间，新进和更换了实验检测装备，又召开了三次集团技术创新大会，对在研发和技改方面做出贡献的工程技术人员进行表彰奖励，同时加大人才引进的力度，努力打造技术水平高、管理能力高的高层次人才队伍。

2011年，在省科技厅的支持和帮助下，旭阳集团牵头创建吉林省汽车内饰产业工程技术创新战略联盟，通过联盟进一步整合和利用我省我市的行业技术创新资源，将相关科研院所和大学的技术人才优势化为集团技术创新的“外脑”，形成“政产学研金”紧密结合的技术创新共同体。联盟于2012年1月正式成立，目前旭阳集团已经有多个新技术、新产品项目和联盟的大学、科研单位签约共同开发。

坚持以管理创新促发展

旭阳始终坚持在强化企业内部管理上下功夫，从2011年开始，为提高团队管理能力，创新集团管控模式，完善管理体系，建立管理流程，集团与投入120万元深圳市中旭公司合作，深入开展了集团管控与人力资源、企业文化咨询，采取咨询和培训相结合，能力训练和执行力训练同步进行的方式，取得了良好的效果。

旭阳集团在创业和发展的过程中，还形成和塑造了具有鲜明的旭阳特色的企业文化，把“致力于为国家做贡献，致力于为股东创财富，致力于为客户创价值，致力于为员工谋福利”作为企业使命，培育“创新、进取、合作、奉献”的企业核心价值观，努力构筑高层次的人才队伍，努力建设以优秀经营者为核心的管理团队，努力营造以员工为主体的工作氛围，增强企业的凝聚力、向心力，促进了企业的和谐健康发展。

合资合作拉动、技术创新驱动和管理创造新带动，在旭阳集团的“三动”战略指引下，到2012年末，旭阳集团所属企业由刚刚成立时的2家发展到11家，集团总资产由1.3亿元增长到13.6亿元；净资产由6500万元增长到7亿元；集团年营业收入突破20亿元，年利税近2亿元，为地方经济发展做出了较大贡献。旭阳集团也多次获得中国汽车零部件百强企业、吉林省模范集体、省市优秀企业、先进基层党组织、国企改革先进单位、振兴老工业基地突出贡献奖等荣誉和称号。

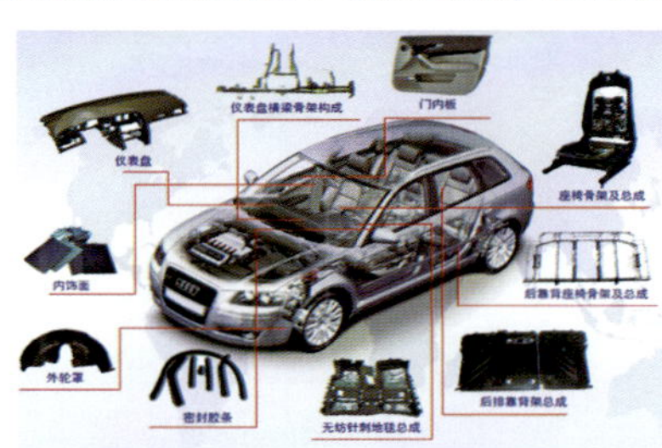

集团主要产品

云顶汽车部件股份有限公司

焊接车间机器人设备

焊接车间点焊设备

冲压车间C线

冲压车间B线

云顶汽车部件股份有限公司成立于2002年9月，位于长春高新区硅谷大街7999号，法定代表人林大波，经营范围：汽车部件、冲压件及焊接总成，蜗杆传动软管夹箍系列，铝压铸件生产，模具制造。

公司规划占地面积约9万平方米，现有由2000T、1250T、1000T、800T等设备组成的三条大型冲压设备生产线、二条铝压铸生产线；有英国进口的多功能自动数控铣；有国内先进的加工中心；有日本进口的机器人工作站，还有与之配套的其它高、精、尖设备。目前拥有年生产轿车零部件30万辆、卡车零部件5万辆、发动机铝压铸件10万台（套）的生产能力。

经过几年跨越式的发展，云顶公司的基本建设、技术能力及生产规模均实现了质的飞跃；目前可以为德系、日系、一汽三个标准厂家配套生产冲压件、压铸件产品1000多个品种，所有产品均为独家配套生产，市场占有率为100%。产品主要为中国第一汽车集团、广西玉柴集团、陕西汽车集团、吉利汽车公司、红塔集团轻型车厂等厂家配套，与各大主机厂已有多年的合作关系，多次被主机厂评为优秀供应商及新产品开发特殊贡献奖等。

公司主要产品为汽车冲压件、汽车铝压铸件，95%以上的产品为一汽配套；其中包括为一汽轿车公司的马自达轿车、C301、红旗轿车、一汽大众公司、一汽解放公司、一汽大发（D82）、一汽吉林汽车、天津一汽夏利汽车、天津铂金斯等汽车厂家配套。下一步在产品研发方面，将继续开发一汽大众Golf A7、AUDI Q3项目，一汽轿车J71、J31等项目。

2012年公司实现工业总产值3.94亿元，利税近1453万元。

公司拥有一支完整的技术研发队伍，包括模具开发、冲压技术、焊接技术、铝压铸及机械加工等多方面的人才。在产品开发方面与同等规模企业相比，处于绝对优势地位。产品技术水平与国际接轨，在同行业中处于领先地位。2004年6月、2007年6月、2010年6月三次顺利通过ISO/TS16949国际质量体系认证，目前各质量管理体系运行持续有效。先后获得一汽大众A级供应商、一汽解放A级供应商、一汽轿车优秀供应商。

持续快速发展，适应汽车行业的需求，公司投入一条大型冲压生产线，专门用于生产大型车身外表面覆盖件。配合公司现有焊接设备，产品发展方向为从单一冲压件逐渐向部件化生产过渡，最终实现产品以部件形式供货，同时提高自主研发能力和市场竞争能力，降低产品成本，并将建立模具生产制造及研发基地，面向公司和行业，以轿车中、大型内外覆盖件模具、检验夹具配套为主。规划目标为公司冲压件产品模具自主研发及对外承接模具制造；扩大公司铝压铸产品种类和产品规模，并将投资1400万元建成由3台2000吨、2台800吨设备组成的三条铝压铸生产线；

为适应市场经济发展的需要，扩大企业经营规模，拓展融资渠道，提高经济效益和市场竞争力，实现公司持续快速发展，使之成为带动长春朝阳工业经济开发区乃至长春地区的经济发展、参与国际竞争的龙头和骨干企业。

云顶汽车部件股份有限公司现已成为长春朝阳工业经济开发区的一个有影响力的骨干企业；利税连年递增；06至2010年连续获得朝阳区政府颁发的纳税大户荣誉称号；并先后被评为吉林省AAA守信誉、长春市AAA守信誉称号；长春市总工会授予的“五一劳动奖状”、长春市劳动关系“和谐企业”及“模范集体”、吉林省百强民营企业等荣誉称号。

冲压车间A线

加工中心

剪切车间开卷设备

焊接车间悬点设备

长春轨道客车装备有限责任公司

举办“讲规范、展风采、一口清”展示大赛

新厂区生产

客修生产

长春轨道客车装备有限责任公司是中国北车股份有限公司的国有独资大型工业企业。公司的主营业务由轨道客车修理、锻造制品和机械制品等板块组成，铁路客车、动车组、城轨车检修具有规模化、标准化的专业检修系统，铁路车辆轴、轮对造修及配件和工模具制造在行业领域具有相当优势。公司拥有第一流的技术队伍、先进的工艺装备、完善的质量体系、现代化的信息网络，建立了科学管理体制机制，是国内最具实力的轨道客车检修和配件制造基地之一。

2012年公司生产经营虽然遇到了诸多困难，但经过全体员工的共同努力，通过严肃生产计划，强化生产组织，开展生产会战等有效措施圆满完成了各项任务。围绕贯彻落实公司“十二五”规划和职代会精神这条主线，本着抓管理、促改革、促发展的基本思路，以 “学习提升年”活动为重点，科学谋划、统筹兼顾、分步实施。通过推进精益化管理，理顺内部管理流程，扎实推进企业管理工作。公司具有一批高水平的技术人才，通过实施CRH5型动车组检修、CRH380BL动车组检修、武汉轻轨转向架架修、深圳地铁转向架架修、湘潭造长春轻轨11号车电气中修、长春轻轨二期车辆架修等项目，提升了公司整体技术能力。2012年共完成专利申报11项，其中7项是发明类专利。《EA1T钢车轴热处理方法》获得发明专利授权，获得两项软件著作授权。2012年12月通过了高新技术企业复评。这些成果的取得体现了公司较高的技术水平和研发能力。

公司坚持“用户至上”的服务宗旨，通过采取走访、发函等多种方式，先后对17个路局车辆处、22个车辆段及8个配件使用单位征集顾客满意度，了解用户对我公司产品和服务的满意度评价情况及用户提出的建议和要求，增强与用户的联系和沟通。

为庆祝中国共产党建党91周年，以饱满的政治热情、优异的工作成绩迎接党的十八大胜利召开。公司党委以开展创先争优活动为载体，紧紧围绕企业改革发展稳定开展党建活动，在全公司开展了党员承诺践诺活动，在完成生产经营工作中发挥了模范带头作用。连续两年开展北车员工讲规范活动，全体员工熟练掌握作业指导书、质量标准和行为规范，员工队伍整体素质明显提升。从6月初开始，在全公司党员中开展“以迎接党的十八大，争做四优共产党员，争当岗位标兵为主题的讲党性、重品行、作表率”活动，为推进企业快速发展提供了坚强的组织保证。

长春市吉韩模具有限公司

吉韩模具是一家专业从事模具设计、开发、生产、服务于一体的专业性公司，为飞机、汽车、客车、家电、医疗器械等行业生产各种冷冲模具、塑料模具、检具、非标设备及塑料制品等。

公司为前店后厂的经营管理，下设经贸公司吉林省三友模具服务有限公司：经营数控、电加工设备、模具标准件及各类工具；模具生产基地吉林省吉韩模具有限公司：包括产品研发部、模具车间、数控车间，拥有大行程数控龙门铣床13台，普通机加设备60余台，具备大型模具及零部加工能力；塑料制品生产基地长春市吉韩模具有限公司：拥有10余台全电脑注射成型机，具备为主机厂配套生产的成功经验。

公司现占地总面积37000平方米，现有员工150人，全部接受了精益生产管理及6S现场管理培训，并于2002年通过了ISO9001质量管理体系认证，被一汽集团和哈飞集团评为“工装定点加工企业”。

专业化、知识化的员工队伍，造就了我们的生产开发能力。

标准化、全优化的质量控制，确保了我们的产品质量。

一体化、终端化的售后服务，解除了用户的后顾之忧。

企业以诚信、质量为服务宗旨，衷心希望能与您精诚合作，一起走向辉煌。

为哈飞集团生产的复合材料切割模具

为西安飞机制造有限公司生产的薄壳式复合材料成型模

飞机零件成型模.

玻璃钢成型模

为哈飞集团生产的复合材料成型模具

为哈飞集团生产的复合材料成型模具

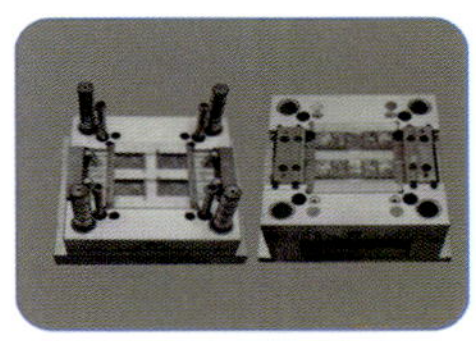
精密塑料模具

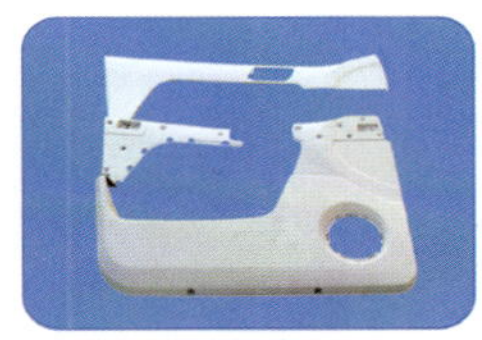
汽车门板

医疗器械

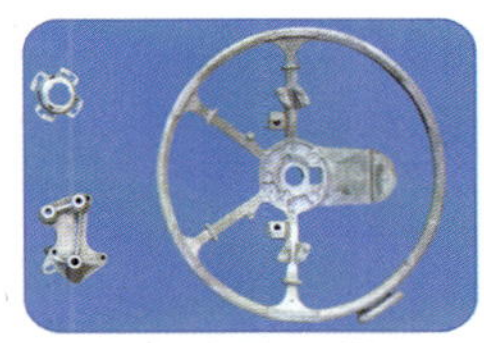
汽车方向盘骨架（压铸件）

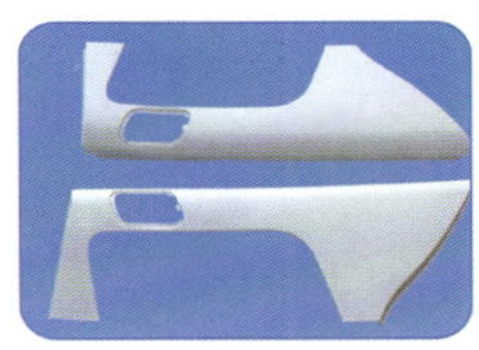
汽车附件

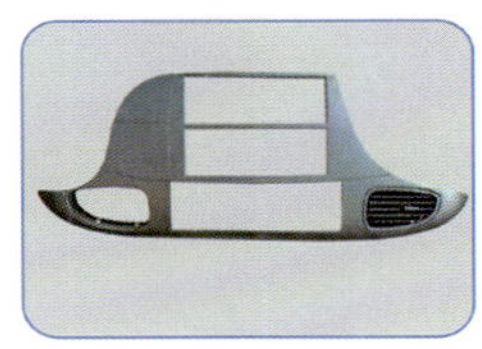
汽车仪表盘塑料壳体

长春联盈塑料制品有限公司

长春联盈塑料制品有限公司是集开发、制造、销售、服务为一体的汽车塑料制品专业生产厂家。公司成立于2010年3月22日，注册资金600万元，占地面积22860平方米，建筑面积10000平方米。公司现有员工100人，其中管理人员11人，生产技术人员8人，品质人员6人。公司拥有节能型注塑机、热流道控制系统、液压快速装夹系统、三轴伺服机械手等先进设备。主要产品包括轮罩防护罩、导流板、门侧压条等，覆盖一汽大众捷达、新宝来、速腾、迈腾、B7L、CC、奥迪Q5、奥迪A4L、奥迪A6L等车型。公司秉承“以质量求生存、以质量求发展、向质量要效益”的经营理念，牢固树立客户第一的思想，创造客户意料之外的满意。

公司配备了从90T至2850T共18台注塑机，该注塑机采用了AC伺服马达，实现流畅低速动作控制，较传统定量泵系统机型节能50%以上；直压式锁模结构，配高精度压力传感器，更加确保锁模力的准确；超大的四柱间距和容模量，适合机械化操作。

公司拥有独立的实验室，配有国内先进的测试设备，能够对塑料试样的拉伸、弯曲、冲击等力学性能及塑料熔体流动性进行测量与分析，实时掌握产品动态质量。

公司将以“科学管理、优质高效、持续改进、精益求精、始终追求顾客满意”的方针服务与汽车行业。

长春光华微电子设备工程中心有限公司

温总理视察公司（图为光机所所长宣明、公司总经理田兴志）

参加上海国际SEMICON展览会

调试车间

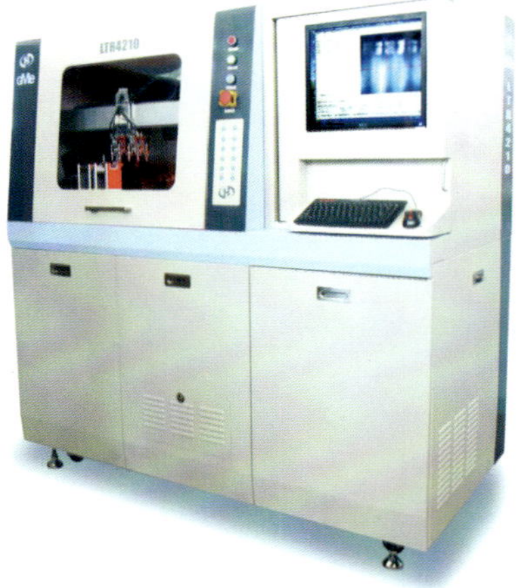

公司主打产品-激光调阻机

长春光华微电子设备工程中心有限公司位于中国吉林省长春市中国科学院长春光电子产业园区。

该公司是由中国科学院长春光学精密机械与物理研究所、广东风华高新科技股份有限公司共同出资，于2002年1月注册成立，被吉林省政府认定为高新技术企业，其主要从事微电子、光电子专用生产设备的研制、开发、生产、销售和技术服务。

公司现有员工90人，公司高层管理人员均由高技术职称的科技人员组成，他们具有较强的创新意识和创新能力，以及较高的经营管理水平及较强的市场开拓能力。公司技术队伍实力雄厚，具有光学、精密机械、机器视觉、电子技术与自动控制、计算机软硬件等各类专业技术人员40名，其中研究员（教授）3名，副高级职称以上研究人员15名，硕士以上学历12名。

公司的前身是中国科学院长春光机所的一个重要研究部，其技术人员多年来一直从事光、机、电一体化设备的研制开发工作，在光学、精密机械和计算机自动控制方面，在国内具有较强的技术优势。尤其在精密、超精密仪器设备及其相关精密机械传动和运动控制单元技术、高频高精度激光微细加工设备及其相关单元技术等领域具有较雄厚的理论基础和实际研制开发能力。在以往的科研开发过程中，这支队伍曾多次承担了中国航空、航天、光电对抗、超精密加工、激光应用等国家重大科研任务，并取得了多项科研成果，积累了宝贵的技术经验。

近年来，该团队曾首次在中国研制出全自动激光调阻机、TFT-LCD短路环激光切割机、超小尺寸LED粘片机和TFT-LCD：COG邦定机、铝丝焊机、电子标签RFID倒扣封装等微电子、光电子专用生产设备，其技术在原始创新、集成创新和引进消化吸收再创新的能力方面在国内都具有一定的影响力。

大连实德集团长春实

产品展示厅

生产车间

大连实德集团是一家有近20年发展历史的大型民营企业，化学建材产业是我们的主导产业。集团化学建材年生产总体能力68万吨，是目前全球最大的化学建材生产基地。被国家建设部授予“中华人民共和国建设部化学建材产业化基地”称号。2008年，国家商标局认定“实德”为中国驰名商标。实德品牌在《中国品牌500强》品牌价值排行榜中排名第70位。2002年开始，实德集团在国内分别建设了大连、成都、嘉兴、银川、漯河、安义、天津、长春八个化学建材制造基地。

实德公司是同行业技术进步最快、推出新产品最多的企业之一。公司全部采用全自动混料系统，进口挤出机和进口模具，主要原材料均采用进口产品，配方精湛，生产出的型材细密、均匀、光洁度高，具有出窗率高、配套齐全、断面设计合理、性能稳定等特点。

实德公司独家拥有青白、通体、共挤、覆膜及德博士等产品的完整生产线和国际先进的生产工艺，拥有60、65、70、80、88、106等多个产品系列，满足客户各种需求。产品先后通过美国AAMA、俄罗斯防寒、欧盟环保、日本防火等17项国际认证。

实德集团与万科、远大、碧桂园、龙湖、绿地、保利等大型房地产企业建立了良好地合作关系，携手在全国创建节能建筑、和谐社区。

长春基地为实德集团建设的第八个生产基地，供应吉林、黑龙江、内蒙古、辽宁等地市场。项目总计划投资为10亿元，占地面积14万平方米，计划年生产PVC节能建材16万吨。其中一期投资7.5亿元，年生产能力PVC节能建材12万吨，利税可达上亿。

自项目开始建设以来，榆树市委市政府及环城工业集中区一直鼎力支持，提供了令我们非常满意的全程服务，领导亲自包

厂区大门

德节能建材有限公司

保，项目进展很快。目前，工程挤出车间、混料车间、成品库、原料库、办公楼等全面投入使用，60条生产线已於2012年3月5日正式进入投产。一期竣工投产后，根据情况适时开展二期建设，引进生产线20条，生产彩色PVC型材4万吨。

实德塑材一直在东北市场上有占有率和份额是塑料型材的首位。长春基地投产后进一步提高了供货及时性，开发了更加适合东北市场的产品。在长春市及榆树市各界领导的协调下，城市暖房子工程大部分使用的都是我们吉林长春自己的型材，在产品的质量和经济性上我们也尽最大限度的保障。我们也会尽最大努力支持和参与当地经济社会建设，为吉林经济腾飞发展贡献力量。

成品仓库

长春万科惠斯勒小镇使用实德型材

榆树清华帝景使用实德型材

长春保利百合香湾使用实德型材

办公楼

吉林省长信窗业装饰工程有限公司

美邑

长影世纪村

美邑

吉林省长信窗业装饰工程有限公司坐落于长春市经济技术开发区银川街288号，公司注册资金600万元，固定资产1200余万元。占地面积12000平方米。公司是长春国信投资集团有限公司的控股子公司，其前身为长春市国信塑钢窗业有限公司及长春市宇华装饰设计有限公司。是经国家批准的专业生产塑钢门窗、铝合金门窗，不锈钢制品及装饰设计为一体的综合类企业。

公司员工170余人，其中高级管理人员 10人，拥有高级装饰设计师5人，各项专业工程技术人员30余人，二级项目经理10人，并拥有大批不同专业且经验丰富的技术骨干。

公司拥有两套数控断桥铝门窗生产线，两套数控中空玻璃生产线，一套数控塑钢门窗生产线，一套数控玻璃切割生产线以及专业电脑设计、生产检测系统。年生产铝、塑门窗能力15万平方米，年产值5000万以上，是吉林省政府指定的产品供应商。

公司具有雄厚的技术力量，专业生产多种型材的铝、塑门窗系列产品以及不同规格的推拉、平开、旋转、异形门窗，可以满足不同层次的消费者需求。

公司先后为长影世纪村、长影阳光景都、五环高尔夫家园、长春税务学院、吉林省第二实验中学、国信美邑、土地局市场、南航雅苑、吉林省九台万昌居家养老项目等30余个单位生产了100余万平方米断桥铝门窗及塑钢门窗，均获得了建设单位及用户的一致好评，其中部分工程还获得了君子兰杯、三市样板等荣誉。

公司以改革创新求发展，以诚信务实谋事业，以优质高效的工作作风为广大客户服务，愿与各界朋友共同合作，携手创造美好未来。

阳光景都

长影

车间

车间

断桥铝门

铝合金百叶

厂区

门面

南航雅苑

中国·铸诚集团

▶2009年11月16日，中国长春铸诚集团工业园奠基仪式在长春市双阳经济开发区隆重举行，长春铸诚工业园计划投资10亿元人民币，占地面积40公顷，建成后，年产铜门、装甲门、防火、防盗门、生态室内门和特种门等各种系列门130万樘的生产能力，可实现年产值11.7亿元，提供3000个就业岗位。

◀2013年5月28日，吉林省政法委书记金振吉、市政法委书记王振华莅临铸诚工业园调研，走群众路线了解企业需求，与张立民董事长共同探讨发展中国民营经济。

▲铸诚集团董事长张立民先生结合国内防盗门市场形势，将“五年成为国内最大的医用门生产基地、国内高端防盗门前五品牌、国内出口量最大的防火门生产基地”作为发展目标，指导开展产品差异化、专业化变革。

◀铸诚集团全体员工在7月末员工大会上为甘肃地震受灾同胞祈福，愿他们早日重建家园，重见孩子们可爱的笑容，铸诚人为甘肃加油！为中国加油！

◀▶长春铸诚集团2013年全国市场拓展计划全面启动，与此同时，在中央电视台一套综合频道和中央电视台新闻频道《朝闻天下》栏目中，启动广告夏季攻略，央视一套和新闻频道四次投放广告。

吉林省捷亚家俱科技有限公司

吉林省捷亚家俱科技有限公司是一家集床垫的生产、销售、科研为一体的大型综合性企业，公司投资1亿元打造的捷亚工业园，于2005年10月在长春经济技术开发区香港新工业园区胜利落成投产，是东北三省最具实力的弹簧软床垫生产企业。公司旗下两大品牌：捷亚牌床垫、金銮宝牌床垫。公司建立起一个具有国际竞争力的设计网络、采购网络、制造网络、营销网络和服务网络。在全国床垫行业中首家拥有配套的弹簧专业生产基地，护脊环保有氧棉生产基地，高密度环保海棉生产基地。公司现拥有美国、德国、日本等国的高科技床垫生产设备及国内主要设备厂家生产的专业床垫机械设备。捷亚在过去的30多年发展中，成为中国健康睡眠的引导者，公司产品在同行业中率先通过了ISO9001：2008版国际质量体系认证、绿色环保产品认证， 并且多次荣获吉林省著名商标、吉林省名牌产品、全国用户满意产品、全国名优产品等荣誉。多年来经历了国家、省、市质检部门的多次抽检，100%进入了A级产品行列。捷亚床垫、金銮宝床垫开创了“健康睡眠、快乐生活”新时代。

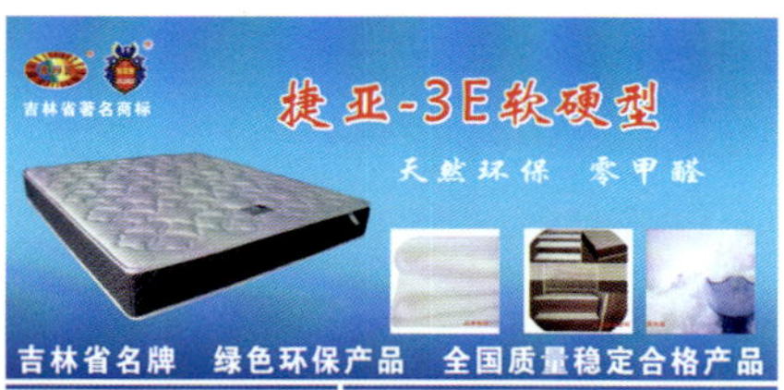

公司依托吉林省大学的科研优势，于2001年与中国软体床垫专家成立“捷亚健康睡眠研究中心”，率先提出了“健康睡眠”新概念，捷亚床垫独特的内部结构，时尚尊贵的外观设计，环保健康材料的运用，保健功能的充分挖潜，打破了席梦思产品的传统格局定势。 其中研发了独家专利产品—捷亚全竹床垫、强力健系列高级床垫、捷亚养生系列床垫等。捷亚-3E椰梦维系列床垫、捷亚-3E椰梦维儿童系列床垫，填补了床垫行业零甲醛的空白，成为国内儿童床垫的首选。

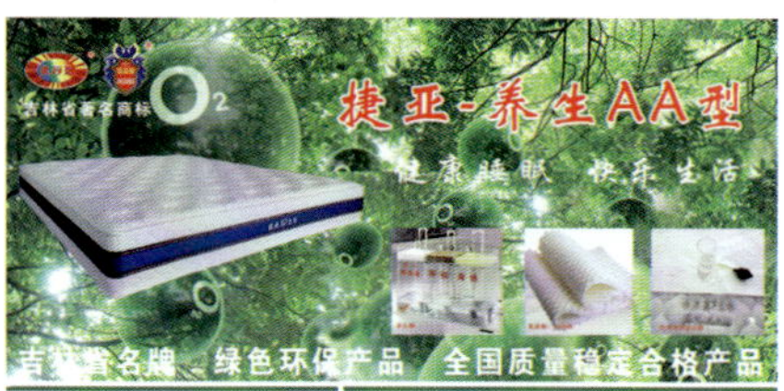

目前，捷亚床垫、金銮宝床垫已畅销国内各大主要城市及地区，远销美国、加拿大、韩国、俄罗斯等国家，今天的捷亚以更崭新的面貌向世人展示科技创造未来，让捷亚牌床垫、金銮宝牌床垫满足人们的睡眠生活，适应人们高品位的需求。未来的捷亚，将以国际化的战略视野与能力，以品牌、文化为纽带，全力缔造更为卓越的商业、制造和管理新模式；将致力于打造中国的世界品牌，真正成为中国软体床垫行业健康发展中的百年捷亚！

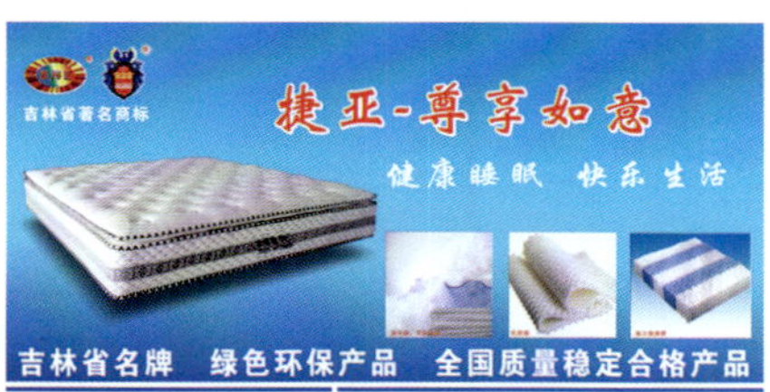

吉林风力发电股份有限公司

吉林风力发电股份有限公司总经理张克英陪同原吉林省电力公司副总经理、现任江西省电力公司党组书记王亿新到通榆风电场视察工作

吉林风力发电股份有限公司是吉林省第一家投资于风资源开发、建设与运营管理的股份制企业，注册资本8510万元。公司总部位于长春市平泉路1427号。

公司1997年12月成立，1999年开始发电，先后建设了通榆风电场一期、二期工程并实施两期技改，长岭风电场一期、二期工程。两个风电场总装机容量94.91MW，其中，通榆风电场45.06MW；长岭风电场49.85MW，共计97台风力发电机组。其中，通榆拥有11台西班牙MADE公司AE-46型660KW风机，38台丹麦NORDEX公司N43/600CCV型600KW风机和10台金风S82-1500KW风机；长岭风电场拥有西班牙G58型850KW风机11台，新疆金风S82-1500KW风机27台。

公司本部设有综合部、财务部、生产部、企划部4个职能部门，共有员工21人。通榆、长岭两个风电场，共有员工32人。

公司已经形成了集风能开发、咨询、检修、研发、运营于一体、精干高效的经营管理模式，拥有各专业高素质人才。

吉林风力发电股份有限公司总经理张克英、副总经理梁庆嘉春节到通榆风电场慰问

吉林风力发电股份有限公司党总支书记李国才、副总经理梁庆嘉元旦慰问通榆风电场一线职工

吉林风力发电股份有限公司通榆风力发电厂

MADE-AE-46-I美德风力发电机组

N-77-1500金风风力发电机组

NORDEX-N43-600风力发电机组

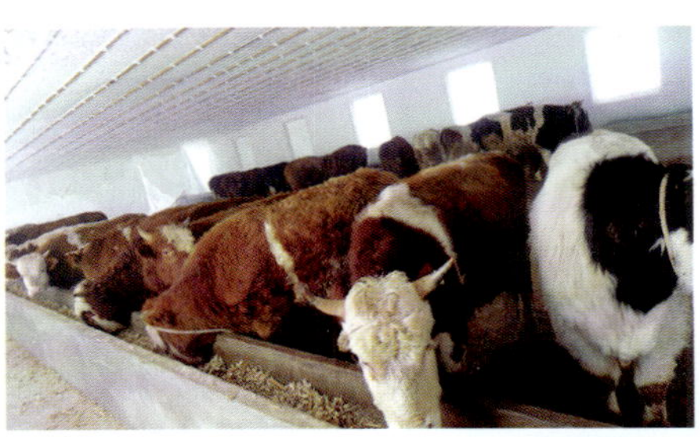

吉林省乐府农业科技开发有限公司

基本情况：吉林省乐府农业科技开发有限公司（以下简称乐府公司），位于长春市朝阳区乐山镇长胜村磨房屯，公司注册资金1020万元。投资1200万元建设的“乐府绿色生态园”（以下简称生态园），占地面积6公顷（60,000平方米）。地势平坦，土壤肥沃，西、西南、北、北偏东三面被森林环抱，地势呈东南走向。处于朝阳区“十二五”规划的生态旅游观光区范围内，是乐山镇“南米北菜，南牧北工，镇区商住，旅游多点分布”发展策略的重要组成部分。符合乐山镇生态旅游观光农业发展战略。公司以生产纯正有机食品为出发点，建立起白酒生产—有机饲料加工—有机养殖—有机种植—有机农产品加工等一条完整的有机食品生产循环链。利用生态餐厅、开心小菜园、游览生产车间和养殖区，做到顾客“可览、可游、可吃、可住，可玩，可做，可检”来推广和宣传有机食品知识，提高人们对有机农业的认识，为春城人民提供了一个节假日休闲，娱乐，享受健康生活的好去处。公司经营以公司加农户的方式发展，通过合同方式带动周边农户不断扩大有机食品的生产量，从而推动地方经济的发展。

乐府生态园以“生产—休闲—康乐—教育”为目的，建有：

1.有机白酒生产车间。建有300平方米的有机白酒生产车间，使用在通榆种植基地定点生产的有机粮食酿造有机白酒。游客可以现场观摩酿造，公司可以按顾客要求生产，同时可以为顾客提供有偿储酒业务。公司设计生产的绿金源牌特色瓶装酒是馈赠亲朋好友的佳品。酿酒所产生的酒糟加工成有机饲料饲养有机猪、牛、鸡等畜禽。

2.有机养殖。生态园在林中放养森林鸡，并建有猪、牛、羊养殖区和特种动物、禽类养殖区。4000平方米垂钓池，放养鲤鱼、草鱼、鲫鱼、武昌鱼、青鱼、鳜鱼等鱼类供游人垂钓和餐厅使用。更有精养池放养红点鲑、金鳟鱼、红鳟鱼、中华鲟供游人观赏。

3.有机种植；生态园建有温室、大棚和乐府小菜园，种植有机蔬菜。生态园用篱笆圈出400块小菜园，每块50平方米，对外出租。您可在公司专人指导下学习种植有机蔬菜，亲自体验耕种与收获的快乐，同时也可全部委托生态园耕种，管理和收获，并且每周免费送菜，让您吃到新鲜，健康营养的有机蔬菜。乐府小菜园即是蔬菜生产基地，也是有机蔬菜种植示范基地，园主可以在收获有机蔬菜的同时学习有机蔬菜知识、体验农耕和采摘的生活乐趣。

4.生态餐厅。1700平方米的生态餐厅，中间为木质结构开放性生态大餐厅，四周水面养殖各种观赏鱼，两岸种有特色珍奇植物供顾客观赏，四周为环形包房，安静舒适别具特色。您可以品尝高级厨师用有机原料精心加工烹制的美味佳肴，亦可在高级厨师的指导下亲自烹制自己栽种的蔬菜。生态餐厅静雅别致，可同时容纳500人就餐。可承办朋友同学聚会，生日典礼，结婚酒宴等大型餐饮活动。

5.休闲娱乐和住宿 生态园建有网球场和垂钓池，让您可以在大自然的怀抱中放松身体，沉淀浮躁的心灵。建筑面积1000平方米的客房，设有豪华间、标准间，日接待能力50人，让你躲开城市的喧嚣，独享这一份乡村夜晚的宁静。

6.有机种植、养殖基地。公司在白石山林业局建立黑木耳、蘑菇、核桃仁生产基地；在白城市通榆县建立了30公顷的有机杂粮生产基地，生产谷子、高粱、绿豆等有机杂粮。和松原有关厂家合作加工有机杂粮深加工；在临江生产森林保健品；在红石林区和永吉县建有5个森林猪和“吉黑”笨猪养殖场，年出栏有机猪1000多头；在双阳区建有30公顷的种植养殖生产基地，生产水稻、玉米，饲养笨鸡和各种鱼。

【企业概况】 吉视传媒榆树分公司是2003年正式挂牌成立。2006年整合上划省集团公司。公司现有职工329人，公司下设9个部门。在市区和乡镇设有38个网络服务站。领导班子成员5人：经理于春涛、副经理张金宝、赵立新、李伟清、王世伟。2012年度，榆树分公司本级实现总收入5484万元，比去年增加836.44万元，同比增长18%。当年新增有线电视用户12730户，其中：城网数字用户增加5516户，农村用户增加7214户，分公司用户总量已达到21.5万户。

【客户服务】吉视传媒榆树分公司成立之初就确立了“以人为本、用户至上、诚信双赢、质量第一”的经营理念和“满意客户”、“感动客户”的服务宗旨，尽最大努力满足农村用户的需求。在对用户服务上下大力气，狠抓了服务意识、服务水平和服务质量提升工作，将对用户的服务情况作为绩效考核的重要指标。坚持做到7*24小时，分公司总部的呼叫中心、机房、市区四个服务站已做到全天24小时有人值班随时接听用户投诉电话，对乡镇站也明确提出7*24小时服务的要求。同时还开通了终端投诉业务，用户的问题可以直接反应到维修人员的手机上，大大提高了解决用户问题的效率。用我们的优质服务，为广大农村用户提供丰富的媒体咨讯，优质的有线电视节目，使用户真正感受到高品位的精神文化产品魅力，充分满足观众不断增长的文化需求，为农民谋福利，为广电事业谋发展，为榆树的经济发展做贡献。

【企业荣誉】榆树分公司全体干部职工经过多年来辛勤努力工作，尽心竭力地把公司的发展作为己任，把精力全部投入到工作中来，圆满的完成了省公司交给的各项工作任务，工作上充分得到了地方市委、市政府的认可，社会的认可。

榆树分公司于2004年被吉林省广播电视电视局授予“第三届全省广播电视创新立业工程先进网络公司” 荣誉称号。

榆树分公司于2005年10月被长春市人民政府授予“会计工作先进单位”。

榆树分公司于2006年5月被榆树总工会授予“五一劳动奖状”

榆树分公司于2006年4月被长春市总工会授予“五一劳动奖状”

吉视传媒股份有限公司榆树分公司

榆树分公司于2006年10月被长春市总工会授予“模范职工之家”荣誉称号。

榆树分公司于2005年——2006年度被中共长春市委、长春市人民政府授予“精神文明建设先进单位”荣誉称号。

榆树分公司于2006年4月被长春市创做活动领导小组授予“创学习型组织，做知识型技能型职工”活动。

榆树分公司于2007年12月被榆树市总工会授予“全市企事业工会规范化建设达标单位”荣誉称号。

榆树分公司于2007年12月被吉林日报社会信誉百姓评价组委会授予“2007年度优质服务单位”荣誉称号。

榆树分公司于2007——2008年被中共长春市委、长春市人民政府授予“精神文明建设工作先进单位”荣誉称号。

榆树分公司于2009年12月16日被中共榆树市委、榆树市人民政府授予的“2009年度全市保障性安居工程先进单位”。荣誉称号。

榆树分公司于2009年9月被吉林日报社业集团、吉林电视台、财富吉林、都市动听授予“2009年新锐传媒年度百姓口碑金奖单位”荣誉称号。

榆树分公司于2009——2010年被中共长春市委、长春市人民政府授予“精神文明建设先进单位”荣誉称号。

榆树分公司于2010年3月被吉林日报报业集团收授予“吉林省最佳公众形象单位”荣誉称号。

榆树分公司于2011年3月被吉林日报社市州新闻中心授予“辉煌十一五吉林省最得民心奖”荣誉称号

榆树分公司于2011年6月被榆树市妇儿工委授予“榆树市代理家长活动先进单位”荣誉称号。

2012年，榆树分公司先后被授予长春市职工职业道德建设标兵单位、五一劳动奖状、榆树市精神文明建设先进窗口单位、榆树市市长公开电话先进单位、榆树市公用企事业办事公开工作先进单位、榆树市“双日捐”先进单位等荣誉。公司在业务发展、精神文明实现了新的跨越和突破。

【农网建设】农网数字整转工程是一项涉及千家万户的惠民工程，得到榆树市委领导的大力支持，政府办专门发文，把这项工作纳入到了民生工程。并且将这项工作纳入乡镇党委年度考核之中。吉视传媒榆树分公司2011-2012年在农网建设和用户发展实现了历史性的跨跃。2013年榆树将实现农网全部数字化。

【互动吉林业务产品】互动吉林业务启动这标志着吉林省数字电视全面迈向高清交互时代。互动吉林是吉视传媒依托高清交互式现代媒体信息服务平台精心打造的一项崭新业务。观众不仅能够收看到比往更为清晰、丰富的电视节目，而且能够和电视进行“互动”，可以任意点播自己所喜欢的节目，以及高/标清时移电视、电视录像、回放等。同时，依托电视银行服务平台，将电视机作为自助服务终端，实现水暖电气电话的缴费，使用遥控器实现账户查询、缴费、转账、个人欠费信息提醒、购物及服务费用支付等银行业务的家庭办理。交互类业务陆续还会有其他扩展业务，如彩票、股票的在线交易、唱片点播、音乐壁画、家庭相册、卡拉OK、网络资讯等等。通过互动吉林业务在全省的启动和推广，吉视传媒的服务方式将逐渐从单一形态向全媒体、全业务、全功能转变，不仅提供广播电视等文化产品服务，也提供多样化的信息服务；使服务领域从单一领域向跨行业、跨系统转变，实现从“看电视”到“用电视”数字电视根本转变。

SINOCHEM | DSM
DSM Sinochem Pharmaceuticals

中化帝斯曼生化中间体（长春）有限公司

中化帝斯曼生化中间体（长春）有限公司，位于吉林省榆树市五棵树经济开发区榆五公路北侧88号，是中化帝斯曼制药有限公司的全资子公司，属荷兰皇家帝斯曼集团和中国中化集团在中国共同投资的外商独资企业。截至2012年底，公司投资总额超过2亿美元，厂区占地面积约11.5万平方米，员工370人，主要产品6-APA，预计年产4000吨，产品将销往世界各地。

公司以其最先进的生产工艺、现代化的厂房设备以及高自动化的控制系统、大批高素质人才和众多具有全球生产经验的外籍专家的支持，力争实现经济效益、环境质量和社会责任的平衡发展，亦即是在人、地球和利润三方面同时创造价值。公司坚持以人为本的文化氛围，致力于创造轻松和谐的工作氛围，在丰富的培训和工会活动的同时，为了促进员工团队建设，公司每年会为员工提供统一旅游福利政策。公司为了更好的增进沟通，每年会统一开展“员工向心力调查”，对最终调查结果进行分析，并提交董事会，进而发布在每年一度的公司可持续发展报告中。调查结果不仅能够帮助管理层更好地确认和了解员工需求，并且对其未来的一些决策具有指导意义。

公司在安全、健康和环保方面也有专职部门，在严格按照国家安全生产等相关法律执行的基础上，还坚持着公司自有的四条方针：1）提供一个无伤害和无事故的工作场所、2）防止所有与工作相关的疾病和健康问题、3）控制在我们产品的整个生命周期中与产品有关的风险并使其最小化；并且选择消耗原材料和能源最少的生产工艺和产品、4）持续不断地评估和改进我们的运作、工艺和产品，使他们对雇员、客户、公众和环境保护来说是安全的。公司以科技为立足之本，秉持着实现可持续发展的核心价值观，提倡“绿色公益”，所有的主要原料以纯净水为介质在常温下完成反应，继而降低了化学溶剂及化工原料的使用量，减少了化学废物的排放量；公司在污水处理设施上投入了相当大的资金和精力，做到了对于污水的处理和检测及时有效地进行，确保无污染排放。公司在安全方面也尤为重视，从日常工作上下楼梯扶扶手至非常规作业的安全管理都有着完善制度和要求，并及时为员工和访客做好培训，确保严格执行，所有的不安全因素和事件，类似于滑倒未受伤这样的虚惊事件都需要在月度安全汇报中体现，并出具相应的解决办法和执行计划，跟踪执行；更是规定了如出现医疗或损失工作日的事故必须在24小时内汇报到董事会。这样完善全面的安全管理工作，已经成为当地企业学习的表率。

公司年会

开业典礼

防火演习

项目期间

安全工时

中化帝斯曼制药有限公司总部位于新加坡，目前在全球拥有约2000名员工。公司历史可以追溯到1870年，目前主要从事抗感染领域原材料、中间体及原料药的开发、生产、销售，包括抗生素（用于抵抗细菌感染）、抗真菌药（用于抵抗真菌感染）以及降低胆固醇等其它治疗类药物的活性药物成分。在全球范围拥有印度、荷兰、墨西哥等众多生产基地、研发中心及区域业务总部等。该公司是β－内酰胺抗生素领域的绿色供应商、真正意义的全球生产商以及欧美唯一通过FDA认证的青霉素生产商。

外国专家

作为长春市五棵树经济开发区第一家外商独资企业，公司自项目立项到投入生产，得到了吉林省省委、省政府，长春市市委、市政府及榆树市市委、市政府的大力支持和帮助，预计项目达产后，可实现年销售收入8个亿，并且解决了当地320余人就业问题，促进了当地餐饮、宾馆、房屋销售、房屋租赁、日用品销售等行业消费能力和消费水平的提升，已经成为了当地较有影响力的企业。

管理团队

坐落于长春市五棵树经济开发区的中化帝斯曼生化中间体（长春）有限公司正在稳步前行，茁壮成长。我们坚信，年轻的中化帝斯曼生化中间体（长春）有限公司定会实现引领一方经济发展、造福人类的伟大目标。

吉林·榆树365现代生活馆

吉林·榆树365现代生活馆，是榆树市人民政府民生工程，是榆树市人民政府2010年承诺的12件民生大事之一。

该项目由榆树市人民政府提出，由城郊街道办事处北门村和榆树市房地产开发有限公司合作开发建设。

该项目总占道面积80448平方米，总建筑面积107651平方米，总投资3亿元人民币。具体规划设计了古典建筑艺术和现代建筑元素相结合的四个门，一个配货中心，一个中心休闲广场，三个18米宽1公里长的商贸步行街，六个独立经营大厅和八个多功能厅，在设计细节上，我们注意把榆树的历史和文化融入作品中。

该项目运营后将成为南方小商品、品牌商品在北方的集散地，成为吉林北方及榆树周边城市乡（镇）村农副产品和蔬菜的批发地。主营食品烟酒百货、农副产品、水产品、水果、干调、花鸟鱼、装饰装修、家佩家电、洁具橱柜、精品服装鞋帽及美食休闲娱乐等。

该项目于2010年开工建设。一期东区农副产品专营厅已于2011年1月1日开工建设。西区于2011年12月末全部竣工，整体于2012年1月1日正式营业。

该项目建设投入使用后，年可实现租金收入1000万元，实现商品交易额30亿元，上缴税金1000万元。可连带安排1万人就业，可容纳3000余个经营业户。

吉林·榆树365现代生活馆秉承三百六十五天，天天做人；三百六十五天，天天服务；三百六十五天；天天共赢，这一信念和承诺，倾全力陪伴好、服务好榆树百万民众。

吉林·榆树365现代生活馆将成为中国北方目前县级乃至三线城市单体面积最大、功能最全、服务最佳、特色鲜明的市场，将成为榆树市地标性建筑，成为50年后榆树百万人民仍然能敬仰的地方。

SUNYARD
世友地板
汇强陶瓷
安居门业

365现代生活馆
宏业骏开

吉林真元制药有限公司

吉林真元制药有限公司始建于1993年，原为中日合资企业。2004年企业移地改造由长春市迁到榆树市五棵树现代农业产业开发区，2009年民营企业家王铁峰先生出资收购了中、日双方的股份，由合资企业改为国内民间投资的民营企业，王铁峰先生出任公司的法人代表和董事长。公司是榆树市重点工业企业，当地的纳税大户，也是榆树市政府重点扶持企业。几年来，在纳税方面、安置当地劳动力方面，为榆树市的发展做出了重要贡献。

公司位于榆树市五棵树现代农业产业开发区，紧邻美丽的松花江畔，地理位置优越，环境优美，空气宜人。公司门前是榆陶公路，交通便利，物流通畅，非常有利于企业的运营发展。公司占地面积30，000m^2，建筑面积15，000m^2，有一个固体制剂生产车间、一个中药前处理提取生产车间，仓库面积3，000m^2，一个新建的6，000m^{2}的制剂大楼土建工程已经完工，计划再投入2，000万元建成一个年产片剂20亿片、胶囊剂20亿粒、颗粒剂5000万袋的新的固体制剂车间，2014年前准备按照国家新的GMP标准进行认证。达产后可完成年产值1.5亿，企业发展前景广阔。

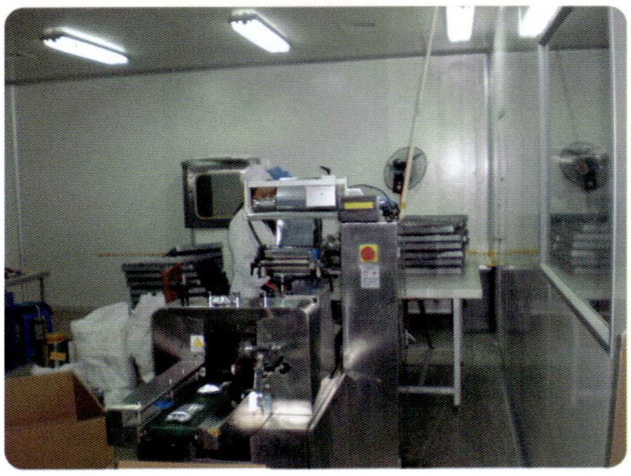

公司目前拥有国家食品药品监督管理局批准的药品生产文号21个，分为片剂、胶囊剂、颗粒剂三个剂型，产品有抗生素类、解热镇痛类、心脑血管类、治疗肝病类、抗感冒类、治疗颈椎病类、治疗咽炎类、舒肝明目类等，以专业生产中成药为主。其中五味治肝片是国内独家的中药保护品种，2002年曾被国家经济贸易委员会评为国家重点新产品，市场一直供不应求。颈康胶囊、心脑康胶囊、利咽灵片、龙泽熊胆胶囊等品种销售覆盖全国二十几个省、市（自治区），患者反映良好，市场畅销，企业品牌有良好的口碑。

公司现有员工130名，其中大专以上学历的各类专业技术人员31名。质量保证体系健全，中心化验室配备了高效液相仪、气相色谱仪、红外色谱仪、紫外分光光度计等先进检验仪器。产品生产严格按照国家GMP标准进行，产品质量有可靠的保证。

公司计划在未来五年内，与省内外科研机构联合进行新药研发，针对国内疾病治疗的临床需要，开发3～5个新品种，为患者提供更多的、更有效的药品，解决患者的病痛和临床治疗的需要。

几年来，公司一直秉承“造福人民、回馈社会”核心理念，本着“质量第一、信誉至上”和一切为患者企业精神进行生产经营活动，我们将一如既往的为社会、为患者多出药，出好药，为社会贡献我们的一片爱心，为我国的医药事业发展贡献我们的一份力量。

长春吉粮天裕生物工程有限公司

产品运输车辆

吉林省酒精工业集团天裕生物工程有限公司（简称天裕公司），是由吉林省国资委控股、吉林省酒精工业集团有限公司独资经营的国内大型玉米精深加工企业，是吉林省“十一五”期间农业产业化重点项目和高新生物化工基地。公司于2006年5月在长春五棵树经济开发区注册成立，注册资本金2亿人民币，固定资产总投资10.5亿元人民币，占地面积37万平方米，共有员工570人，年加工玉米45万吨，可生产全品种乙醇15万吨、DDGS 蛋白饲料13万吨。

天裕公司乙醇项目建设在松嫩平原腹地的全国产粮第一大县–榆树，是世界著名三大黄金玉米带之一的中心地带，我国重要商品粮基地，素有“天下第一粮仓”的美誉。丰腴的沃土为项目提供了充足的粮源保证；铁路京–哈线、榆–陶线和公路京哈高速、102国道、榆陶公路在这里纵横成网，为原料进厂和产品运出提供了十分便利的交通条件；吉林省内最大水系–松花江距项目厂址仅1公里，可为生产提供充足、廉价的水源。厂内建设有乙醇装置、DDGS生产线及自备电站、净水场、污水处理场及铁路专用线等功能完备的公用工程和辅助设施。乙醇生产以玉米为原料，采用全粒法粉碎、大罐连续发酵、五塔差压蒸馏的方法，主要产品有食用酒精（普优级）、无水酒精、工业酒精等；副产品有DDGS蛋白饲料、杂醇油、玉米油等，每年消化玉米40万吨，拉动就业600多人，向当地上缴税金3000多万元，大大解决了农民卖粮难问题。

乙醇厂蒸馏塔

天裕公司将进一步向下游纵向精深加工发展，大力开发醇醚、乙醇胺、乙二醇等高附加值、高收益产品，依托酒精集团将打造成国际一流，国内领先的酒精、白酒及化工产品生产基地。

厂区优美环境

热电厂大烟囱

天裕公司大门

长春通威饲料有限公司

通威集团董事局主席 刘汉元

长春通威诞生于1998年，公司地处素有“天下粮仓”美誉的吉林省榆树市，是通威股份有限公司100余家分子公司中最北端的子公司。公司占地面积50亩，总投资4000万元，是吉、黑两省最大的水产饲料及主要的畜禽饲料生产企业，主要产品:鱼、猪、鸡、鸭、牛等系列全价配合饲料和浓缩饲料,年生产饲料10万吨。长春通威是吉林省饲料工业协会副会长单位。

长春通威饲料有限公司经营范围为：生产销售饲料、兼营饲料添加剂、系列药饵、系列原辅料、养殖器械、养殖技术咨询服务、成品兽药。其中全价饲料、浓缩饲料生产经营为公司的主营业务，产品销售范围主要在吉林和黑龙江两个省。公司自成立以来，年销量逐年提高，从1998年的几吨上升到2012年的8万余吨。在2010年受到特大暴雨后，由于吉林地处重灾区，公司吉林地区的经销商和用户受到巨大影响；灾后，公司经营班子把市场恢复作为工作重点、把为客户恢复养殖水面做为重中之重，针对市场状况落实一系列经营措施，并在后续市场工作中体现出来。公司经过十几年的发展，已形成以猪料销售为主，水产料销售为重，重点推动猪料销售的经营模式，使之猪料和水产料各占半壁江山的情况。

长春通威总经理 王广生

公司严格推行管理总部制定的准军事化管理工作。公司坚持把准军事化管理工作的各项要求一一落实，将“把好“科学配方”、“优质原料”、“先进的生产工艺”、“严格的品质管理”四关使产品长期处在高品位，高稳定的状态中”作为工作方针，推动公司准军事化管理的常态化。

长春通威公司坚持“追求卓越、奉献社会”的企业宗旨和“诚、信、正、一”的经营理念。在做大做强企业的同时，公司也注重对社会的奉献力度，巩固通威良好的社会形象。2008年5 12汶川特大地震，公司在第一时间与长春五棵树经济技术开发区管理委员会、吉林省饲料办取得联系，表达积极捐款的想法，并得到认可，公司积极组织全体员工向灾区捐款，被吉林省饲料工作办公室内和吉林省饲料工业协会评为“抗震救灾先进单位”。几年来在养殖行业面临众多困境、饲料企业竞争加剧的不利环境中抓住优势，突出重围，在东北饲料企业销量同比几乎全部负增长的情况下实现了多年增长，赢得了通威应有的行业领导地位。

长春通威化验室

长春通威始终坚定不移的坚持“追求卓越，奉献社会”的企业宗旨和“诚、信、正、一”的经营理念，始终坚持“随时随地服务于您”的服务宗旨，利用通威股份的集团管理优势、技术优势、资金优势，不断强化和提升核心竞争力，经过十几年的经营,通威的大旗已在东北大地高高飘扬。

吉视传媒股份有限公司九台分公司

总经理　王玉民

班子会

吉视传媒股份有限公司九台分公司，隶属省吉视传媒股份有限公司。主要经营九台市城区范围内广播电视信息网络传输及大客户专网、数字付费电视、互动吉林、宽带互联网等增值业务。

近年来，吉视传媒九台分公司按照集团公司战略转型的总体部署，重点工作稳步推进，在业务发展、体质改革、精神文明和创新能力上实现了新的跨越和突破，整体盈利能力显著增强。2012年被评为“长春市重合同守信用标兵单位”。2013年5月被吉林省综合事务监督评委会吉林省社会信誉百姓评价组委会评为“吉林百姓口碑金榜单位”。

一直以来，公司党委注意抓班子、带队伍，党组书记、总经理王玉民亲自带领机关人员深入一线调研，在此基础上建章立制，用科学高效的制度来管理企业，班子建设、队伍建设效果显著，反腐能力、领导决策能力和创新能力不断提高，为适应战略转型需要，公司完成了新的考核指标办法，加大对职工出勤率和增值业务的考核力度，使绩效考核与岗位晋升有效结合，激发了员工主动创新的热情。

公司坚持“用户就是上帝”的理念，不断提高服务质量，做到不仅让用户满意，还要让用户感动。自成立以来，公司多次完成安全传输和安全防范工作，在两会等重要时期采取有效措施，切实保障节目安全播出，在全体干部职工的努力下，顺利完成了安保任务，没有出现任何停播、插播事故。

面对喜人的局面，公司党委一班人并没有满足于现状，他们狠抓落实，挖掘内部潜力，统一思想，提高认识，克服畏难思想和自满情绪，将全体干部职工的心态调整到临战状态上来，力争保质保量地完成省公司的经营指标。今年公司出台新的营销策略，研究用户的收视需求，设计不同的套餐产品，以满足不同层面的消费需求。同时，还积极加大宣传力度，营造强大的宣传氛围，努力为建设幸福九台和谐社会贡献力量。

营业厅办公照

维护线路

2013年全体职工大会

宏声路营业厅

增值业务宣传照

九台供电分公司

春节期间于海山市长、刘大勇经理走访九台市66KV变电站，给职工带上最真诚的问候。

一、自然情况：

九台供电在职职工：98人、其中党员44人。下设三个党支部分别为：管理党支部、生产党支部、营销党支部。

2012年完成综合售电量8.85亿千瓦时，其中趸售7.14亿千瓦时，直供1.71亿千瓦时；直供部分第一产业用电量53.3万千瓦时，第二产业用电量4105.8万千瓦时，第三产业用电量5415.1万千瓦时，居民用电量7490.7万千瓦时。

二、2013年主要经营指标完成情况（截至4月30日）

1-4月份售电量完成29427万千瓦时，同比增长3.17%；完成年计划93179万千瓦时的30.51%。直供平均单价实际完成716.44元/千千瓦时，同比提高3.7元/千千瓦时，比年计划指标提高21.44元/千千瓦时。机关、储蓄电费连续4个月结零。

三、主要荣誉

2013年1月，长春市总工会授予分公司为2012年“安康杯”竞赛优胜单位。2011年分公司继续保持吉林省文明单位、吉林省模范职工之家、全国模范职工小家荣誉称号；九台220千伏变电站被评为国网公司达标班组、长春供电公司标杆班组；2012年分公司被吉林省精神文明建设指导委员会办公室评为2010—2012年度精神文明建设先进单位。2011年营销党支部获得长春供电公司先进党支部。

3.15消费者权益日客户服务中心九台分中心职工为居民解释安全供电知识

九台市凤凰城修路，客户服务中心九台分中心、检修公司九台分公司为百姓挪杆，为百姓派出困难。

防汛期间，客户服务中心九台分中心、检修公司九台分公司练习应急演练，确保防汛期间万无一失。

九台供电分公司成立吕清森共产党员服务队慰问敬老院，带上一些生活必备品。

中机北方机械有限公司

在非洲贸易说明会与埃塞俄比亚大使会谈

35苏丹农业代表团一行来公司访问

与日本井关公司签签约仪式

中机北方收割机下线仪式

中机北方机械有限公司是集研发、生产、销售为一体的大型现代农业装备制造企业。公司地处长春市以东、吉长公路17公里处，与绿草青青，野花馨香的卡伦湖毗邻而居。

公司创建于2007年11月22日，由中国农业机械化科学研究院、吉林省科技有限公司、长春市国投等企业共同出资设立的国有企业，注册资本7000万元。公司主要依拖中国农业机械化科学研究院的强大技术与市场后盾，强强联手，按照“高标准、高速度、高目标”的企业发展指导思想，秉承先进的企业管理理念，融会高、精、尖专业技术人才，打造国家在东北地区的大型农业机械产业基地。

公司本部占地面积达10万平方米，建筑面积4万平方米；目前公司下设综合管理部、资产财务部、技术质量部、生产制造部、市场营销部等部门；拥有一大批高级技术和管理人才，职工人数180人，其中技术人员52人，构建了一支高层次管理、研发、生产、销售的现代化团队。

公司自创建以来，依靠广大职工的艰苦奋斗，励精图治，科研设计和生产经营都有长足的发展，公司主要产品为玉米收获机系列产品：两行、三行背负式玉米收获机，不对行自走式玉米收获机；水田机械：系列手扶插秧机、半喂入水稻联合收割机、全喂入水稻联合收割机，产品性能达到国内领先水平，广受农民消费者的欢迎。

公司建有完善的售后服务队伍、市场信息收集分析体系和广足的市场营销体系，目前产品畅销东北地区，并以东北为重点。公司开发申报国家目录的产品7个，开发申报省级目录的产品5个。按着“边建设、边生产、边发展”的发展基本原则，实现了当年建设，当年建效的喜人业绩。公司连续五年销售收入过亿元，不仅受到集团的表彰，而且还得到省、市各级政府的充分认可。2009年6月25日，玉米、水稻收割机成功下线，这两大产品的下线填补了国内不能生产先进半喂入水稻收割机的空白。同时，玉米、水稻收割机项目被列2009年吉林省重大科技成果转化项目，获省里1000万资金扶持。

几年来公司所获荣誉：2008年度、2009年度在集团金奖评选中，连续二年荣获“跨越发展奖”金马奖的荣誉。2010年总经理孙东升同志荣获中国农机院个人贡献奖“金牛奖”。2010年1月，中机北方机械有限公司荣获长春市人民政府2009年度增产增收先进单位奖。2010年5月，获长春市工信局和中小企业发展局颁发“百强中小企业”的奖状。2010年6月25日，被授予“中央企业优秀共产党员”荣誉称号。2010年11月6日，中机北方机械有限公司通过国家二级标准化企业评审。2010年12月，中机北方机械有限公司生产的中农机牌联合收割机授予吉林省名牌。中机北方机械有限公司获长春市人民政府2010年度技术改造科技创新奖。2011年1月6日，中机北方机械有限公司荣获长春市科学技术进步奖二等奖，11个同志荣获长春市科学技术进步奖个人二等奖。

放眼未来，中机北方机械有限公司正以昂扬的姿态，向着更高、更远、更大的目标不断的发展壮大。在国家加大力度扶持“三农”的政策环境下，公司以进一步优化我国农机装备结构，提高农业综合生产能力为已任，快速推进农业机械化进程，为我国农业机械化事业的发展作出贡献。

碧浪2.0全喂入联合收割机

PG-6乘坐式高速插秧机

◄井关608半喂入联合收割机

4yz-4自走式玉米联合收获机

全方位深松机

办公楼正面

嘉鹏集团公司董事长　王志山

嘉鹏集团公司办公大楼

嘉鹏肥业生产线

嘉鹏公司高科技就地热再生

吉林省嘉鹏建设集团有限公司是2011年由原九台市公路管理段改制而成立的民营公司。企业由国有转为民营，在全省同行业中开国企转民企之先河，嘉鹏公司瞄着强势发展的有利环境，抓住一个又一个良好发展机遇，多种经营，多元化发展，不断壮大。

公司现已下设工程项目管理公司、养护工程项目管理公司、地产项目管理公司和农业项目管理公司，拥有12个子公司。公司注册资本为1.5亿元人民币，年生产能力达到25亿元。主营项目具有公路工程施工总承包一级资质和公路路面、路基工程施工专业承包一级资质，房地产开发二级资质，市政公用工程总承包二级资质。

多年来，公司立足公路施工市场，引进国际技术领先的机械和设备，提高了公路建设与养护的科技含量。现有各种机械设备152台，各种试验检测设备140台件，其中进口设备及国产先进设备超过90%。公司拥有德国维特根RX4500型热再生设备、德国维特根WR2500型冷再生设备，该机组可满足各等级公路沥青路面的现场热再生要求，既节能又环保。均具有世界先进的技术水平。嘉鹏集团公司现已成为吉林省百强民营企业，吉林省AAA级信用企业。

公司秉承着科技是第一生产力的理念，高度重视新技术的研发和引进工作，成立了技术研发与科技攻关小组，专门从事技术研发工作。公司研发的“硅藻土沥青混凝土改性剂”、“温拌橡胶沥青混凝土”，用于公路建设各项技术指标均达到了规范的要求，公司研发的“沥青混凝土再生剂”科研成果2011年获得了国家专利，具有很大的推广价值。目前，公司有一支强大的科研队伍，已被吉林省发改委批准为吉林省公路养护技术工程研发中心。较强的技术力量，引领公司不断向前发展。

嘉鹏始终秉承“人才是第一资源”的理念，聘请国内知名的管理专家和教授来公司授课；同时派年轻管理骨干到清华、北大等高校参加企业管理高级研修班；还为不同职位的员工详细划分培训班。公司培训工作的加强，为员工的健康成长创设了良好环境，为企业的发展提供了人才保障。

培育嘉鹏文化，以文化促发展。公司成立伊始，就提出了“打造嘉鹏特色文化，以文化促发展”的战略构想。把公司建设成为员工的“绿色家园”为出发点，在公路建设上提出了“让所有的车走最好的路”、在房地产开发上提出了“您的需要，嘉鹏建造”、在

吉林省嘉鹏建设集团有限公司

肥业生产上提出了“让农民兄弟用上放心肥”等理念，以为社会提供优质、高效的服务为统领，构建嘉鹏特色文化。现在，嘉鹏的文化建设已基本形成体系，以先进的企业文化支撑企业发展，并不断提升企业理念，本着由质量升华为品质的决心，企业由制度管理向文化规范和引导员工的方向过度，有力地促进了企业的发展。

公司不仅具有较强的生产能力，并确保每一个项目的质量品质。2002年以来累计中标近百项，建设总里程达到700公里，先后承担了国道珲乌公路、长吉高速公路等数十项高等级公路建设。所承建的工程优良率达到100%，履约率达到100%，长吉高速公路被建设部评为国家质量金奖和詹天佑大奖等多项奖励。

2008年，公司高起点的进军地产行业，已具有房地产二级开发资质，已开发建设的嘉鹏水岸城，成为九台市最具升值空间、最具居住品味的高端小区，成为嘉鹏地产的品牌。2013年，已开盘的嘉鹏城全面升级服务，以“零缺陷”的科学设计理念，精心打造置业新地标。

嘉鹏集团的发展自始至终得到了社会的关注和支持，嘉鹏集团公司长足发展，也在积极地回报社会。公司每年向政府纳税超千万元，成为当地的纳税大户

嘉鹏集团致力于社会公益事业，不遗余力帮贫扶困。公司每年都要从基金中拿出一部分钱资助各大专院校道桥专业、工商管理、财会、筑路机械等专业的国家统招全日制本科生，为其提供国家规定的学费，直到毕业。汶川、玉树地震发生后，为支援灾区抗震救灾，公司捐款近200万元，不仅树立了企业良好的形象，也体现了企业的社会价值。促进了公司的和谐发展。被评为吉林省精神文明建设先进单位。

▼嘉鹏地产公司开发的嘉鹏城

吉林中财管道有限公司

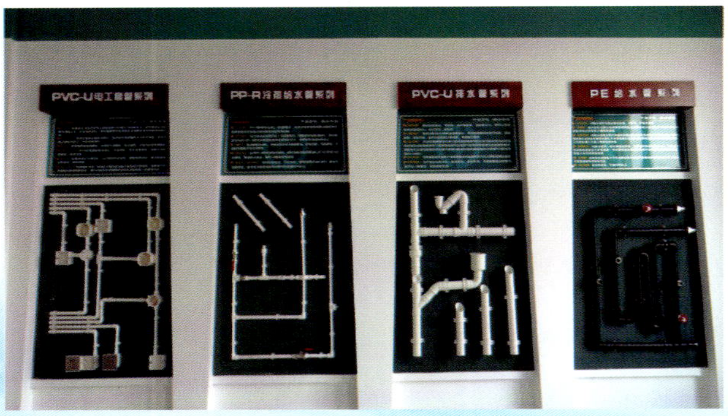

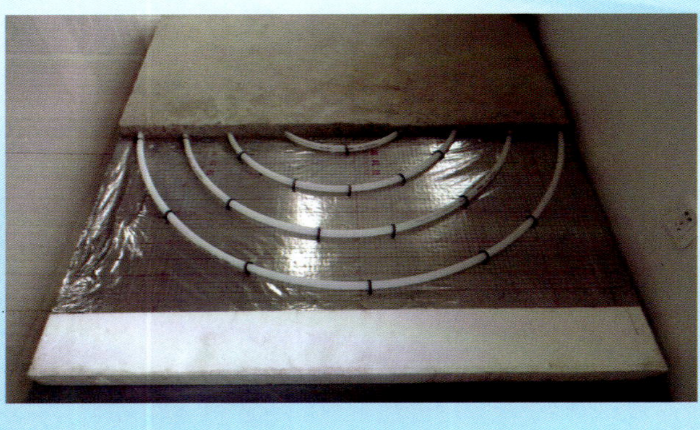

中财招商投资集团是一家社会化、市场化、现代化的综合性企业集团，已涉足化学建材、融资担保、典当拍卖、期货经纪、金融投资、小额贷款和国内外贸易等领域，呈强劲发展态势。

中财化学建材业是中财集团的核心产业之一，主要生产和销售PVC管道、PPR管道、PE-RT管道及PVC型材等系列产品，产品品种近800个，年销售额近50亿元。通过17年的艰苦创业及卓越运作，中财化学建材业已在全国设立8大生产基地、10大市场总部，并已构建起50多个省级市场管理处、近1000个营销机构和5000余家经销商的完善市场网络。

中财化学建材产业年生产能力达100万吨，2012年销售额近50亿，位居中国塑料行业前三甲。“中财”牌塑料管道产品、“中财”牌PVC—U塑料门窗型材均为首批获“国家免检”“国家名牌”荣誉称号的产品，在行业内享有良好的品牌知名度，是“国家重点高新企业”。中财始终坚持以产品品质为本，立足自主创新，得到了政府部门、行业协会及国内外权威机构的广泛认可。

2003年开始与美国通用公司进行战略合作，引进国际先进技术共同研制开发ASA/PVC共挤真彩型材，一举突破了型材彩色老化与耐候性之间的难题，不论是在抗日晒、耐腐蚀，还是在抗污染，不褪色等方面的表现都堪称完美，经相关部门对产品科技成果的鉴定为达到“国际先进”水平的产品。

“中财”牌型材和管材凭借过硬的质量为紧跟国家发展战略，中财适时在杭州、天津、西安、成都、长沙、新疆、吉林等地设立了大型的生产基地，形成了东南西北相呼应的格局。

吉林中财管道有限公司是中财招商投资集团设立在东北区域的大型化学建材的生产基地，是中财集团为开拓和贴进东北市场的重

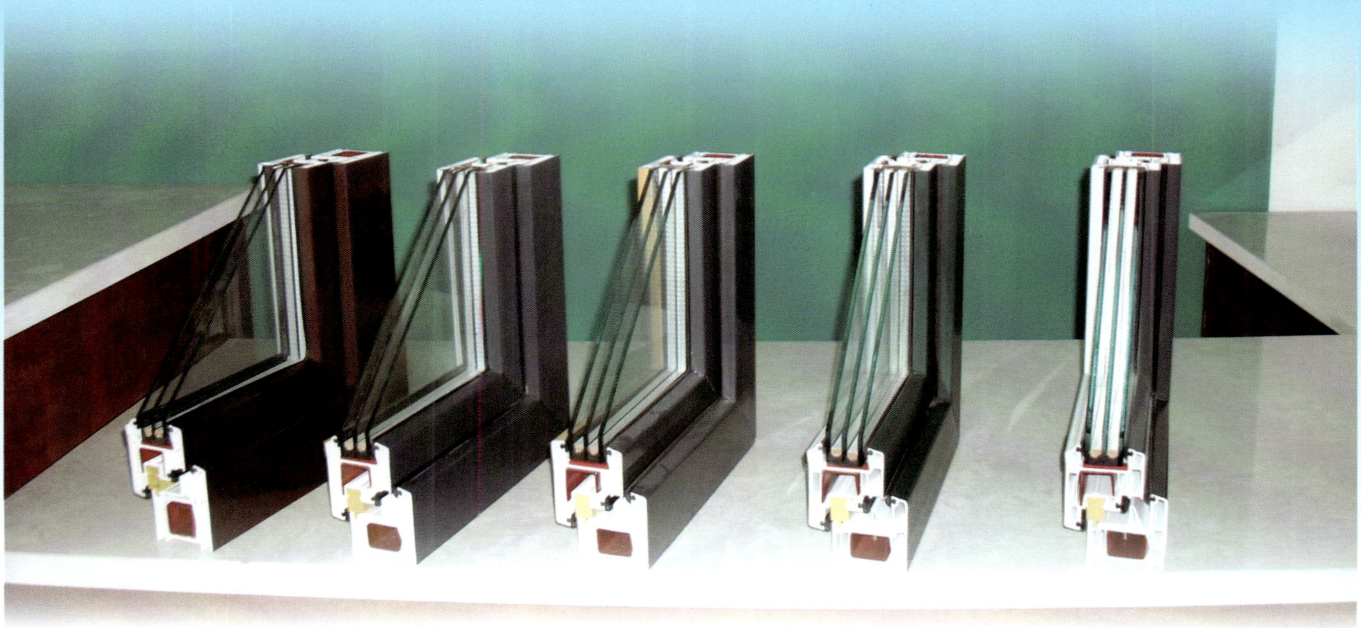

要举措。

公司于2011年4月正式成立，位于长春九台经济开发区内，占地170亩，注册资金3060万元，总投资3.2亿元。并于2011年7月开工建设，根据公司建设计划，项目分为二期建设，三期投产，最终形成年产8—10万吨塑料建材的生产规模。

现一期工程已建设完毕，总投资逾1.5亿元，共建设厂房及综合楼约6万平方米，先后购进70条具有国际先进水平的管材、型材生产设备，并于2012年7月份正式投产，年产量在4万吨以上。

吉林中财现已全面通过ISO9001质量管理体系认证，同时拥有多项专利权，吉林中财产品广泛应用于东北三省数百项工程里，特别应用在一些著名的房地产高档楼盘，如：中信城、海航荣御、吉林工商学院、汉森金烁广场、证大光明城等。获得了用户的广泛好评。

吉林中财将坚定奉行中财集团“九缺方圆、合而为一”的发展理念，秉承“诚实、认真、谦让”的中财精神，始终不渝地贯彻“以人为本、以标准为基础，以不断持续改进为原则，为顾客提供满意产品”，的质量方针，以先进的技术、优质的产品，为适应东北市场走出一条创新之路。

长春马可文教用品有限公司

长春马可文教用品有限公司总部坐落于上海青浦区，即：安硕文教用品（上海）有限公司(原上海马可文化用品有限公司)是一家中美合资企业，成立于1992年。20年来已发展成长为中国最大、世界前三以木制铅笔生产和销售为主的文教用品企业，年销售铅笔产值5个亿以上，产品远销欧美等80多个国家和地区，是全球众多高品质、一线铅笔品牌的OEM生产商，在全球范围内被认可为能提供最高价值的铅笔供应商，销售份额约占铅笔市场的总销售额的24%。属下有五个生产基地，分别在长春、云南、江苏、新疆、越南。其中长春生产基地是国内生产铅笔板的龙头企业，铅笔板产量中国排名第一。

长春马可文教用品有限公司位于九台经济开发区卡伦

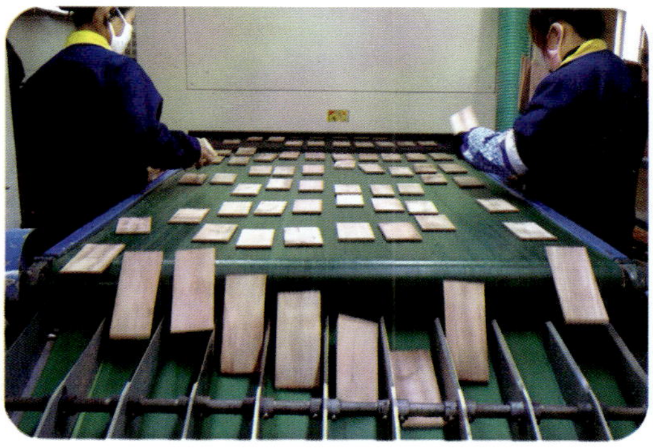

工业园区内，占地面积3.8万平方米，建筑面积达2万平方米，总投资9900万元人民币，目前安排就业人员达500人，是九台重点招商引资项目。在开发区领导的大力支持与帮助下，马可员工齐心努力，使企业2012年生产铅笔板950万罗，同比增长68.8%；年产值达1亿人民币，同比增长78.9%；创造税收超过500万元人民币，同比增长66.7%。

伴随国内外经济形势的好转，在十八大精神鼓舞下，长春马可深入贯彻科学发展观，全面落实党和政府的各项部署，积极推进企业改制，大力发展生产经营，全面加强企业管理。随着2012年企业规划的完善、设备的改进、工艺的提升，预计2013年企业再上一个台阶，年产值达1.2亿人民币，创造税收超700万元人民币。

长春吉科生物技术有限公司
Changchun Jike Biotech Nology CO.,Ltd
Jike®
美丝雅系列化妆品
高纯度大豆低聚肽、糖类产品
大豆皂苷/大豆异黄酮
健康甜/肽咖啡
国家大豆深加工技术研究推广中心生产

- 国家大豆深加工技术研究推广中心科研生产基地
- 中国食品工业协会大豆植物蛋白专业委员会理事单位
- 国家体育总局训练局合作伙伴
- 长春大学食品科学与工程产学研基地
- 吉林省农业产业化重点龙头企业
- 吉林省诚信经营示范企业
- ISO14001:2004 环境管理体系认证企业
- ISO22000:2005 食品安全管理体系认证企业
- ISO9001:2008 质量管理体系认证企业

长春吉科生物技术有限公司成立于 2007 年，坐落于长春九台经济开发区卡伦工业园区纬 8 路 2 号，与国家大豆深加工技术推广中心结成长久战略合作伙伴，是集有机种植、科研、生产、营销为一体的以大豆等植物为原料的生物产品全产业链高科技民营企业。现有员 240 人，其中拥有博士、硕士等大专以上学历的员工为 72 人，占员工总数的 30%。企业注册资本、实收资本 6000 万元；占地面积 21800m^2，建筑面积 12500m^2；生产加工能力为 6000 吨（豆粕）原料，主副产品 1200 吨，目前为亚洲最大高纯度大豆低聚肽生产加工基地。公司在生产过程中通过尖端技术确保达到无废渣、无废水、无异味、无粉尘，使吉科成为绿色环保、节能减排的倡导者和实践者。

吉科生物于 2010 年初在新加坡注册成立了吉科生物科技集团有限公司，以其作为海外的销售总部，并于 2011 年在马来西亚注册成立了销售分公司——吉科生物技术（马）有限公司，2012 年吉科生物印尼公司也正式启动运营。

海外公司以新加坡为基地向外拓展，目前已开通的周边市场有日本、台湾、香港、澳门、泰国、越南、马来西亚、印尼、菲律宾、澳大利亚、中东地区等。

公司目前已生产的产品已涵盖医药保健品、食品、日化等领域，主产品有“**高纯度大豆低聚肽**”、“**大豆低聚糖**”、“**大豆异黄酮**”、“**大豆皂苷**”、“**健康甜**”、“**肽咖啡**”、“**美丝雅化妆品**”等系列产品。其中“肽咖啡”及“美丝雅化妆品”是目前全球唯一利用高纯度大豆低聚肽衍生出的下游产品。

公司生产的大豆肽产品由于技术指标的先进性，已逐步引起国内外同业以及一些相关单位和部门的关注与青睐，2011 年 9 月，公司产品“大豆低聚肽”、“大豆低聚糖”经国家兴奋剂检测中心 200 余项严格检测后，被国家体育总局训练局确定为“**国家体育总局训练局运动员专用肽糖类保健食品**”和“**备战伦敦奥运会运动员指定产品**”。

未来，吉科生物将致力于向人类提供全新的健康理念、卓越的健康产品和尽善尽美的服务，帮助人们获得健康幸福的生活。

生产车间

GMP标准包装车间

2012吉科伦敦行

吉科海外精英中国行

长春市建邦汽车零部件有限公司

长春市建邦汽车零部件有限公司成立于1997年7月，注册资金3000万元，

公司法人：冯建国。

企业性质：生产汽车零部件的大型民营企业。

地址：吉林省长春市卡伦湖经济开发区。

占地面积：3.2万平方米，建筑面积1.1万平方米。

公司下设机械加工分厂、橡胶制品分厂、装配分厂及产品研发中心。

现有员工200余人.。　　固定资产总额6800余万元，年产值逾亿元。

研发人员：中、高级工程师、研究生等20余人的研发队伍

2011年经营情况：产值6690万元，销售收入6717.6万元，利润117.9万元，企业所得税 52 万元。

2012年经营情况：产值3439.7万元，销售收入3378.4万元，利润-102.6万元。

主要管理人员：王海梅　　　　主要管理人员联系电话：15944053999

我公司目前已发展成为专门从事重型汽车推力杆生产及研发的专业厂家，拥有年产9万台套推力杆的产能，产品为北汽 田欧曼、上汽红岩依维柯、东风柳汽、济南重汽、陕西同力重工、一汽专用车厂等企业批量配套。我们的产品受到主机厂及用户的广泛认可，连续三年被欧曼授予“质量贡献奖”，连续两年被上汽红岩评为“优秀供应商”。

我公司一直把产品质量放在首位，依靠过硬的产品质量不断赢得客户的信赖和认可。从2003年至今，我公司一直认真贯彻TS 16949质量管理体系。

依托用友ERP对公司的进、销、存到生产制造的每一个工序进行精细控制。

从2002年开始我公司便投入大量人员及资金到橡胶结构推力杆产品的设计研发，经过3年的潜心研究终于取得成功并且申请了技术专利，产品一经推出便受到了业界的广泛关注，06年我们的产品率先在北京欧曼重型车厂以独家供货的方式全面切换到橡胶结构推力杆，一举解决了欧曼厂重型车推力杆寿命低、故障率高的顽疾，并在当年获得欧曼“质量贡献奖”，随后我们的产品迅速被上汽红岩依维柯、东风柳州汽车、济南重汽等多家重型汽车生产厂家所看好，并先后建立合作关系。

经过几年的发展，我公司的推力杆产品已经形成多个系列，拥有数十个品种，这其中主要包括斯太尔平台系列、457及153平台系列、开式悬挂V型推力杆系列。我们拥有优秀的工程师队伍，在新产品的设计开发上始终在走自主创新之路，产品结构设计、橡胶配方、生产工艺等关键技术全部自主完成，产品的加工过程全部在厂内进行，所需的各种工装模具也由我们自主设计制造。

在产品的设计之初，我们就把高性能、高品质、最大程度的满足客户需求作为最终目标。并为此斥资购买了大量检测试验设备，为产品开发及过程质量控制提供基础保障，其中包括万能拉伸试验机、无转子硫变仪、老化试验箱、可塑度试验机、盐雾试验机、三坐标测量仪等等，我们还自主设计制造了推力杆刚度及寿命试验台、橡胶接头扭转试验台，在业界率先提出了橡胶结构推力杆产品性能检测方法及技术指标，并被广泛采纳使用。

公司目前拥有各种生产检测设备230余台，其中金切设备88台、数控车床50台、加工中心2台、橡胶注射机8台、冲床4台、250T摩擦压力机2台、喷漆及粉末喷涂线一条，加工过程采用集约化生产线流水作业，并配以完善强大的质量保证队伍，确保在第一时间将合格的产品交付用户手中。在以TS16949质量体系为管理根本的前提下，公司采用了ERP信息化管理系统，将销售、采购、库存、财务乃至生产过程的各个工序都纳入到ERP管理系统的范畴内，不仅提高了效率也满足了对风云变幻的市场做出快速反应的需求。

公司于2003年通过ISO/TS　16949质量管理体系。先后获得过《高新技术企业》、《小型巨人企业》、《863课题承担单位》、《专利产业化示范单位》等荣誉称号。公司获得1项发明专利及9个实用新型专利

我公司是高新技术企业，公司领导时刻没有忘记新产品是我们的生存之本，当年的新式推力杆开发成功，使我们从06年到现在，快速发展了6年，为了保证主机厂和供货，我们不得不停止了传动轴的生产。今后的发展，我们还是离不开新产品的开发。现在我公司有1项发明专利及6项实用新型专利在公示中。

我公司的新产品开发也纳入ERP的管理流程中，为产品研发的技术管理及资金控制提供了良好条件。公司现正在研发非金属关节轴承式推力杆，主要解决现推力杆销轴螺栓松动及使用寿命短的问题。现在非金属关节轴承的关键技术已经突破，并将此技术应用于自卸车用V型推力杆，现已小批量投入市场进行用户使用试验。公司拥有研究生3人，高级工程师3人，会计师3人，工程师及大专以上学历近30人，有近20人直接参与新产品研发过程。公司的产品开发流程符合TS16949的要求，从“市场调查——立项评审——编制开发计划——产品设计——样件制造——设计验证及确认——过程设计——批量生产”的每一过程都严格执行公司的新产品开发程序，并纳入公司的用友ERP财务管理体系中，做到研发过程的精细管理。

公司每年的研发投入都不少于300万元，2012年公司投入近600万元的研发经费，其中包括购置三坐标测量仪、橡胶接头扭转试验台等检测设备及电动螺旋压力机等生产设备，用于V型推力杆的开发及生产，现非金属关节轴承式V型推力杆已小批量试生产。

产品研发离不开台架试验，合理的选择试验标准是缩短开发周期的关键。现在我公司已具备为用户“量身定制”推力杆的能力。由于橡胶在推力杆中起决定作用，橡胶配方的开发及橡胶检测技术也是推力杆设计中的重中之重。

经过多年的磨炼我们已经积累了大量推力杆产品设计制造经验，配合完善的质量体系控制，更多的高质量的推力杆产品将由建邦走向市场。我们建邦人将本着质量第一、客户至上、求实创新的企业精神继续开拓进取、不断的为您提供更多更好的服务，成为您最值得信赖的合作伙伴。我们将以最真挚的热情欢迎您前来考察指导、共谋未来！

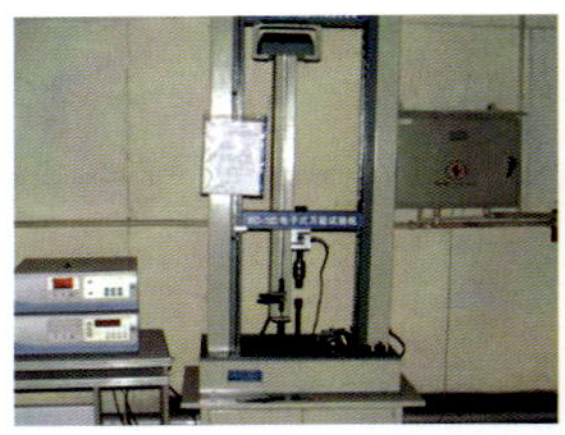

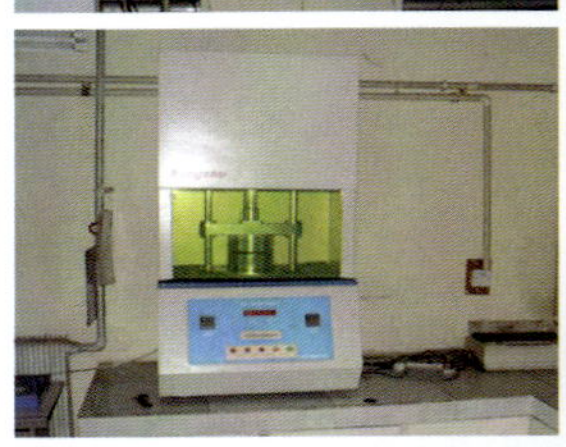

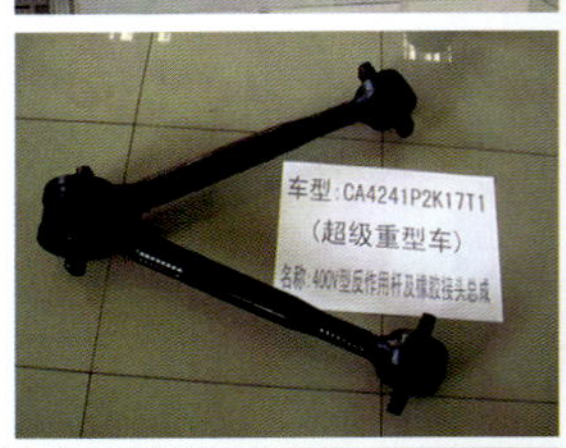

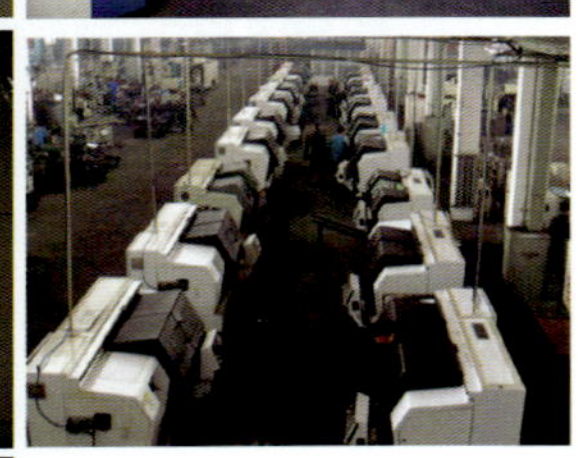

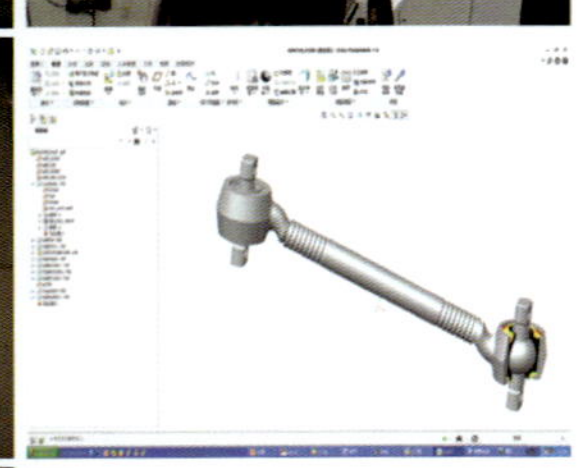

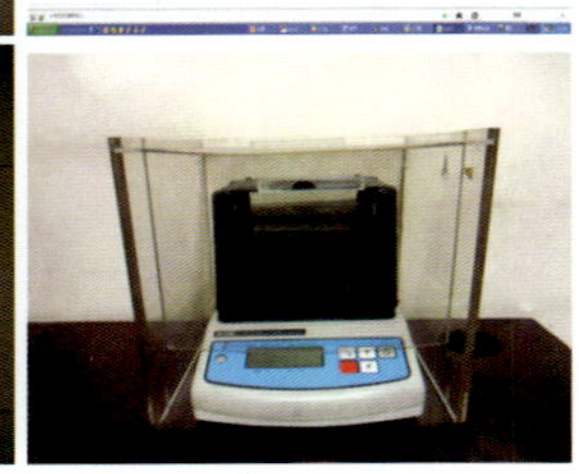

吉林省国相车辆装备有限公司

吉林省国相车辆装备有限公司筹建于2009年，2010年在九台卡伦工业园区破土动工，2011年3月份试生产，4月份转入正式生产。

为满足中国第一汽车集团公司及其下属公司日益增加的铸件需求，保证以良好的产品质量和销售服务占领市场，我们引进了具有世界先进水平的日本新东自动造型生产线以及配套设备，具备年产10000吨优质球墨铸铁铸件的生产能力，生产产品主要供应一汽解放汽车有限公司、富奥汽车零部件股份有限公司、吉林大华机械制造有限公司等大型企业。

产品质量是企业生存和发展的基石，为保证原料采购、生产过程及产品质量满足客户需求，我公司拥有完善的检验检测手段，包括一台德国斯派克公司原装进口的M8光谱分析仪、两台炉前碳硫快速分析仪、两台NK-MDS光学显微镜、两台HB3000硬度计、一台JB300型冲击试验机和一台WE300B型万能拉力试验机。并在同行业率先发展无损探伤检测手段，拥有X射线探伤检测室，现场车载便携式荧光磁粉探伤机。检验检测能力在吉林省同行业屈指可数。

2012年度，公司创造产值4800万元，上缴税金65万元，全年实现利润110万元。公司全体员工将一如既往的与企业携手共进，共同努力把吉林省国相车辆装备有限公司打造为吉林省具有重要影响力的车辆装备制造业供应商，公司将秉承“品正为人，质量立业”的经营理念，与您携手，共创辉煌。

吉林省宇琦泵业有限公司

研发团队

吉林省宇琦泵业有限公司位于吉林九台市工业园集中区C区，现有职工189人，注册资本5200万元，总资产1.1亿元。占地面积4.2万平方米，建筑面积2.6万平方米；设备拥有量200余台套，其中金属切削设备100余台套，各种检测设备齐全;现有产品30个系列，396个品种，1260个规格；产品广泛应用于石油、化工、冶金、电力、矿山、造纸等国民经济部门。

我公司于2002年通过ISO9001：2000质量体系认证，从产品的设计、模型、铸造、采购、装配、检验、服务等各个环节全部按严格的质量标准把关，确保了产品质量和交货日期。并于2012年通过了HSE健康、安全、环境管理体系认证，通过危险源辨识和风险评价对生产区域中的重大或较大危险源进行辨识和控制，从而将生产中可能出现的危险进行系统的把控，将危险源消除或将危险源的危险系数控制在最低范围之内。公司将两个体系合理自然的融合在日常管理和生产当中，在保证HSE管理体系正常运行的情况下，同时保证了企业的产品质量。

公司拥有一支实力雄厚的科研队伍。设计出符合国标GB3931-94及符合美国石油学会API671标准的新型膜片联轴器，并应用于各种水泵的联结上，开拓了新的市场途径。并与清华大学、江苏理工大学、沈阳水泵研究所等多家科研机构建立了长期的战略合作关系，具有较强的产品开发、设计、创新与生产能力，部分产品技术含量已达国内先进水平。

公司所售出产品全部实行五星级管家服务，一年内免费维修维护，出现问题二小时给出解决方案，二十四小时到达现场。每年一次免费返厂维修、维护；免费进行泵性能测试；免费喷漆烤漆服务，让您使用的宇琦产品始终保持在最佳性能。良好的售中、售后服务得到用户的好评。

我们致力于开发创新产品和促进科技发展的作法已得到中国石油物资装备总公司的认可，成为中国天然气集团公司一级供应网络供应商、中国国电集团公司合格供应商、中国石油大庆石化分公司网络成员、大庆油田供应商管理系统主要供应商、大庆油田有限责任公司供应商、中石油辽阳石化分公司网络成员、中石油吉林油田分公司能源一号会员、中石油吉林石化分公司网络成员、吉林石油集团物资供应网络成员等。随着生产规模的扩大，公司的管理工作不断进步和完善，先后荣获大庆石化公司优秀供应商称号、吉林省质量万里行活动“优质产品”荣誉证书、中国企业诚信经营示范单位证书、中国企业联合会成员证书、吉林省A级纳税人荣誉证书。

我公司充分发挥自身优势，利用先进电脑科技，为满足石化企业提出的“提高设备利用率，延长设备检修期”的目标做出了自己的贡献。

车间一角

办公楼大厅

优质产品BB4型式离心泵

长春市朱老六食品有限公司

长春市朱老六食品有限公司是一家以生产腐乳为主的民营企业，始建于2002年，前身为珲春市朱老六食品有限公司，公司现座落于九台市经济开发区。公司占地面积3.2万平方米，建筑面积3.8万平方米，注册资金3000万元，固定资产投资8000多万元。公司现有员工近500名，其中中、高层管理人员和专业技术人员23名。2005年公司通过了ISO9000质量管理体系认证。

公司主要产品“朱老六”牌腐乳被省政府命名为吉林省名牌产品，“朱老六”商标在2003－2006年度被省工商局命名为吉林省著名商标，2006年8月被法院判定为中国驰名商标。2013年1月被吉林省政府评为农业产业化省级重点龙头企业，2013年8月公司主要产品“朱老六”牌青红方被长春市政府评为“长春名优特农产品”。

公司现有五条生产线，主要设备有泡豆池、磨浆机、离心机、压榨机、灌汤机、旋盖机套标机、翻转式冲瓶机、液体灌装机反向式贴标机和15吨蒸汽锅炉等。豆腐制作、腐乳灌装和包装设备等生产过程中使用的都是国内一流的全自动不锈钢生产设备，完全符合食品行业的卫生要求，为产品的生产和质量提供了保障。

公司现在的主要产品是红腐乳和青腐乳，生产技术主要来源于国内传统的腐乳生产工艺，同时结合现代化的生产工艺，产品的口味和质量俱佳，在中国的腐乳界享有盛誉，产品深受广大消费者的喜爱。

公司严把食品安全关，具备完善的检测手段，配备技能较强的质检队伍，狠抓产品质量，大力进行技术创新和管理创新。

公司产品主要销往东北三省、山东省、山西省、河北省、河南省、天津市和内蒙古自治区等地区，东北三省的市场占有率可达到60%以上。产销量现已跻身中国腐乳行业的前茅。

公司始终秉持“以人为本”的管理理念，全面推行多劳多得、工资和产量、质量挂钩的薪酬制度，在公司内全面营造优者上、平者下、劣者走的竞争氛围，为优秀人才的全力发挥才智创造了良好的环境，充分发挥其长处，做到因材而用。

公司非常重视人才的培养和人才队伍建设，企业的领头人朱先明总经理坚决打破传统的家族式管理模式，通过外聘与内部选拔，广纳贤才，同时注重培养管理人员的执行力，打造了一支作战力强的企业管理团队，并率领这支优秀的团队，历经十几年的拼搏，把“朱老六”品牌打造成了中国驰名商标，在中国腐乳界享有很高的声誉。

朱老六公司现已成为东北最大的腐乳生产企业，公司秉承“产品源于人品，诚信成就未来”的经营理念，并将进一步借鉴国内外先进的管理经验，开拓进取、加快发展，为消费者提供更多安全健康、营养丰富的调味品，为振兴民族食品工业做出贡献。

朱老六
料酒
朱老六
ZHU LAO LIU
朱老六
ZHU LAO LIU
朱老六
ZHU LAO LIU

朱老六

农安县供电公司

分公司领导接受国防基地的表扬信

书记局长走访遗属

近年来，农安县县域经济发展势头强劲，2010和2011连续两年获得全省县域综合发展第一名。

经济要发展，电力要先行。从2004年起，农安分公司就着手对城区电网进行集中改造。截至2005年10月末，经过两年三次大规模改造，城区10千伏线路绝缘化率达到68.9%，0.4千伏线路绝缘率达到55.7%，新式变台占有率为99.98%，10千伏线路环网率为52.4%。

2006年5月，一个巨幅广告招商牌巍然屹立在农安县农安镇宝塔大街的最北端——吉林省农安工业集中区。集中区位于县城北部，面积10.8平方公里。始建之初，白纸一张。要在广袤的农田上为客商投资创业提供便利，基础设施建设是当务之急，“五通一平”刻不容缓。而“电力通”毫无疑问的位居榜首。地方政府筑巢引凤，电力建设必须先行。从2006年6月，分公司即组织人力现场勘查，规划设计，出资80多万元，组织员工连续奋战，无偿为工业集中区新立高压电杆86基，从农安220千伏变电站架设了一条4.3公里的10千伏专用线路，并按预定工期提前10天实现了“电力通”，为“给水通、排水通、道路通、排污通和土地平”奠定了基础，受到工业集中区领导的高度评价。

分公司配电班

充满活力的农安供电分公司职工

<<< 经济生机盎然 电网活力无限

2008年5月29日，农安宝塔66kV变电站新建工程开工建设。2009年8月14日投入运行。该变电站投入运行后，不仅使城区10千伏配电系统的环网率提高到了65%，而且超前规划，电网先行，为南部新城的建设和发展提供了坚强电力保障。2012年9月，农安220千伏变电站容量由18万千伏安增至36万千伏安，电源容量翻了一番。10月9日，为工业集中区的长远发展和负荷增长而超前谋划建设的龙府66千伏变电站也破土动工，计划2013年年末投入运行，工业集中区的电力供应将更加充足、保障更加有力。

电量是地方经济发展的“晴雨表”。2005年农安供电分公司售电量仅为3.1亿千瓦时，2007年达到4.4亿千瓦时，2009年达到5.8亿千瓦时，2011年售电量7.7亿千瓦时，5年翻了一番以上。而从上个世纪的90年代起，分公司售电量从两亿到三亿，整整用了5年时间。2006年以来，农安供电分公司年年被中共农安县委、县政府授予“招商引资项目开发优质服务先进单位”、“软环境建设先进单位”以及年度“经济服务部门绩效评估优胜单位”等荣誉称号。

凤凰落巢，必有异彩。桃李不言，下自成蹊。电力的发明让人类实现了从原始到文明的跨越，不远的将来，智能电网必将承载天时、依托地利、凝聚人和，为古城黄龙百万人民带来新福祉，输送新福音。

▼背负青天朝下看

农安县房地产

农安县房地产经营开发总公司是县政府直属企业，成立于1993年。多年来，公司不断加强全面管理，注重提高自身素质，以优良的质量，满意的服务，赢得了信誉。本着一切为用户服务的宗旨，自觉做到重合同，守信用，把企业效益和社会效益结合起来，并使之逐年提高，制定和完善了一系列规章制度，有力地保证了工程建设的顺利进行在激烈的市场竞争中树立了良好的企业形象，为企业的进一步发展奠定了基础。公司从成立初年收入不足40万元，发展到现在年收入2300余万元，从固定资产不足1千万元，发展到现在9000余万元，从一个单一的管理型小公司发展到多元化发展的集体，形成了以房地产经营与开发、建筑施工、商贸经营、物业管理为主体的四大经营体系，年利税达到300多万元。

公司技术力量雄厚、机械设备齐全。先后开发承建政府办公楼、华宇商城、塔游园仿古楼、实验中学楼群、德龙家园等各类楼房100多万平方米，累计完成施工产值1.5亿元，工程质量优秀，商品楼价格合理，售后管理完善。商贸经营和物业管理的良好发展，已先后安排下岗就业人员1500多人，管理物业面积16万平方米，近年来，随着华宇商场经营规模的不断扩大，德龙家园小区等一批优质工程的竣工，更加彰显公司的魅力和风采。

公司本着“改造旧城、建优质广厦”的宗旨，本着“为百姓造福、安居乐业”的理念，为广大业户营造一种充满激情、轻松愉快的生活氛围。全力打造“农安房地”品牌，让商家吉祥兴隆，让百姓安居乐业。相信，在不久的将来，农安县房地产经营开发总公司将会以更加崭新的面貌和不懈的努力精神状态展现在农安人民面前，为农安经济社会更好更快的发展贡献自己全部的力量。

德龙家园

经营开发总公司

华宇商城

实验中学

政府办公楼

吉林省吉双实业集团有限责任公司

吉林省吉双实业集团有限责任公司位于长春市双阳区齐家镇张家村五社，成立于2011年10月13日，企业注册资金1000万元，总资产3353万元，占地面积35万平方米，建筑面积8000平方米，现有职工95人，有高级经济师2人，高级工程师2人，经济师4人，中级职称12人，公司下属企业（吉林省吉双实业集团建筑材料有限责任公司、吉林省吉双实业集团塑钢门窗有限责任公司、吉林省吉双实业集团双贵发鹿场、长春市农业生产资料经销处）公司主要产有“吉双”牌纤维彩色石棉瓦、灰白色石棉瓦、塑钢门窗、鹿产品等。产品销售东北三省，15个市区县300多经销处，产品深爱用户的好评，企业先后被省、市、人民政府评为最佳企业、明星企业。2013年被长春市政府评为百强民营企业。

公司今年要加大生产力度，由去年生产70万片石棉瓦增加到130万片石棉瓦，做到薄利多销，确保增加利润，在此基础上要多购进原材料，需要流动资金，请求给企业流动资金贴息，我们要利用贴息资金把企业救活，抓好经营管理。

一、提高产品质量要做好的几件事

1、必须稀料薄抄取，下料员要掌握好工艺配方，按工艺配方下料。

2、压一锅棉保证20分钟，洗透水、不许干压。

3、经常保持地沟网箱、流槽不存硬料，2个小时用枪清洗一次。压料组长要清理好三个钢，不许挂硬料。

4、中、小瓦抄取8-9圈，大瓦9-10圈。

5、经常打扫楼上、楼下。生产车间卫生，不许有硬料存在。

6、保证产品的物理性能和外观标准。

（1）争抢产品的抗折力，减少横顺裂瓦，脱摸干燥工人要做到轻拿轻放。

（2）产品薄厚均匀，标瓦5.5个厚，小瓦5个厚、大瓦6.5个厚。

（3）瓦正、不偏、瓦面不许有杂质、裂纹、盖商标要清晰。

（4）石棉瓦四边切正齐，吸呸不许有飞边瓦，瓦与瓦之间要规整。

7、掌握好科呸抄取，扣压水分不许有起层瓦。

二、提高产品产量，实行六定额指标管理

定人员、定产量、定报酬、定奖惩、定质量、定消耗。

三、提高效益、保证池产

池产标准（一个料）标瓦39片　小瓦43片　大瓦34片

垛片数（一个垛）标瓦68片　小瓦75片　大瓦58片

四、抓好安全生产

1、排除不安全隐患，明确任务、落实责任、清楚自身工作目标，制定出自己的操作程序、做到认真检查、仔细排除。

2、保证机械电气正常运行，不违规操作，挂牌停电检修机械和电气。

3、上下班逐一安全，做到高高兴兴上班，安安全全下班，不行快车，不允无证驾驶。

4、不允许上班前饮酒，在班工作时饮酒，不允疲劳作业。

五、加强企业精神文明建设

工人要遵纪守法、服从领导，敬岗爱业，为企业多出谋献策。做好自己的本职工作，要加强精神文明建设，提高自己的业务水平和技术水平。

六、加强企业职工出满勤管理

企业对职工实际全年出满勤管理，全年出满勤的职工，年终实行一次性奖励，奖金500元，年终停产时一次发放。

七、提高机械电气的运转运行率

机械：电气人员要经常搞好维修，要做好四勤、勤观察、勤检查、勤维修、勤注油、不允许非正常运行。

八、加强产品质量检验工作

产品质量检验室企业的生命线，产品质量检验小组成员要对产品之乡进行严格检验，对不合格的产品决不允许出厂，抓好产品质量物理性能和外观标准的检验工作。装卸队出瓦前要做好轻拿轻放，每个季度都要到市场做好调研工作，出现产品质量问题要做好整改工作。

九、做好产品市场销售工作

1、抓好产品销售宣传工作，打造名片产品，让用户满意，信得过，做到劳逸永固乐万家。

2、加强市场销售的组织领导，要实行六定销售形势，既定人员、定片、定数量、定报酬、定奖惩、定价格的销售形势。

3、在销售方式上，抓住老用户，发展新用户，抓住大用户不丢小用户，推进产品销售。

吉林省房联医

吉林省房联医药连锁有限公司历经13年脚踏实地的经营，目前成为长春外五县唯一一家药品零售连锁企业，目前已拥有20家连锁店，遍布双阳区城乡。

自2001年11月成立房联大药房，吉林省房联医药连锁有限公司就开始了开拓、精进的步伐，于2008年5月成立了吉林省房联医药有限公司，并开始铺建分公司；2013年3月成功认证为连锁企业。

吉林省房联医药连锁有限公司总部位于长春市双阳区“城市嘉园一期”18号楼门市，总部仓库面积达1500平方米，办公面积500平方米，企业员工180余人，其中中层以上管理人员26人，专业药品知识培训导师3人，执业药师、药师28人。公司先后获得了“长春市放心药店”，“重合同、守信用单位”等荣誉称号。

吉林省房联医药连锁有限公司秉承“方便百姓，就近购药”为服务宗旨，取得了阳城百姓普遍认可和一致好评。吉林省房联医药连锁有限公司与通过国家药监局认证的一千多家生产企业合作，经营品种达万余种，能够更大限度满足全区群众的购药需求，并实行统一配送、统一价格、统一管理、统一培训，同时不断地提高公司员工整体素质，为群众提供优质服务。

吉林省房联医药连锁有限公司引进各项检验药品设备，为百姓用药把好进药关，确保群众用药安全、有效，同时也减少了中间环节，大大降低了药品的进货成本。先后成功申办了十家市医保药店，为方便群众购药、为百姓健康做

吉林省房联医药连锁有限公司办公室

房联医药连锁有限公司水利局店中药区

吉林省房联医药连锁有限公司药品库房

吉林省房联医药连锁有限公司竹山店营业中

房联公益活动：安全用药宣传

药连锁有限公司

出了努力。

吉林省房联医药连锁有限公司开拓进取、创新发展，在提高管理效率同时加强企业文化建设，开展文体娱乐活动，培养员工的集体荣誉感，提升员工对企业的忠诚度。吉林省房联医药连锁有限公司关注社会，关注民生，多次帮助、扶持孤寡老人及弱势群体，积极参与社会公益活动。房联人以奋勇争先的雄心壮志，奋发图强的坚强意志，奋进赶超的昂扬斗志，迎难而上、创新突破、合力拼搏，让企业飞的更高、更远。

吉林省房联医药有限公司于2011年7月28日收购了具有批发资质的吉林省程飞药业有限公司，该公司位于长春市双阳区城市嘉园18栋。仓库地址位于城市嘉园104–105室一、二层。公司主要经营范围是在吉林省内批发中成药、中药材、中药饮片、化学药制剂、抗生素、生物制品（除疫苗）等。

吉林省程飞药业有限公司现有员工30人。具有完善的质量管理体系和相适应的经营场所、设备、仓储设施、卫生环境，同时设置了验收养护室和中药标本柜，拥有千分之一天平，荧光分析仪、水分测定仪、澄明度检验仪、电子显微镜、崩解仪等验收养护仪器。

吉林省房联医药连锁有限公司和吉林省程飞药业有限公司把对未来的美好憧憬，化作为大众提供优质商品和服务的强大动力，努力打造省内一流的医药流通企业，为百姓的健康搭建桥梁，谱写房联与程飞更加灿烂辉煌的新篇章。

公司例行培训

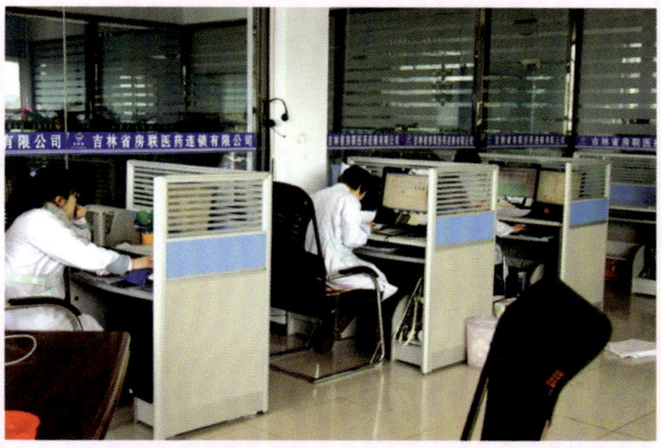

吉林省房联医药连锁有限公司办公室人员工作中

吉林省房联医药连锁有限公司配送车辆

集体海南游

吉林省房联医药连锁有限公司门店

长春利通混凝土工程有限公司

在双阳区人民政府招商引资政策的引导下，在奢岭文化印刷产业开发区管委会及各有关部门的大力支持和帮助下，长春利通混凝土工程有限公司于2011年4月正式落户双阳区奢岭街道办事处前城村三社。占地面积25804m²。

长春利通混凝土工程有限公司董事长许春刚先生投资6000余万元，利用一年的时间就在一片农田上打造出了一座年生产能力60万m^3商品混凝土企业，2012年6月基本上达到了试生产能力，当年生产出合格优质混凝土5万m^3。吉林省院士专家交流基地、环球贸易中心、吉林省编制人事财政信息综合管理中心等经典建筑所用混凝土就是利通公司提供的。到目前为止利通公司已向国家和地方上缴税收160万元，同时也为当地村民安置就业80人。

长春利通混凝土工程有限公司技术力量雄厚，共有各类专业工程师15人，其中：建筑业工程师5人、机械工程师5人、电气工程师4人、会计师1人，共有员工120人，可谓人才济济；设备先进高效，拥有混凝土运输车28台、输送泵车46M 3台、56M 1台、车载泵2台，具有同时为多家工地输送混凝土的作战实力。

长春利通混凝土工程有限公司已经取得吉林省住房和城乡建设厅审批发给的建筑工程质量检测资质证书，同时取得预拌混凝土专业贰级资质证书，可向长春市建筑市场供应C10-C40各种强度等级的普通混凝土和C50-C80各种强度等级耐久性混凝土及各种强度抗渗混凝土、抗冻混凝土、预应力混凝土、早强混凝土、各种纤维混凝土及水下不分散混凝土。公司全体员工秉承质量第一、信誉第一、诚实守信的原则为长春人民服务。公司坚信，在双阳区政府和奢岭开发区管委会的正确领导下，利通公司一定能在奢岭这片热土上发出自己的光和热，把企业做大做强，为双阳区经济腾飞共建《魅力新长春》做出贡献。

利通商砼
1#站
2#站
利通商砼
0431-84175777

风雨创业二十载　诚信经营铸品牌

吉林兄弟木业集团

吉林兄弟集团董事长　刘　英

总经理　刘　岩

2012年末总结表彰大会复合分会展示

吉林兄弟木业集团有限公司，始建于1989年，由刘英和刘岩兄弟俩经过多年苦心经营和奋力打拼创建而成。2008年公司发展壮大并扩建成立了吉林兄弟木业集团有限公司。兄弟集团公司拥有总资产3.5亿元，其中公司占地面积15万平方米，系自主产权，公司员工1200人。

集团下设六个子公司，分别是：兄弟木业公司、兄弟房地产开发有限公司、极致美居木业有限公司、 森工地板有限公司、佳信小额贷款有限公司、轩源文化传媒有限公司。

其中木业公司是集团发展最早的子公司，木门是公司的主导产品，公司依靠得天独厚的地理优势和资源优势，产品主要以兄弟 高端木门，兄弟 英娜达，兄弟门语三大品牌为主打，分为实木复合门、原木门、PVC门三大类，平板门、起鼓门、组装门、外镶嵌门、标准门五大系列，每个系列均有上百款产品。并曾多次在北京国际木门展上荣获金奖。产品已经覆盖全国20个省，280个大、中城市，2008年并成功出口非洲纳米比亚总统府，实现了走出国门、走向世界。

公司坚持“以质量求生存、以信誉求发展”的经营理念，“做百年兄弟，创民族品牌”为目标，产品秉承以低碳、环保、健康为宗旨。随着公司的不断发展也取得了诸多殊荣：中国绿色材料标志达标企业、中国实木门技术研发中心、中国木门协会常务副会长单位、标准 “产品质量、售后服务双承诺单位”，行业标准《木质门》主要起草单位，连续8年被中国木门流通协会评为全国30强企业，中国木门十大功勋品牌、中国木门十大功勋企业。产品通过ISO9001-2000国际质量标准体系认证、CTC产品质量、健康认证，2012年被中国林科院授予“中国林科院木制品技术研发中心”。

顺应市场趋势，兄弟积极拓宽产业渠道，2012年，兄弟集团正式进军整木家装业，将木门、地板、楼梯、橱柜、家具等有机融为一体，实行产品个性化的定制服务。标志着兄弟集团产业链日趋成熟，兄弟未来的市场前景将更加广阔。

兄弟集团以“成就员工、造福客户、回报社会”为己任，目前各子公司正齐头并进，全方位开拓国际国内市场，使兄弟品牌弘扬海内外，力争让兄弟成为中国名牌、世界名牌！

兄弟集团第三届导购员培训会合影

兄弟终端店面形象

兄弟木业整木家装展示厅